आर. गुप्ता® कृत

पॉपुलर मास्टर गाइड

RPF & RPSF

रेलवे सुरक्षा बल तथा
रेलवे सुरक्षा विशेष बल

कांस्टेबल

भर्ती परीक्षा

Useful for

✦ Constable (Exe) ✦ Constable (Ancillary)
✦ Driver Grade III

2026
EDITION

रमेश पब्लिशिंग हाउस, नई दिल्ली

प्रकाशक

ओ॰पी॰ गुप्ता, **रमेश पब्लिशिंग हाउस**

प्रशासनिक कार्यालय

12-H, न्यू दरियागंज रोड, आफिसर्स मेस के सामने,
नई दिल्ली-110002 ✆ 23275224, 23245124

E-mail: info@rameshpublishinghouse.com
For Online Shopping: www.rameshpublishinghouse.com

विक्रय केन्द्र

- बालाजी मार्किट, नई सड़क, दिल्ली-6 ✆ 23253720, 23282525
- 4457, नई सड़क, दिल्ली-6, ✆ 23918938

Book Code: R-250

ISBN: 978-81-7812-839-9

मूल्य: ₹ 160

मुद्रक: दीपक ऑफसेट, दिल्ली

अनुक्रमणिका

Railway Protection Force & Railway Protection Special Force

RPF/RPSF—कांस्टेबल

भर्ती परीक्षा-2025

(Exam held on 18-03-2025)

1. आयुषी और अनमोल की आयु का अनुपात क्रमशः 2 : 7 है। 4 वर्ष बाद उनकी आयु का अनुपात 3 : 8 होगा। उनकी वर्तमान आयु में कितना अंतर है?

1. 6 2. 8
3. 29 4. 20

2. 36 सेमी. लम्बाई, 6 सेमी. चौड़ाई और 1 सेमी. मोटाई वाली एक धातु की शीट को पिघलाकर एक घन बनाया जाता है। घन के कोर की लम्बाई ज्ञात कीजिए।

1. 6 सेमी. 2. 12 सेमी.
3. 9 सेमी. 4. 3 सेमी.

3. एक दौड़ में, एक एथलीट पहले चक्कर में 408 मी. की दूरी 68 सेकंड में तय करता है। वह समान लम्बाई का दूसरा चक्कर 136 सेकंड में तय करता है। एथलीट की औसत चाल (मी./से. में) ज्ञात कीजिए।

1. 6 2. 1
3. 4 4. 7

4. निम्नलिखित का मान ज्ञात कीजिए :

$\sqrt{144}+\sqrt{0.0196}-\sqrt{6.76}=$

1. 2.53 2. 12.99
3. 1.87 4. 9.54

5. सुधीर ने ₹ 7,380 प्रति दर्जन की दर से कुछ सामान खरीदा। उसने इनमें से प्रत्येक को ₹ 575 की दर से बेचा। उसका हानि प्रतिशत कितना था? (दशमलव के दो स्थानों तक)

1. 6.50% 2. 6.96%
3. 23.12% 4. 40%

6. हल कीजिए :

41 – [36 – {48 ÷ 2 – (5 – 6 ÷ 2) ÷ 2}]

1. 29 2. 28
3. 30 3. 27

7. एक रसायन विज्ञान प्रयोग के लिए, वीना के पास फेरस सल्फेट के 25% विलयन वाली 60 मिली. मात्रा है। फेरस सल्फेट का 30% विलयन बनाने के लिए उसमें 60% विलयन की कितने मिलीलीटर मात्रा मिलाई जानी चाहिए?

1. 25 मिली. 2. 20 मिली.
3. 10 मिली. 4. 15 मिली.

8. अभिनव, अर्पण से तीन गुना कुशल है और किसी कार्य को अर्पण से 34 दिन कम समय में पूरा कर सकता है। उसी कार्य को अर्पण कितने दिनों में पूरा कर सकता है?

1. 69 2. 54
3. 51 4. 48

9. रेलगाड़ी A, स्टेशन M से 6:15 AM पर निकलती है और उसी दिन स्टेशन N पर 3:15 PM पर पहुँचती है। रेलगाड़ी B, स्टेशन N से 8:15 AM पर निकलती है और उसी दिन स्टेशन M पर 2:15 PM पहुँचती है। रेलगाड़ी A और B के मिलने का समय ज्ञात कीजिए।

1. 11:03 AM
2. 4:34 AM
3. 12:53 PM
4. 10:24 AM

10. दो बैंक A और B क्रमशः 3.5% और 6% वार्षिक दर पर ऋण देते हैं। गोपाल, प्रत्येक बैंक से ₹ 360000 की राशि उधार लेता है। 4 वर्ष बाद गोपाल द्वारा दोनों बैंकों को भुगतान की गई साधारण ब्याज की राशियों के बीच धनात्मक अंतर (₹ में) ज्ञात कीजिए।

1. 35500 2. 37000
3. 36000 4. 37500

11. एक बेलनाकार छड़ का बाह्य वक्र पृष्ठीय क्षेत्रफल 1900 सेमी.^{2} है। यदि छड़ की लम्बाई 39 सेमी. है, तो छड़ की बाह्य त्रिज्या (सेमी. में) दशमलव के दो स्थानों तक ज्ञात कीजिए। $\left(\pi = \frac{22}{7}\right.$ लीजिए$\left.\right)$

1. 6.27 2. 7.75
3. 7.18 4. 8.88

12. एक जनरल स्टोर में, 5 किग्रा. गेहूँ के आटे के एक पैकेट का अंकित मूल्य ₹ 220 है। जनरल स्टोर मालिक इसे ₹ 200 में बेचता है। जनरल स्टोर मालिक द्वारा दी गई छूट का प्रतिशत (दशमलव के दो स्थानों तक पूर्णांकित) कितना है?

1. 9.99% 2. 8.98%
3. 9.09% 4. 8.08%

13. 2 वर्षों में ₹ 18000 पर अर्जित चक्रवृद्धि और साधारण ब्याज के बीच का अंतर ₹ 405 था। वार्षिक रूप से संयोजित होने वाले ब्याज की दर कितने प्रतिशत थी?

1. 12% 2. 15%
3. 13% 4. 16%

14. $3\frac{1}{2}+4\frac{3}{4}-5\frac{3}{8}+2\frac{1}{4}-3\frac{1}{8}$ का मान ज्ञात कीजिए।

1. 4 2. 2
3. 3 4. 5

15. वह सबसे छोटी संख्या ज्ञात कीजिए जिसे 20, 25, 35 और 40 से भाग देने पर क्रमशः 14, 19, 29 और 34 शेषफल प्राप्त होते हैं।
1. 1238 2. 1389
3. 1394 4. 1498

16. 10, 7 और 4 का LCM ज्ञात कीजिए।
1. 1 2. 7
3. 280 4. 140

17. 6 पुरुष किसी कार्य को 12 दिनों में पूरा कर सकते हैं जबकि 4 महिलाएँ उसी कार्य को 18 दिनों में पूरा कर सकती हैं। 2 महिलाएँ और 2 पुरुष इसे कितने दिनों में पूरा कर सकते हैं?
1. 22 दिन 2. 20 दिन
3. 23 दिन 4. 18 दिन

18. पाँच संख्याओं का योगफल 655 है। पहली दो संख्याओं का औसत 78 है और तीसरी संख्या 130 है। शेष दो संख्याओं का औसत ज्ञात कीजिए।
1. 209 2. 208
3. 185.5 4. 184.5

19. यदि एक लड़का 9 किमी./घं. की चाल से दौड़ता है, तो उसे 51 मीटर भुजा वाले वर्गाकार मैदान का एक पूर्ण चक्कर लगाने में कितने सेकेंड लगेंगे?
1. 82 2. 91
3. 79 4. 81.5

20. एक उबर ऑटो 20 घंटे में 120 किमी. की दूरी तय करता है। इसकी चाल (किमी./घं. में) ज्ञात कीजिए।
1. 9 2. 6
3. 10 4. 16

21. यदि k का 35%, 25 के 1200% से 20 कम है, तो k का मान क्या है?
1. 780 2. 800
3. 760 4. 840

22. निम्नलिखित में से कौन-सा अनुपात सबसे छोटा है?
1. 19 : 42 2. 13 : 53
3. 25 : 39 4. 16 : 54

23. ₹ 10 प्रति किग्रा. वाली चीनी को ₹ 49 प्रति किग्रा. वाली चीनी के साथ किस अनुपात में मिलाया जाना चाहिए ताकि मिश्रण को ₹ 54.6 प्रति किग्रा. पर बेचने पर 40% का लाभ हो?
1. 31 : 11 2. 28 : 12
3. 10 : 29 4. 27 : 8

24. $14^{-10} \div 14^{13} \times 14^{-7}$ का मान ज्ञात कीजिए।
1. 14^{-30} 2. 14^{-26}
3. 14^{-25} 4. 14^{-37}

25. दो मित्रों राकेश और शिवम की मासिक आय क्रमशः 5 : 7 के अनुपात में है और इनमें से प्रत्येक ₹ 87000 प्रति माह बचाता है। यदि इनके मासिक व्यय का अनुपात 1 : 3 है, तो राकेश की मासिक आय (₹ में) ज्ञात कीजिए।

1. 107750 2. 109750
3. 108750 4. 152250

26. ₹ 75,000 की धनराशि पर वार्षिक रूप से चक्रवृद्धित होने वाली 10% वार्षिक ब्याज दर से 2 वर्ष बाद प्राप्त चक्रवृद्धि ब्याज कितना होगा?
1. ₹ 75,000 2. ₹ 15,750
3. ₹ 90,750 4. ₹ 7,500

27. 10 संख्याओं का योगफल 432 है। उनका औसत ज्ञात कीजिए।
1. 41.2 2. 42.2
3. 43.2 4. 44.2

28. एक आयताकार मैदान का क्षेत्रफल 2400 मी.^{2} है। यदि मैदान की लम्बाई 80 मी. है, तो इसका परिमाप ज्ञात कीजिए।
1. 210 मी. 2. 220 मी.
3. 110 मी. 4. 30 मी.

29. संख्या 3785p में किस अभाज्य संख्या p को रखने से, संख्या 3 से पूर्णतः विभाज्य होगी?
1. 5 2. 7
3. 3 4. 1

30. एक किराना सामान को उसके अंकित मूल्य पर 25% छूट के साथ ₹ 660 में बेचा गया। अंकित मूल्य कितना है?
1. ₹ 870 2. ₹ 890
3. ₹ 880 4. ₹ 860

31. एक शर्ट की मूल कीमत ₹ 600 थी। अब यह ₹ 540 में बेची जा रही है। कीमत में कितने प्रतिशत की कमी हुई है?
1. 10% 2. 15%
3. 25% 4. 20%

32. प्रथम 118 सम संख्याओं का औसत ज्ञात कीजिए।
1. 118.5 2. 119.5
3. 120 4. 119

33. निम्नलिखित का मान ज्ञात कीजिए :

$$\frac{(3.49)^2-(1.71)^2}{3.49-1.71}$$

1. 4.4 2. 5.2
3. 1.78 4. 2.48

34. अभि ने परी को ₹ 10000 में एक ड्रेस बेची। परी ने इसे 20% लाभ पर मिक्की को बेचा। मिक्की ने इस पर ₹ 2000 व्यय करके इसका रंग-रूप बदल दिया और इस ड्रेस को स्नेहा को 10% की हानि पर बेच दिया। ड्रेस के लिए स्नेहा द्वारा भुगतान की गई राशि कितनी थी?
1. ₹ 12600 2. ₹ 14200
3. ₹ 13000 4. ₹ 11950

35. एक पाइप एक टंकी को 8 घंटे में भर सकता हे। दूसरा पाइप भरी हुई टंकी को 72 घंटे में खाली कर सकता है। यदि दोनों पाइपों को एक साथ खोल दिया जाए, तो टंकी का दो-तिहाई भाग भरने में कितना समय (घंटे में) लगेगा?
1. 18 2. 24
3. 12 4. 6

36. अंग्रेजी वर्णमाला क्रम पर आधारित दी गई श्रृंखला में प्रश्नचिह्न (?) के स्थान पर क्या आना चाहिए?

MTAH UBIP CJQX KRYF ?

1. SGZN 2. SGNZ
3. SZNG 4. SZGN

37. अंग्रेजी वर्णमाला क्रम के आधार पर, निम्नलिखित चार अक्षर-समूह युग्मों में से तीन एक निश्चित तरीके से एकसमान हैं और इस प्रकार वे एक ग्रुप बनाते हैं। कौन-सा युग्म उस ग्रुप से संबंधित नहीं है?

(नोटः असंगत अक्षर-समूह युग्म, व्यंजनों/स्वरों की संख्या या उनकी स्थिति पर आधारित नहीं है।)

1. PY — IN 2. AO — PF
3. KY — ZP 4. QE — FV

38. एक निश्चित कूट भाषा में, 'have a party' को 'ds fg rt' के रूप में कूटबद्ध किया जाता है और 'party and enjoy' को 'tr ds gf' के रूप में कूटबद्ध किया जाता है। दी गई भाषा में 'party' को किस प्रकार कूटबद्ध किया गया है?

1. fg 2. ds
3. rt 4. gf

39. दिए गए कथनों और निष्कर्षों को ध्यान से पढ़िए। यह मानते हुए कि कथनों में दी गई जानकारी सत्य है, भले ही वह सामान्य रूप से ज्ञात तथ्यों से भिन्न प्रतीत होती हो, तय कीजिए कि दिए गए निष्कर्षों में से कौन-सा/से निष्कर्ष, कथनों का तार्किक रूप से अनुसरण करता है/करते हैं।

कथन : सभी गौरैया, डॉल्फिन हैं।
सभी कौवे, बुलबुल हैं।
कोई बुलबुल, गौरैया नहीं है।

निष्कर्ष :

(I) कुछ डॉल्फिन, बुलबुल हैं।
(II) कोई कौवे, गौरैया नहीं है।

1. निष्कर्ष (I) और (II) दोनों अनुसरण करते हैं
2. न तो निष्कर्ष (I) और न ही (II) अनुसरण करता है
3. केवल निष्कर्ष (I) अनुसरण करता है
4. केवल निष्कर्ष (II) अनुसरण करता है

40. निम्नलिखित संख्या और प्रतीक श्रृंखला का संदर्भ लीजिए तथा उसके बाद आने वाले प्रश्न का उत्तर दीजिए। गिनती केवल बाएं से दाएं की जानी है।

(बाएं) 2/56@3?8376*7#27*9\$4 (दाएं)

ऐसी कितनी संख्याएँ हैं, जिनमें से प्रत्येक के ठीक पहले एक प्रतीक और ठीक बाद में भी एक प्रतीक है?

1. एक 2. तीन
3. दो 4. चार

41. एक निश्चित कूट भाषा में, 'DIME' को '4691' के रूप में कूटबद्ध किया जाता है और 'MADE' को '9412'

के रूप में कूटबद्ध किया जाता है। दी गई कूट भाषा में 'A' के लिए कूट क्या है?

1. 1 2. 4
3. 2 4. 9

42. जब दर्पण को नीचे दिखाए अनुसार, MN पर रखा जाता है, तो दी गई आकृति के सही दर्पण प्रतिबिम्ब का चयन कीजिए।

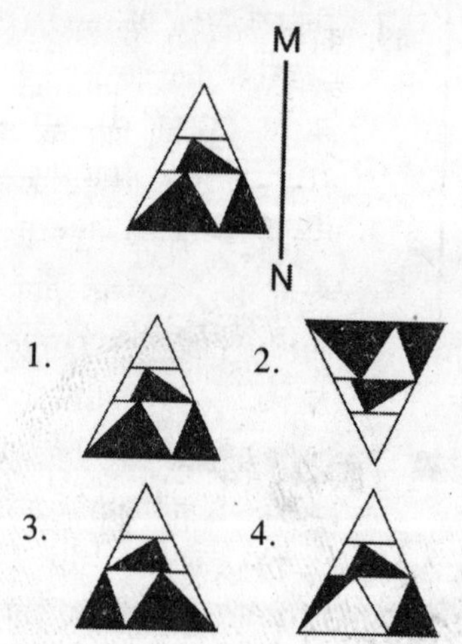

1. 2.

3. 4.

43. यदि '+' और '×' को परस्पर बदल दिया जाए और '−' और '÷' को परस्पर बदल दिया जाए, तो निम्नलिखित समीकरण में प्रश्नचिह्न (?) के स्थान पर क्या मान आएगा?

$32 \div 12 - 6 \times 2 + 3 = ?$

1. 30 2. 40
3. 35 4. 36

44. उस युग्म का चयन कीजिए जो नीचे दिए गए दो युग्मों के समान पैटर्न का अनुसरण करता हो। दोनों युग्म समान पैटर्न का अनुसरण करते हैं।

CUS : EQV
EYA : GUC

1. VIK : XEM
2. IHM : GDO
3. AVI : CRG
4. PCM : RGO

45. उस विकल्प का चयन कीजिए जिसमें संख्याएँ उसी संबंध को साझा करती हैं जो दिए गए संख्या-युग्मों द्वारा साझा किया गया है।

(नोट : संख्याओं को उसके घटक अंकों में तोड़े बिना, संक्रियाएँ पूर्ण संख्याओं पर की जानी चाहिए। उदाहरण के लिए 13 को लीजिए - 13 पर संक्रियाएँ जैसे कि 13 में जोड़ना/घटाना/गुणा करना, आदि किया जा सकता है। 13 को 1 और 3 में तोड़ना तथा फिर 1 और 3 पर गणितीय संक्रियाएँ करने की अनुमति नहीं है।)

12, 30
16, 38

1. 10, 26 2. 15, 35
3. 11, 29 4. 12, 27

46. P, Q, R, S, T, U और V एक गोल मेज के परितः केंद्र की ओर अभिमुख होकर बैठे हैं। Q के बाईं ओर से गिनने पर, P और Q के बीच केवल एक व्यक्ति बैठा है। U, T के दाईं ओर तीसरे स्थान पर बैठा

है। V, S के बाईं ओर तीसरे स्थान पर बैठा है। U, V के निकटतम दाईं ओर पड़ोस में बैठा है। R, V का निकटतम पड़ोसी नहीं है। P के दाईं ओर से गिनने पर, R और P के बीच कितने व्यक्ति बैठे हैं?

1. 4
2. 3
3. 2
4. 1

47. अंग्रेजी वर्णमाला क्रम पर आधारित, निम्नलिखित चार अक्षर-समूह युग्मों में से तीन एक निश्चित तरीके से समान हैं और इस प्रकार एक ग्रुप बनाते हैं। कौन-सा अक्षर-समूह युग्म उस ग्रुप से संबंधित नहीं है?

(नोटः असंगत अक्षर-समूह युग्म, व्यंजनों/स्वरों की संख्या या उनकी स्थिति पर आधारित नहीं है।)

1. PR — SU
2. CE — FH
3. JL — MO
4. TU — XY

48. दिए गए कथनों और निष्कर्षों को ध्यानपूर्वक पढ़ें। यह मानते हुए कि कथनों में दी गई जानकारी सत्य है, भले ही यह सामान्यतः ज्ञात तथ्यों से भिन्न प्रतीत होती हो, तय कीजिए कि दिए गए निष्कर्षों में से कौन-सा/से निष्कर्ष, कथनों का तार्किक रूप से अनुसरण करता है/करते हैं?

कथन : कुछ बिल्लियाँ, कुत्ते हैं।
कुछ कुत्ते, हाथी हैं।
सभी मछलियाँ, हाथी हैं।

निष्कर्ष :
(I) कुछ हाथी, बिल्लियाँ हो सकते हैं।
(II) कम-से-कम कुछ मछलियाँ, कुत्ते हैं।

1. केवल (I) अनुसरण करता है
2. न तो (I) और न ही (II) अनुसरण करता है
3. केवल (II) अनुसरण करता है
4. (I) और (II) दोनों अनुसरण करते हैं

49. कविश बिंदु A से ड्राइव करना शुरू करते हुए 13 किमी. पूर्व दिशा में ड्राइव करता है। फिर वह दाएं मुड़ता है और 7 किमी. ड्राइव करता है फिर दाएं मुड़ता है और 15 किमी. ड्राइव करता है। फिर वह दाएं मुड़ता है और 9 किमी. ड्राइव करता है। वह अंतिम बार दाएं मुड़ता है, 2 किमी. ड्राइव करता है और बिंदु P पर रुक जाता है। बिंदु A पर वापस पहुँचने के लिए उसे कितनी दूरी (सबसे छोटी दूरी) और किस दिशा में ड्राइव करना होगा? (जब तक निर्दिष्ट न किया जाए, सभी मोड़ केवल 90 डिग्री के मोड़ हैं।)

1. 2 किमी. दक्षिण की ओर
2. 3 किमी. दक्षिण की ओर
3. 2 किमी. उत्तर की ओर
4. 3 किमी. उत्तर की ओर

50. P, Q, R, S, T, U और V एक गोल मेज के परितः मेज के केंद्र की ओर अभिमुख होकर बैठे हैं। R और Q के बीच केवल U बैठा है। Q,

T के बाएं तीसरे स्थान पर बैठा है। S, T के ठीक बाएं पड़ोस में बैठा है। P, Q का निकटतम पड़ोसी नहीं है। U के दाएं से गिनने पर, और U के बीच कितने व्यक्ति बैठे हैं?

1. 3 2. 1
3. 4 4. 2

51. दिए गए विकल्पों में से उस पद का चयन कीजिए, जो निम्नलिखित शृंखला में प्रश्नचिह्न (?) को प्रतिस्थापित कर सकता है।

MNX 62, SRZ 54, YVB 46, EZD 38, ?

1. KEG 28 2. KDF 30
3. JEF 30 4. JDG 28

52. दी गई शृंखला में प्रश्नचिह्न (?) के स्थान पर क्या आना चाहिए?

919 918 915 910 903 ?

1. 894 2. 895
3. 896 4. 893

53. दी गई शृंखला में प्रश्नवाचक चिह्न (?) के स्थान पर क्या आएगा?

93 182 129 161 165 140 201 119 ?

1. 237 2. 221
3. 249 4. 240

54. एक निश्चित कूट भाषा में,

A × B का अर्थ है कि 'A, B की पत्नी है'

A + B का अर्थ है कि 'A, B का भाई है'

A ? B का अर्थ है कि 'A, B का पिता है'

A ~ B का अर्थ है कि 'A, B की पुत्री है'

उपरोक्त के आधार पर, यदि 'E ~ N ? J + O × Y' है, तो E का Y से क्या संबंध है?

1. पत्नी की माता
2. पत्नी का पिता
3. पत्नी की बहन
4. पत्नी का भाई

55. दी गई शृंखला में प्रश्न-चिह्न (?) के स्थान पर क्या आना चाहिए?

21, 34, 60, 99, 151 ?

1. 212 2. 214
3. 216 4. 218

56. यदि + का अर्थ – है, – का अर्थ × है, × का अर्थ है ÷ और ÷ का अर्थ + है, तो निम्नलिखित समीकरण में प्रश्नचिह्न (?) के स्थान पर क्या आएगा?

$63 \div 70 \times 14 - 12 + 15 = ?$

1. 108 2. 105
3. 106 4. 104

57. डैनियल बिंदु A से ड्राइव करना शुरू करता है और पश्चिम की ओर 12 किमी. ड्राइव करता है। फिर वह दाएं मुड़ता है और 8 किमी. ड्राइव करता है, दाएं मुड़ता है और 13 किमी. ड्राइव करता है। वह पुनः दाएं मुड़ता है और 11 किमी. ड्राइव करता है। वह

अंत में दाएं मुड़ता है, 1 किमी. ड्राइव करता है और बिंदु P पर रुकता है। बिंदु A पर वापस पहुँचने के लिए उसे कितनी दूर (न्यूनतम दूरी) और किस दिशा में ड्राइव करना होगा? (जब तक कि निर्दिष्ट न किया जाए, सभी मोड़ केवल 90 डिग्री के मोड़ हैं)

1. 3 किमी. दक्षिण की ओर
2. 4 किमी. उत्तर की ओर
3. 4 किमी. दक्षिण की ओर
4. 3 किमी. उत्तर की ओर

58. एक निश्चित तरीके से XZ 42 का संबंध ZX 41 से है। उसी प्रकार, ST 35 का संबंध TS 34 से है। समान तर्क का अनुसरण करते हुए, QR 33 का संबंध निम्नलिखित में से किससे है?

1. PQ 33
2. RQ 32
3. RS 32
4. RP 34

59. M, N, O, P, Q और R एक गोल-मेज के परितः केंद्र की ओर अभिमुख होकर बैठे हैं। P, O के ठीक दाएं पड़ोस में बैठा है। Q, P के दाएं दूसरे स्थान पर बैठा है। R, P का निकटतम पड़ोसी नहीं है। N, Q के दाएं दूसरे स्थान पर बैठा है। R के ठीक दाएं पड़ोस में कौन बैठा है?

1. Q
2. M
3. N
4. P

60. दिए गए कथनों और निष्कर्षों को ध्यान से पढ़ें। यह मानते हुए कि कथनों में दी गई जानकारी सत्य है, भले ही वह सामान्य रूप से ज्ञात तथ्यों से भिन्न प्रतीत होती हो, तय करें कि दिए गए निष्कर्षों में से कौन-सा/से निष्कर्ष, कथनों का तार्किक रूप से अनुसरण करता है/करते हैं।

कथन : कुछ शक्कर, गुड़ हैं।
कोई गुड़, शहद नहीं है।

निष्कर्ष : (I) कुछ शक्कर, शहद हैं।
(II) कुछ गुड़, शक्कर हैं।

1. केवल निष्कर्ष (I) अनुसरण करता है
2. निष्कर्ष (I) और (II) दोनों अनुसरण करते हैं
3. न तो निष्कर्ष (I) और न ही (II) अनुसरण करता है
4. केवल निष्कर्ष (II) अनुसरण करता है

61. निम्नलिखित शृंखला का संदर्भ लीजिए और दिए गए प्रश्न का उत्तर दीजिए। (सभी संख्याएँ केवल एक अंकीय संख्याएँ हैं)

(बाएं) 2 2 1 3 8 1 4 1 4 8 3 6 8 6 2 1 3 7 4 4 1 (दाएं)

ऐसे कितने विषम अंक हैं, जिनमें से प्रत्येक के ठीक पहले एक सम अंक है तथा ठीक बाद एक पूर्ण वर्ग अंक है?

1. एक
2. चार
3. तीन
4. दो

62. यदि '+' और '÷' को परस्पर बदल दिया जाए और '–' और '×' को परस्पर बदल दिया जाए, तो निम्नलिखित समीकरण में प्रश्नचिह्न (?) के स्थान पर क्या मान आएगा?

$40 \times 6 - 24 + 4 \div 5 = ?$

1. 5
2. 12
3. 10
4. 9

63. एक निश्चित कूट भाषा में, 'ORANGE' को '321965' के रूप में कूटबद्ध किया जाता है और 'BANANA' को '496969' के रूप में कूटबद्ध किया जाता है। दी गई कूट भाषा में 'A' के लिए कूट क्या है?

1. 6
2. 3
3. 9
4. 5

64. विकल्पों में दी गई उस आकृति की पहचान कीजिए, जिसे प्रश्नचिह्न (?) के स्थान पर रखने पर यह शृंखला तर्कसंगत रूप से पूरी हो जाएगी।

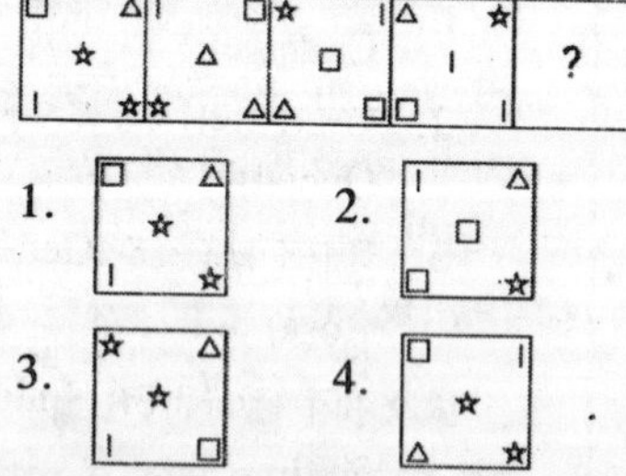

65. निम्नलिखित में से कौन-सा अक्षर-संख्या समूह, दी गई शृंखला को तार्किक रूप से पूर्ण बनाने के लिए प्रश्नचिह्न (?) को प्रतिस्थापित करेगा?

DGC8 FIE12 HKG16 JMI20 ?

1. ILP 24
2. LOT 23
3. LOK 24
4. LPI 20

66. सात बॉक्स A, B, C, D, E, F और G एक के ऊपर एक रखे गए हैं लेकिन जरूरी नहीं कि वे इसी क्रम में रखे गए हों। केवल G को D के ऊपर रखा गया है। D और B के बीच केवल दो बॉक्स रखे गए हैं। केवल F को C के नीचे रखा गया है। A को B के ठीक ऊपर नहीं रखा गया है। G और E के बीच कितने बॉक्स रखे गए हैं?

1. 4
2. 3
3. 2
4. 1

67. किसी निश्चित कूट भाषा में,

'A + B' का अर्थ है कि 'A, B की बहन है',

'A – B' का अर्थ है कि 'A, B का भाई है',

'A / B' का अर्थ है कि 'A, B की पत्नी है',

'A ! B' का अर्थ है कि 'A, B का पति है',

'A * B' का अर्थ है कि 'A, B की माता है' और

'A × B' का अर्थ है कि 'A, B का पिता है'।

यदि 'M / Q × T – B + S' है, तो M का B से क्या सबंध है?

1. माता
2. पिता
3. भाई
4. बहन

68. उत्तर की ओर अभिमुख होकर बैठे 19 छात्रों की एक पंक्ति में, रीना दाएं छोर से 8वें स्थान पर है। यदि सुनी, रीना के बाएं से 9वें स्थान पर है, तो पंक्ति के बाएं छोर से सुनी का स्थान कौन-सा है?

1. तीसरा 2. पहला
3. चौथा 4. दूसरा

69. निम्नलिखित संख्या, प्रतीक शृंखला का संदर्भ लें और नीचे दिए गए प्रश्न का उत्तर दें। गिनती केवल बाएं से दाएं की जानी है।

(बाएं) @ 5 7 ^ \ / 3 / $ % / * 2 # $ & \ / 3 > ^ (दाएं)

ऐसी कितनी संख्याएँ हैं, जिनमें से प्रत्येक के ठीक पहले एक प्रतीक और ठीक बाद एक अन्य संख्या है?

1. एक 2. एक भी नहीं
3. तीन 4. दो

70. उस युग्म का चयन करें जो नीचे दिए गए दो युग्मों के समान पैटर्न का अनुसरण करता है। दोनों युग्म एक ही पैटर्न का अनुसरण करते हैं।

KGC-GCY
YUQ-UQM

1. WSO-SOK 2. SNI-OKG
3. SOK-NKF 4. SNI-NJF

71. 2011 में, अखिल भारतीय स्तर पर लिंग-अनुपात (प्रति 1000 पुरुषों पर महिलाओं की संख्या) 943 था तथा ग्रामीण क्षेत्रों के लिए यह अनुपात .... था।

1. 929 2. 949
3. 931 4. 952

72. चेरापूंजी और मौसिनग्राम (वार्षिक वर्षा 1,080 सेमी. से अधिक होती है) मेघालय की किन पहाड़ियों में स्थित हैं?

1. शिलांग पहाड़ियां
2. जयंतिया पहाड़ियां
3. खासी पहाड़ियां
4. गारो पहाड़ियां

73. भारत सरकार ने व्यापार में विदेशी निवेश को आकर्षित करने के लिए 'विशेष आर्थिक क्षेत्र' की नीति की शुरुआत और घोषणा की। इसकी घोषणा वर्ष .... में की गई थी।

1. 2000 2. 2002
3. 2005 4. 2007

74. कानपुर में 1857 के विद्रोह का, ब्रिटिश सेना ने किसके नेतृत्व में दमन किया था?

1. सर कॉलिन कैम्पबेल (Sir Colin Campbell)
2. कर्नल ऑनसेल (Colonel Oncell)
3. जनरल ह्यूग रोज (General Hugh Rose)
4. जॉन निकोलसन (John Nicholson)

75. 'वेद' शब्द की व्युत्पत्ति निम्नलिखित में से किस मूल शब्द से हुई है?

1. वेदी 2. वेद्
3. विद् 4. वित्

76. जलवायु परिवर्तन पर संयुक्त राष्ट्र फ्रेमवर्क कन्वेंशन के 29वें कांफ्रेंस ऑफ पार्टीज (COP-29) का आयोजन, 11-22 नवंबर 2024 तक .... में किया गया।

1. अजरबैजान 2. इटली
3. कनाडा 4. भारत

77. निम्नलिखित में से कौन-सी फसल, नाइट्रोजन स्थिरीकरण के माध्यम से, मृदा की प्राकृतिक उर्वरता बढ़ाती है?

1. दलहन
2. जड़ वाली सब्जियाँ
3. तिलहन
4. धान्य फसलें

78. किस अनुच्छेद में उल्लिखित है कि राज्य लोगों के कल्याण को बढ़ावा देने का प्रयास करेगा?

1. अनुच्छेद 36
2. अनुच्छेद 38
3. अनुच्छेद 39
4. अनुच्छेद 40

79. सितंबर 2024 में, भारत का वस्तु एवं सेवा कर (GST) संग्रह कितना था?

1. ₹ 1,65,000 करोड़
2. ₹ 1,73,240 करोड़
3. ₹ 1,70,500 करोड़
4. ₹ 1,80,000 करोड़

80. भारत में उच्च न्यायालय के न्यायाधीश को हटाने के संबंध में निम्नलिखित में से कौन-सा कथन सत्य है?

1. किसी न्यायाधीश को राष्ट्रपति द्वारा तय किए गए किसी भी आधार पर हटाया जा सकता है।
2. उच्च न्यायालय के न्यायाधीश को हटाने की प्रक्रिया सर्वोच्च न्यायालय के न्यायाधीश से भिन्न होती है।
3. किसी न्यायाधीश को संसद में विशेष बहुमत द्वारा समर्थित अभिभाषण के बाद ही हटाया जा सकता है।
4. राष्ट्रपति किसी भी संसदीय हस्तक्षेप के बिना किसी न्यायाधीश को हटा सकते हैं।

81. निवेशकों का विश्वास बढ़ाने और आर्थिक सहयोग बढ़ाने के लिए, 27 सितंबर 2024 को किन दो देशों ने द्विपक्षीय निवेश संधि (Bilateral Investment Treaty-BIT) पर हस्ताक्षर किए?

1. भारत और उज्बेकिस्तान
2. यूएसए और फिलीपींस
3. दक्षिण कोरिया और फ्रांस
4. श्रीलंका और केन्या

82. भारतीय संविधान का कौन-सा अनुच्छेद, नीति निदेशक सिद्धांत के रूप में अंतर्राष्ट्रीय शांति और सुरक्षा को बढ़ावा देने का प्रावधान करता है?

1. अनुच्छेद 44
2. अनुच्छेद 48
3. अनुच्छेद 51
4. अनुच्छेद 41

83. 1857 का विद्रोह कब आरंभ हुआ था?
1. 11 मई 1857
2. 11 जून 1857
3. 10 मई 1857
4. 10 जून 1857

84. सर्दियों के महीनों के दौरान, भारत में मौसम की स्थिति मुख्यतः किस क्षेत्र पर उच्च दाब तंत्र से प्रभावित होती है?
1. मध्य और पश्चिमी एशिया
2. मध्य और पूर्वी एशिया
3. मध्य और पश्चिमी ऑस्ट्रेलिया
4. मध्य और दक्षिणी यूरोप

85. अनुच्छेद 370 के निरस्त होने के बाद जम्मू-कश्मीर के मुख्यमंत्री बने उमर अब्दुल्ला किस राजनीतिक पार्टी से संबंधित है?
1. जम्मू और कश्मीर नेशनल पैंथर्स पार्टी (Jammu and Kashmir National Panthers Party)
2. नेशनल कॉन्फ्रेंस (National Conference)
3. पीपुल्स डेमोक्रेटिक पार्टी (People's Democratic Party)
4. भारतीय राष्ट्रीय कांग्रेस (Indian National Congress)

86. 1906 के कलकत्ता अधिवेशन में, भारतीय राष्ट्रीय कांग्रेस के लक्ष्य के रूप में निम्नलिखित में से किसने सबसे पहले स्वराज या स्व-शासन की मांग की थी?
1. ए.ओ. ह्यूम
2. सुभाष चंद्र बोस
3. बाल गंगाधर तिलक
4. दादाभाई नौरोजी

87. राष्ट्रीय अनुसूचित जनजाति आयोग (NCST) को संवैधानिक दर्जा किस संवैधानिक संशोधन द्वारा प्रदान किया गया?
1. 102वें संशोधन अधिनियम
2. 89वें संशोधन अधिनियम
3. 85वें संशोधन अधिनियम
4. 10वें संशोधन अधिनियम

88. भारत सरकार की स्वर्णिम चतुर्भुज परियोजना वर्ष 2001 में शुरू की गई थी, इस परियोजना का उद्देश्य .... का विकास करना था।
1. राजमार्गों 2. रेलवे
3. हवाई अड्डों 4. जलमार्गों

89. वास्तविक गैसें अपने अणुओं के बीच अंतर आणविक अन्योन्यक्रियाओं के कारण आदर्श गैस नियम से विचलित हो जाती हैं। आदर्श गैस दाब की तुलना में वास्तविक गैस के दाब के संबंध में निम्नलिखित में से कौन-सा कथन सही है?
1. वास्तविक गैस के दाब में वृद्धि संशोधन पद तक होती है जो आयतन के वर्ग के व्युत्क्रमानुपाती होता है।
2. वास्तविक गैस के दाब में कमी संशोधन पद तक होती है जो आयतन के वर्ग के अनुक्रमानुपाती होता है।

3. वास्तविक गैस के दाब में वृद्धि, संशोधन पद तक होती है जो आयतन के वर्ग के अनुक्रमानुपाती होता है।
4. वास्तविक गैस के दाब में कमी, संशोधन पद तक होती है जो आयतन के वर्ग के व्युत्क्रमानुपाती होता है।

90. बंगाल की खाड़ी से उत्पन्न होने वाले उष्णकटिबंधीय अवदाब की आवृत्ति और मार्ग मुख्यतः निम्नलिखित में से किसकी स्थिति से निर्धारित होते हैं?
1. भूमध्य रेखा
2. कर्क रेखा
3. मकर रेखा
4. अंतः-उष्णकटिबंधीय अभिसरण क्षेत्र (ITCZ)

91. निम्नलिखित में से कौन-सा पवित्र ग्रंथ प्रारंभिक वैदिक काल के सामाजिक और आर्थिक जीवन के बारे में अधिकांश जानकारी प्रदान करता है?
1. उपनिषद 2. रामायण
3. वेद 4. महाभारत

92. भारत की पहली बुलेट ट्रेन परियोजना निम्नलिखित में से किन शहरों के बीच निर्माणाधीन है?
1. अहमदाबाद - मुंबई
2. मुंबई - बैंगलोर
3. दिल्ली - लखनऊ
4. चेन्नई - हैदराबाद

93. निम्नलिखित में से किस युद्ध के बाद भारत में ब्रिटिश कंपनी शासन की औपचारिक शुरुआत हो गई थी?
1. दूसरा कर्नाटक युद्ध
2. पानीपत का तीसरा युद्ध
3. प्लासी का युद्ध
4. बक्सर का युद्ध

94. अगस्त 2024 में, मद्रास उच्च न्यायालय ने निम्नलिखित में से किस धारा को असंवैधानिक घोषित किया?
1. रजिस्ट्रीकरण अधिनियम की धारा 45
2. रजिस्ट्रीकरण अधिनियम की धारा 50
3. रजिस्ट्रीकरण अधिनियम की धारा 77-A
4. रजिस्ट्रीकरण अधिनियम की धारा 123

95. वित्तीय वर्ष 2025 की दूसरी तिमाही (Q2 FY25) के लिए एचडीएफसी (HDFC) बैंक का निवल ब्याज मार्जिन (NIM) कितना था?
1. 3.50% 2. 3.47%
3. 3.46% 4. 3.55%

96. थार मरुस्थल में निम्नलिखित में से किस प्रकार की वनस्पति, सामान्य रूप से पाई जाती हैं?
1. उष्णकटिबंधीय सदाबहार वन
2. मरुद्भिद झाड़ियाँ और घास
3. मैंग्रोव
4. सघन शीतोष्ण वन

113. 1991 के बाद भारत में आर्थिक सुधारों की मुख्य विशेषता क्या थी?

1. विदेशी निवेश पर सख्त नियंत्रण
2. व्यापार नीतियों का उदारीकरण
3. निजी क्षेत्र की भागीदारी में कमी
4. उद्योगों का राष्ट्रीयकरण

114. निम्नलिखित को सुमेलित कीजिए।

सिंधु घाटी सभ्यता स्थल	उत्खननकर्ता
A. हड़प्पा	I. आर. राव
B. धोलावीरा	II. जे. पी. जोशी
C. सरकोटदा	III. आर. एस. बिष्ट
D. लोथल	IV. दया राम साहनी

1. A-I; B-III; C-II; D-IV
2. A-IV; B-III; C-II; D-I
3. A-III; B-I; C-IV; D-II
4. A-II; B-IV; C-III; D-I

115. भारतीय सेना ने नवंबर 2024 में अहमदाबाद और पोरबंदर में निम्नलिखित में से कौन-सा बहुपक्षीय वार्षिक संयुक्त मानवीय सहायता और आपदा राहत (HADR) अभ्यास आयोजित किया?

1. संयुक्त विमोचन 2024
2. ऑपरेशन कावेरी
3. ऑपरेशन करुणा
4. ऑपरेशन विजय 2024

116. निम्नलिखित में से किसने गुप्त कांग्रेस रेडियो की स्थापना की थी, जिसने स्वतंत्रता और ब्रिटिश विरोधी प्रचार के संदेश प्रसारित किए थे और स्वतंत्रता संग्राम में महत्वपूर्ण योगदान दिया था?

1. सुनीता कृष्णन
2. कल्पना दत्ता
3. उषा मेहता
4. अरुणा रॉय

117. गैसीय चालक का उदाहरण .... है।

1. नाइट्रोजन
2. ऑक्सीजन
3. क्लेदित वायु
4. आर्गन

118. भारतीय संविधान का अनुच्छेद 356 मुख्य रूप से किससे संबंधित है?

1. राज्यों में राष्ट्रपति शासन
2. मौलिक कर्तव्य
3. राष्ट्रीय आपातकाल
4. जम्मू और कश्मीर के लिए विशेष प्रावधान

119. मीरानंदा बारठाकुर एक प्रसिद्ध ...... नर्तकी हैं।

1. मणिपुरी
2. सत्रिया
3. कत्थक
4. कुचिपुड़ी

120. भारत सरकार ने पहली बार जेंडर बजट वक्तव्य (Gender budget statement), वर्ष .... में प्रस्तुत किया था।

1. 2001-2002
2. 2002-2003
3. 2004-2005
4. 2005-2006

व्याख्यात्मक उत्तर

1. (4): माना आयुषी और अनमोल की आयु क्रमशः $2x$ वर्ष और $7x$ वर्ष है।
तब, 4 वर्ष बाद

$$\frac{2x+4}{7x+4} = \frac{3}{8}$$

$\Rightarrow \quad 8(2x + 4) = 3(7x + 4)$
$\Rightarrow \quad 16x + 32 = 21x + 12$
$\Rightarrow \quad 21x - 16x = 32 - 12$
$\Rightarrow \quad 5x = 20$
$\Rightarrow \quad x = 4$

$\therefore$ उनकी वर्तमान आयु में अंतर
$= 7x - 2x = 5x = 5 \times 4 = 20$ वर्ष।

2. (1): एक धातु की शीट का आयतन
$= 36 \times 6 \times 1\ cm^3$
$\because$ धातु की शीट को पिघलाकर एक घन बनाया जाता है।
$\therefore$ घन का आयतन $= 36 \times 6\ cm^3$
$\Rightarrow$ (भुजा)$^3 = (6)^3\ cm^3$
$\Rightarrow$ भुजा $= 6$ cm
$\therefore$ घन के कोर की लंबाई $= 6$ cm

3. (3): एक दौड़ में, एक एथलीट पहले चक्कर में चाल
$= \frac{408\ m}{68\ S} = 6$ m/sec

और दूसरे चक्कर में चाल $= \frac{408\ m}{136\ S}$
$= 3$ m/sec

$\therefore$ एथलीट की औसत चाल $= \frac{2xy}{x+y}$

$= \frac{2\times6\times3}{6+3} = \frac{2\times6\times3}{9} = 4$ m/sec.

4. (4): $\sqrt{144}+\sqrt{0.0196}-\sqrt{6.76}$
$= 12 + 0.14 - 2.6$
$= 12.14 - 2.6 = 9.54.$

5. (1): माना सुधीर ने x दर्जन सामान खरीदा तब, सामान का क्रय मूल्य
$= x \times ₹\ 7380 = ₹\ 7380x$
और सामान का विक्रय मूल्य
$= 12x \times ₹\ 575 = ₹\ 6900x$
$\therefore$ हानि = क्रय मूल्य − विक्रय मूल्य
$= 7380x - 6900x$
$= ₹\ 480x$

$\therefore$ हानि% $= \frac{\text{हानि}\times100}{\text{क्रय मूल्य}}$

$= \frac{480x\times100}{7380x} = 6.50\%.$

6. (2): $41 - [36 - \{48 \div 2 - (5 - 6 \div 2) \div 2\}]$
$= 41 - [36 - \{48 \div 2 - (5 - 3) \div 2\}]$
$= 41 - [36 - \{48 \div 2 - 2 \div 2\}]$
$= 41 - [36 - \{24 - 1\}]$
$= 41 - [36 - 23]$
$= 41 - 13$
$= 28$

7. (3)

8. (3): कार्य के कुशलता का अनुपात
अभिनव : अर्पण = 3 : 1
कार्य के दिन का अनुपात
अभिनव : अर्पण = 1 : 3
प्रश्नानुसार,
$3x - x = 34$
$\Rightarrow \quad 2x = 34$
$\Rightarrow \quad x = 17$
$\therefore \quad 3x = 3 \times 17$
$= 51$
$\therefore$ उसी कार्य को अर्पण 51 दिनों में पूरा कर सकता है।

9. (1)

10. (3): बैंक A की साधारण ब्याज

$= \frac{\text{मूलधन} \times \text{समय} \times \text{दर}}{100}$

$= \frac{₹\, 360000 \times 4 \times 3.5}{100}$

$= 3600 \times 14$

$= ₹\ 50400$

और बैंक B की साधारण ब्याज

$= \frac{₹\, 360000 \times 4 \times 6}{100}$

$= 3600 \times 24$

$= ₹\ 86400$

अब, साधारण ब्याज की राशियों के बीच साधारण अंतर

$= 86400 - 50400 = ₹\ 36000.$

11. (2): एक बेलनाकार छड़ का बाह्य वक्र पृष्ठीय क्षेत्रफल $= 1900\ cm^2$

$\Rightarrow 2\pi rh = 1900$

$\Rightarrow 2 \times \frac{22}{7} r \times 39\ cm = 1900\ cm^2$

$r = \frac{1900 \times 7}{2 \times 22 \times 39} = \frac{13300}{1760}$

$= \frac{1330}{176}\ cm$

$\therefore$ छड़ की बाह्य त्रिज्या $= r = 7.75\ cm$

12. (3): माना जनरल स्टोर मालिक द्वारा दी गई छूट का प्रतिशत x है।

तब, $220 \times \frac{(100 - x)}{100} = 200$

$\Rightarrow 100 - x = \frac{200 \times 100}{220}$

$\Rightarrow 100 - x = \frac{200 \times 10}{22}$

$\Rightarrow 100 - x = \frac{100 \times 10}{11}$

$\Rightarrow x = 100 - \frac{1000}{11}$

$\Rightarrow x = \frac{1100 - 1000}{11}$

$\Rightarrow x = \frac{100}{11} = 9.09\%.$

13. (2): चक्रवृद्धि ब्याज

$= P\left(1 + \frac{r}{100}\right)^n - P$

$= P\left[\left(1 + \frac{r}{100}\right)^n - 1\right]$

$= 18000\left[\left(1 + \frac{r}{100}\right)^2 - 1\right]$

और साधारण ब्याज

$= \frac{Prt}{100} = \frac{18000 \times r \times 2}{100}$

प्रश्नानुसार,

$18000\left[\left(1 + \frac{r}{100}\right)^2 - 1\right] - \frac{18000 \times 2r}{100}$

$= 405$

$\Rightarrow 18000\left[\left(1 + \frac{r}{100}\right)^2 - 1 - \frac{2r}{100}\right] = 405$

$\Rightarrow 18000\left[1 + \frac{r^2}{10000} + \frac{2r}{100} - 1 - \frac{2r}{100}\right] = 405$

$\Rightarrow 18000\left[\frac{r^2}{10000}\right] = 405$

$\Rightarrow r^2 = \frac{405 \times 10}{18}$

$\Rightarrow r^2 = 45 \times 5 = 225$

$\Rightarrow r = 15\%.$

14. (2): $3\frac{1}{2} + 4\frac{3}{4} - 5\frac{3}{8} + 2\frac{1}{4} - 3\frac{1}{8}$

$= \frac{7}{2} + \frac{19}{4} - \frac{43}{8} + \frac{9}{4} - \frac{25}{8}$

$= \frac{7}{2} + \frac{19}{4} + \frac{9}{4} - \frac{43}{8} - \frac{25}{8}$

$= \frac{14+19+9}{4} - \frac{43+25}{8} = \frac{42}{4} - \frac{68}{8}$

$= \frac{84-68}{8} = \frac{16}{8} = 2$

15. (3): यहाँ प्रत्येक भाजक तथा संगत शेषफल का अंतर

= (20 – 14)
= (25 – 19)
= (35 – 29)
= (40 – 34)
= 6

∴ अभीष्ट संख्या = (20, 25, 35, 40 का ल.स.) – 6
= 1400 – 6 = 1394

16. (4): 10, 7 और 4 का ल.स.

10 = 2 × 5
7 = 7
$4 = 2^2$

$= 2^2 \times 5 \times 7 = 140$

17. (4): 1 पुरुष का 1 दिन का कार्य

$= \frac{1}{6 \times 12} = \frac{1}{72}$

और 1 महिला 1 दिन का कार्य

$= \frac{1}{4 \times 18} = \frac{1}{72}$

∴ (2 महिला + 2 पुरुष) का 1 दिन का कार्य

$= \frac{2}{72} + \frac{2}{72} = \frac{2+2}{72\ 72} = \frac{4}{72} = \frac{1}{18}$

अतः 2 महिलाएँ और 2 पुरुष इसे 18 दिनों में पूरा कर सकते हैं।

18. (4): दिया है, पाँच संख्याओं का योगफल
= 655 ...(*i*)

पहली दो संख्याओं का योग
= 2 × 78 = 156

और तीसरी संख्या = 130

∴ तीन संख्याओं का योग
= 156 + 130 = 286 ...(*ii*)

(*i*) और (*ii*) से,
शेष दो संख्याओं का योग
= 655 – 286 = 369

∴ शेष दो संख्याओं का औसत $= \frac{369}{2}$
= 184.5.

19. (4): दिया है, एक लड़का के दौड़ की चाल = 9 km/h

$= 9 \times \frac{5}{18} = \frac{5}{2}$ m/s

और एक वर्गाकार मैदान की एक भुजा
= 51 मीटर

∴ वर्गाकार मैदान की परिमाप = 4 × 51 = 204 मी.

अतः वर्गाकार मैदान का एक पूर्ण चक्कर लगाने में लिया गया समय

$= \frac{\text{दूरी}}{\text{चाल}} = \frac{204}{\frac{5}{2}}$ सेकंड

$= \frac{204 \times 2}{5} = \frac{408}{5} = 81.6$ सेकंड

20. (2): एक उबेर ऑटो की चाल

$= \frac{\text{दूरी}}{\text{समय}} = \frac{120 \text{ km}}{20 \text{ hr}} = 6$ km/hr.

21. (2): दिया है, *k* का 35% = 25 का 1200% – 20

$\Rightarrow k \times \frac{35}{100} = 25 \times \frac{1200}{100} - 20$

$\Rightarrow \frac{7}{20} k = 300 - 20$

$\Rightarrow k = \frac{280 \times 20}{7}$

$\Rightarrow k = 800$

22. (2)

23. (3): 1 kg मिश्रण का विक्रय मूल्य
= ₹ 54.6,

लाभ = 40%

$\therefore$ 1 kg मिश्रण का क्रय मूल्य

$= ₹\ 54.6 \times \frac{100}{140} = 54.6 \times \frac{10}{14}$

$= ₹\ 39$

अब, मिश्रण नियम द्वारा

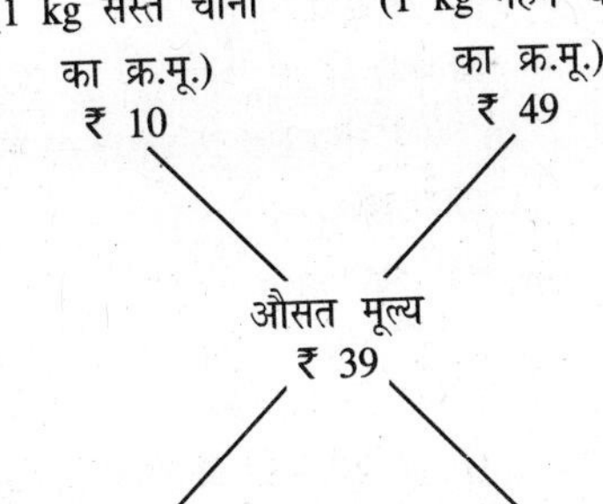

$\therefore$ मिश्रण का अभीष्ट अनुपात = 10 : 29.

24. (1): $14^{-10} \div 14^{13} \times 14^{-7}$

$= 14^{-10} \times \frac{1}{14^{13}} \times 14^{-7}$

$= 14^{-23} \times 14^{-7}$

$= 14^{-30}$

25. (3): माना राकेश और शिवम की मासिक आय क्रमशः ₹ $5x$ और ₹ $7x$ है और व्यय ₹ y और ₹ $3y$ है

तब, $5x - y = 87000$ ...(*i*)

$7x - 3y = 87000$ ...(*ii*)

(*i*) और (*ii*) से,

$5x - y = 7x - 3y$

$\Rightarrow 7x - 5x = 3y - y$

$\Rightarrow 2x = 2y$

$\Rightarrow x = y$ ...(*iii*)

(*i*) और (*iii*) से

$5x - x = 87000$

$\Rightarrow 4x = 87000$

$\Rightarrow x = 21750$

$\therefore$ राकेश की मासिक आय $= 5x$

$= 5 \times ₹21750$

$= ₹\ 108750$

26. (2): चक्रवृद्धि ब्याज

$= P\left(1+\frac{r}{100}\right)^n - P$

$= P\left[\left(1+\frac{r}{100}\right)^n - 1\right]$

$= 75000\left[\left(1+\frac{10}{100}\right)^2 - 1\right]$

$= 75000\left[\left(\frac{11}{10}\right)^2 - 1\right]$

$= 75000\left[\frac{121}{100} - 1\right]$

$= 75000 \times \frac{21}{100}$

$= 750 \times 21$

$= ₹\ 15750.$

27. (3): अभीष्ट औसत $= \frac{432}{10} = 43.2$

28. (2): दिया है, एक आयताकार मैदान का क्षेत्रफल = 2400 m^2

$\Rightarrow$ लंबाई × चौड़ाई = 2400

$\Rightarrow$ 80 × चौड़ाई = 2400

$\Rightarrow$ चौड़ाई = 30 m

$\therefore$ इसका परिमाप = 2(लंबाई + चौड़ाई)

= 2(80 + 30) = 220 m.

29. (2): दिया है, संख्या = 3785p

p = 7 अभाज्य संख्या रखने पर, संख्या 3 से पूर्णतः विभाज्य होगी।

$\therefore$ 37857 ÷ 3 = 12619

30. (3): माना अंकित मूल्य ₹ x है।

तब, $x \times \frac{100-25}{100} = 660$

$\Rightarrow x \times \frac{3}{4} = 660$

$\Rightarrow x = 660 \times \frac{4}{3} = 220 \times 4$

$x = ₹\ 880$

31. (1): $\because$ हानि = क्र.मू. – वि.मू.
= 600 – 540 = ₹ 60
$\therefore$ हानि%

$$= \frac{\text{हानि} \times 100}{\text{क्र.मू.}} = \frac{60 \times 100}{600} = 10\%$$

32. (4): यहाँ,
a = पहला पद = 2
d = सर्वनिष्ट अंतर = 2
n = पदों की संख्या = 118
n पदों का योग = S_n

$$= \frac{n}{2}[2a + (n-1)d]$$

$$\therefore S_{118} = \frac{118}{2}[2 \times 2 + (118-1) \times 2]$$

$$= \frac{118}{2} \times 2[2 + (117)]$$

= 118 × 119
$\therefore$ प्रथम 118 सम संख्याओं का योग
= 118 × 119
$\therefore$ प्रथम 118 सम संख्याओं का औसत

$$= \frac{118 \times 119}{118} = 119$$

33. (2): $\frac{(3.49)^2 - (1.71)^2}{3.49 - 1.71}$

$$= \frac{(3.49 - 1.71)(3.49 + 1.71)}{(3.49 - 1.71)}$$

= 3.49 + 1.71 = 5.20.

34. (1): परी के लिए ड्रेस का क्रय मूल्य
= ₹ 10,000
मिक्की के लिए ड्रेस का क्रय मूल्य

$$= 10,000 \times \frac{120}{100}$$

= ₹ 12000
₹ 2000 व्यय के बाद ड्रेस का क्रय मूल्य
= 12000 + 2000
= ₹ 14000

अब, स्नेहा के लिए ड्रेस का क्रय मूल्य

$$= 14000 \times \frac{100-10}{100}$$

$$= 14000 \times \frac{90}{100}$$

= ₹12,600
$\therefore$ ड्रेस के लिए स्नेहा द्वारा भुगतान की गई राशि ₹ 12,600 थी।

35. (4): दोनों पाइपों का 1 घंटे का भराव कार्य

$$= \frac{1}{8} - \frac{1}{72} = \frac{9-1}{72} = \frac{8}{72} = \frac{1}{9}$$

$\because$ टंकी को पूरा भरने में 9 घंटे लगेगा
$\therefore$ टंकी को $\frac{2}{3}$ भाग भरने में $9 \times \frac{2}{3}$
= 6 घंटे का समय लगेगा
$\therefore$ अभीष्ट समय = 6 घंटे।

36. (4):

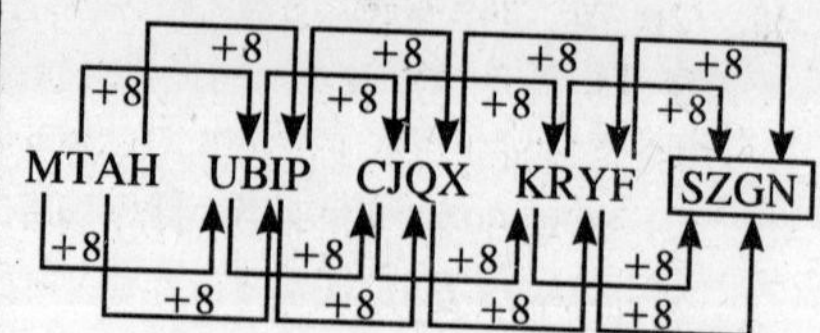

यहाँ शृंखला में प्रश्न-चिह्न के स्थान पर SZGN आना चाहिए।

37. (1):

(1) PY – IN (−2, +10)
(2) AO – PF (+5, +1)
(3) KY – ZP (+5, +1)
(4) QE – FV (+5, +1)

यहाँ, विकल्प (1) का युग्म उस ग्रूप से संबंधित नहीं है।

38. (2): दिया है,
'have a party' = 'ds fg rt' ...(*i*)

और,

'party and enjoy' = 'tr ds gf'...(*ii*)

(*i*) और (*ii*), से,

'party' = ds

∴ दी गई भाषा में 'party' को ds के रूप में कूटबद्ध किया गया है।

39. **(4):** दिए गए कथन सेः

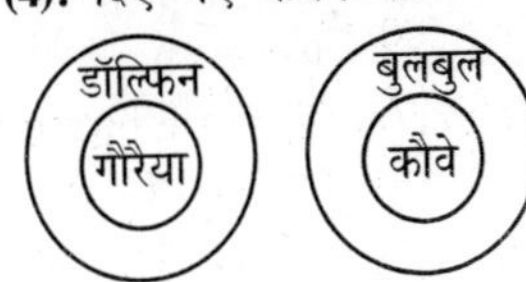

निष्कर्षः

(I) कुछ डॉल्फिन, बुलबुल है। (असत्य)

(II) कोई कौवे, गौरैया नहीं है। (सत्य)

यहाँ, केवल निष्कर्ष (II) अनुसरण करता है।

40. **(2):** दिए गए शृंखला सेः

@ 3?, *7#, *9\

यहाँ 3 संख्याएं ऐसी है, जिनमें से प्रत्येक के ठीक पहले एक प्रतीक और ठीक बाद में भी एक प्रतीक है।

41. **(3):** दिया है,

'DIME' = '4691' ...(*i*)

और, 'MADE' = '9412' ...(*ii*)

(*i*) और (*ii*) से

I = 6 और A = 2

∴ दी गई कूट भाषा में 'A' के लिए कूट '2' है।

42. **(3)**

43. **(4):** दिया है, + = ×, – = ÷

$\therefore 32 \div 12 - 6 \times 2 + 3$

$= 32 - 12 \div 6 + 2 \times 3$

$= 32 - 2 + 2 \times 3$

$= 32 - 2 + 6$

$= 38 - 2 = 36.$

44. **(1):** दिया है,

CUS : EQV (–4, +2, +3)   EYA : GUC (–4, +2, +2)

इसी प्रकार,

VIK : XEM (–4, +2, +2)

यहाँ, विकल्प (1) दिए गए पैटर्न का अनुसरण करता है।

45. **(1):** 12, 30

$\Rightarrow 30 - 12 \times 2 = 30 - 24 = 6,$

16, 38

$\Rightarrow 38 - 16 \times 2 = 38 - 32 = 6$

इसी प्रकार, 10, 26

$\Rightarrow 26 - 10 \times 2 = 26 - 20 = 6$

∴ विकल्प (1) उसी संबंध को साझा करती है जो दिए गए संख्या-युग्मों द्वारा साझा किया गया है।

46. **(1):** दिया है, P, Q, R, S, T, U और V एक गोल मेज के परितः केंद्र की ओर अभिमुख होकर बैठे हैं।

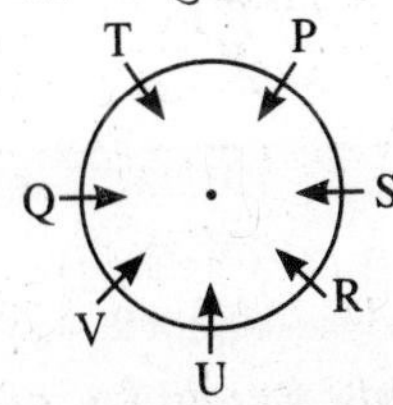

यहाँ, P के दाईं ओर से गिनने पर, R और P के बीच 4 व्यक्ति बैठे हैं।

47. **(4):** (1) PR – SU (+5, +1)

(2) CE – FH (+5, +1)

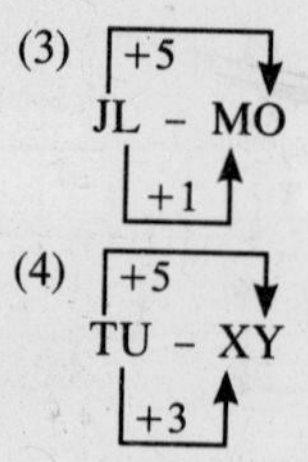

यहाँ, विकल्प (4) का अक्षर-समूह-युग्म उस ग्रूप से संबंधित नहीं है।

48. (1): दिए गए कथन से,

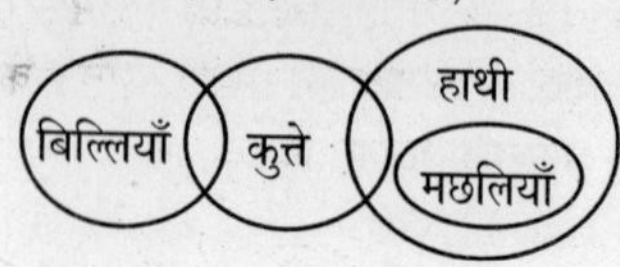

निष्कर्ष:

I. कुछ हाथी, बिल्लियाँ हो सकते हैं। (सत्य)

II. कम-से-कम कुछ मछलियाँ, कुत्ते हैं। (असत्य)

यहाँ, केवल I, अनुसरण करता है।

49. (1):

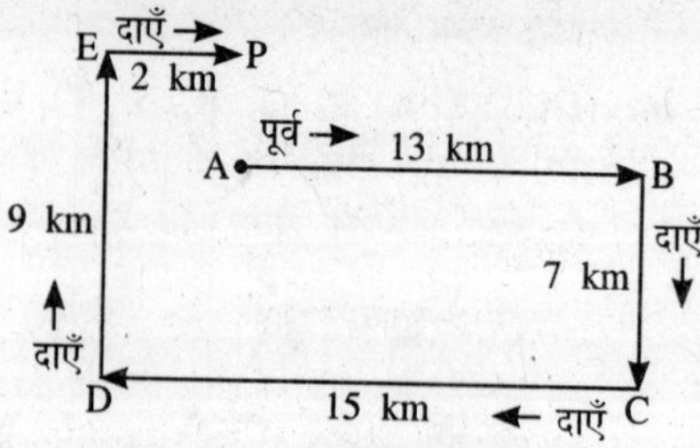

यहाँ, A = प्रारंभिक बिंदू,

और P = अंतिम बिंदू

$\because$ AB + EP = 13 + 2 = 15 km

$\therefore$ AB + EP = CD = 15 km

और PA + BC = CD = 9 km

$\Rightarrow$ PA + 7 = 9

$\Rightarrow$ PA = 9 – 7 = 2 km

$\Rightarrow$ PA = 2 km

$\therefore$ बिंदु A पर वापस पहुँचने के लिए कविश को P से 2 km दक्षिण की ओर ड्राइव करना होगा।

50. (3): दिया है, P, Q, R, S, T, U और V एक गोल मेज के परितः केंद्र की ओर अभिमुख होकर बैठे हैं।

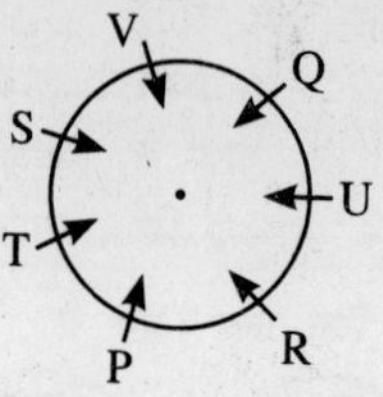

यहाँ, U के दाएं से गिनने पर, P और U के बीच 4 व्यक्ति बैठे हैं।

51. (2):

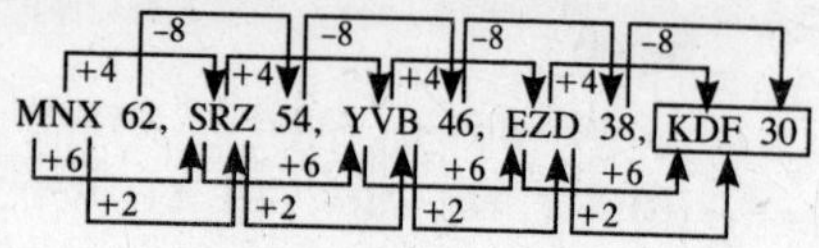

$\therefore$ शृंखला में अगला पद = ? = KDF 30

52. (1):

$\therefore$ दी गई शृंखला में प्रश्न-चिह्न के स्थान पर 894 आना चाहिए।

53. (1):

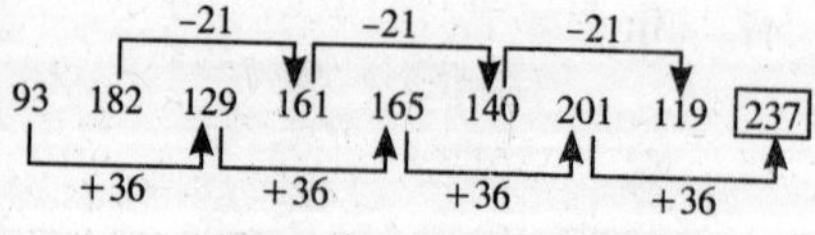

$\therefore$ शृंखला में प्रश्नवाचक चिह्न के स्थान पर 237 आएगा।

54. (3): दिया है,

व्यंजक = E ~ N ? J + O × Y

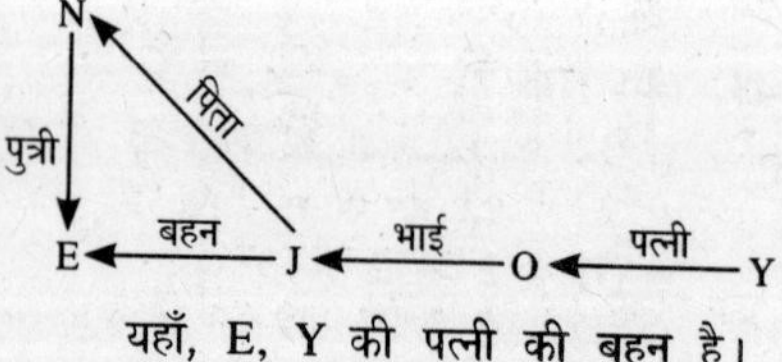

यहाँ, E, Y की पत्नी की बहन है।

55. (3):

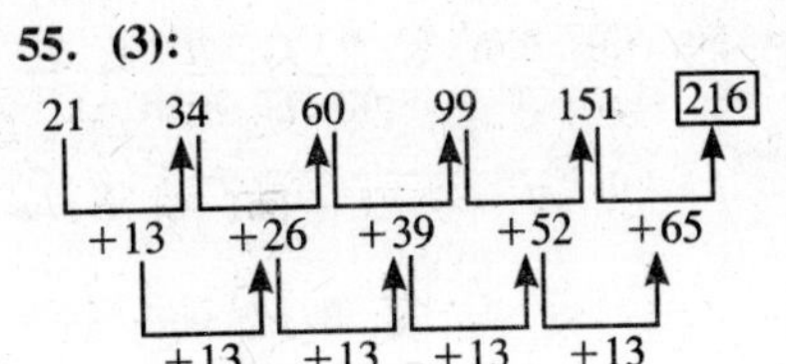

∴ शृंखला में प्रश्न-चिह्न के स्थान पर 216 आएगा।

56. (1): दिया है, + = –, – = ×, × = ÷, ÷ = +

∴ 63 ÷ 70 × 14 – 12 + 15
= 63 + 70 ÷ 14 × 12 – 15
= 63 + 5 × 12 – 15
= 63 + 60 – 15
= 123 – 45
= 108.

57. (4):

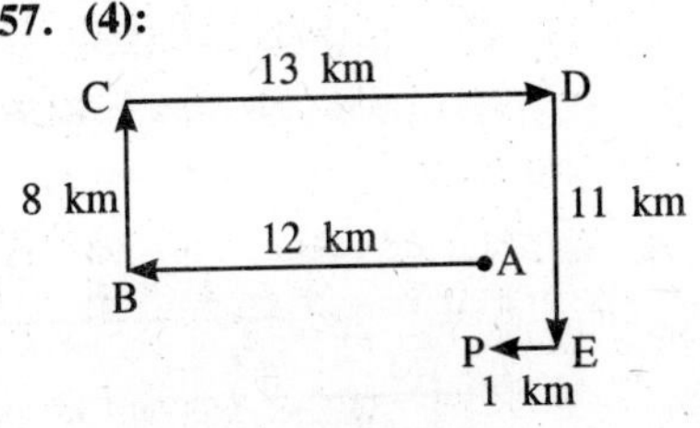

यहाँ, A = प्रारंभिक बिंदु
P = अंतिम बिंदु

∵ PA + BC = DE
∴ PA + 8 = 11
⇒ PA = 11 – 8 = 3
⇒ PA = 3 km

∴ डैनियल को बिंदु A पर वापस पहुँचने के लिए उसे 3 km उत्तर दिशा में ड्राइव करना होगा।

58. (2): दिया है, XZ 42 का संबंध ZX 41 से है।

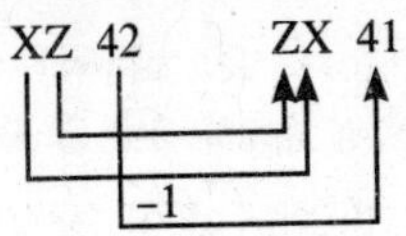

ST 35 का संबंध TS 34 से है।

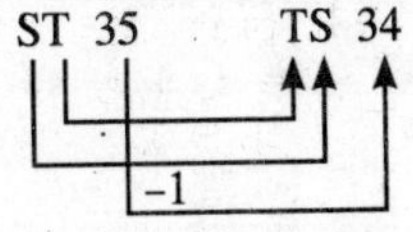

उसी प्रकार,

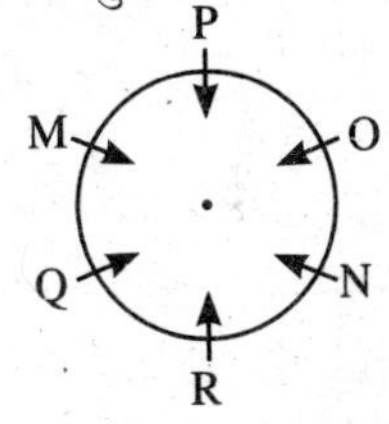

∴ QR 33 का संबंध RQ 32 से है।

59. (3): दिया है, M, N, O, P, Q और R एक गोल मेज के परितः केंद्र की ओर अभिमुख होकर बैठे हैं।

यहाँ, R के ठीक दाएं पड़ोस में N बैठा है।

60. (4): दिए गए कथन से,

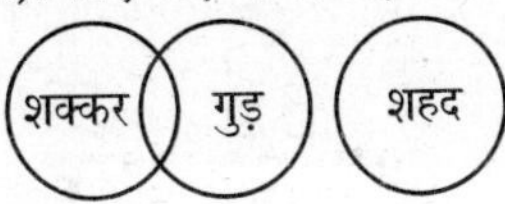

निष्कर्षः

I. कुछ शक्कर, शहद है। (असत्य)
II. कुछ गुड़, शक्कर है। (सत्य)

यहाँ, केवल निष्कर्ष II अनुसरण करता है।

61. (4): दी गई शृंखला से,

814, 414

∴ ऐसे दो विषम अंक है, जिनमें से प्रत्येक के ठीक पहले एक सम अंक है तथा ठीक बाद एक पूर्ण वर्ग अंक है।

62. (4): दिया है,

÷ = +, और – = ×

∴ 40 × 6 – 24 + 4 ÷ 5
= 40 – 6 × 24 ÷ 4 + 5
= 40 – 6 × 6 + 5

= 40 − 36 + 5 = 45 − 36
= 9.

63. (3): दिया है,
'ORANGE' = '321965' ...(*i*)
और 'BANANA' = '496969'...(*ii*)
(*i*) और (*ii*) से
A = 9, N = 6
∴ दी गई कूट भाषा में 'A' के लिए कूट 9 है।

64. (1)

65. (3):

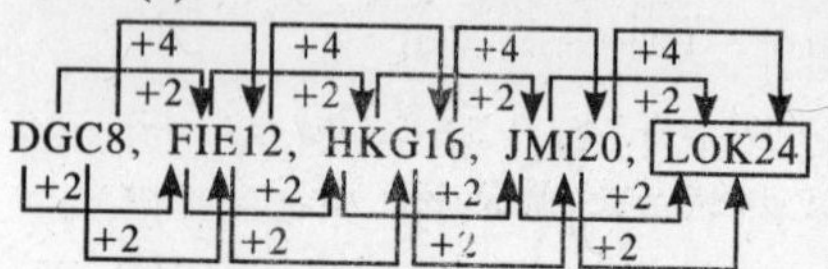

∴ अगला अक्षर-समूह = ? = LOK 24

66. (3): दिया है:
सात बॉक्स एक के ऊपर एक रखे गए हैं।

G
D
A
E
B
C
F

यहाँ, G और E के बीच 2 बॉक्स रखे गए हैं।

67. (1): दिया है, व्यंजक = M/Q × T − B + S

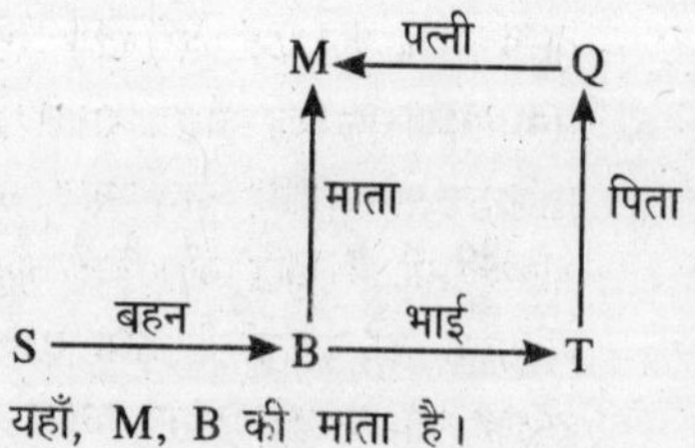

यहाँ, M, B की माता है।

68. (1): दिया है, छात्रों की संख्या = 19

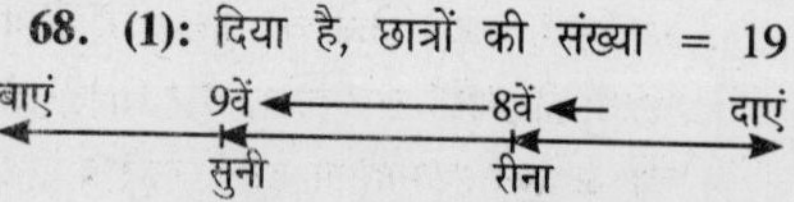

∵ रीना दाएं छोर से 8वें स्थान पर है। और सुनी, रीना के बाएं से 9वें स्थान पर है।

∴ सुनी का स्थान दाएँ से 8 + 9 = 17वाँ है।

अतः पंक्ति के बाएं छोर से सुनी का स्थान
= 19 − 17 + 1
= 3 (तीसरा)

69. (1): दिए गए शृंखला से: @57
यहाँ ऐसी एक संख्या है, जिसमें ठीक पहले एक प्रतीक और ठीक बाद एक अन्य संख्या है।

70. (1): दिया है, युग्म:

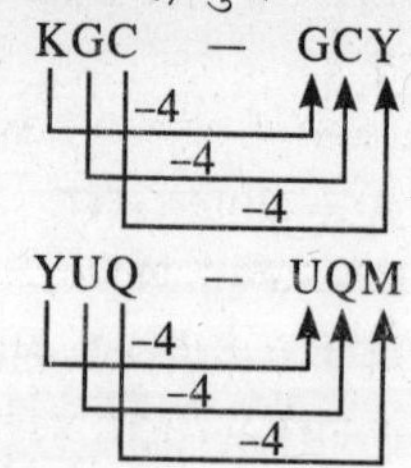

इसी प्रकार,

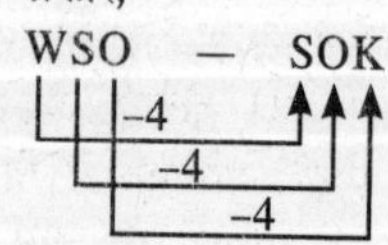

∴ विकल्प (1), दिए गए दो युग्मों के समान पैटर्न का अनुसरण करता है।

71. (2): 2011 की जनगणना के अनुसार, भारत के ग्रामीण क्षेत्रों में लिंग अनुपात 949 महिलाओं प्रति 1000 पुरुषों पर था, जबकि कुल राष्ट्रीय औसत 943 था। ग्रामीण क्षेत्रों में पारंपरिक सामाजिक

संरचनाएँ, शहरी क्षेत्रों की तुलना में लिंग चयन की प्रवृत्ति कम होना, और महिलाओं की अधिक सहभागिता इसके कारण माने जाते हैं।

72. **(3):** चेरापूंजी और मौसिनराम मेघालय की खासी पहाड़ियों में स्थित हैं, जहाँ वार्षिक वर्षा 1080 सेमी. से अधिक होती है। यह अत्यधिक वर्षा बंगाल की खाड़ी से आने वाली आर्द्र मानसूनी हवाओं के खासी पहाड़ियों से टकराने के कारण होती है। पहाड़ियों की ऊँचाई और ढलवां बनावट इस क्षेत्र को विश्व में सबसे अधिक वर्षा वाला क्षेत्र बनाती है।

73. **(1):** भारत सरकार ने विशेष आर्थिक क्षेत्र (SEZ) नीति की घोषणा वर्ष 2000 में की थी, ताकि देश में निर्यात को बढ़ावा मिले, विदेशी निवेश आकर्षित हो और रोजगार के अवसर बढ़ें। इस नीति के तहत कर में छूट, सरल नियम और बेहतर आधारभूत सुविधाएँ प्रदान की गईं। इससे भारत को एक वैश्विक आर्थिक केंद्र बनाने की दिशा में कदम बढ़ाया गया।

74. **(1):** 1857 के विद्रोह के दौरान कानपुर में नाना साहेब के नेतृत्व में विद्रोह हुआ, जिसे ब्रिटिश सेना ने सर कॉलिन कैम्पबेल के नेतृत्व में दबाया। उन्होंने नवंबर 1857 में कानपुर को दोबारा अपने कब्जे में लिया। उनके अभियान में विद्रोहियों को कड़ी सजा दी गई और क्षेत्र में ब्रिटिश शासन को फिर से स्थापित किया गया।

75. **(3):** 'वेद' शब्द की व्युत्पत्ति संस्कृत धातु 'विद्' से मानी जाती है, जिसका अर्थ होता है 'जानना' या 'ज्ञान प्राप्त करना'। वेदों को ज्ञान का स्रोत माना जाता है, इसलिए इन्हें "श्रुति" कहा गया है। ऋग्वेद, यजुर्वेद, सामवेद और अथर्ववेद–ये सभी इसी 'विद्' धातु से निकले ज्ञान के भंडार हैं।

76. **(1):** COP-29, जलवायु परिवर्तन पर संयुक्त राष्ट्र फ्रेमवर्क कन्वेंशन (UNFCCC)का 29वां सत्र, 11-22 नवंबर 2024 के बीच अजरबैजान के बाकू शहर में आयोजित किया गया। यह सम्मेलन जलवायु वित्त पर विशेष ध्यान देने के लिए जाना गया, और इसका उद्देश्य 2025 से आगे के लिए नई वित्त व्यवस्था पर निर्णय लेना था।

77. **(1):** दलहन फसलें (जैसे चना, मसूर, मूँग आदि) वायुमंडलीय नाइट्रोजन को स्थिर करने की क्षमता रखती हैं। इनकी जड़ों में पाए जाने वाले राइजोबियम जीवाणु नाइट्रोजन स्थिरीकरण की प्रक्रिया द्वारा मृदा की उर्वरता बढ़ाते हैं। इस कारण ये फसलें फसल चक्र में मिट्टी को सुधारने के लिए महत्वपूर्ण होती हैं।

78. **(2):** भारतीय संविधान के अनुच्छेद 38 के अनुसार, राज्य का यह कर्तव्य है कि वह सामाजिक, आर्थिक और राजनीतिक न्याय को बढ़ावा देने हेतु लोगों के कल्याण की नीति अपनाए। यह अनुच्छेद नीति निदेशक तत्वों में शामिल है और समानता व सामाजिक सुरक्षा को प्रोत्साहित करता है।

79. **(2):** सितंबर 2024 में भारत का कुल GST संग्रह ₹ 1,73,240 करोड़ रहा, जो उस समय तक का तीसरा सबसे अधिक मासिक संग्रह था। यह संग्रह आर्थिक गतिविधियों में वृद्धि और कर अनुपालन में सुधार को दर्शाता है, तथा सरकार के राजस्व को मजबूती प्रदान करता है।

80. (3): भारतीय संविधान के अनुच्छेद 217 और 124 के अनुसार, उच्च न्यायालय के न्यायाधीश को हटाने की प्रक्रिया वही है जो सर्वोच्च न्यायालय के न्यायाधीश के लिए है। इसमें संसद के दोनों सदनों में विशेष बहुमत से पारित महाभियोग प्रस्ताव आवश्यक होता है, जिसे बाद में राष्ट्रपति की स्वीकृति मिलती है।

81. (1): 27 सितंबर 2024 को भारत और उज्बेकिस्तान ने द्विपक्षीय निवेश संधि (BIT) पर हस्ताक्षर किए, जिसका उद्देश्य दोनों देशों के बीच निवेशकों के अधिकारों की सुरक्षा और आपसी आर्थिक सहयोग को बढ़ावा देना है। इस संधि से निवेश को अधिक पारदर्शी और स्थिर वातावरण मिलने की उम्मीद है, जिससे विदेशी पूंजी आकर्षित होगी।

82. (3): भारतीय संविधान का अनुच्छेद 51 अंतर्राष्ट्रीय शांति और सुरक्षा को बढ़ावा देने का निर्देश देता है। यह अनुच्छेद नीति निदेशक तत्वों का भाग है और भारत को युद्ध से परहेज, अंतर्राष्ट्रीय विवादों का समाधान, और अंतर्राष्ट्रीय कानूनों का सम्मान करने के लिए प्रेरित करता है।

83. (3): 1857 का विद्रोह मेरठ में 10 मई 1857 को सैनिकों के विद्रोह से शुरू हुआ था। यह विद्रोह ब्रिटिश ईस्ट इंडिया कंपनी के खिलाफ व्यापक असंतोष का परिणाम था, जिसमें धार्मिक, राजनीतिक और सैन्य कारण शामिल थे। बाद में यह विद्रोह दिल्ली, कानपुर, झाँसी और अन्य क्षेत्रों में फैल गया।

84. (1): सर्दियों में भारत में मौसम की स्थिति मुख्य रूप से मध्य और पश्चिमी एशिया में बने उच्च दबाव प्रणाली के कारण प्रभावित होती है। वहाँ से ठंडी और शुष्क हवाएँ उत्तर-पश्चिम भारत की ओर चलती हैं, जिन्हें ''पश्चिमी विक्षोभ'' कहते हैं। ये हवाएँ उत्तर भारत में ठंड और हल्की वर्षा लाती हैं।

85. (2): उमर अब्दुल्ला जम्मू और कश्मीर की प्रमुख क्षेत्रीय पार्टी 'नेशनल कॉन्फ्रेंस' से संबंधित हैं। वे राज्य के मुख्यमंत्री रह चुके हैं, और अनुच्छेद 370 के हटाए जाने से पहले तक इस पार्टी की कश्मीर में मजबूत उपस्थिति रही है। पार्टी विशेष राज्य के दर्जे की बहाली की मांग करती रही है।

86. (4): 1906 के कलकत्ता अधिवेशन में दादाभाई नौरोजी ने कांग्रेस के उद्देश्य के रूप में पहली बार स्पष्ट रूप से ''स्वराज'' या स्व-शासन की मांग रखी थी। उन्होंने ब्रिटिश साम्राज्य के अधीन डोमिनियन स्टेटस की मांग की, जिसे बाद में पूर्ण स्वराज के रूप में विकसित किया गया। यह कांग्रेस के नरमपंथी और गरमपंथी नेताओं के बीच एक समझौते का बिंदु भी था।

87. (2): 89वें संविधान संशोधन अधिनियम, 2003 द्वारा राष्ट्रीय अनुसूचित जनजाति आयोग (NCST) को एक स्वतंत्र संवैधानिक संस्था का दर्जा प्रदान किया गया। पहले यह आयोग अनुसूचित जातियों और जनजातियों के लिए एक संयुक्त निकाय के रूप में था, जिसे विभाजित कर जनजातियों के लिए अलग आयोग बनाया गया।

88. (1): भारत सरकार की स्वर्णिम चतुर्भुज परियोजना (Golden Quadrilateral Project) की शुरुआत वर्ष 2001 में हुई, जिसका उद्देश्य चार प्रमुख महानगरों–दिल्ली, मुंबई, चेन्नई और

कोलकाता—को उच्च गुणवत्ता वाले राजमार्गों से जोड़ना था। यह भारत में सड़क अवसंरचना को सुदृढ़ बनाने की सबसे बड़ी परियोजनाओं में से एक रही।

89. (4): वास्तविक गैसें आदर्श गैस नियम से विचलन करती हैं क्योंकि इनके अणुओं में आपसी आकर्षण बल होते हैं। इस कारण, उनका वास्तविक दाब आदर्श गैस के दाब से कम होता है। यह कमी $aV^2(a/V^2)V^2a$ के रूप में होती है, जहाँ 'a' आकर्षण के लिए सुधार गुणांक और 'V' आयतन होता है, अतः यह आयतन के वर्ग के व्युत्क्रमानुपाती होता है।

90. (4): बंगाल की खाड़ी में बनने वाले उष्णकटिबंधीय चक्रवातों की आवृत्ति और मार्ग मुख्यतः ITCZ की स्थिति से प्रभावित होते हैं। ITCZ वह क्षेत्र है जहाँ उत्तर-पूर्वी और दक्षिण-पूर्वी व्यापारिक पवनें मिलती हैं, और यह क्षेत्र निम्न दाब का निर्माण करता है। इसकी स्थिति बदलने से चक्रवातों की दिशा और समय प्रभावित होते हैं।

91. (3): प्रारंभिक वैदिक काल के सामाजिक और आर्थिक जीवन की सर्वाधिक जानकारी 'ऋग्वेद' से मिलती है, जो चार वेदों में सबसे प्राचीन है। इसमें कबीलाई संगठन, परिवार, पशुपालन, यज्ञ, सामाजिक वर्ग आदि का उल्लेख है। कृषि और व्यापार का प्रारंभिक स्वरूप भी इसमें दर्शाया गया है।

92. (1): भारत की पहली बुलेट ट्रेन परियोजना अहमदाबाद और मुंबई के बीच बनाई जा रही है, जिसे जापान के सहयोग से चलाया जा रहा है। इस हाई-स्पीड रेल कॉरिडोर की कुल लंबाई लगभग 508 किलोमीटर है और यह परियोजना 'शिन्कानसेन' तकनीक पर आधारित है।

93. (3): प्लासी का युद्ध 1757 में ईस्ट इंडिया कंपनी और बंगाल के नवाब सिराजुद्दौला के बीच हुआ था, जिसमें कंपनी की जीत हुई। इसी युद्ध को भारत में ब्रिटिश कंपनी शासन की औपचारिक शुरुआत माना जाता है क्योंकि इसके बाद कंपनी को बंगाल पर नियंत्रण और राजस्व वसूली का अधिकार मिल गया।

94. (3): अगस्त 2024 में मद्रास उच्च न्यायालय ने रजिस्ट्रीकरण अधिनियम की धारा 77 को असंवैधानिक घोषित किया। यह धारा अपंजीकृत दस्तावेजों को न्यायालय में मान्य बनाने की प्रक्रिया से संबंधित थी। न्यायालय ने इसे संविधान के अनुच्छेद 14 के तहत समानता के अधिकार का उल्लंघन माना।

95. (3): HDFC बैंक का निवल ब्याज मार्जिन (Net Interest Margin—NIM) वित्त वर्ष 2025 की दूसरी तिमाही (Q2 FY25) में 3.46% रहा। यह बैंक की ब्याज आधारित आय और उसकी कुल परिसंपत्तियों के अनुपात को दर्शाता है। यह आंकड़ा बैंक की लाभप्रदता और कार्यक्षमता का संकेत देता है।

96. (2): थार मरुस्थल एक शुष्क क्षेत्र है, जहाँ वर्षा अत्यंत कम होती है और तापमान में भारी उतार-चढ़ाव होता है। यहाँ की वनस्पति मुख्यतः मरुद्भिद (Xerophytic) झाड़ियों, काँटेदार पौधों और घासों की होती है, जो पानी की कमी में भी जीवित रह सकती हैं। कैक्टस, कीकर, बबूल जैसी प्रजातियाँ यहाँ सामान्य रूप से पाई जाती हैं।

97. (3): स्थिर आयतन पर गैस के दिए गए द्रव्यमान का दाब, उसके परम ताप के अनुक्रमानुपाती होता है। गे-लुसाक का नियम कहता है कि यदि आयतन स्थिर रखा जाए, तो किसी निश्चित मात्रा की गैस का दाब उसके तापमान (केल्विन में) के सीधे अनुपात में होता है। इसे इस प्रकार व्यक्त किया जाता है :

$P \propto T$ (जब V स्थिर हो)

इसका उपयोग गैसों के व्यवहार को समझने में किया जाता है।

98. (4): मार्च 2024 में केरल के एक स्कूल में भारत का पहला AI शिक्षक रोबोट "आईरिस" (Iris) लॉन्च किया गया। यह रोबोट आर्टिफिशियल इंटेलिजेंस आधारित है और शिक्षकों की सहायता के लिए डिजाइन किया गया है, जो छात्रों से संवाद करता है और विषयों को आकर्षक तरीके से सिखाने में सक्षम है।

99. (4): जब कई (10 या अधिक) मोनोसैकराइड इकाइयाँ ग्लाइकोसिडिक बंध द्वारा आपस में जुड़ती हैं, तो जो बड़ा अणु बनता है, उसे पॉलिसैकेराइड कहा जाता है। स्टार्च, सेल्यूलोज और ग्लाइकोजन इसके सामान्य उदाहरण हैं। ये जीवों में ऊर्जा संग्रहण या संरचनात्मक कार्य करते हैं।

100. (2): भारतीय संविधान का अनुच्छेद 15(4) राज्य को यह अधिकार देता है कि वह सामाजिक और शैक्षिक रूप से पिछड़े वर्गों की उन्नति के लिए विशेष प्रावधान बना सके। यह विशेष रूप से अनुसूचित जातियों, अनुसूचित जनजातियों और अन्य पिछड़े वर्गों के लिए आरक्षण जैसी नीतियों का संवैधानिक आधार है।

101. (3): मार्च 2024 में 'खेलो इंडिया राइजिंग टैलेंट आइडेंटिफिकेशन (KIRTI)' प्रोग्राम का उद्घाटन चंडीगढ़ में किया गया। इसका उद्देश्य 9 से 18 वर्ष की आयु के स्कूली बच्चों में छिपी खेल प्रतिभाओं को पहचान कर उन्हें उच्चस्तरीय प्रशिक्षण देना है। यह पहल भारत सरकार के युवा मामले एवं खेल मंत्रालय द्वारा चलाई जा रही है।

102. (4): भारतीय संविधान की आठवीं अनुसूची भाषाओं से संबंधित है, जिसमें वर्तमान में 22 भाषाओं को आधिकारिक मान्यता प्राप्त है। यह अनुसूची इन भाषाओं के विकास और प्रचार-प्रसार को सुनिश्चित करने का दायित्व राज्य पर डालती है। संविधान के अनुच्छेद 344 और 351 इसी से संबद्ध हैं।

103. (1): भारत में कपास और जूट प्रमुख रेशेदार फसलें हैं, जिनका उपयोग वस्त्र उद्योग में बड़े पैमाने पर होता है। कपास शुष्क और गर्म जलवायु में उगाई जाती है, जबकि जूट आर्द्र और दलदली भूमि में। ये दोनों फसलें भारत की कृषि-आधारित अर्थव्यवस्था में महत्वपूर्ण भूमिका निभाती हैं।

104. (2): डॉयचे गेसेलशाफ्ट फर इंटरनेशनेल जुसामेनरबीट (GIZ) GmbH अगस्त 2024 में NABARD ने जलवायु परिवर्तन और सतत विकास पर संवाद आयोजित करने के लिए GIZ (Deutsche Gesellschaft für Internationale Zusammenarbeit GmbH) के साथ साझेदारी की। 'क्लाइमेट चेंजमेकर्स' संवाद के तहत कृषि और ग्रामीण विकास में जलवायु सहनशीलता को बढ़ावा देने के उपायों पर चर्चा हुई।

105. **(4):** सितंबर 2024 में आयोजित ग्लोबल बायो-इंडिया कार्यक्रम में भारतीय स्टार्टअप्स द्वारा 11 बायोटेक उत्पाद लॉन्च किए गए। ये उत्पाद जैव चिकित्सा, कृषि जैवप्रौद्योगिकी, पर्यावरणीय समाधान आदि क्षेत्रों से जुड़े थे। इससे भारत में जैवविज्ञान के क्षेत्र में नवाचार और युवा प्रतिभा की शक्ति सामने आई।

106. **(2):** सांची स्तूप मध्य प्रदेश के रायसेन जिले में स्थित है और यह भारत के सबसे प्राचीन बौद्ध स्तूपों में से एक है। इसका निर्माण सम्राट अशोक ने तीसरी शताब्दी ईसा पूर्व में करवाया था। यह स्थल बौद्ध कला और वास्तुकला का एक महत्वपूर्ण प्रतीक है और यूनेस्को विश्व धरोहर स्थल के रूप में भी सूचीबद्ध है।

107. **(3):** अगस्त 2024 में असम विधानसभा ने "अनिवार्य मुस्लिम विवाह एवं तलाक पंजीकरण विधेयक, 2024" पारित किया। इसका उद्देश्य मुस्लिम समुदाय में विवाह और तलाक की पारदर्शिता और वैधानिकता सुनिश्चित करना है। यह विधेयक विशेष रूप से बाल विवाह और तलाक की अनौपचारिक प्रक्रियाओं पर नियंत्रण के लिए लाया गया।

108. **(1):** 1 kg L^{-1} का अर्थ है 1 किलोग्राम प्रति लीटर घनत्व, जो कि 1000 ग्राम/1000 cm^3 होता है।

चूँकि 1 लीटर $= 1000\ cm^3$

अतः $1\ kg/L = \dfrac{1000\ g}{1000\ cm^3}$

$= 1 g/cm^3$

इसलिए, $1\ kg/L^{-1} = 1\ g\ cm^{-3}$.

109. **(1):** अंतर्राष्ट्रीय मुद्रा कोष (IMF) के अनुसार भारत की GDP में वित्त वर्ष 2025-26 के लिए अनुमानित वृद्धि दर 6.5% है। यह अनुमान भारत की मजबूत आर्थिक बुनियाद, उपभोग आधारित बाजार, और उत्पादन क्षेत्र में विस्तार को ध्यान में रखकर लगाया गया है। यह दर वैश्विक औसत से काफी अधिक है।

110. **(1):** वित्तीय सेवा विभाग द्वारा अक्टूबर 2024 में विशेष अभियान 4.0 की शुरुआत की गई, जिसका उद्देश्य सरकारी कार्यालयों में लंबित कार्यों को समयबद्ध ढंग से समाप्त करना और कार्यालयी स्वच्छता व दक्षता को स्थायी रूप से स्थापित करना था। यह पहल दक्ष भारत और ई-गवर्नेंस की दिशा में एक महत्वपूर्ण कदम है।

111. **(3):** भारत में कर्नाटक राज्य कॉफी की सबसे व्यापक खेती के लिए जाना जाता है। यहाँ के कोडागु, चिकमगलूर और हसन जिलों में अधिकतर कॉफी उत्पादन होता है। देश के कुल कॉफी उत्पादन में कर्नाटक की हिस्सेदारी लगभग 70% तक होती है, जो इसे भारत का प्रमुख कॉफी उत्पादक राज्य बनाती है।

112. **(4):** इमानी शंकर शास्त्री भारत के एक प्रसिद्ध वीणा वादक माने जाते हैं। वीणा एक पारंपरिक दक्षिण भारतीय तंतुवाद्य है और यह कर्नाटक संगीत की एक मुख्य धारा में प्रयोग होता है। उन्होंने इस वाद्य यंत्र को अपनी विशिष्ट शैली और प्रस्तुति से वैश्विक स्तर पर पहचान दिलाई।

113. **(2):** 1991 के बाद भारत में आर्थिक सुधारों की प्रमुख विशेषता उदारीकरण थी, जिसका अर्थ था–नियंत्रणों को हटाना और बाजार को अधिक स्वतंत्र बनाना। सरकार ने व्यापार पर लगे प्रतिबंधों को कम किया, लाइसेंस राज को समाप्त किया

और विदेशी निवेश को प्रोत्साहन दिया। इससे भारत की अर्थव्यवस्था वैश्विक प्रतिस्पर्धा के लिए अधिक तैयार हुई।

114. **(2):** सिंधु घाटी सभ्यता तथा उत्खननकर्ता :

- हड़प्पा की खुदाई दया राम साहनी ने की थी।
- धोलावीरा को आर.एस. बिष्ट ने खोजा।
- सरकोटदा का उत्खनन जे.पी. जोशी ने किया।
- लोथल का उत्खनन आर. राव ने किया।

ये सभी सिंधु घाटी सभ्यता के प्रमुख स्थल हैं और इनके उत्खनन से सभ्यता की विविध विशेषताएँ सामने आई हैं।

अतः सही सुमेलन A-IV, B-III, C-II, D-I है।

115. **(1):** नवंबर 2024 में भारतीय सेना ने अहमदाबाद और पोरबंदर में ''संयुक्त विमोचन 2024'' नामक बहुपक्षीय वार्षिक संयुक्त मानवीय सहायता और आपदा राहत (HADR) अभ्यास आयोजित किया। इस अभ्यास में भारतीय सशस्त्र बलों के साथ-साथ अन्य मित्र देशों ने भी भाग लिया। इसका उद्देश्य आपदा प्रबंधन में अंतर-संस्थागत सहयोग को बढ़ावा देना था।

116. **(3):** उषा मेहता ने 1942 में भारत छोड़ो आंदोलन के दौरान गुप्त कांग्रेस रेडियो की स्थापना की थी, जो ब्रिटिश सेंसरशिप को चकमा देकर स्वतंत्रता, सत्याग्रह और ब्रिटिश विरोधी संदेशों का प्रसारण करता था। यह भूमिगत रेडियो देशभर में आंदोलन की भावना को फैलाने में बेहद प्रभावशाली रहा और ब्रिटिश शासन के लिए एक चुनौती बना।

117. **(3):** क्लेदित वायु (Moist air) एक गैसीय चालक का उदाहरण है, क्योंकि उसमें जल वाष्प की उपस्थिति के कारण आयन बनते हैं जो विद्युत धारा का संचार कर सकते हैं। इसके विपरीत शुद्ध गैसें जैसे नाइट्रोजन या ऑक्सीजन विद्युत का सुचालक नहीं होतीं जब तक कि आयनीकरण न हो।

118. **(1):** भारतीय संविधान का अनुच्छेद 356 उस स्थिति से संबंधित है जब किसी राज्य में संवैधानिक तंत्र विफल हो जाता है। ऐसी स्थिति में राष्ट्रपति उस राज्य में राष्ट्रपति शासन लागू कर सकते हैं। इसे 'राज्य में संविधान के अनुसार शासन न चल पाने की स्थिति' कहा जाता है।

119. **(2):** मीरानंदा बारठाकुर असम की एक प्रसिद्ध सत्रिया नृत्यांगना हैं। सत्रिया नृत्य असम का एक शास्त्रीय नृत्य रूप है, जिसकी उत्पत्ति 15वीं शताब्दी में संत श्रीमंत शंकरदेव द्वारा भक्ति आंदोलन के अंतर्गत हुई थी। यह नृत्य धार्मिक कथाओं और आध्यात्मिक विचारों को मंचित करता है।

120. **(4):** भारत सरकार ने पहली बार जेंडर बजट वक्तव्य वर्ष 2005-2006 के केंद्रीय बजट में प्रस्तुत किया था। इसका उद्देश्य यह था कि सरकार की नीतियों और कार्यक्रमों में महिलाओं की भागीदारी और लाभ सुनिश्चित हो। यह लिंग समानता के दृष्टिकोण से बजट आवंटन की समीक्षा का एक औजार है।

पिछले प्रश्न-पत्र (हल सहित)

Railway Protection Force & Railway Protection Special Force

RPF/RPSF—कांस्टेबल, भर्ती परीक्षा-2019*

1. ''हवा महल'' किस शहर में स्थित है?
A. हंपी B. जयपुर
C. लेह D. एहोले

2. निम्नलिखित में से कौन-सा टेनिस के ग्रैंड स्लैम टूर्नामेंट के अंतर्गत नहीं आता है?
A. कोरिया ओपन B. विंबलडन ओपन
C. फ्रेंच ओपन D. यूएस ओपन

3. सिख धर्म के संस्थापक कौन थे?
A. महावीर B. गौतम बुद्ध
C. मखाली गोशाल D. गुरु नानक

4. खुदाई खिदमतगार के संस्थापक कौन थे?
A. शौकत अली
B. एम ए जिन्ना
C. गुलाम अहमद मिर्जा
D. खान अब्दुल गफ्फार खान

5. 1877 में, महारानी विक्टोरिया को भारत की महारानी के रूप में स्वीकार करने के लिए दरबार का आयोजन किसने किया था?
A. रिपन B. लिटन
C. कर्जन D. डलहौजी

6. 1918 में गांधी ने मिल मजदूरों की हड़ताल का नेतृत्व कहाँ किया था?
A. चंपारण B. बारदोली
C. अहमदाबाद D. खेडा

7. निम्नलिखित में से कौन-सा देश पश्चिम एशिया का सबसे छोटा देश है?
A. यू.ए.ई. B. कतर
C. कुवैत D. बहरीन

8. कठोर परिवर्तनों से गुजरते हुए एक लार्वा के वयस्क में परिवर्तित होने की प्रक्रिया को क्या कहा जाता है?
A. कायांतरण B. वाष्पोत्सर्जन
C. किण्वन D. प्रकाश संश्लेषण

9. 1799 में टीपू सुल्तान की मृत्यु किस लड़ाई में हुई?
A. श्रीरंगपट्टम B. मैंगलोर
C. पांडिचेरी D. मद्रास

10. सुजनी कढ़ाई की उत्पत्ति किस राज में हुई है?
A. हिमाचल प्रदेश B. राजस्थान
C. बिहार D. मणिपुर

11. सधर्मी गुणसूत्र युग्मन की प्रक्रिया को क्या कहा जाता है?
A. सिनाप्सिस (सूत्रयुग्मन)
B. डिप्लोटीन
C. लेपटोटीन
D. पारगतिक्रम

12. भारत में राष्ट्रीय आपातकाल घोषित करने की शक्ति किसके पास होती है?
A. सर्वोच्च न्यायालय

* *Held on 09-02-2019*

B. राष्ट्रपति

C. मंत्रिमंडल

प्रधानमंत्री

"ध्यान" शब्द किस भाषा से लिया गया है?

A. हिंदी B. बंगाली

C. उर्दू D. कश्मीरी

14. एक वर्ष के दौरान देश में उत्पादित सभी वस्तुओं और सेवाओं का 'बाजार मूल्य' कहलाता है:

A. सकल राष्ट्रीय उत्पाद (जीएनपी)

B. आर्थिक वृद्धि

C. आर्थिक विकास

D. सकल घरेलू उत्पाद (जीडीपी)

15. भारत के नियंत्रक और महालेखा परीक्षक का कार्यकाल .... के लिए होता है।

A. छह साल B. चार साल

C. सात साल D. पांच साल

16. निम्नलिखित में से उत्तर-पूर्वी मिस्र में स्वेज के भूडमरूमध्य में उत्तर से दक्षिण की ओर बहने वाला कृत्रिम जल मार्ग कौन-सा है?

A. लाल स्वेज B. रोताज नहर

C. काली नहर D. स्वेज नहर

17. राज्य आपातकाल को .... के रूप में भी जाना जाता है।

A. मुख्यमंत्री का शासन

B. राष्ट्रपति शासन

C. राज्यपाल शासन

D. प्रधानमंत्री का शासन

18. निम्नलिखित में से भारत में कौन दूसरे सर्वोच्च पद पर आसीन होता है?

A. राज्यपाल B. राष्ट्रपति

C. प्रधानमंत्री D. उपराष्ट्रपति

19. हॉकी के खेल की शुरुआत भारत में .... ने की थी।

A. रुसी लोगों B. ब्रिटिश लोगों

C. अमरिकी लोगों D. श्रीलंकाई लोगों

20. भारतीय सांख्यिकीय संस्थान की स्थापना .... शहर में की गई थी।

A. दिल्ली B. बॉम्बे

C. कलकत्ता D. मद्रास

21. क्रिकेट के मैदान के केंद्र में क्या होता है?

A. पिच B. लॉंग ऑन

C. लॉंग-ऑफ D. स्क्वायर लेग

22. निम्नलिखित में से किस खेल/स्पोर्ट्स में खेलने के लिए गेंद की आवश्यकता होती है?

A. खो-खो B. ऊंची कूद

C. कराटे D. वॉलीबाल

23. तरल अवस्था से गुजरे बिना ठोस अवस्था से सीधे गैस अवस्था में किसी पदार्थ के संक्रमण की प्रक्रिया को क्या कहते हैं?

A. द्रवण

B. उर्ध्वपातन (सब्लिमेशन)

C. वाष्पीकरण

D. संपीडन

24. फुटबॉल के खेल में किस कार्ड का उपयोग यह बताने के लिए किया जाता है कि किसी खिलाड़ी को खेल के बाहर भेज दिया गया है?

A. हरा कार्ड B. गुलाबी कार्ड

C. श्वेत कार्ड D. लाल कार्ड

25. वर्तमान में भारत की संघ सूची में कितने विषय हैं?

A. 47 विषय B. 97 विषय

C. 100 विषय D. 52 विषय

26. केंद्र सरकार ने .... की अध्यक्षता में केंद्र-राज्य संबंधों पर एक तीन सदस्यीय आयोग को नियुक्त किया था।

A. आर.एस. सरकारिया

B. एस.वी.एस. राघवन

C. के एम् बिरला

D. जे एस वर्मा

27. प्रसिद्ध भूमार्गीय सिल्क रूट किस देश से यूरोप तक फैला है?

A. चीन

B. कनाडा

C. संयुक्त राज्य अमेरिका

D. ऑस्ट्रेलिया

28. ग्रेट आर्टेसियन बेसिन निम्नलिखित में से किस देश में स्थित है?

A. चीन B. अमेरिका

C. भारत D. ऑस्ट्रेलिया

29. गैस में ध्वनि की गति के निर्धारण के लिए किस पद्धति का उपयोग किया जाता है?

A. अनुनाद तरंग

B. कुंट की नली

C. अनुनाद चौड़ाई

D. जीएम काउंटर

30. ''आईसीसी'' ने किस वर्ष पहली बार क्रिकेट विश्व कप में सीमित ओवर की शुरूआत की?

A. 2000 B. 1975

C. 1983 D. 1947

31. निम्नलिखित में से कौन पारंपरिक ऊर्जा का एक उदाहरण है?

A. ज्वार B. प्राकृतिक गैस

C. सौर D. जियोथर्मल

32. भारत में अब तक कितनी बार वित्तीय आपातकाल घोषित किया गया है?

A. 2 बार B. 1 बार

C. कभी नहीं D. 3 बार

33. माल एवं सेवा कर (भारत) .... से लागू हुआ।

A. जून 2016 B. अगस्त 2015

C. अगस्त 2017 D. जुलाई 2017

34. न्यूरॉन्स को समर्थित, संरक्षित और पोषित करने वाली तंत्रिका तंत्र की कोशिकाओं को कहा जाता है:

A. ग्लियान कोशिकाएं

B. ग्लाइको कोशिकाएं

C. ग्लाइसिन कोशिकाएं

D. ग्लाइकोल कोशिकाएं

35. निम्नलिखित में से किस द्वीप में एक सक्रिय ज्वालामुखी है?

A. नारकोंडम द्वीप

B. रीयूनियन द्वीप

C. बैरन (बंजर) द्वीप

D. कार निकोबार

36. एक डायोड के परत के विभवांतर को क्या कहा जाता है?

A. ब्रेकडाउन बाधा B. स्थितिज बाधा

C. चालक बाधा D. वोल्टेज बाधा

37. भारतीय संविधान लोकसभा के चुनावों के आधार के रूप में सार्वभौमिक वयस्क मताधिकार को अपनाता है। प्रत्येक नागरिक जो .... से कम नहीं है उसे वोट देने का अधिकार है।

A. 21 वर्ष B. 23 वर्ष
C. 18 वर्ष D. 25 वर्ष

38. प्रथम विश्व युद्ध किस वर्ष हुआ था?
A. 1927 B. 1914
C. 1905 D. 1935

39. निम्नलिखित में से कौन-सी मिट्टी कश्मीर की घाटी के सरोवर में जमा होने वाली मिट्टी है?
A. खारी मिट्टी B. लाल मिट्टी
C. करेवा मिट्टी D. पहाड़ी मिट्टी

40. यूकेलिप्टस पेड़ की प्रजातियों का मूल स्थान निम्नलिखित में से किस महाद्वीप में हैं?
A. यूरोप B. उत्तरी अमेरिका
C. ऑस्ट्रेलिया D. अंटार्टिका

41. कैक्टि, बबूल और खजूर के पेड़ किस वनस्पति क्षेत्र की विशेषता है?
A. भूमध्यसागरीय वन
B. उष्णकटिबंधीय घास के मैदान
C. भूमध्यरेखीय वर्षावन
D. मरुस्थलीय क्षेत्र

42. निम्नलिखित में से कौन-सी महत्वपूर्ण विविधता हिमालयी आर्द्र वन में पाई जाती है?
A. ओक (बलूत) B. महोगनी
C. टीक (सागौन) D. खैर

43. निम्नलिखित में से कौन-सी नदी महानदी की सहायक नदी नहीं है?
A. ईब B. मुसी
C. मांड D. शिवनाथ

44. भारत सरकार के किस मंत्रालय ने "स्टार्टअप इंडिया योजना" शुरू की?
A. वाणिज्य और उद्योग मंत्रालय
B. कृषि मंत्रालय
C. वित्त मंत्रालय
D. ग्रामीण विकास मंत्रालय

45. परमाणु और अणु केवल ऊर्जा के असतत पैकेट्स के रूप में ऊर्जा का उत्सर्जन या अवशोषण कर सकते हैं, जिसे कहा जाता हैः
A. क्वांटा B. अजिमुथल
C. प्लैंक स्थिरांक D. आवर्ती

46. परमाणु के नाभिक में मौजूद प्रोटॉन की कुल संख्या के रूप में किसे परिभाषित किया गया है?
A. द्रव्यमान संख्या
B. समस्थानिक (आइसोमेरिक) संख्या
C. परमाणु संख्या
D. आणविक संख्या

47. ध्वनि के परावर्तन के कारण ध्वनि की पुनरावृत्ति को क्या कहा जाता है?
A. प्रतिध्वनि (इको)
B. ध्वनि का अपवर्तन
C. ध्वनि दोहराव
D. ध्वनि का परावर्तन

48. फरक्का बैराज किस राज्य में स्थित है?
A. पश्चिम बंगाल B. झारखंड
C. ओडिशा D. बिहार

49. वर्ष .... में भारतीय संविधान की प्रस्तावना में 'अखंडता' शब्द जोड़ा गया था।
A. 1956 B. 1986
C. 1966 D. 1976

50. निम्नलिखित में से कौन स्वतंत्र भारत के पहले मंत्रिमंडल में श्रम मंत्री थे?
A. जॉन मथाई

B. जगजीवन राम
C. आसफ अली
D. लियाकत अली खान

51. निम्नलिखित कथनों को पढ़ें और निम्नलिखित प्रश्न का उत्तर दें।
A4B का अर्थ है A, B की माँ है
A3B का अर्थ है A, B के पिता हैं
A5B का अर्थ है A, B की बहन है
A7B का अर्थ है A, B का भाई है
निम्नलिखित में से कौन-सा समीकरण दर्शाता है कि P, S का भाई है?
A. P7Q7R5S B. P7Q5R3S
C. P5Q5R3S D. P5Q7R5S

52. प्रथम युग्म में प्रयुक्त तर्क के अनुरूप प्रश्न चिह्न को दिए गए उचित विकल्प के साथ बदलें:
2019:36::2559:??
A. 62 B. 65
C. 64 D. 63

53. शृंखला में अगली संख्या ज्ञात कीजिए।
10, 19, 37, 64, 100, ?
A. 145 B. 150
C. 140 D. 143

निर्देश (प्र.सं. 54 एवं 55): *इस प्रश्न में एक अवतरण (पैसेज) दिया गया है जिसके बाद में एक कथन दिया गया है। अवतरण को ध्यान से पढ़ें और दिए गए अवतरण के आधार पर कथन का निर्धारण करें।*

माना जाता है कि संत निकोलस उर्फ सांता क्लॉज आधुनिक युग के तुर्की (तब प्राचीन ग्रीस का हिस्सा माना जाता था) में लगभग 300 ई.पू. पतारा में रहते थे। वह मायरा के बड़े पादरी थे, जो गरीबों के बीच अच्छे काम, बच्चों के प्रति प्यार और जरूरतमंदों को उपहार देने के लिए प्रसिद्ध थे। उन्हें आमतौर पर उनके धार्मिक कार्यालय के लाल और सुनहरे पोशाक पहने एक स्लिम फिगर के रूप में चित्रित किया गया है। वे चित्रों में पारंपरिक आभामंडल सहित– जोकि अच्छे कर्मों का सूचक है, छड़ी या एक बाइबल अथवा दोनों के साथ सुशोभित दिखते हैं। यहाँ सांता क्लॉज के एक धार्मिक प्रतिमूर्ति (आइकन) से उत्तरी ध्रुव के दिव्यचारित्र बनने तक की विकास कहानी की एक झलक पेश है।

13वीं सदीः मायरा के बिशप निकोलस को प्रथम सहस्राब्दी में संत घोषित किया गया था। 13वीं शताब्दी तक, इनके सम्मान में, डच लोग गरीबों के घरों के बाहर छोड़े गए जूतों में सिक्के डालने की एक परंपरा मनाया करते थे। ऐसा करने के बाद वे जताया करते कि सेंट निकोलस ने यह सब किया है। कालांतर में सेंट निकोलस सिंटरक्लास बन गए और अब, नीदरलैंड के आधिकारिक सिंटरक्लास सफेद दस्त्र, लाल रंग की घड़ी और शाही लंबे सफेद बाल और दाढ़ी में एक बिशपनुमा दुर्बलकाय आकृति है। संयोग से, यह सफेद घोड़े द्वारा यात्रा करता है।

16वीं शताब्दीः सेंट निकोलस अब पूरे यूरोप में लोकप्रिय हैं। डच सिंटरक्लास कई क्षेत्रों में सांता क्लॉज बन गए हैं। हर साल, सेंट निकोलस या सांता क्लॉज की दावत 6 दिसंबर को मनाई जाती है, जो मायरा के मूल बिशप की पुण्यतिथि है (वर्ष निर्धारित नहीं है, लेकिन तारीख पर कोई विवाद नहीं है)।

54. **कथनः** तेरहवीं शताब्दी में डच सिंटरक्लास कई क्षेत्रों में सांता क्लॉस बन गया।
निम्नलिखित विकल्पों में से एक उपयुक्त विकल्प का चयन करें।
(*a*) कथन निश्चित रूप से सत्य है।

(*b*) कथन संभवतः सत्य है।

(*c*) कथन निर्धारित नहीं किया जा सकता है।

(*d*) कथन निश्चित रूप से असत्य है।

A. (*d*) B. (*a*)

C. (*c*) D. (*b*)

55. **कथनः** 6 दिसम्बर सेंट निकोलस की पुण्यतिथि सांता क्लाज के लिए दावत के रूप में मनाई जाती है।

निम्नलिखित विकल्पों में से एक उपयुक्त विकल्प का चयन करें।

(*a*) कथन निश्चित रूप से सत्य है।

(*b*) कथन संभवतः सत्य है।

(*c*) कथन निर्धारित नहीं किया जा सकता है।

(*d*) कथन निश्चित रूप से असत्य है।

A. (*a*) B. (*c*)

C. (*d*) D. (*b*)

56. दिये गए चित्र से कितने समकोण त्रिभुज बनाये जा सकते हैं?

A. 4 B. 10

C. 7 D. 8

57. इस प्रश्न में, एक कथन के बाद (*i*) और (*ii*) दो निष्कर्ष दिए गए हैं। कथन को सत्य मानते हुए दोनों निष्कर्षों पर एक साथ विचार करें और निर्णय लें कि कथन में दी गई जानकारी के आधार पर इनमें से कौन-सा निष्कर्ष किसी भी संदेह से परे तार्किक रूप से तर्क़संगत है।

कथनः सभी लाइट चार्जर हैं। सभी पंखे लाइट हैं।

निष्कर्षः

(*i*) सभी पंखे चार्जर हैं।

(*ii*) सभी चार्जर लाइट हैं।

निम्न विकल्पों में से उपयुक्त विकल्प का चयन करेंः

(*a*) केवल निष्कर्ष (*i*) तर्कसंगत है

(*b*) केवल निष्कर्ष (*ii*) तर्कसंगत है

(*c*) या तो निष्कर्ष (*i*) या (*ii*) तर्कसंगत है

(*d*) न तो निष्कर्ष (*i*) और न ही (*ii*) तर्कसंगत है

(*e*) निष्कर्ष (*i*) और (*ii*) दोनों तर्कसंगत हैं

A. (*a*) B. (*b*)

C. (*e*) D. (*c*)

58. इस प्रश्न में, निश्चित संबंध दिखाने वाले दो कथन दिए गए हैं, जिसके बाद (*i*), (*ii*) और (*iii*) तीन निष्कर्ष दिए गए हैं। कथन को सत्य मानते हुए यह ज्ञात करें कि कौन सा/से निष्कर्ष निश्चित रूप से सत्य है/हैं।

कथनः $D < I \leq S = P; P > U \geq T = E$

निष्कर्षः

(*i*) $D < P$

(*ii*) $S > E$

(*iii*) $S > T$

A. केवल (*i*) और (*ii*)

B. केवल (*ii*) और (*iii*)

C. केवल (*iii*)

D. सभी सत्य हैं

59. इस प्रश्न में, तीन कथन के बाद तीन निष्कर्ष दिए गए हैं। कथन को सत्य मानते हुए दोनों निष्कर्षों पर एक साथ विचार करें और निर्णय लें कि कथन

में दी गई जानकारी के आधार पर इनमें से कौन-सा निष्कर्ष किसी भी संदेह से परे तार्किक रूप से तर्कसंगत है।

कथनः सभी कलियाँ फूल हैं। सभी फूल कोंपलें हैं। कुल कलियाँ रंगीन हैं।

निष्कर्षः

(*i*) सभी कलियाँ कोंपलें हैं।

(*ii*) कुछ रंगीन फूल हैं।

(*iii*) कुछ कोंपलें रंगीन हैं।

A. केवल (*i*) और (*ii*)
B. केवल (*i*) और (*iii*)
C. केवल (*ii*) और (*iii*)
D. सभी तर्कसंगत हैं

60. A, B की नीस है, जो C का इकलौता पुत्र है। D, C का पति है। A का पिता C से कैसे संबंधित है?

A. ग्रैंडसन B. सन-इन-लॉ
C. पुत्र D. नेफ्यू

61. दी गई जानकारी को ध्यान से पढ़ें और नीचे दिये गए प्रश्नों के उत्तर दें।

छह छात्र A, B, C, D, E और F उत्तर की ओर मुख करके एक पंक्ति में बैठे हुए हैं (जरूरी नहीं कि इसी क्रम में हो)।

(*i*) C उस व्यक्ति के दाईं ओर बैठा है जो D के बाईं ओर से दूसरे स्थान पर बैठा हुआ है।

(*ii*) F और C के बीच तीन व्यक्ति हैं और E और A के बीच एक व्यक्ति है जो पंक्ति के अंतिम छोर पर बैठा है।

(*iii*) B और C पड़ोसी नहीं हैं।

यदि B, E के साथ और C, A के साथ, तथा D, F के साथ अपनी स्थिति बदलता है तो कौन पंक्ति के दोनों सिरे पर बैठे हैं?

A. E, C B. C, D
C. D, F D. A, F

62. निम्नलिखित पाँच में से चार किसी प्रकार से समान हैं और इसलिए एक समूह बनाते हैं। कौन-सा इस समूह से संबंधित नहीं है?

Liberal, Strict, Easy-going, Tolerant, Lenient

A. Liberal B. Strict
C. Lenient D. Easy-going

63. दी गयी आकृति के सही जल प्रतिबिम्ब का चयन विकल्पों से कीजिए।

HERON

A. HEᴚOИ B. ИOЯƎH
C. HEROИ D. HEᴚON

64. प्रथम युग्म में प्रयुक्त तर्क के अनुरूप प्रश्न चिह्न को दिए गए उचित विकल्प के साथ बदलें

J : Q : : S : ??

A. X B. Y
C. Z D. W

65. दिये गए चित्र में कितने वर्ग हैं?

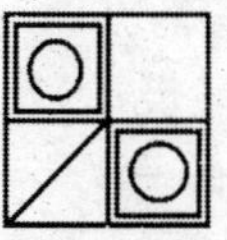

A. 7 B. 9
C. 8 D. 12

66. नीचे चित्र के अनुसार दर्शाये गए एक पासे की सतहों पर 6 अक्षर H, I, J, K, L और M अंकित हैं। J अंकित सतह के विपरीत की सतह पर कौन-सा अक्षर अंकित है?

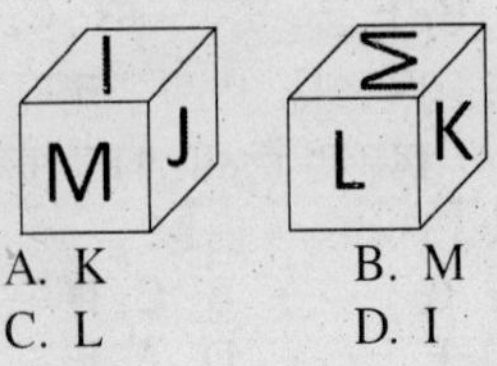

A. K B. M
C. L D. I

67. शृंखला में अगली संख्या ज्ञात कीजिए।
10, 24, 52, 108, 220, ?
A. 443 B. 444
C. 442 D. 440

68. किसी कोड भाषा में, यदि BRING को UEEJQ के रूप में कोड किया गया है, तो उस भाषा में CYCLE का कोड क्या होगा?
A. FBFOH B. FBYOH
C. BFFHO D. BFYHO

69. प्रथम युग्म में प्रयुक्त तर्क के अनुरूप प्रश्न चिह्न को दिए गए उचित विकल्प के साथ बदलें
Sphere : Ball : : Cube : ??
A. Dice B. Dance
C. Eat D. Work

70. निम्नलिखित पांच में से चार किसी प्रकार से समान हैं और इसलिए एक समूह बनाते हैं। कौन-सा इस समूह से संबंधित नहीं है?
B, S, Q, Y, C
A. C B. Y
C. S D. Q

71. निम्न विकल्पों में से उस सही विकल्प का चयन कीजिए जो एक पूर्ण वर्ग बनाता हो (नीचे दिये गए 5 में से तीन चित्र):

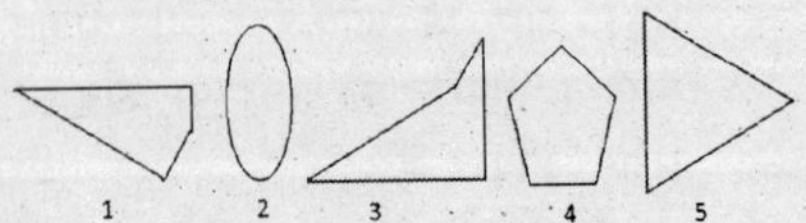

A. 1, 3 और 5 B. 2, 3 और 5
C. 1, 2 और 4 D. 1, 3 और 4

72. निम्नलिखित पांच में से चार किसी प्रकार से समान हैं और इसलिए एक समूह बनाते हैं। कौन-सा इस समूह से संबंधित नहीं है?
PL, IE, FA, OK, NJ
A. OK B. NJ
C. FA D. PL

73. दी गयी शृंखला में आगे आने वाले उपर्युक्त चित्र का चयन विकल्पों से कीजिए।

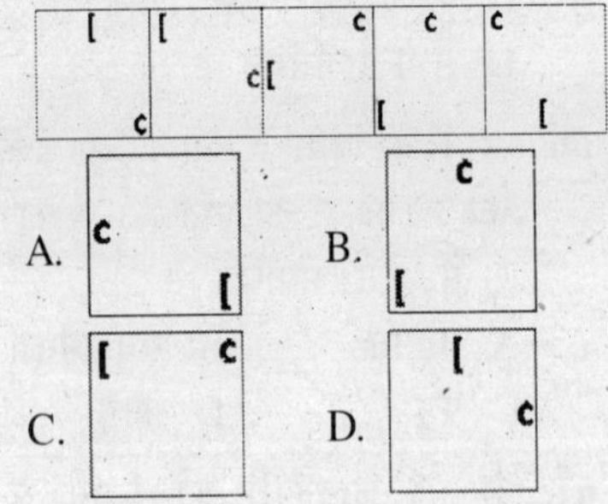

74. एक लड़की की ओर इशारा करते हुए एक महिला ने कहा, "उसका कोई भाई-बहन नहीं है और मैं उसकी मां के पिता के बेटे की बहन हूँ, जिसके दो बच्चे हैं" लड़की उस महिला से कैसे संबंधित है?
A. कजिन B. ग्रैंडडॉटर
C. पुत्री D. नीस

75. प्रथम युग्म में प्रयुक्त तर्क के अनुरूप प्रश्न चिह्न को दिए गए उचित विकल्प के साथ बदलें
Jar : Lid : : Bottle : ??
A. Success B. Charger
C. Luck D. Cork

76. इस प्रश्न में, विभिन्न तत्वों के बीच संबंध कथन में दिखाया गया है। कथन के बाद दो निष्कर्ष दिए गए हैं:

कथनः $J < U < D = G \leq E < S$

निष्कर्षः

(*i*) $U < S$

(*ii*) $S < D$

निम्न विकल्पों में से उपयुक्त विकल्प का चयन करें।

(*a*) केवल निष्कर्ष (*i*) तर्कसंगत है

(*b*) केवल निष्कर्ष (*ii*) तर्कसंगत है

(*c*) या तो निष्कर्ष (*i*) या (*ii*) तर्कसंगत है

(*d*) न तो निष्कर्ष (*i*) और न ही (*ii*) तर्कसंगत है

(*e*) निष्कर्ष (*i*) और (*ii*) दोनों तर्कसंगत हैं

A. (*b*) B. (*a*)
C. (*d*) D. (*c*)

77. दी गई जानकारी को ध्यान से पढ़ें ओर नीचे दिये गए प्रश्नों के उत्तर दें।

छह छात्र A, B, C, D, E और F उत्तर की ओर मुख करके एक पंक्ति में बैठे हुए हैं (जरूरी नहीं कि इसी क्रम में हों)।

(*i*) C उस व्यक्ति के दाईं ओर बैठा है जो D के बाईं ओर से दूसरे स्थान पर बैठा हुआ है।

(*ii*) F और C के बीच तीन व्यक्ति हैं और E तथा A के बीच एक व्यक्ति है।

(*iii*) B और C पड़ोसी नहीं हैं।

निम्नलिखित में से कौन-सा कथन व्यवस्था के संबंध में गलत है?

A. F और A पंक्ति के अंतिम सिरों पर बैठे हुए हैं

B. E, पंक्ति के अंतिम सिरे के दाई ओर से तीसरे स्थान पर बैठा हुआ है

C. B, F के दाएं ओर से दूसरे स्थान पर बैठा है

D. D और C पड़ोसी नहीं हैं

78. दिये गये चित्र को पूरा करने वाली सही आकृति का चयन विकल्पों में से कीजिएः

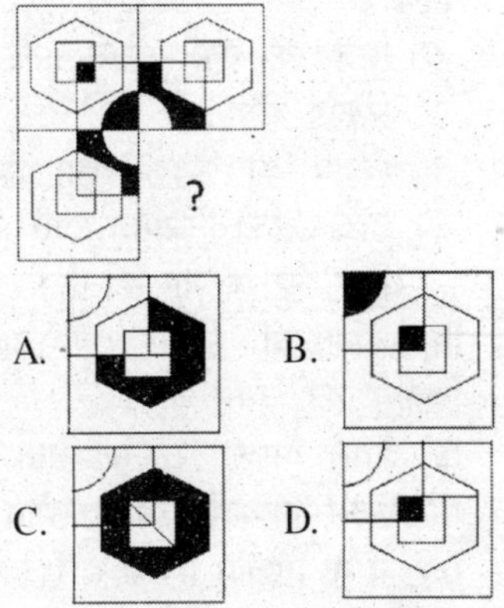

79. यदि दर्पण को छायांकित रेखा पर रखा जाये तो दिये गए चित्र की सही दर्पण छवि होगीः

ZEBRA /

A. AЯᙠƎZ B. AЯᙠEZ
C. ZEBꓤ∀ D. AЯBƎZ

80. किसी कोड भाषा में, यदि DISC को 49193 के रूप में कोड किया गया है, तो उस भाषा में FILE का कोड क्या होगा?

A. 68125 B. 69135
C. 69125 D. 68135

81. इस प्रश्न में, एक कथन के बाद (*i*) और (*ii*) दो निष्कर्ष दिए गए हैं। कथन को सत्य मानते हुए दोनों निष्कर्षों पर एक साथ विचार करें और निर्णय लें कि कथन में दी गई जानकारी के आधार पर इनमें से कौन-सा निष्कर्ष किसी भी संदेह से परे तार्किक रूप से तर्कसंगत है।

कथनः उपस्थिति की बात करें तो विजय अपने कॉलेज में एक उत्कृष्ट छात्र हैं।

निष्कर्षः

(*i*) विजय का एक उत्कृष्ट अकादमिक रिकॉर्ड होगा।

(*ii*) विजय को उनके सभी शिक्षकों द्वारा उसकी नियमित उपस्थिति के लिए सराहा जा रहा है।

निम्न विकल्पों में से एक उपयुक्त विकल्प का चयन करें।

(*a*) केवल निष्कर्ष (*i*) तर्कसंगत है

(*b*) केवल निष्कर्ष (*ii*) तर्कसंगत है

(*c*) या तो निष्कर्ष (*i*) या (*ii*) तर्कसंगत है

(*d*) न तो निष्कर्ष (*i*) और न ही (*ii*) तर्कसंगत है

(*e*) निष्कर्ष (*i*) और (*ii*) दोनों तर्कसंगत हैं

A. (*a*) B. (*b*)
C. (*d*) D. (*c*)

82. शृंखला में अगली संख्या ज्ञात कीजिए।
10, 27, 61, 78, 112, ?
A. 131 B. 127
C. 129 D. 133

83. दिये गए चित्र में सरल रेखाओं की संख्या कितनी है?

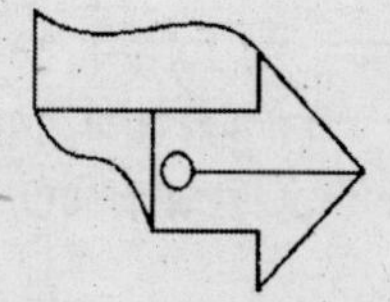

A. 12 B. 15
C. 13 D. 11

84. शृंखला में अगली संख्या ज्ञात कीजिए।
20, 47, 74, 101, 128, ?
A. 160 B. 158
C. 155 D. 165

85. दी गई जानकारी को ध्यान से पढ़ें और नीचे दिये गए प्रश्नों के उत्तर दें।

छह छात्र A, B, C, D, E और F उत्तर की ओर मुख करके एक पंक्ति में बैठे हुए हैं (जरूरी नहीं कि इसी क्रम में हों)।

(*i*) C उस व्यक्ति के दाईं ओर बैठा है जो D के बाईं ओर से दूसरे स्थान पर बैठा हुआ है।

(*ii*) F और C के बीच तीन व्यक्ति हैं और E तथा A के बीच एक व्यक्ति है जो पंक्ति के अंतिम छोर पर बैठा है।

(*iii*) B और C पड़ोसी नहीं हैं।

C के ठीक दाएं और कौन बैठा है?
A. E B. A
C. D D. F

86. 18,300 रुपये पर 10% प्रति वर्ष चक्रवृद्धि ब्याज दर से 2 साल की अवधि के बाद राशि क्या होगी? (रुपये में)
A. 23,143 B. 24,143
C. 22,143 D. 25,143

निर्देशः *निम्नलिखित ग्राफ का अध्ययन करें और इस पर आधारित प्रश्न का उत्तर दें।*

वर्ष 2001 से 2006 तक X और Y कंपनियों द्वारा निर्मित वाहनों की संख्या (हजारों में)

87. दिए गए वर्षों दोनों कंपनियों के कुल उत्पादन के बीच का अंतर ज्ञात कीजिए।

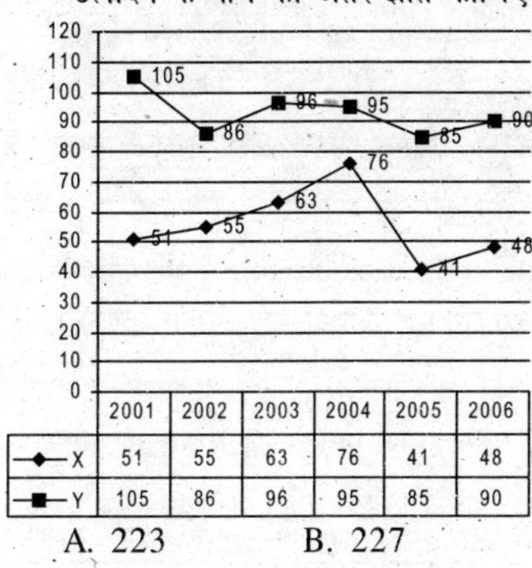

	2001	2002	2003	2004	2005	2006
X	51	55	63	76	41	48
Y	105	86	96	95	85	90

A. 223 B. 227
C. 229 D. 225

88. सरल करें:

$$\sqrt{(91+\sqrt{(76+\sqrt{(45-\sqrt{400})})})}$$

A. 10 B. 29
C. 26 D. 20

89. एक निश्चित राशि पर प्रति वर्ष 12% के साधारण ब्याज पर 5 साल के बाद अर्जित ब्याज ₹ 6,540 है। निवेश की गई राशि ज्ञात करें। (₹ में)

A. 10,800 B. 10,700
C. 10,900 D. 11,000

90. प्रतियोगिता में सफल होने के लिए, गेर्मिलिन को चार परीक्षाओं में 75 का औसत अंक चाहिए। पहली तीन परीक्षाओं में उसका अंक 64, 60 और 56 है। प्रतियोगिता में सफल होने के लिए चौथी परीक्षा में उसे कितना अंक चाहिए?

A. 122 B. 120
C. 124 D. 126

91. X = 0.3477777 ...., X का भिन्न मान ज्ञात करें:

A. $\frac{313}{900}$ B. $\frac{313}{99}$
C. $\frac{337}{900}$ D. $\frac{313}{999}$

92. 79 मीटर/सेकेंड की रफ्तार से चलने वाली ट्रेन 13 सेकंड में एक सिग्नल पार करती हैं। ट्रेन की लंबाई ज्ञात करें। (मीटर में)

A. 1027 B. 1025
C. 1029 D. 1031

93. एक चतुर्भुज क्षेत्र की भुजाओं का अनुपात 2 : 3 : 4 : 5 हैं और परिमाप 770 सेमी है। सबसे छोटी भुजा ज्ञात करें। (सेमी में)

A. 110 B. 120
C. 115 D. 105

94. ग्यारह खिलाड़ियों की राज्य स्तरीय क्रिकेट टीम का औसत वजन 117 किलो है। जब कोच को जोड़ दिया जाता है तो औसत वजन 1 किलो तक बढ़ जाता है। कोच का वजन क्या है? (kg में)

A. 133 B. 129
C. 131 D. 127

95. पुस्तक पर मुद्रित मूल्य ₹ 5,400 है, एक पुस्तक विक्रेता इस पर 10% छूट प्रदान करता है। यदि वह अभी भी 20% का लाभ कमाता है, तो पुस्तक का क्रय मूल्य (₹ में) है

A. 4,050 B. 4,150
C. 4,350 D. 4,250

96. सरल करें:

43 – [10 – (49 ÷ 7 – (15 – 25 ÷ 5) ÷ 10)]

A. 39 B. 45

C. 29 D. 19

97. दो संख्याओं का लघुत्तम समापवर्त्य (एलसीएम) 128 है और उनका महत्तम समापवर्तक (एचसीएफ) 8 है। यदि एक संख्या 128 है, दूसरी संख्या ज्ञात करें।

A. 96 B. 108

C. 8 D. 112

निर्देशः *निम्नलिखित ग्राफ का अध्ययन करें और इस पर आधारित प्रश्न का उत्तर दें।*

वर्ष 2001 से 2006 तक X और Y कंपनियों द्वारा निर्मित वाहनों की संख्या (हजारों में)

98. निम्नलिखित दिए गए वर्षों के दौरान किस वर्ष कंपनी X और कंपनी Y के उत्पादन के बीच का अंतर न्यूनतम था?

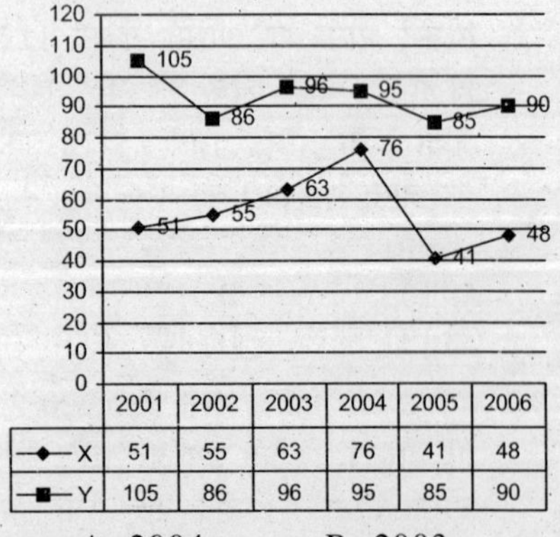

	2001	2002	2003	2004	2005	2006
X	51	55	63	76	41	48
Y	105	86	96	95	85	90

A. 2004 B. 2003

C. 2002 D. 2005

99. सरल करें:

$$(82 \times 21 \times 82 \times 21) \div \left(\left(2\left(\sqrt{441 \div 2}\right)\right)\right)^2$$

A. 3254 B. 7214

C. 6724 D. 3245

100. निम्नलिखित में से कौन-सी संख्या 12 से विभाज्य है?

A. 18744 B. 19744

C. 17744 D. 16774

निर्देशः *निम्नलिखित ग्राफ का अध्ययन करें और इस पर आधारित प्रश्न का उत्तर दें।*

वर्ष 2001 से 2006 तक X और Y कंपनियों द्वारा निर्मित वाहनों की संख्या (हजारों में)

101. कंपनी द्वारा 2001 और 2002 में निर्मित वाहनों की संख्या में क्या अंतर है?

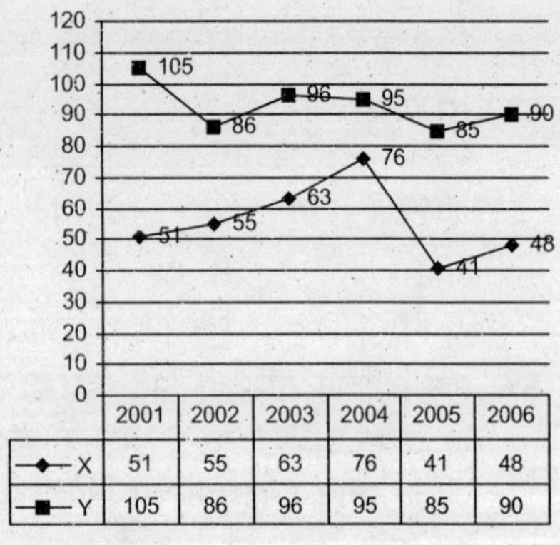

	2001	2002	2003	2004	2005	2006
X	51	55	63	76	41	48
Y	105	86	96	95	85	90

A. 3 B. 4

C. 5 D. 6

102. धातु के टुकड़े का मूल्य ₹ 445 से बढ़कर ₹ 534 हो गया है। प्रतिशत वृद्धि बताएं। (% में)

A. 30 B. 20

C. 15 D. 25

103. 7 संख्याओं का औसत 160 है। एक संख्या निकाल देने से, औसत वही रहता है। निकाली गई संख्या ज्ञात करें।

A. 154 B. 160
C. 156 D. 158

104. एक दुकानदार ने ₹ 272 से एक चीज खरीदी और उसे ₹ 340 में बेच दिया। दुकानदार द्वारा अर्जित लाभ प्रतिशत ज्ञात करें। (% में)

A. 20 B. 35
C. 30 D. 25

105. एलपीजी सिलेंडर की कीमत ₹ 720 से बढ़कर ₹ 900 हो गई है। खपत का कितना प्रतिशत कम किया जाए कि एलपीजी सिलेंडर पर खर्च की गई राशि पूर्ववत् रहे। (% में)

A. 25 B. 30
C. 20 D. 35

106. एक ट्रेन को एक सिग्नल पार करने में 50 सेकंड लगते हैं जोकि 473 मीटर लंबाई के एक पुल के एक छोर पर है। यदि ट्रेन को पुल पार करने में 93 सेकंड लगते हैं, तो ट्रेन की लंबाई ज्ञात करें। (मीटर में)

A. 560 B. 555
C. 550 D. 565

107. एक निश्चित राशि को 6 : 5 के अनुपात में 2 भागों में बांटा गया है। यदि पहला भाग ₹ 330 है तो कुल राशि ज्ञात करें। (₹ में)

A. 605 B. 607
C. 608 D. 606

108. निवेश किए गए ₹ 5,500 पर प्रति वर्ष 13% साधारण ब्याज की दर से 4 वर्षों के बांद कितनी राशि होगी। (₹ में)

A. 8,560 B. 8,660
C. 8,360 D. 8,460

109. फ्रेंक्लिन रेस का प्रथम हिस्सा 700 मील प्रति घंटे की रफ्तार और रेस का दूसरा हिस्सा 1050 मील प्रति घंटे की गति से पूरा करता है। दोनों हिस्सों की औसत गति ज्ञात करें। (mph-मील प्रति घंटे में)

A. 850 B. 860
C. 870 D. 840

110. 124 सेमी की भुजा वाले समबाहु त्रिकोण का क्षेत्रफल ज्ञात करें। (cm^2 में)

A. $3846\sqrt{3}$ B. $3844\sqrt{3}$
C. $3842\sqrt{3}$ D. $3848\sqrt{3}$

111. अल्फा और बीटा की उम्र का अनुपात 2 : 5 है। यदि उनकी आयु का योग 350 है, तो उनकी उम्र के बीच अंतर ज्ञात करें।

A. 146 B. 150
C. 148 D. 144

112. जब एक वस्तु को ₹ 680 पर बेचा जाता है, तो इसमें 15% की हानि होती है। वस्तु का क्रय मूल्य ज्ञात करें। (₹ में)

A. 780 B. 740
C. 800 D. 760

113. एक बॉक्स में पेन, पेंसिल और इरेजर का अनुपात 3 : 2 : 1 है। यदि प्रत्येक पेन, पेंसिल और इरेजर की कीमतें क्रमशः ₹ 3, ₹ 2 और ₹ 2 हैं और बॉक्स पर खर्च की गई राशि ₹ 795 हैं, तो बॉक्स में पेन की संख्या ज्ञात करें।

A. 189 B. 169
C. 159 D. 179

114. एक संख्या के 80% के 75% के 66.67% का 25% 6377 है। उस संख्या का 40% ज्ञात करें।

A. 26508 B. 24508
C. 23508 D. 25508

115. 119 सेमी और 120 सेमी विकर्ण वाले समचतुर्भुज का क्षेत्रफल ज्ञात करें। (cm^2 में)

A. 7150 B. 7120
C. 7130 D. 7140

116. एक दुकानदार ने ₹ 475 में एक चीज खरीदी और उसे ₹ 380 में बेच दिया। दुकानदार को हुई हानि प्रतिशत ज्ञात करें। (% में)

A. 30 B. 25
C. 35 D. 20

117. x का मान प्राप्त करें:

$$\sqrt{(30-x)} = \sqrt{(17+\sqrt{1024})}$$

A. 21 B. 19
C. –21 D. –19

118. 120 डिटर्जेंट साबुन वाले एक बॉक्स में से 84 का उपयोग किया जाता है। बॉक्स में डिटर्जेंट साबुन का कितना प्रतिशत शेष है? (% में)

A. 35 B. 40
C. 30 D. 45

119. एक आयत की चौड़ाई 270 सेमी है और इसका विकर्ण 702 सेमी है। इसका परिमाप ज्ञात करें। (cm में)

A. 1816 B. 1806
C. 1826 D. 1836

120. 15209 को 9 से विभाजित किया जाए तो शेषफल क्या प्राप्त होगा?

A. 5 B. 8
C. 0 D. 2

उत्तरमाला

1	2	3	4	5	6	7	8	9	10
B	A	D	D	B	C	D	A	A	C
11	**12**	**13**	**14**	**15**	**16**	**17**	**18**	**19**	**20**
A	B	C	D	A	D	B	D	B	C
21	**22**	**23**	**24**	**25**	**26**	**27**	**28**	**29**	**30**
A	D	B	D	C	A	A	D	B	B
31	**32**	**33**	**34**	**35**	**36**	**37**	**38**	**39**	**40**
B	C	D	A	C	B	C	B	C	C
41	**42**	**43**	**44**	**45**	**46**	**47**	**48**	**49**	**50**
D	A	B	A	A	C	A	A	D	B
51	**52**	**53**	**54**	**55**	**56**	**57**	**58**	**59**	**60**
A	D	A	A	A	C	A	D	D	B
61	**62**	**63**	**64**	**65**	**66**	**67**	**68**	**69**	**70**
B	B	A	C	A	C	B	D	A	B
71	**72**	**73**	**74**	**75**	**76**	**77**	**78**	**79**	**80**
A	C	A	D	D	B	C	B	A	C
81	**82**	**83**	**84**	**85**	**86**	**87**	**88**	**89**	**90**
C	C	C	C	B	C	A	A	C	B

91	92	93	94	95	96	97	98	99	100
A	A	A	B	A	A	C	A	*	A
101	**102**	**103**	**104**	**105**	**106**	**107**	**108**	**109**	**110**
B	B	B	D	C	C	A	C	D	B
111	**112**	**113**	**114**	**115**	**116**	**117**	**118**	**119**	**120**
B	C	C	D	D	D	D	C	D	B

व्याख्यात्मक उत्तर

51. विकल्पों की जाँच करने पर,

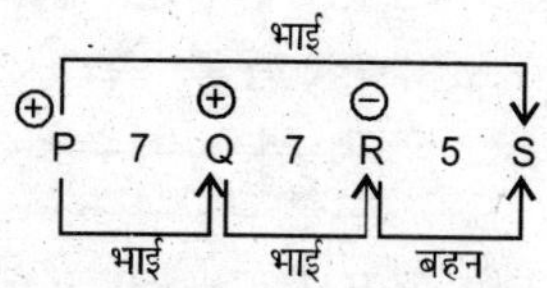

अतः विकल्प (A) सही है।

52. 2019 : 36 : : 2559 : ?

जिस प्रकार,

2 + 0 + 1 + 9 = 12 × 3 = 36

उसी प्रकार,

2 + 5 + 5 + 9 = 21 × 3 = 63

अतः प्रश्नचिह्न के स्थान पर 63 आएगा।

53.

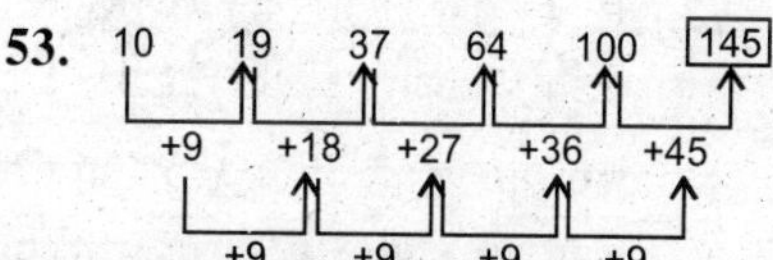

56. दी गई आकृति में निम्नलिखित समकोण त्रिभुज होंगे।

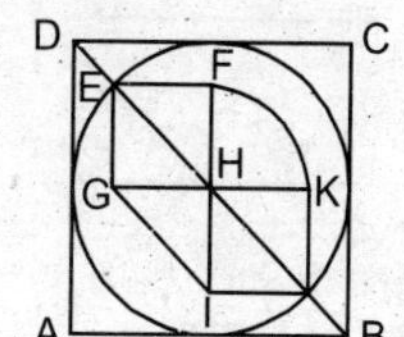

ΔDAB, ΔBCD, ΔEGH, ΔEFH, ΔGHI, ΔHIJ, ΔHKJ

कुल = 7

57.

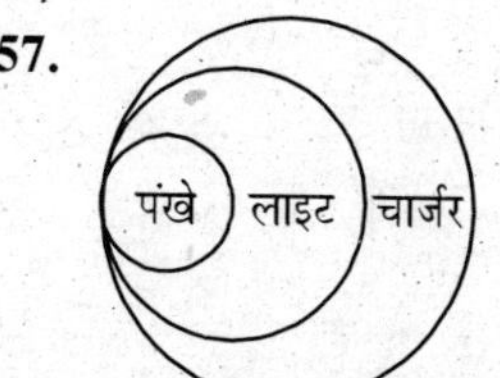

I. सभी पंखे चार्जर हैं।

58.

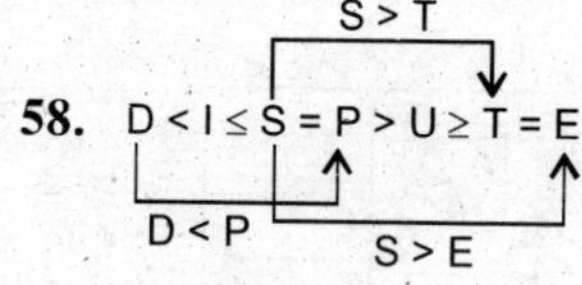

(A) D < P

(B) S > E

(C) S > T

∴ अतः सभी निष्कर्ष सही है।

59.

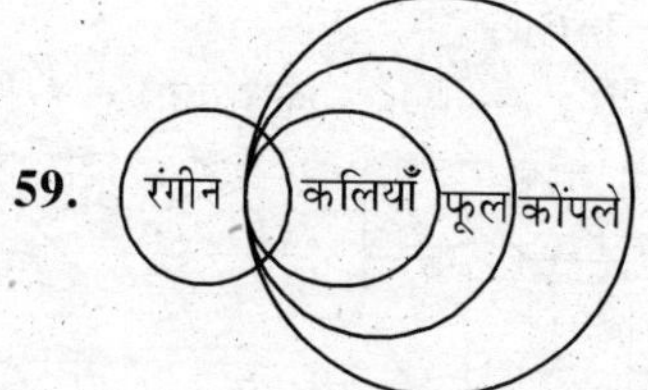

I. सभी कलियाँ कोंपलें है। (✓)

II. कुछ रंगीन फूल है। (✓)

III. कुछ कोपले रंगीन है। (✓)

∴ सभी तर्क संगत है।

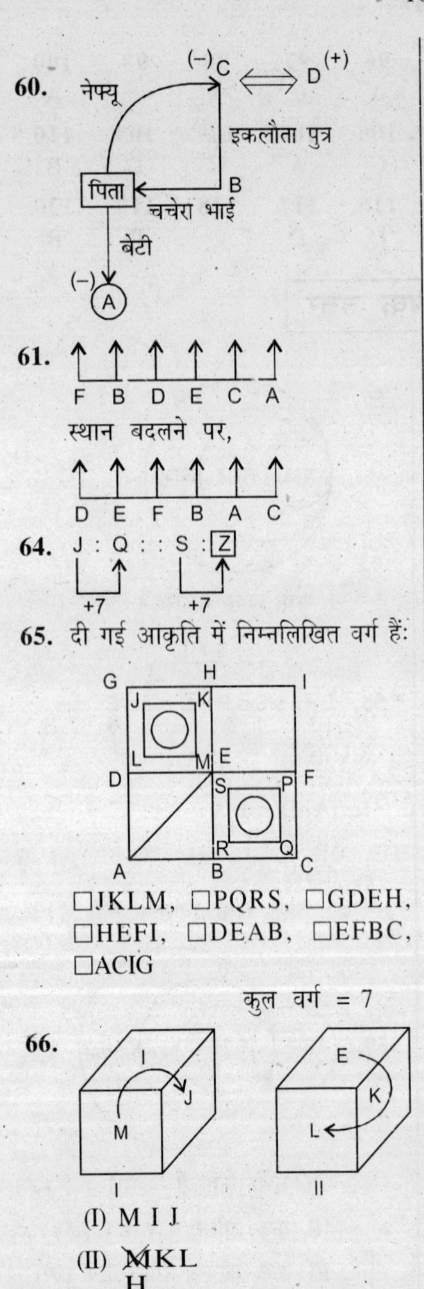

60. नेफ्यू, इकलौता पुत्र, पिता, चचेरा भाई, बेटी

61. F B D E C A

स्थान बदलने पर,

D E F B A C

64. J : Q : : S : Z

65. दी गई आकृति में निम्नलिखित वर्ग हैं:

□JKLM, □PQRS, □GDEH, □HEFI, □DEAB, □EFBC, □ACIG

कुल वर्ग = 7

66.

(I) M I J

(II) MKL
H

M ↔ H

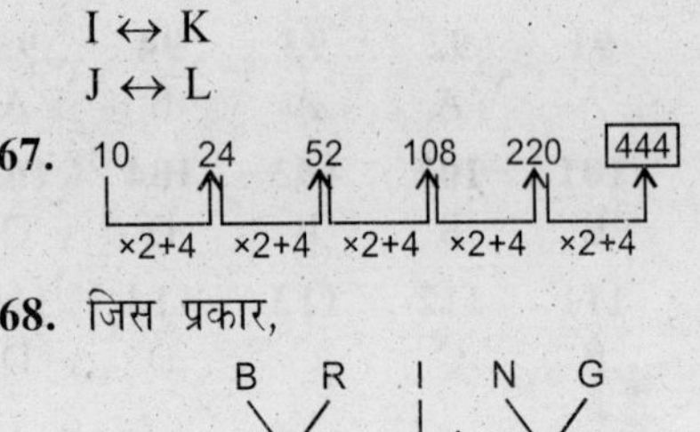

I ↔ K

J ↔ L

67. 10 24 52 108 220 444

×2+4 ×2+4 ×2+4 ×2+4 ×2+4

68. जिस प्रकार,

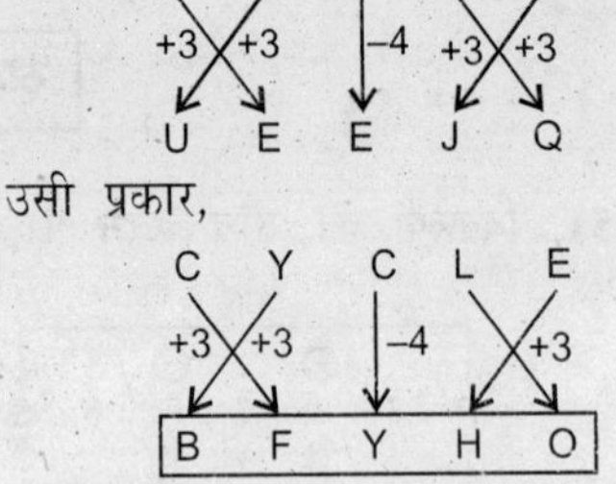

उसी प्रकार,

69. जिस प्रकार गेंद का आकार गोलाकार होता है, उसी प्रकार पासे का आकार घनाकार होता है।

70. B S Q Y C
(2) (19) (17) (25) (3)

Y के अतिक्ति अन्य सभी अक्षर अंग्रेजी वर्णमाला में अभाज्य संख्या वाले स्थान पर आते हैं।

72. PL IE FA OK NJ

–4 –4 –5 –4 –4

दिए गए समूह में, FA के अतिरिक्त अन्य सभी समूह में दूसरा अक्षर पहले अक्षर से 4 स्थान पीछे है।

76.

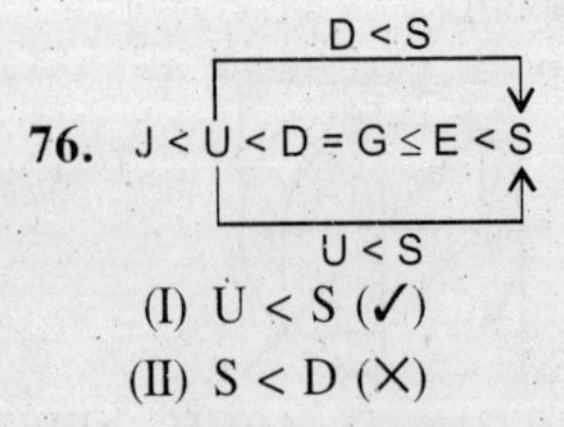

(I) U < S (✓)

(II) S < D (✗)

77.

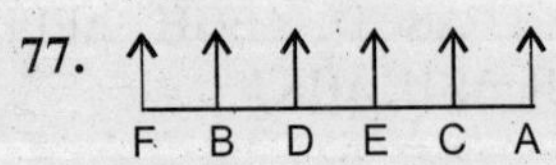

80. जिस प्रकार,

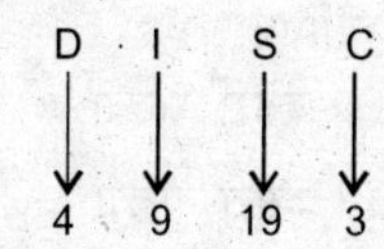

उसी प्रकार,

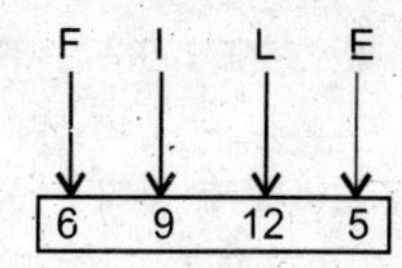

82. 10 27 61 78 112 [129]

+17 +34 +17 +34 +17

84. 20 47 74 101 128 [155]

+27 +27 +27 +27 +27

85. F B D E C A

C के ठीक दाएं A बैठा है।

86. चक्रवृद्धि ब्याज

$$= \text{मूलधन}\left[\left(1+\frac{\text{दर}}{100}\right)^{\text{समय}}\right]$$

$$= 18300\left[\left(1+\frac{10}{100}\right)^2\right]$$

$$= 18300\left[\left(\frac{11}{10}\right)^2\right]$$

$$= 18300\left[\frac{121}{100}\right]$$

$$= 22143.$$

87. कम्पनी X का कुल उत्पादन
= 51 + 55 + 63 + 76 + 41 + 48
= 334
कम्पनी Y का कुल उत्पादन
= 105 + 86 + 96 + 95 + 85 + 90
= 557
अभिष्ट अन्तर = 557 – 334 = 223.

88. $\sqrt{(91+\sqrt{(76+\sqrt{45-\sqrt{400}}))}}$

$$= \sqrt{(91+\sqrt{(76+\sqrt{45-20}))}}$$

$$= \sqrt{(91+\sqrt{(76+\sqrt{25})})}$$

$$= \sqrt{(91+\sqrt{(76+5)})}$$

$$= \sqrt{(91+\sqrt{81})}$$

$$= \sqrt{(91+9)} = \sqrt{100} = 10$$

89. माना निवेश की गई राशि ₹ x है।
तब, साधारण ब्याज

$$= \frac{\text{मूलधन} \times \text{दर} \times \text{समय}}{100}$$

$$6{,}540 = \frac{x \times 12 \times 5}{100}$$

$$x = \frac{6540 \times 100}{12 \times 5}$$

x = ₹ 10,900.

90. माना चौथी परीक्षा में अंक $= x$

$$\text{तब } \frac{64+60+56+x}{4} = x$$

$$180 + x = 300$$

$$x = 300 - 180$$

$$x = 120.$$

91. $X = 0.347777$

$$X = 0.34\overline{7}$$

$$X = \frac{347-34}{900} = \frac{313}{900}.$$

92. माना ट्रेन की लम्बाई = l मीटर

$$\text{तब, ट्रेन की चाल} = \frac{\text{दूरी}}{\text{समय}}$$

$$79 = \frac{l}{13}$$

$l = 79 \times 13 = 1027$ मीटर

93. माना चतुर्भुज की चारो भुजाएं क्रमशः $2x$, $3x$, $4x$ और $5x$ है

तब, चतुर्भुज का परिमाप

$= 2x + 3x + 4x + 5x$

$= 14x$

$14x = 770$

$x = 55$

सबसे छोटी भुजा $= 2x$

$= 2 \times 55$

$= 110$ सेमी

94. माना कोच का वजन x किग्रा. है

$11 \times 117 + x = 12 \times (117 + 1)$

$1287 + x = 1416$

$x = 1416 - 1287$

$x = 129$

$\therefore$ कोच का वजन = 129 किग्रा. है।

95. पुस्तक का विक्रय मूल्य

$$= 5400\left(1 - \frac{10}{100}\right)$$

$$= 5400 \times \frac{90}{100}$$

= ₹ 4860

$$\text{क्रय मूल्य} = \frac{100}{100 + \text{लाभ\%}} \times \text{वि.मू.}$$

$$= \frac{100}{100 + 20} \times 4860$$

$$= \frac{100}{120} \times 4860$$

= ₹ 4050.

96. $43 - [10 - (49 \div 7 - (15 - 2\underline{5 \div 5}) \div 10)]$

BODMAS नियमानुसार,

$= 43 - [10 - (4\underline{9 \div 7} - (15 - \underline{5) \div 1}0)]$

$= 43 - [10 - (7 - 1)]$

$= 43 - [10 - 6]$

$= 43 - 4$

$= 39.$

97. पहली संख्या × दूसरी संख्या = एलसीएम × एच्सीएम

$128 \times$ दूसरी संख्या $= 128 \times 8$

$\therefore$ दूसरी संख्या $= \frac{128 \times 8}{128} = 8.$

98. वर्ष 2001 में, कम्पनी X और कम्पनी Y के उत्पादन में अन्तर

$= 105 - 51 = 54$

वर्ष 2002 में, कम्पनी X और कम्पंनी Y के उत्पादन में अन्तर

$= 86 - 55 = 31$

वर्ष 2003 में, कम्पनी X और कम्पनी Y के उत्पादन में अन्तर

$= 96 - 63 = 33$

वर्ष 2004 में, कम्पनी X और कम्पनी Y के उत्पादन में अन्तर

$= 95 - 76 = 19$

वर्ष 2005 में, कम्पनी X और कम्पनी Y के उत्पादन में अन्तर

$= 85 - 41 = 44$

वर्ष 2006 में, कम्पनी X और कम्पनी Y के उत्पादन में अन्तर

$= 90 - 48 = 42$

$\therefore$ न्यूनतम अन्तर 2004 में है।

100. 12 से वह संख्या विभाज्य होगी जो 4 और 3 दोनों से विभाज्य होगी।

4 से वह संख्या विभाज्य होगी जिसके अन्तर दो अंक 4 से विभाज्य हो।

3 से वह संख्या विभाज्य होगी जिससे अंकों का योग 3 से विभाज्य हो।

(A) 187$\underline{44}$

$\frac{44}{4} = 11$ अतः 4 से विभाज्य है।

$\frac{1+8+7+4+4}{3} = \frac{24}{3} = 8$ अतः यह 3 से विभाज्य है।

101. कंपनी X द्वारा 2001 में निर्मित वाहनों की संख्या = 51

कंपनी X द्वारा 2002 में निर्मित वाहनों की संख्या = 55

अभिष्ट अन्तर = 55 – 51 = 4.

102. प्रतिशत वृद्धि $= \frac{534-445}{445} \times 100$

$= \frac{89}{445} \times 100 = 20\%$

103. माना निकाली गई संख्या x है।

तब, $x = 160 \times 7 - 160 \times 6$

$x = 1120 - 960$

$x = 160.$

104. % लाभ $= \frac{\text{वि.मू.} - \text{क्र.मू.}}{\text{क्र.मू.}} \times 100$

$= \frac{340-272}{272} \times 100$

$= \frac{68}{272} \times 100$

$= \frac{6800}{272} = 25\%.$

105. माना शुरू में खपत x किग्रा. है

∵ कीमत × खपत = खर्चा

शुरू में, 720 × 100 = 72,000

कीमत बढ़ने पर,

$900 \times x = 72,000$

∴ $x = \frac{72,000}{900}$ = ₹ 80

खपत में प्रतिशत कमी

$= \frac{100-80}{100} \times 100$

$= \frac{20}{100} \times 100 = 20\%.$

106. माना ट्रेन की लम्बाई = x मीटर

∵ दानों स्थितियों भें ट्रेन की चाल बराबर है

∴ चाल $= \frac{\text{दूरी}}{\text{समय}}$

$\frac{x}{50} = \frac{x+473}{93}$

$93x = 50x + 23650$

$43x = 23650$

$x = \frac{23650}{43} = 550$ मी.

∴ ट्रेन की लम्बाई 550 मी. है।

107. माना पहला और दूसर भाग क्रमशः $6x$ और $5x$

तब, $6x = 330$

$x = 55$

∴ कुल राशि $= 5x + 6x$

$= 11x + 11 \times 55$

$= 605.$

108. साधारण ब्याज $= \frac{\text{मूलधन} \times \text{दर} \times \text{समय}}{100}$

$= \frac{5500 \times 13 \times 4}{100} = 2860$

राशि = मूलधन + सा. ब्याज

= 5500 + 2860 = 8360.

109. औसत चाल $= \frac{2S_1S_2}{S_1 + S_2}$

$= \frac{2 \times 700 \times 1050}{700 + 1050}$

$= \frac{2 \times 700 \times 1050}{1750}$

= 840 मील प्रति घंटे

110. समबाहु त्रिभुज की भुजा = 124 सेमी

समबाहु त्रिभुज का क्षेत्रफल $= \frac{\sqrt{3}}{4}(\text{भुजा})^2$

$$= \frac{\sqrt{3}}{4} \times 124 \times 124$$

$$= 3844\sqrt{3} \text{ सेमी}^2$$

111. माना अल्फा और बीटा की आयु क्रमशः $2x$ और $5x$ है

$$2x + 5x = 350$$
$$7x = 350$$
$$x = 50$$

उनकी उम्र के बीच अन्तर

$$= 5x - 2x = 3x$$
$$= 3 \times 50 = 150.$$

112. क्रय मूल्य $= \frac{100}{100 - \% \text{ हानि}} \times$ वि.मू.

$$= \frac{100}{100 - 15} \times 680$$

$$= \frac{100}{85} \times 680 = ₹\ 800.$$

113. माना बॉक्स में पेन, पेंसिल, और इरेजर की संख्या क्रमशः $3x$, $2x$ और x है।

तब बॉक्स पर खर्च की कुल राशि

$$= 3x \times 3 + 2x \times 2 + x \times 2$$
$$= 9x + 4x + 2x = 15x$$
$$15x = 795$$
$$x = 53$$

बॉक्स में पेन की संख्या $= 3x$

$$= 3 \times 53 = 159.$$

115. समचतुर्भुज का क्षेत्रफल $= \frac{1}{2} \times d_1 \times d_2$

$$= \frac{1}{2} \times 119 \times 120 = 7140 \text{ सेमी}^2$$

116. हानि प्रतिशत $= \frac{\text{क्र.मू.} - \text{वि.मू.}}{\text{क्र.मू.}} \times 100$

$$= \frac{475 - 380}{475} \times 100$$

$$= \frac{9500}{475} = 20\%$$

117.

$$\sqrt{(30 - x)} = \sqrt{17 + \sqrt{1024}}$$
$$\sqrt{(30 - x)} = \sqrt{17 + 32}$$
$$\sqrt{(30 - x)} = \sqrt{49}$$
$$30 - x = 49$$
$$x = 30 - 49$$
$$x = -19.$$

118. साबुन का शेष प्रतिशत

$$= \frac{120 - 84}{120} \times 100$$

$$= \frac{36}{120} \times 100 = 30\%$$

119. आयत की लम्बाई $= \sqrt{l^2 - b^2}$

$$= \sqrt{(702)^2 - (270)^2}$$
$$= \sqrt{(702 + 270)(702 - 270)}$$
$$= \sqrt{972 \times 432}$$
$$= \sqrt{419904} = 648 \text{ सेमी}$$

आयत का परिमाप $= 2(l + b)$

$$= 2(270 + 648)$$
$$= 2 \times 918 = 1836.$$

120.

```
9) 15209 (1689
   9
   62
   54
    80
    72
     89
     81
      8  ← शेषफल
```

पिछले प्रश्न-प (हल सहित)

Railway Protection Force & Railway Protection Special Force

RPF/RPSF कांस्टेबल भर्ती परीक्षा–2015*

1. निम्नलिखित में से किस राज्य की अंतर्राष्ट्रीय सीमा सर्वाधिक लम्बी है?

A. नागालैण्ड
B. मिजोरम
C. अरुणाचल प्रदेश
D. असम

2. निम्न में से किस कपड़े का नाम फ्रांसीसी कपड़ा निर्माता के नाम पर रखा गया?

A. लिनन B. क्रेप
C. जॉर्जजेट D. शिफॉन

3. सिख धर्म के संस्थापक कौन हैं?

A. गुरु गोविंद सिंह
B. गुरु रामदास
C. गुरु नानक
D. रणजीत सिंह

4. आर्थिक रूप से पिछड़े छात्रों को IIT JEE का कोचिंग प्रदान के लिए पटना के प्रसिद्ध सुपर-30 संस्थान के संस्थापक निम्न में से कौन हैं?

A. अनुराग आनन्द
B. सुशील कुमार
C. आनन्द कुमार
D. नीतिश कुमार

5. श्री नरेन्द्र मोदी भारत के .... हैं।

A. लोकसभा अध्यक्ष
B. प्रधानमंत्री
C. विपक्ष के नेता
D. राष्ट्रपति

6. भारत राष्ट्रीय एकता दिवस .... को मनाया जाता है।

A. 30 जनवरी B. 29 अगस्त
C. 31 अक्टूबर D. 2 अक्टूबर

7. जिराफ निम्नलिखित में से किस महाद्वीप का मूल निवासी है?

A. ऑस्ट्रेलिया B. अफ्रीका
C. अमेरिका D. एशिया

8. कुश्ती का पारंपरिक रूप सूमो किस देश से सम्बन्धित है?

A. चीन B. जापान
C. वियतनाम D. दक्षिण कोरिया

9. अमीर खुसरो किसके प्रसिद्ध दरबारी कवि थे?

A. शाहजहाँ B. अलाउद्दीन खिलजी
C. अकबर D. शेरशाह सूरी

10. निम्न में से किस बीमारी को चिकित्सा के आधार पर टाइप-I एवं टाइप-II में वर्गीकृत किया गया है?

A. मधुमेह B. हेपेटाइटिस-बी
C. रतौंधी D. कॉमन कोल्ड

11. भारतीय सशस्त्र बलों के कमांडर-इन-चीफ निम्नलिखित में से कौन होता है?

* *Held on 15-02-2015*

A. प्रधानमंत्री B. उप-राष्ट्रपति
C. सेना प्रमुख D. राष्ट्रपति

12. निम्नलिखित में से किस ग्रह का सतह ठोस नहीं है?
A. बृहस्पति B. मंगल
C. शुक्र D. बुध

13. बिहार के प्रसिद्ध भोजन लिट्टी (Litti) का प्रमुख घटक है?
A. प्याज
B. आलू
C. सब्जी
D. सत्तू (Gram flour)

14. निम्नलिखित में से किसकी उपस्थिति में पौधों गें कार्बन डाइऑक्साइड की प्रक्रिया होती है?
A. सूर्य के प्रकाश की
B. वर्षा
C. गरज
D. ब्रह्मांडीय किरणें

15. क्रिकेट के अतिरिक्त निम्न में से किस खेल में स्ट्राइकर का प्रयोग किया जाता है?
A. लूडो B. खो-खो
C. कैरम D. शतरंज

16. इस्लामिक राज्य निम्न में से किसके खिलाफ लड़ाई नहीं लड़ रही है?
A. यूक्रेन B. लेबनान
C. इराक D. सीरिया

17. निम्नलिखित में से कौन-सा स्थान है जो मैंग्रोव वृक्षों के लिए प्रयोग किए जाने वाले स्थानीय शब्द के नाम पर पड़ा है?
A. वृंदावन B. सुंदरबन
C. मसूरी D. मधुबनी

18. झारखंड के मुख्यमंत्री का नाम क्या है?
A. बाबूलाल मरांडी
B. अर्जुन मुंडा
C. रघुवर दास
D. हेमंत सोरेन

19. यदि आप लाल किला में हैं तो निम्न में से किस शहर के भ्रमण पर हैं?
A. आगरा B. हैदराबाद
C. जयपुर D. दिल्ली

20. निम्नलिखित में से कौन बंदरगाह शहर अरब सागर का भाग नहीं है?
A. पणजी B. विशाखापत्तनम
C. मुंबई D. मंगलौर

21. निम्न में से कौन एशियन देशों का भू-आवेष्ठित देश नहीं है?
A. अफगानिस्तान B. लाओस
C. मंगोलिया D. कम्बोडिया

22. भारत में पहली बार किस हिल पैसेन्जर रेलवे की शुरूआत वर्ष 1881 में प्रारंभ किया गया था?
A. कालका शिमला रेलवे
B. माथेरान हिल रेलवे
C. नीलगिरि माउंटेन रेलवे
D. दार्जिलिंग हिमालयन रेलवे

23. CO निरूपित करता है–
A. Carbon
B. Carbon monoxide
C. Coal
D. Carbon dioxide

24. रासलीला नृत्य निम्न में से किस ईश्वर से सम्बन्धित है?
A. भगवान शिव B. भगवान गणेश
C. भगवान इन्द्र D. भगवान कृष्ण

25. निम्न में से कौन एक भारतीय ऑनलाइन रिटेल कंपनी है?
A. अलीबाबा समूह (Alibaba group)
B. अमेजन (Amazon)
C. (eBay)
D. जबोंग (Jabong)

निर्देश (26-30): *नीचे दी गई श्रेणी को पूरा कीजिए जो एक निश्चित पैटर्न पर आधारित है :*

26. 3, 12, 27, 48, 75, 108, ...?...
A. 162 B. 183
C. 192 D. 147

27. 49, 121, 169, 289, ...?...
A. 361 B. 529
C. 400 D. 441

28. a_ccabc_a_cc_bcc
A. c b c b B. b c b a
C. b a c b D. b b c c

29. _cbacb_dbad_adc_.
A. d a c b B. b c a a
C. c c a a D. c b d d

30. 2, 3, 4, 6, 8, 12, 16, 24, ...?...
A. 36 B. 30
C. 32 D. 40

निर्देश (31-35): *निम्नलिखित प्रश्नों में से विषम को चुनिए :*

31. A. नेपाल B. जर्मनी
C. चीन D. भारत

32. A. BY B. CV
C. DW D. AZ

33. A. 18 B. 27
C. 33 D. 9

34. A. स्नूकर B. शतरंज
C. हॉकी D. बिलियर्ड्स

35. A. IFG B. QOP
C. XVW D. ECD

36. 24 : 36 :: ? : 72
A. 48 B. 60
C. 56 D. 40

37. कैदी : जेल :: वकील : ...?...
A. मैदान B. अस्पताल
C. कार्यालय D. अदालत

38. रैबीज : कुत्ता :: इबोला : ...?...
A. मछली B. मच्छर
C. बिल्ली D. चमगादड़

39. यदि 26 जनवरी, 2015 को सोमवार है तो 26 जनवरी, 2011 को कौन-सा दिन था?
A. मंगलवार B. बुधवार
C. गुरुवार D. सोमवार

40. यदि 'a' का अर्थ गुणा, 'b' का अर्थ घटाव, 'c' का अर्थ जोड़ तथा 'd' का अर्थ भाग हो, तो 5a 3b 2c [4d 4] का मान क्या होगा?
A. 6 B. 0
C. 14 D. 12

41. GTU : JWX :: CMN : ...?...
A. FQR B. FPQ
C. FPR D. FOP

निर्देश (42-45): *नीचे दिए गए चित्र में तीन वृत्त हैं जो एक-दूसरे को स्पर्श करते हैं, खिलाड़ियों से सम्बन्धित हैं। ये खिलाड़ी टेनिस, बैडमिंटन तथा कबड्डी खेलते हैं जिनकी संख्याओं को नम्बर से दर्शाया गया है।*

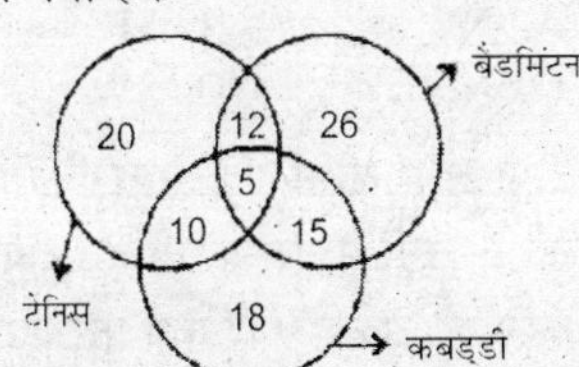

42. कितने खिलाड़ी कबड्डी खेलते हैं?
A. 48 B. 28
C. 38 D. 43

43. सिर्फ टेनिस खेलने वाले खिलाड़ियों को कौन-सी संख्या दर्शाती है?
A. 20 B. 15
C. 5 D. 18

44. खिलाड़ियों में कौन-सी संख्या टेनिस तथा बैडमिंटन दोनों खेलने वाले तथा कबड्डी नहीं खेलने वाले को प्रदर्शित करती है?
A. 10 B. 12
C. 15 D. 5

45. किस खेल में खेलने वाले खिलाड़ियों की संख्या सबसे कम है?
A. टेनिस B. बैडमिंटन
C. कबड्डी D. सभी तीनों

46. 11 संख्याओं का औसत 30 है। यदि प्रथम दस संख्याओं का औसत 22 है, तो 11वीं संख्या का मान कितना है?
A. 8 B. 20
C. 30 D. 110

47. यदि किसी संख्या के वर्ग में 59 जोड़ा जाए तो परिणाम 900 होता है। संख्या ज्ञात कीजिए।
A. 30 B. 28
C. 29 D. 27

48. यदि C, A के पश्चिम में है तथा B, A के दक्षिण दिशा में है तो, C की अपेक्षा B किस दिशा में है?
A. NW B. SE
C. NE D. SW

49. दीपा तथा सीमा एक साथ किसी काम को 6 दिनों में पूरा करती है। दीपा उसी काम को अकेले 9 दिनों में पूरा करती है। सीमा उसी काम को अकेले कितने दिनों में पूरा करेंगी?
A. 18 दिन B. 3 दिन
C. 12 दिन D. 15 दिन

50. एक शहर की जनसंख्या 70,000 है। 8% की वृद्धि के बाद जनसंख्या कितनी है?
A. 76,000 B. 76,500
C. 76,600 D. 75,600

51. 4, 8 तथा 12 का महत्तम समापवर्तक कितना होगा?
A. 1 B. 4
C. 8 D. 2

52. यदि CORRECTION के लिए कूट DPSSFDUJPO का प्रयोग किया जाता है तो EMOTION के लिए क्या कूट होगा?
A. FPNUJPO B. FNPUJOP
C. FNPUPOJ D. FNPUJPO

53. एक मोटर साइकिल 3 घंटे में 60 किमी. की दूरी तय करती है। इसकी गति दोगुनी हो जाती है। अगले एक घंटे में वह कितनी दूरी तय करेगी?
A. 360 किमी. B. 40 किमी.
C. 60 किमी. D. 120 किमी.

54. $\frac{1}{30}$ का $75 \div \frac{1}{2}$ कितना होगा?
A. 1.25 B. 2.5
C. 12.5 D. 5

55. रमेश उत्तर की ओर 25 मीटर चलता है। वह बाँयें मुड़ता है इसके बाद 20 मीटर चलता है। वह फिर बाँयें मुड़ता है इसके बाद 25 मीटर चलता है। वह फिर बाएं मुड़ता है, इसके बाद 50 मीटर चलता है।

अब वह प्रारम्भिक बिन्दु से कितना दूर है?

A. 30 मीटर B. 50 मीटर
C. 120 मीटर D. 70 मीटर

56. किस वार्षिक दर से ₹ 400 का 50 वर्ष में मिश्रधन ₹ 520 हो जाएगा?

A. 6% B. 5%
C. 5.5% D. 2.4%

57. एक वृत्ताकार मैदान की त्रिज्या 31.5 मीटर है। इसकी परिधि कितनी होगी?

A. 198 मी. B. 154 मी.
C. 237 मी. D. 110 मी.

58. दो वितत संख्याओं के घनों का अन्तर 127 है। संख्याओं को ज्ञात कीजिए।

A. 5 तथा 6 B. 4 तथा 5
C. 6 तथा 7 D. 7 तथा 8

59. एक आयताकार मैदान की लम्बाई में 20% वृद्धि की जाए तथा चौड़ाई में 20% की कमी कर दी जाए तो उसके क्षेत्रफल में कितना प्रतिशत की वृद्धि या कमी हो जाएगी?

A. 20% की वृद्धि B. 4% की कमी
C. 1% की वृद्धि D. कोई परिवर्तन नहीं

60. अमर का स्थान शुरू से या अन्तिम से 24वाँ है। उसमें कुल कितने व्यक्तियों की संख्या है?

A. 46 B. 49
C. 47 D. 48

61. राम 10 किमी. पूरब दिशा में चलता है। इसके बाद 10 किमी. दाहिनी तरफ चलता है, पुनः 10 किमी. दाहिनी तरफ चलता है। अब वह प्रारम्भिक बिन्दु से किस दिशा में है?

A. उत्तर B. दक्षिण
C. पश्चिम D. पूरब

62. 0.0050 ÷ 0.05 + 0.05 का मान है–

A. 0.15 B. 0.05
C. 0.16 D. 0.50

63. एक कमीज का अंकित मूल्य ₹ 1500 है। इसे दो क्रमिक छूट 40% तथा 60% की दी जाती है। छूट के बाद कमीज का मूल्य कितना होगा?

A. ₹ 0 B. ₹ 1400
C. ₹ 540 D. ₹ 360

64. किसी संख्या के दो अंकों का योग 13 है। यदि इस संख्या में से 9 को घटाया जाए तो संख्या के अंकों का स्थान बदल जाते हैं। संख्या क्या है?

A. 76 B. 87
C. 78 D. 67

65. चार वितत धनात्मक संख्याओं का योग 82 है। उनमें से सबसे छोटी संख्या है–

A. 20 B. 19
C. 22 D. 21

66. राहुल पश्चिम दिशा में 8 किमी. चलता है तथा इसके बाद वह पीछे की ओर मुड़कर 6 किमी. चलता है। राहुल प्रारम्भिक बिन्दु से कितना दूर है तथा किस दिशा में है?

A. NE 2 किमी. B. SE 14 किमी.
C. NW 10 किमी. D. SW 10 किमी.

67. 2, 3 तथा 7 का लघुत्तम समापवर्त्य कितना है?

A. 42 B. 21
C. 14 D. 6

68. एक स्कूल में 1500 छात्र हैं। 15% मुसलमान हैं, 7% सिख, 8% ईसाई तथा

शेष हिन्दू हैं। उस स्कूल में हिन्दुओं की संख्या कितनी है?

A. 1470 B. 700
C. 1050 D. 1200

69. 20 कुत्ते 20 मुर्गियों को 10 दिनों में खाते हैं। 40 कुत्ते 40 मुर्गियों को कितने दिनों में खाएँगे?

A. 1 B. 20
C. 30 D. 10

70. यदि किसी कूट भाषा में BANGLE को ELGNAB लिखा जाता है तो SAN-DAL को उसी कूट भाषा में कैसे लिखा जाएगा?

A. LADNSA B. LANDAS
C. LADNAS D. LADANS

71. यदि 26 जनवरी को बुधवार है, तो अन्तिम जनवरी को कौन-सा दिन होगा?

A. शुक्रवार B. सोमवार
C. रविवार D. गुरुवार

72. 60% का मान किसके बराबर है?

A. $\frac{6}{9}$ B. $\frac{9}{10}$
C. $\frac{3}{5}$ D. $\frac{7}{9}$

73. 12 छात्रों की एक कक्षा की औसत ऊँचाई 180 सेमी. है। वर्ग-शिक्षक की ऊँचाई को जोड़ने पर उनका औसत घटकर 179 सेमी. हो जाता है। शिक्षक की ऊँचाई कितनी है?

A. 168 सेमी. B. 167 सेमी.
C. 179.5 सेमी. D. 166 सेमी.

74. $3 - 1 + 3 \times 6 \div 3 - 1$ का मान है—

A. 11 B. –3
C. 7 D. 9

75. ऋषि को किसी राशि पर 8% ब्याज की nj ls2 वर्ष का चक्रवृद्धि ब्याज ₹ 83.2 प्राप्त होता है तो उनकी निवेशित राशि क्या है?

A. ₹ 600 B. ₹ 500
B. ₹ 540 D. ₹ 503.2

76. यदि किसी संख्या का तीसरा भाग का $\frac{1}{4}$ पाँच के बराबर होता है तो वह संख्या क्या है?

A. 15 B. 60
C. 12 D. 20

77. यदि भाग के लिए '×' लिखा जाए, घटाव के लिए '÷' गुणा के लिए '+' लिखा जाए तथा जोड़ के लिए '–' लिखा जाए तब $6 \times 2 \div 2 - 4 + 2$ का मान कितना होगा?

A. 0 B. 4
C. 10 D. 9

78. सात टीमों के एक ग्रुप में, प्रत्येक टीम एक-दूसरे से दो बार खेलती है। ग्रुप में कुल कितने मैच खेले जाएंगे?

A. 49 B. 42
C. 48 D. 28

79. एक बस 75 किमी./घंटे की गति से 45 मिनट तक चलती है तथा इसके बाद 90 किमी./घंटे की गति से 45 मिनट तक चलती है। 1½ घंटे में वह कितनी दूरी तय करेगी?

A. 123.75 किमी. B. 165 किमी.
C. 125 किमी. D. 82.5 किमी.

80. नीचे दिए गए संख्याओं के अनुक्रम में कितनी सम संख्याएँ हैं जिनके ठीक पहले विषम संख्या हो तथा ठीक उसके बाद सम संख्या हो?

5 1 4 7 3 9 8 5 7 2 6 3 1 5 8 6 3 8 5 2 7 4 3 4 9 6

A. दो　　B. एक

C. चार　　D. तीन

81. 0.105 + 1.05 + 0.515 + 0.015 का मान कितना होगा?

A. 1.685　　B. 1.675

C. 1.75　　D. 1.785

82. सबसे बड़ी भिन्न कौन-सी है?

A. $\frac{3}{4}$　　B. $\frac{7}{9}$

C. $\frac{7}{8}$　　D. $\frac{9}{10}$

83. 8 संख्याओं का औसत 42 है। यदि प्रत्येक संख्या में से 9 घटाया जाए तो नया औसत क्या होगा?

A. 33　　B. 34

C. 25　　D. 9

84.  ?

A. 　　B. 

C. 　　D. 

85. 20 पैसे तथा ₹ 4 का अनुपात क्या होगा?

A. 1 : 8　　B. 1 : 16

C. 1 : 20　　D. 1 : 5

86. एक दुकानदार एक कमीज ₹ 728 में बेचा जिसमें उसे 9% का घाटा हुआ। यदि वह इसे ₹ 792 में बेचे तो उसे कितना प्रतिशत लाभ या हानि होगी?

A. 8% हानि　　B. 9% लाभ

C. 1% हानि　　D. 8% लाभ

87. $\frac{9}{10}$ को दशमलव में बदलें।

A. 90　　B. 1.90

C. 0.09　　D. 0.9

88. श्याम एक बैग 13% की लाभ पर ₹ 598.9 में बेचा। इस बैग का क्रय मूल्य कितना था?

A. ₹ 550　　B. ₹ 530

C. ₹ 585　　D. ₹ 500

89. 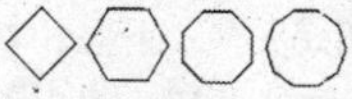 ?

A. 　　B. 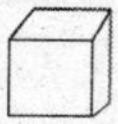

C. 　　D. 

90. यदि किसी कूट भाषा में SEAT को RDZS लिखा जाता है तो READ को उसी कूट भाषा में कैसे लिखा जाएगा?

A. QDZC　　B. QDCZ

C. QDZE　　D. QDZD

91. एक धावक को 8 किमी. की दूरी को 15 किमी./घंटा की चाल से दौड़ने में कितना समय लगेगा?

A. 35 मिनट　　B. 33 मिनट

C. 31 मिनट　　D. 32 मिनट

92. यदि किसी कूट भाषा में PERFECTION को EFREPNOITC लिखा जाता है तो IMPOSTER को उसी कूट भाषा में कैसे लिखा जाएगा?

A. OPIMRETS　　B. OPMIRETS

C. OPMIERTS　　D. OPMIREST

93. एक वर्गाकार मैदान का क्षेत्रफल 196 वर्ग मी. है। उसे रस्सी से तीन तरफ से घेरा डालने में रस्सी की लम्बाई कितनी होगी?

A. 56 मी. B. 42 मी.
C. 52 मी. D. 147 मी.

94. यदि एक संख्या का 40%, 184 है, तो उस संख्या का 85% का मान कितना होगा?

A. 333 B. 391
C. 380 D. 328

95. एक टी.वी. का क्रय मूल्य ₹ 42,000 है तथा विक्रय मूल्य ₹ 49,140 है। प्रतिशत लाभ कितना है?

A. 9% B. 7.14%
B. 17% D. 7%

96. तरबूज या सफेद लॉकी को चीनी की चाशनी में भिगोकर बनाई जाने वाली मिठाई कौन-सी है?

A. जलेबी B. पेठा
C. गुलाब जामुन D. मुरब्बा

97. निम्न में से कौन-सा तत्व एसिड का आवश्यक अवयव है?

A. हाइड्रोजन B. ऑक्सीजन
C. हीलियम D. नाइट्रोजन

98. सरक्रीक रेखा भारत एवं .... के मध्य विवादित क्षेत्र है?

A. म्यांमार B. नेपाल
C. पाकिस्तान D. बांग्लादेश

99. हड्डियों को मजबूत रखने के लिए आवश्यक तत्व है?

A. आयोडीन B. जिंक
C. वसा D. कैल्शियम

100. ज्योतिष के अनुसार राशियों के कितने प्रकार होते हैं?

A. 12 B. 16
C. 14 D. 11

101. वर्ष 2014 का नोबेल शांति पुरस्कार निम्नलिखित में से किस व्यक्ति को प्रदान किया गया था?

A. कैलाश सत्यार्थी
B. बराक ओबामा
C. कैलाश सत्यार्थी और तवाकुल कर्मण
D. कैलाश सत्यार्थी और मालाल युसुफजई

102. किस स्वतंत्रता सेनानी के द्वारा पटना के बांकीपुर जेल में 'आत्मकथा' लिखी गई?

A. राजेन्द्र प्रसाद
B. राम मनोहर लोहिया
C. लाल बहादुर शास्त्री
D. जय प्रकाश नारायण

103. कृत्रिम रूप से उत्पादन किया जाने वाला प्रथम तत्व का नाम क्या है?

A. Technetium B. Francium
C. Einsteinium D. Promethium

104. टीवी शो 'बिग बॉस 8' के मेजबान कौन हैं?

A. सलमान खान B. अमिताभ बच्चन
C. शाहरूख खान D. आमिर खान

105. निम्नलिखित में से कौन-सी एक सामाजिक नेटवर्किंग वेबसाइट नहीं है?

A. फेसबुक B. Hi5
C. विकीपीडिया D. ट्विटर

106. निम्न में से किस तिथि को उत्तरी गोलार्ध में कर्क संक्रांति होती है?

A. 21 जून B. 22 जुलाई
C. 23 मई D. 31 मार्च

107. निम्न में से किन फलों में विटामिन C की प्रचुर मात्रा नहीं पाई जाती है?

A. संतरा B. कीवी
C. नींबू D. सेब

108. दीपिका कुमारी किस खेल से संबंधित है?
A. शूटिंग B. कुश्ती
C. तीरंदाजी D. फुटबॉल

109. निम्न में से कौन-सा देश द्वीपसमूह है?
A. लाओस B. चिली
C. फिलीपींस D. अर्जेंटीना

110. कुआलालाम्पुर जाने वाली अंतर्राष्ट्रीय यात्री उड़ान-17 जो यूक्रेन में गिरा दी गई, ने .... से उड़ान भरी थी।
A. एम्सटर्डन B. मॉस्को
C. पेरिस D. लंदन

111. माणिक सरकार किस राज्य के मुख्यमंत्री है?
A. असम
B. त्रिपुरा
C. पश्चिम बंगाल
D. सिक्किम

112. काजीरंगा राष्ट्रीय उद्यान किसके लिए प्रसिद्ध है?
A. दलदली हिरण
B. जंगली गधा
C. एक सींग वाला गैंडा
D. एशियाई शेर

113. भारत संघ में शामिल होने वाला अंतिम भूभाग कौन था?
A. पुडुचेरी B. सिक्किम
C. दीव D. गोवा

114. निम्न में से कौन-सा देश वर्ष 2016 का ग्रीष्मकालीन ओलंपिक खेलों की मेजबानी करेगा?
A. अर्जेंटीना B. रूस
C. जापान D. ब्राजील

115. कच्छ की खाड़ी किस राज्य में अवस्थित है?
A. बिहार B. राजस्थान
C. गुजरात D. महाराष्ट्र

116. प्राचीन समय के अध्ययन केंद्र के संदर्भ में निम्नलिखित में से किस विश्वविद्यालय ने अपना अकादमिक सत्र-2014 शुरू किया है?
A. तक्षशिला B. नालंदा
C. पुष्पगिरि D. विक्रमशिला

117. गणित के किस चिह्न को रेड क्रॉस सोसायटी के प्रतीक चिह्न के लिए प्रयुक्त किया गया है?
A. घटाव B. गुणा
C. भाग D. जमा

118. भारत के उस गवर्नर जनरल का नाम क्या है जो सत्ता को ईस्ट इंडिया कंपनी से ब्रिटिश क्राउन को हस्तांतरित किया?
A. लॉर्ड इरविन B. लॉर्ड कैनिंग
C. लॉर्ड कर्जन D. लॉर्ड माउंटबेटन

119. वांगचुक राजवंश किस देश के शासक हैं?
A. ब्रुनोई B. इंडोनेशिया
C. म्यांमार D. भूटान

120. निम्न में से उस केन्द्रीय मंत्री का नाम क्या है जिसने कभी भी राज्य या केन्द्रशासित प्रदेश के मुख्यमंत्री के रूप में सेवा नहीं की?
A. राम विलास पासवान
B. डी.वी. सदानंद गौड़ा
C. राजनाथ सिंह
D. सुषमा स्वराज

उत्तरमाला

1	2	3	4	5	6	7	8	9	10
C	C	C	C	B	C	B	B	B	A
11	**12**	**13**	**14**	**15**	**16**	**17**	**18**	**19**	**20**
D	A	D	A	C	A	B	C	D	B
21	**22**	**23**	**24**	**25**	**26**	**27**	**28**	**29**	**30**
D	D	B	D	D	D	A	B	A	C
31	**32**	**33**	**34**	**35**	**36**	**37**	**38**	**39**	**40**
B	B	C	C	A	A	D	D	B	C
41	**42**	**43**	**44**	**45**	**46**	**47**	**48**	**49**	**50**
B	A	A	B	A	D	C	B	A	D
51	**52**	**53**	**54**	**55**	**56**	**57**	**58**	**59**	**60**
B	D	B	D	A	A	A	C	B	C
61	**62**	**63**	**64**	**65**	**66**	**67**	**68**	**69**	**70**
C	A	D	A	B	D	A	C	D	C
71	**72**	**73**	**74**	**75**	**76**	**77**	**78**	**79**	**80**
B	C	B	C	B	B	D	B	A	A
81	**82**	**83**	**84**	**85**	**86**	**87**	**88**	**89**	**90**
A	D	A	B	C	A	D	B	A	A
91	**92**	**93**	**94**	**95**	**96**	**97**	**98**	**99**	**100**
D	B	B	B	C	B	A	C	A	A
101	**102**	**103**	**104**	**105**	**106**	**107**	**108**	**109**	**110**
D	A	A	A	C	A	D	C	C	A
111	**112**	**113**	**114**	**115**	**116**	**117**	**118**	**119**	**120**
B	C	B	D	C	B	D	B	D	A.

व्याख्यात्मक उत्तर

27. $(7)^2 = 49$ $(11)^2 = 121$
$(13)^2 = 169$
$(17)^2 = 289$ $(19)^2 = 361$.

31. जर्मनी को छोड़कर सभी एशियाई देश हैं। जर्मनी यूरोप में है।

32. CV को छोड़कर सभी विलोम युग्म अक्षर हैं।
B ↔ Y ; D ↔ W ; A ↔ Z
C का विलोम अक्षर X है।

33. 33 को छोड़कर सभी 9 के गुणज हैं।

34. हॉकी को छोड़कर सभी इनडोर खेल हैं। पुनः हॉकी दो टीमों के बीच खेली जाती है जिसमें प्रत्येक टीम में 11 खिलाड़ी होते हैं।

36. $\frac{24 \times 3}{2} = 36$

इसी प्रकार, $\frac{48 \times 3}{2} = 72.$

37. कैदी को जेल में रखा जाता है। इसी प्रकार वकील न्यायालय में वकालत करते हैं।

38. रैबीज कुत्तों से फैलता है। इसी प्रकार इबोला चमगादड़ से फैलता है।

39. 2011 से 2014 तक विषम दिनों की संख्या = 1 + 2 + 1 + 1 = 5 दिन

2012 अधिवर्ष था इसीलिए, 26 जनवरी, 2011 = सोमवार – 5 = बुधवार

42. कबड्डी में खिलाड़ियों की संख्या = 5 + 10 + 15 + 18 = 48.

43. सिर्फ टेनिस खेलने वाले खिलाड़ियों की संख्या = 20.

44. टेनिस तथा बैडमिंटन दोनों खेलने वाले लेकिन कबड्डी नहीं खेलने वाले खिलाड़ियों की संख्या = 12.

45. कबड्डी खेलने वाले खिलाड़ियों की संख्या = 48

बैडमिंटन खेलने वाले खिलाड़ियों की संख्या = 58

टेनिस खेलने वाले खिलाड़ियों की संख्या = 47.

46. ग्यारहवीं संख्या

= 30 × 11 – 10 × 22

= 330 – 220 = 110.

47. माना कि संख्या x है।

प्रश्नानुसार, $x^2 + 59 = 900$

$\Rightarrow \quad x^2 = 900 - 59 = 841$

$\therefore \quad x = \sqrt{841} = 29.$

49. माना कि सीमा अकेले उस काम को x दिनों में करती है।

प्रश्नानुसार, $\frac{1}{x} + \frac{1}{9} = \frac{1}{6}$

$\Rightarrow \quad \frac{1}{x} = \frac{1}{6} - \frac{1}{9}$

$= \frac{3-2}{18} = \frac{1}{18}$

$\Rightarrow \quad x = 18$ दिन

50. शहर की वर्तमान जनसंख्या

$= P_0 \left(1 + \frac{R}{100}\right)^T$

$= 70000 \left(1 + \frac{8}{100}\right)$

$= 70000 \times \frac{108}{100} = 75,600.$

51. $4 = 2 \times 2$

$8 = 2 \times 2 \times 2$

$12 = 2 \times 2 \times 3$

$\therefore$ म.स. $= 2 \times 2 = 4.$

53. चाल = $\frac{\text{दूरी}}{\text{समय}} = \frac{60}{3} = 20$ किमी./घंटा

नयी चाल = 2 × 20 = 40 किमी./घंटा

$\therefore$ अभीष्ट दूरी = 40 किमी.

54. $? = 75 \times \frac{1}{30} \times 2 = 5.$

56. साधारण ब्याज = 520 – 400 = ₹ 120

$$\text{दर} = \frac{\text{ब्याज} \times 100}{\text{मूलधन} \times \text{समय}}$$

$$= \frac{120 \times 100}{400 \times 5} = 6\% \text{ प्रति वर्ष।}$$

57. वृत्त की परिधि = $2\pi r$

$$= 2 \times \frac{22}{7} \times 31.5 = 198 \text{ मीटर}$$

58. दिए गए विकल्प से,

$7^3 - 6^3 = 343 - 216 = 127.$

59. अभीष्ट उत्तर

$$= \left(x + y + \frac{xy}{100}\right)\%$$

$$= \left(20 - 20 - \frac{20 \times 20}{100}\right)\%$$

$$= -4\%$$

ऋणात्मक चिह्न घाटे को सूचित करता है।

60. पंक्ति में व्यक्तियों की संख्या = 23 + 23 + 1 = 47.

1908

सामान्य बुद्धिमत्ता एवं तर्कशक्ति (General Intelligence & Reasoning)

भाषिक (Verbal)

1 शृंखला

संख्या शृंखला

इस प्रकार की शृंखला में दी गई संख्याओं के समुच्चय एक दूसरे से एक विशेष पैटर्न या रूप में संबंधित होते हैं। संख्याओं के बीच संबंध *(i)* क्रमागत विषम/सम संख्याओं; *(ii)* क्रमागत अविभाज्य संख्याओं; *(iii)* किसी संख्या (या संख्याओं) का वर्गफल/घनफल जिसमें किसी संख्या को जोड़ने या घटाने पर परिवर्तन होता है/नहीं होता; *(iv)* पूर्ववर्ती संख्याओं का योग/गुणनफल/अंतर; *(v)* किसी संख्या से योग/घटा/गुणा/भाग; और *(vi)* उपर्युक्त संबंधों के अनेक और भी संयोजनों पर आधारित होता है।

हल किए गए प्रश्न

1. नीचे दी गई संख्या–शृंखला को पूरा करने के लिए कौन–सा विकल्प उपयुक्त है?

4, 8, 12, 16, ?

(*a*) 18 (*b*) 20 (*c*) 22 (*d*) 24 (*e*) 25

उत्तर (*b*): शृंखला में अंतर्निहित संख्याएं 4 की गुणज (multiples) हैं। शृंखला में अंतर्निहित अवयवों की एक अन्य व्याख्या यह है कि शृंखला की दो आनुक्रमिक संख्याओं के बीच 4 का अंतर है।

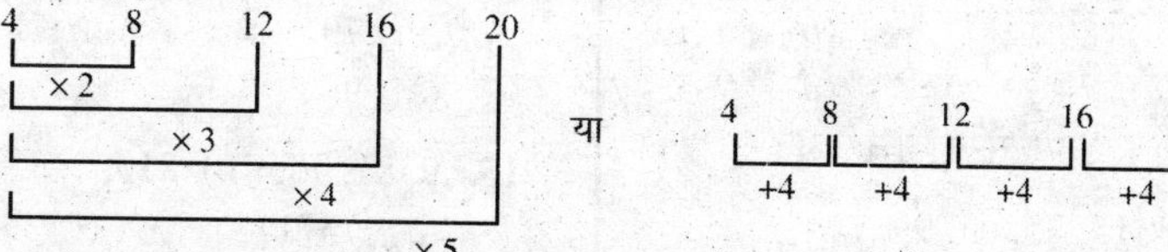

2. दी गई शृंखला में प्रश्न चिह्न के स्थान पर क्या होगा?

2, 14, 98, 686, ?

(*a*) 1976 (*b*) 2548 (*c*) 980 (*d*) 4802 (*e*) इनमें से कोई नहीं

उत्तर (*d*) : शृंखला में अंतर्निहित संख्याएं 7 की गुणज हैं।

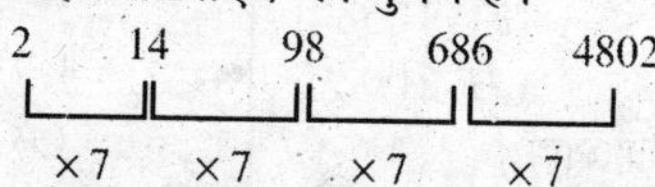

प्रश्नमाला

निर्देश : *शृंखलाओं को पूरा करने के लिए दिए गए विकल्पों में से लुप्त पद/संख्या ज्ञात करें।*

1. 3, 9, 27, 81, 243, ?
(*a*) 486 (*b*) 729
(*c*) 972 (*d*) 359
(*e*) इनमें से कोई नहीं

2. 1, 6, 12, 19, 27, ?
(*a*) 38 (*b*) 35
(*c*) 36 (*d*) 54
(*e*) इनमें से कोई नहीं

3. 2, 6, 14, 30, 62, ?
(*a*) 126 (*b*) 128
(*c*) 120 (*d*) 130
(*e*) इनमें से कोई नहीं

4. 8, 48, 16, 96, 32, ?
(*a*) 192 (*b*) 150
(*c*) 64 (*d*) 288
(*e*) 128

5. 2, 8, 14, 24, 34, 48, ?
(*a*) 66 (*b*) 62
(*c*) 58 (*d*) 64
(*e*) 80

6. 4, 9, 19, 34, 54, ?, 109
(*a*) 89 (*b*) 84
(*c*) 74 (*d*) 79
(*e*) इनमें से कोई नहीं

7. 3, 15, 35, 63, 99, ?
(*a*) 144 (*b*) 143
(*c*) 121 (*d*) 169
(*e*) 196

8. 2, 3, 6, 18, 108, ?
(*a*) 1944 (*b*) 1658
(*c*) 648 (*d*) 1008
(*e*) इनमें से कोई नहीं

9. 1, 2, 3, 2, 3, 5, 4, 5, ?
(*a*) 9 (*b*) 6
(*c*) 10 (*d*) 7
(*e*) 8

10. 7776, 1296, 216, 36, 6, ?
(*a*) 6 (*b*) 0
(*c*) 3 (*d*) 1
(*e*) 4

11. 1, 8, 27, 64, 125, ?
(*a*) 172 (*b*) 176
(*c*) 216 (*d*) 189
(*e*) इनमें से कोई नहीं

12. 2, 3, 5, 7, 11, 13, ?
(*a*) 19 (*b*) 57
(*c*) 31 (*d*) 17
(*e*) इनमें से कोई नहीं

13. 80, 64, 48, 32, 16, ?
(*a*) 4 (*b*) 0
(*c*) 8 (*d*) 1
(*e*) 2

14. 3, 8, 13, 24, 41, ?
(*a*) 65 (*b*) 75
(*c*) 70 (*d*) 80
(*e*) 96

15. 9, 81, 90, 810, 819, ?
(*a*) 7371 (*b*) 900
(*c*) 8100 (*d*) 1638
(*e*) इनमें से कोई नहीं

16. 0, 8, 24, 48, 80, ?
(*a*) 110 (*b*) 96
(*c*) 120 (*d*) 140
(*e*) इनमें से कोई नहीं

17. 2, 4, 8, 3, 9, 27, 4, 16, ?
(*a*) 64 (*b*) 32
(*c*) 48 (*d*) 24
(*e*) 96

18. 27, 28, 25, 25, 23, 22, 21, ?
(*a*) 20 (*b*) 21
(*c*) 19 (*d*) 18
(*e*) 24

19. 80, 63, 72, 72, 64, 81, 56, ?
(*a*) 96 (*b*) 98
(*c*) 89 (*d*) 90
(*e*) इनमें से कोई नहीं

20. 0, 5, 22, 57, ?, 205
(*a*) 198 (*b*) 116
(*c*) 172 (*d*) 92
(*e*) इनमें से कोई नहीं

व्याख्यात्मक उत्तरमाला

1. (*b*) : शृंखला में निहित संख्याओं को अगली संख्या प्राप्त करने के लिए 3 से गुणा किया गया है।

2. (*c*) : शृंखला के आरंभिक पदों अर्थात् 1 और 6 के बीच 5 का अंतर है और तत्पश्चात् शृंखला की आनुक्रमिक संख्याओं के बीच अंतर में क्रमशः 1 की वृद्धि होती जाती है।

3. (*a*) : शृंखला की आरंभिक संख्याओं अर्थात् 2 और 6 के बीच 4 का अंतर है और तत्पश्चात् शृंखला की आनुक्रमिक संख्याओं के बीच अंतर क्रमशः दो गुना होता जाता है।

4. (*a*) : *व्याख्या I* : शृंखला में पहले 6 से गुणा करने और तत्पश्चात् 3 से भाग करने का पैटर्न अपनाया गया है जिसकी पुनरावृत्ति होती है।

व्याख्या II : शृंखला में बारी-बारी से दो शृंखलाएं अंतर्निहित हैं और प्रत्येक शृंखला में पहले की संख्या को 2 से गुणा करने पर आनुक्रमिक संख्या प्राप्त होती है।

5. (*b*) : शृंखला में संख्याओं का अनुक्रम निम्नवत् है :

2 → 8 → 14 → 24 → 34 → 48 → 62
(+6, +6, +10, +10, +14, +14)

शृंखला में दो आनुक्रमिक संख्याओं के बीच अंतर में एकांतर चरण पर 4 की वृद्धि होती जाती है।

6. (*d*) : शृंखला की आरंभिक संख्याओं अर्थात् 4 और 9 के बीच 5 का अंतर है और तत्पश्चात् शृंखला की आनुक्रमिक संख्याओं के बीच अंतर में क्रमशः 5 की वृद्धि होती जाती है।

7. (*b*) : शृंखला में 2 से आरंभ करके क्रमागत सम संख्याओं का वर्ग घटा 1 के पैटर्न का अनुपालन किया गया है।

8. (*a*) : शृंखला में हर तीसरी संख्या पूर्ववर्ती दो संख्याओं का गुणनफल है।

9. (*a*) : इस शृंखला में तीन संख्याओं से एक समुच्चय निर्मित होता है जिनमें से प्रत्येक समुच्चय में पहली दो संख्याएं सीधे क्रम में हैं तथा तीसरी संख्या पहली और दूसरी संख्याओं का योग है। अगले समुच्चय की पहली संख्या

पूर्ववर्ती समुच्चय की पहली संख्या की दोगुनी है।

× 2   × 2

1 2 3   2 3 5   4 5 9

1 + 2   2 + 3   4 + 5

10. ***(d)* :** इस शृंखला में आनुक्रमिक संख्या पहली संख्या को 6 से भाग देने पर प्राप्त होती है।

11. ***(c)* :** इस शृंखला में संख्याएं 1 से आरंभ हो कर क्रमागत संख्याओं का घनफल हैं।

12. ***(d)* :** शृंखला की संख्याएं वर्धमान क्रम में अविभाज्य संख्याएं (prime numbers) हैं।

13. ***(b)* :** शृंखला की संख्याओं में प्रत्येक चरण में 16 की कमी होती जाती है।

14. ***(c)* :** शृंखला में निम्नलिखित पैटर्न का अनुपालन किया जाता है :
(दी गई संख्या + अगली संख्या) +2 से आरंभ करके प्रत्येक चरण में 1 की वृद्धि करते हुए क्रमागत प्राकृतिक संख्या का योग :

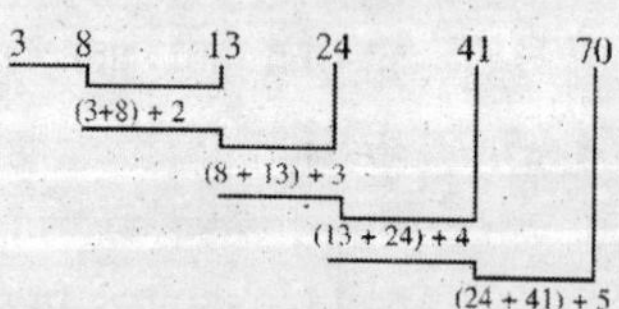

15. ***(a)* :** शृंखला में पहली संख्या को 9 से गुणा करने पर दूसरी संख्या प्राप्त होती है और दूसरी संख्या में 9 जोड़ने पर तीसरी संख्या प्राप्त होती है। तत्पश्चात् आगामी संख्याओं के लिए इसी पैटर्न का अर्थात् × 9, + 9 के पैटर्न का अनुपालन किया जाता है।

16. ***(c)* :** शृंखला की संख्याएं प्राकृतिक क्रम में दो सम संख्याओं का गुणनफल हैं, अर्थात्

0	8	24	48	80	120
↓	↓	↓	↓	↓	↓
(0 × 2)	(2 × 4)	(4 × 6)	(6 × 8)	(8 × 10)	(10 × 12)

17. ***(a)* :** इस शृंखला में 3 संख्याओं से एक समुच्चय निर्मित होता है जिनमें से प्रत्येक समुच्चय की पहली संख्याएं प्राकृतिक क्रम में हैं तथा प्रत्येक समुच्चय की दूसरी संख्या पहली संख्या का वर्ग है तथा तीसरी संख्या पहली संख्या का घन है।

18. ***(c)* :** शृंखला में बारी-बारी से दो शृंखलाएं अंतर्निहित हैं :

–2   –2   –2

27 28 25 25 23 22 21 19

–3   –3   –3

शृंखला I : 27, 25, 23, 21 (शृंखला –2 पैटर्न का अनुपालन करती है)

शृंखला II : 28, 25, 22, 19 (शृंखला –3 पैटर्न का अनुपालन करती है)

19. ***(d)* :** शृंखला में बारी-बारी से दो शृंखलाएं अंतर्निहित हैं :

–8   –8   –8

80 63 72 72 64 81 56 90

+9   +9   +9

शृंखला I : 80, 72, 64, 56 (शृंखला –8 का अनुपालन करती है)

शृंखला II : 63, 72, 81, 90 (शृंखला +9 पैटर्न का अनुपालन करती है)

20. *(b)* : शृंखला निम्नलिखित पैटर्न का अनुपालन करती है : 1 से आरंभ करके प्राकृतिक संख्याओं का घनफल घटा 1 से आरंभ करके एकांतर विषम संख्याएं

0 ↓ 1^3-1 5 ↓ 2^3-3 22 ↓ 3^3-5 57 ↓ 4^3-7 116 ↓ 5^3-9 205 ↓ 6^3-11

अक्षर शृंखला

अक्षर शृंखला में निहित अक्षरों का एक निश्चित क्रम होता है। दी गई अक्षर शृंखला में अक्षर वर्णमाला के सीधे क्रम में भी हो सकते हैं और वर्णमाला के विपरीत क्रम में भी। यही नहीं, एक ही शृंखला में अक्षर वर्णमाला के सीधे क्रम में और वर्णमाला के विपरीत या उल्टे क्रम में अर्थात् दोनों ही अनुक्रमों में भी हो सकते हैं। शृंखला में दिए गए क्रम में कुछ अक्षर छोड़े भी गए हो सकते हैं या ऐसा भी हो सकता है कि शृंखला में कुछ अक्षरों को एकाधिक बार प्रयुक्त किया गया हो या फिर वे क्रमागत हों। शृंखला एकल भी हो सकती है और एक ही शृंखला में एकांतर क्रम में दो अलग-अलग शृंखलाएं भी निहित हो सकती हैं। अक्षर शृंखला पर आधारित प्रश्नों को हल करते समय शृंखला के पैटर्न पर ध्यान दिया जाना आवश्यक होता है।

वर्णमाला के सीधे क्रम में अक्षरों की शृंखला है :

A B C D E F G H I J K L M N O P Q R S

A ↓ पहला, E ↓ 5वाँ, J ↓ 10वाँ, O ↓ 15वाँ

T U V W X Y Z

T ↓ 20वाँ, Y ↓ 25वाँ

वर्णमाला के विपरीत या उल्टे क्रम में अक्षरों की शृंखला है :

Z Y X W V U T S R Q P O N M L K J I H

Z ↓ पहला, V ↓ 5वाँ, Q ↓ 10वाँ, L ↓ 15वाँ

G F E D C B A

G ↓ 20वाँ, B ↓ 25वाँ

टिप्पणी : Z पर पहुंचकर शृंखला A से पुनः शुरू होती है और A पर पहुंचकर शृंखला Z से पुनः शुरू होती है।

हल किए गए प्रश्न

निर्देश : *नीचे दी गई श्रृंखला में प्रश्न चिह्न को प्रतिस्थापित करने के लिए दिए गए विकल्पों में से सही अक्षर का चयन करें :*

1. B D F H J ?

(*a*) L (*b*) O (*c*) M (*d*) K (*e*) P

उत्तर (*a*) : श्रृंखला में प्रत्येक दो अक्षरों के बीच वर्णमाला के सीधे क्रम में एक अक्षर छूट गया है।

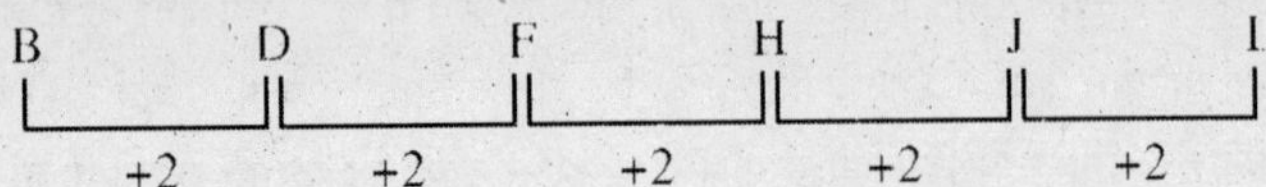

2. A Z B Y C ?

(*a*) D (*b*) X (*c*) U (*d*) E (*e*) O

उत्तर (*b*) : इस श्रृंखला में बारी-बारी से दो श्रृंखलाएं अंतर्निहित हैं :

श्रृंखला *I* : A B C (प्राकृतिक क्रम अर्थात् वर्णमाला के सीधे क्रम में क्रमागत अक्षर)

श्रृंखला *II* : Z Y X (वर्णमाला के विपरीत क्रम में क्रमागत अक्षर)

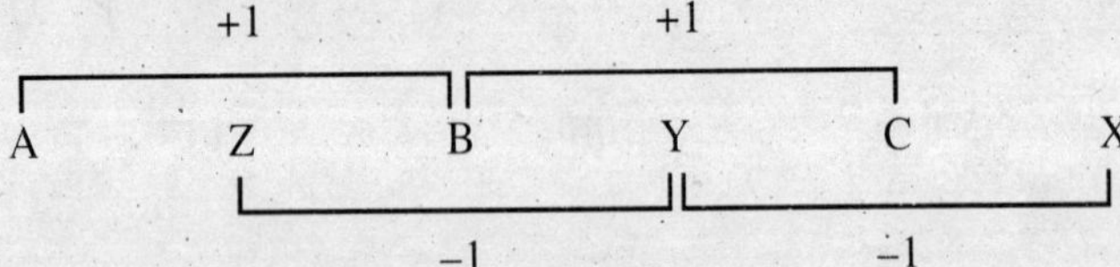

प्रश्नमाला

1. B F K Q ?

(*a*) U (*b*) T
(*c*) X (*d*) Y
(*e*) W

2. C E F I J L M P Q S ?

(*a*) T W (*b*) T V
(*c*) W Y (*d*) V Y
(*e*) UT

3. E D C H G F K J I N ?

(*a*) L M (*b*) O P
(*c*) M O (*d*) M L
(*e*) MP

4. A E I M Q ?

(*a*) T (*b*) U
(*c*) V (*d*) W
(*e*) इनमें से कोई नहीं

5. C E H J M O ?

(*a*) Q (*b*) S
(*c*) R (*d*) T
(*e*) इनमें से कोई नहीं

6. A A B A C A ?
(*a*) A (*b*) D
(*c*) B (*d*) C
(*e*) इनमें से कोई नहीं

7. E O I S M W Q A ?
(*a*) U E (*b*) T D
(*c*) V F (*d*) S C
(*e*) DT

8. A B D ? K
(*a*) G (*b*) F
(*c*) H (*d*) I
(*e*) J

9. B E I L ? S
(*a*) Q (*b*) M
(*c*) P (*d*) N
(*e*) R

10. X U R O L ?
(*a*) J (*b*) G
(*c*) H (*d*) I
(*e*) D

11. C G L R ?
(*a*) W (*b*) X
(*c*) Y (*d*) Z
(*e*) B

12. B A D C ? H G J I
(*a*) E F (*b*) F E
(*c*) F G (*d*) D F
(*e*) GF

13. R K F ? B
(*a*) D (*b*) C
(*c*) E (*d*) B
(*e*) F

14. Z X ? N F
(*a*) T (*b*) R
(*c*) Q (*d*) O
(*e*) S

15. W S O K ?
(*a*) G (*b*) F
(*c*) H (*d*) E
(*e*) K

व्याख्यात्मक उत्तरमाला

1. (*c*) : शृंखला में दो सन्निकट अक्षरों के बीच अंतर में प्रत्येक चरण में एक की वृद्धि होती जाती है।

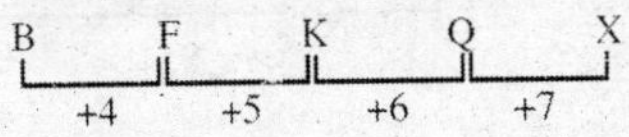

2. (*a*) : शृंखला में दो सन्निकट अक्षरों के बीच अंतर क्रमशः दो, एक, तीन और एक अक्षर का है तथा उसके बाद इसी क्रम की पुनरावृत्ति होती है।

C E F I J L M P Q S T W
+2 +1 +3 +1 +2 +1 +3 +1 +2 +1 +3

3. (*d*) : शृंखला में तीन-तीन अक्षरों के समूह हैं। समूहों के अक्षर वर्णमाला के विपरीत क्रम में विन्यस्त हैं।

EDC HGF KJI NML

4. (*b*) : शृंखला में दो सन्निकट अक्षरों के बीच +4 का अंतर है

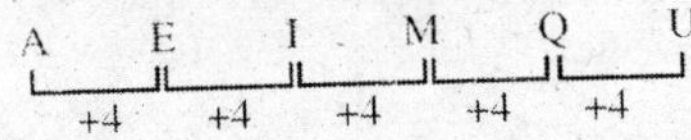

5. (*c*) : शृंखला के अक्षरों के बीच बारी-बारी से +2 और +3 का अंतर है।

C E H J M O R
+2 +3 +2 +3 +2 +3

6. (*b*) : शृंखला में हर दूसरा अक्षर A है तथा अन्य अक्षर वर्णमाला के सीधे क्रम में हैं।

A A B A C A D

7. (*a*) : शृंखला में बारी-बारी से दो शृंखलाएं अंतर्निहित हैं जिनके दो सन्निकट अक्षरों के बीच +4 का अंतर है।

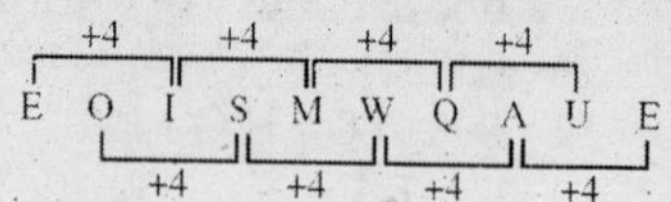

शृंखला I : EIMQU

शृंखला II : OSWAE

(शृंखला Z पर पहुंचने के बाद A से पुन: शुरू होती है)

8. (*a*) : शृंखला में दो सन्निकट अक्षरों के बीच अंतर में प्रत्येक चरण में एक की वृद्धि होती जाती है।

A B D G K
+1 +2 +3 +4

9. (*c*) : शृंखला +3, +4 के पैटर्न का अनुपालन करती है, और बाद में इसी पैटर्न की पुनरावृत्ति होती है।

B E I L P S
+3 +4 +3 +4 +3

10. (*d*) : शृंखला के अक्षर वर्णमाला के विपरीत क्रम में हैं तथा शृंखला के दो सन्निकट अक्षरों के बीच –3 का अंतर है।

X U R O L I
–3 –3 –3 –3 –3

11. (*c*) : शृंखला के दो सन्निकट अक्षरों के बीच अंतर में प्रत्येक चरण में एक की वृद्धि होती जाती है।

C G L R Y
+4 +5 +6 +7

12. (*b*) : शृंखला के अक्षर वर्णमाला के विपरीत क्रम में दो-दो अक्षरों के समूह में विन्यस्त हैं।

BA DC FE HG JI

13. (*b*) : शृंखला में दो क्रमागत अक्षरों के बीच वर्णमाला के विपरीत क्रम में अंतर में क्रमश: 2 की कमी होती जाती है।

R K F C B
–7 –5 –3 –1

14. (*a*) : शृंखला के दो सन्निकट अक्षरों के बीच अंतर में प्रत्येक चरण में +2 की वृद्धि होती जाती है।

Z X T N F
+2 +4 +6 +8

15. (*a*) : शृंखला में दो सन्निकट अक्षरों के बीच 4 का अंतर है।

W S O K G
–4 –4 –4 –4

आवर्ती शृंखला

इस प्रकार की शृंखला में अक्षरों का समुच्चय निर्मित करने के लिए अंग्रेजी वर्णमाला के छोटे अक्षरों का प्रयोग किया जाता है जिनकी शृंखला में पुनरावृत्ति होती है। अभ्यर्थी को दी गई शृंखला में लुप्त पद (अक्षरों का समुच्चय) ज्ञात करना होता है जिससे शृंखला के एक खंड की पूर्वव्यापी पैटर्न के अनुसार ही पुनरावृत्ति होती हो।

हल किए गए प्रश्न

1. निम्नलिखित अक्षर-शृंखला में लुप्त पद ज्ञात करें :
ba-b-aab-a-b
(*a*) baab (*b*) abba (*c*) abaa (*d*) babb (*e*) bbab

उत्तर (*b*) : शृंखला के पद हैं : baab, baab, baab। इस शृंखला में पद baab की पुनरावृत्ति होती है।

प्रश्न को हल करने के चरण : अभ्यर्थियों के लिए यह अपेक्षित है कि वे इस प्रकार की अक्षर-शृंखला को हल करने के तरीकों का पता लगाएं। शृंखला में प्रयुक्त पद 'aab' इस तथ्य की ओर संकेत करता है कि इस शृंखला में b से पहले दो a हैं,अत: शृंखला में पहले और अंतिम रिक्त स्थान पर a लिखा जाएगा। अब अक्षरों का पहला समुच्चय अर्थात् आरंभ में 'baab' प्राप्त हो गया है। इस समुच्चय की पुनरावृत्ति होती है, अत: दूसरे और तीसरे रिक्त स्थानों पर b लिखा जाएगा।

उपर्युक्त व्याख्या को ध्यान में रखते हुए नीचे दिए गए प्रश्नों को हल करें ताकि आप इस प्रकार की अक्षर शृंखलाओं के विभिन्न रूपों से परिचित हो सकें।

प्रश्नमाला

निर्देश : *दी गई अक्षर-शृंखलाओं को पूरा करने के लिए दिए गए अक्षर-समूहों के विकल्पों में से सही विकल्प का चयन करें।*

1. ab___b_bbaa_
(*a*) babba (*b*) abaab
(*c*) abbab (*d*) baaab
(*e*) ababa

2. aa_ab__aaa_a
(*a*) baaa (*b*) abab
(*c*) aaab (*d*) aabb
(*e*) bbaa

3. _baa_aab_a_a
(*a*) baab (*b*) abab
(*c*) aaba (*d*) aabb
(*e*) baba

4. _a cca_ccca_acccc_aaa
(*a*) ccaa (*b*) acca
(*c*) caac (*d*) caaa
(*e*) ccca

5. c_bbb__abbbb_abbb_
(*a*) abccb (*b*) bacbb
(*c*) aabcb (*d*) abacb
(*e*) bacba

6. ac_cab_baca_aba_acac
(*a*) bcbb (*b*) aacb
(*c*) babb (*d*) acbc
(*e*) cbcc

7. __aba__ba_ab
(*a*) abbab (*b*) bbaba
(*c*) baabb (*d*) abbba
(*e*) aabab

8. __babbba_a__
(*a*) bbaba (*b*) babbb
(*c*) baaab (*d*) ababb
(*e*) abbba

9. k_mk_lmkkl_kk_mk
(*a*) lklm (*b*) lkmk

(*c*) lkmm (*d*) lkml
(*e*) lmkm

10. abc_d_bc_d_b_dd
(*a*) decdb
(*b*) dadac
(*c*) cdabe
(*d*) bacde
(*e*) abcde

11. b_abbc_bbca_bcabb_ab
(*a*) acba (*b*) acaa
(*c*) cacc (*d*) cabc
(*e*) baca

12. aca_ac__a_ac
(*a*) babc (*b*) aaac
(*c*) cacc (*d*) caca
(*e*) acac

13. ba_cb_b_bab_?
(*a*) acbb (*b*) bcaa
(*c*) cabb (*d*) bacc
(*e*) baca

14. ab_aa_caab_aab_a
(*a*) bcbc (*b*) bbca
(*c*) cbcc (*d*) caba
(*e*) acbc

15. _bbcaa_bcaa_bc_a_bca
(*a*) bacab (*b*) abbab
(*c*) abcba (*d*) bcaab
(*e*) abcab

व्याख्यात्मक उत्तरमाला

1. (*d*) : दी गई अक्षर शृंखला है : abbaab, abbaab

2. (*c*) : दी गई अक्षर शृंखला है : aaaaba, aaaaba

3. (*b*) : दी गई अक्षर शृंखला है : aba, aba, aba, aba

4. (*d*) : दी गई अक्षर शृंखला है : c, a, cc, aa, ccc, aaa, cccc, aaaa

5. (*a*) : दी गई अक्षर शृंखला है : cabbbb, cabbbb, cabbbb

6. (*b*) : दी गई अक्षर शृंखला है : acac, abab, acac, abab, acac

7. (*a*) : दी गई अक्षर शृंखला है : ab, ab, ab, ab, ab, ab

8. (*b*) : दी गई अक्षर शृंखला है : bababb, bababb

9. (*d*) : दी गई अक्षर शृंखला है : klmk, klmk, klmk, klmk

10. (*b*) : दी गई अक्षर शृंखला है : abcdd, abcdd, abcdd

11. (*d*) : दी गई अक्षर शृंखला है : bcab, bcab, bcab, bcab, bcab

12. (*c*) : दी गई अक्षर शृंखला है : ac, ac, ac, ac, ac, ac

13. (*d*) : दी गई अक्षर शृंखला है : babc, babc, babc

14. (*c*) : दी गई अक्षर शृंखला है : abca, abca, abca, abca

15. (*b*) : दी गई अक्षर शृंखला है : abbca, abbca, abbca, abbca

प्रतीक शृंखला

इस प्रकार के शृंखला में प्रतीकों को एक समुच्चय बनाने में प्रयोग किया जाता है। इस समुच्चय में प्रतीकों को दुहराया जाता है। अभ्यार्थियों को प्रतीकों के उन समुच्चयों का पता लगाना होता

है जो दी गई शृंखला के खाली स्थान में सटीक बैठ सके ताकि शृंखला का एक भाग उसी तरीके से पुनः दुहराया जाये।

हल किए गए प्रश्न

निम्न में से कौन प्रतीकों का समूह शृंखला को पूरा करेगा?

Δ□-Δ-□□Δ-□-Δ

(*a*) Δ□□Δ (*b*) □ΔΔ□ (*c*) □Δ□□ (*d*) Δ□ΔΔ (*e*) □Δ□Δ

Ans. (*b*) : दी गई शृंखला है : Δ□□Δ, Δ□□Δ, Δ□□Δ। यहाँ शृंखला का खण्ड 'Δ□□Δ' दुहराया गया है।

हल करने का चरण : अभ्यार्थियों को इस प्रकार की शृंखला के पैटर्न को हल करने के लिए उसमें निहित सामान्य नियमों का पता लगाना होता है। शृंखला में '□□Δ' बताता है कि 'Δ' दो '□' के बाद आता है। अतः प्रथम एवं अंतिम खाली स्थान '□' के द्वारा भरा जायेगा। अब, प्रारम्भ में समुच्चय 'Δ□□Δ' बनता है। यही समुच्चय दुहराया जाता है। अतः, दूसरा और तीसरा खाली स्थान 'Δ' से भरा जाएगा।

अब, शृंखला बनने के विभिन्न नियमों को जानने के लिए नीचे दिए गए प्रश्नों को हल करें।

प्रश्नमाला

निर्देश : *निम्नलिखित प्रत्येक संकेत शृंखला में कुछ संकेत छूट गए हैं। नीचे दिए गए विकल्पों में क्रमशः सही विकल्प का चयन करें जो शृंखला को पूरी कर सके।*

1. □ _ ΔΔ○ _ □□Δ _ ○○□ _ ΔΔ○○

(*a*) Δ□○Δ (*b*) □○Δ□

(*c*) □ΔΔ□ (*d*) ○□Δ□

(*e*) Δ□○□

2. ×+ _ ×× _ +++ _ ××× _ +++×

(*a*) ×++× (*b*) +××+

(*c*) ×××+ (*d*) ×+×+

(*e*) ×+××

3. < > _ < _ > _ < _ > > <

(*a*) > < > < (*b*) < < > <

(*c*) > < < > (*d*) < > < >

(*e*) < > > <

4. @Ⓑ Ⓑ _ Ⓑ @@ _ @_ Ⓑ @Ⓑ _ @Ⓑ @

(*a*) @Ⓑ Ⓑ @ (*b*) @Ⓑ @Ⓑ

(*c*) ©©@© (*d*) @@Ⓑ Ⓑ

(*e*) ©@Ⓑ @

5. ◇Δ□◇ _ Δ□◇◇Δ _ □◇ _ ΔΔ□ _ ◇

(*a*) □□◇◇ (*b*) ΔΔ◇◇

(*c*) ◇Δ◇□ (*d*) ◇ΔΔ◇

(*e*) ◇Δ◇Δ

6. ??? _ %% _ ??% _ %??? _ %%
(*a*) ?%?% (*b*) %%??
(*c*) %?%% (*d*) %??%
(*e*) ?%%?

7. < < _ < < ∨ < _ ∧ < < ∨ < < _ < _ ∨
(*a*) ∧ < ∧ < (*b*) ∧ ∨ ∧ <
(*c*) ∧ ∨ ∧ ∨ (*d*) ∧ ∧ ∨ <
(*e*) ∧ ∨ ∨ <

8. UUX _ XXUUU _ CXXU _ UXC _ XU
(*a*) XCCU (*b*) CXUX
(*c*) CXXU (*d*) UUXC
(*e*) UXXC

9. Δ⌂⌂ _ □⌂ _ Δ _ ⌂⌂□□⌂⌂ _
(*a*) Δ□Δ□ (*b*) □⌂ΔΔ
(*c*) ΔΔ□⌂ (*d*) □⌂Δ□
(*e*) ⌂Δ□⌂

10. [B][A] _ [B][A] _ [B][A][C] _ [A][C][B] _ [C][B][A][C]
(*a*) [A][A][C][B]
(*b*) [B][B][C][A]
(*c*) [C][C][B][A]
(*d*) [C][B][A][C]
(*e*) [A][B][C][B]

11. +□× _ +○ _ □+ _ ○□□○□ _ □×○ _ ○×□+
(*a*) ×○○×+ (*b*) ○××++
(*c*) ○○××+ (*d*) ××○+□
(*e*) इनमें से कोई नहीं

12. _ ⊗⊕⊠⊗⊕ _ ⊠⊕©⊗⊠ _ ⊗⊕⊠⊗⊕ _ ⊠⊕ _ ⊗⊠
(*a*) ©©©©© (*b*) ⊕⊕⊕⊕⊕
(*c*) ⊗⊗⊗⊗⊗ (*d*) ⊠⊠⊠⊠⊠
(*e*) इनमें से कोई नहीं

13. ↑ _ ↑ ↓ ↓ ↓ _ ← ← ← ← → _ → → ← ← ← _ ↓ ↓ _ ↓ ↑
(*a*) ↑ ↓ ← → ↑
(*b*) ↑ ↓ → ↓ ←
(*c*) ↑ ↓ → ← ↓
(*d*) ↑ ↓ ← ↑ →
(*e*) इनमें से कोई नहीं

14. ∧ _ < > ∧ ∧ ∨ _ < < _ > ∧ ∧ _ ∨ ∨ ∨ _ < < > > >
(*a*) ∨ > ∨ > ∧ (*b*) ∨ > > < ∧
(*c*) > ∨ ∨ < ∧ (*d*) ∨ ∨ > ∧ <
(*e*) ∧ ∧ ∨ < >

15. _ ⌣ ⌢ ⌣ _ (⌣ ⌢ (_) (⌢ ⌣ _ ⌢ ⌣) _ ⌣
(*a*) ⌣ ⌢) (⌣
(*b*) ⌢ (⌣) (
(*c*) ⌣ ⌢ ( ))
(*d*) (⌢) ⌣ ⌣
(*e*) (⌢) ⌣ (

व्याख्यात्मक उत्तरमाला

1. (*b*) : दी गई शृंखला है : □□/ΔΔ○○/□□/ΔΔ○○/□□/ΔΔ○○. इस प्रकार पैटर्न □□ΔΔ○○ को दोहराया गया है।

2. (*b*) : दी गई शृंखला है : ×++/×××+++/××××++++/×। इस प्रकार अक्षरों की दो बार, तीन बार, चार बार .... पुनरावृति हुई है।

3. (*a*) : दी गई श्रृंखला है : < > > < / < > > < / < > > <. इस प्रकार पैटर्न < > > < को दोहराया गया है।

4. (*a*) : दी गई श्रृंखला है : @ⒷⒷ@/Ⓑ @@Ⓑ /@Ⓑ Ⓑ @/Ⓑ@@Ⓑ/@. इस प्रकार पैटर्न @Ⓑ Ⓑ @, Ⓑ @@Ⓑ को दोहराया गया है।

5. (*c*) : दी गई श्रृंखला है : ◇Δ□/◇◇Δ□/◇◇ΔΔ□/◇◇ΔΔ□□/◇.

6. (*c*) : दी गई श्रृंखला है : ???/%%%/???/%%%/???/%%%. इस प्रकार पैटर्न ???, %%% को दोहराया गया है।

7. (*a*) : दी गई श्रृंखला है : < < ∧ < < ∨ / < < ∧ < < ∨ /< < ∧ < < ∨. इस प्रकार पैटर्न < < ∧ < < ∨ को दोहराया गया है।

8. (*b*) : दी गई श्रृंखला है : UUXCXXU/UUXCXXU/UUXCXXU। इस प्रकार पैटर्न UUXCXXU को दोहराया गया है।

9. (*b*) : दी गई श्रृंखला है : Δ△△□/□△△Δ/Δ△△□/□△△Δ. इस प्रकार पैटर्न Δ△△□/□△△Δ को दोहराया गया है।

10. (*c*) : दी गई श्रृंखला है : [B][A][C] / [B][A][C] / [B][A][C] / [B][A][C] / [B][A][C] / [B][A][C]. इस प्रकार पैटर्न [B][A][C] को दोहराया गया है।

11. (*b*) : दी गई श्रृंखला है : +□×○+/○×□+×○/□□○×/+□×○+/○×□+. यहाँ श्रृंखला के आरम्भ और अन्त से समान दूरी पर स्थित संकेत एक जैसे हैं।

12. (*c*) : दी गई श्रृंखला है : ©⊗⊕⊠/⊗⊕©⊠/⊕©⊗⊠/©⊗⊕⊠/⊗⊕©⊠/⊕©⊗⊠.
इस प्रकार पैटर्न ©⊗⊕⊠/⊗⊕©⊠/⊕©⊗⊠ को दो बार दोहराया गया है।

13. (*a*) : दी गई श्रृंखला है : ↑ ↑ ↑ / ↓ ↓ ↓ ↓ / ← ← ← ← / → → → → / ← ← ← ← / ↓ ↓ ↓ ↓ / ↑.

14. (*b*) : दी गई श्रृंखला है : ∧ ∨ < > / ∧ ∧ ∨ ∨ < < > > / ∧ ∧ ∧ ∨ ∨ ∨ < < < > > >.
इस प्रकार, पहली श्रृंखला का प्रत्येक संकेत दूसरी श्रृंखला में दो बार और तीसरी में तीन बार दुहराया गया है।

15. (*a*) : दी गई श्रृंखला है : ◡ ◡ ◠ ◡ ◠ (◡ ◠ ( )) (◠ ◡ (◠ ◡ ◠ ◡ ◡. यहाँ श्रृंखला के आरम्भ और अन्त से समान दूरी पर स्थित संकेत एक जैसे हैं।

2 सादृश्य

संख्या सादृश्य

संख्या सादृश्य में भी पहले दो दी गई संख्याओं के बीच संबंध स्थापित किया जाता है और तत्पश्चात् इस ज्ञात संबंध को संख्याओं के दूसरे जोड़े पर प्रयुक्त करके उसके लुप्त पद को ज्ञात किया जाता है। संख्याओं के बीच संबंध किसी भी एक पैटर्न पर आधारित हो सकता है, जैसे कि : *(i)* संख्याएं विषम/सम/अभाज्य संख्याएं हो सकती हैं; *(ii)* संख्याएं किसी एक संख्या का गुणज हो सकती हैं; *(iii)* संख्याएं भिन्न-भिन्न संख्याओं का वर्गफल/घनफल हो सकती हैं; *(iv)* दूसरी संख्या प्राप्त करने के लिए पहली संख्या में किसी संख्या को जोड़ा/घटाया/गुणा/ भाग किया जा सकता है; *(v)* दूसरी संख्या पहली संख्या के अंकों का योगफल/गुणनफल/अंतरफल हो सकती है, और *(vi)* दो दी गई संख्याओं के बीच संबंध उपर्युक्त किसी भी गणितीय परिकलनों के संयोजन द्वारा भी ज्ञात किया जा सकता है।

हल किए गए प्रश्न

निर्देश : *निम्नलिखित प्रश्नों में प्रश्न चिह्न (?) के स्थान पर लुप्त पद ज्ञात करें।*

1. 25 : 81 : : 36 : ?

(*a*) 121 (*b*) 93 (*c*) 65 (*d*) 103 (*e*) 114

उत्तर (*a*) : सभी संख्याएं भिन्न-भिन्न संख्याओं के वर्गफल को सूचित करती हैं।

25	:	81	: :	36	:	121
↓		↓		↓		↓
5^2		9^2		6^2		11^2

2. 36 : 18 : : 72 : ?

(*a*) 164 (*b*) 134 (*c*) 94 (*d*) 14 (*e*) 27

उत्तर (*d*) : दूसरी संख्या पहली संख्या के अंकों का गुणनफल है।

36 : 18 : : 72 : 14

3×6 $\quad$ 7×2

प्रश्नमाला

निर्देश : *नीचे के प्रत्येक प्रश्न में चिह्न ': :' के पहले दो संख्याएं दी गई हैं जिनमें आपस में एक संबंध है तथा ': :' चिह्न के बाद में एक तीसरी संख्या दी गई है। दिए गए विकल्पों में से उस संख्या का चयन करें जिसका तीसरी संख्या के साथ वैसा ही संबंध हो जैसा संबंध संख्याओं के पहले जोड़े के बीच है।*

1. 1 : 11 : : 2 : ?
(*a*) 20 (*b*) 22
(*c*) 24 (*d*) 44
(*e*) 42

2. 18 : 27 : : 22 : ?
(*a*) 42 (*b*) 39
(*c*) 33 (*d*) 54
(*e*) 46

3. 14 : 20 : : 16 : ?
(*a*) 23 (*b*) 10
(*c*) 48 (*d*) 32
(*e*) 64

4. 8 : 27 : : 64 : ?
(*a*) 277 (*b*) 125
(*c*) 250 (*d*) 99
(*e*) 120

5. $\frac{1}{7} : \frac{1}{14} : : \frac{1}{9} : ?$
(*a*) $\frac{1}{88}$ (*b*) $\frac{1}{80}$
(*c*) $\frac{1}{81}$ (*d*) $\frac{1}{18}$
(*e*) इनमें से क़ोई नहीं

6. 0.16 : 0.0016 : : 1.02 : ?
(*a*) 10.20 (*b*) 0.102
(*c*) 0.0102 (*d*) 1.020
(*e*) इनमें से कोई नहीं

7. 5 : 24 : : 8 : ?
(*a*) 65 (*b*) 63
(*c*) 62 (*d*) 64
(*e*) 66

8. 23 : 53 : : 13 : ?
(*a*) 66 (*b*) 57
(*c*) 27 (*d*) 19
(*e*) 21

9. 6 : 9 : : 7 : ?
(*a*) 4 (*b*) 14
(*c*) 10 (*d*) 28
(*e*) 18

10. 7 : 28 : : 2 : ?
(*a*) 8 (*b*) 16
(*c*) 24 (*d*) 12
(*e*) 28

11. 65 : 30 : : 44 : ?
(*a*) 79 (*b*) 62
(*c*) 28 (*d*) 16
(*e*) 23

12. 99 : 76 : : 24 : ?
(*a*) 1 (*b*) 13
(*c*) 9 (*d*) 7
(*e*) 8

13. 11 : 35 : : 17 : ?
(*a*) 3 (*b*) 22
(*c*) 58 (*d*) 10
(*e*) 16

14. 663 : 884 : : 221 : ?
(*a*) 332 (*b*) 554
(*c*) 773 (*d*) 442
(*e*) 552

15. 16 : 0.16 : : ?
(*a*) 2 : 0.02 (*b*) 7 : 0.007
(*c*) 1.3 : 0.13 (*d*) 0.01 : 0.001
(*e*) इनमें से कोई नहीं

व्याख्यात्मक उत्तरमाला

1. *(b)* : पहली संख्या के अंक को दो बार लिखने पर दूसरी संख्या प्राप्त होती है।

2. *(c)* : पहले जोड़े की संख्याएं 9 का गुणज हैं और दूसरे जोड़े की संख्याएं 11 का गुणज हैं :

18 : 27 :: 22 : 33

↓ ↓ ↓ ↓

9×2 9×3 11×2 11×3

3. *(a)* : संख्याओं के बीच संबंध निम्नवत् है :

14 : 20 :: 16 : 23

↓ ↓ ↓ ↓

7×2 $(7 \times 3) - 1$ 8×2 $(8 \times 3) - 1$

4. *(b)* : संख्याएं भिन्न-भिन्न संख्याओं के घनफल द्वारा सूचित होती हैं :

8 : 27 :: 64 : 125

↓ ↓ ↓ ↓

2^3 3^3 4^3 5^3

5. *(d)* : पहले भिन्न को 1/2 से गुणा करने पर दूसरा भिन्न प्राप्त होता है :

$\frac{1}{7} : \frac{1}{14} :: \frac{1}{9} : \frac{1}{18}$

$\times\frac{1}{2}$ $\times\frac{1}{2}$

6. *(c)* : पहली दशमलव सख्या को 100 स भाग करने पर दूसरी दशमलव संख्या प्राप्त होती है :

0.16 : 0.0016 :: 1.02 : 0.0102

÷100 ÷100

7. *(b)* : पहली संख्या के वर्ग से 1 घटाने पर दूसरी संख्या प्राप्त होती है :

5 : 24 :: 8 : 63

$(5^2) - 1$ $(8^2) - 1$

8. *(d)* : सभी संख्याएं अभाज्य संख्याएं हैं।

9. *(c)* : दूसरी संख्या पहली संख्या से 3 अधिक है :

6 : 9 :: 7 : 10

+3 +3

10. *(a)* : दूसरी संख्या पहली संख्या की चार गुनी है :

7 : 28 :: 2 : 8

×4 ×4

11. *(d)* : दूसरी संख्या पहली संख्या के अंकों का गुणनफल है :

$\xrightarrow[(6 \times 5)]{65:30}$ :: $\xrightarrow[(4 \times 4)]{44:16}$

12. *(a)* : दूसरी संख्या पहली संख्या से 23 कम है :

99 : 76 :: 24 : 1

−23 −23

13. *(a)* : सभी संख्याएं विषम संख्याएं हैं।

14. *(d)* : दहाई और सैकड़े के स्थान पर समान अंक हैं किंतु इकाई के स्थान का अंक दहाई और सैकड़े के स्थान के समान अंक का आधा है :

663 : 884 :: 221 : 442

15. *(a)* : दो संबंधित संख्याओं में से पहली संख्या को 100 से भाग देने पर दूसरी संख्या प्राप्त होती है :

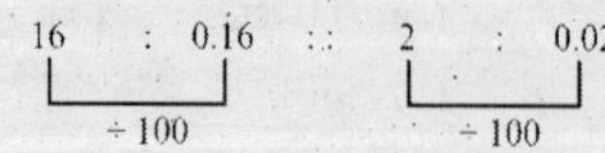

अक्षर सादृश्य

इस प्रकार के सादृश्य में अक्षरों के दो दिए गए समुच्चयों के बीच संबंध स्थापित किया जाता है और तत्पश्चात् अक्षरों के दिए गए तीसरें समुच्चय पर पहले दो अक्षर समुच्चयों के बीच के संबंध को अनुप्रयुक्त करके अक्षरों के चौथे अपेक्षित समुच्चय को ज्ञात किया जाता है। दिए गए दो अक्षर समुच्चयों में से पहले समुच्चय के अक्षरों को कुछ चरण आगे या पीछे करके, संपूर्ण समुच्चय के अक्षरों को या समुच्चय के कुछ अक्षरों को उलटे क्रम में लिखकर दूसरे समुच्चय के अक्षरों को प्राप्त किया जा सकता है।

हल किए गए प्रश्न

निर्देश : *दिए गए विकल्पों में से कौन-सा अक्षर-समूह प्रश्नचिह्न (?) के स्थान पर आएगा?*

1. JILK : KLIJ : : MNPQ : ?
(*a*) QNPM (*b*) MPQN (*c*) QPNM (*d*) PNMQ (*e*) PMNQ

उत्तर (*c*) : :: की बायीं ओर के अक्षर-समूहों में से पहले अक्षर-समूह के अक्षरों को विपरीत क्रम में लिखकर दूसरा अक्षर-समूह प्राप्त किया गया है। यही संबंध :: की दाहिनी ओर के दिए गए अक्षर समूह के अक्षरों पर अनुप्रयुक्त करने पर अपेक्षित अक्षर-समूह प्राप्त होता है।

2. FLO : DOL : : RDP : ?
(*a*) PGM (*b*) MGP (*c*) GMP (*d*) MPG (*e*) GPM

उत्तर (*a*) : पहले और तीसरे अक्षरों को क्रमशः –2 और –3 चरण पीछे खिसकाकर और दूसरे अक्षर को +3 चरण आगे बढ़ाकर :: चिह्न की बायीं ओर का दूसरा अक्षर समुच्चय प्राप्त होता है। यही संबंध :: चिह्न की दायीं ओर के पहले अक्षर समुच्चय पर लगाने पर प्रश्न चिह्न के स्थान पर अक्षर समुच्चय प्राप्त होता है।

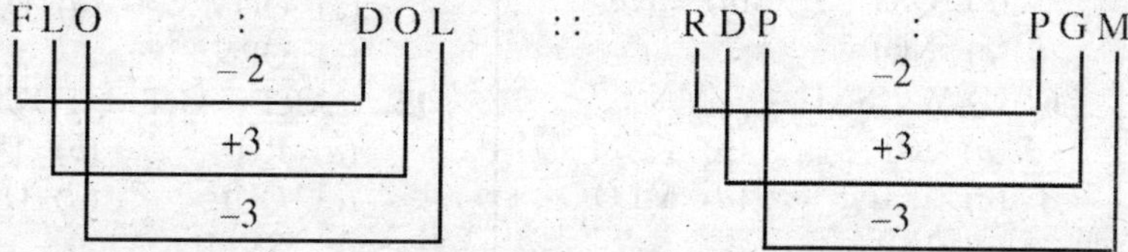

प्रश्नमाला

निर्देश : *नीचे के प्रत्येक प्रश्न में एक लुप्त पद है। प्रश्न में :: चिह्न की बायीं ओर के दो अक्षर-समूहों में जो समानता या सादृश्य है वैसी ही समानता या सादृश्य :: चिह्न की दायीं ओर के दो अक्षर समूहों में है जिनमें से एक अक्षर समूह के स्थान पर प्रश्नवाचक चिह्न (?) लगा है। प्रश्नवाचक चिह्न (?) के स्थान पर लुप्त पद ज्ञात करें।*

1. GFC : CFG : : RPJ : ?
(*a*) JRP (*b*) JPR
(*c*) PJR (*d*) RJP
(*e*) RJC

2. BCF : DEG : : MNQ : ?
(*a*) OPR (*b*) PQS
(*c*) OPP (*d*) QRT
(*e*) QTR

3. NATION : ANITNO : : HUNGRY : ?
(*a*) HNUGRY
(*b*) UNHGYR
(*c*) YRNGUH
(*d*) UHGNYR
(*e*) इनमें से कोई नहीं

4. SSTU : MMNO : : AABC : ?
(*a*) GGHH (*b*) IJKK
(*c*) XXYZ (*d*) NOOP
(*e*) इनमें से कोई नहीं

5. ACE : FGH : : LNP : ?
(*a*) QRS (*b*) PQR
(*c*) QST (*d*) MOQ
(*e*) NOP

6. UVW : SXU . : LMN : ?
(*a*) JOL (*b*) KNM
(*c*) JKL (*d*) MLO
(*e*) LJP

7. EIGHTY : GIEYTH : : OUTPUT : ?
(*a*) UTOPTU (*b*) UOTUPT
(*c*) TUOUTP (*d*) TUOTUP
(*e*) इनमें से कोई नहीं

8. TSR : FED : : WVU : ?
(*a*) CAB (*b*) MLK
(*c*) PQS (*d*) GFH
(*e*) FEG

9. CJDL : FMGR : : IKJR : ?
(*a*) OQPT (*b*) RSTU
(*c*) OQRT (*d*) KRMO
(*e*) इनमें से कोई नहीं

10. BOQD : ERTG : : ANPC : ?
(*a*) DQSF (*b*) FSHU
(*c*) SHFU (*d*) DSQF
(*e*) इनमें से कोई नहीं

11. BaBy : TaTa : : LiLy : ?
(*a*) PooL (*b*) ROse
(*c*) HaNd (*d*) DoWN
(*e*) इनमें से कोई नहीं

12. BCDA : STUR : : KLMJ : ?
(*a*) VWXU (*b*) EFHG
(*c*) SRTU (*d*) QSRP
(*e*) इनमें से कोई नहीं

13. AEI : LPT : : CGK : ?
(*a*) OSV (*b*) RUY
(*c*) TXC (*d*) FJN
(*e*) GKM

14. RUX : TRP : : BEH : ?
(*a*) SQN (*b*) QON
(*c*) QOM (*d*) QNL
(*e*) QPN

15. CART : ART : : FOUR : ?
(*a*) RUN (*b*) TWO
(*c*) QUE (*d*) OUR
(*e*) SVM

व्याख्यात्मक उत्तरमाला

1. (b) : पहले समूह के अक्षरों को उलटे क्रम में लिखने पर दूसरा अक्षर-समूह प्राप्त होता है।

GFC : CFG :: RPJ : JPR

2. (a) : पहले और दूसरे समूह के तीनों अक्षरों के बीच वर्णमाला के सीधे क्रम में क्रमशः +2, +2 और +1 चरणों का अंतर है।

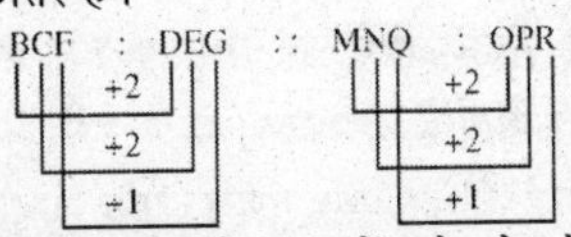

3. (d) : पहले समूह के अक्षरों को दो-दो अक्षरों के खंडों में विभाजित करके प्रत्येक खंड के अक्षरों को उल्टे क्रम में लिखने पर दूसरा अक्षर-समूह प्राप्त होता है।

4. (c) : प्रत्येक समूह में पहले अक्षर को दोहराया गया है और उसके बाद दो आनुक्रमिक अक्षर लिखे गए हैं।

5. (a) : पहले और दूसरे समूह के तीनों अक्षरों के बीच वर्णमाला के सीधे क्रम में क्रमशः +5, +4, +3 चरणों का अंतर है।

6. (a) : पहले और दूसरे समूहों के तीनों अक्षरों के बीच क्रमशः –2, +2 और –2 चरणों का अंतर है।

7. (d) : पहले अक्षर समूह को 3 – 3 अक्षरों के दो खंडों में विभाजित किया गया है और अगले समूह में पहले अक्षर समूह के दोनों खंडों में अक्षरों को क्रमश उलटे क्रम में लिखा गया है।

EIGHTY : GIEYTH : : OUTPUT : TUOTUP

8. (b) : अक्षर समूहों में वर्णमाला के उलटे क्रम में आनुक्रमिक अक्षरों को लिखा गया है।

9. (a) : प्रत्येक अक्षर समूह में पहले और तीसरे अक्षर आनुक्रमिक हैं।

CJDL : FMGR :: IKJR : OQPT

10. (a) : प्रत्येक अक्षर समूह में पहले और चौथे अक्षरों के बीच एक अक्षर छूटा हुआ है तथा दूसरे और तीसरे अक्षरों के बीच भी एक अक्षर छूटा हुआ है।

BOQD : ERTG :: ANPC : DQSF
P S O R
C F B E

11. (c) : प्रत्येक समूह में एकांतर अक्षर अंग्रेजी वर्णमाला के बड़े अक्षर (capital letters) हैं।

12. (a) : प्रत्येक अक्षर समूह में पहले तीन अक्षर क्रमागत हैं और उनके बाद अनुक्रम का आरंभिक चौथा अक्षर लिखा गया है।

ABCD : RSTU : : JKLM : UVWX

13. (d) : प्रत्येक अक्षर समूह में दो अक्षरों के बीच +4 का अंतर है।

AEI : LPT :: CGK : FJN
+4 +4   +4 +4   +4 +4   +4 +4

14. (c) : पहले समूह के अक्षरों में +3 का और दूसरे समूह के अक्षरों में –2 का अंतर है।

RUX : TRP :: BEH : QOM
+3 +3   –2 –2   +3+3   –2 –2

15. (d) : पहले अक्षर-समूह के अक्षरों में से पहले अक्षर को छोड़ देने पर दूसरा अक्षर-समूह प्राप्त होता है।

CART : ART :: FOUR : OUR

3 विजातीय चयन

विजातीय संख्या चयन

इस प्रकार के वर्गीकरण में विकल्पों के रूप में विभिन्न संख्याएं दी जाती हैं। इन संख्याओं में से एक को छोड़कर जो अन्य से भिन्न होती है, शेष किसी न किसी रूप में आपस में संबंधित होती हैं और इस प्रकार एक समूह बनाती हैं। परीक्षार्थी को दी गई संख्याओं में यह समानता ज्ञात करनी होती है और तत्पश्चात् समूह से भिन्न संख्या का चयन करना होता है। विकल्पों के रूप में दी गई संख्याएं विषम/सम/क्रमागत संख्याएं, अभाज्य संख्याएं, किसी संख्या का गुणज, एक अंकीय, विभिन्न संख्याओं का वर्ग या घन, किसी अन्य संख्या का जोड़/घटा या किसी भी गणितीय परिकलन का संयोजन हो सकती है।

हल किए गए प्रश्न

निर्देश : *दिए गए विकल्पों में विषम संख्या ज्ञात करें।*

1. (*a*) 62 (*b*) 121 (*c*) 36 (*d*) 256 (*e*) 64

उत्तर (*a*) : अन्य संख्याएं क्रमशः 11, 6, 16 और 8 के वर्ग द्वारा सूचित होती हैं।

2. (*a*) 27 (*b*) 132 (*c*) 93 (*d*) 154 (*e*) 141

उत्तर (*d*) : शेष संख्याएं 3 से विभाज्य हैं।

प्रश्नमाला

निर्देश : *यहां प्रत्येक प्रश्न में पाँच विकल्प दिए गए हैं जिनमें से चार किसी न किसी रूप में आपस में संबंधित होते हुए एक समूह बनाते हैं, जबकि शेष एक संख्या अन्य से भिन्न है। उस भिन्न संख्या का चयन करें जो समूह से संबंधित नहीं है।*

1. (*a*) 1948 (*b*) 2401
(*c*) 966 (*d*) 1449
(*e*) 1638

2. (*a*) 182 (*b*) 169
(*c*) 130 (*d*) 158
(*e*) 208

3. (*a*) 129 (*b*) 130
(*c*) 131 (*d*) 132
(*e*) 135

4. (*a*) 3215 (*b*) 9309
(*c*) 4721 (*d*) 2850
(*e*) 5321

5. (a) 1776 (b) 2364
(c) 1976 (d) 3776
(e) 1276

6. (a) 64 (b) 84
(c) 16 (d) 36
(e) 100

7. (a) 24 (b) 90
(c) 54 (d) 36
(e) 63

8. (a) 7658 (b) 1234
(c) 9876 (d) 6543
(e) 7654

9. (a) 3 (b) 9
(c) 5 (d) 7
(e) 13

10. (a) 6450 (b) 1776
(c) 2392 (d) 3815
(e) 4276

11. (a) 24 (b) 48
(c) 42 (d) 12
(e) 72

12. (a) 616 (b) 252
(c) 311 (d) 707
(e) 454

13. (a) 18 (b) 12
(c) 30 (d) 20
(e) 42

14. (a) 3730 (b) 6820
(c) 5568 (d) 4604
(e) 2632

15. (a) 2587
(b) 7628
(c) 8726
(d) 2867
(e) 2678

व्याख्यात्मक उत्तरमाला

1. (a) : शेष संख्याएं 7 से विभाज्य हैं।

2. (d) : शेष संख्याएं 13 का गुणज हैं।

3. (c) : 131 एक अभाज्य संख्या (prime number) है।

4. (b) : शेष संख्याओं में किसी भी अंक का दो बार प्रयोग नहीं किया गया है।

5. (b) : शेष संख्याओं में आखिरी दो अंक एक से हैं।

6. (b) : शेष संख्याएं पूर्ण वर्ग संख्याएं हैं।

7. (a) : शेष संख्याओं में दोनों अंकों का योग 9 है।

8. (a) : शेष संख्याओं में उनके अंक गिनती के सीधे या उलटे क्रम में क्रमागत (निरंतर) हैं।

9. (b) : शेष सभी अभाज्य संख्याएं हैं।

10. (d) : शेष संख्याएं 2 से विभाज्य हैं।

11. (c) : शेष संख्याएं 12 का गुणज हैं।

12. (c) : शेष संख्याओं में पहले और आखिरी अंक एक से हैं।

13. (a) : शेष सभी संख्याएं
$3^2 + 3 = 12$,
$5^2 + 5 = 30$,
$4^2 + 4 = 20$,
$6^2 + 6 = 42$ हैं।

14. (b) : शेष सभी संख्याओं में दो अंक एक से हैं।

15. (a) : शेष संख्याएं 2, 6, 7 और 8 के अंकों से बनी हैं।

विजातीय अक्षर चयन

इस कोटि के अंतर्गत विकल्प के रूप में चार अक्षर-समूह या अक्षरों की एक शृंखला दी जाती है। परीक्षार्थी को इनमें से ऐसे विकल्प का चयन करना होता है जो अन्यों से भिन्न अर्थात् विजातीय हो।

हल किए गए प्रश्न

निर्देश : *निम्नलिखित अक्षर समूहों में से कौन सा अक्षर समूह भिन्न या विजातीय स्वरूप का है?*

1. (*a*) NOP (*b*) RTU (*c*) JKL (*d*) EFG (*e*) XYZ

उत्तर (*b*) : प्रत्येक समूह में अक्षर क्रमागत हैं, जबकि विकल्प (*b*) के अक्षर-समूह में पहले दो अक्षरों के बीच एक अक्षर 'S' छूटा हुआ है।

2. (*a*) RUX (*b*) CFI (*c*) BDG (*d*) FIL (*e*) KNQ

उत्तर (*c*) : प्रत्येक समूह में अक्षरों के बीच समान संख्या में अक्षर छूटे हुए हैं जबकि विकल्प (*c*) में पहले दो अक्षरों B और D के बीच एक अक्षर और अंतिम दो अक्षरों D और G के बीच दो अक्षर छूटे हुए हैं।

प्रश्नमाला

निर्देश : *नीचे के प्रत्येक प्रश्न में अक्षर समूहों के रूप में चार/पाँच विकल्प दिए गए हैं जिनमें से तीन/चार में किसी न किसी प्रकार की समानता है और इस कारण वे एक समूह बनाते हैं। उस अक्षर समूह का चयन करें जो समूह से संबंधित नहीं है।*

1. (*a*) ACE (*b*) LOR
(*c*) GIK (*d*) VXZ
(*e*) इनमें से कोई नहीं

2. (*a*) TSR (*b*) LKJ
(*c*) PQO (*d*) HGF
(*e*) NML

3. (*a*) EF LM (*b*) KJ SR
(*c*) XW HG (*d*) ED YX
(*e*) इनमें से कोई नहीं

4. (*a*) JOPK (*b*) BOPC
(*c*) QOPR (*d*) TOPS
(*e*) इनमें से कोई नहीं

5. (*a*) DfH (*b*) MoQ
(*c*) UwY (*d*) lnO
(*e*) RwT

6. (*a*) JKkL (*b*) OPpQ
(*c*) DEEf (*d*) VWwX
(*e*) CDdE

7. (*a*) BdfH (*b*) FHJL
(*c*) RTvX (*d*) uVwX
(*e*) इनमें से कोई नहीं

8. (*a*) DFHEG (*b*) TWXUV
(*c*) OQSPR (*d*) JLNKM
(*e*) इनमें से कोई नहीं

9. (*a*) FEUV (*b*) DCXW
(*c*) BAZY (*d*) HGTS
(*e*) इनमें से कोई नहीं

10. (*a*) UTSR (*b*) XYZW
(*c*) ONML (*d*) IHGF
(*e*) FEDC

11. (*a*) MKGA (*b*) PNID (*c*) RPLF (*d*) VTPJ (*e*) YWSM

12. (*a*) ABJNM (*b*) QRTUZ (*c*) IXYOQ (*d*) WGFPO (*e*) KLORS

13. (*a*) BFJQ (*b*) RUZG (*c*) GJOV (*d*) ILQX (*e*) DGLS

14. (*a*) CS (*b*) OU (*c*) EV (*d*) QO (*e*) DG

15. (*a*) EFGH (*b*) IRST (*c*) ULMN (*d*) JKLO (*e*) OBCD

व्याख्यात्मक उत्तरमाला

1. (*b*) : शेष सभी अक्षर समूहों में अगला अक्षर अपने पूर्ववर्ती अक्षर से वर्णमाला के सीधे क्रम में 2 अक्षर आगे का है जबकि विकल्प (*b*) के अक्षर समूह में +3 अनुक्रम का पालन होता है।

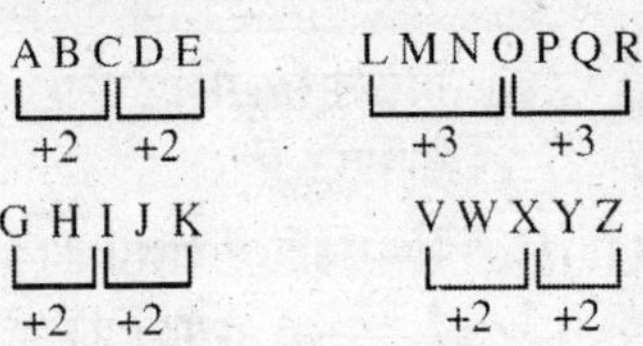

2. (*c*) : प्रत्येक समूह में अक्षर वर्णमाला के उलटे क्रम में हैं। केवल विकल्प (*c*) में अक्षरों का अनुक्रम बाधित हो रहा है।

3. (*a*) : शेष सभी समूहों में क्रमागत अक्षर वर्णमाला के उलटे क्रम में हैं।

KJ SR; XW HG; ED YX

−1 −1 −1 −1 −1 −1

केवल विकल्प (*a*) में ही क्रमागत अक्षर वर्णमाला के सीधे क्रम में है।

E F L M

+1 +1

4. (*d*) : यहां दिए गए सभी अक्षर समूहों में बीच में 'OP' अक्षर हैं। विकल्प (*d*) में दोनों किनारों पर स्थित अक्षर वर्णमाला के उलटे क्रम में हैं, अर्थात्

TOPS

−1

जबकि शेष सभी अक्षर समूहों में दोनों किनारों पर स्थित अक्षर वर्णमाला के सीधे क्रम में हैं।

JOPK : BOPC ; QOPR

+1 +1 +1

5. (*d*) : शेष समूहों में केवल बीच का अक्षर ही अंग्रेजी वर्णमाला का छोटा अक्षर है जबकि विकल्प (*d*) में बायें सिरे के दो अक्षर अंग्रेजी वर्णमाला के छोटे अक्षर हैं।

6. (*c*) : शेष समूहों में तीसरे अक्षर के रूप में दूसरे अक्षर की पुनरावृत्ति की गई है और उसे अंग्रेजी वर्णमाला के छोटे अक्षर के रूप में लिखा गया है जबकि विकल्प (*c*) के तीसरे अक्षर के रूप में दूसरे अक्षर की पुनरावृत्ति तो की जाती है किंतु उसे अंग्रेजी वर्णमाला

के बड़े अक्षर के रूप में लिखा जाता है।

7. (*d*) : शेष समूहों में अंग्रेजी वर्णमाला के अक्षर चाहे छोटे हों या बड़े, किंतु दूसरे, तीसरे और चौथे स्थान पर स्थित अक्षर अपने पूर्ववर्ती अक्षरों से वर्णमाला के सीधे क्रम में 2 अक्षर आगे के हैं, अर्थात्

B D f H : F H J L ; R T v X
+2 +2 +2   +2 +2 +2   +2 +2 +2

केवल विकल्प (*d*) में अक्षर वर्णमाला के सहज क्रम (+1) में हैं, अर्थात्

u V w X
+1 +1 +1

8. (*b*) : शेष समूहों में पहले, चौथे, दूसरे, पांचवें और तीसरे स्थानों पर स्थित अक्षरों से वर्णमाला का सीधा अनुक्रम बनता है।

विकल्प (*b*), में पहले, चौथे, पांचवें, दूसरे और तीसरे स्थानों पर स्थित अक्षरों के मेल से वर्णमाला का सीधा अनुक्रम बनता है।

9. (*a*) : शेष समूहों में बायें सिरे पर स्थित अक्षर का वर्णमाला के सीधे क्रम में स्थान दायें सिरे पर स्थित अक्षर का वर्णमाला के उलटे क्रम में स्थान से मेल खाता है,

अर्थात्

वर्णमाला का सीधा क्रम :

A B C D E F G H I J K L M

वर्णमाला का उल्टा क्रम :

Z Y X W V U T S R Q P O N

वर्णमाला का सीधा क्रम :

N O P Q R S T U V W X Y Z

वर्णमाला का उल्टा क्रम :

M L K J I H G F E D C B A

अतः वर्णमाला के सीधे क्रम में D का स्थान वर्णमाला के उलटे क्रम में W के स्थान से मेल खाता है, और

C का स्थान X से मेल खाता है,

तथा B का स्थान Y से मेल खाता है, और

A का स्थान Z से मेल खाता है,

H का स्थान S से मेल खाता है, और

G का स्थान T से मेल खाता है।

इसी प्रकार,

F का स्थान U से मेल खाता है और

E का स्थान V से मेल खाता है,

अर्थात् 'UV' अक्षरों के स्थान पर 'VU' लिखा जाना चाहिए।

10. (*b*) : शेष समूहों में अक्षर वर्णमाला के उलटे क्रम में लिखे गए हैं।

विकल्प (*b*) में वर्णमाला का अनुक्रम बाधित है।

11. (*b*) : शेष समूहों में अक्षरों का अनुक्रम –2, –4, –6 के पैटर्न का पालन करता है, अर्थात्

M K G A ; R P L F
–2 –4 –6   –2 –4 –6

V T P J
–2 –4 –6

विकल्प (*b*) में अनुक्रम का निम्नलिखित पैटर्न है :

P N I D
–2 –5 –5

अतः सही पैटर्न होना चाहिए →

P N J D
–2 –4 –6

12. (c) : शेष समूहों में कम से कम दो जोड़े अक्षर वर्णमाला के क्रम में हैं, अर्थात्

ABJNM; QRTUZ; WGFPO

विकल्प (c) में केवल एक जोड़ा अक्षर-ही वर्णमाला के क्रम में है।

IXYOQ

13. (a) : शेष समूहों में अक्षरों का अनुक्रम वर्णमाला के सीधे क्रम में +3, +5, +7 पैटर्न का अनुपालन करता है, अर्थात्

R U Z G ; G J O V ; I L Q X

+3 +5 +7   +3 +5 +7   +3 +5 +7

टिप्पणी : अक्षर शृंखला 'Z' पर पहुंचने के बाद 'A' से पुनः आरंभ होती है।

इससे भिन्न विकल्प (a) में निम्नलिखित पैटर्न का अनुपालन किया जाता है :

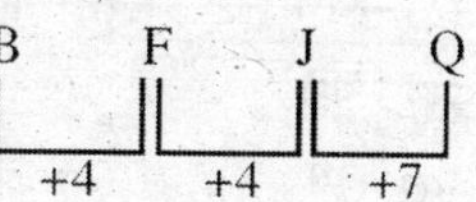

14. (c) : केवल इसी समूह के अक्षर सीधे रेखाखंडों से निर्मित होते हैं।

15. (d) : शेष समूहों में पहला अक्षर 'स्वर' है जिसके बाद तीन क्रमागत अक्षर लिखे गए हैं।

विजातीय शब्द चयन

इस प्रकार के वर्गीकरण में पांच शब्द दिए जाते हैं जिनमें से चार शब्द तथ्य या अर्थ की दृष्टि से या अन्य किसी न किसी रूप में आपस में संबंधित होते हुए एक समूह बनाते हैं जबकि शेष केवल एक शब्द अन्य चारों से भिन्न होता है। परीक्षार्थी को यह पता लगाना होता है कि वह एक कौन सा शब्द है जो समूह से संबंधित नहीं है और इस कारण विजातीय है।

हल किए गए प्रश्न

निर्देश : *निम्नलिखित पांच शब्दों में से उस एक शब्द का चयन करें जो अन्य चार से भिन्न है :*

1. (a) पिता (b) माता (c) मित्र (d) भाई (e) बहन

उत्तर (c) : अन्य सभी के बीच रक्त संबंध है।

प्रश्नमाला

निर्देश : *यहां दिए गए प्रत्येक प्रश्न में चार शब्द किसी न किसी प्रकार से समान हैं और इस कारण वे एक समूह बनाते हैं जबकि एक शब्द अन्य चारों से भिन्न है। इस भिन्न या विजातीय शब्द को ज्ञात करें।*

1. (a) हरा
(b) लाल
(c) रंग
(d) नारंगी
(e) काला

2. (*a*) अस्तबल (*b*) बिल
(*c*) डोंगी (*d*) सुअर-बाड़ा
(*e*) घोंसला

3. (*a*) नाक (*b*) आंख
(*c*) त्वचा (*d*) जिह्वा
(*e*) दांत

4. (*a*) बुध (*b*) चंद्रमा
(*c*) बृहस्पति (*d*) मंगल
(*e*) पृथ्वी

5. (*a*) खुश (*b*) उदास
(*c*) प्रसन्नचित्त (*d*) प्रसन्न
(*e*) अति प्रसन्न

6. (*a*) शंकु (*b*) वृत्त
(*c*) त्रिभुज (*d*) आयत
(*e*) वर्ग

7. (*a*) सीसा (*b*) पारद
(*c*) तांबा (*d*) लोहा
(*e*) टीन

8. (*a*) पतंग (*b*) चिड़िया
(*c*) रडार (*d*) जेट
(*e*) रॉकेट

9. (*a*) घुटना (*b*) कंधा
(*c*) टखना (*d*) कोहनी
(*e*) हथेली

10. (*a*) अतिवृष्टि
(*b*) अनावृष्टि
(*c*) भूस्खलन
(*d*) युद्ध
(*e*) भूकंप

व्याख्यात्मक उत्तरमाला

1. (*c*) : अन्य सभी विभिन्न प्रकार के रंग हैं।

2. (*c*) : डोंगी एक छोटी नाव होती है। अन्य सभी पशु-पक्षियों के निवास स्थलों के नाम हैं।

3. (*e*) : अन्य सभी ज्ञानेंद्रियां हैं।

4. (*b*) : अन्य सभी ग्रहों के नाम हैं।

5. (*b*) : अन्य सभी आनन्द की अनुभूति को अभिव्यक्त करते हैं।

6. (*a*) : अन्य सभी ज्यामितीय आकृतियां हैं।

7. (*b*) : अन्य सभी ठोस धातुएं हैं।

8. (*c*) : अन्य सभी हवा में उड़ने वाली वस्तुएं हैं। रडार हवा में गमन करने वाली वस्तुओं की पहचान करता है।

9. (*e*) : अन्य सभी स्थानों पर शरीर की हड्डियां आपस में मिलकर एक जोड़ (अस्थि संधि) निर्मित करती हैं।

10. (*d*) : अन्य सभी प्राकृतिक आपदाएं हैं। केवल युद्ध ही मानव द्वारा मानव समाज के समक्ष प्रस्तुत की जाने वाली एक कृत्रिम आपदा है।

4 सांकेतिक भाषा

भाग-I

कूटलेखन या 'कोडिंग' संवाद-संप्रेषण की एक प्रक्रिया है जिसमें एक गुप्त भाषा का प्रयोग वास्तविक तथ्यों शब्दों/मूल्यों की अभिव्यक्ति या प्रस्तुतिकरण को एक ऐसी भाषा में परिवर्तित करने के लिए किया जाता है जिसे संवाद के प्रेषक और प्राप्तकर्ता के अतिरिक्त कोई तीसरा व्यक्ति समझ न सके। कूटभाषा में लिखने के लिए *(i)* शब्दों के अक्षरों के स्थान पर वर्णमाला के सीधे उलटे क्रम में एक या एकाधिक स्थान आगे या पीछे के अक्षरों को लिखा जाता है; *(ii)* अक्षरों के स्थान पर संख्याओं को या संख्याओं के स्थान पर अक्षरों को लिखा जाता है; *(iii)* दिए गए शब्द के कुछ या सभी अक्षरों को उलटे क्रम में लिखा जाता है; और *(iv)* शब्द के अक्षरों के स्थान पर वर्णमाला के उलटे क्रम में समस्थानिक अक्षरों को लिखा जाता है।

वर्णमाला को सीधे क्रम में लिखने पर प्राप्त शृंखला :

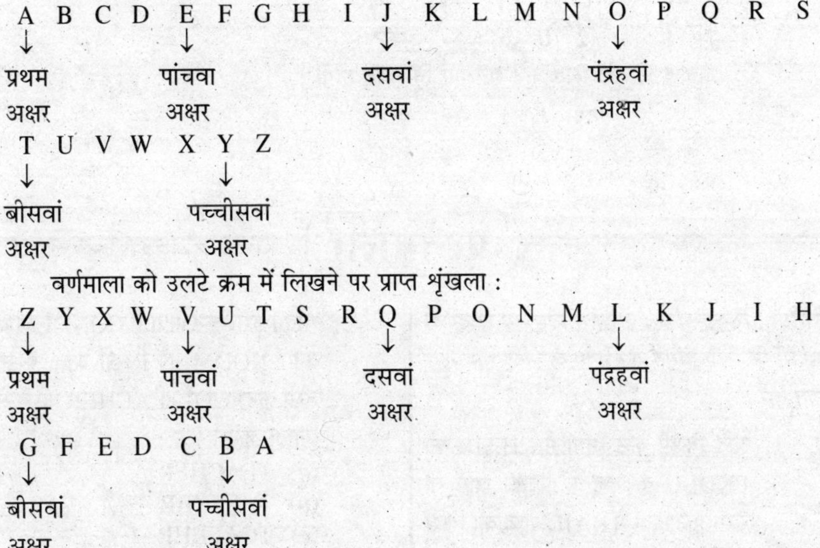

टिप्पणी : Z पर पहुंचने के पश्चात् शृंखला A से पुनः शुरू होती है और A पर पहुंचने के पश्चात् शृंखला Z से पुनः शुरू होती है।

हल किए गए प्रश्न

1. यदि एक विशेष प्रकार की कूट भाषा में शब्द FACE को GBDF की तरह लिखा जाता हो तो इसी कूट भाषा में BADE को कैसे लिखा जाएगा?

(*a*) CBEF (*b*) CEBF (*c*) CFBE (*d*) CBFE (*e*) CFEB

उत्तर (*a*) : शब्द के अक्षरों को वर्णमाला के सीधे क्रम में एक चरण आगे का अक्षर लिखकर कूटबद्ध किया गया है।

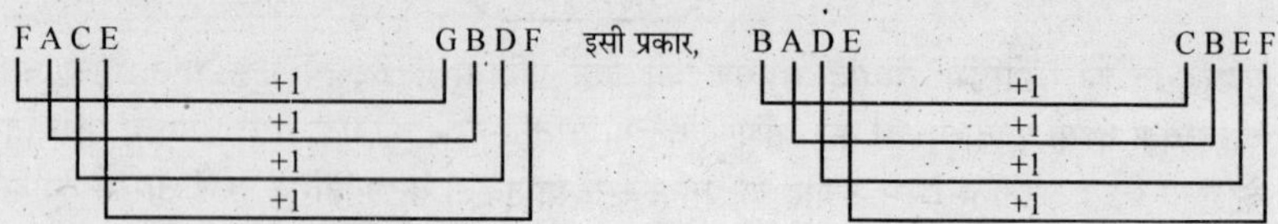

2. यदि किसी कूटभाषा में RESULT को 798206 लिखा गया हो तो उसी कूटभाषा में LET किस प्रकार लिखा जाएगा?

(*a*) 680 (*b*) 092 (*c*) 096 (*d*) 086 (*e*) 608

उत्तर (*c*) : अक्षरों को संख्याओं द्वारा कूटबद्ध किया गया है। दिए गए शब्द को कूटबद्ध करने के लिए संबंधित कूट संख्याएं ज्ञात करें।

R E S U L T → अक्षर

7 9 8 2 0 6 → कूट

अत: LET के लिए कूट संख्याएं निम्नवत् होंगी :

L E T → अक्षर

0 9 6 → कूट

प्रश्नमाला

निर्देश : *निम्नलिखित प्रश्नों में दिए गए शब्दों या अक्षरों के लिए इंगित कूटभाषा के शब्द या अक्षर ज्ञात करें।*

1. यदि किसी कूट भाषा में CHAIR को FKDLU के रूप में लिखा जाए तो उसी कूटभाषा में RAID शब्द को किस प्रकार लिखा जाएगा?

(*a*) ULGD (*b*) ULKG
(*c*) ULDG (*d*) UDLG
(*e*) ULPG

2. यदि किसी कूटभाषा में CONDEMN को CNODMEN लिखा जाता है तो उसी कूटभाषा में TEACHER को कैसे लिखा जाएगा?

(*a*) TEACHER
(*b*) TAEECHR
(*c*) TCAEEHR
(*d*) TAECEHR
(*e*) TAECHER

3. किसी कूटभाषा में COME को XLNV और ABLE को ZYOV लिखा जाता

है। इसी कूटभाषा में MOLLY किस प्रकार लिखा जाएगा?

(*a*) NLOBO (*b*) NLBOO
(*c*) LNOOB (*d*) NLOOB
(*e*) LNOBO

4. यदि किसी विशेष कूटभाषा में PROFESSION को EFORPNOISS के रूप में लिखा जाता हो तो उसी कूटभाषा में DICTIONARY को निम्नलिखित में से किस प्रकार लिखा जाएगा?

(*a*) YRANOITCID
(*b*) ITCIDYRANO
(*c*) ITCIDYRNAO
(*d*) ITCDIYARNO
(*e*) ITCIDRYANO

5. यदि किसी कूटभाषा में JUNE को NXPF लिखा जाता हो तो उसी कूटभाषा में STAY को कैसे लिखा जाएगा?

(*a*) WWCZ (*b*) WVCZ
(*c*) WWDB (*d*) VWZC
(*e*) VWCZ

6. यदि किसी कूटभाषा में GENIUS को IGPKWU लिखा जाता हो तो उसी कूटभाषा में IDIOT को कैसे लिखा जाएगा?

(*a*) JEJPU (*b*) KFKQV
(*c*) LGLRW (*d*) HCHNS
(*e*) NCNHS

7. यदि किसी कूटभाषा में ACTION को ZXGRLM लिखा जाता हो तो उसी कूटभाषा में HEALTH को कैसे लिखा जाएगा?

(*a*) SVZOGS (*b*) TVZOGT
(*c*) RUZPGR (*d*) QVGOZQ
(*e*) PVGOZP

8. यदि किसी कूटभाषा में THOUSAND को SGNTRZMC लिखा जाए तो उसी कूटभाषा में FUMING को कैसे लिखा जाएगा?

(*a*) GVNJOH (*b*) ETHLMF
(*c*) EVLJMH (*d*) ETLHMF
(*e*) ELTMHF

9. यदि किसी विशेष कूटभाषा में EARTHQUAKE को MOGPEN-JOSM के रूप में लिखा जाता हो तो उसी कूटभाषा में EQUATE निम्न-लिखित में से किस प्रकार लिखा जाएगा?

(*a*) MENOPM
(*b*) MENOMP
(*c*) MJOGPM
(*d*) MNJOPM
(*e*) MNEOPM

10. एक विशेष कूटभाषा में कूटबद्ध शब्द HJIZT का कूटवाचन MONEY के रूप में किया जाता है। इसी कूटभाषा में लिखे गए शब्द NOVGZ से निम्नलिखित में से कौन-सा अर्थ निरूपित होगा?

(*a*) STUMP (*b*) STALE
(*c*) STICK (*d*) SPIRE
(*e*) STEAL

11. एक विशेष कूटभाषा में JOSEPH को FKOALD के रूप में कूटबद्ध किया जाता है। इसी कूटभाषा में GEORGE किस प्रकार लिखा जाएगा?

(*a*) CBJNCA
(*b*) CANKCA
(*c*) CAKNCA
(*d*) CAKCNA
(*e*) CNKACA

12. किसी विशेष सांकेतिक भाषा में COUNTRY शब्द को EMWLVPA के रूप में कूटबद्ध किया जाता है। इसी विशेष भाषा में ELECTORATE किस रूप में लिखा जाएगा?
(*a*) CJCEVQPYWC
(*b*) GJGERQTYVG
(*c*) CNCERQPCRG
(*d*) GJGAVMTYVC
(*e*) GJAGVMYTVC

13. यदि किसी कूटभाषा में PORTUGESE को ESEGUTROP लिखा जाता हो तो उसी कूटभाषा में MALAYALAM किस प्रकार लिखा जाएगा?
(*a*) MALAYALAM
(*b*) MALYALAM
(*c*) MALAYALM
(*d*) MALAYLAM
(*e*) MLAYALAM

14. यदि PHILOSOPHY को HPLISOPOYH लिखा जाता हो तो ORNAMENTAL कैसे लिखा जाएगा?
(*a*) ROANEMNTLA
(*b*) ONRAMNEALT
(*c*) ROANEMTNLA
(*d*) ROANEMNATL
(*e*) RONAMENTLA

15. यदि SABOTAGE को UADOVAIE के रूप में कूटबद्ध किया गया हो तो EMERGENCY को कैसे कूटबद्ध किया जाएगा?
(*a*) GMGRIEPCA
(*b*) GMGRGEPCA
(*c*) BNBQFDOBZ
(*d*) EOETGGNEY
(*e*) GMGIRPECA

व्याख्यात्मक उत्तरमाला

1. (*d*) : शब्द को कूटबद्ध करने के लिए उसके अक्षरों से वर्ण-माला के क्रम में +3 चरण आगे के अक्षर लिए गए हैं।

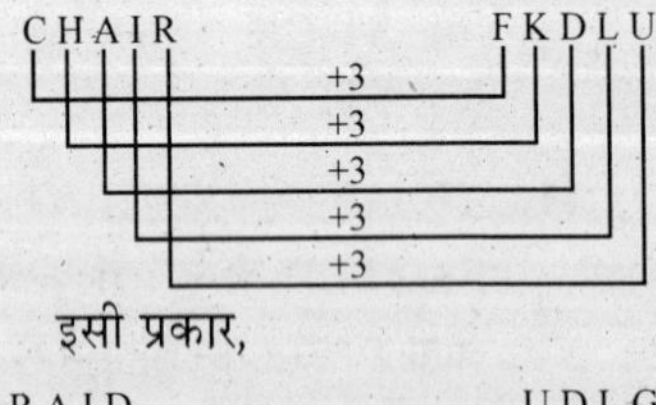

इसी प्रकार,

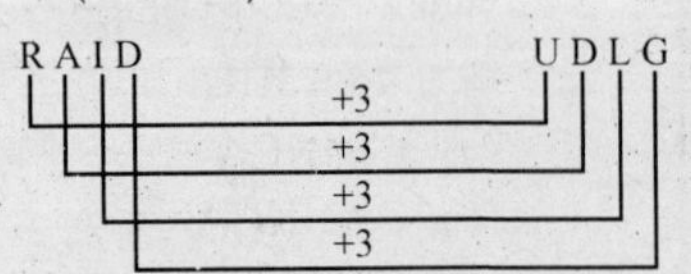

2. (*d*) : इस शब्द में दूसरे और तीसरे अक्षर एक दूसरे के स्थान पर आ जाते हैं और पांचवे और छठे अक्षरों द्वारा भी इसी नियम का पालन किया जाता है। शेष अक्षरों का स्थान अपरिवर्तित रहता है।

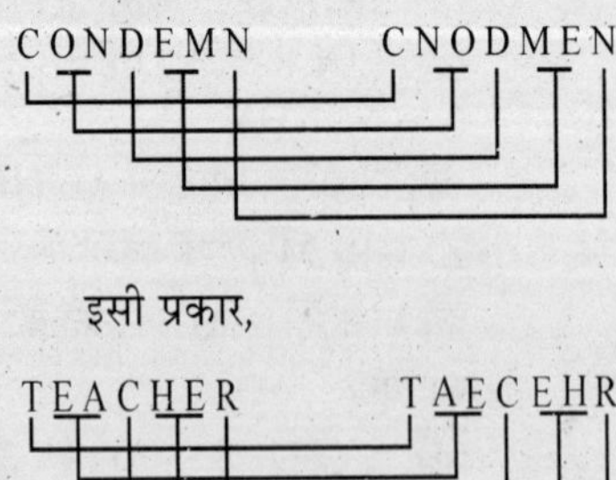

इसी प्रकार,

3. *(d)* : शब्द के अक्षरों को कूटबद्ध करने के लिए वर्णमाला के उलटे क्रम में समान स्थान वाले अक्षरों को लिया गया है।

C	O	M	E	→ वर्णमाला के सीधे क्रम में अक्षर
X	L	N	V	→ वर्णमाला के उलटे क्रम में
↓	↓	↓	↓	समान स्थान वाले अक्षर
3रा	15वां	13वां	5वां	→ वर्णमाला में अक्षरों का स्थान
A	B	L	E	→ वर्णमाला के सीधे क्रम में अक्षर
Z	Y	O	V	→ वर्णमाला के उलटे क्रम में
↓	↓	↓	↓	समान स्थान वाले अक्षर
1ला	2रा	12वां	5वां	→ वर्णमाला के अक्षरों का स्थान

इसी प्रकार,

M	O	L	L	Y	→ वर्णमाला के सीधे क्रम में अक्षर
N	L	O	O	B	→ वर्णमाला के उलटे क्रम में समान स्थान वाले अक्षर
↓	↓	↓	↓	↓	
13वां	15वां	12वां	12वां	25वां	→ वर्णमाला में अक्षरों का स्थान

4. *(b)* : शब्द को दो समान भागों में विभाजित करके प्रत्येक भाग के अक्षरों को विपरीत अनुक्रम में लिखा गया है।

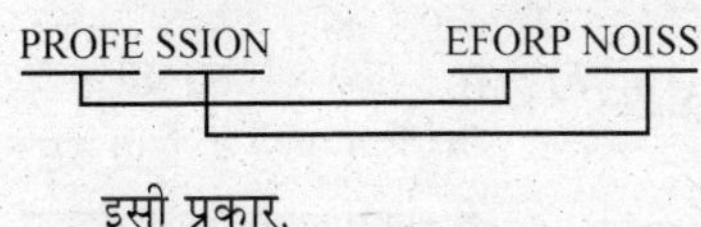

इसी प्रकार,

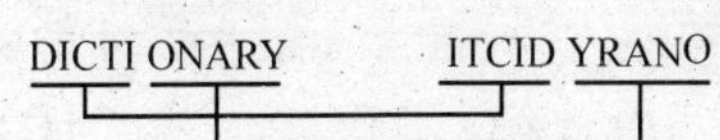

5. *(a)* : शब्द को कूटबद्ध करने के लिए उसके अक्षरों से वर्णमाला के सीधे क्रम में क्रमशः +4, +3, +2, और +1 चरण आगे के अक्षर लिए गए हैं।

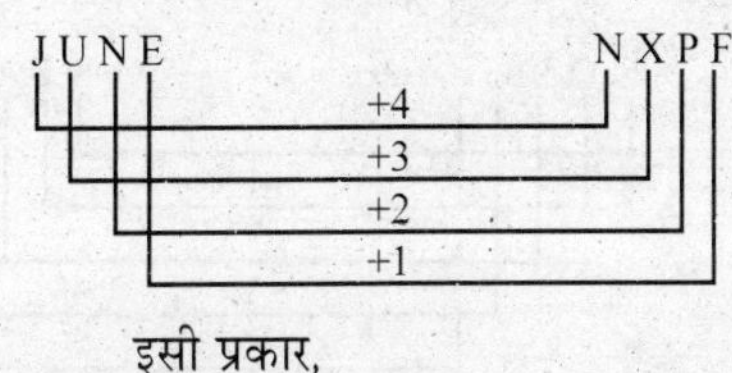

इसी प्रकार,

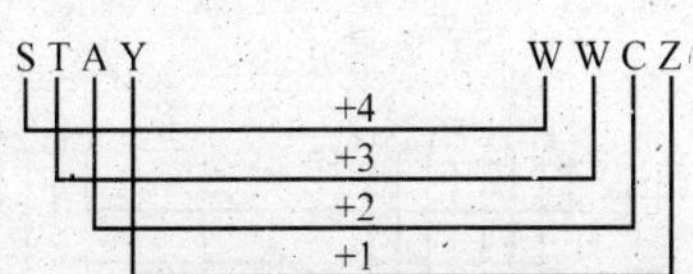

6. *(b)* : शब्द को कूटबद्ध करने के लिए उसके अक्षरों से वर्णमाला के सीधे क्रम में दो चरण आगे के अक्षर लिए गए हैं।

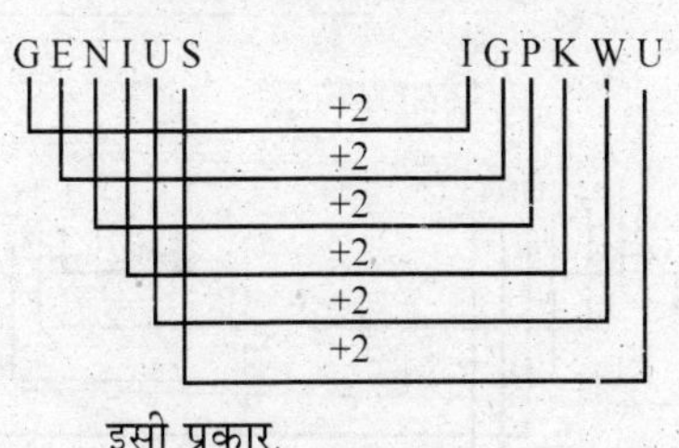

इसी प्रकार,

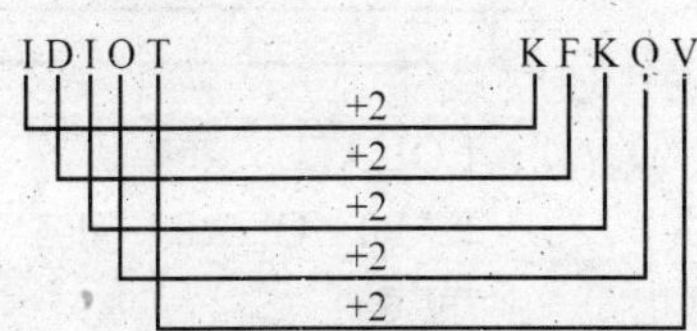

7. *(a)* : शब्द के अक्षरों को कूटबद्ध करने के लिए वर्णमाला के उलटे क्रम में समान स्थान वाले अक्षरों को लिया गया है।

A C T I O N → वर्णमाला के सीधे क्रम में अक्षर
Z X G R L M → वर्णमाला के उलटे क्रम में समान स्थान वाले अक्षर
↓ ↓ ↓ ↓ ↓ ↓
1ला 3रा 20वां 9वां 15वां 14वां → वर्णमाला में अक्षरों का स्थान

इसी प्रकार,

H E A L T H → वर्णमाला के क्रम में अक्षर
S V Z O G S → वर्णमाला के उलटे क्रम में समान स्थान वाले अक्षर
↓ ↓ ↓ ↓ ↓ ↓
8वां 5वां 1ला 12वां 20वां 8वां → वर्णमाला में अक्षरों का स्थान

8. *(d)* : शब्द को कूटबद्ध करने के लिए उसके अक्षरों से वर्णमाला के सीधे क्रम में एक चरण पीछे के अक्षर लिए गए हैं।

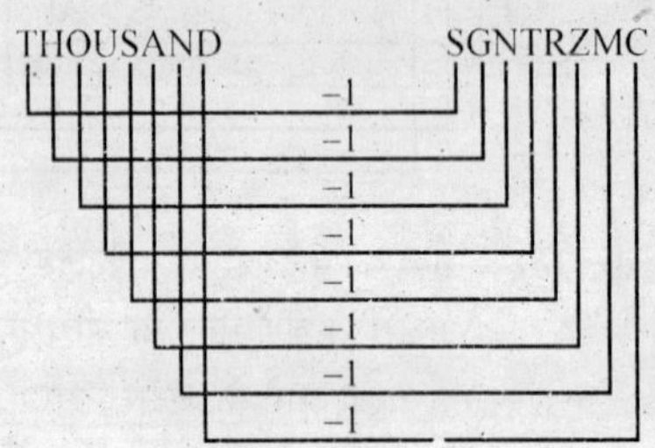

इसी प्रकार,

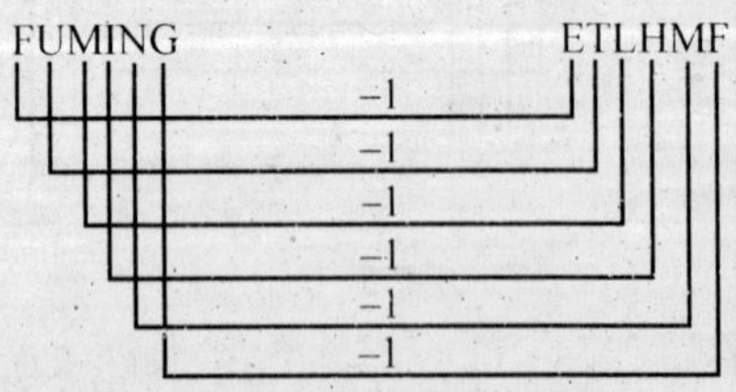

9. *(d)* : EQUATE शब्द के अक्षर EARTHQUAKE शब्द से लिए गए हैं।

उत्तर कूट प्राप्त करने के लिए कूटबद्ध शब्द से अक्षरों का मिलान करें।

E A R T H Q U A K E →अक्षर
M O G P E N J O S M → कूट
E Q U A T E →कूटबद्ध किए जाने वाले अक्षर
M N J O P M →उत्तर कूट

10. *(b)* : कूट भाषा में लिखे गए शब्द का अर्थ निरूपित करने के लिए उसके अक्षरों से वर्णमाला के सीधे क्रम में 5 चरण आगे के अक्षर लिए गए हैं, अर्थात्

HJIZT MONEY
+5
+5
+5
+5
+5

इसी प्रकार,

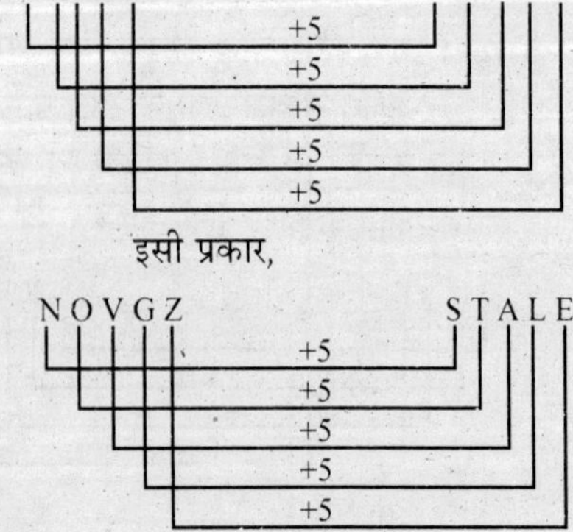

11. (c) : शब्द को कूटबद्ध करने के लिए शब्द के अक्षरों से वर्णमाला के क्रम में 4 चरण पीछे के अक्षर लिए गए हैं।

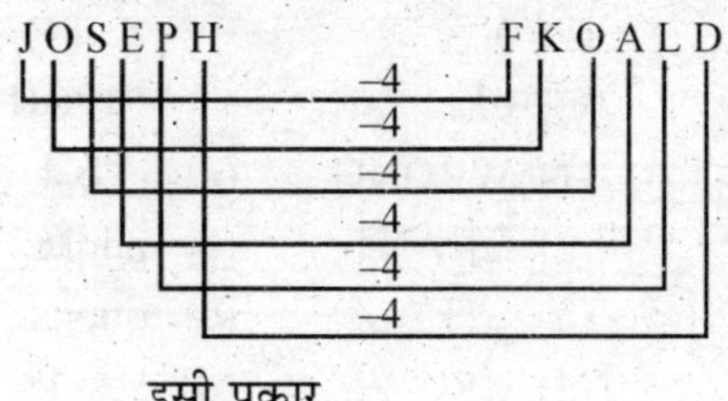

इसी प्रकार,

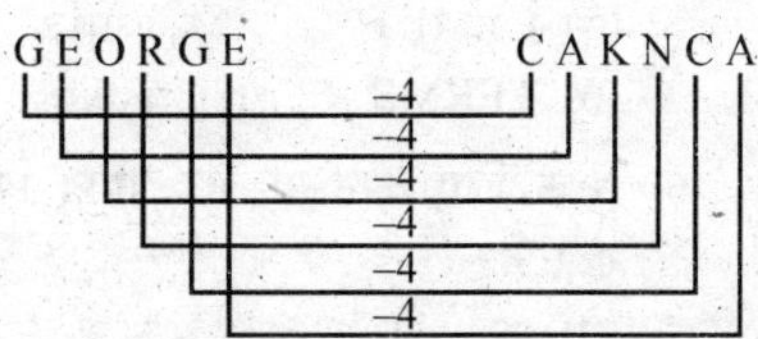

12. (d) : शब्द को कूटबद्ध करने के लिए शब्द के अक्षरों से वर्णमाला के क्रम में क्रमशः 2 चरण आगे और दो चरण पीछे के अक्षर लिए गए हैं।

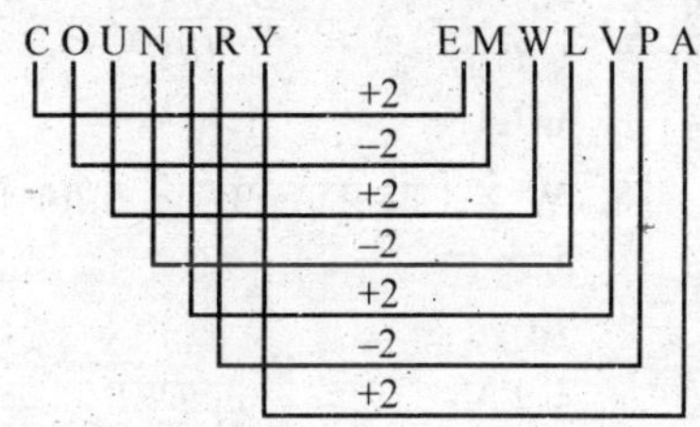

इसी प्रकार,

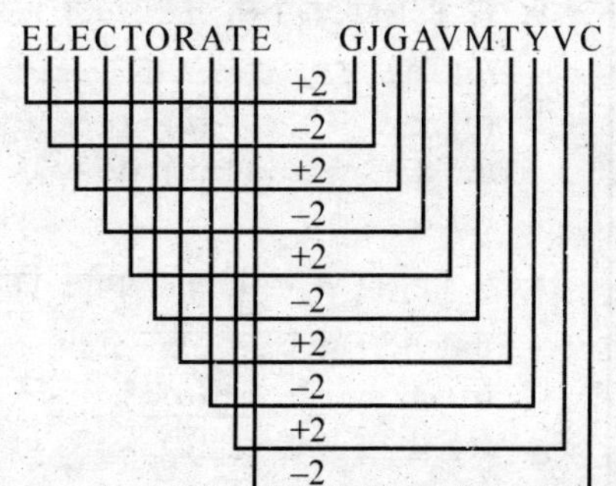

13. (a) : दिए गए शब्द के अक्षरों को उलटे क्रम में लिख कर शब्द को कूटबद्ध किया गया है।

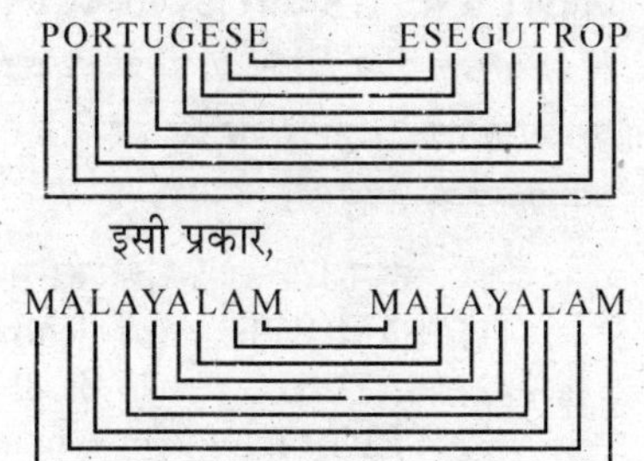

इसी प्रकार,

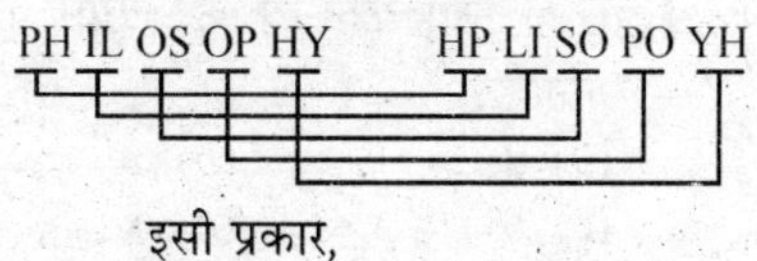

14. (c) : शब्द को कूटबद्ध करने के लिए उसके दो क्रमागत अक्षरों को एक दूसरे के स्थान पर लिखा जाता है।

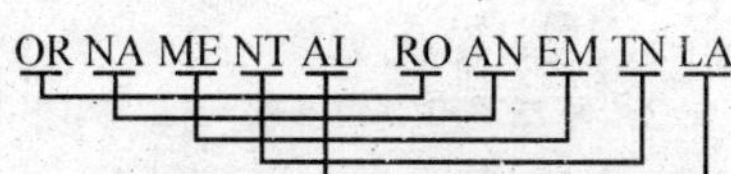

इसी प्रकार,

OR NA ME NT AL RO AN EM TN LA

15. (a) : शब्द को कूटबद्ध करने के लिए शब्द में विषम स्थान पर स्थित अक्षर से वर्णमाला के क्रम में +2 चरण आगे के अक्षर लिखे गए हैं।

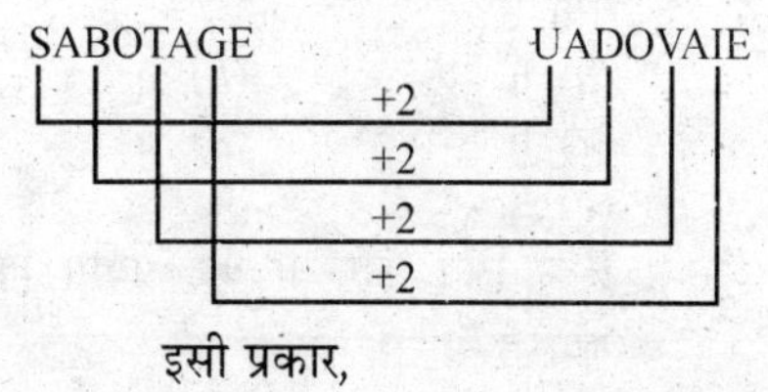

इसी प्रकार,

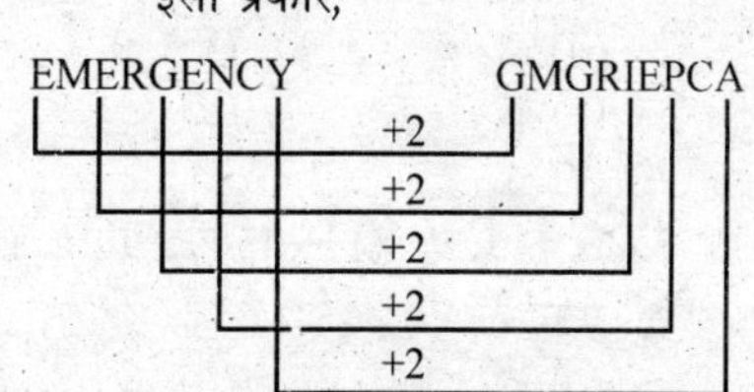

प्रश्नमाला

निर्देश (प्र.सं. 1-5 और 6-10 के लिए) : *निम्नलिखित प्रश्न पिछले प्रश्नों में प्रयुक्त पैटर्न पर आधारित है। कूटलेखन की पद्धति को समझ कर प्रश्नों के उत्तर दें।*

स्तम्भ-I	**स्तम्भ-II**
(1) FAMOUS	(*a*) jcqhxp
(2) SATIRE	(*b*) hqdbyn
(3) FRIGHT	(*c*) ybcnke
(4) TANGLE	(*d*) zewhnd
(5) ROVING	(*e*) epbmyw
(6) HUNTER	(*f*) wdnbxk

1. U के लिए कौन-सा कूट प्रयोग किया गया है?
(*a*) d (*b*) n
(*c*) b (*d*) x
(*e*) y

2. N के लिए कौन-सा कूट प्रयोग किया गया है?
(*a*) e (*b*) p
(*c*) m (*d*) w
(*e*) d

3. A के लिए कौन-सा कूट प्रयोग किया गया है?
(*a*) h (*b*) q
(*c*) b (*d*) n
(*e*) k

4. F के लिए कौन-सा कूट प्रयोग किया गया है?
(*a*) w (*b*) p
(*c*) d (*d*) c
(*e*) x

5. E के लिए कौन-सा कूट प्रयोग किया गया है?
(*a*) d (*b*) n
(*c*) b (*d*) k
(*e*) w

स्तम्भ-I	**स्तम्भ-II**
(1) WRONG	(a) cklxd
(2) GRANT	(b) pdqkc
(3) STEAM	(c) qpuns
(4) CROWS	(d) lxnvk
(5) CEMET	(e) usqvs
(6) TERMS	(f) nukqs

6. N के लिए कौन-सा कूट प्रयोग किया गया है?
(*a*) c (*b*) x
(*c*) l (*d*) n
(*e*) p

7. M के लिए कौन-सा कूट प्रयोग किया गया है?
(*a*) v (*b*) q
(*c*) u (*d*) s
(*e*) l

8. W के लिए कौन-सा कूट प्रयोग किया गया है?
(*a*) d (*b*) x
(*c*) c (*d*) p
(*e*) v

9. G के लिए कौन-सा कूट प्रयोग किया गया है?
(*a*) k (*b*) c
(*c*) s (*d*) d
(*e*) u

10. S के लिए कौन-सा कूट प्रयोग किया गया है?
(*a*) n (*b*) s
(*c*) d (*d*) k
(*e*) x

व्याख्यात्मक उत्तरमाला

1. (*d*) : कथन (1) एवं (6) से U = X.

2. (*d*) : कथन (5) एवं (6) से RN = bw. कथन (4) से N = w.

3. (*a*) : कथन (2) एवं (4) से ATE = hdn. कथन (6) से TE = dn. अतः, A = h.

4. (*d*) : कथन (1) एवं (3) से F = c.

5. (*a*) : कथन (2) एवं (4) से ATE = hdn. कथन (6), TE = dn. कथन (3) से T = n. अतः, E = d.

6. (*a*) : कथन (1) एवं (2) से N = C.

7. (*c*) : कथन (3), (5) एवं (6) से M = u.

8. (*b*) : कथन (1) एवं (4) से W = x.

9. (*d*) : कथन (1) एवं (2) से G = d.

10. (*a*) : कथन (3), (4) एवं (6) से S = n.

भाग-III

कूट लेखन विभिन्न प्रकार से किया जाता है। कूटभाषा का प्रयोग न केवल शब्दों और संख्याओं के लिए किया जाता है बल्कि किसी शब्द-समूह, विवरण या कभी-कभी वाक्यों को भी कूटभाषा द्वारा संप्रेषित किया जाता है। इस प्रकार की कूटभाषा से भ्रम की स्थिति उत्पन्न हो सकती है किंतु कुछ प्रश्नों को हल कर लेने के बाद ऐसी कूटभाषा को समझना और हल करना अत्यंत सरल हो जाता है। इस प्रकार की कूटभाषा पर आधारित प्रश्नों को हल करने के लिए अक्षरों को गिनने या छोड़ने अथवा गणितीय परिकलनों की श्रमसाध्य प्रक्रिया को अपनाने की आवश्यकता नहीं होती बल्कि इनके लिए तेजी से मिलान करने या सादृश्यता स्थापित करने की क्षमता ही अपेक्षित होती है। कूट के रूप में अक्षरों या संख्याओं का प्रयोग किया जा सकता है।

हल किए गए प्रश्न

1. यदि किसी कूटभाषा में 'ra mei ket' का अर्थ है 'he is rich'; 'rui pha jeu' का अर्थ है 'run for money'; और 'pha rui ket' का अर्थ है 'money for rich' उस कूटभाषा में 'rich' के लिए निम्नलिखित में से किस कूट का प्रयोग किया गया है?

(*a*) ra (*b*) pha (*c*) ket (*d*) jeu (*e*) mei

उत्तर (*c*) : दी गई जानकारी है :

	कूट	**वाक्य**
1.	ra mei *ket*	he is *rich*
2.	rui pha jeu	run for money
3.	pha rui *ket*	money for *rich*

कूटों और वाक्यों की तुलना करने पर यह स्पष्ट होता है कि वाक्य 1 और 3 दोनों में 'rich' शब्द है और दोनों ही वाक्यों में इसके लिए 'ket' शब्द का प्रयोग किया गया है।

प्रश्नमाला

निर्देश : *नीचे के प्रत्येक प्रश्न में कूटलेखन के पैटर्न को ध्यान से देखें और दिए गए विकल्पों में से सही उत्तर का चयन करें।*

1. यदि किसी कूटभाषा में (a) 'go ju mi' का अर्थ है 'plenty of money'; (b) pao ju go nei vu' का अर्थ है 'money creates lots of problems'; (c) 'kol vu nei' का अर्थ है 'problems create tension'; और (d) 'sol tun ju haw' का अर्थ है 'still money is needed' तो उस कूट भाषा में निम्नलिखित में से किसका अर्थ 'money' है ?

(*a*) nei (*b*) ju
(*c*) haw (*d*) go
(*e*) pao

2. किसी कूटभाषा में (a) 'FOR' का अर्थ है 'old is gold'; (b) 'ROT' का अर्थ है 'gold is pure'; (c) 'ROM' का अर्थ है 'gold is costly'। इसी कूटभाषा में 'pure old gold is costly' कैसे लिखा जाएगा ?

(*a*) TFROM (*b*) FOTRM
(*c*) FTORM (*d*) TOMRF
(*e*) TOFRM

3. यदि किसी कूटभाषा में '415' का अर्थ है 'milk is hot'; '18' का अर्थ है 'hot soup'; और '895' का अर्थ है 'soup is tasty' तो उसी कूटभाषा में 'tasty' शब्द किस संख्या द्वारा निरूपित होगा ?

(*a*) 9 (*b*) 8
(*c*) 5 (*d*) 4
(*e*) 1

4. यदि किसी कूटभाषा में '643' का अर्थ है 'she is beautiful', '593' का अर्थ है 'he is handsome', और '567' का अर्थ है 'handsome meets beautiful' तो उसी कूटभाषा में 'meets' शब्द निम्नलिखित में से किस संख्या द्वारा सूचित होगा ?

(*a*) 5 (*b*) 3
(*c*) 7 (*d*) 6
(*e*) 4

5. किसी कूटभाषा में (a) 'dugo hui mul zo' का अर्थ है 'work is very hard'; (b) 'hui dugo ba ki' का अर्थ है 'Bingo is very smart'; (c) 'nano mul dugo' का अर्थ है 'cake is hard', और (d) 'mul ki qu' का अर्थ है 'smart and hard' इस कूट भाषा में 'Bingo' के लिए किस कूटशब्द का प्रयोग किया गया है ?

(*a*) jalu (*b*) dugo
(*c*) ki (*d*) ba
(*e*) zo

6. किसी कूटभाषा में (a) 'pic vic nic' का अर्थ है 'winter is cold'; (b) 'to nic re' का अर्थ है 'summer is hot'; (c) 're pic boo' का अर्थ है 'winter and summer' और (d) 'vic tho pa' का अर्थ है 'nights are cold' इस कूटभाषा में 'summer' के लिए किस कूटशब्द का प्रयोग किया जाता है ?

(*a*) nic (*b*) boo
(*c*) to (*d*) re
(*e*) pic

व्याख्यात्मक उत्तरमाला

1. (*b*) :

कूट	वाक्य
1. go *ju* mi	plenty of *money*
2. pao *ju* go nei vu	*money* creates lots of problems
3. kol vu nei	problems create tension
4. sol tun *ju* haw	still *money* is needed

ऊपर के पहले, दूसरे और चौथे कूटों और संबंधित वाक्यों में 'ju' शब्द और उसके लिए 'money' शब्द लिखा गया है।

2. (*a*) :

कूट	वाक्य
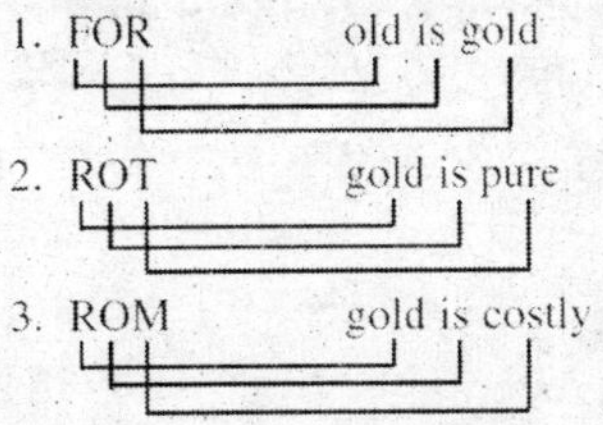 1. FOR	old is gold
2. ROT	gold is pure
3. ROM	gold is costly

अत:,

F का अर्थ है old

O का अर्थ है is

R का अर्थ है gold

T का अर्थ है pure

M का अर्थ है costly

अत: 'pure old gold is costly' को 'TFROM' द्वारा व्यक्त किया जाएगा।

3. (*a*) :

कूट	वाक्य
1. 415	milk is hot
2. 18	hot soup
3. 895	soup is *tasty*

तीसरे कूट और उससे संबंधित वाक्य में दी गई न तो संख्या '9' और न ही शब्द 'tasty' को किसी अन्य कूट और वाक्य में दोहराया गया है।

4. (*c*) :

कूट	वाक्य
1. 643	she is beautiful
2. 593	he is handsome
3. 567	handsome *meets* beautiful

तीसरे कूट और उससे संबंधित वाक्य में दी गई न तो संख्या '7' और न ही शब्द 'meets' को किसी अन्य कूट और वाक्य में दोहराया गया है।

5. (*d*) :

कूट	वाक्य
1. *dugo hui* mul zo	work *is very* hard
2. *hui dugo* **ba** *ki*	**Bingo** *is very smart*
3. nano mul *dugo*	cake is *hard*
4. mul *ki* qu	*smart* and hard

दूसरे कूट और संबंधित वाक्य में निहित न तो 'ba' और न ही अर्थ शब्द 'Bingo' की पुनरावृत्ति होती है।

(जिन शब्दों की पुनरावृत्ति होती है उन्हें तिरछे अक्षरों में लिखा गया है)

6. (*d*) :

कूट	वाक्य
1. pic vic nic	winter is cold
2. to nic *re*	*summer* is hot
3. *re* pic boo	winter and *summer*
4. vic tho pa	nights are cold

शब्द 'summer' और कूट 're' की दूसरे और तीसरे वाक्यों में पुनरावृत्ति होती है।

5 कथन एवं निष्कर्ष

इस प्रकार के तर्कबुद्धि परीक्षण में दो या दो से अधिक कथन दिए जाते हैं जिनके आधार पर दो या दो से अधिक निष्कर्ष ज्ञात करने होते हैं। अभ्यर्थियों से यह अपेक्षा की जाती है कि वे अंतर्निहित तर्क को समझें और दिए गए विकल्पों में से किसी एक का सही उत्तर के रूप में चयन करें।

हल किए गए प्रश्न

दिए गए विकल्पों (*a*), (*b*), (*c*), (*d*) और (*e*) में से निष्कर्षों के उस समुच्चय का चयन करें जो दिए गए कथनों से तर्कसंगत निकलता है।

कथन I : कुछ पुरुष कुर्सियां हैं।
II : सभी कुर्सियां सिगार हैं।

निष्कर्ष I : कुछ पुरुष सिगार हैं।
II : कुछ सिगार पुरुष हैं।
III : सभी सिगार कुर्सियां हैं।
IV : कुछ कुर्सियां पुरुष हैं।

(*a*) कोई निष्कर्ष निकाला नहीं जा सकता
(*b*) सभी निष्कर्ष सही हैं।
(*c*) केवल निष्कर्ष I, II, और IV सही हैं।
(*d*) केवल निष्कर्ष I, III, और IV सही हैं।
(*e*) इनमें से कोई नहीं

उत्तर (*c*) : जबकि कुछ पुरुष कुर्सियां हैं और सभी कुर्सियां सिगार हैं तो स्पष्ट है कि कुछ पुरुष सिगार हैं और कुछ सिगार पुरुष हैं। कुछ सिगार पुरुष होंगे और जबकि कुछ पुरुष कुर्सियां हैं तो कुछ कुर्सियां पुरुष हैं। अतः निष्कर्ष I, II और IV सही हैं।

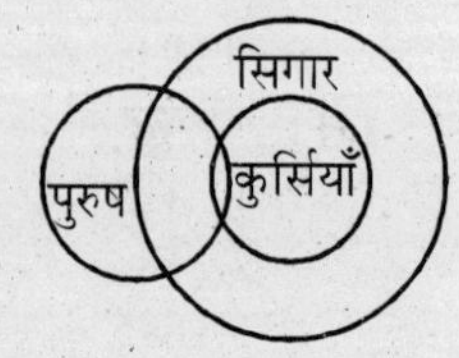

प्रश्नमाला

निर्देश (प्रश्न 1 से 10)ः *नीचे प्रत्येक प्रश्न में तीन कथन और उसके बाद चार निष्कर्ष, I, II, III और IV दिए गए हैं। आपको दिए गए कथनों को सत्य मानना होगा भले ही वे सर्वज्ञात तथ्यों से भिन्न प्रतीत होते हों। सभी निष्कर्षों को पढ़िए और फिर तय कीजिए कि दिए गए निष्कर्षों में से कौन सा निष्कर्ष दिए गए कथनों का तार्किक ढंग से अनुसरण करता है, भले ही सर्वज्ञात तथ्य कुछ भी हों।*

1. कथनः कुछ मोती पत्थर हैं। कुछ पत्थर हीरे हैं। कोई हीरा रत्न नहीं है।

निष्कर्ष **I.** कुछ रत्न मोती हैं।
II. कुछ रत्न हीरा नहीं है।
III. कोई रत्न हीरा नहीं है।
IV. कोई रत्न मोती नहीं है।

(*a*) केवल या तो I या IV और या तो II या III अनुसरण करते हैं।
(*b*) केवल III और IV अनुसरण करते हैं।
(*c*) केवल III और या तो I या IV अनुसरण करते हैं
(*d*) केवल I और II अनुसरण करते हैं।
(*e*) इनमें से कोई नहीं

2. कथनः कुछ डोरियां रस्सियां हैं। कुछ रस्सियां धागे हैं। सभी धागे सुइयां हैं।

निष्कर्ष **I.** कुछ सुइयां रस्सियां हैं।
II. कुछ धागे डोरियां हैं।
III. सभी सुइयां या तो डोरियां हैं या रस्सियां हैं।
IV. कुछ सुइयां धागे हैं।

(*a*) कोई अनुसरण नहीं करता है।
(*b*) केवल II और IV अनुसरण करते हैं।
(*c*) केवल III और IV अनुसरण करते हैं
(*d*) सभी अनुसरण करते हैं।
(*e*) इनमें से कोई नहीं

3. कथनः सभी कप गिलास हैं। कुछ गिलास कटोरे हैं। कोई कटोरा प्लेट नहीं है।

निष्कर्ष **I.** कोई कप प्लेट नहीं है।
II. कोई गिलास प्लेट नहीं है।
III. कुछ प्लेटें कटोरे हैं।
IV. कुछ कप गिलास नहीं हैं।

(*a*) कोई अनुसरण नहीं करता है।
(*b*) केवल III और IV अनुसरण करते हैं।
(*c*) केवल या तो I या III अनुसरण करता है।
(*d*) केवल II और III अनुसरण करते हैं।
(*e*) इनमें से कोई नहीं

4. कथनः कुछ थैले बटुए हैं। सभी बटुए डिब्बे हैं। सभी डिब्बे सूटकेस हैं।

निष्कर्ष **I.** कुछ सूटकेस थैले हैं।
II. सभी बटुए थैले हैं।
III. सभी बटुए सूटकेस हैं।
IV. कुछ डिब्बे बटुए हैं।

(*a*) केवल I, II और III अनुसरण करते हैं
(*b*) केवल II और III अनुसरण करते हैं।
(*c*) केवल I और III अनुसरण करते हैं।

(*d*) केवल II, III और IV अनुसरण करते हैं।

(*e*) केवल I, III और IV अनुसरण करते हैं।

5. कथनः कुछ टेप डिस्क हैं। कुछ डिस्क कैसेट हैं। कुछ कैसेट गाने हैं।

निष्कर्ष **I.** कुछ गाने डिस्क हैं।
II. कुछ कैसेट टेप हैं।
III. कुछ गाने टेप हैं।
IV. कोई गाना डिस्क नहीं है।

(*a*) केवल III और या तो II या IV अनुसरण करते हैं।

(*b*) केवल III और IV अनुसरण करते हैं।

(*c*) केवल या तो II या IV अनुसरण करते हैं।

(*d*) केवल या तो I या IV का अनुसरण करता है।

(*e*) इनमें से कोई नहीं

6. कथनः कुछ पत्ते पौधे हैं। कुछ पौधे फूल हैं। सभी फूल पेड़ हैं।

निष्कर्ष **I.** कुछ पेड़ पत्ते हैं।
II. सभी फूल या तो पत्ते या पौधे हैं।
III. कोई पत्ता फूल नहीं है।
IV. सभी पत्ते पेड़ हैं।

(*a*) कोई अनुसरण नहीं करता है।

(*b*) केवल I और II अनुसरण करते हैं।

(*c*) केवल I, II और IV अनुसरण करते हैं।

(*d*) केवल II और III अनुसरण करते हैं।

(*e*) इनमें से कोई नहीं

7. कथनः कुछ चम्मच कटोरे हैं। सभी कटोरे चाकू हैं। सभी चाकू कांटे हैं।

निष्कर्ष **I.** सभी चम्मच कांटे हैं।
II. सभी कटोरे कांटे हैं।
III. कुछ चाकू कटोरे हैं।
IV. कुछ कांटे चम्मच हैं।

(*a*) सभी अनुसरण नहीं करते हैं।

(*b*) केवल II, III और IV अनुसरण करते हैं।

(*c*) केवल III और IV अनुसरण करते हैं।

(*d*) केवल II और IV अनुसरण करते हैं।

(*e*) इनमें से कोई नहीं

8. कथनः सभी कारें मोपेड हैं। कुछ मोपेड पहाड़ियाँ हैं। सभी पेंसिलें मोपेड हैं।

निष्कर्ष **I.** सभी पेंसिलें पहाड़ियाँ हैं।
II. कुछ पेंसिलें कारें हैं।
III. कुछ कारें पहाड़ियाँ हैं।
IV. कोई पेंसिल कार नहीं है।

(*a*) केवल I निकलता है।

(*b*) केवल या तो II या IV निकलता है।

(*c*) केवल I या III निकलता है

(*d*) केवल I और IV निकलता है।

(*e*) इनमें से कोई नहीं

9. कथनः कुछ बकरियाँ हैम्पर हैं। सभी हैम्पर हीरे हैं। कोई हीरा हरा नहीं है।

निष्कर्ष **I.** कोई बकरी हरी नहीं है।
II. कुछ हीरे हैम्पर नहीं हैं।
III. कुछ बकरियाँ हीरे हैं।
IV. कुछ हरे हैम्पर हैं।

(*a*) केवल I और IV निकलता है।

(*b*) केवल II और IV निकलता है।

(*c*) केवल II और III निकलता है।

(*d*) केवल या तो II या III निकलता है।

(*e*) इनमें से कोई नहीं

10. कथनः कुछ राजे कार हैं। कुछ कारें बोतल हैं। कोई बोतल नींबू नहीं है।

निष्कर्ष **I.** कुछ कारें नींबू हैं।

II. कोई राजा नींबू नहीं है।

III. कुछ राजे बोतल हैं।

IV. सभी कारें या तो राजे हैं या बोतल हैं।

(*a*) केवल I और II निकलते हैं।

(*b*) केवल या तो I या II और IV निकलते हैं।

(*c*) केवल III या IV निकलते हैं।

(*d*) केवल IV निकलता है।

(*e*) इनमें से कोई नहीं

व्याख्यात्मक उत्तरमाला

1. (*c*) :

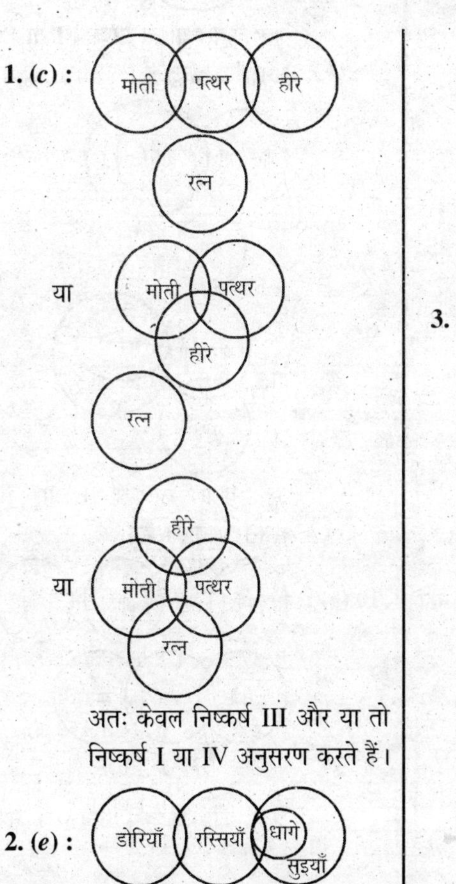

अतः केवल निष्कर्ष III और या तो निष्कर्ष I या IV अनुसरण करते हैं।

2. (*e*) :

या

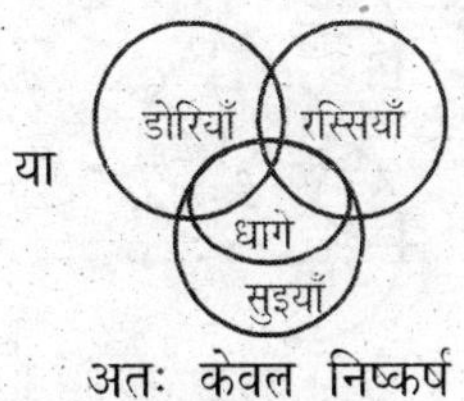

अतः केवल निष्कर्ष I और IV अनुसरण करते हैं।

3. (*a*) :

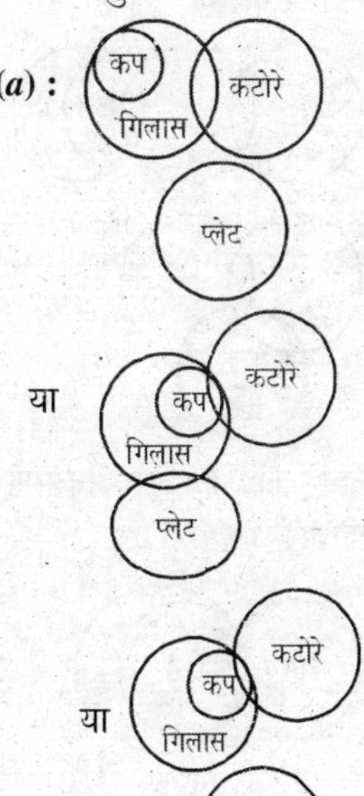

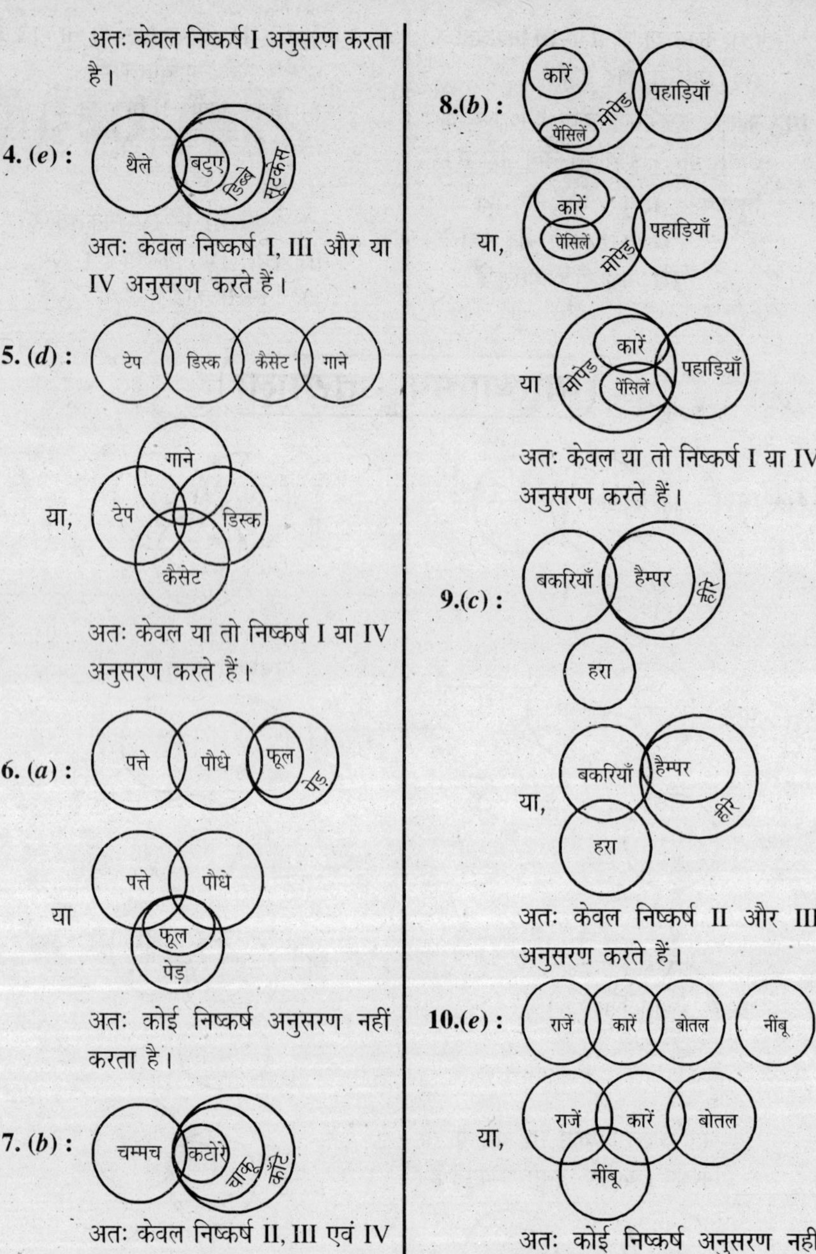

अतः केवल निष्कर्ष I अनुसरण करता है।

4. (*e*) :

अतः केवल निष्कर्ष I, III और या IV अनुसरण करते हैं।

5. (*d*) :

या,

अतः केवल या तो निष्कर्ष I या IV अनुसरण करते हैं।

6. (*a*) :

या

अतः कोई निष्कर्ष अनुसरण नहीं करता है।

7. (*b*) :

अतः केवल निष्कर्ष II, III एवं IV अनुसरण करते हैं।

8.(*b*) :

या,

या

अतः केवल या तो निष्कर्ष I या IV अनुसरण करते हैं।

9.(*c*) :

या,

अतः केवल निष्कर्ष II और III अनुसरण करते हैं।

10.(*e*) :

या,

अतः कोई निष्कर्ष अनुसरण नहीं करता है।

6 लुप्त संख्याएँ

इस प्रकार के प्रश्नों को हल करने के लिए संख्या संबंधी प्रश्नों को हल करने में निपुणता और गणितीय कौशल का होना अपेक्षित है। उत्तर प्राप्त करने के लिए अभ्यर्थियों के लिए यह अपेक्षित है कि वे अंकगणितीय चिह्नों या प्रतीकों के सही संयोजन का चयन करें जिसे दिए गए प्रश्नों में प्रश्न चिह्न के स्थान पर प्रतिस्थापित किया जा सके।

हल किए गए प्रश्न

1. यहाँ प्रश्न में दिए गए प्रश्न चिह्न (?) के स्थान पर प्रतिस्थापित करने के लिए सही विकल्प का चयन करें :

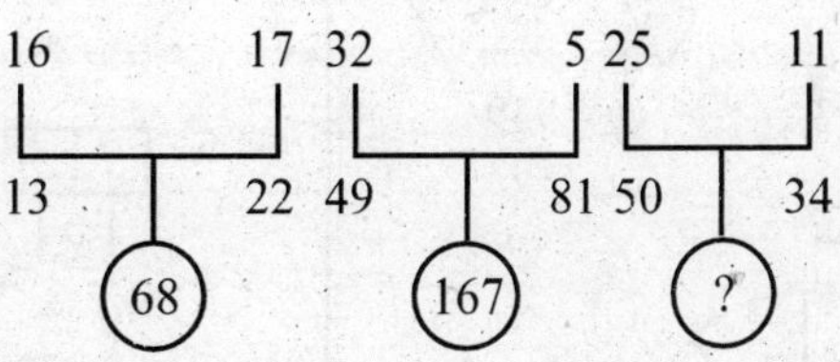

(a) 65 *(b)* 120 *(c)* 116 *(d)* 192 *(e)* 112

उत्तर *(b)* : गोल घेरे के भीतर दी गई संख्या शेष चार संख्याओं का योग है, अर्थात्

16 + 17 + 13 + 22 = 68

32 + 5 + 49 + 81 = 167,

इसी प्रकार,

25 + 11 + 50 + 34 = 120

2. यहाँ प्रश्न चिह्न के स्थान पर विकल्पों में दी गई कौन सी संख्या आएगी ?

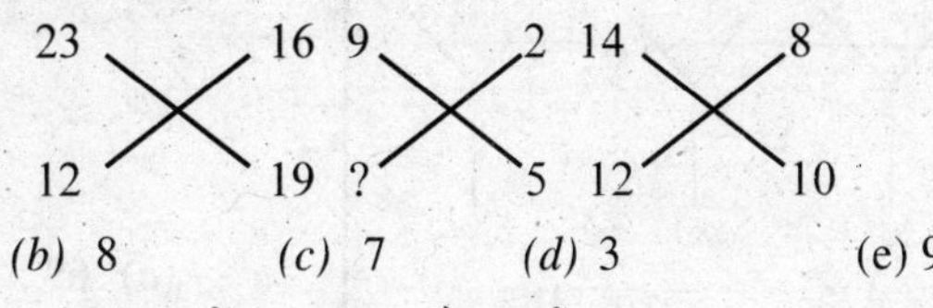

(a) 6 *(b)* 8 *(c)* 7 *(d)* 3 (e) 9

उत्तर *(a)* : दो सम्मुख संख्याओं का अंतर 4 है, अर्थात्

23 – 19 = 4 और 16 – 12 = 4

14 – 10 = 4 और 12 – 8 = 4,

इसी प्रकार

9 – 5 = 4 और 6 – 2 = 4.

इस प्रकार के प्रश्नों में सही उत्तर ज्ञात करने का कोई निश्चित नियम नहीं है। सही उत्तर प्राप्त करने के विभिन्न तरीकों के बारे में जानने के लिए नीचे दिए गए अभ्यास में निहित प्रश्नों का हल ज्ञात करने का प्रयास करें।

प्रश्नमाला

निर्देश : *नीचे दिए गए प्रत्येक प्रश्न में बताएँ कि प्रश्न चिह्न (?) के स्थान पर कौन सी संख्या रखी जा सकती है?*

1. 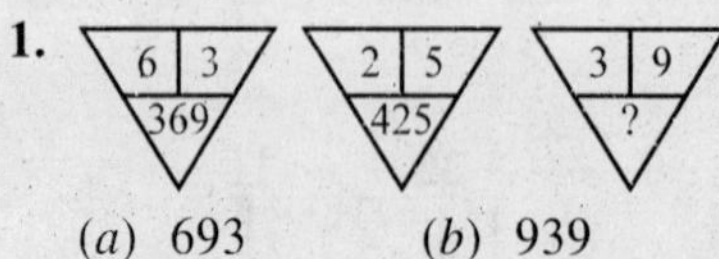

(*a*) 693 (*b*) 939
(*c*) 981 (*d*) 993
(*e*) 998

2. 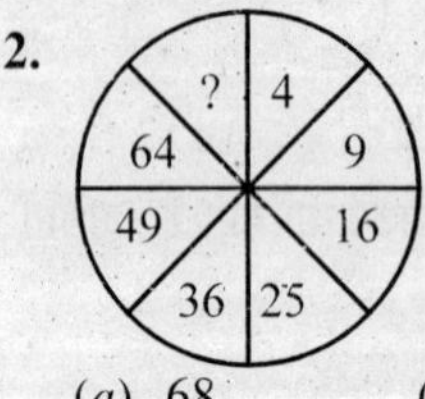

(*a*) 68 (*b*) 100
(*c*) 72 (*d*) 81
(*e*) 56

3. 7 16 8 12 21 25

207 80 ?

(*a*) 425 (*b*) 184
(*c*) 241 (*d*) 210
(*e*) 196

4. 3 5 39 6 3 4 7 51 5 4 3 5 ? 5 4

(*a*) 35 (*b*) 37
(*c*) 45 (*d*) 48
(*e*) 36

5. 7 5 6 5 21 13 24 4 ?

(*a*) 4 (*b*) 8
(*c*) 20 (*d*) 14
(*e*) 16

6.

14	9	4
12	7	2
10	5	0
16	11	?

(*a*) 9 (*b*) 6
(*c*) 3 (*d*) 7
(*e*) 8

7. 29 27 39 80 33 45 43 29 30 42 70 31 43 44 59 40 ? 80 10 39 20

(*a*) 69 (*b*) 49
(*c*) 50 (*d*) 60
(*e*) 64

व्याख्यात्मक उत्तरमाला

1. *(c)* **:** उलटे बने त्रिभुज के ऊपरी भाग के दोनों खानों में दी गई संख्याओं के वर्ग को एक दूसरे की बगल में रखने पर त्रिभुज के निचले शीर्ष की संख्या प्राप्त होती है, अर्थात्

6^2 और $3^2 = 369$

2^2 और $5^2 = 425$, इसी प्रकार

3^2 और $9^2 = 981$.

2. *(d)* **:** 4 से आरंभ करके प्रत्येक अनुवर्ती संख्या क्रमागत प्राकृत संख्या का वर्ग है। अर्थात् $2^2 = 4, 3^2 = 9, 4^2 = 16$ $. . . . . 9^2 = 81$

3. *(b)* **:** नीचे की संख्या ऊपर की दोनों संख्याओं के वर्गों का अंतर है, अर्थात्

$16^2 - 7^2 = 256 - 49 = 207$

$12^2 - 8^2 = 144 - 64 = 80$, इसी प्रकार

$25^2 - 21^2 = 625 - 441 = 184$

4. *(b)* **:** बीच की संख्या विकर्णतः सम्मुख संख्याओं के गुणनफलों का योग है, अर्थात्

$(3 \times 3) + (5 \times 6) = 39$

$(4 \times 4) + (7 \times 5) = 51$, इसी प्रकार

$(3 \times 4) + (5 \times 5) = 37$

5. *(d)* **:** ऊपर की दो संख्याओं के योगफल को 2 से भाग करने पर नीचे की तीसरी संख्या प्राप्त होती है, अर्थात्

$(7 + 5) \div 2 = 6$

$(5 + 21) \div 2 = 13$, इसी प्रकार

$(24 + 4) \div 2 = 14$

6. *(b)* **:** दूसरे और तीसरे स्तंभों की संख्याएँ क्रमशः पहले और दूसरे स्तंभों की संख्याओं से 5 कम है, अर्थात्

$14 - 5 = 9$ और $9 - 5 = 4$

$12 - 5 = 7$ और $7 - 5 = 2, . . .$

इसी प्रकार

$16 - 5 = 11$ और $11 - 5 = 6$.

7. *(a)* **:** किसी भी एक आकृति में सरेखीय तीनों संख्याओं का योगफल समान है, अर्थात्

$29 + 80 + 43$ या $39 + 80 + 33$ या $45 + 80 + 27 = 152$

$29 + 70 + 44$ या $42 + 70 + 31$ या $43 + 70 + 30 = 143$,

इसी प्रकार

$59 + 80 + 20$ या $39 + 80 + 40 = 159$.

अतः लुप्त संख्या है :

$159 - (80 + 10) = 69$

7 कथन विश्लेषण

तर्कबुद्धि परीक्षण से संबंधित इस प्रकार के प्रश्नों में कुछ कथन दिए जाते हैं। इन कथनों में कतिपय तथ्यों को अलग-अलग रूपों में तोड़-मरोड़कर प्रस्तुत किया जाता है। ऐसे प्रश्नों को हल करने के लिए अभ्यर्थियों से यह अपेक्षा की जाती है कि वे दिए गए कथनों का विश्लेषण करें, दिए गए तथ्यों को सुव्यवस्थित और वर्गीकृत करें तथा तत्पश्चात् दिए गए कथनों से संबंधित प्रश्नों के उत्तर दें।

हल किए गए प्रश्न

नीचे दिए गए कथन को सावधानीपूर्वक पढ़ें और पूछे गए प्रश्नों *(i)* और *(ii)* के उत्तर दें :

पांच आदमी जिनमें से एक वजनी, दूसरा मोटा, तीसरा दुबला-पतला, चौथा नाटा और पांचवां लंबा है, एक दूसरे के पीछे दौड़ रहे हैं। वजनी और लंबे आदमियों में से एक तो कलाकार है और दूसरा बातुनी/दुबला-पतला आदमी जो बुद्धिमान भी है, बीच में दौड़ रहा है। नाटा आदमी काला नहीं है और गोरे रंग का आदमी दुबले-पतले आदमी से आगे दौड़ रहा है। वजनी आदमी जो कलाकार नहीं है, मोटे आदमी के सामने दौड़ रहा है।

(i) गोरा कौन है?

(a) लंबा आदमी *(b)* मोटा आदमी *(c)* नाटा आदमी
(d) वजनी आदमी *(e)* दुबला-पतला आदमी

उत्तर : *(b)*

(ii) लंबा आदमी क्या है?

(a) बुद्धिमान *(b)* बातुनी *(c)* कलाकार
(d) काला *(e)* गोरा

उत्तर : *(c)*

पांचों आदमियों के गुणों का चार्ट इस प्रकार है :

वजनी आदमी बातुनी है।
मोटा आदमी गोरा है।
दुबला-पतला आदमी बुद्धिमान है।
नाटा आदमी काला नहीं है।
लंबा आदमी कलाकार है।

प्रश्नमाला

निर्देश (प्रश्न 1 से 3) : *निम्नलिखित सूचना को ध्यानपूर्वक पढ़ें और पूछे गए प्रश्नों का उत्तर दें :*

(*i*) P, Q, R, S, T और U किसी परिवार के छह सदस्य हैं जिनमें से दो विवाहित जोड़े हैं।

(*ii*) T एक शिक्षक है और उसका विवाह एक डॉक्टर से हुआ है जो R और U की मां है।

(*iii*) Q एक वकील है और इसका विवाह P से हुआ है।

(*iv*) P का एक पुत्र और एक पोता है।

(*v*) दो विवाहित महिलाओं में से एक गृहिणी है।

(*vi*) परिवार में एक छात्र और एक इंजीनियर भी है जो पुरुष है।

1. निम्नलिखित में से कौन गृहिणी है ?

(*a*) Q (*b*) P
(*c*) S (*d*) T
(*e*) इनमें से कोई नहीं

2. निम्नलिखित में से कौन सा समूह परिवार की महिलाओं का है ?

(*a*) QTR
(*b*) PSR
(*c*) PSU
(*d*) दी गई सूचना अपर्याप्त है
(*e*) इनमें से कोई नहीं

3. परिवार में पोती के बारे में निम्नलिखित में से कौन-सी सूचना सत्य है ?

(*a*) वह एक छात्रा है
(*b*) वह एक इंजीनियर है
(*c*) वह एक वकील है
(*d*) दी गई सूचना अपर्याप्त है
(*e*) इनमें से कोई नहीं

निर्देश (प्रश्न 4 से 6) : *निम्नलिखित कथनों को ध्यानपूर्वक पढ़ें और पूछे गए प्रश्नों के उत्तर दें :*

(*i*) P, Q, R, S, T और U एक बस में यात्रा कर रहे हैं।

(*ii*) इस समूह में दो पत्रकार, दो तकनीशियन एक फोटोग्राफर और एक लेखक है।

(*iii*) फोटोग्राफर P का विवाह S से हुआ है जो एक पत्रकार है

(*iv*) लेखक का विवाह Q से हुआ है जो उसी पेशे से जुड़ा है जिससे U जुड़ा है

(*v*) P, R, Q, S दो विवाहित जोड़ों के नाम हैं और इस समूह में किसी भी व्यक्ति का एक सा पेशा नहीं है

(*vi*) U, R का भाई है।

4. R, U का कौन है ?

(*a*) भाई (*b*) बहन
(*c*) मां (*d*) चाचा
(*e*) निश्चित रूप से कहा नहीं जा सकता

5. निम्नलिखित में से किस जोड़े में केवल पति हैं ?

(*a*) PR (*b*) QS
(*c*) PQ (*d*) QR
(*e*) कहा नहीं जा सकता

6. निम्नलिखित में से किस जोड़े में केवल पत्रकार हैं ?

(*a*) ST (*b*) PQ
(*c*) RT (*d*) SU
(*e*) निश्चित रूप से कहा नहीं जा सकता

निर्देश (प्रश्न 7 से 10) : *नीचे दी गई सूचना को ध्यानपूर्वक पढ़ें और पूछे गए प्रश्नों के उत्तर दें :*

A, B, C, D, E और F छह विषयों पर व्याख्यान सोमवार से रविवार तक प्रत्येक दिन केवल एक बार निम्नलिखित क्रम के अनुसार आयोजित किए जाते हैं :

(i) C विषय पर व्याख्यान शुक्रवार को आयोजित नहीं किया जाना है।

(ii) A विषय पर व्याख्यान को D विषय पर व्याख्यान के तत्काल बाद आयोजित किया जाना है।

(iii) B और F विषयों पर आयोजित व्याख्यानों के बीच दो दिन का अंतर रखा जाना है।

(iv) किसी एक दिन कोई भी व्याख्यान आयोजित नहीं किया जाना है (वह दिन शनिवार नहीं है), उस दिन से ठीक पहले वाले दिन F विषय पर व्याख्यान आयोजित किया जाना है।

(v) E विषय पर व्याख्यान बुधवार को आयोजित किया जाना है और इसके बाद वाले दिन F विषय पर व्याख्यान का आयोजन नहीं किया जाना है।

7. व्याख्यानों के आयोजन का एक पूरा अनुक्रम ज्ञात करने के लिए निम्नलिखित में से कौन-सी सूचना अपेक्षित नहीं है ?

(*a*) केवल *(i)*
(*b*) केवल *(ii)*
(*c*) केवल *(v)*
(*d*) केवल *(i)* और *(ii)*
(*e*) उपर्युक्त सभी अपेक्षित हैं

8. निम्नलिखित में से किस विषय पर व्याख्यान अनुक्रम में सबसे अंत में आयोजित किया जाता है ?

(*a*) A
(*b*) C
(*c*) B
(*d*) कहा नहीं जा सकता
(*e*) इनमें से कोई नहीं

9. F और D विषयों पर व्याख्यानों के बीच कितने व्याख्यान आयोजित किए जाते हैं ?

(*a*) कोई भी नहीं (*b*) एक
(*c*) दो (*d*) तीन
(*e*) इनमें से कोई नहीं

10. D विषय पर व्याख्यान किस दिन आयोजित किया जाता है ?

(*a*) शुक्रवार (*b*) शनिवार
(*c*) रविवार (*d*) बृहस्पतिवार
(*e*) इनमें से कोई नहीं

व्याख्यात्मक उत्तरमाला

प्रश्न संख्या 1 से 3 तक के उत्तर के लिए चार्ट

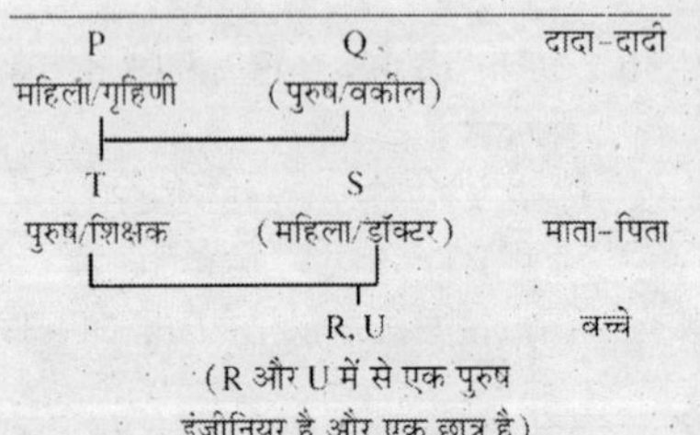

1. *(b)* **:** एक विवाहित महिला S जो R और U की मां है, डाक्टर है। Q एक वकील है और उसका विवाह P से हुआ है। दो विवाहित महिलाओं में से एक गृहिणी है। चूंकि Q वकील है, अत: इससे जिस महिला का विवाह हुआ है और जो गृहिणी है वह निश्चित रूप से P होगी।

2. *(d)* : R और U का लिंग नहीं बताया गया है।

3. *(a)* : P का पुत्र T है और एक पोता है जो R या U है जिसमें से कोई एक इंजीनियर है। अत: परिवार में पोती एक छात्रा है।

प्रश्न संख्या 4 से 6 तक के उत्तर के लिए चार्ट

P और S	—	पहला विवाहित जोड़ा
Q और R	—	दूसरा विवाहित जोड़ा
P	—	फोटोग्राफर
Q	—	तकनीशियन
R	—	लेखक
S	—	पत्रकार
T	—	पत्रकार
U	—	तकनीशियन

नोट : P, Q, R, S, T या U का लिंग नहीं दिया गया है।

4. *(e)* : U, R का भाई हैं किंतु R का लिंग नहीं दिया गया है।

5. *(e)* **6. *(a)***

प्रश्न संख्या 7 से 10 के उत्तर के लिए चार्ट

दिन		व्याख्यान
सोमवार	—	कोई व्याख्यान नहीं
मंगलवार	—	C
बुधवार	—	E
बृहस्पतिवार	—	B
शुक्रवार	—	D
शनिवार	—	A
रविवार	—	F

7. ***(e)*** **8. *(e)*** **9.** ***(b)*** **10. *(a)***

8 प्रतीक (चिह्न) प्रतिस्थापन

इस प्रकार के प्रश्नों को हल करना अत्यधिक सरल है। ऐसे प्रश्नों को हल करने की एकमात्र अपेक्षा यह है कि उम्मीदवार दिए गए प्रतीकों या चिह्नों को प्रतिस्थापित करने और परिकलन की विद्या में पारंगत हों और अत्यधिक त्वरित गति से दिए गए प्रश्नों का हल ज्ञात कर सके। इस श्रेणी में पूछे गए कुछ सामान्य प्रकार के प्रश्न नीचे हल किए गए हैं।

हल किए गए प्रश्न

1. यदि '+' का अर्थ '×' हो, '×' का अर्थ '÷' हो, '÷' का अर्थ '–' हो और '–' का अर्थ '+' हो, तो 2 – 8 × 2 + 6 ÷ 7 का मान क्या होगा?

(*a*) 32 (*b*) 19 (*c*) 23 (*d*) 9 (*e*) 15

उत्तर (*b*) : दिए गए व्यंजक में गणितीय चिह्नों को प्रतिस्थापित करने पर नया व्यंजक होगा :

2 + 8 ÷ 2 × 6 – 7

इस व्यंजक को हल करने के निम्नलिखित चरण होंगे :

2 + 4 × 6 – 7

2 + 24 – 7

26 – 7 = 19

2. यदि '▲' का अर्थ '+' हो,

'■' का अर्थ '–' हो,

'●' का अर्थ '÷' हो,

'∗' का अर्थ '×' हो, तो

13 ▲ 5 ∗ 20 ● 10 ■ 9 = ?

(*a*) 26 (*b*) 37 (*c*) 14 (*d*) 55 (*e*) 20

उत्तर (*c*) : चिह्नों को प्रतिस्थापित करने पर प्राप्त हुआ नया व्यंजक है :

13 + 5 × 20 ÷ 10 – 9

इस व्यंजक को हल करने के चरण होंगे :

13 + 5 × 2 – 9

13 + 10 – 9

23 – 9 = 14

प्रश्नमाला

1. यदि "+" का अर्थ "–"; "–" का अर्थ "×" हो; "×" का अर्थ "÷" हो और "÷" का अर्थ "+" हो, तो
$15 \times 5 \div 10 + 5 - 3 = ?$
(*a*) 9.5 (*b*) 0
(*c*) – 2 (*d*) 24
(*e*) इनमें से कोई नहीं

2. यदि "+" का अर्थ "–" हो; "–" का अर्थ "×" हो; "×" का अर्थ "÷" हो; और "÷" का अर्थ "+" हो, तो
$15 \times 3 \div 15 + 5 - 2 = ?$
(*a*) 0 (*b*) 10
(*c*) 20 (*d*) 6
(*e*) इनमें से कोई नहीं

3. यदि "+" का अर्थ "÷" हो; "×" का अर्थ "–" हो; "÷" का अर्थ "+" हो और "–" का अर्थ "×" हो, तो
$16 \div 8 \times 6 - 2 + 12 = ?$
(*a*) 22 (*b*) 24
(*c*) 23 (*d*) 20
(*e*) इनमें से कोई नहीं

4. यदि "+" का अर्थ "×" हो; "–" का अर्थ "÷" हो; "÷" का अर्थ "+" हो और "×" का अर्थ "–" हो, तो $20 \div 40 - 4 \times 5 + 6$ का मान निम्नलिखित में से क्या होगा?
(*a*) 60 (*b*) 1.67
(*c*) 150 (*d*) 0
(*e*) इनमें से कोई नहीं

5. यदि "+" का अर्थ "×" हो; "–" का अर्थ "÷" हो; "×" का अर्थ "–" हो और "÷" का अर्थ "+" हो, तो
$5 + 8 - 4 \times 2 \div 9 = ?$
(*a*) 15 (*b*) 13
(*c*) 17 (*d*) 11
(*e*) इनमें से कोई नहीं

6. यदि × का आशय जोड़ की संक्रिया से हो, ÷ का आशय घटाव की संक्रिया से हो, + का आशय गुणा की संक्रिया से हो और – का आशय भाग की संक्रिया से हो तो $(20 \times 6 \div 6 \times 4)$ निम्नलिखित में से किसके बराबर है?
(*a*) 5 (*b*) 24
(*c*) 25 (*d*) 80
(*e*) इनमें से कोई नहीं

व्याख्यात्मक उत्तरमाला

1. (*c*) : $15 \div 5 + 10 - 5 \times 3$
$3 + 10 - 15 = -2$

2. (*b*) : $15 \div 3 + 15 - 5 \times 2$
$5 + 15 - 10 = 10$

3. (*c*) : $16 + 8 - 6 \times 2 \div 12$
$16 + 8 - 1 = 23$

4. (*d*) : $20 + 40 \div 4 - 5 \times 6$
$20 + 10 - 30 = 0$

5. (*c*) : $5 \times 8 \div 4 - 2 + 9$
$10 - 2 + 9 = 17$

6. (*b*) : $20 + 6 - 6 + 4 = 24$

9 वेन आरेख

इस प्रकार के परीक्षण में आरेखों द्वारा निरूपित दो या दो से अधिक वस्तुओं या तथ्यों या मदों के बीच संबंध स्थापित करना होता है। आरेखों द्वारा निरूपित मदें कोई पृथक वस्तु या प्राणी या व्यक्तियों का कोई विशिष्ट दल/वर्ग आदि हो सकती हैं। दिए गए आरेखों को अच्छी तरह समझ लेने पर अभ्यर्थियों के समक्ष प्रश्न से संबंधित अवधारणा स्पष्ट हो जाती है और वे अपनी प्रेक्षण शक्ति के आधार पर सही या तर्कसम्मत उत्तर पर सरलतापूर्वक पहुंच सकते हैं।

हल किए गए प्रश्न

बच्चे

1 2 3 4 5 6 7

शरारती अध्ययनशील

उपर्युक्त आरेख का सावधानीपूर्वक अध्ययन करें और आकृति के उस भाग को विनिर्दिष्ट करें जो उन बच्चों को निरूपित करता है जो शरारती भी हैं और अध्ययनशील भी।

(*a*) 3 और 6 (*b*) 2 और 4 (*c*) केवल 3 (*d*) केवल 4 (*e*) केवल 1

उत्तर (*c*) : जो बच्चे शरारती भी हैं और अध्ययनशील भी उन्हें निम्नलिखित आरेख द्वारा दर्शाया जा सकता है :

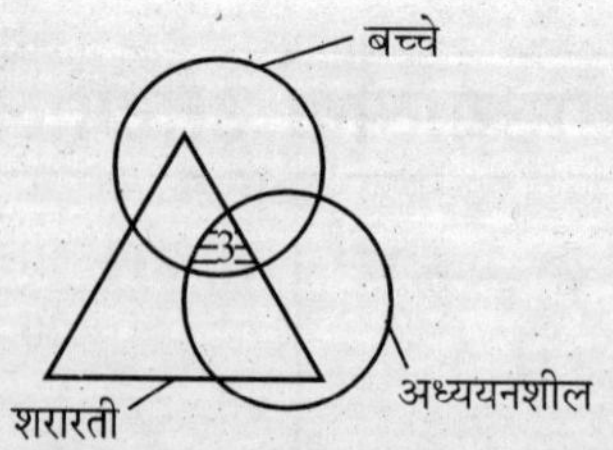

यह स्पष्ट है कि दिए गए आरेख का भाग 3 उपर्युक्त तीनों वर्गों को निरूपित करता है।

प्रश्नमाला

निर्देश (प्रश्न 1 से 4) : *दी गई आकृति में वृत्त खिलाड़ियों को निरूपित करता है, त्रिभुज घर से बाहर खेले जाने वाले खेलों को निरूपित करता है, षड्भुज घर के भीतर खेले जाने वाले (इन्डोर) खेलों को निरूपित करता है और वर्ग राष्ट्रीय स्तर के खिलाड़ियों को निरूपित करता है। इस आरेख का सावधानीपूर्वक अध्ययन करें और नीचे पूछे गए प्रश्नों के उत्तर दें :*

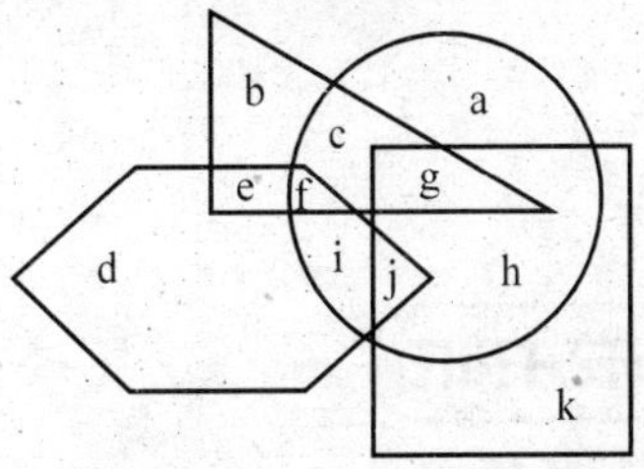

1. आकृति का कौन-सा भाग राष्ट्रीय स्तर पर इन्डोर खेलों (घर के भीतर खेले जाने वाले खेलों) को खेलने वाले खिलाड़ियों को निरूपित करता है ?

(*a*) f (*b*) i
(*c*) j (*d*) g
(*e*) h

2. आकृति का कौन-सा भाग खेल के मैदान में खेले जाने वाले (आउटडोर) खेलों और इन्डोर खेलों दोनों के उन खिलाड़ियों को निरूपित करता है जो राष्ट्रीय स्तर के खिलाड़ी नहीं हैं :

(*a*) c (*b*) f
(*c*) e (*d*) i
(*e*) k

3. आकृति का कौन-सा भाग राष्ट्रीय स्तर के ऐसे खिलाड़ियों को निरूपित करता है जो आउटडोर या इन्डोर कोई भी खेल नहीं खेलते किंतु फिर भी वे खिलाड़ियों की श्रेणी में हैं ?

(*a*) k (*b*) g
(*c*) c (*d*) h
(*e*) a

4. ऐसे व्यक्ति जो आउटडोर खेल खेलते हैं किंतु खिलाड़ियों की श्रेणी में नहीं हैं, निम्नलिखित में से आकृति के किस भाग द्वारा निरूपित होते हैं ?

(*a*) b (*b*) c
(*c*) a (*d*) d
(*e*) e

निर्देश (प्रश्न 5 से 8) : *नीचे दिए गए आरेख का सावधानीपूर्वक अध्ययन करें :*

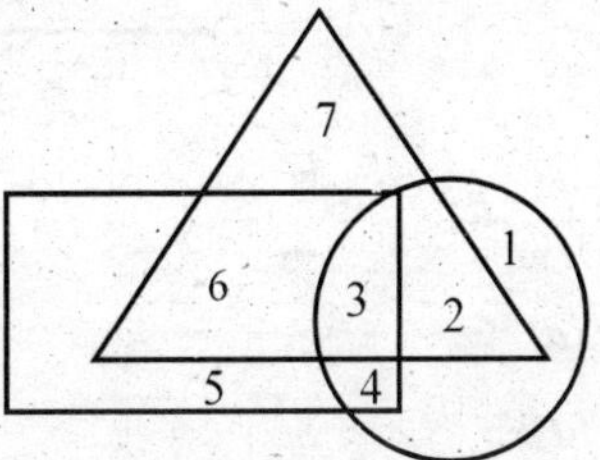

एक कॉलेज में तीन विभिन्न क्रियाकलापों को चलाने की अनुमति दी गई है। छात्र संघ त्रिभुज द्वारा निरूपित होता है, साहित्य सेवा समाज आयत द्वारा निरूपित होता है और सामाजिक सेवा संघ वृत्त द्वारा निरूपित होता है।

5. जो छात्र साहित्य सेवा समाज और सामाजिक सेवा संघ दोनों के क्रियाकलापों में भाग लेते हैं किंतु छात्र संघ के क्रियालापों में भाग नहीं लेते, उन्हें निम्नलिखित में से किसके द्वारा निरूपित किया जा सकता है ?

(*a*) 3 एवं 4 (*b*) 5 एवं 6

(*c*) 5 एवं 1 (*d*) 4
(*e*) 2

6. जो छात्र छात्र संघ के क्रियाकलापों में भाग लेते हैं किंतु सामाजिक सेवा संघ के क्रियाकलापों में भाग नहीं लेते उन्हें निम्नलिखित में से किसके द्वारा निरूपित किया जा सकता है ?

(*a*) 2 एवं 7 (*b*) 6 एवं 7
(*c*) 6 (*d*) 7
(*e*) 3

7. जो छात्र केवल साहित्य सेवा समाज के सदस्य हैं किंतु किसी भी अन्य क्रियाकलाप में भाग नहीं लेते उन्हें निम्नलिखित में से किसके द्वारा निरूपित किया जाता है ?

(*a*) 2 (*b*) 5
(*c*) 3 एवं 4 (*d*) 3
(*e*) 4 एवं 6

8. जो छात्र सभी तीनों समूहों के सदस्य हैं, उन्हें निम्नलिखित में से किसके द्वारा निरूपित किया जा सकता है ?

(*a*) 2 (*b*) 3
(*c*) 4 (*d*) 6
(*e*) 7

व्याख्यात्मक उत्तरमाला

1. ***(c)***,

2. ***(b)***,

3. ***(d)***,

4. ***(a)***:

आउटडोर खेल खेलनेवाले खिलाड़ी जो खिलाड़ी की श्रेणी में नहीं है
खिलाड़ी
राष्ट्रीय स्तर के खिलाड़ी जो आउटडोर या इनडोर खेल नहीं खेलते किंतु फिर भी खिलाड़ियों की श्रेणी में आते हैं
आउटडोर खेल
इनडोर खेल
आउटडोर और इनडोर खेलों के खिलाड़ी जो राष्ट्रीय स्तर पर नहीं खेलते
राष्ट्रीय स्तर पर इनडोर खेल खेलने वाले खिलाड़ी
राष्ट्रीय स्तर के खिलाड़ी

5. ***(d)***,

6. ***(b)***,

7. ***(b)***,

8. ***(b)***:

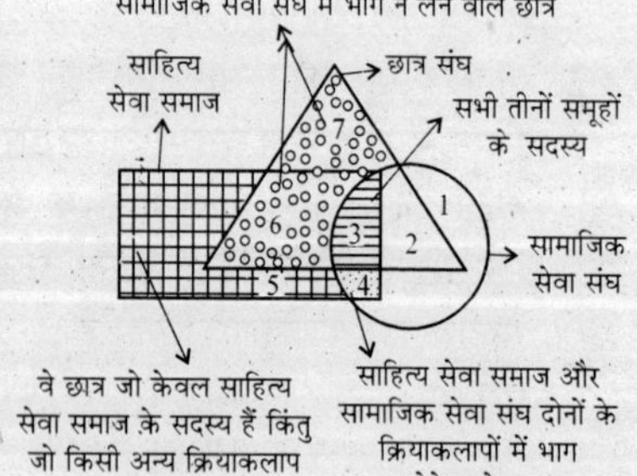

10 दिशा ज्ञान

इस प्रकार के प्रश्न अभ्यर्थियों की सही दिशा-निर्देशों को समझने की योग्यता की जांच करने हेतु पूछे जाते हैं। ऐसे प्रश्न दिशा-चार्ट पर आधारित होते हैं :

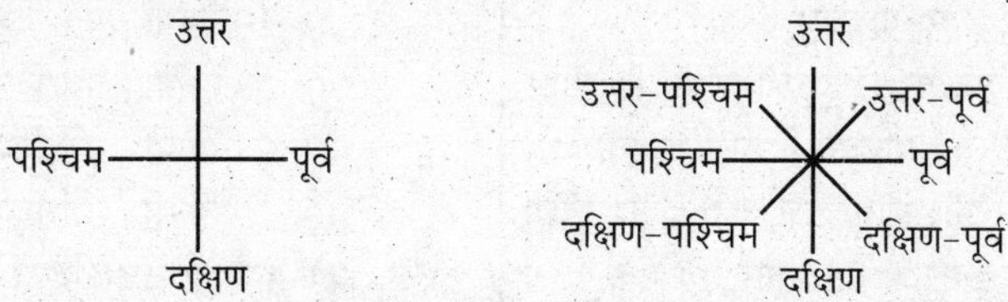

विभिन्न दिशाओं का बोध बाएं या दाएं मोड़ या कोणीय मोड़ों द्वारा निर्देशित होता है।

हल किए गए प्रश्न

शोभा पूर्व की ओर मुंह करके खड़ी थी। वह अपने स्थान से 20 मीटर आगे चली और तब बाएं मुड़कर वह 15 मीटर चली और तत्पश्चात् दाएं मुड़कर वह 25 मीटर आगे चली। अंततः वह दाएं मुड़कर 15 मीटर और आगे चली। तब वह अपने शुरू के स्थान से कितनी दूरी पर है?

(*a*) 25 मीटर (*b*) 35 मीटर (*c*) 50 मीटर (*d*) 45 मीटर (*e*) 75 मीटर

उत्तर (*d*) : शोभा 20 मीटर पूर्व दिशा में चलकर बाईं ओर मुड़ जाती है। तब वह उत्तर दिशा में 15 मीटर आगे चलती है। वहां वह दाईं ओर मुड़कर फिर से पूर्व दिशा में चलना शुरू करती है तथा 25 मीटर और आगे चलती है। अंत में दक्षिण दिशा में दाईं ओर मुड़कर वह 15 मीटर चलती है। वह उत्तर और दक्षिण दिशा में समान दूरी (अर्थात् 15 मीटर की दूरी) तय करती है। अतः शोभा अपने शुरू के स्थान से 20 मी. + 25 मी. = 45 मीटर की दूरी पर पहुंचती है।

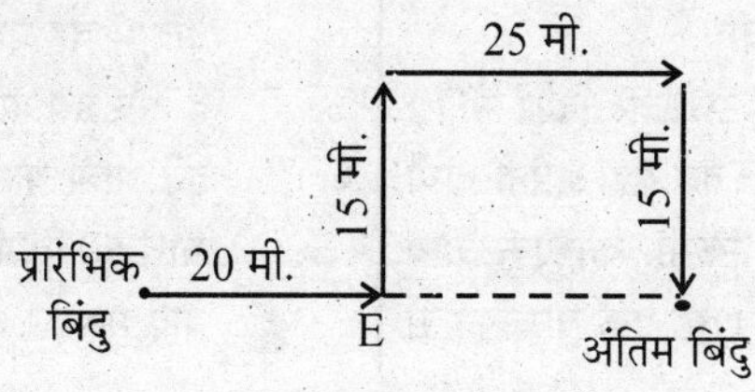

प्रश्नमाला

1. यदि उत्तर का उत्तर-पश्चिम, उत्तर-पश्चिम का पश्चिम, पश्चिम का दक्षिण-पश्चिम और इसी प्रकार अन्य दिशाओं का भी नामकरण किया जाए तो दक्षिण-पूर्व को क्या कहा जाएगा?

(*a*) पूर्व (*b*) पश्चिम
(*c*) उत्तर-पूर्व (*d*) दक्षिण-पूर्व
(*e*) उत्तर-पश्चिम

2. मैं अपने घर से उत्तर दिशा में 15 मीटर चला, तब पश्चिम दिशा में मुड़कर 10 मीटर और आगे चला, यहां दक्षिण दिशा में मुड़कर मैंने 5 मीटर की एक अन्य दूरी तय की और तब पूर्व की ओर मुड़कर 10 मीटर की दूरी तय की। बताइए कि मैं अपने आरंभिक स्थान से किस दिशा में हूँ?

(*a*) पूर्व (*b*) पश्चिम
(*c*) उत्तर (*d*) दक्षिण
(*e*) उत्तर-पूर्व

3. राज पश्चिम दिशा में चल रहा है। वह आगे चलते हुए अपने दाएं, फिर दाएं और तब बाएं, हर बार 45° के कोण पर मुड़ा। बताइए कि अब वह किस दिशा में चल रहा है?

(*a*) उत्तर-पूर्व (*b*) दक्षिण-पूर्व
(*c*) पूर्व (*d*) पश्चिम
(*e*) उत्तर-पश्चिम

4. जतिन अपने घर से उत्तर दिशा में 12 किमी. चलता है। तब वह अपनी दायीं ओर मुड़कर 12 किमी. की एक अन्य दूरी तय करता है। वह एक बार फिर से दायीं ओर मुड़ता है और 12 किमी. की एक अन्य दूरी तय करके बायीं ओर मुड़ता है ओर तब 5 किमी. आगे चलता है। बताइए कि इस समय वह अपने घर से कितनी दूरी पर है और किस दिशा में है?

(*a*) 7 किमी., पूर्व दिशा
(*b*) 10 किमी., पूर्व दिशा
(*c*) 17 किमी., पूर्व दिशा
(*d*) 24 किमी., पूर्व दिशा
(*e*) 29 किमी., पूर्व दिशा

5. एक महिला उत्तर दिशा में 12 किमी. चलती है, तब वह दक्षिण दिशा में 6 किमी. चलती है और तत्पश्चात् पूर्व दिशा में 8 किमी चलती है। इस समय वह अपने आरंभिक बिंदु से कितनी दूरी पर है और किस दिशा में चल रही है?

(*a*) 5 किमी., उत्तर-पूर्व
(*b*) 5 किमी., पूर्व
(*c*) 10 किमी., उत्तर-पूर्व
(*d*) 10 किमी., पश्चिम
(*e*) 10 किमी., उत्तर

6. मनु अपने घर से उत्तर दिशा में 40 किमी. चलती है, फिर दाएं मुड़कर 80 किमी. आगे जाती है जहां वह एक बार फिर से दाएं मुड़कर 30 किमी. आगे चलती है अंत में वह एक बार फिर से दाएं मुड़ती है और इस मार्ग पर वह 80 किमी. आगे की यात्रा करती है। यदि यहां से वह सीधे 50 किमी. आगे बढ़ती है और तब बाएं मुड़कर अंतिम 10 किमी. की एक

और दूरी तय करती हो तो बताइए कि अब वह अपने घर से कितनी दूरी पर है ?

(*a*) 10 किमी. (*b*) 30 किमी.
(*c*) 40 किमी. (*d*) 50 किमी.
(*e*) 90 किमी.

व्याख्यात्मक उत्तरमाला

1. (*a*) : **मूल दिशाएं**

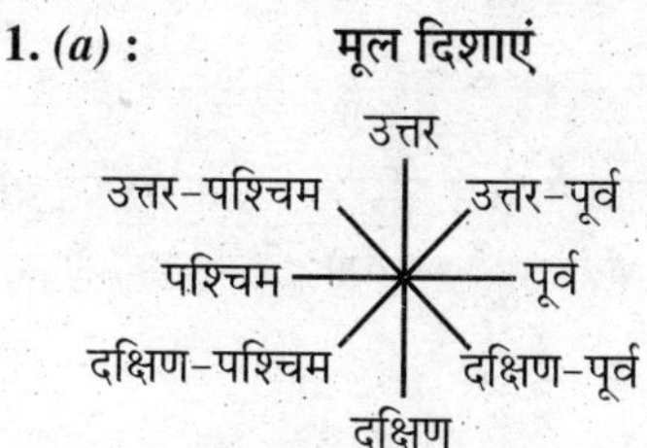

बदली हुई दिशाएं

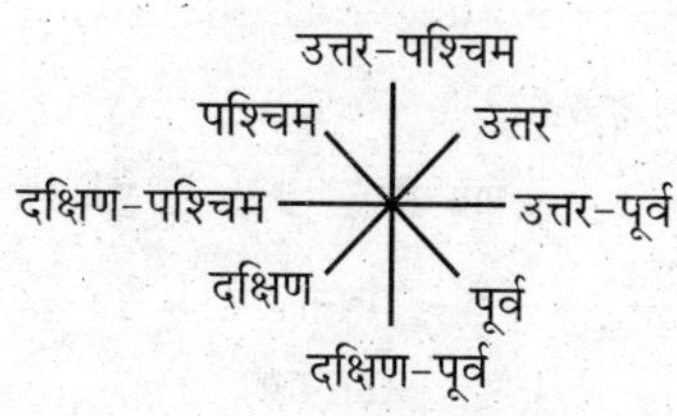

2. (*c*) :

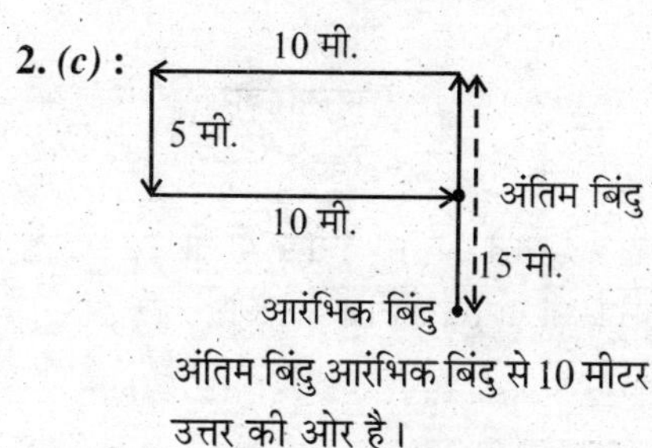

अंतिम बिंदु आरंभिक बिंदु से 10 मीटर उत्तर की ओर है।

3. (*a*) :

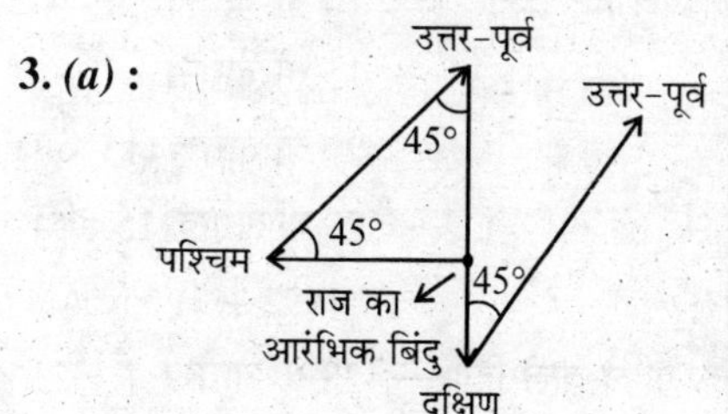

4. (*c*) : (12 किमी. + 5 किमी. = 17 किमी.)

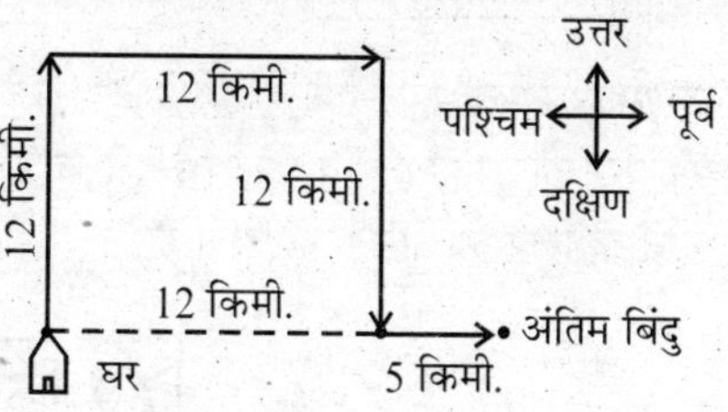

5. (*c*) : $ab = \sqrt{ac^2 + bc^2}$

$ab = \sqrt{8^2 + 6^2}$

$= \sqrt{64 + 36} = \sqrt{100} = 10$

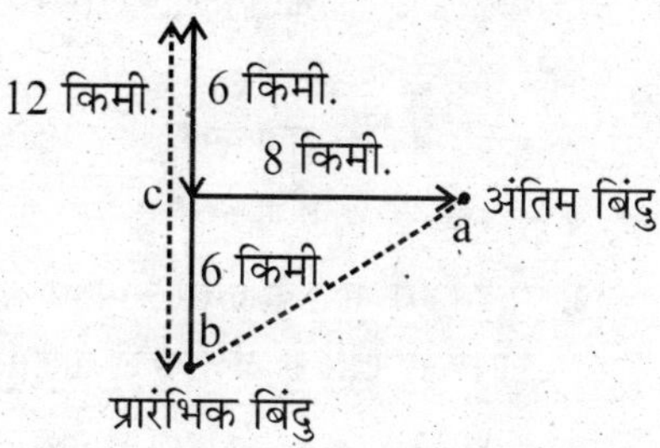

6. (*d*) :

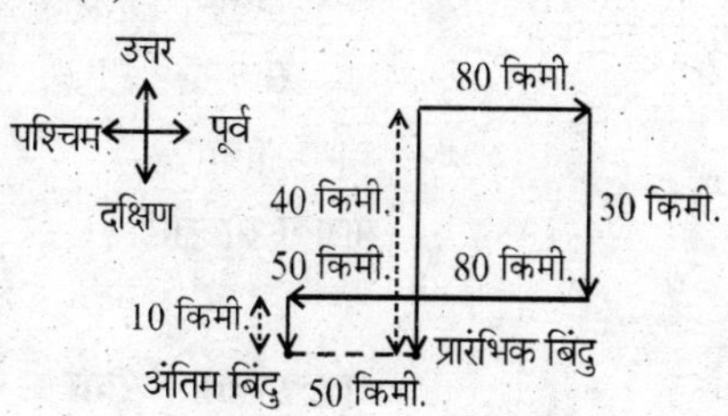

11 कैलेंडर, घड़ी, समय और दूरी

इस प्रकार की गणितीय तर्क बुद्धि परीक्षा घड़ी या कैलेंडर द्वारा समय के परिकलन तथा गतिमान वस्तु की चाल या उसके द्वारा तय की गई दूरी के परिकलन के संबंध में अभ्यर्थियों की योग्यता की जांच करने के लिए आयोजित की जाती है।

हल किए गए प्रश्न

1. यदि आने वाला परसों रविवार है तो बीते परसों क्या था?

(*a*) बुधवार (*b*) बृहस्पतिवार (*c*) शुक्रवार (*d*) शनिवार

उत्तर (*a*) :

आने वाला परसों	—	रविवार
आने वाला कल	—	शनिवार
आज	—	शुक्रवार
बीता कल	—	बृहस्पतिवार
बीता परसों	—	बुधवार

2. यदि किसी माह के तीसरे सोमवार के ठीक बाद वाले दिन 16 तारीख थी तो उस माह के पांचवें सोमवार से ठीक पहले वाले दिन कौन-सी तारीख होगी?

(*a*) 27 (*b*) 28 (*c*) 29 (*d*) 30

उत्तर (*b*) :

तीसरे सोमवार के ठीक बाद वाले दिन	—	16 वीं तारीख
अतः सोमवार	—	15 वीं तारीख
चौथा सोमवार	—	22 वीं तारीख (15 + 7)
पांचवां सोमवार	—	29 वीं तारीख (15 + 14) या (22 + 7)
अतः पांचवें सोमवार से ठीक पहले वाले दिन	—	28 वीं तारीख

प्रश्नमाला

1. यदि परसों बृहस्पतिवार था तो रविवार कब होगा?

(*a*) कल

(*b*) परसों

(*c*) आज

(*d*) आज से दो दिन बाद

2. किसी कार्यालय में बीस व्यक्ति कार्य करते हैं। इनमें से पांच व्यक्तियों का पहला समूह प्रात: 8:00 बजे से दोपहर बाद 2:00 बजे तक काम करता है। दस व्यक्तियों का दूसरा समूह प्रात: 10:00 बजे से शाम 4:00 बजे तक काम करता है तथा पांच व्यक्तियों का तीसरा समूह दोपहर 12:00 बजे से संध्या 6:00 बजे तक काम करता है। इस कार्यालय में तीन कंप्यूटर हैं जिन्हें सभी कर्मचारी बार-बार प्रयोग में लाते हैं। बताइए कि निम्नलिखित में से किस समय के दौरान कंप्यूटर पर सर्वाधिक काम होगा?

(*a*) दोपहर बाद 1:00 बजे से 3:00 बजे के बीच

(*b*) दोपहर 12:00 बजे से दोपहर बाद 2:00 बजे के बीच

(*c*) दोपहर बाद 2:00 बजे से शाम 4:00 बजे के बीच

(*d*) प्रात: 10:00 बजे से दोपहर 12:00 बजे के बीच

3. यदि किसी माह का सातवां दिन शुक्रवार से तीन दिन पहले का दिन हो तो उस माह का उन्नीसवां दिन सप्ताह का कौन-सा दिन होगा?

(*a*) रविवार

(*b*) सोमवार

(*c*) बुधवार

(*d*) शुक्रवार

निर्देश (प्र.सं. 4–6): *निम्नलिखित सूचना को ध्यानपूर्वक पढ़ें और नीचे पूछे गए प्रश्नों के उत्तर दें :*

(*i*) एक सिटी बस कंपनी M, N, O, P, Q, R और S सात बसें चलाती है जिनमें से प्रत्येक बस शहर के दर्शनीय स्थलों के टूर पर प्रतिदिन एक बार 4 घंटे के लिए रवाना होती है।

(*ii*) सोमवार से शुक्रवार तक पहली बस ठीक आठ बजे रवाना होती है जिसके बाद की बसें बारी-बारी से 45 मिनट, जिसके बाद 30 मिनट और फिर 45 मिनट, जिसके बाद 35 मिनट और फिर 45 मिनट और उसके बाद 40 मिनट के अंतराल पर रवाना होती हैं।

(*iii*) शनिवार और रविवार को पहली बस प्रात: 7:30 बजे रवाना होती है और उसके बाद की बसें बारी-बारी से एक-एक घंटे के अंतर पर रवाना होती हैं।

(*iv*) बस 'Q' बस 'M' के ठीक बाद रवाना होती है जिसके ठीक बाद बस 'S' रवाना होती है।

(*v*) बस 'O' अंतिम बस है जिसके बाद और कोई बस नहीं जाती।

(vi) बस 'R' बस 'M' से ठीक पहले रवाना होती है किंतु यह बस 'P' के ठीक बाद नहीं जाती।

4. शनिवार को बस 'M' कितने बजे रवाना होती है ?

(*a*) प्रात: 10 बजे
(*b*) प्रात: 9:45 बजे
(*c*) प्रात: 10:30 बजे
(*d*) सूचना अपर्याप्त है

5. रविवार को बस 'P' द्वारा अपना टूर पूरा कर लेने के बाद निम्नलिखित में से कौन-सी बस रवाना होती है ?

(*a*) Q
(*b*) S
(*c*) O
(*d*) सूचना अपर्याप्त है

6. यदि शनिवार-रविवार को बस 'M' के रवाना होने के बाद दूसरी बसों के रवाना होने के समय-अंतराल में 30 मिनट की वृद्धि कर दी जाए, तो बस 'O' का टूर कितने बजे पूरा होगा ?

(*a*) दोपहर बाद 3:00 बजे
(*b*) दोपहर बाद 2:00 बजे
(*c*) शाम 6:00 बजे
(*d*) शाम 7:00 बजे

व्याख्यात्मक उत्तरमाला

1. (*a*) : बृहस्पतिवार —बीता परसों
शुक्रवार —बीता कल
शनिवार —आज
रविवार — आने वाला कल

2. (*b*) : 1. पांच व्यक्तियों का समूह–प्रात: 8:00 बजे से दोपहर बाद 2:00 बजे तक काम करता है।

2. दस व्यक्तियों का दूसरा समूह–प्रात: 10:00 बजे से शाम 4:00 बजे तक काम करता है

3. पांच व्यक्तियों का तीसरा समूह–दोपहर 12:00 बजे से संध्या 6:00 बजे तक काम करता है

अत: कंप्यूटर पर दोपहर 12:00 बजे से दोपहर बाद 2:00 बजे तक सर्वाधिक काम होगा।

3. (*a*) : सातवां दिन शुक्रवार से तीन दिन पहले का दिन है अत: दसवां दिन शुक्रवार है, इसलिए 17 वां दिन भी शुक्रवार है। अत: 19 वां दिन शुक्रवार के बाद का दूसरा दिन अर्थात् रविवार है।

4. (*c*) :

बसों के रवाना होने का क्रम	सोमवार से शुक्रवार तक रवानगी का समय	शनिवार और रविवार को रवानगी का समय
P	प्रात: 8:00 बजे	प्रात: 7:30 बजे

N	प्रात: 8:45 बजे	प्रात: 8:30 बजे
R	प्रात: 9:15 बजे	प्रात: 9:30 बजे
M	प्रात: 10 बजे	प्रात: 10:30 बजे
Q	प्रात: 10:35	प्रात: 11:30 बजे
S	प्रात: 11:20 बजे	दोपहर बाद 12:30 बजे
O	दोपहर 12 बजे	दोपहर बाद 1:30 बजे

5. (*a*) : बस P प्रात: 7:30 बजे रवाना होती है और अपना चार घंटे का दर्शनीय स्थलों का टूर 11:30 बजे पूरा कर लेती है। बस Q प्रात: 11:30 बजे रवाना होती है।

6. (*d*) : बस M प्रात: 10:30 बजे रवाना होती है। यदि 1 घंटे के समय अंतराल में 30 मिनट की वृद्धि कर दी जाए तो बस Q दोपहर 12:00 बजे रवाना होगी, बस S दोपहर बाद 1:30 बजे और बस O दोपहर बाद 3:00 बजे रवाना होगी। बस O अपना चार घंटे का टूर शाम 7:00 बजे पूरा करेगी।

12 घन एवं पासे संबंधी परीक्षण

घन एवं पासों पर आधारित प्रश्न का उद्देश्य अभ्यर्थी की कल्पना शक्ति की जांच करना होता है। अभ्यर्थी में यह योग्यता होनी चाहिए कि वह पूछे गए प्रश्न का उत्तर देने के लिए त्रि-विमीय वस्तु की तत्काल एक कल्पित आकृति बना सकें। ऐसे प्रश्नों का उत्तर देने के लिए कुछ बुनियादी बातों से अवगत होने तथा कल्पना शक्ति को त्वरित और परिशुद्ध परिकलनों की सहायता से साकार रूप प्रदान करने की आवश्यकता है।

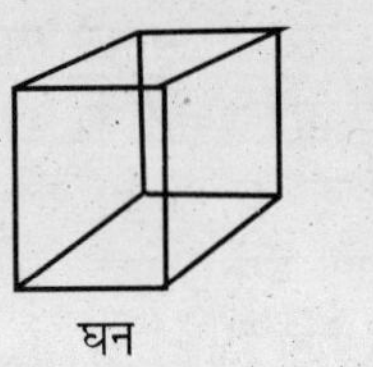
घन

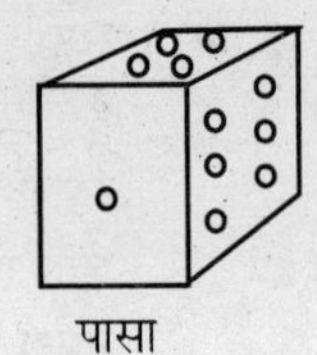
पासा

- घन में छह पार्श्व या फलक और आठ कोने होते हैं।
- प्रश्न एक ही या अलग-अलग रंगीन पार्श्वों पर आधारित होते हैं।
- प्रश्न वर्ग को विशिष्ट संख्या के छोटे बराबर भागों में काटने पर आधारित हो सकता है।
- पासे में छह पार्श्व या फलक होते हैं।
- प्रश्न केवल उसके छह फलकों पर लिखी संख्या के आधार पर पूछे जाते हैं।

आरेखीय रूप में, सभी फलकों पर हरे रंग से रंगे घन को उसके किसी एक फलक को लेकर अच्छी तरह समझा जा सकता है।

यह घन $3 \times 3 \times 3 = 27$ समान छोटे घनों में विभाजित किया गया है।

इसमें कोने के चार 'a' खंड हैं, अत: 4×2 अर्थात 8 खंडों के तीन फलक रंगीन होंगे।

इसमें चार बीच के 'b' खंड हैं, अत: 4×3 अर्थात् 12 खंडों के दो फलक रंगीन होंगे।

इसमें एक बीच का 'c' खंड हैं, अत: 1×6 अर्थात छह खंडों का केवल एक फलक रंगीन होगा।

a	b	a
b	c	b
a	b	a

इसमें ठीक बीचों बीच एक खंड होगा जिसका कोई भी फलक रंगीन नहीं होगा।

अत: इस घन के $8 + 12 + 6 + 1$ अर्थात 27 छोटे खंड होंगे।

प्रश्नमाला

1. नीचे किसी एक ही पासे की दो स्थितियां दर्शाई गई हैं। जब पासे की तली पर दो घेरे हों तो उसके शीर्ष पर घेरों की संख्या कितनी होगी?

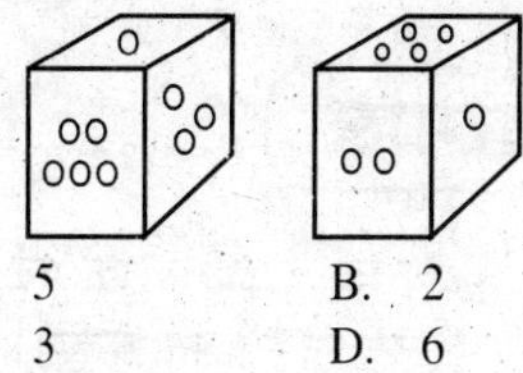

A. 5 B. 2
C. 3 D. 6

2. नीचे किसी एक पासे की दो स्थितियां दर्शाई गई हैं। जब पासे की तली पर 4 का अंक हो तो उसके शीर्ष पर कौन-सा अंक होगा?

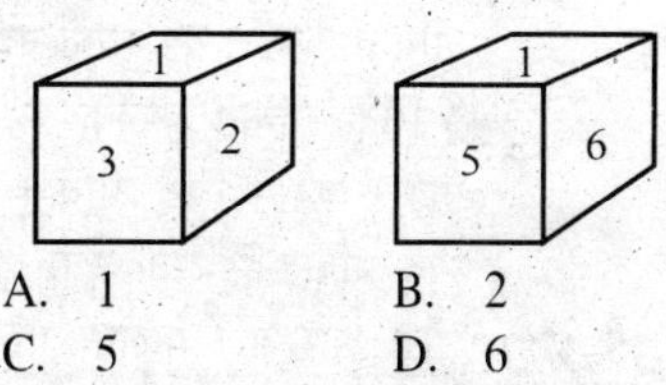

A. 1 B. 2
C. 5 D. 6

3. एक घन के दो संलग्न फलकों और एक सम्मुख फलक को लाल रंग में और दो संलग्न फलकों को पीले रंग में तथा घन के शेष फलकों को हरे रंग में रंगा जाता है। उसके बाद उस घन को 64 समान आकार के छोटे घनों में काट दिया जाता है। कितने घन ऐसे होंगे जिनमें केवल एक लाल और एक हरा फलक हो?

A. 4 B. 8
C. 12 D. 16

4. नीचे किसी एक पासे की दो स्थितियां दर्शाई गई हैं। पासे के छह फलकों पर क्रमशः 1 से 6 तक बिंदु अंकित हैं। यदि इस पासे को 3 बिंदु अंकित फलक के सहारे रखा जाए तो उसके शीर्ष फलक पर कितने बिंदु अंकित होंगे।

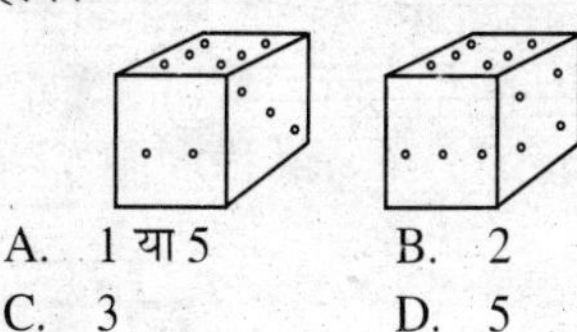

A. 1 या 5 B. 2
C. 3 D. 5

5. एक घन के फलकों को अंग्रेजी के अक्षरों द्वारा सूचित किया गया है। इस घन को विभिन्न दिशाओं से देखे जाने पर इसकी विभिन्न स्थितियां नीचे दर्शाई गई हैं। इसमें प्रश्न चिह्न (?) के स्थान पर कौन सा अक्षर लिखा होना चाहिए।

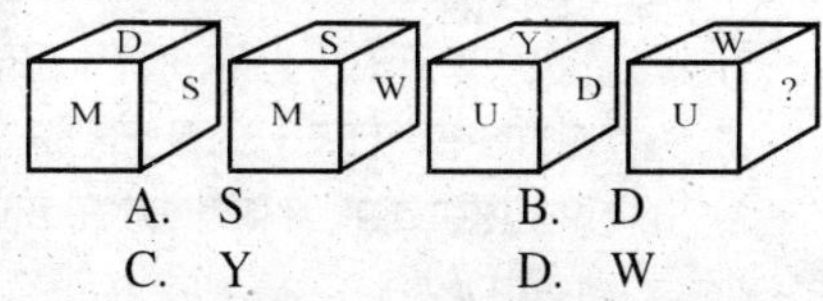

A. S B. D
C. Y D. W

6. यदि किसी घन के सम्मुख फलकों पर अंकित बिंदुओं की कुल संख्या घन के प्रत्येक सम्मुख पार्श्वों के संदर्भ में 7 हो, तो नीचे दर्शाई गई आकृति में कौन सही है?

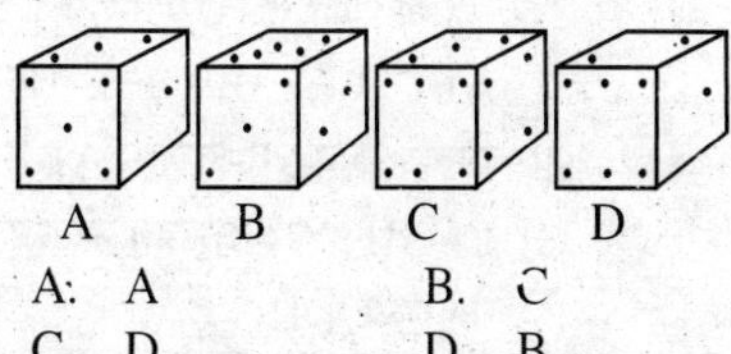

A: A B. C
C. D D. B

7. यदि किसी घन के फलकों को इस प्रकार रंगा जाए कि उसका कोई भी दो संलग्न पार्श्व एक से रंग में रंगा न हो इसके लिए न्यूनतम कितने रंगों की आवश्यकता होगी?

A. 6 B. 4
C. 3 D. 2

8. एक पासे के संलग्न फलकों पर दक्षिणावर्त क्रम में a, b, c और d, लिखा गया है तथा पासे के शीर्ष और तली पर क्रमश: e और f लिखा गया है। यदि पासे की किसी एक स्थिति में c उसके शीर्ष पर आता हो तली पर कौन-सा अक्षर लिखा होगा?

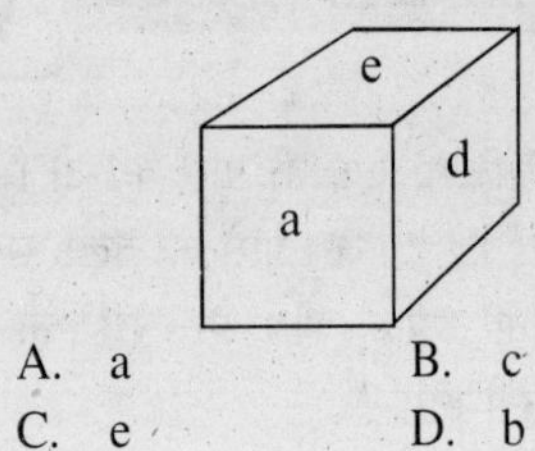

A. a
B. c
C. e
D. b

व्याख्यात्मक उत्तरमाला

1. A. : पासे की विभिन्न स्थितियों का अध्ययन करने पर ज्ञात होता है कि पासे के निम्नलिखित पार्श्व उसके सम्मुख पार्श्व हैं : 2 — 5, 4 — 3 और 1— 6.

2. A. : दिए गए पासे में 1 संख्यांकित पासे से संलग्न फलक 3, 2, 5 और 6 हैं। अत: सम्मुख पार्श्वों पर लिखी संख्याएं 1 और 4 हैं।

3. B. :

घन के लाल रंग में रंगे फलक EHDA, ABCD और BCGF हैं तथा उसके पीले रंग में रंगे फलक ABFE और EFGH हैं एवं उसका हरे रंग में रंगा फलक CDHG है।

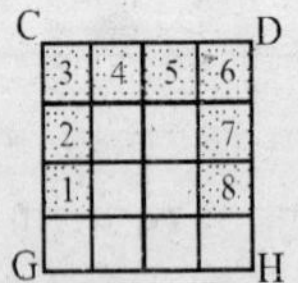

घन की HD, CD और CG भुजाएं लाल रंग में रंगे फलक की भुजाओं की संलग्न भुजाएं हैं और GH भुजा पीले रंग के फलक की भुजाओं के संलग्न है। अत: केवल 8 घन ही ऐसे होंगे जिनमें एक पार्श्व लाल और एक पार्श्व हरा हो।

4. A. : हालांकि स्पष्ट है कि 2 बिंदुओं वाले फलक के सम्मुख फलक पर 4 बिंदु अंकित हैं किंतु यह स्पष्ट नहीं हैं कि 3 बिंदु अंकित फलक के सम्मुख फलक पर 1 बिंदु अंकित है या 5 बिंदु अंकित हैं। अत: उत्तर 1 या 5 है।

5. C. : शीर्ष और तल फलक पर अंकित अक्षर क्रमश: W और D हैं तथा बगल के फलकों पर दक्षिणावर्त अंकित अक्षर क्रमश: U; Y, M और S हैं।

6. A. : इस घनाकार खंड में सम्मुख फलकों पर बिंदुओं की संख्याएं क्रमश: 1—6, 3—4 और 5—2 होंगी।

7. C. : घन के छह फलक होते हैं और उसके दो सम्मुख फलक एक से रंग में रंगे जा सकते हैं।

8. A. : पासे की दो स्थितियां निम्नवत होंगी :

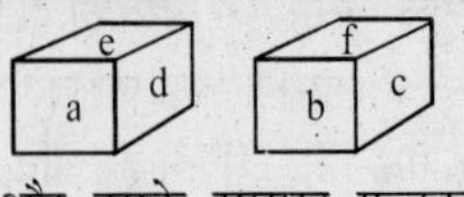

और इसके सम्मुख फलक a—c, b—d होंगे।

13 आकृतियों की संख्या

इस प्रकार के प्रश्नों में किसी दी गई जटिल आकृति में निहित ज्यामितीय आकृतियों की संख्या ज्ञात करनी होती है। अभ्यर्थियों के लिए यह अनिवार्य है कि वे प्रश्न आकृति का अत्यंत सावधानीपूर्वक प्रेक्षण करें और तत्पश्चात् उसमें निहित ज्यामितीय आकृतियों को गिनें। एक बड़ी और उलझी हुई आकृति में से उसमें निहित आकृति/डिजाइन को ज्ञात करने के लिए सूक्ष्म बुद्धि और तीक्ष्ण विश्लेषणात्मक क्षमता अपेक्षित होती है तथा साथ ही यह भी आवश्यक है कि अभ्यर्थियों को सभी ज्यामितीय आकृतियों की संरचना का स्पष्ट ज्ञान हो।

हल किए गए प्रश्न

1. नीचे दी गई आकृति को निर्मित करने में कितनी सरल रेखाओं का प्रयोग किया गया है?

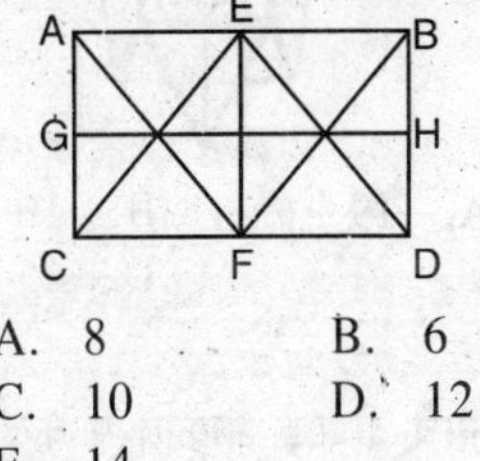

A. 8 B. 6
C. 10 D. 12
E. 14

उत्तर C : प्रयुक्त रेखाओं की कुल संख्या की गणना निम्नवत् की गई है:

आकृति में कुल 3 क्षैतिज रेखाएं हैं: AB, GH और CD, इसमें कुल 3 ऊर्ध्वाधर रेखाएं हैं: AC, EF और BD, आकृति में निहित 4 विकर्णी रेखाएं हैं: CE, FB, AF और ED।

अतः दी गई आकृति में निहित कुल रेखाओं की संख्या है:

= 3 + 3 + 4 = 10

2. नीचे दी गई आकृति में कुल कितने वर्ग हैं?

A. 4
B. 6
C. 8
D. 5
E. 10

उत्तर B : आकृति में निहित वर्गों की गणना निम्नवत की जाती है।

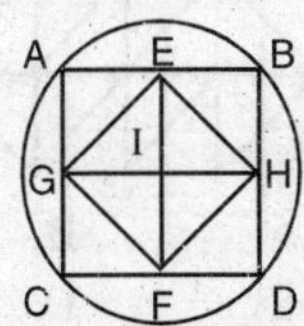

आकृति में एक मुख्य वर्ग ABCD है जो EF और GH रेखाओं द्वारा चार भागों में विभाजित है। इस प्रकार सभी 5 वर्ग हैं: ABCD, AEGI, GICF, EBIH और IHFD। बीच में स्थित वर्ग EGHF है। अतः दी गई आकृति में निहित वर्गों की कुल संख्या = 5 + 1 = 6

प्रश्नमाला

1. नीचे दी गई आकृति में कुल कितने त्रिभुज हैं?

A. 24 B. 27
C. 25 D. 26
E. 22

2. इस आकृति में कुल कितने समांतर चतुर्भुज हैं?

A. 9 B. 13
C. 15 D. 18
E. 20

3. इस आकृति में कुल कितने त्रिभुज हैं?

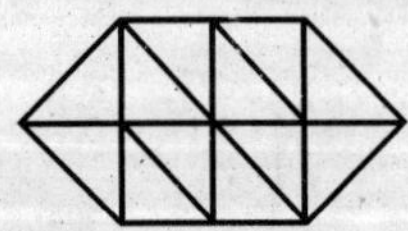

A. 16 B. 17
C. 18 D. 19
E. 15

4. इस आकृति में आयतों की कुल कितनी संख्या है?

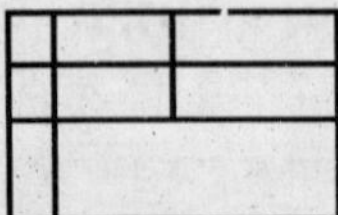

A. 21 B. 24
C. 23 D. 25
E. 20

5. इस आकृति में कुल कितने वर्ग छिपे हैं?

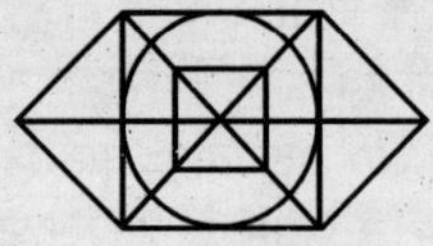

A. 7 B. 8
C. 9 D. 10
E. 6

6. इस आकृति में निहित त्रिभुजों की संख्या कितनी है?

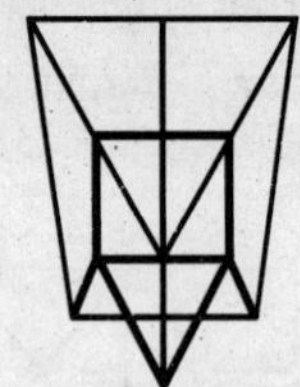

A. 19 B. 16
C. 21 D. 15
E. 12

7. नीचे दी गई आकृति में कुल कितने वर्ग निहित हैं?

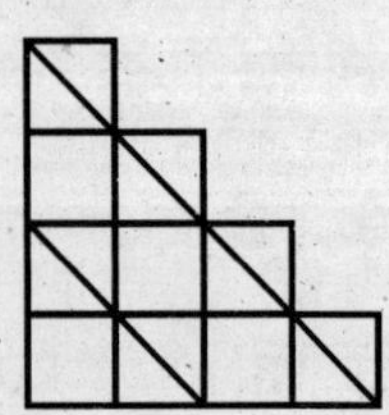

A. 10 B. 11
C. 13 D. 14
E. 12

व्याख्यात्मक उत्तरमाला

1. B :

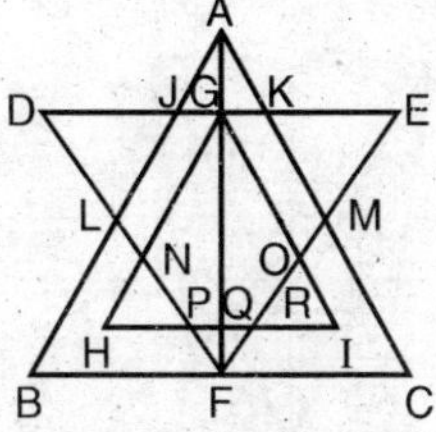

आकृति को निर्मित करने वाले मुख्य त्रिभुज हैं: ABC, DEF और GHI, अर्थात् 3 त्रिभुज। आकृति में निहित सरलतापूर्वक दिखाई पड़ने वाले त्रिभुज हैं: AJG, AGK, KEM, DJL, NHP, PQF, QFR और ORI, अर्थात् 8 त्रिभुज।

समद्विभाजक रेखा AF द्वारा निर्मित त्रिभुज हैं: ABF, AFC, GHQ, GQI, DGF और GFE, अर्थात् 6 त्रिभुज। तीनों मुख्य त्रिभुजों के बीच बनने वाले त्रिभुज हैं: AJK, ALF, AMF, DGN, DGF, LBF, MFC, GEO, GNF और GOF, अर्थात् 10 त्रिभुज। अतः दी गई आकृति में निहित त्रिभुजों की कुल संख्या है: = 3 + 8 + 6 + 10 = 27

2. D :

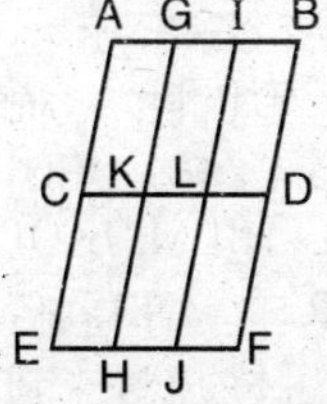

मुख्य समांतर चतुर्भुज ABEF है अर्थात् 1 समांतर चतुर्भुज।

CD रेखा द्वारा दो समान भागों में विभाजित किए जाने पर मुख्य आकृति के भीतर ABCD और CDEF, ये 2 समांतर चतुर्भुज निर्मित होते हैं।

दो अन्य रेखाएं GH और IJ खींची जाने पर AGEH, GIJH और IBJF, ये 3 समांतर चतुर्भुज निर्मित होते हैं।

आकृति में स्पष्टः और सरलतापूर्वक दिखाई पड़ने वाले AGCK, CKEH, GIKL, KLHJ, IBLD और LDJF में 6 समांतर चतुर्भुज निहित हैं।

आकृति में निहित अन्य समांतर चतुर्भुज AICL, CLEJ, GBKD, KDHF, AIEJ और GBHF ये 6 समांतर चतुर्भुज हैं।

अतः दी गई आकृति में निहित समांतर चतुर्भुजों की मूल संख्या हैं: 1 + 2 + 3 + 6 + 6 = 18

3. A :

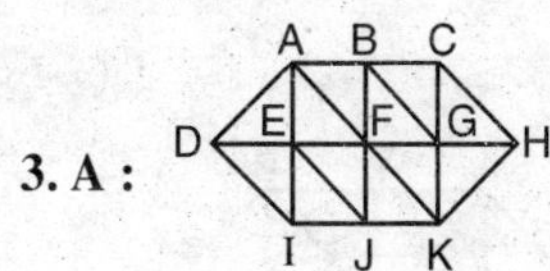

आकृति में सर्वाधिक सरलतापूर्वक दृष्टिगोचर होनेवाले त्रिभुज हैं: ADE, DEI, AEF, ABF, EIJ, EFJ, BFG, BCG, FJK, FGK, CGH और GHK, अर्थात् 12 त्रिभुज।

समद्विभाजित त्रिभुज हैं: ADI और CHK अर्थात् 2 त्रिभुज।

AIK और ACK अन्य त्रिभुज हैं, अर्थात 2 त्रिभुज।

अतः आकृति में निहित त्रिभुजों की कुल संख्या

= 12 + 2 + 2 = 16

4. C :

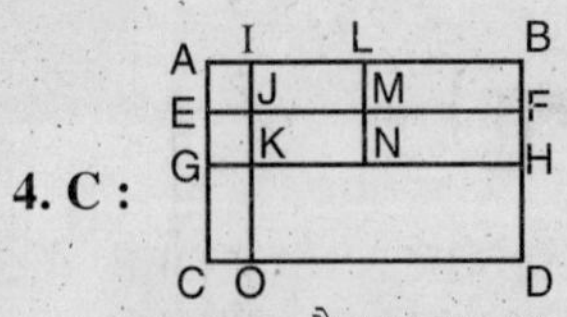

मुख्य आयत है ABCD अर्थात् 1 आयत।

आकृति में सर्वाधिक सरलतापूर्वक दृष्टिगोचर होने वाले आयत हैं: AIEJ, ILJM, LBMF, EJGK, JMKN, MFNH, GKCO और KHOD अर्थात् 8 आयत।

जिन आयतों के दो भाग हैं वे हैं: ALEM, IBJF, EMGN, JFKH, AIGK, IKLN, LDNH, EJCO और GHCD, अर्थात् 9 आयत।

जिन आयतों के 3 भाग हैं वे हैं: AICO, ABEF और EFGH अर्थात् 3 आयत।

जिन आयतों के 4 भाग हैं वे है: GLGN और IBKH, अर्थात् 2 आयत।

अतः आकृति में निहित आयतों की कुल संख्या

= 1 + 8 + 9 + 3 + 2 = 23

5. D :

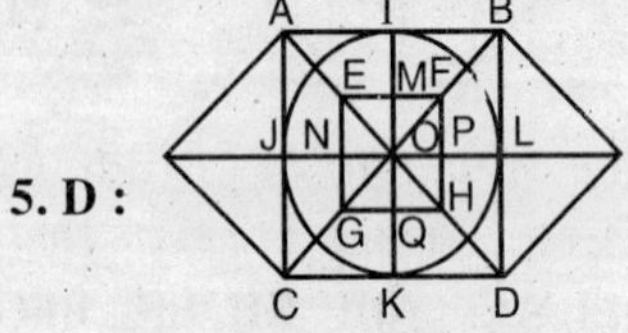

आकृति में निहित मुख्य वर्ग हैं : ABCD और EFGH, अर्थात् 2 वर्ग।

सरलतम बाह्य वर्ग हैं। AIJO, IBOL, JOCK, और OLKD, अर्थात् 4 वर्ग।

सरलतम आंतरिक वर्ग हैं: EMNO, NOGQ, MFOP और OPQH, अर्थात् 4 वर्ग।

आकृति में अन्य कोई वर्ग निहित नहीं है।

अतः उपर्युक्त आकृति में निहित वर्गों की कुल संख्या

= 2 + 4 + 4 = 10

6. B :

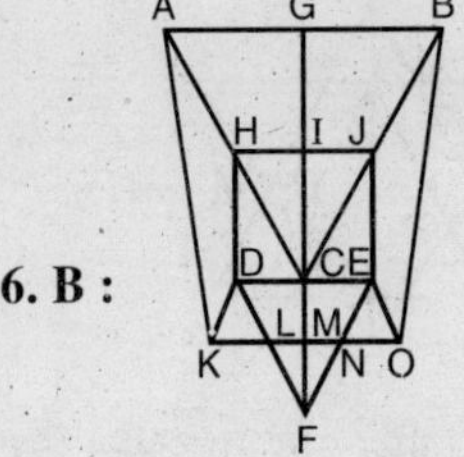

आकृति में निहित मुख्य त्रिभुज हैं: ABC, DEF, LNF, और HJC आर्थात् 4 त्रिभुज।

सरलतम त्रिभुज हैं: HIC, IJC, HDC, JCE, DKL, LMF, MFN और NOE अर्थात् 8 त्रिभुज।

आकृति में निहित अन्य त्रिभुज हैं: AGC, GBC, DCF और CEF अर्थात् 4 त्रिभुज

अतः त्रिभुजों की कुल संख्या

= 4 + 8 + 4 = 16

7. C :

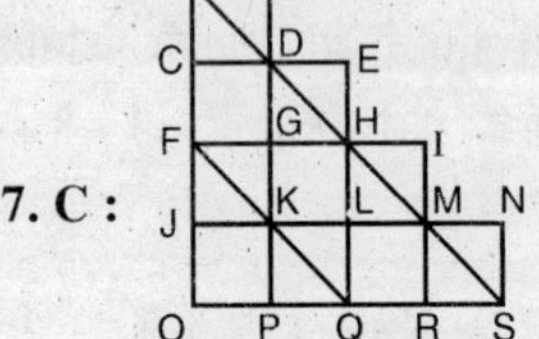

आकृति में निहित सरलतम वर्ग हैं: ABCD, CDFG, DEGH, FGJK, GHKL, HILM, JKOP, KLPQ, LMQR और MNRS अर्थात् – 10 वर्ग

आकृति में निहित अन्य वर्ग हैं:CEJL, FHOQ और GIPR अर्थात् – 3 त्रिभुज

∴ आकृति में निहित कुल वर्ग = 10 + 3 = 13

अभाषिक (Non-Verbal)

14 शृंखला

इस प्रकार की अभाषिक शृंखला (Non-Verbal Series) में, जो सर्वाधिक सामान्य प्रकार की शृंखला होती है, चार या पांच आनुक्रमिक प्रश्न आकृतियां एक निश्चित अनुक्रम निर्मित करते हैं और अभ्यर्थियों को दी गई उत्तर आकृतियों के सेट से उस एक आकृति का चयन करना होता है जिससे प्रश्न आकृतियों के समुच्चय की शृंखला सतत् हो जाए।

अभ्यर्थियों को प्रश्न आकृतियों के समुच्चय की शृंखला सतत् बनाने के लिए विभिन्न क्रियाएं, परिवर्तन, विस्थापन, क्रमावर्तन, पुनरावर्तन और बहुत से अन्य परिवर्तन करने की आवश्यकता होती है। निरंतर अभ्यास द्वारा शृंखला विषयक समस्याओं को हल करने में निपुणता प्राप्त की जा सकती है।

हल किए गए प्रश्न

नीचे पूछे गए प्रत्येक प्रश्न में उत्तर आकृतियों के समुच्चय से उस एक आकृति का चयन करें जिसे प्रश्न आकृतियों के बाद में रखने पर प्रश्न आकृतियों के समुच्चय की शृंखला सतत् हो जाए।

1. प्रश्न आकृतियां

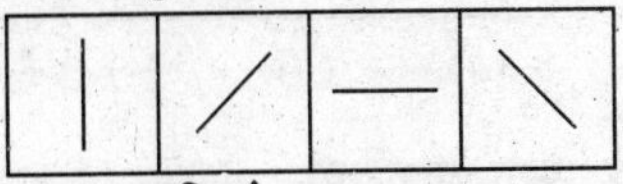

उत्तर आकृतियां

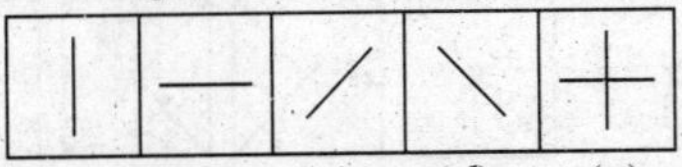

(*a*) (*b*) (*c*) (*d*) (*e*)

उत्तर (*a*): सभी आकृतियों में समान आकार की सीधी सरल रेखाएं दी गई हैं। उनकी दिशाएं और स्थिति परिवर्तित होती हैं। पहली आकृति में रेखा ऊर्ध्वाधर स्थिति में है। दूसरी आकृति में रेखा दक्षिणावर्त 45° के कोण से मुड़ जाती है और तीसरी आकृति में रेखा दक्षिणावर्त और 45° के कोण से मुड़ जाती है तथा चौथी आकृति में रेखा दक्षिणावर्त और 45° के कोण से मुड़ जाती है। अतः दो बातें स्पष्ट होती हैं: (i) रेखा दक्षिणावर्त घूमती है, और (ii) रेखा प्रत्येक चरण पर 45° के कोण से मुड़ती है।

अब चौथी आकृति (प्रश्न आकृति) भी दक्षिणावर्त 45° के कोण से मुड़नी चाहिए। अतः पांचवीं आकृति एक ऊर्ध्वाधर (उदग्र) रेखा होगी। इस प्रकार हमें ज्ञात होता है कि शृंखला को सतत् बनाने के लिए अगली आकृति एक ऊर्ध्वाधर या उदग्र सरल रेखा होगी।

प्रश्नमाला

निर्देश (प्र.सं. 1–10): *नीचे के प्रत्येक प्रश्न में आकृतियों के दो समुच्चय दिए गए हैं जिनमें से एक समुच्चय को* **प्रश्न आकृतियों** *का समुच्चय और दूसरे समुच्चय को* **उत्तर आकृतियों** *का समुच्चय कहा गया है। प्रश्न आकृतियों के समुच्चय से किसी न किसी प्रकार से एक शृंखला बनती है। उत्तर आकृतियों के समुच्चय से उस एक आकृति का चयन करें जिससे प्रश्न आकृतियों के समुच्चय की शृंखला संतत हो जाए।*

1. प्रश्न आकृतियां

उत्तर आकृतियां

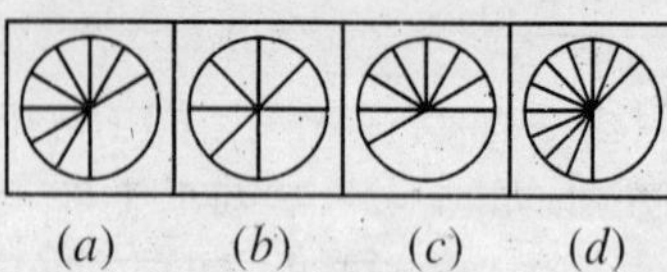

2. प्रश्न आकृतियां

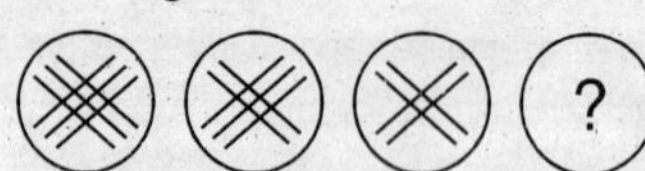

उत्तर आकृतियां

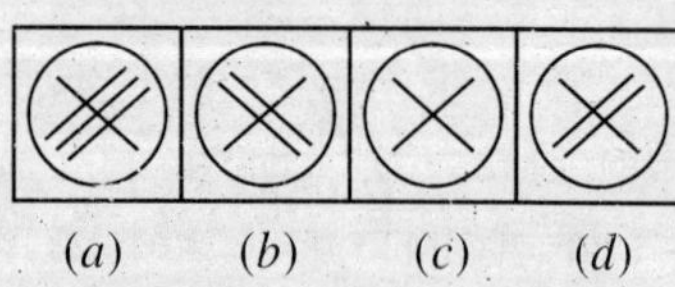

3. प्रश्न आकृतियां

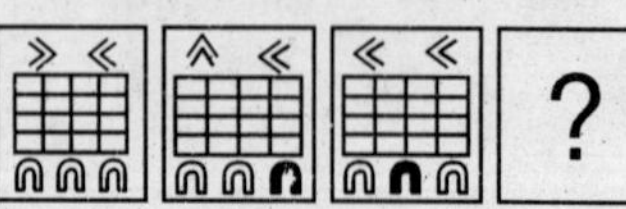

उत्तर आकृतियां

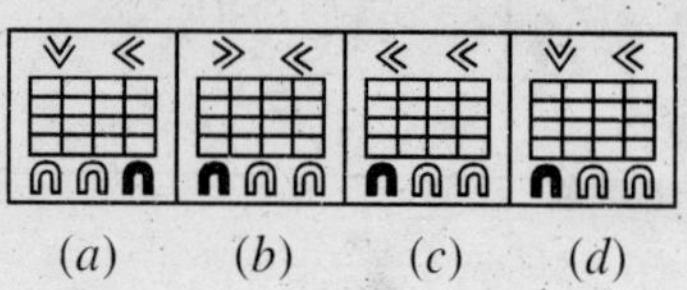

4. प्रश्न आकृतियां

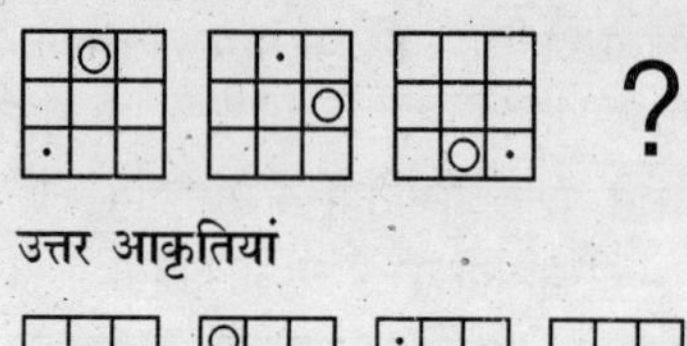

उत्तर आकृतियां

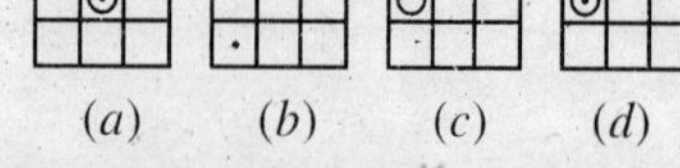

5. प्रश्न आकृतियां

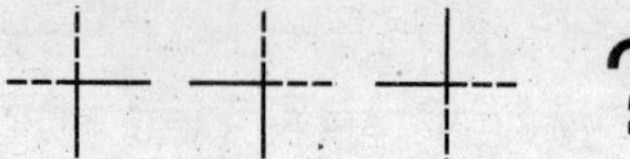

उत्तर आकृतियां

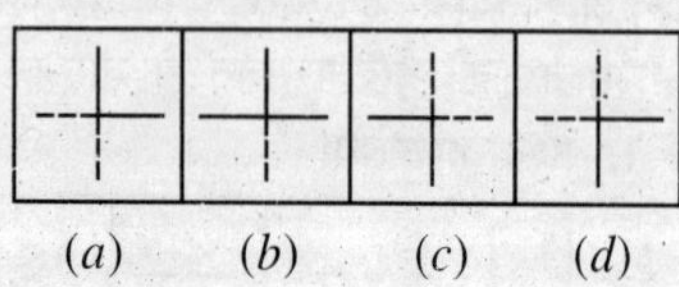

6. प्रश्न आकृतियां

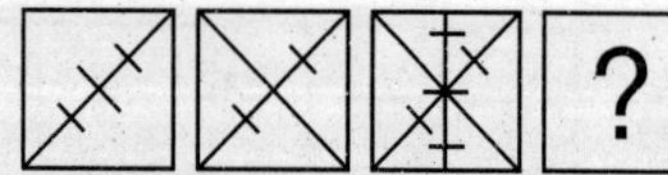

उत्तर आकृतियां

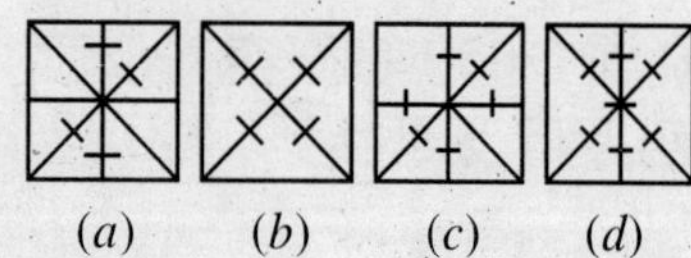

7. प्रश्न आकृतियां

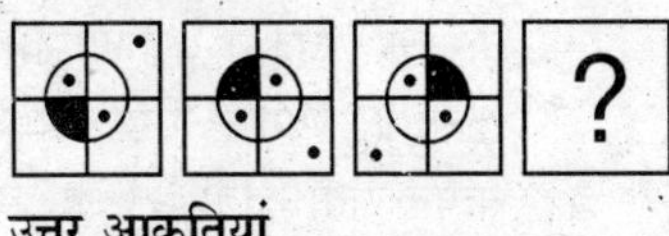

उत्तर आकृतियां

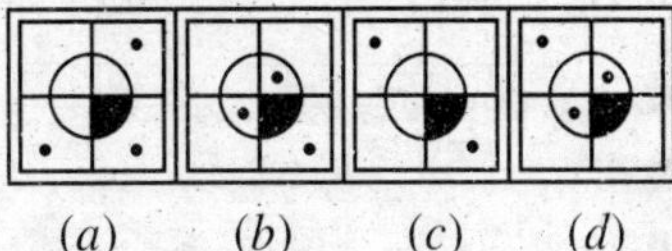

(*a*) (*b*) (*c*) (*d*)

8. प्रश्न आकृतियां

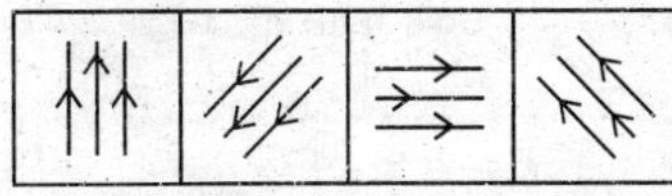

उत्तर आकृतियां

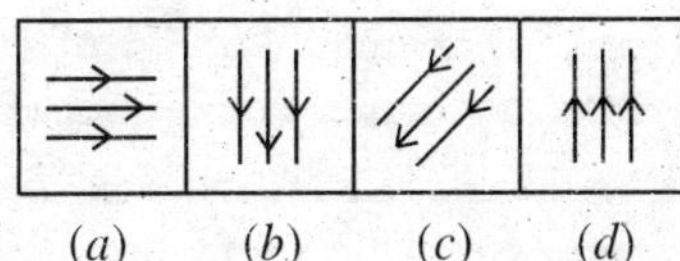

(*a*) (*b*) (*c*) (*d*)

9. प्रश्न आकृतियां

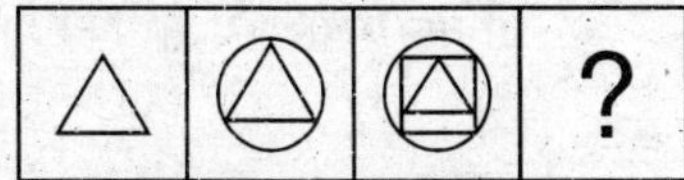

उत्तर आकृतियां

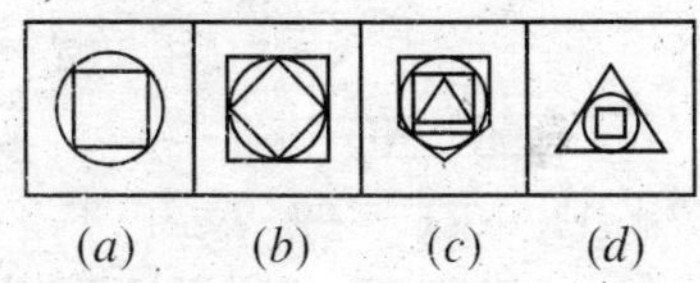

(*a*) (*b*) (*c*) (*d*)

10. प्रश्न आकृतियां

उत्तर आकृतियां

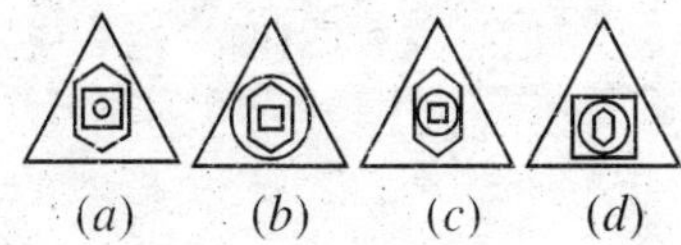

(*a*) (*b*) (*c*) (*d*)

व्याख्यात्मक उत्तरमाला

1. (*c*) : एक आकृति से दूसरी आकृति में वृत्त क्रमशः दक्षिणावर्त 30° के कोण से घूम जाता है और प्रत्येक चरण में वृत्त के भीतर स्थित एक त्रिज्यीय रेखाखण्ड लुप्त होता जाता है।

2. (*d*) : तिरछे या विकर्णी रेखाखण्ड एक-एक करके एक निश्चित क्रम में लुप्त होते जाते हैं।

3. (*d*) : पहली आकृति में ऊपर बाएं स्थित >> अवयव क्रमशः अगली आकृति में वामावर्त 90° के कोण से घूम जाता है। आकृति में नीचे स्थित तीन अवयवों में से दाहिने ओर का एक अवयव दूसरी आकृति में छायांकित हो जाता है तथा उसके बाद की आकृति में इन तीनों में से दाहिने से बाएं के क्रम में केवल एक अवयव ही छायांकित होता जाता है।

4. (*d*) : वृत्त (गोल घेरा) और बिंदु अगली आकृति में दक्षिणावर्त क्रमशः दो और तीन खंड आगे खिसक जाते हैं।

5. (*a*) : प्रत्येक चरण में क्रॉस का चिह्न दक्षिणावर्त 90° के कोण से घूम जाता है।

6. (*a*) : पहली आकृति में विकर्ण पर बीच में स्थित रेखाखण्ड दूसरी आकृति में

आगे बढ़कर वर्ग के सम्मुख कोनों को स्पर्श करता है। अगली आकृति में तीन रेखाखण्डों से युक्त एक नई रेखा जुड़ जाती है। शृंखला में निरंतरता स्थापित करने के लिए मध्यस्थ रेखाखण्ड को आगे बढ़ाकर वर्ग की भुजाओं से स्पर्श कराया जाना चाहिए।

7. (*d*) : प्रत्येक चरण पर संपूर्ण आकृति दक्षिणावर्त 90° के कोण से घूम जाती है।

8. (*b*) : एकांतर आकृतियों में तीर दक्षिणावर्त 90° के कोण से घूम जाते हैं और तीर के चिह्नों (वाणमुखों) की संस्थिति सामने से पीछे और पीछे से सामने होती जाती है।

9. (*c*) : प्रत्येक चरण पर पूर्ववर्ती आकृति-समुच्चय में एक नई आकृति जुड़ती जाती है।

10. (*a*) : पहली आकृति में सबसे बाहरी संरचना अगली आकृति में सबसे भीतर चली जाती है।

15 विजातीय का चयन

अभाषिक वर्गीकरण संबंधी तर्कबुद्धि परीक्षण विषयक प्रश्नों में आकृतियों का एक समूह दिया जाता है तथा अभ्यर्थियों से यह अपेक्षा की जाती है कि वे दी गई आकृतियों को उनके विशिष्ट गुणों या विशेषताओं के आधार पर अलग-अलग समूहों या वर्गों में वर्गीकृत करें। आकृतियों या मदों को उनकी बनावट, आकार, प्रतिरूप, संरचना, प्रकार, क्रम, रूप-रंग, कोटि, शैली, संघटक अवयवों और अन्य प्रकार की विशेषताओं में समानता के आधार पर समूहों या वर्गों में वर्गीकृत करना होता है और तत्पश्चात् उस समूह से भिन्न अर्थात् विजातीय आकृति की पहचान करनी होती है।

अभाषिक वर्गीकरण के इस प्रकार के प्रश्नों में प्रश्न आकृतियों और उत्तर आकृतियों के रूप में आकृतियों के दो समुच्चय नहीं दिए जाते बल्कि इनमें चार या पाँच आकृतियों का केवल एक ही समुच्चय दिया जाता है जिन्हें प्रश्न आकृतियाँ कहते हैं। इन प्रश्न आकृतियों में से एक आकृति शेष चार आकृतियों के समान या उनके सदृश नहीं होती। दूसरे शब्दों में तीन या चार आकृतियाँ किसी न किसी रूप में आपस में संबंधित होते हुए एक समूह बनाती हैं जबकि शेष केवल एक आकृति ही अन्यों से भिन्न अथवा विजातीय होता है जिसकी पहचान की जानी होती है।

हल किए गए प्रश्न

1.

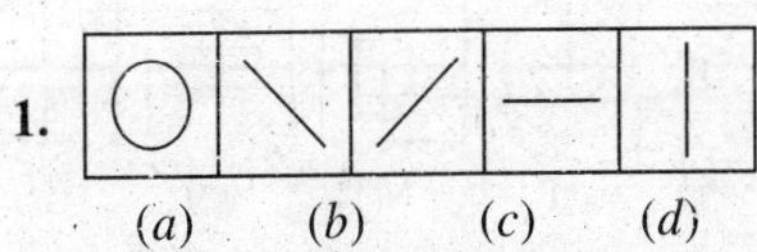

(*a*) (*b*) (*c*) (*d*)

उत्तर (*a*): दी गई आकृतियों में (*a*) एक वृत्त है जबकि (*b*), (*c*), (*d*) और (*e*) भिन्न-भिन्न दिशाओं को इंगित करने वाली सरल रेखाएं हैं। यहाँ ध्यान दें कि दी गई पाँच आकृतियों में से चार आकृतियों (*b*), (*c*), (*d*) और (*e*) में से प्रत्येक में एक सामान्य (सर्वनिष्ठ) विशेषता यह है कि ये सभी सरल रेखाएं हैं जो भिन्न-भिन्न दिशाओं को इंगित करती हैं, अतः ये चारों आकृतियां एक समूह या वर्ग निर्मित करती हैं। इन आकृतियों के विपरीत (*a*) एक वृत्त है जो अन्य आकृतियों से भिन्न अथवा विजातीय है।

अतः आकृति (*a*) समूह में शामिल न होने वाली आकृति अर्थात् एक विजातीय आकृति है।

2.

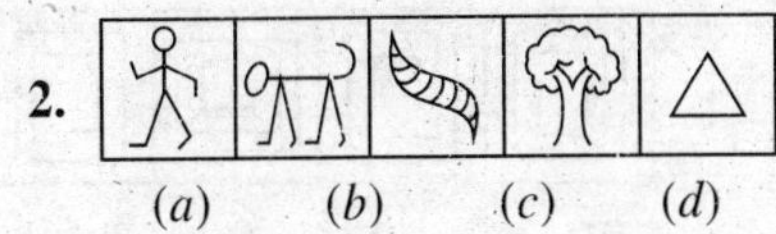

(*a*) (*b*) (*c*) (*d*)

उत्तर (*e*)**:** आकृति (*a*) एक मानव आकृति है, (*b*) एक चौपाया पशु की आकृति है, (*c*) एक कीट, (*d*) एक पेड़ और (*e*) एक त्रिभुज है। इन पाँच अवयवों में से चार में एक सर्वनिष्ठ विशेषता है और वह यह है कि (*a*), (*b*), (*c*) और (*d*) (मानव, पशु, कीट और पेड़) सजीव जगत् से संबंधित हैं।

आकृति (*e*) एक त्रिभुज है और यह सजीव जगत् से संबंधित नहीं है। अतः आकृति (*e*) इस समूह में शामिल नहीं है।

प्रश्नमाला

निर्देश (प्र.सं. 1–10): *नीचे के प्रत्येक प्रश्न में एक आकृति को छोड़कर अन्य सभी आकृतियाँ किसी-न-किसी रूप में आपस में संबंधित हैं और इस कारण वे एक समूह बनाती हैं। प्रत्येक प्रश्न में उस एक भिन्न आकृति का चयन करें जो अन्यों से संबंधित नहीं है अर्थात् जो भिन्न अथवा विजातीय है।*

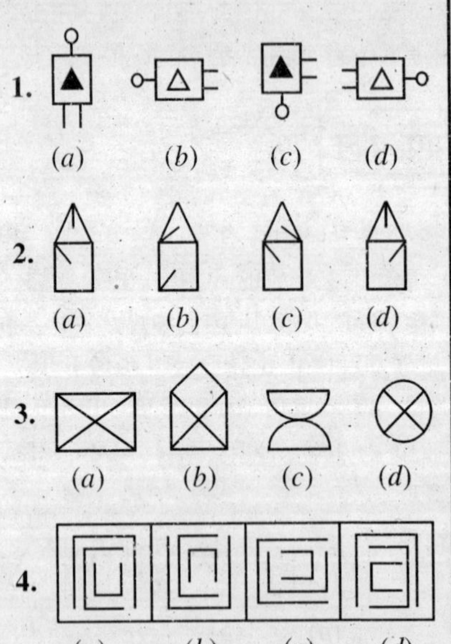

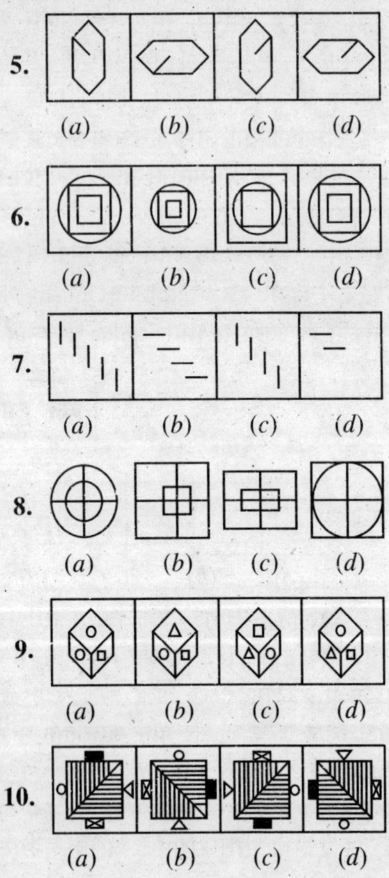

व्याख्यात्मक उत्तरमाला

1. (*c*) : अन्य सभी आकृतियों में वृत्त युक्त रेखा और दो रेखाखंड वर्ग की सम्मुख भुजाओं पर अवस्थित हैं।

2. (*c*) : शेष सभी आकृतियों में एक रेखा के सिरों से एक ही दिशा में दो रेखाखंड खींचे जाते हैं। इस आकृति '(*c*)' में दो रेखाखंड दो विपरीत दिशाओं में खींचे जाते हैं।

3. (*c*) : शेष सभी आकृतियाँ चार भागों में विभक्त हैं।

4. (*d*) : केवल इसी आकृति में ही आकृति के मध्य में स्थित अवयव और दो अवयवों के बीच में स्थित अवयव परस्पर विपरीत दिशाओं में हैं।

5. (*c*) : शेष सभी आकृतियों को घुमाकर एक दूसरी आकृतियाँ प्राप्त की जा सकती हैं। इस आकृति में रेखाखंड गलत दिशा में है।

6. (*c*) : शेष सभी आकृतियों में बीच का और मध्यस्थ अवयव एक से हैं।

7. (*a*) : केवल इसी आकृति में रेखाखंडों की संख्या विषम है।

8. (*d*) : केवल इसी आकृति में दो अलग-अलग आकृतियाँ हैं जो दो समान भागों में विभाजित हैं।

9. (*a*) : केवल इसी आकृति में दो सदृश अवयव (वृत्त) निहित हैं।

10. (*c*) : शेष सभी आकृतियों को घुमाकर एक-दूसरी आकृतियाँ प्राप्त की जा सकती हैं।

16 छिपी हुई आकृति या प्रतिरूप को ढूँढना

इस प्रकार के प्रश्नों में ऊपर एक प्रश्न आकृति दी जाती है जिसके बाद विकल्प आकृतियाँ दी जाती हैं। दी गई प्रश्न आकृति दी गई विकल्प आकृतियों में से किसी एक में निहित होती है। वह प्रश्न आकृति जिस उत्तर आकृति में निहित होती है उसे ढूँढ़ना होता है। इस प्रकार के प्रश्नों को हल करने के लिए अभ्यर्थियों के लिए अपनी मानसिक निपुणता और कल्पनाशक्ति तथा तीक्ष्ण विश्लेषणात्मक क्षमता का प्रयोग करना अत्यधिक आवश्यक है और इस प्रकार वे ऐसे प्रश्नों को काफी सरलतापूर्वक हल कर सकेंगे।

हल किए गए प्रश्न

1. दी गई उत्तर आकृतियों में से उस आकृति का चयन करें जिसमें यहाँ नीचे दी गई प्रश्न आकृति निहित है।

प्रश्न आकृतिः

उत्तर आकृतियां

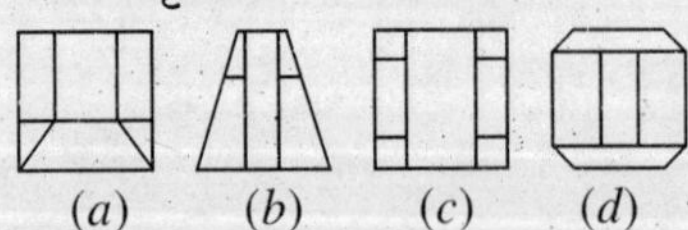

(*a*) (*b*) (*c*) (*d*)

उत्तर (*a*) : प्रश्न आकृति उत्तर आकृति '(*a*)' में निहित है जिसे नीचे दर्शाया गया है:

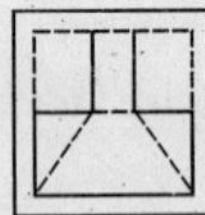

दी गई सभी विकल्प आकृतियों को ध्यानपूर्वक देखकर ही सही उत्तर आकृति प्राप्त की जा सकती है।

एक अन्य प्रकार के प्रश्न में पहले एक पूर्ण आकृति दी जाती है जिसके बाद चार विकल्प आकृतियाँ दी जाती हैं जिसमें से एक विकल्प आकृति दी गई प्रश्न आकृति में छिपी होती है।

2. दी गई विकल्प आकृतियों में से कौन-सी आकृति ऊपर दी गई मूल आकृति (प्रश्न आकृति) में निहित है?

प्रश्न आकृतिः

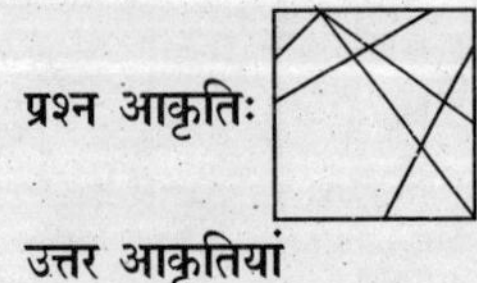

उत्तर आकृतियां

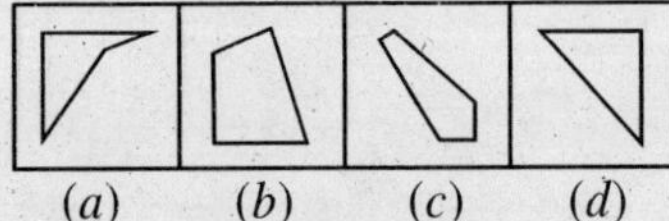

(*a*) (*b*) (*c*) (*d*)

उत्तर (*d*) : विकल्प आकृति '(*d*)' को मामूली झुकाने पर ज्ञात होता है कि यह

आकृति मूल आकृति को निम्नवत् पूरा करती है।

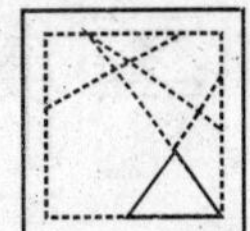

कुछ प्रश्नों में उत्तर आकृति को मामूली घुमाने पर ज्ञात होता है कि वह मूल आकृति में किस प्रकार निहित है।

प्रश्नमाला

निर्देश (प्र.सं. 1–15): *नीचे के प्रत्येक प्रश्न में ऊपर एक आकृति दी गई है जिसके नीचे चार विकल्प आकृतियाँ दी गई हैं। प्रत्येक प्रश्न में ऊपर दी गई आकृति नीचे दी गई विकल्प आकृतियों में से किसी एक में निहित है। उस विकल्प आकृति को ढूँढ़िए जिसमें प्रश्न आकृति (मूल आकृति) छिपी है।*

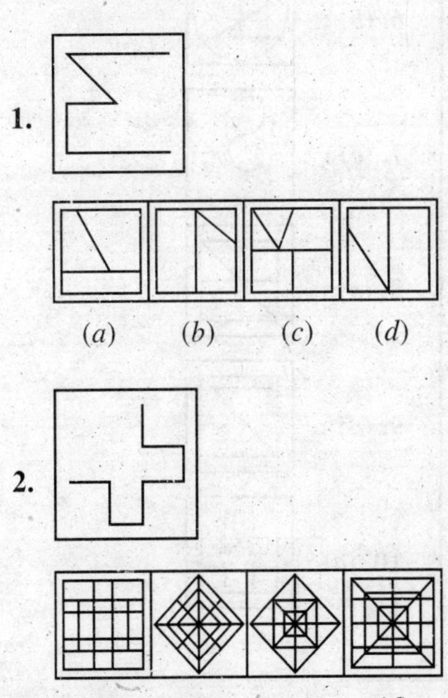

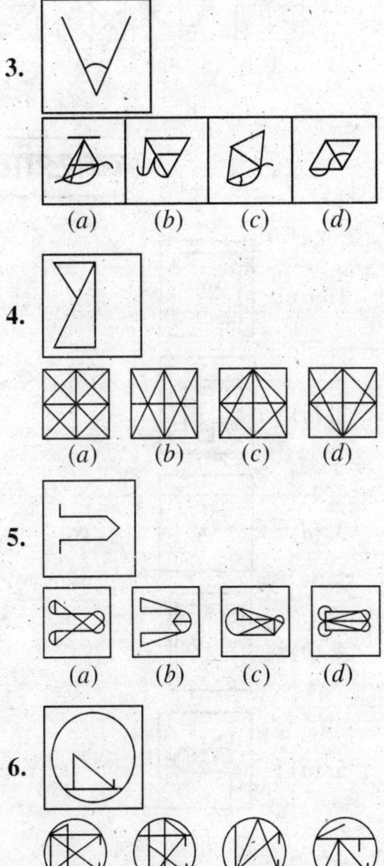

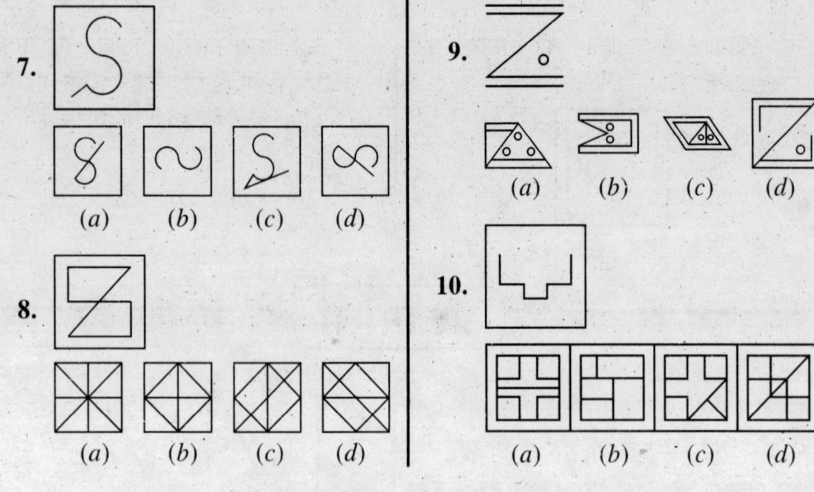

व्याख्यात्मक उत्तरमाला

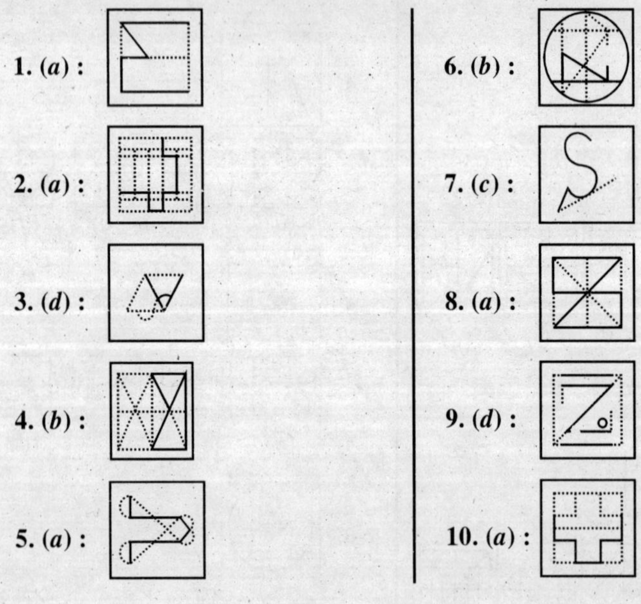

गणित
(MATHEMATICS)

1 संख्याएँ (Numbers)

एक संख्या हमें बताती है कि दी हुई मात्रा में कितनी इकाइयां हैं। अतः यह एक या एक से अधिक इकाइयों को प्रकट करती है। या एक ही प्रकार की एक या अधिक भिन्न वस्तुओं को प्रकट करती है। जैसे–दो गाय, चार बकरी, आठ भैंस आदि। वे शब्द जो काले दर्शाये गये हैं, संख्याओं को प्रदर्शित करते हैं।

1. **पूर्ण संख्याएं :** संख्याएं 0, 1, 2, 3, 4, 5, 6, 7, 8, 9,.....आदि संख्याओं को **''पूर्ण संख्याएं''** या **''पूर्णांक''** कहते हैं। जैसे 84 एक पूर्णांक है। जबकि $\frac{61}{4}$ पूर्णांक नहीं है।
2. **सम संख्याएं :** वे संख्याएं जो 2 से पूर्णतः विभाजित हो जाती हैं उन्हें **''सम संख्याएं''** कहते हैं। जैसे–2, 4, 32, 64, 108.... आदि ''सम संख्याएं'' हैं।
3. **विषम संख्याएं :** वे संख्याएं जो 2 से पूर्णतः विभाजित नहीं होती हैं उन्हें **''विषम संख्याएं''** कहते हैं। जैसे–1, 3, 5, 7, 11, 17, 21, 23.... आदि ''विषम संख्याएं'' हैं।
4. **अभाज्य संख्याएं :** वे संख्याएं जो स्वयं और 1 के अतिरिक्त किसी अन्य संख्याओं से पूर्णतः विभाजित न हों, उन्हें **''अभाज्य संख्याएं''** कहते हैं। जैसे–2, 3, 7, 11, 13, 17.... आदि ''अभाज्य संख्याएं'' हैं।
5. **भाज्य संख्याएं :** वे संख्याएं जो स्वयं और 1 के अतिरिक्त किसी अन्य संख्याओं से पूर्णतः विभाजित हो जाती हों तो उन्हें **''भाज्य संख्याएं''** कहते हैं। जैसे– 4, 6, 9, 10, 12, 15....आदि ''भाज्य संख्याएं'' हैं।

नोट :

1. **संख्या 1 न तो भाज्य है और न ही अभाज्य।**
2. **वह संख्या जो सम भी हो और अभाज्य भी, केवल 2 है।**

- **आरोही क्रम (Ascending Order) :** बाईं ओर से दायीं ओर लिखने पर प्राकृतिक संख्याएं मान के अनुसार बढ़ते हुए क्रम में हों तो इस क्रम को **''आरोही क्रम''** कहते हैं। जैसे–25, 30, 41, 50 आदि संख्याएं आरोही क्रम में होंगी।
- **अवरोही क्रम (Descending Order):** बाईं ओर से दाईं ओर लिखने पर प्राकृतिक संख्याएं मान के अनुसार घटते हुए क्रम में हों, तो इस क्रम को **''अवरोही क्रम''** कहते हैं। जैसे–50, 41, 30, 25 आदि संख्याएं अवरोही क्रम में होंगी।

स्थानीय मान और जातीय (वास्तविक) मान

- **स्थानीय मान :** किसी अंक (Number) का जो मान (Value) उसके स्थान के कारण होता है, उसे उस अंक का **स्थानीय मान** कहते हैं। जैसे–32 में इकाई के स्थान पर 2 तथा दहाई के स्थान पर 3 है। इसमें 3

का स्थानीय मान $= 3 \times 10 = 30$ तथा 2 का स्थानीय मान $= 2 \times 1 = 2$ होगा।

- **जातीय (वास्तविक) मान :** हर अंक का अपना जातीय मान होता है। जैसे– 2 का 2, 5 का 5, 7 का 7, 9 का 9 आदि। जैसा कि हम ऊपर बता चुके हैं कि 32 में 3 का **स्थानीय मान** 30 है। परन्तु 32 में 3 का **जातीय मान** 3 होगा। इस प्रकार 32 में 3 के स्थानीय मान तथा जातीय मान के बीच अन्तर $= 30 - 3 = 27$ होगा। अतः किसी संख्या में किसी अंक का स्थानीय मान प्राप्त करने के लिए सरल तरीका यह है कि पहले उस अंक को लिख लें और उसके बाद उसमें उतने शून्य लगा दें, जितने कि उस अंक के बाद अंक हों।

उदाहरण 1 : 35011 में से 5 का स्थानीय मान क्या होगा?

हल : सबसे पहले 5 लिखें फिर देखें कि संख्या 5 के बाद कितने अंक हैं। अतः उपरोक्त दी हुई संख्या से स्पष्ट है कि 5 के बाद तीन अंक हैं। फिर 5 के बाद तीन शून्य लिख दें। 5000, इस प्रकार 35011 में 5 का **स्थानीय मान** = 5000 हुआ।

उदाहरण 2 : 751 में 7 के स्थानीय मान और जातीय मान में क्या अन्तर है?

हल : दी हुई संख्या 751 में 7 सैंकड़ा वाले स्थान पर है।

अतः 7 का **स्थानीय मान** $= 7 \times 100 = 700$ होगा तथा 7 का **जातीय मान** 7 ही होगा।

$\therefore$ 7 के स्थानीय मान तथा जातीय मान के बीच अन्तर

$= 700 - 7 = 693$ होगा।

नोट : प्रत्येक पूर्ण संख्या को अभाज्य संख्याओं के गुणनफल के रूप में लिखा जा सकता है।

एक संख्या के अभाज्य गुणनखण्ड किस प्रकार लिख सकते हैं :

(*i*) संख्या को 2 से भाग करो, यदि सम्भव हो, और 2 से भाग करते रहो जब तक कि ऐसा गुणनखण्ड न आ जाए जो 2 से विभाजित न हो।

(*ii*) प्राप्त परिणाम (*i*) को 3 से भाग करो, यदि सम्भव हो और 3 से भाग करते रहो जब तक कि ऐसा गुणनखण्ड न आ जाए जो 3 से विभाजित न हो।

(*iii*) प्राप्त परिणाम (*ii*) को 5 से भाग करो, यदि सम्भव हो और 5 से भाग करते रहो जब तक कि ऐसा गुणनखण्ड न आ जाए जो 5 से विभाजित न हो।

(*iv*) प्राप्त परिणामों में इसी प्रकार 7, 11, 13 आदि संख्याओं से भाग करते रहो जब तक कि सारे गुणनखण्ड अभाज्य गुणनखण्ड न हो जाएं।

उदाहरण 3 : 2310 को अभाज्य गुणनखण्डों की गुणा के रूप में प्रकट कीजिए।

हल :

2	2310
3	1155
5	385
7	77
	11

2310 के अभाज्य गुणनखण्ड $= 2 \times 3 \times 5 \times 7 \times 11$ होंगे

संख्याओं के सम्बन्ध में मौलिक तथ्य

(*a*) दो अंकों वाली संख्याओं के सन्दर्भ में

(*i*) दो अंकों वाली कुल संख्याओं की गिनती 90 है।

(*ii*) दो अंकों की सबसे बड़ी संख्या 99 है।

(*iii*) दो अंकों की सबसे छोटी संख्या 10 है।

(iv) दो अंकों की सबसे छोटी और सबसे बड़ी संख्या का योग 109 होता है।

(v) दो अंकों की सबसे बड़ी और सबसे छोटी संख्या का अन्तर 89 होता है।

(*b*) तीन अंकों वाली संख्याओं के सन्दर्भ में

(i) तीन अंकों वाली कुल संख्याओं की गिनती 900 है।

(ii) तीन अंकों की सबसे बड़ी संख्या 999 है।

(iii) तीन अंकों की सबसे छोटी संख्या 100 है।

(iv) तीन अंकों की सबसे छोटी और सबसे बड़ी संख्या का योग 1099 होता है।

(v) तीन अंकों की सबसे बड़ी और सबसे छोटी संख्या का अन्तर 899 होता है।

(*c*) चार अंकों वाली संख्याओं के सन्दर्भ में

(i) चार अंकों वाली कुल संख्याओं की गिनती 9000 है।

(ii) चार अंकों की सबसे बड़ी संख्या 9999 है।

(iii) चार अंकों की सबसे छोटी संख्या 1000 है।

(iv) चार अंकों की सबसे छोटी और सबसे बड़ी संख्या का योग 10999 होता है।

(v) चार अंकों की सबसे बड़ी और सबसे छोटी संख्या का अन्तर 8999 होता है।

(*d*) पाँच अंकों वाली संख्याओं के सन्दर्भ में

(i) पाँच अंकों वाली कुल संख्याओं की गिनती 90000 है।

(ii) पाँच अंकों की सबसे बड़ी संख्या 99999 है।

(iii) पाँच अंकों की सबसे छोटी संख्या 10000 है।

(iv) पाँच अंकों की सबसे छोटी और सबसे बड़ी संख्या का योग 109999 होता है।

(v) पाँच अंकों की सबसे बड़ी और सबसे छोटी संख्या का अन्तर 89999 होता है।

(*e*) प्राकृतिक संख्याओं के सन्दर्भ में

(i) 1 से लेकर 10 तक की प्राकृतिक संख्याओं का योग = 55 होता है।

(ii) 11 से लेकर 20 तक की प्राकृतिक संख्याओं का योग = 155 होता है।

(iii) 21 से लेकर 30 तक की प्राकृतिक संख्याओं का योग = 255 होता है।

(iv) 31 से लेकर 40 तक की प्राकृतिक संख्याओं का योग = 355 होता है।

(v) 41 से लेकर 50 तक की प्राकृतिक संख्याओं का योग = 455 होता है।

संख्याओं में 2, 3, 4, 5, 6, 8, 9, 10 व 11 से विभाज्यता की जाँच

(A) 2 से विभाज्यता : ऐसी संख्याएं जिनके इकाई के स्थान पर 0, 2, 4, 6 या 8 का अंक हों, तो वे संख्याएं 2 से पूर्णतः विभाजित होंगी।

(B) 3 से विभाज्यता : ऐसी संख्याएं जिनके अंकों का योग 3 से विभाज्य हों, तो वे संख्याएं भी 3 से विभाज्य होंगी।

(C) 4 से विभाज्यता : यदि किसी संख्या के अन्तिम दो अंक 4 से पूर्णतः विभाजित हों, तो वे संख्याएं भी 4 से विभाजित होंगी।

(D) 5 से विभाज्यता : जिन संख्याओं के इकाई के स्थान पर 0 या 5 का अंक हो, तो वे संख्याएं 5 से विभाजित होंगी।

(E) 6 से विभाज्यता : ऐसी संख्याएं जो 2 और 3 से अलग-अलग पूर्णतः विभाजित हों, तो वे संख्याएं भी 6 से विभाजित होंगी।

(F) 8 से विभाज्यता : वे संख्याएं जिनके अन्तिम तीन अंक 8 से विभाज्य हों, तो वे संख्याएं भी 8 से विभाजित होंगी।

(G) 9 से विभाज्यता : ऐसी संख्याएं जिनके अंकों का योग 9 से विभाज्य हो, तो वे संख्याएं भी 9 से विभाजित होंगी।

(H) 10 से विभाज्यता : जिन संख्याओं के इकाई के स्थान पर 0 का अंक हो, तो वे संख्याएं 10 से विभाजित होंगी।

(I) 11 से विभाज्यता : ऐसी संख्याएं जिनके सम तथा विषम स्थानों के अंकों के योगफलों का अन्तर 0 तथा 11 का गुणज हों, तो वे संख्याएं 11 से विभाजित होंगी।

ध्यान रखिये :

(*i*) **भाज्य = भाजक × भागफल + शेष**

(*ii*) **भाजक** $= \dfrac{\textbf{भाज्य} - \textbf{शेष}}{\textbf{भागफल}}$

(*iii*) **भागफल** $= \dfrac{\textbf{भाज्य} - \textbf{शेष}}{\textbf{भाजक}}$

उदा. 1 : भाग के एक प्रश्न में भाजक 9, भागफल 114 तथा शेष 5 है, तो बताइये भाज्य कितना होगा ?

हल : ∵ **भाज्य** = भाजक × भागफल + शेष

∴ भाज्य = 9 × 114 + 5

= 1026 + 5 = 1031

अतः भाज्य = 1031 होगा।

उदा. 2 : यदि भाग के किसी प्रश्न में भाज्य 1031, शेष 5 तथा भाजक 9 हो तो बताइये भागफल कितना होगा?

हल : **भागफल** $= \dfrac{\text{भाज्य} - \text{शेष}}{\text{भाजक}}$

$= \dfrac{1031 - 5}{9} = \dfrac{1026}{9} = 114$

अतः भागफल = 114 होगा।

उदा. 3 : निम्न प्रश्न में रिक्त स्थान की पूर्ति करो?

63) 7518 (11 ⊗

.....

21

हल : उपरोक्त प्रश्न में यदि हमें भागफल प्राप्त हो जाए तो ⊗ रिक्त स्थान के मान का पता लग जायेगा।

∵ भागफल $= \dfrac{\text{भाज्य} - \text{शेष}}{\text{भाजक}}$

$= \dfrac{7518 - 21}{63} = \dfrac{7497}{63} = 119$

अतः ⊗ रिक्त स्थान पर मान 9 होगा।

उदा. 4 : निम्न प्रश्न में (?) चिन्ह् के स्थान पर कौन-सी संख्या होगी?

10?)37522(364

....

30

हल : उपरोक्त प्रश्न में (?) चिन्ह् के स्थान पर आने वाली संख्या का मान पता लगाने के लिए भाजक का पता लगाना होगा।

∴ भाजक $= \dfrac{\text{भाज्य} - \text{शेष}}{\text{भागफल}}$

$= \dfrac{37522 - 30}{364} = \dfrac{37492}{364} = 103$

अतः (?) चिह्न के स्थान पर आने वाली संख्या का मान 3 होगा।

उदा. 5 : पांच अंकों की वह छोटी-से-छोटी संख्या क्या होगी जो 23 से पूर्णतः विभाजित हो जाए?

हल : चूंकि पांच अंकों की छोटी-से-छोटी संख्या = 10000

∵ 10000 को 23 से भाग देने पर शेष = 18

अतः 23 से पूर्णतः विभाजित होने वाली पांच अंकों की छोटी-से-छोटी संख्या

= 10000 + (23 – 18) = 10000 + 5 = 10005 होगी।

प्रश्नमाला

1. 1 से 100 के बीच अभाज्य संख्याएं होंगीः

A. 20 B. 30
C. 22 D. 25

2. ऐसी संख्या जो अभाज्य भी है और सम भीः

A. 1 B. 2
C. 98 D. 79

3. निम्न में से कौन-सी संख्या अभाज्य संख्या होगी?

A. 149 B. 159
C. 117 D. 147

4. चार अंकों की छोटी-से-छोटी संख्या होगी?

A. 1002 B. 1001
C. 9999 D. 1000

5. 43014 में 3 का स्थानीय मान क्या होगा?

A. 3 B. 3000
C. 300 D. 30

6. 81752 में 2 के स्थानीय मान और जातीय मान में अन्तर क्या होगा?

A. 2 B. 0
C. 1 D. 20

7. संख्या 3125 में से क्या घटाया जाए ताकि शेष संख्या 13 से पूर्णतः विभाजित हो सके?

A. 5 B. 8
C. 10 D. 12

8. निम्नलिखित में से कौन-सी संख्या 3 से पूर्णतः विभाजित होगी?

A. 491 B. 371
C. 591 D. 571

9. भाग के प्रश्न में भाजक 16, भागफल 9 तथा शेष 1 हो, तो भाज्य कितना होगा?

A. 145 B. 136
C. 144 D. 152

10. 1 से 50 तक पूर्णांकों का योग कितना होगा?

A. 1275 B. 1375
C. 1225 D. 1365

11. संख्या 30, 70, 584 में अंक 7 के स्थानीय मान लिखो।

A. 700 B. 7000
C. 70,000 D. 700,000

12. 3589 में क्या जोड़ें कि यह पांच अंकों की सबसे छोटी संख्या बन जाए?

A. 6413 B. 6412
C. 6411 D. 6311

13. 2756 और तीन अंकों की सबसे बड़ी संख्या का योगफल ज्ञात करो।

A. 3655
B. 3755
C. 3756
D. 3656

14. पांच अंकों की सबसे बड़ी और छः अंकों की सबसे छोटी संख्याओं का अन्तर ज्ञात करो।

A. 1 B. 3
C. 3 D. 4

15. संख्या 36795 में अंक 6 के स्थान पर 9 तथा 9 के स्थान पर 6 बदल देने से इन संख्याओं के मान में कितना अन्तर हो जाएगा।

A. 2970 B. 3071
C. 2971 D. 3071

16. चार अंकों की बड़ी-से-बड़ी व छोटी-से-छोटी संख्याओं का योग ज्ञात करो।

A. 10990 B. 11999
C. 10909 D. 10999

उत्तरमाला

1	2	3	4	5	6	7	8	9	10
D	B	A	D	B	B	A	C	A	A
11	**12**	**13**	**14**	**15**	**16**				
C	C	B	A	A	D				

व्याख्यात्मक उत्तर

1. चूंकि 1 से 100 के बीच अभाज्य संख्याएं क्रमशः 2, 3, 5, 7, 11, 13, 17, 19, 23, 29, 31, 37, 41, 43, 47, 53, 59, 61, 67, 71, 73, 79, 83, 89 तथा 97 होंगी। अतः स्पष्ट है कि 1 से 100 तक के बीच अभाज्य संख्याओं की गिनती = 25 हैं।

2. ऐसी संख्या जो अभाज्य भी है और सम भी, केवल 2 है।

3. दिये गये विकल्प A में 149 एक अभाज्य है, क्योंकि यह किसी अन्य संख्या से पूर्णतः विभाजित नहीं है।

4. चार अंकों की छोटी-से-छोटी संख्या = 1000 होगी। अतः आपका उत्तर विकल्प D है।

5. $\because$ संख्या 43014 में 3 का अंक हजार के स्थान पर है

$\therefore$ संख्या में 3 का स्थानीय मान
$= 3 \times 1000 = 3000$ होगा।

6. $\because$ संख्या 81752 में 2 का अंक इकाई के स्थान पर है।

$\therefore$ संख्या में 2 का स्थानीय मान $= 2 \times 1 = 2$ तथा संख्या में 2 का जातीय मान = 2 होगा। 2 के स्थानीय मान तथा जातीय मान के बीच अन्तर $= 2 - 2 = 0$ होगा।

7. चूंकि संख्या 3125 में 13 से भाग देने पर शेष 5 बचता है।

$\therefore$ संख्या 3125 को 13 से पूर्णतः विभाजित होने के लिए इसमें से 5 घटाया जाये।

8. विकल्प C में दी गई संख्या 591, 3 से पूर्णतः विभाजित होगी, क्योंकि संख्या के अंकों का योग 3 से विभाजित हैं।

9. $\because$ भाज्य = भाजक × भागफल + शेष
$= 16 \times 9 + 1 = 144 + 1 = 145.$

10. 1 से 50 तक के पूर्णांकों का योग

$= \frac{n(n+1)}{2}$ जहां n पदों की संख्या हैं।

$$= \frac{50(50+1)}{2} = \frac{50 \times 51}{2} = 1275$$

11. संख्या 3070584 में
अंक 7 का स्थानीय मान = 7 दस हजार = 70,000

12. 6411

13. 3755

14. 1

15. 39765; मान में अंतर 2970

16. चार अंकों की सबसे बड़ी संख्या = 9999
चार अंकों की सबसे छोटी संख्या = 1000
$\therefore$ अभीष्ट योग $= 9999 + 1000 = 10999$

☆☆☆☆☆☆

2 दशमलव (Decimals)

दशमलव बिन्दु के अंकों के समूह को **दशमलव भिन्न** कहते है। जैसे– 0.513, 0.317, 0.219, 0.6 आदि। प्रत्येक दशमलव एक भिन्न को दर्शाता है।

दशमलव भिन्न को साधारण भिन्न में बदलनाः

(*i*) एक ऐसी भिन्न लो जिसका हर 10 हो तथा अंश दशमलव के बाद दायीं ओर का पहला अंक हो।

(*ii*) एक ऐसी भिन्न लो जिसका हर 100 हो तथा अंश दशमलव के बाद दायीं ओर का दूसरा अंक हो।

(*iii*) इस प्रक्रिया को दोहराइये जब तक दशमलव के बाद के अंक समाप्त नहीं हो जाते। प्रत्येक दशा में हर, पहले हर का दस गुणा होगा।

(*iv*) इस प्रकार प्राप्त भिन्नों का योग जो परिणाम (*i*), (*ii*) और (*iii*) के योग से प्राप्त होता है, दशमलव भिन्न को प्रकट करता है।

जैसे :

$$0.317 = \frac{3}{10} + \frac{1}{100} + \frac{7}{1000}$$

$$= \frac{300}{1000} + \frac{10}{1000} + \frac{7}{1000} = \frac{317}{1000}$$

नोटः शून्यों से बनी कोई संख्या दशमलव के दाईं ओर बिना परिवर्तन किये लिखी जाती है।

प्रश्नमाला

1. कौन-सी भिन्न $\frac{15}{25}$ के समान है?

A. $\frac{150}{25}$ B. $\frac{15}{250}$

C. $\frac{3}{5}$ D. $\frac{60}{75}$

2. कौन-सी भिन्न $\frac{13}{20}$ के समान नहीं है?

A. $\frac{26}{40}$ B. $\frac{130}{200}$

C. $\frac{39}{60}$ D. $\frac{52}{60}$

3. एक घंटे के $\frac{5}{6}$ भाग का मान हैः

A. आधा घण्टा B. 40 मिनट

C. 50 मिनट D. 55 मिनट

4. एक वायुयान 1250 कि.मी. यात्रा में 2/5 भाग ईंधन खपत करता है। शेष ईंधन में यात्रा पूरी करेगाः

A. 1875 कि.मी. B. 2125 कि.मी.

C. 250 कि.मी. D. 475 कि.मी.

5. निम्नलिखित में से कौन-सी भिन्न सबसे बड़ी है?

A. $\frac{3}{15}$ B. $\frac{5}{20}$
C. $\frac{8}{64}$ D. $\frac{25}{1000}$

6. निम्नलिखित में से कौन-सी भिन्न सबसे छोटी है?

A. $\frac{1}{10}$ B. $\frac{1}{100}$
C. $\frac{9}{1000}$ D. $\frac{500}{10,000}$

7. $.001 \times 1000 = ?$

A. .1 B. 1
C. .01 D. 10

8. $1.01 \times .1 = ?$

A. 1.01 B. 10.1
C. .101 D. .0101

9. $\frac{20 + 8 \times 0.5}{20 - ?} = 12$

A. 12 B. 4
C. 18 D. 2

10. $.01 \times 100 \div 2.5 = ?$

A. 4 B. .4
C. .04 D. 5

11. दी हुई भिन्नों $\frac{5}{8}, \frac{21}{35}, \frac{9}{16}, \frac{6}{7}$ में सबसे बड़ी और सबसे छोटी भिन्न के बीच अन्तर है?

A. $\frac{33}{112}$ B. $\frac{112}{33}$
C. $\frac{32}{112}$ D. $\frac{112}{32}$

12. यदि किसी संख्या तथा उसके $\frac{1}{5}$ भाग में अन्तर 20 है, तो वह संख्या क्या है?

A. 23 B. 25
C. 24 D. 26

13. एक मनुष्य के पास एक मकान का $\frac{3}{5}$ भाग था। अपने भाग का $\frac{1}{3}$ भाग उसने 250 रुपए में बेचा तो उस मकान का मूल्य क्या था?

A. 1150 रु. B. 1250 रु.
C. 1205 रु. D. 1105 रु.

14. एक धनराशि का सातवां भाग उनके नौवें भाग से 192 रुपए अधिक है। वह धनराशि बताओ।

A. 4860 रु. B. 6050 रु.
C. 6048 रु. D. 5060 रु.

15. एक मनुष्य ने अपनी जायदाद को तीन बच्चों में इस प्रकार बांटा कि पहले को कुल जायदाद का $\frac{2}{5}$ भाग मिला, दूसरे को शेष का $\frac{1}{3}$ भाग मिला और शेष तीसरे को मिला। यदि तीसरे को, दूसरे से 750 रुपए अधिक मिले हों, तो कुल जायदाद का मूल्य क्या था?

A. 3720 रु. B. 3760 रु.
C. 3740 रु. D. 3750 रु.

उत्तरमाला

1	2	3	4	5	6	7	8	9	10
C	D	C	A	B	C	B	C	C	B
11	**12**	**13**	**14**	**15**					
A	B	B	C	D					

व्याख्यात्मक उत्तर

1. $\frac{15}{25} = \frac{3\times5}{5\times5} = \frac{3}{5}$

2. $\frac{26}{40} = \frac{2\times13}{2\times20} = \frac{13}{20}, \frac{39}{60}$

$= \frac{13\times3}{20\times3} = \frac{13}{20}$

$\frac{130}{200} = \frac{13\times10}{20\times10} = \frac{13}{20},$

$\frac{52}{60} = \frac{13\times4}{20\times3} = \frac{13}{20}\times\frac{4}{3}$

अतः $\frac{52}{60} \neq \frac{13}{20}$

3. 1 घण्टे का $\frac{5}{6}$ भाग

$= \frac{5}{6}\times60$ मिनट

= 50 मिनट।

4. शेष ईंधन = $1-\frac{2}{5} = \frac{5-2}{5} = \frac{3}{5}$

$\frac{2}{5}$ ईंधन में तय की गई दूरी

= 1250 कि.मी.

पूरे ईंधन में तय की गई दूरी

$= \frac{1250}{2/5} = \frac{1250\times5}{2}$ कि.मी.

$\frac{3}{5}$ ईंधन में तय की गई दूरी

$= \frac{1250\times5}{2}\times\frac{3}{5} = 1875$ कि.मी.

5. $\frac{3}{15} = \frac{1}{5}, \frac{8}{64} = \frac{1}{8}$

$\Rightarrow \frac{5}{20} = \frac{1}{4}, \frac{25}{1000} = \frac{1}{40}$

$\frac{1}{5}, \frac{1}{4}, \frac{1}{8}, \frac{1}{40}$

$\Rightarrow \frac{8, 10, 5, 1}{40}$

$\therefore$ सबसे बड़ी भिन्न = $\frac{1}{4} = \frac{5}{20}$

6. $\frac{1}{10} = .1, \frac{9}{1000} = .009$

$\frac{1}{100} = .01, \frac{500}{10,000} = \frac{5}{100} = .05$

$\therefore$ सबसे छोटी भिन्न

$= 0.09 = \frac{9}{1000}$

7. $.001\times1000 = 001.000 = 1$

8. $1.01\times.1 = \frac{101\times1}{100\times10} = \frac{101}{1000} = .101$

9. $\because \frac{20+8\times0.5}{20-?} \Rightarrow \frac{20+4}{20-?}$

$12 \Rightarrow \frac{24}{12} = 2$

$\Rightarrow 2 = 20-? \Rightarrow ? = 20-2 = 18$

10. $.01\times100\div2.5$

$= .01\times\frac{100}{2.5} = .01\times40 = .4$

11. 8, 35, 16 और 7 का लघुत्तम समापवर्तक = 560

$\therefore \frac{5}{8} = \frac{5\times70}{8\times70} = \frac{350}{560}$

$\frac{21}{35} = \frac{21\times16}{35\times16} = \frac{336}{560}$

$\frac{9}{16} = \frac{9\times35}{16\times35} = \frac{315}{560}$

$\frac{6}{7} = \frac{6\times80}{7\times80} = \frac{480}{560}$

$\therefore$ सबसे बड़ी भिन्न $= \frac{6}{7}$

तथा सबसे छोटी भिन्न $= \frac{9}{16}$

$\therefore$ अन्तर $= \frac{6}{7} - \frac{9}{16}$

$= \frac{96-63}{112} = \frac{33}{112}$

12. माना संख्या 1 है।

$\therefore$ 1 का $\frac{1}{5} = \frac{1}{5}$

$\therefore 1-\frac{1}{5} = \frac{4}{5}$

$\therefore$ संख्या $= 20 \div \frac{4}{5}$

$= 20\times\frac{5}{4} = 25$

13. भाग जो बेचा गया

$= \frac{3}{5}$ का $\frac{1}{3} = \frac{3}{5}\times\frac{1}{3} = \frac{1}{5}$

$\because \frac{1}{5}$ भाग का मूल्य

= 250 रुपए

$\therefore$ सम्पूर्ण भाग का मूल्य

$= 250\times\frac{5}{1} = 1250$ रुपए

14. $\because \frac{1}{7}-\frac{1}{9} = \frac{2}{63}$

$\because$ धन का $\frac{2}{63} = 192$ रुपए

$\therefore$ वह धन $= 192\times\frac{63}{2}$

= 6048 रुपए

15. पहले बच्चे का भाग = कुल सम्पति का $\frac{2}{5}$

$\therefore$ शेष $= 1-\frac{2}{5} = \frac{3}{5}$

दूसरे बच्चे का भाग $= \frac{3}{5}$ का $\frac{1}{3} = \frac{1}{5}$

अब शेष बचा $= \frac{3}{5}-\frac{1}{5} = \frac{2}{5}$

जो कि तीसरे बच्चे को दिया गया।

$\therefore$ तीसरे बच्चे को दूसरे बच्चे से अधिक मिला $= \frac{2}{5}-\frac{1}{5} = \frac{1}{5}$

$\therefore$ कुल सम्पति के $\frac{1}{5}$ भाग का मूल्य

= 750 रुपए

$\therefore$ कुल संपत्ति का मूल्य

$= 750\times\frac{5}{1}$

= 3750 रुपए।

☆☆☆☆☆☆

सरलीकरण
(Simplification)

साधारण या दशमलव भिन्नों के जटिल व्यंजक को एक साधारण भिन्न या दशमलव भिन्न में बदलने की क्रिया को "सरलीकरण" कहते हैं। इस प्रकार के व्यंजक में "कोष्ठक", "का", (÷), (×), (+) तथा (–) आदि चिह्न अलग-अलग या एक साथ प्रदर्शित होते हैं। अतः ऐसे व्यंजक का "सरलीकरण" करने में **"BODMAS"** शब्द का प्रयोग किया जाता है। **"BODMAS"** शब्द का क्रमानुसार आशय निम्नलिखित है।

"BODMAS"

B	ब्रैकेट (कोष्ठक)	$\left[\left\{\left(\overline{\ }\right)\right\}\right]$
O	ऑफ (का)	का
D	डिवीजन (भाग)	÷
M	मल्टीप्लिकेशन (गुणा)	×
A	ऐडीशन (जोड़)	+
S	सब्ट्रेक्शन (घटाना)	–

अतः किसी भी जटिल व्यंजक को **"BODMAS"** शब्द के क्रमानुसार सरल किया जाता है। अर्थात् सबसे पहले "कोष्ठक" उसके बाद "का" फिर "भाग" फिर "गुणा" उसके बाद "जोड़" और अन्त में "घटाना" सरल होता है। इस क्रम को याद रखना परम आवश्यक है क्योंकि ऐसा न करने पर सरलीकरण की क्रियाएं गलत हो जाती हैं।

महत्वपूर्ण नोट :

(*i*) कोष्ठक चार प्रकार के होते हैं : 1. रेखा कोष्ठक जिसे बन्धनी रेखा (–) भी कहते हैं। 2. छोटा कोष्ठक(()), 3. मझला कोष्ठक ({}), 4. बड़ा कोष्ठक ([]), अतः कोष्ठक के प्रश्नों में सबसे पहले रेखा कोष्ठक (–), उसके बाद छोटा कोष्ठक (()), उसके बाद मझला कोष्ठक ({}), और अन्त में बड़े कोष्ठक ([]) को सरल करना चाहिए।

(*ii*) O (का) का सामान्य अर्थ गुणा होता है।

नीचे कुछ उदाहरण दिये गये हैं जिनका अभ्यास करके आप भली-भाँति समझ सकेंगे:

उदाहरण 1 : $6+5\times3$ को सरल कीजिए।

हल : ∴ उपरोक्त प्रश्न में + और × के चिह्न प्रदर्शित हैं।

∴ "BODMAS" नियम के अनुसार पहले गुणा उसके बाद जोड़ होगा।

$$\therefore\ 6+5\times3=6+15=21$$

उदाहरण 2 : $\frac{3}{4}\div\frac{1}{2}+\frac{1}{4}-\frac{1}{8}$ को सरल कीजिए।

हल : ∴ उपरोक्त प्रश्न में ÷, + और – चिह्न प्रदर्शित हैं।

∴ "BODMAS" नियम के अनुसार पहले भाग, फिर जोड़ उसके बाद घटाव करें।

$$\therefore\ \frac{3}{4}\div\frac{1}{2}+\frac{1}{4}-\frac{1}{8}$$

$$=\frac{3}{4}\times\frac{2}{1}+\frac{1}{4}-\frac{1}{8}=\frac{3}{2}+\frac{1}{4}-\frac{1}{8}$$

$= \frac{12+2-1}{8} = \frac{13}{8} = 1\frac{5}{8}$

ध्यान दें : + और − चिह्न को एक साथ हल करने पर कोई अन्तर नहीं पड़ता है।

उदाहरण 3 : $\frac{1}{2}$ का $\frac{4}{3} \times 3\frac{1}{2} \div \frac{7}{4} - 1$ को सरल करो।

हल : "BODMAS" नियम के अनुसार सबसे पहले 'का' फिर ÷, फिर ×, अन्त में − को सरल करें।

$\therefore \frac{1}{2}$ का $\frac{4}{3} \times 3\frac{1}{2} \div \frac{7}{4} - 1$

$= \frac{2}{3} \times 3\frac{1}{2} \div \frac{7}{4} - 1$

$= \frac{2}{3} \times \frac{7}{2} \times \frac{4}{7} - 1 = \frac{2}{3} \times 2 - 1$

$= \frac{4}{3} - 1 = \frac{4-3}{3} = \frac{1}{3}$

प्रश्नमाला

1. $\frac{7}{4} - \frac{4}{7} = \frac{5}{28} + ?$

A. 2 B. $\frac{1}{7}$

C. $\frac{2}{9}$ D. 1

2. $22 \times 5 = 22$ का ?%

A. 4500 B. 5000

C. 500 D. 750

3. 200 का $\frac{1}{25} \div 8 = ?$

A. 1 B. 3

C. 8 D. 5

4. $\frac{40 \times 0.4 \times 0.04}{4 + 4 \div 4} = ?$

A. .128 B. .148

C. .15 D. .248

5. $50 \div 5 \div 5 = ?$

A. 2 B. 10

C. 1/5 D. 4

6. $\frac{40 \times 15 + 25}{26 + 4 \div 4 - 2} = ?$

A. 25 B. 30

C. 31 D. 42

7. $\frac{1.4 \times 3.6 - 1.2}{0.4 \times 1.2} = ?$

A. 8 B. 2

C. 4 D. 3

8. $14 \times 3.2 - 2 \times 2.1 + 0.8 = ?$

A. 1.08 B. 2.18

C. 1.18 D. 2.08

9. $5 \div \frac{3}{4} + \frac{2}{3} \times \frac{3}{4} - \frac{2}{3}$ का $\frac{13}{7} = ?$

A. $4\frac{12}{11}$ B. $5\frac{13}{14}$

C. $5\frac{13}{17}$ D. $6\frac{13}{14}$

10. $(9+9+9) \div 9 \times 9 = ?$

A. 27 B. 24

C. 21 D. 32

11. $2 - [3 - \{6 - (5 - \overline{4-3})\}]$ को सरल करो।

A. 1 B. 2

C. 3 D. इनमें से कोई नहीं

12. सरल करो—

$\frac{3}{11}+\frac{4}{3}\div\frac{10}{11}\times\frac{5}{11}-\frac{28}{33}$ का $1\frac{2}{7}$

A. $\frac{5}{13}$ B. $\frac{-5}{33}$

C. $\frac{5}{33}$ D. $\frac{-5}{13}$

13. $4.51\times\frac{2}{5}+\frac{3}{5}\times4.51+4.51$ को सरल करो।

A. 9.02 B. 90.2

C. 0.902 D. 902

14. $\frac{15.72\times15.72-5.72\times5.72}{15.72+5.72}$ को सरल करो।

A. 9 B. 10

C. 8 D. 11

15. $7.55\times7.55-2\times7.55\times2.55+2.55\times2.55$

A. 16 B. 9

C. 25 D. 36

उत्तरमाला

1	2	3	4	5	6	7	8	9	10
D	C	A	A	A	A	A	A	B	A
11	**12**	**13**	**14**	**15**					
A	B	A	B	C					

व्याख्यात्मक उत्तर

1. $\frac{7}{4}-\frac{4}{7}=\frac{5}{28}+?$

$\Rightarrow\frac{7\times7-4\times4}{4\times7}=\frac{5}{28}+?$

$\Rightarrow\frac{49-16}{28}=\frac{5}{28}+?$

$\Rightarrow\frac{33}{28}=\frac{5}{28}+?$

$\Rightarrow1\frac{5}{28}=\frac{5}{28}+?$

$\Rightarrow1+\frac{5}{28}=\frac{5}{28}+?$ $\therefore ?=1$

2. $\because$ $22\times5=22$ का $?\%$

$\Rightarrow110=22\times\frac{?}{100}$

$\Rightarrow\frac{110\times100}{22}=?$ $\therefore$ $?=500$

3. $\because$ 200 का $\frac{1}{25}\div8=?$

$\Rightarrow8\div8=?\Rightarrow\frac{8}{8}=?\Rightarrow1=?$

4. $\because$ $\frac{40\times0.4\times0.04}{4+4\div4}=?\Rightarrow\frac{.64}{4+\frac{4}{4}}=?$

$\Rightarrow\frac{.64}{4+1}=?\Rightarrow\frac{.64}{5}=?\Rightarrow.128=?$

5. $\because$ $50\div5\div5=?\Rightarrow\frac{50}{5}\div5=?$

$\Rightarrow10\div5=?\Rightarrow\frac{10}{5}=?$ $\Rightarrow2=?$

6. $\because \dfrac{40\times15+25}{26+4\div4-2}=?$

$\Rightarrow \dfrac{600+25}{26+\frac{4}{4}-2}=?\Rightarrow\dfrac{625}{26+1-2}=?$

$\Rightarrow \dfrac{625}{25}=?\Rightarrow 25=?$

7. $\dfrac{1.4\times3.6-1.2}{0.4\times1.2}=\dfrac{5.04-1.2}{.48}=\dfrac{3.84}{.48}=8.$

8. "BODMAS" नियम के अनुसार पहले गुणा उसके बाद जोड़ और अन्त में घटाव की क्रिया करें।

$\therefore\ 1.4\times3.2-2\times2.1+0.8$

$=\ 4.48-4.2+0.8=1.08$

9. "BODMAS" नियम के अनुसार सबसे पहले का, फिर भाग, उसके बाद गुणा, फिर जोड़ और अन्त में घटाव की क्रिया करें।

$\therefore\ 5\div\frac{3}{4}+\frac{2}{3}\times\frac{3}{4}-\frac{2}{3}$ का $\frac{13}{7}$

$=\ 5\div\frac{3}{4}+\frac{2}{3}\times\frac{3}{4}-\frac{26}{21}$

$=\frac{20}{3}+\frac{2}{3}\times\frac{3}{4}-\frac{26}{21}=\frac{20}{3}+\frac{1}{2}-\frac{26}{21}$

$=\ \frac{280+21-52}{42}=\frac{249}{42}=5\frac{39}{42}=5\frac{13}{14}$

10. "BODMAS" नियम के अनुसार पहले कोष्ठक के अन्दर की संख्याओं को सरल करें, फिर भाग, उसके बाद गुणा करें।

$\therefore\ (9+9+9)\div9\times9=27\div9\times9$

$=\ \frac{27}{9}\times9=27.$

11. $2-\left[3-\left\{6-\left(5-\overline{4-3}\right)\right\}\right]$

$=2-[3-\{6-(5-1)\}]$

$=2-[3-\{6-4\}]=2-[3-2]$

$=2-1=1$

12. दिया गया व्यंजक

$=\frac{3}{11}+\frac{4}{3}\div\frac{10}{11}\times\frac{5}{11}-\frac{28}{33}$ का $1\frac{2}{7}$

$=\frac{3}{11}+\frac{4}{3}\div\frac{10}{11}\times\frac{5}{11}-\frac{28}{33}\times\frac{9}{7}$

$=\frac{3}{11}+\frac{4}{3}\times\frac{11}{10}\times\frac{5}{11}-\frac{28}{33}\times\frac{9}{7}$

$=\frac{3}{11}+\frac{2}{3}-\frac{12}{11}=\frac{9+22-36}{33}=\frac{-5}{33}$

13. व्यंजक $=4.51\times\frac{2}{5}+\frac{3}{5}\times4.51+4.51$

$=4.51\left(\frac{2}{5}+\frac{3}{5}+1\right)$

$=4.51\left(\frac{2+3+5}{5}\right)$

$=4.51\times\frac{10}{5}$

$=4.51\times2=9.02$

14. $\dfrac{15.72\times15.72-5.72\times5.72}{15.72+5.72}$

$=\dfrac{(15.72+5.72)\,(15.72-5.72)}{(15.72+5.72)}$

$=15.72-5.72=10$

15. $7.55\times7.55-2\times7.55\times2.55+2.55\times2.55$

$=(7.55)^2-2\,(7.55)\,(2.55)+(2.55)^2$

$=(7.55-2.55)^2=(5)^2=25$

☆☆☆☆☆☆

महत्तम समापवर्तक और लघुत्तम समापवर्त्य (H.C.F. and L.C.M.)

- **महत्तम समापवर्तक :** किन्हीं दो या दो से अधिक दी हुई संख्याओं का महत्तम समापवर्तक (म. स. प.) वह बड़ी-से-बड़ी संख्या है जो प्रत्येक दी हुई संख्याओं को पूरा-पूरा विभाजित करे।
- **लघुत्तम समापवर्त्य :** किन्हीं दो या दो से अधिक दी हुई संख्याओं का लघुत्तम समापवर्त्य (ल. स. व.) वह छोटी-से-छोटी संख्या है जो प्रत्येक दी हुई संख्या से पूरी-पूरी विभाजित हो।

प्रश्नों से संबंधित समस्याओं को हल करने के लिए निम्नलिखित सूत्रों को ध्यान में रखिये :

(*i*) भिन्नों का महत्तम समापवर्तक (म. स. प.) = अंशों का महत्तम समापवर्तक / हरों का लघुत्तम समापवर्त्य

(*ii*) भिन्नों का लघुत्तम समापवर्त्य (ल. स. व.) = अंशों का लघुत्तम समापवर्त्य / हरों का महत्तम समापवर्तक

(*iii*) दो संख्याओं का गुणनफल = म. स. प. × ल. स. व.

उदाहरण 1 : 18, 24 तथा 60 का महत्तम समापवर्तक निकालिए।

हल : $\because 18 = \underline{2} \times 3 \times \underline{3}$

$24 = \underline{2} \times 2 \times 2 \times 3$ तथा $60 = 2 \times 2 \times \underline{3} \times 5$

∵ उपरोक्त दी हुई संख्याओं के अभाज्य गुणनखण्डों से स्पष्ट है कि तीनों संख्याओं के अभाज्य गुणनखण्डों में 2×3 उभयनिष्ठ है।

∴ अभीष्ट महत्तम समापवर्तक = 6 होगा।

उदाहरण 2 : 40, 30, 25 तथा 20 का लघुत्तम समापवर्त्य ज्ञात कीजिए।

हल : $\because 40 = 2 \times 2 \times 2 \times 5$

$30 = 2 \times 3 \times 5;$

$25 \times 5 \times 5$ तथा $20 = 2 \times 2 \times 5$

∵ उपरोक्त चारों संख्याओं के अभाज्य गुणनखण्डों को देखकर आसानी से ज्ञात किया जा सकता है कि कौन-सा अभाज्य गुणनखण्ड सबसे अधिक बार आया है। अतः स्पष्ट है कि अभाज्य गुणनखण्ड 2 सबसे अधिक 3 बार और 3 एक बार तथा 5 दो बार आया है।

∴ अभीष्ट लघुत्तम समापवर्त्य (ल. स. व.) $= 2 \times 2 \times 2 \times 3 \times 5 \times 5 = 600$.

प्रश्नमाला

1. 12, 24 व 36 का महत्तम समापवर्तक कितना होगा?

A. 16 B. 18
C. 12 D. 36

2. 70, 20 व 14 का लघुत्तम समापवर्त्य क्या है?

A. 120 B. 140
C. 280 D. 70

3. दो संख्याओं का अनुपात 11 : 15 है। यदि उनका म॰स॰प॰ 13 हो, तो वे संख्याएं क्रमशः क्या होंगी?

A. 143 व 195 B. 195 व 143
C. 110 व 150 D. 121 व 165

4. वह छोटी-से-छोटी पूर्ण वर्ग संख्या क्या होगी जो 56, 21 तथा 36 से पूर्णतः विभाजित हो सके?

A. 7056 B. 8056
C. 7040 D. 8100

5. वह बड़ी-से-बड़ी संख्या क्या होगी, जिससे यदि 27, 33 तथा 39 को भाग दें तो क्रमशः 2, 3 तथा 4 शेष बचें?

A. 4 B. 5
C. 3 D. 7

6. 5 अंकों की वह छोटी-से-छोटी संख्या क्या होगी जो 12, 15 तथा 18 से पूर्णतः विभाजित हो?

A. 10080 B. 10800
C. 11820 D. 12080

7. दो संख्याओं का गुणनफल 27 है। उनका महत्तम समापवर्तक 3 है, तो उनका लघुत्तम समापवर्त्य क्या होगा?

A. 81 B. 54
C. 9 D. 6

8. चार अंकों की वह बड़ी-से-बड़ी संख्या क्या है जो 2, 3, 4, 5, 6 और 7 से पूरी-पूरी विभाजित हो जाती है?

A. 9729 B. 9760
C. 9579 D. 9660

9. दो संख्याओं का गुणनफल 54 है। उनका महत्तम समापवर्तक 3 है, तो उनका लघुत्तम समापवर्त्य क्या होगा?

A. 18 B. 21
C. 9 D. 24

10. $\frac{10}{21}, \frac{25}{27}$ और $\frac{35}{24}$ का महत्तम समापवर्तक क्या है?

A. $\frac{5}{216}$ B. $\frac{5}{1080}$
C. $\frac{5}{1512}$ D. $\frac{5}{638}$

11. 27, 15, 72 का लघुत्तम ज्ञात करो।

A. 1020 B. 1080
C. 1050 D. 1060

12. 77, 88, 132 का लघुत्तम ज्ञात करो।

A. 1860 B. 1858
C. 1850 D. 1848

13. 135, 120, 90 का लघुत्तम ज्ञात करो।

A. 1050 B. 1020
C. 1080 D. 1060

14. 4, 6, 9, 12 का लघुत्तम ज्ञात करो।

A. 36 B. 38
C. 34 D. 40

उत्तरमाला

1	2	3	4	5	6	7	8	9	10
C	B	A	A	B	A	C	D	A	C
11	**12**	**13**	**14**						
B	D	C	A						

व्याख्यात्मक उत्तर

1. $\because$ $12 = \underline{2 \times 2 \times 3}$

$24 = 2 \times \underline{2 \times 2 \times 3}$

तथा $36 = \underline{2 \times 2 \times 3} \times 3$

$\therefore$अभीष्ट महत्तम समापवर्तक

$= 2 \times 2 \times 3 = 12$ होगा।

2. $\because$ $70 = 2 \times 5 \times 7$

$20 = 2 \times 2 \times 5$

तथा $14 = 2 \times 7$

$\therefore$ अभीष्ट लघुत्तम समापवर्त्य

$= 2 \times 2 \times 5 \times 7 = 140$

3. माना कि वे संख्याएं क्रमशः $11x$ व $15x$ हैं।

प्रश्नानुसार, दोनों संख्याओं का म॰स॰प॰ = 13 (दिया हुआ है)। अतः स्पष्ट होता है कि x के स्थान पर मान 13 होगा, क्योंकि 11×13 तथा 15×13 का म॰स॰प॰ 13 है। अतः वे संख्याएं क्रमशः $11 \times 13 = 143$ तथा $15 \times 13 = 195$ होंगी।

4. सबसे पहले 56, 21 तथा 36 का ल॰स॰व॰ ज्ञात करना है।

$\because$ $56 = 2 \times 2 \times 2 \times 7$

$21 = 3 \times 7$

तथा $36 = 2 \times 2 \times 3 \times 3$

$\therefore$ अभीष्ट ल॰स॰व॰

$= 2 \times 2 \times 2 \times 3 \times 3 \times 7$

चूंकि यह पूर्ण वर्ग संख्या नहीं है। अतः अभीष्ट ल॰स॰व॰ को पूर्ण वर्ग बनाने के लिए इसमें कम-से-कम 2×7 अर्थात् 14 से गुणा करना होगा।

$\therefore$ वह छोटी-से-छोटी पूर्ण वर्ग संख्या

$= 2 \times 2 \times 2 \times 3 \times 3 \times 7 \times 2 \times 7 = 7056$ होगी।

5. इस प्रकार के प्रश्नों में पहले शेषफल को संख्याओं में से घटाया जाता है फिर उन संख्याओं का म॰स॰प॰ ज्ञात किया जाता है।

$\because$ $27 - 2 = 25$

$33 - 3 = 30$

तथा $39 - 4 = 35$

अतः 25, 30 तथा 35 का म॰स॰प॰ ज्ञात करना है।

$\because$ $25 = 5 \times 5$

$30 = 2 \times 3 \times 5$

तथा $35 = 5 \times 7$

$\therefore$ अभीष्ट म॰स॰प॰ = 5

$\therefore$ वह-बड़ी-से बड़ी संख्या = 5 होगी।

6. सबसे पहले 12, 15 तथा 18 का ल॰स॰व॰ ज्ञात करना है।

$\because$ $12 = 2 \times 2 \times 3$

$15 = 3 \times 5$

तथा $18 = 2 \times 3 \times 3$

$\therefore$ अभीष्ट ल॰स॰व॰

$= 2 \times 2 \times 3 \times 3 \times 5$

$= 180$

तथा 5 अंकों की छोटी-से-छोटी संख्या

$= 10000$

$= 180 \times 55 + 100$

तथा स्पष्ट है कि 5 अंकों की छोटी-से-छोटी संख्या जो 12, 15 तथा 18 से पूर्णतः विभाजित होगी

$= 180 \times 56 = 10080$

7. लघुत्तम समापवर्त्य

$$= \frac{\text{दोनों संख्याओं का गुणनफल}}{\text{उनका महत्तम समापवर्तक}}$$

$$= \frac{27}{3} = 9$$

8. 2, 3, 4, 5, 6 और 7 का लघुत्तम समापवर्त्य

$= 2 \times 2 \times 3 \times 5 \times 7 = 420$

चार अंकों की सबसे बड़ी संख्या = 9999

9999 को 420 से विभाजित करें तो शेष = 339

$\therefore$ अभीष्ट संख्या = 9999 – 339 = 9660

9. उनका लघुत्तम समापवर्त्य

$= \dfrac{\text{दोनों संख्याओं का गुणनफल}}{\text{उनका महत्तम समापवर्तक}}$

$= \dfrac{54}{3} = 18$

10. भिन्नों का महत्तम समापवर्तक

$= \dfrac{\text{अंशों का महत्तम समापवर्तक}}{\text{हरों का लघुत्तम समापवर्त्य}}$

$= \dfrac{\text{10, 25 और 35 का महत्तम समापवर्तक}}{\text{21, 27 और 24 का लघुत्तम समापवर्त्य}}$

$= \dfrac{5}{1512}$

11. ल. स.

2	27,	15,	72
2	27,	15,	36
2	27,	15,	18
3	27,	15,	9
3	9,	5,	3
3	3,	5,	1
5	1,	5,	1
	1,	1,	1

अतः दी गई संख्याओं का लघुत्तम समापवर्त्य

$2 \times 2 \times 2 \times 3 \times 3 \times 3 \times 5 = 1080$

12. ल. स.

2	77,	88,	132
2	77,	44,	66
2	77,	22,	33
3	77,	11,	33
7	77,	11,	11
11	11,	11,	11
	1,	1,	1

अतः दी गई संख्याओं का लघुत्तम समापवर्त्य

$2 \times 2 \times 2 \times 3 \times 7 \times 11 = 1848$

13. ल. स.

2	135,	120,	90
2	135,	60,	45
2,	135,	30,	45
3	135,	15,	45
3	45,	5,	15
3	15,	5,	5
5	5,	5,	5
	1,	1,	1

अतः दी गई संख्याओं का लघुत्तम समापवर्त्य

$2 \times 2 \times 2 \times 3 \times 3 \times 3 \times 5 = 1080$

14. ल. स.

2	4,	6,	9,	12
2	2,	3,	9,	6
3	1,	3,	9,	3
3	1,	1,	3,	1
	1,	1,	1,	1

अतः दी गई संख्याओं का लघुत्तम समापवर्त्य

$2 \times 2 \times 3 \times 3 = 36$

☆☆☆☆☆☆

5 घातांक (Indices)

हम जानते हैं कि $x \times x = x^2$, $x \times x \times x = x^3$, $x \times x \times x \times x = x^4$ ...., $x \times x \times x \times x \times x \times$.... n गुणनखण्डों तक $= x^n$ को "x की घात n" पढ़ा जाता है। इस प्रकार हम कह सकते हैं कि

2 की घात $3 = 2^3 = 2 \times 2 \times 2 = 8$

3 की घात $3 = 3^3 = 3 \times 3 \times 3 = 27$

5 की घात $4 = 5^4 = 5 \times 5 \times 5 \times 5 = 625$

8 की घात $2 = 8^2 = 8 \times 8 = 64$.

$\left(\frac{x}{y}\right)$ की घात $3 = \left(\frac{x}{y}\right)^3$

$$= \frac{x \times x \times x}{y \times y \times y}$$

$$= \frac{x^3}{y^3}$$

x^2 की घात $5 = (x^2)^5$

$= x^2 \times x^2 \times x^2 \times x^2 \times x^2 = x^{10}$

घातांक से सम्बन्धित आवश्यक नियम

नियम 1. यदि m और n धन पूर्णांक हों तथा x, y कोई भी संख्याएं हैं तो $x^m \times x^n = x^{m+n}$

नियम 2. यदि m और n धन पूर्णांक हों तथा x, y कोई भी संख्याएं हैं तो,

$$x^m \div x^n = \frac{x^m}{x^n} = x^{m-n}$$

जबकि $m > n$ **या**

$$x^m \div x^n = \frac{x^m}{x^n} = \frac{1}{x^{n-m}}$$

जबकि $n > m$

नियम 3. यदि m और n धन पूर्णांक हों तथा x, y कोई भी संख्याएं हैं तो $(x^m)^n = x^{mn}$

नियम 4. यदि m और n धन पूर्णांक हों तथा x, y कोई भी संख्याएं हैं तो $(xy)^m = x^m \times y^m$

मूल : यदि कोई संख्या 'x की घात n' है तथा इसका परिणाम a अर्थात् $x^n = a$ है तो इसका अर्थ यह होता है कि a का n वां मूल x है। जिसे प्राय: इस प्रकार लिखा जाता है

$$x^n = a \Rightarrow x = \sqrt[n]{a} = (a)^{1/n}$$

इसी प्रकार यदि भिन्नात्मक घातांक $x^{p/q} = a$ है तो इसका अर्थ यह होगा कि x का q वां मूल बराबर है a का p वां मूल के, अर्थात्

$x^{p/q} = a \Rightarrow \left(x^{1/q}\right)^p$

$a \Rightarrow x^{1/q} = a^{1/p}$

$\Rightarrow \sqrt[q]{x} = \sqrt[p]{a}$

अत: दूसरे मूल को हम वर्गमूल तथा तीसरे मूल को घनमूल भी कहते हैं।

महत्त्वपूर्ण नोट : यदि किसी संख्या या राशि की घात "शून्य" है, तो उस संख्या या राशि का मान सदैव 1 के बराबर होगा। अर्थात् $x^0 = y^0 = z^0 = 2^0 = 5^0 = 8^0 = 1$ होगा।

प्रश्नमाला

1. $a^5 \times a^7$ का मान कितना होगा?

A. a^{35} B. a^2

C. a^{12} D. $a^{5/7}$

2. $(x^{2/3})^{-3/4}$ का मान कितना होगा?

A. $\frac{1}{x}$ B. $\frac{1}{\sqrt{x}}$

C. $\frac{1}{x^2}$ D. $\frac{1}{x^{-2}}$

3. 4 की घात 3 निम्न में से किस संख्या के बराबर होगी?

A. 64 B. 81

C. 12 D. 49

4. 2 की घात 3 तथा 3 की घात 2 में कितना अन्तर होगा?

A. 2 B. 5

C. 3 D. 1

5. $\left(-\frac{1}{125}\right)^{-\frac{2}{3}}$ का मान कितना होगा?

A. $\frac{1}{25}$ B. 25

C. 5 D. $\frac{1}{5}$

6. $(8)^{-(2^{-2})}$ का मान कितना होगा?

A. $2^{-1/4}$ B. $2^{-3/4}$

C. $2^{3/4}$ D. $2^{-1/2}$

7. यदि $\sqrt{2^n} = 64$ है, तो n का मान क्या होगा?

A. 8 B. 4

C. 12 D. 16

8. $(100)^0$ का मान कितना होगा?

A. 0 B. 10

C. 1 D. 100

9. यदि $10^{2/5} \times 10^{8/5} = 10^n$ है, तो n का मान क्या होगा?

A. 2 B. 3

C. 6 D. 4

10. $27^3 \times 3^4 \div 3^{10}$ का मान कितना होगा?

A. 9 B. 27

C. 81 D. $\frac{1}{27}$

11. व्यंजक $\frac{(-1)^{132}}{5^{-1}+3^{-1}}$ का मान कितना होगा?

A. $\frac{16}{9}$ B. $-\frac{15}{8}$

C. $\frac{15}{8}$ D. $\frac{17}{8}$

12. $6a^3b^3c^2 \div 2ab^2c$ का मान कितना होगा?

A. $3a^2bc$ B. $3ab^2c$

C. $3a^2b^2c^2$ D. $3a^3b^3c^3$

13. $\sqrt{\frac{1}{\left(\frac{3}{4}\right)^{-2}}} + \sqrt[3]{\frac{27}{64}}$ का मान क्या होगा?

A. $\frac{2}{3}$ B. $\frac{4}{5}$

C. $\frac{13}{12}$ D. $\frac{3}{2}$

14. $\frac{a^{-3} . a^{-4}}{a^{-5}}$ का धन घातांकीय रूप में मान क्या होगा ?

A. a^2 B. $\frac{1}{a^3}$

C. $\frac{1}{a^4}$ D. $\frac{1}{a^2}$

15. $\sqrt[3]{x^6} \div \sqrt[6]{x^{12}} \times x^{-3} \times \sqrt[3]{x^9}$ का मान कितना होगा ?

A. $2x$ B. 1

C. $\frac{1}{3x^2}$ D. $\frac{1}{x}$

उत्तरमाला

1	2	3	4	5	6	7	8	9	10
C	B	A	D	B	B	C	C	A	B
11	**12**	**13**	**14**	**15**					
C	A	D	D	B					

व्याख्यात्मक उत्तर

1. $\because a^5 \times a^7 = a^{5+7} = a^{12}$.
$[\because x^m \times x^n = x^{m+n}]$

2. $\because \left(x^{\frac{2}{3}}\right)^{-\frac{3}{4}} = x^{\frac{2}{3} \times -\frac{3}{4}} = x^{-\frac{1}{2}}$

$= \frac{1}{x^{\frac{1}{2}}} = \frac{1}{\sqrt{x}}$. $[\because (x^m)^n = x^{mn}]$

3. $\because$ 4 की घात 3 $= 4^3 = 4 \times 4 \times 4 = 64$.

4. $\because$ 2 की घात 3 $= 2^3 = 2 \times 2 \times 2 = 8$.
तथा 3 की घात 2 $= 3^2 = 3 \times 3 = 9$
$\therefore$ अन्तर $= 9 - 8 = 1$.

5. $\left(-\frac{1}{125}\right)^{-\frac{2}{3}} = \frac{1}{\left(-\frac{1}{125}\right)^{\frac{2}{3}}}$

$= (-125)^{\frac{2}{3}}$
$= [(-125)^{1/3}]^2 = [(-5 \times -5 \times -5)^{1/3}]^2$
$= (-5^2) = -5 \times -5 = 25$.

6. $\because 8^{-(2^{-2})} = 8^{-\left(\frac{1}{2^2}\right)} = 8^{-\frac{1}{4}} = \frac{1}{8^{\frac{1}{4}}}$

$= \frac{1}{(2 \times 2 \times 2)^{\frac{1}{4}}} = \frac{1}{(2)^{\frac{3}{4}}} = 2^{-\frac{3}{4}}$.

7. $\because \sqrt{2^n} = 64 \Rightarrow 2^n = (64)^2$
$\Rightarrow 2^n$
$= (2 \times 2 \times 2 \times 2 \times 2 \times 2)^2 \Rightarrow 2^n = (2^6)^2$
$\Rightarrow 2^n = 2^{6 \times 2} = 2^{12} \Rightarrow n = 12$
अत: n का मान 12 होगा।

8. यहां विद्यार्थियों को स्मरण रखना चाहिए कि यदि किसी संख्या या राशि की घात ''शून्य'' हो तो उस संख्या या राशि का मान हमेशा 1 के बराबर होगा।
अत: स्पष्ट है कि $(100)^0$ का मान = 1 होगा।

9. $\because 10^{2/5} \times 10^{8/5} = 10^n$

$\Rightarrow 10^{2/5+8/5} = 10^n$

$\Rightarrow 10^{10/5} = 10^n$

$\Rightarrow 10^2 = 10^n$

$\Rightarrow n = 2$

अतः n का मान 2 होगा।

10. $\because 27^3 \times 3^4 \div 3^{10} = 27^3 \times \dfrac{3^4}{3^{10}}$

$$\frac{(3\times3\times3)^3 \times 3^4}{3^{10}} = \frac{(3^3)^3 \times 3^4}{3^{10}}$$

$$= \frac{3^9 \times 3^4}{3^{10}} = \frac{3^{9+4}}{3^{10}} = \frac{3^{13}}{3^{10}}$$

$= 3^{13-10} = 3^3 = 3 \times 3 \times 3 = 27.$

11. $\because \dfrac{(-1)^{132}}{5^{-1}+3^{-1}} = \dfrac{((-1)^2)^{66}}{5^{-1}+3^{-1}}$

$$= \frac{(1)^{66}}{5^{-1}+3^{-1}} = \frac{1}{\frac{1}{5}+\frac{1}{3}} = \frac{1}{\frac{3+5}{15}}$$

$$= \frac{1}{\frac{8}{15}} = \frac{15}{8}.$$

12. $\because 6a^3b^3c^2 \div 2ab^2c$

$$= \frac{6a^3b^3c^2}{2ab^2c} = 3a^{3-1}b^{3-2}c^{2-1} = 3a^2bc.$$

13. $\because \sqrt{\dfrac{1}{\left(\frac{3}{4}\right)^{-2}}} + \sqrt[3]{\dfrac{27}{64}}$

$$= \sqrt{\left(\frac{3}{4}\right)^2} + \sqrt[3]{\frac{3\times3\times3}{4\times4\times4}}$$

$$= \sqrt{\left(\frac{3}{4}\right)^2} + \sqrt[3]{\left(\frac{3}{4}\right)^3} = \frac{3}{4} + \frac{3}{4} = \frac{6}{4}$$

$$= \frac{3}{2}.$$

14. $\because \dfrac{a^{-3}.a^{-4}}{a^{-5}} = \dfrac{a^5}{a^3\,.\,a^4}$

$$= \frac{a^5}{a^7} = \frac{1}{a^{7-5}} = \frac{1}{a^2}$$

अतः $\dfrac{a^{-3}.a^{-4}}{a^{-5}}$ का धन घातांकीय रूप में मान $\dfrac{1}{a^2}$ होगा।

15. $\because \sqrt[3]{x^6} \div \sqrt[6]{x^{12}} \times x^{-3} \times \sqrt[3]{x^9}$

$$= \frac{(x^6)^{\frac{1}{3}}}{(x^{12})^{\frac{1}{6}}} \times x^{-3} \times (x^9)^{\frac{1}{3}}$$

[$\because$ BODMAS शब्द के अनुसार पहले ''भाग'', फिर ''गुणा'']

$$= \frac{x^{6\times\frac{1}{3}} \times x^{-3} \times x^{9\times\frac{1}{3}}}{x^{12\times\frac{1}{6}}}$$

$$= \frac{x^2 \times x^{-3} \times x^3}{x^2} = x^0 = 1.$$

☆☆☆☆☆☆

6 करणी (Surds)

प्राय: सभी संख्याओं के वर्गमूल सदैव पूर्ण संख्या नहीं होते, जैसे– $\sqrt{9} = 3$ परन्तु $\sqrt{15} = 3.873$, जो कि पूर्ण संख्या नहीं है, अर्थात् 15 का वर्गमूल पूर्ण संख्या नहीं है। अत: ऐसी संख्यायें जिनके वर्गमूल पूर्ण संख्या नहीं होते, जैसे– $\sqrt{3}$, $\sqrt{7}$, $2 + \sqrt{11}$, $4 + \sqrt{13}$ .... इत्यादि संख्यायें **करणी** कहलाती हैं।

प्रश्नों को हल करने के लिए निम्नलिखित सूत्रों का प्रयोग कीजिए :

1. $\sqrt{a} \times \sqrt{a} = a$
2. $\sqrt{a} \times \sqrt{b} = \sqrt{ab}$
3. $\left(\sqrt{a} + \sqrt{b}\right)^2 = a + b + 2\sqrt{ab}$
4. $\left(\sqrt{a} - \sqrt{b}\right)^2 = a + b - 2\sqrt{ab}$
5. $x\sqrt{a} + x\sqrt{b} = x\left(\sqrt{a} + \sqrt{b}\right)$
6. $\dfrac{1}{\sqrt{a}+\sqrt{b}} = \dfrac{1}{\sqrt{a}+\sqrt{b}} \times \dfrac{\sqrt{a}-\sqrt{b}}{\sqrt{a}-\sqrt{b}}$ $= \dfrac{\sqrt{a}-\sqrt{b}}{a-b}$
7. $\dfrac{1}{\sqrt{a}-\sqrt{b}} = \dfrac{1}{\sqrt{a}-\sqrt{b}} \times \dfrac{\sqrt{a}+\sqrt{b}}{\sqrt{a}+\sqrt{b}}$ $= \dfrac{\sqrt{a}+\sqrt{b}}{a-b}$
8. $a + \sqrt{b} = c + \sqrt{d} \Rightarrow a = c$ तथा $b = d$
9. $\sqrt{2} = 1.41421$, $\sqrt{3} = 1.73205$, $\sqrt{5} = 2.23607$, $\sqrt{6} = 2.4494$, $\sqrt{7} = 2.64575$, $\sqrt{8} = 2.82842$, $\sqrt{10} = 3.16227$, $\sqrt{11} = 3.31662$

प्रश्नमाला

1. $\dfrac{1}{\sqrt{3}}$ का मान दशमलव के तीन स्थानों तक होगा—

A. 0.577
B. 0.477
C. 0.673
D. 0.575

2. यदि $\sqrt{2} = 1.4142$ हो, तो $\dfrac{1}{2}\left(\dfrac{\sqrt{2}-1}{\sqrt{2}+1}\right)$ का मान कितना होगा?

A. .0768
B. .0658
C. .0858
D. .0458

3. यदि $\sqrt{1936} = 44$ हो, तो $\sqrt{19.36} + \sqrt{0.1936} + \sqrt{.001936}$ का मान दशमलव के तीन स्थानों तक होगा—

A. 5.679　　B. 4.884
C. 9.884　　D. 6.778

4. $\sqrt{\left(5 + \frac{4}{9}\right)}$ का मान होगा?

A. $3\frac{1}{3}$　　B. $2\frac{1}{6}$
C. $4\frac{1}{3}$　　D. $2\frac{1}{3}$

5. $\frac{\sqrt{2} - 1}{\sqrt{2} + 1}$ का मान दशमलव के तीन स्थानों तक होगा—

A. 0.172　　B. 0.158
C. 0.176　　D. 0.188

6. $\sqrt[3]{8^4}$ का मान कितना होगा?

A. 15　　B. 9
C. 16　　D. 25

7. यदि $\sqrt{6} = 2.45$, तो $\sqrt{\frac{2}{3}} + 3\sqrt{\frac{3}{2}}$ का मान किसके बराबर होगा?

A. 3.942　　B. 4.492
C. 4.942　　D. 9.345

8. $\sqrt{72}$ का मान किसके बराबर होगा?

A. $3\sqrt{5}$　　B. $6\sqrt{2}$
C. $8\sqrt{2}$　　D. $7\sqrt{3}$

9. हर के परिमेयीकरण के पश्चात व्यंजक $\frac{\sqrt{2}}{\sqrt{2} + \sqrt{3} - \sqrt{5}}$ का रूप होगा—

A. $\frac{3 + \sqrt{6} + \sqrt{15}}{6}$

B. $\frac{3 - \sqrt{6} - \sqrt{5}}{6}$

C. $\frac{3 + \sqrt{6} + \sqrt{5}}{3}$

D. $\frac{2 + \sqrt{6} - \sqrt{15}}{6}$

10. $\left(\sqrt{80} + 3 \times \sqrt{245} - \sqrt{125}\right)$ का मान कितना होगा?

A. $18\sqrt{5}$　　B. $20\sqrt{5}$
C. $22\sqrt{5}$　　D. $28\sqrt{2}$

11. $\left(\frac{\sqrt{5} + \sqrt{3}}{\sqrt{5} - \sqrt{3}}\right)$ का मान कितना होगा?

A. $4 + \sqrt{15}$　　B. $3 - \sqrt{15}$
C. $2 + \sqrt{15}$　　D. $4 - \sqrt{15}$

12. $3^{\frac{1}{5}}, 5^{\frac{3}{5}}, 7^{\frac{4}{5}}$ को आरोही क्रम में किस प्रकार से लिखा जा सकता है?

A. $5^{\frac{3}{5}} < 3^{\frac{1}{5}} < 7^{\frac{4}{5}}$

B. $3^{\frac{1}{5}} < 5^{\frac{3}{5}} < 7^{\frac{4}{5}}$

C. $7^{\frac{4}{5}} < 3^{\frac{1}{5}} < 5^{\frac{3}{5}}$

D. $3^{\frac{1}{5}} < 7^{\frac{4}{5}} < 5^{\frac{3}{5}}$

13. यदि $12 \times 4^{\frac{1}{3}}$ को $3\sqrt{2}$ से भाग दिया जाये तब भागफल का मान होगा—

A. 2 B. $\sqrt{15}$

C. 3 D. $2^{13/6}$

14. यदि $4^{\frac{1}{3}}, 6^{\frac{1}{6}}$ तथा $\sqrt{5}$ का गुणा किया जाये तो गुणनफल का मान होगा—

A. $(12000)^{\frac{1}{6}}$ B. $(12009)^{\frac{1}{6}}$

C. $(14000)^{\frac{1}{6}}$ D. $(15000)^{\frac{1}{4}}$

15. व्यंजक $\left(2+\sqrt{2}+\frac{1}{2+\sqrt{2}}+\frac{1}{\sqrt{2}-2}\right)$ का मान होगा—

A. 5 B. 2

C. 3 D. 8

उत्तरमाला

1	2	3	4	5	6	7	8	9	10
A	C	B	D	A	C	B	B	A	B
11	**12**	**13**	**14**	**15**					
A	B	D	A	B					

व्याख्यात्मक उत्तर

1. $\because \frac{1}{\sqrt{3}} = \frac{1}{\sqrt{3}} \times \frac{\sqrt{3}}{\sqrt{3}}$

$= \frac{\sqrt{3}}{3} = \frac{1.732}{3} = 0.577.$

2. $\because \frac{1}{2}\left(\frac{\sqrt{2}-1}{\sqrt{2}+1}\right)$

$= \frac{1}{2} \times \frac{\sqrt{2}-1}{\sqrt{2}+1} \times \frac{\sqrt{2}-1}{\sqrt{2}-1}$

$= \frac{1}{2} \times \frac{\left(\sqrt{2}-1\right)^2}{\left(\sqrt{2}\right)^2 - 1^2}$

$= \frac{1}{2} \times \frac{2+1-2\sqrt{2}}{2-1}$

$= \frac{1}{2} \times \frac{3-2\sqrt{2}}{1}$

$= \frac{1}{2} \times (3 - 2 \times 1.4142)$

$= \frac{1}{2} \times 0.1716 = 0.0858.$

3. $\because \sqrt{1936} = 44$

$\Rightarrow \sqrt{19.36} = 4.4$

$\Rightarrow \sqrt{0.1936} = 0.44$

$\Rightarrow \sqrt{.001936} = .044$

$\therefore \sqrt{19.36} + \sqrt{0.1936} + \sqrt{.001936}$

$= 4.4 + 0.44 + 0.044$

$= 4.884.$

4. $\because \sqrt{5+\frac{4}{9}} = \sqrt{\frac{45+4}{9}}$

$= \sqrt{\frac{49}{9}} = \frac{7}{3}$

$= 2\frac{1}{3}.$

5. $\because \frac{\sqrt{2}-1}{\sqrt{2}+1} = \frac{\sqrt{2}-1}{\sqrt{2}+1} \times \frac{\sqrt{2}-1}{\sqrt{2}-1}$

$= \frac{(\sqrt{2}-1)^2}{(\sqrt{2})^2-(1)^2} = \frac{2+1-2\sqrt{2}}{2-1}$

$= \frac{3-2\sqrt{2}}{1} = 3-2\times 1.414 = 0.172.$

6. $\because \sqrt[3]{8^4} = (8)^{\frac{4}{3}} = (2^3)^{\frac{4}{3}}$

$= 2^{3\times\frac{4}{3}} = 2^4 = 16.$

7. $\because \sqrt{\frac{2}{3}} + 3\sqrt{\frac{3}{2}}$

$= \frac{\sqrt{2}}{\sqrt{3}} \times \frac{\sqrt{3}}{\sqrt{3}} + 3 \times \frac{\sqrt{3}}{\sqrt{2}} \times \frac{\sqrt{2}}{\sqrt{2}}$

$= \frac{\sqrt{6}}{3} + \frac{3\sqrt{6}}{2} = \sqrt{6}\left[\frac{1}{3}+\frac{3}{2}\right]$

$= \sqrt{6} \times \frac{11}{6} = \frac{11}{6} \times 2.45 = 4.492.$

8. $\because \sqrt{72} = \sqrt{6\times 6\times 2}$

$= \sqrt{6^2 \times 2} = 6\sqrt{2}.$

9. $\frac{\sqrt{2}}{\sqrt{2}+\sqrt{3}-\sqrt{5}}$

$= \frac{\sqrt{2}}{\sqrt{2}+\sqrt{3}-\sqrt{5}} \times \frac{\sqrt{2}+\sqrt{3}+\sqrt{5}}{\sqrt{2}+\sqrt{3}+\sqrt{5}}$

$= \frac{\sqrt{2}(\sqrt{2}+\sqrt{3}+\sqrt{5})}{(\sqrt{2}+\sqrt{3})^2-(\sqrt{5})^2}$

$= \frac{2+\sqrt{6}+\sqrt{10}}{2\sqrt{6}}$

$= \frac{2+\sqrt{6}+\sqrt{10}}{2\sqrt{6}} \times \frac{\sqrt{6}}{\sqrt{6}}$

$= \frac{2\sqrt{6}+6+\sqrt{60}}{12}$

$= \frac{3+\sqrt{6}+\sqrt{15}}{6}.$

10. $\because \sqrt{80} + 3\times\sqrt{245} - \sqrt{125}$

$= \sqrt{16\times 5} + 3\times\sqrt{49\times 5} - \sqrt{25\times 5}$

$= 4\sqrt{5} + 21\sqrt{5} - 5\sqrt{5} = 20\sqrt{5}.$

11. $\because \frac{\sqrt{5}+\sqrt{3}}{\sqrt{5}-\sqrt{3}}$

$= \frac{\sqrt{5}+\sqrt{3}}{\sqrt{5}-\sqrt{3}} \times \frac{\sqrt{5}+\sqrt{3}}{\sqrt{5}+\sqrt{3}}$

$= \frac{(\sqrt{5}+\sqrt{3})^2}{(\sqrt{5})^2-(\sqrt{3})^2} = \frac{5+3+2\sqrt{15}}{5-3}$

$= \frac{8+2\sqrt{15}}{2} = 4+\sqrt{15}.$

12. $\because 3^{\frac{1}{5}} = (3)^{\frac{1}{5}}$

$5^{\frac{3}{5}} = \left(5^3\right)^{\frac{1}{5}} = (125)^{\frac{1}{5}}$

तथा $7^{\frac{4}{5}} = \left(7^4\right)^{\frac{1}{5}} = (2401)^{\frac{1}{5}}$

अतः स्पष्ट है कि

$(3)^{\frac{1}{5}} < (125)^{\frac{1}{5}} < (2401)^{\frac{1}{5}}$

अतः $3^{\frac{1}{5}} < 5^{\frac{3}{5}} < 7^{\frac{4}{5}}$ आरोही क्रम में होगी।

13. प्रश्नानुसार,

$$\frac{12 \times 4^{\frac{1}{3}}}{3\sqrt{2}} = \frac{12 \times 2^{\frac{2}{3}}}{3 \times 2^{\frac{1}{2}}} \times \frac{2^{\frac{1}{2}}}{2^{\frac{1}{2}}}$$

$$= \frac{12 \times 2^{\frac{7}{6}}}{3 \times 2} = \frac{12 \times 2^{\frac{7}{6}}}{6} = 2^{\frac{13}{6}}.$$

14. $\because 4^{\frac{1}{3}} = 4^{\frac{2}{6}} = \left(4^2\right)^{\frac{1}{6}} = (16)^{\frac{1}{6}}$

$\because 6^{\frac{1}{6}} = (6)^{\frac{1}{6}}$

तथा

$\sqrt{5} = 5^{\frac{1}{2}} = 5^{\frac{3}{6}}$

$= \left(5^3\right)^{\frac{1}{6}} = (125)^{\frac{1}{6}}$

$4^{\frac{1}{3}} \times 6^{\frac{1}{6}} \times \sqrt{5}$

$= (16)^{\frac{1}{6}} \times (6)^{\frac{1}{6}} \times (125)^{\frac{1}{6}}$

$= (16 \times 6 \times 125)^{\frac{1}{6}} = (12000)^{\frac{1}{6}}.$

15. $\because 2 + \sqrt{2} + \frac{1}{2+\sqrt{2}} + \frac{1}{\sqrt{2}-2}$

$$= 2+\sqrt{2} + \left(\frac{2-\sqrt{2}}{\left(2+\sqrt{2}\right)\left(2-\sqrt{2}\right)} + \frac{2+\sqrt{2}}{\left(\sqrt{2}-2\right)\left(2+\sqrt{2}\right)}\right)$$

$$= 2+\sqrt{2} + \left[\frac{2-\sqrt{2}}{4-2} + \frac{\sqrt{2}+2}{2-4}\right]$$

$$= 2+\sqrt{2} + \left[\frac{\left(2-\sqrt{2}\right)}{2} - \frac{\left(\sqrt{2}+2\right)}{2}\right]$$

$$= 2+\sqrt{2} + \left[\frac{2-\sqrt{2}-\sqrt{2}-2}{2}\right]$$

$$= 2+\sqrt{2} + \frac{\left(-2\sqrt{2}\right)}{2}$$

$$= 2+\sqrt{2} - \sqrt{2} = 2.$$

☆☆☆☆☆☆

औसत (Averages)

औसत निकालने के लिए पहले उन सब राशियों को जोड़ लें जिनका औसत निकालना हो; उसके बाद उस योगफल में उन राशियों की कुल संख्या से भाग दे दें। उदाहरण के लिए यदि आपको 8, 10, 12, और 14 का औसत निकालना है, तो पहले इन्हें जोड़ दें। 8 + 10 + 12 + 14 = 44 जिनका औसत निकालना है, वे संख्याएं 4 हैं। अतः 44 में 4 से भाग दे दें। $44 \div 4 = \frac{44}{4} = 11$ औसत आया। इसके लिए सूत्र हैं:

(i) $\frac{\text{राशियों का योगफल}}{\text{राशियों की संख्या}} = \text{औसत}$

(ii) औसत × राशियों की संख्या = राशियों का योगफल।

(iii) $\frac{\text{राशियों का जोड़}}{\text{औसत}} = \text{राशियों की संख्या}$

उदाहरण 1 : किसी कक्षा में 5 दिनों की दैनिक उपस्थिति 26, 23, 30, 29 और 17 थी। बताओ दैनिक औसत उपस्थिति क्या थी?

हल : ∵ 5 दिनों की कुल उपस्थिति

= 26 + 23 + 30 + 29 + 17 = 125 थी।

∴ 1 दिन की औसत उपस्थिति

$= \frac{\text{राशियों का योगफल}}{\text{राशियों की संख्या}}$

$= \frac{125}{5} = 25$

उदाहरण 2: एक दुकानदार 6 दिनों में 1950 रु. की बिक्री करता है। उसकी दैनिक औसत बिक्री कितनी है?

हलः कुल बिक्री = 1950 रु.

कुल दिन = 6

∴ दैनिक औसत बिक्री

$= \frac{1950}{6} = 325$ रु.

उदाहरण 3: 4 पार्सलों का औसत वजन 12.5 कि.ग्रा. है। उनमें से 3 पार्सलों का औसत वजन 12.6 कि.ग्रा. है तो चौथे पार्सल का वजन कितना है?

हल : 4 पार्सलों का औसत वजन

= 12.5 कि.ग्रा.

∴ चारों पार्सलों का कुल वजन

= 12.5 × 4 = 50 कि.ग्रा.

∴ तीनों पार्सलों का औसत वजन

= 12.6 कि.ग्रा.

∴ तीन पार्सलों का कुल वजन

= 12.6 × 3 = 37.8 कि.ग्रा.

∴ चौथे पार्सल का वजन

= 50 कि.ग्रा. – 37.8 कि.ग्रा.

= 12.2 कि.ग्रा.

उदाहरण 4 : 7 के प्रथम 20 गुणकों का औसत कितना होगा?

हल : 7 के प्रथम 20 गुणक क्रमशः 7, 14, 21, 28 .... 133, 140 होंगे।

$\because$ 7 के प्रथम 20 गुणकों का योग

$= 7 + 14 + 21 + \ldots 133 + 140$

$= 7(1 + 2 + 3 + \ldots + 20)$

$$= 7 \times \frac{20(20+1)}{2}$$

$= 70 \times 21 = 1470$

तथा 7 के प्रथम 20 गुणकों की संख्या = 20

$$\therefore \text{औसत} = \frac{1470}{20} = 73.5$$

उदाहरण 5 : 20 से बड़ी पहली 5 अभाज्य संख्याओं का औसत कितना होगा?

हल : चूंकि 20 से बड़ी पहली 5 अभाज्य संख्यायें क्रमशः 23, 29, 31, 37, 41 होंगी।

$\therefore$ अभाज्य संख्याओं का योग

$= 23 + 29 + 31 + 37 + 41$

$= 161$

तथा अभाज्य संख्याओं की गिनती = 5

$$\therefore \text{औसत मान} = \frac{161}{5} = 32.2$$

उदाहरण 6 : किसी विद्यालय के विद्यार्थियों की औसत आयु 15 वर्ष है। विद्यालय में 10 नए विद्यार्थी आ गए जिनकी औसत आयु 12 वर्ष है। इसके कारण विद्यालय में विद्यार्थियों की औसत आयु घटकर 14.8 वर्ष रह गई। तो बताइये प्रारम्भ में विद्यार्थियों की संख्या कितनी थी?

हल : माना कि विद्यालय में प्रारम्भ में विद्यार्थियों की संख्या x थी।

$\therefore$ x विद्यार्थियों की औसत आयु = 15 वर्ष

$\therefore$ x विद्यार्थियों की आयु = $15x$ वर्ष

तथा 10 नए विद्यार्थियों की आयु का योग = 120 वर्ष

प्रश्नानुसार, $(x + 10)$ विद्यार्थियों की औसत आयु = 14.8 वर्ष

$\therefore$ $(x + 10)$ विद्यार्थियों की आयु का योग

$= (x + 10) \times 14.8$ वर्ष

$\therefore (x + 10) \times 14.8 = 15x + 120$

$\Rightarrow 14.8x + 148 = 15x + 120$

$\Rightarrow .2x = 148 - 120 = 28$

$$\Rightarrow x = \frac{28}{.2} = \frac{280}{2} = 140$$

अतः विद्यालय में प्रारम्भ में विद्यार्थियों की संख्या = 140 थी।

प्रश्नमाला

1. 5 विद्यार्थियों की ऊँचाइयां (सेंमी में) 140, 135, 142, 138 व 140 है। उनकी औसत ऊँचाई है:

A. 136 B. 138

C. 139 D. 140

2. 10 विद्यार्थियों द्वारा प्राप्तांक 22, 35, 37, 38, 29, 27, 34, 36, 28 और 34 हैं। उनके औसत अंक हैं:

A. 30 B. 31

C. 32 D. 34

3. एक लड़का जिसकी ऊँचाई 165 सेंमी है, के स्थान पर नया लड़का आ जाने से 34 लड़कों के एक समूह की औसत ऊँचाई 1 सेंमी कम हो जाती है। नये लड़के की ऊँचाई है:

A. 132 सेंमी B. 129 सेंमी

C. 130 सेंमी D. 131 सेंमी

4. 2 से प्रारम्भ करके पांच लगातार सम संख्याओं का औसत है:

A. 4 B. 6

C. 7 D. 5

5. 5 गेंदों का भार (ग्राम में) क्रमशः 50, 54, 53, 56 और 52 है। उनका औसत भार है:

A. 53 B. 54
C. 52 D. 51

6. एक रस्सी के 5 टुकड़ों की लम्बाइयां (सेंमी में) 5, 5.2, 6.3, 7.2 और 6.3 हैं। टुकड़े की औसत लम्बाई है:

A. 5.8 B. 6.0
C. 6.1 D. 6.2

7. 7 के प्रथम पांच गुणजों (Multiples) का औसत क्या होगा?

A. 21 B. 23
C. 24 D. 28

8. चार संख्याओं का औसत 18 है। यदि उनमें से पहली तीन संख्याएं क्रमशः 16, 22 व 28 हों, तो बताइये अन्तिम संख्या क्या होगी?

A. 5 B. 8
C. 6 D. 9

9. 12 संख्याओं का औसत मान 30 है। यदि प्रत्येक संख्या में 3 से गुणा कर दिया जाये, तो बताइये नई संख्याओं का औसत मान कितना होगा?

A. 70 B. 80
C. 90 D. 100

10. एक व्यक्ति 50 रु॰ प्रति पुस्तक के हिसाब से 4 पुस्तकें, 60 रु॰ प्रति पुस्तक के हिसाब से 5 पुस्तकें, तथा 70 रु॰ प्रति पुस्तक के हिसाब से 6 पुस्तकें खरीदता है। बताइये पुस्तक का औसत मूल्य कितना होगा?

A. 62.33 रु॰ B. 41.50 रु॰
C. 61.33 रु॰ D. 61.75 रु॰

11. 25 राशियों का औसत 15 है, उनमें से 15 राशियों का औसत 17 है, तो शेष राशियों का औसत ज्ञात करो।

A. 10 B. 13
C. 11 D. 12

12. एक कक्षा में 23 छात्रों की औसत आयु 16 वर्ष है। यदि अध्यापक की आयु भी सम्मिलित कर ली जाए, तो औसत आयु एक वर्ष बढ़ जाती है। अध्यापक की आयु क्या है?

A. 35 वर्ष B. 40 वर्ष
C. 50 वर्ष D. 30 वर्ष

13. दी गई सात संख्याओं में से प्रथम चार संख्याओं का औसत 4 तथा अन्तिम चार संख्याओं का औसत भी 4 है। यदि इन सात संख्याओं का औसत 3 है, तो चौथी संख्या क्या है?

A. 11 B. 10
C. 12 D. 9

14. राजू, शशि और महेश के वेतनों का औसत 800 रुपये है और शशि, महेश और प्रभा के वेतनों का औसत 900 रुपये है। यदि प्रभा का वेतन 900 रुपये हो, तो राजू का वेतन होगा।

A. 700 रु॰ B. 600 रु॰
C. 400 रु॰ D. 500 रु॰

15. एक बालक को 5 संख्याओं का औसत निकालने को कहा गया। परन्तु लिखते समय उसने 73 के स्थान पर 37 और 54 के स्थान पर 45 लिख दिया। इस प्रकार उसका औसत 59 प्राप्त हुआ तो वास्तविक संख्याओं का औसत ज्ञात करो।

A. 68 B. 86
C. 70 D. 67

उत्तरमाला

1	2	3	4	5	6	7	8	9	10
C	C	D	B	A	B	A	C	C	C
11	**12**	**13**	**14**	**15**					
D	B	A	B	A					

व्याख्यात्मक उत्तर

1. औसत ऊँचाई

$= \frac{140+135+142+138+140}{5}$

$= \frac{695}{5} = 139.$

2. औसत अंक

$= \frac{22+35+37+38+29+27+34+36+28+34}{10}$

$= \frac{320}{10} = 32.$

3. 34 लड़कों की ऊँचाई में औसत कमी

= 1 सेंमी

34 लड़कों की ऊँचाई में कुल कमी

= 34 सेंमी

∴ नये लड़के की ऊँचाई

= 165 – 34 = 131 सेंमी

4. 2 से प्रारम्भ करके 5 लगातार सम संख्याओं का औसत

$= \frac{2+4+6+8+10}{5} = \frac{30}{5} = 6.$

5. औसत भार

$= \frac{50+54+53+56+52}{5} = \frac{265}{5}$

= 53.

6. औसत लम्बाई

$= \frac{5+5.2+6.3+7.2+6.3}{5} = \frac{30.0}{5} = 6.0$

7. ∵ 7 के प्रथम 5 गुणज :

7, 14, 21, 28 व 35

∴ इनका औसत

$= \frac{7+14+21+28+35}{5} = \frac{105}{5} = 21.$

8. ∵ चार संख्याओं का औसत = 18

∴ चारों संख्याओं का योग = 18 × 4 = 72

प्रश्नानुसार, उनमें से पहली तीन संख्याएं क्रमशः 16, 22 व 28 हैं।

∴ अन्तिम संख्या

= चारों संख्याओं का योग – (16+22+28)

= 72 – 66 = 6.

9. ∵ 12 संख्याओं का औसत मान = 30

∴ 12 संख्याओं का कुल योग

= 30 × 12 = 360

प्रश्नानुसार, प्रत्येक संख्या में 3 से गुणा करने पर 12 संख्याओं का कुल योग

= 360 × 3 = 1080

12 नई संख्याओं का औसत मान

$= \frac{1080}{12} = 90.$

10. ∵ 50 रु. प्रति पुस्तक के हिसाब से 4 पुस्तकों का क्रय मूल्य = 200 रु.

60 रु. प्रति पुस्तक के हिसाब से 5 पुस्तकों का क्रय मूल्य = 300 रु.

तथा 70 रु. प्रति पुस्तक के हिसाब से 6

पुस्तकों का क्रय मूल्य = 420 रु.

$\therefore$ 15 पुस्तकों का कुल क्रय मूल्य

= 200 + 300 + 420 = 920 रु.

$\therefore$ औसत मूल्य = $\frac{920}{15}$ = 61.33 रु.।

11. $\because$ 25 राशियों का औसत = 15

$\therefore$ 25 राशियों का योग = 25 × 15 = 375

इनमें से 15 राशियों का औसत = 17

$\therefore$ इन 15 राशियों का योग

= 15 × 17 = 255

$\therefore$ शेष 25 – 15 = 10 राशियों का योग

= 375 – 255 = 120

$\therefore$ शेष राशियों का औसत

$= \frac{120}{10} = 12$

सूत्र द्वारा—

शेष 10 राशियों का औसत

$= \frac{25 \times 15 - 15 \times 17}{25 - 15}$

$= \frac{375 - 255}{10}$

$= \frac{120}{10} = 12.$

12. $\therefore$ 23 छात्रों की आयु का औसत = 16 वर्ष

$\therefore$ 23 छात्रों की आयु का योग

= 23 × 16 = 368 वर्ष

$\therefore$ 23 + 1 = 24 जनों की आयु का औसत

= 16 + 1 = 17 वर्ष

$\therefore$ इनकी आयु का योग

= 24 × 17 = 408 वर्ष

$\therefore$ अध्यापक की आयु

= 408 – 368 = 40 वर्ष।

13. $\therefore$ 7 संख्याओं का औसत = 3

$\therefore$ 7 संख्याओं का योगफल = 7 × 3 = 21

$\therefore$ प्रथम 4 संख्याओं का औसत = 4

$\therefore$ प्रथम चार संख्याओं का योग

= 4 × 4 = 16

अन्तिम 4 संख्याओं का औसत = 4

$\therefore$ अन्तिम चार संख्याओं का योग

= 4 × 4 = 16

$\therefore$ चौथी संख्या होगी

= 16 + 16 – 21 = 11.

14. $\because$ राजू, शशि और महेश का औसत वेतन

= 800 रुपये

$\therefore$ इनका कुल वेतन

= 3 × 800 = 2400 रुपये

$\therefore$ शशि, महेश और प्रभा का औसत वेतन

= 900 रुपये

$\therefore$ इन तीनों का कुल वेतन

= 3 × 900 = 2700 रुपये

$\therefore$ प्रभा का वेतन = 900 रुपये

$\therefore$ राजू, शशि, महेश व प्रभा का कुल वेतन

= 2400 + 900

= 3300 रुपये

$\therefore$ राजू का वेतन = 3300 – 2700

= 600 रुपये।

15. $\because$ 73 – 37 = 36 तथा 54 – 45 = 9

$\therefore$ 5 संख्याओं के योग में कमी

= 36 + 9 = 45

$\therefore$ 5 संख्याओं के औसत में कमी

$= \frac{45}{5} = 9$

$\therefore$ वास्तविक संख्याओं का औसत

= 59 + 9 = 68.

☆☆☆☆☆☆

8

प्रतिशत (Percentage)

1. प्रतिशत का अर्थ है–प्रत्येक सौ पर 1–इसका चिन्ह् है–%. 5% का अर्थ है–प्रत्येक सौ पर 5.
2. प्रतिशत को भिन्न में बदलने के लिए उसे 100 से भाग देते हैं। जैसे–20% = $\frac{20}{100} = \frac{1}{5}$
3. साधारण भिन्न को प्रतिशत में बदलने के लिए उसे 100 से गुणा करते हैं। जैसे– $\frac{1}{10} \times 100 = 10\%$

प्रतिशत को दशमलव में बदलने की विधि

प्रतिशत का चिह्न हटाकर बाईं ओर दो अंकों के बाद दशमलव का चिन्ह् लगाते हैं।

उदाहरण : 25% को दशमलव में बदलें।

25% = .25 (बाईं ओर दो अंकों के बाद दशमलव बिन्दु लगा दिया।)

उदाहरण :1.5% को दशमलव में बदलिये।

1.5% = .015 (बाईं ओर दो अंकों के बाद दशमलव बिन्दु लगा दिया, यहां एक शून्य लगाकर दो अंक पूरे करने पड़े।)

दशमलव को प्रतिशत में बदलने की विधि

दशमलव बिन्दु के दाहिनी ओर दो अंक बढ़ा देते हैं और उसके बाद % का निशान लगाते हैं।

उदाहरण : .24 को प्रतिशत में बदलें।

हल : .24 = 24% (दशमलव बिन्दु के दाहिनी ओर दो अंक आगे बढ़ाने पर 24 बनेगा, अतः दशमलव बिन्दु (.) लगाने की जरूरत नहीं है।)

उदाहरण : .0043 को प्रतिशत में बदलें।

हल : .0043 = .43% (दशमलव बिन्दु को दाहिनी ओर दो अंक आगे बढ़ाने पर .43 बनेगा। उस पर % का निशान लगाते हैं।)

प्रश्नमाला

1. निम्नलिखित में से 20% का मान किसके बराबर होगा?

A. $\frac{1}{4}$ B. $\frac{1}{2}$

C. $\frac{1}{5}$ D. $\frac{1}{8}$

2. 36% का मान दशमलव भिन्न में होगा–

A. .36 B. .036

C. 3.6 D. .0036

3. $\frac{4}{5}$ को प्रतिशत भिन्न में बदलने पर मान होगा–

A. 80% B. 70%

C. 60% D. 40%

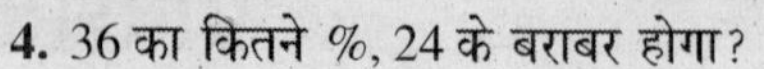

4. 36 का कितने %, 24 के बराबर होगा?

A. $16\frac{2}{3}\%$ B. $66\frac{2}{3}\%$

C. $11\frac{1}{9}\%$ D. $31\frac{1}{9}\%$

5. 3 मीटर का 15%, किसके बराबर होगा?

A. 44 सेंमी B. 45 सेंमी

C. 40 सेंमी D. 38 सेंमी

6. 26 का 18% = ?

A. 4.88 B. 4.65

C. 3.68 D. 4.68

7. 10% का 10% कितने % होगा?

A. 7 B. 6

C. 1 D. 5

8. किसी शहर की जनसंख्या 50,000 से बढ़कर 52,000 हो जाती हो, तो बताइये कितने प्रतिशत की वृद्धि होगी?

A. 3% B. 6%

C. 4% D. 5%

9. एक आदमी अपने वेतन का 75% खर्च करता है और 150 रु. मासिक बचाता है तो उसका मासिक वेतन है:

A. 750 रु. B. 600 रु.

C. 400 रु. D. 300 रु.

10. किसी विद्यालय में 97% विद्यार्थी उपस्थित थे और 18 विद्यार्थी अनुपस्थित थे। विद्यालय में कुल विद्यार्थियों की संख्या है:

A. 400 B. 450

C. 500 D. 600

11. किसी राशि का 7%, 35 रुपये है तो वह राशि ज्ञात कीजिए।

A. 550 रु. B. 700 रु.

C. 600 रु. D. 500 रु.

12. 3 किग्रा. कितने किग्रा. का 5% है:

A. 60 किग्रा. B. 50 किग्रा.

C. 65 किग्रा. D. 70 किग्रा.

13. किसी राशि का 5%, 500 रुपए के 12% के बराबर है तो राशि ज्ञात कीजिए।

A. 1100 रु. B. 1200 रु.

C. 1150 रु. D. 1250 रु.

14. अनिल ने अपनी पूंजी का 65% मशीनरी में तथा 20% कच्चा माल खरीदने में खर्च कर दिया। यदि उसके पास अब 1305 रुपये बचे हों, तो उसने कितना खर्च कर दिया?

A. 7395 रु. B. 7350 रु.

C. 7390 रु. D. 7380 रु.

15. किसी पुस्तकालय में 20% पुस्तकें अंग्रेजी भाषा में हैं तथा शेष की 50% पुस्तकें हिन्दी भाषा में हैं। यदि शेष 900 पुस्तकें अन्य क्षेत्रीय भाषा में हैं, तो पुस्तकालय में कुल कितनी पुस्तकें हैं?

A. 2300 B. 2250

C. 2290 D. 2280

उत्तरमाला

1	2	3	4	5	6	7	8	9	10
C	A	A	B	B	D	C	C	B	D
11	**12**	**13**	**14**	**15**					
D	A	B	A	B					

व्याख्यात्मक उत्तर

1. $\because$ $20\% = \frac{20}{100} = \frac{1}{5}$

$\therefore$ 20% का मान, $\frac{1}{5}$ के बराबर होगा।

2. $\because$ $36\% = \frac{36}{100} = .36$

$\therefore$ 36% का मान दशमलव भिन्न में .36 होगा।

3. चूंकि किसी भी साधारण या दशमलव भिन्न को प्रतिशत भिन्न में बदलने के लिए उसमें 100% से गुणा करना होता है अर्थात्

$\frac{4}{5} = \frac{4}{5} \times 100\% = 80\%$

अतः $\frac{4}{5}$ का प्रतिशत भिन्न में मान = 80% होगा।

4. माना कि 36 का x % = 24

$\therefore$ $36 \times \frac{x}{100} = 24$

$\Rightarrow$ $x = \frac{24 \times 100}{36} = 66\frac{2}{3}$

अतः 36 का $66\frac{2}{3}\%$, 24 के बराबर होगा।

5. $\because$ 3 मीटर का 15%

= 300 सेंमी. $\times \frac{15}{100}$

= 45 सेंमी. [$\because$ 3 मी. = 300 सेंमी.]

अतः 3 मीटर का 15%, 45 सेंमी. के बराबर होगा।

6. $\because$ 26 का $18\% = 26 \times \frac{18}{100} = 4.68$

$\therefore$ (?) चिन्ह् के स्थान पर 4.68 होना चाहिए।

7. $\because$ 10% का 10%

$= \frac{10}{100} \times \frac{10}{100} = \frac{1}{100} = 1\%$

अतः 10% का 10%, 1% के बराबर होगा।

8. प्रश्नानुसार, शहर की प्रारम्भिक जनसंख्या = 50,000

तथा शहर की वर्तमान जनसंख्या = 52,000

$\therefore$ जनसंख्या में वृद्धि

= 52,000 – 50,000 = 2,000

$\therefore$ प्रतिशत वृद्धि $= \frac{2000}{50000} \times 100 = 4\%$

अतः शहर की जनसंख्या में 4% वृद्धि होगी।

9. बचत = 100% – 75%

= 25% = 150 रु.

कुल वेतन $= \frac{100}{25} \times 150 = 600$ रु.।

10. अनुपस्थित विद्यार्थी

= 100% – 97% = 3% = 18

माना कि कुल विद्यार्थियों की संख्या = x

तो, $x \times \frac{3}{100} = 18$

$\therefore$ $x = \frac{1800}{3} = 600.$

11. राशि का 7% = 35 रुपये

राशि $= \frac{35}{7\%} = \frac{35}{\frac{7}{100}}$

$= \frac{35}{7} \times 100$

= 500 रुपये।

12. भार का 5% = 3 किग्रा.

$$\text{भार} = \frac{3}{5\%} = \frac{3}{\frac{5}{100}}$$

$$= \frac{3}{5} \times 100$$

= 60 किग्रा. होगा।

13. 500 रुपये का 12%

$$= \frac{12}{100} \times 500 \text{ रु.} = 60 \text{ रुपये}$$

$\because$ अभीष्ट राशि = 5% = 60 रुपये

$$\therefore \quad \text{राशि} = \frac{60}{5\%} = \frac{60}{\frac{5}{100}}$$

$$= \frac{60 \times 100}{5}$$

= 1200 रुपये।

14. बची राशि की प्रतिशत संख्या

$$= 100 - (65 + 20) = 15$$

$\because$ 15 रुपये बचते हैं तो खर्च की हुई राशि

= 85 रुपये

$\therefore$ 1305 रुपये बचते हैं तो खर्च की हुई राशि

$$= \frac{85 \times 1305}{15} = 7395 \text{ रुपये।}$$

15. माना कुल पुस्तकें = 100

अत: अंग्रेजी भाषा की पुस्तकें = 20 पुस्तकें

शेष पुस्तकें = 100 – 20 = 80

हिन्दी भाषा की पुस्तकें = 80 का 50%

$$= 80 \times \frac{50}{100} = 40$$

शेष पुस्तकें = 100 – (20 + 40)

= 40 पुस्तकें।

$\because$ 40 पुस्तकें अन्य क्षेत्रीय भाषाओं की है

तो कुल पुस्तकें = 100

$\therefore$ 900 पुस्तकें अन्य क्षेत्रीय भाषाओं की है

तो कुल पुस्तकें

$$= \frac{100}{40} \times 900 = 2250 \text{ पुस्तकें।}$$

☆☆☆☆☆☆

9 साधारण ब्याज (Simple Interest)

ब्याज वह राशि है जो हमें दूसरों का धन प्रयोग करने के बदले में देनी पड़ती है। यदि यह वार्षिक देनी पड़े तो दर प्रतिशत वार्षिक कहते हैं। इस प्रकार 6% वार्षिक का अर्थ है कि 100 रु. पर 1 वर्ष में 6 रु. ब्याज है। जो धन उधार लिया जाता है उसे मूलधन कहते हैं। मूलधन और ब्याज के योग को समस्त धन (मिश्रधन) कहते हैं।

साधारण ब्याज के प्रश्नों के सूत्रः

साधारण ब्याज

$$= \frac{\text{मूलधन} \times \text{दर\%} \times \text{समय (वर्षों में)}}{100}$$

समस्त धन = मूलधन + ब्याज

जब समय, दर % और ब्याज दिए गए हों, तो

$$\text{मूलधन} = \frac{\text{ब्याज} \times 100}{\text{दर} \times \text{समय}}$$

जब मूलधन, ब्याज और समय दिया गया हो, तो

$$\text{दर} = \frac{\text{ब्याज} \times 100}{\text{मूलधन} \times \text{समय}}$$

जब मूलधन, ब्याज और दर दी गई हो, तो

$$\text{समय} = \frac{\text{ब्याज} \times 100}{\text{मूलधन} \times \text{दर}}$$

प्रश्नमाला

1. किस धनराशि पर 4% वार्षिक ब्याज की दर से 5 वर्ष का साधारण ब्याज 64 रु. होगा?

A. 220 रु. B. 280 रु.
C. 320 रु. D. 300 रु.

2. 450 रु. पर 6% वार्षिक ब्याज दर से 4 मास का ब्याज कितना होगा?

A. 9 रु. B. 8 रु.
C. 6 रु. D. 5 रु.

3. कितने समय में 3600 रु. पर 6% वार्षिक दर से साधारण ब्याज 432 रु. होगा?

A. 1 वर्ष B. 2 वर्ष
C. $1\frac{1}{2}$ वर्ष D. $2\frac{1}{4}$ वर्ष

4. किस राशि पर 3% वार्षिक ब्याज की दर से 2 वर्ष का ब्याज 36 रु. होगा?

A. 500 रु. B. 575 रु.
C. 590 रु. D. 600 रु.

5. ब्याज की किस दर से कोई राशि 16 वर्षों में दोगुनी हो जाएगी?

A. $5\frac{1}{2}$ % B. $6\frac{1}{4}$ %
C. $4\frac{1}{3}$ % D. $2\frac{1}{2}$ %

6. 5000 रु. की राशि पर 10% वार्षिक दर से 5 वर्ष का साधारण ब्याज कितना होगा?

A. 2200 रु. B. 2500 रु.

C. 2300 रु॰ D. 2600 रु॰

7. किस राशि का 6% वार्षिक ब्याज दर से 10 वर्ष का साधारण ब्याज 3 रु॰ होगा?

A. 4 रु॰ B. 8 रु॰

C. 5 रु॰ D. 6 रु॰

8. कितने वर्षों में कोई राशि 10% वार्षिक दर से अपने से दोगुनी हो जाएगी?

A. 10 वर्ष B. 8 वर्ष

C. 5 वर्ष D. 12 वर्ष

9. किस राशि का 5% दर से 5 वर्ष का साधारण ब्याज 80 रु॰ होगा?

A. 330 रु॰ B. 320 रु॰

C. 340 रु॰ D. 380 रु॰

10. यदि 5000 रु॰ पर 2 वर्ष का साधारण ब्याज 500 रु॰ हो, तो समस्त धन अर्थात् मिश्रधन कितना होगा?

A. 5600 रु॰ B. 5800 रु॰

C. 5500 रु॰ D. 6000 रु॰

11. 2000 रुपये पर $6\frac{1}{2}$ प्रतिशत वार्षिक ब्याज की दर से 8 महीने का साधारण ब्याज ज्ञात कीजिए।

A. $86\frac{2}{3}$ रु॰ B. $86\frac{3}{4}$ रु॰

C. $86\frac{1}{3}$ रु॰ D. $86\frac{1}{2}$ रु॰

12. कितने समय में 450 रुपये का 8% वार्षिक ब्याज की दर से साधारण ब्याज 90 रुपये हो जाएगा?

A. 2 वर्ष B. $2\frac{3}{4}$ वर्ष

C. $2\frac{1}{2}$ वर्ष D. 3 वर्ष

13. घनश्याम ने 2000 रुपये अपने मित्र से 5% सालाना ब्याज पर लिए और उसने पूरा पैसा 8 माह बाद चुका दिया। बताइये उसने कुल कितना धन चुकाया?

A. 2060.66 रु॰ B. 2066.66 रु॰

C. 2066 रु॰ D. 2060 रु॰

14. एक आदमी ने 600 रुपये 6 प्रतिशत वार्षिक ब्याज पर उधार लिए। 5 वर्ष बाद उसने 300 रुपये कीमत की एक घड़ी व कुछ धन उसको लौटाया तो बताओ उसने कितना धन लौटाया।

A. 480 रु॰ B. 485 रु॰

C. 490 रु॰ D. 500 रु॰

15. एक व्यक्ति अपने मित्र से 1000 रुपये 5% वार्षिक ब्याज की दर से उधार लेता है। तीन वर्ष बाद वह उसे 500 रुपये नकद व एक रेडियो सैट लौटाता है, तो रेडियो सेट की कीमत बताइये।

A. 675 रु॰ B. 600 रु॰

C. 650 रु॰ D. 625 रु॰

उत्तरमाला

1	2	3	4	5	6	7	8	9	10
C	A	B	D	B	B	C	A	B	C
11	**12**	**13**	**14**	**15**	**16**	**17**	**18**	**19**	**20**
A	C	B	A	C	D	B	B	C	A

व्याख्यात्मक उत्तर

1. ∵ साधारण ब्याज = 64 रु., समय = 5 वर्ष तथा दर = 4%

∴ मूलधन (धनराशि)

$$= \frac{\text{साधारण ब्याज} \times 100}{\text{समय} \times \text{दर}}$$

$$= \frac{64 \times 100}{5 \times 4} = 320 \text{ रु.।}$$

2. ∵ मूलधन = 450 रु., दर = 6% वार्षिक,

समय = 4 मास = $\frac{1}{3}$ वर्ष

∴ साधारण ब्याज

$$= \frac{\text{मूलधन} \times \text{समय} \times \text{दर}}{100}$$

$$= \frac{450 \times \frac{1}{3} \times 6}{100} = 9 \text{ रु.।}$$

3. ∵ $\text{समय} = \frac{\text{साधारण ब्याज} \times 100}{\text{मूलधन} \times \text{दर}}$

$$= \frac{432 \times 100}{6 \times 3600} = 2 \text{ वर्ष।}$$

4. ∵ $\text{मूलधन} = \frac{\text{साधारण ब्याज} \times 100}{\text{समय} \times \text{दर}}$

$$= \frac{36 \times 100}{2 \times 3} = 600 \text{ रु.।}$$

5. ∵ माना कि वह राशि = 100 रु.

प्रश्नानुसार, 16 वर्षों बाद मिश्रधन = 200 रु.

∴ साधारण ब्याज

= मिश्रधन – मूलधन (राशि)

= 200 – 100 = 100 रु.

∴ $\text{दर} = \frac{\text{साधारण ब्याज} \times 100}{\text{मूलधन} \times \text{समय}}$

$$= \frac{100 \times 100}{100 \times 16} = 6\frac{1}{4}\% \text{।}$$

6. ∵ साधारण ब्याज

$$= \frac{\text{मूलधन} \times \text{समय} \times \text{दर}}{100}$$

$$= \frac{5000 \times 5 \times 10}{100} = 2500 \text{ रु.।}$$

7. ∵ मूलधन (राशि)

$$= \frac{\text{साधारण ब्याज} \times 100}{\text{समय} \times \text{दर}}$$

$$= \frac{3 \times 100}{10 \times 6} = 5 \text{ रु.।}$$

8. ∵ माना कि वह राशि = 100 रु. तथा मिश्रधन = 2 × 100 = 200 रु.

∴ साधारण ब्याज

= 200 – 100 = 100 रु.,

दर = 10%

∴ $\text{समय} = \frac{\text{साधारण ब्याज} \times 100}{\text{मूलधन (राशि)} \times \text{दर}}$

$$= \frac{100 \times 100}{100 \times 10} = 10 \text{ वर्ष।}$$

9. ∵ मूलधन (राशि)

$$= \frac{\text{साधारण ब्याज} \times 100}{\text{समय} \times \text{दर}}$$

$$= \frac{80 \times 100}{5 \times 5} = 320 \text{ रु.।}$$

10. ∵ समस्त धन अर्थात् मिश्रधन

= मूलधन + साधारण ब्याज

= 5000 + 500 = 5500 रु. ।

11. दर $6\frac{1}{2} = \frac{13}{2}\%$

समय = 8 महीने

$= \frac{8}{12}$ वर्ष $= \frac{2}{3}$ वर्ष

साधारण ब्याज

$= \frac{\text{मूलधन} \times \text{दर} \times \text{समय}}{100}$

$= \frac{2000 \times 13 \times 2}{100 \times 2 \times 3}$

$= \frac{260}{3} = 86\frac{2}{3}$ रुपये।

12. समय $= \frac{\text{साधारण ब्याज} \times 100}{\text{मूलधन} \times \text{दर}}$

$= \frac{90 \times 100}{450 \times 8} = \frac{5}{2}$ वर्ष

$= 2\frac{1}{2}$ वर्ष।

13. समय = 8 माह $= \frac{8}{12}$ वर्ष

$= \frac{2}{3}$ वर्ष

साधारण ब्याज

$= \frac{\text{मूलधन} \times \text{दर} \times \text{समय}}{100}$

$= \frac{2000 \times 2 \times 5}{3 \times 100}$

$= \frac{200}{3}$ रुपये

मिश्रधन = मूलधन + साधारण ब्याज

$= \frac{2000}{1} + \frac{200}{3}$

$= \frac{6000 + 200}{3}$

$= \frac{6200}{3}$ रुपये

= 2066.66 रुपये।

14. 600 रुपये का 6% वार्षिक ब्याज से 5 वर्ष का ब्याज

$= \frac{600 \times 6 \times 5}{100} = 180$ रुपये

मिश्रधन = 600 + 180 = 780 रुपये

अत: उसको 780 रुपये लौटाने चाहिए थे, परन्तु 300 रु. की घड़ी उसने उसे दी तो उसका अतिरिक्त धन

= 780 – 300 = 480 रुपये।

15. 1000 रुपये का 5% दर से 3 वर्ष का ब्याज

$= \frac{1000 \times 5 \times 3}{100} = 150$ रुपये

मिश्रधन = मूलधन + ब्याज

= 1000 + 150 = 1150 रुपये

अर्थात् उसको 1150 रुपये लौटाने चाहिए।

रेडियो सेट की कीमत

= 1150 – 500 = 650 रुपये।

☆☆☆☆☆☆

10 चक्रवृद्धि ब्याज (Compound Interest)

ब्याज की वह गणना, जिसमें ब्याज को मूलधन में जोड़कर प्राप्त मिश्रधन पर ब्याज लगाया जाए, **चक्रवृद्धि ब्याज** कहलाती है।

महत्वपूर्ण सूत्र :

1. चक्रवृद्धि मिश्रधन

$$= \text{मूलधन}\left(1+\frac{\text{दर}}{100}\right)^{\text{समय वर्ष में}}$$

2. चक्रवृद्धि ब्याज

= चक्रवृद्धि मिश्रधन – मूलधन

$$= \text{मूलधन}\left[\left(1+\frac{\text{दर}}{100}\right)^{\text{समय}}-1\right]$$

3. यदि चक्रवृद्धि ब्याज की दर प्रत्येक वर्ष में बदल रही हो तो—

मिश्रधन

$$= \text{मूलधन}\left(1+\frac{(\text{दर})\ 1}{100}\right)\left(1+\frac{(\text{दर})\ 2}{100}\right)\left(1+\frac{(\text{दर})\ 3}{100}\right)$$

[∴ समय, प्रत्येक दर के लिए 1 वर्ष है]

4. *(i)* यदि ब्याज की गणना **अर्द्धवार्षिक** है तो दर आधी तथा समय दुगुना कर दिया जाता है।

(ii) यदि ब्याज की गणना त्रैमासिक है तो दर को 4 से भाग तथा समय को 4 से गुणा करते हैं।

नोट : एक वर्ष के लिए साधारण ब्याज तथा चक्रवृद्धि ब्याज बराबर होते हैं, जबकि ब्याज की दर वार्षिक हो।

प्रश्नमाला

1. 400 रु. की राशि पर 5% प्रतिवर्ष की दर से 2 वर्ष का चक्रवृद्धि ब्याज कितना होगा?

A. 40 रु. B. 41 रु.
C. 42 रु. D. 43 रु.

2. किसी राशि पर 6% चक्रवृद्धि ब्याज की दर से पहले वर्ष का ब्याज 60 रु. है, तो दूसरे वर्ष का ब्याज कितना होगा?

A. 120 रु. B. 66.60 रु.
C. 63.60 रु. D. 63 रु.

3. वह धनराशि ज्ञात करो, जिसका 5% ब्याज की दर से 2 वर्ष का चक्रवृद्धि ब्याज तथा साधारण ब्याज का अन्तर 3 रु. हो?

A. 1400 रु. B. 1500 रु.
C. 1350 रु. D. 1200 रु.

4. किस धन का 10% प्रतिवर्ष चक्रवृद्धि ब्याज की दर से 3 वर्ष में मिश्रधन 1331 रु. होगा?

A. 2000 रु. B. 1500 रु.
C. 1000 रु. D. 800 रु.

5. 2500 रु. का 6% ब्याज की दर से 2 वर्ष का चक्रवृद्धि ब्याज कितना होगा?

A. 306 रु. B. 150 रु.
C. 309 रु. D. 300 रु.

6. कोई राशि चक्रवृद्धि ब्याज की दर से 2 वर्ष में चार गुनी हो जाती है, तो कितने वर्ष में वह राशि 8 गुनी हो जायेगी?

A. 4 वर्ष B. $2\frac{1}{2}$ वर्ष
C. 3 वर्ष D. $3\frac{1}{2}$ वर्ष

7. 2400 रुपये पर 5% प्रतिवर्ष ब्याज की दर से 2 वर्ष में साधारण ब्याज तथा चक्रवृद्धि ब्याज का अन्तर होगा?

A. 8 रु. B. 10 रु.
C. 9 रु. D. 6 रु.

8. 8000 रु. की राशि पर 5% प्रतिवर्ष ब्याज की दर से 3 वर्ष का चक्रवृद्धि ब्याज कितना होगा?

A. 1361 रु. B. 1261 रु.
C. 1141 रु. D. 1241 रु.

9. 2000 रु. का 2 वर्ष में किस चक्रवृद्धि ब्याज की दर से मिश्रधन 2205 रु. हो जायेगा?

A. 3% B. 4%
C. 5% D. 6%

10. 3200 रु. का 10% प्रतिवर्ष चक्रवृद्धि ब्याज की दर से कितने समय में चक्रवृद्धि ब्याज 672 रु. हो जायेगा?

A. $2\frac{1}{2}$ वर्ष B. $1\frac{1}{2}$ वर्ष
C. 2 वर्ष D. $3\frac{1}{2}$ वर्ष

11. किसी राशि का 6% वार्षिक ब्याज की दर से 2 वर्ष का साधारण ब्याज 300 रु. है, तो उसी राशि का उसी दर से उतने ही समय में चक्रवृद्धि ब्याज कितना होगा?

A. 306 रु. B. 309 रु.
C. 308 रु. D. 300 रु.

12. 3600 रु. का 2 वर्ष का साधारण ब्याज 216 रु. है। यदि ब्याज की दर 2% अधिक कर दी जाये, तो इसी धनराशि पर इतने ही समय के लिए चक्रवृद्धि ब्याज क्या होगा?

A. 369 रु. B. 400 रु.
C. 380 रु. D. 375 रु.

13. किसी राशि पर 2 वर्ष का साधारण ब्याज 100 रु. तथा चक्रवृद्धि ब्याज 103 रु. है, तो उस राशि पर ब्याज की वार्षिक दर कितने प्रतिशत होगी?

A. 2% B. 8%
C. 6% D. 10%

14. यदि ब्याज छमाही देय हो, तो 1500 रु. का 4% वार्षिक ब्याज की दर से एक वर्ष का चक्रवृद्धि ब्याज कितना होगा?

A. 60.60 रु.
B. 62 रु.
C. 63 रु.
D. 64 रु.

15. यदि किसी धनराशि का 5% चक्रवृद्धि ब्याज की दर से पहले वर्ष का ब्याज 400 रु. है, तो उस राशि का तीसरे वर्ष का ब्याज कितना होगा?

A. 1261 रु.
B. 1461 रु.
C. 1562 रु.
D. 1462 रु.

उत्तरमाला

1	2	3	4	5	6	7	8	9	10
B	C	D	C	C	C	D	B	C	C
11	**12**	**13**	**14**	**15**					
B	A	C	A	A					

व्याख्यात्मक उत्तर

1. मूलधन = 400 रु., दर = 5%,

समय = 2 वर्ष

∴ चक्रवृद्धि ब्याज

$$= \text{मूलधन}\left[\left(1+\frac{\text{दर}}{100}\right)^{\text{समय}}-1\right]$$

∴ चक्रवृद्धि ब्याज

$$= 400\left[\left(1+\frac{5}{100}\right)^{2}-1\right]$$

$$= 400\left[\left(\frac{21}{20}\right)^{2}-1\right]$$

$$= 400\left[\frac{21}{20}\times\frac{21}{20}-1\right]$$

$$= 400\times\frac{41}{400} = 41 \text{ रु.}$$

2. पहले वर्ष का साधारण ब्याज तथा चक्रवृद्धि ब्याज बराबर होगा

$$\therefore \quad 60 = \frac{\text{मूलधन}\times 6\times 1}{100}$$

∴ मूलधन = 1000 रु.

∴ दूसरे वर्ष के लिए मूलधन

= 1000 + 60

= 1060 रु.

$$\therefore \quad \text{ब्याज} = \frac{1060\times 6\times 1}{100}$$

= 63.60 रु.

3. माना कि धनराशि x रु. है।

∴ 5% वार्षिक ब्याज की दर से 2 वर्ष का साधारण ब्याज

$$= \frac{x\times 5\times 2}{100} = \frac{x}{10} \text{ रु.}$$

तथा चक्रवृद्धि ब्याज

$$= x\left[\left(1+\frac{5}{100}\right)^{2}-1\right]$$

$$= x\left[\left(\frac{21}{20}\right)^{2}-1\right]$$

$$= x\left[\frac{21}{20}\times\frac{21}{20}-1\right]$$

$$= \frac{x\times 41}{400} \text{ रु.}$$

प्रश्नानुसार—

$$\frac{41x}{400}-\frac{x}{10}=3$$

∴ $41x - 40x = 400 \times 3$

या $x = 1200$ रु.

अतः वह धनराशि 1200 रु. है।

4. माना वह धनराशि x रु. है

$$\therefore \text{मिश्रधन} = \text{मूलधन}\left(1+\frac{\text{दर}}{100}\right)^{\text{समय}}$$

या $$1331 = x\left(1+\frac{10}{100}\right)^3$$

$$\therefore \quad 1331 = x \times \frac{11}{10}\times\frac{11}{10}\times\frac{11}{10}$$

$$\therefore \quad x = \frac{1331\times10\times10\times10}{11\times11\times11}$$

$$= 1000 \text{ रु.}$$

5. चक्रवृद्धि ब्याज

$$= 2500\left[\left(1+\frac{6}{100}\right)^2 - 1\right]$$

$$= 2500\left[\left(\frac{53}{50}\right)^2 - 1\right]$$

$$= 2500\left[\frac{53}{50}\times\frac{53}{50} - 1\right]$$

$$= 2500\left[\frac{2809-2500}{2500}\right]$$

$$= \frac{2500\times309}{2500}$$

$$= 309 \text{ रु.}$$

6. माना वह राशि x रु. है

$$\therefore \text{मिश्रधन} = \text{मूलधन}\left(1+\frac{\text{दर}}{100}\right)^{\text{समय}}$$

प्रश्नानुसार—

$$\therefore \quad 4x = x\left(1+\frac{\text{दर}}{100}\right)^2$$

या $$4 = \left(1+\frac{\text{दर}}{100}\right)^2$$

या $$(2)^2 = \left(1+\frac{\text{दर}}{100}\right)^2$$

या $$2 = \left(1+\frac{\text{दर}}{100}\right)$$

$\therefore$ मिश्रधन को 8 गुना करने के लिए

$$\therefore \quad (2)^3 = \left(1+\frac{\text{दर}}{100}\right)^3$$

$$\therefore \quad 8 = \left(1+\frac{\text{दर}}{100}\right)^3$$

अत : स्पष्ट है कि मिश्रधन को 8 गुना होने में लगा समय = 3 वर्ष

7. साधारण ब्याज

$$= \frac{2400\times5\times2}{100}$$

$$= 240 \text{ रु.}$$

चक्रवृद्धि ब्याज

$$= 2400\left[\left(1+\frac{5}{100}\right)^2 - 1\right]$$

$$= 2400\left[\frac{21}{20}\times\frac{21}{20} - 1\right]$$

$$= \frac{2400\times41}{400} = 246 \text{ रु.}$$

$\therefore$ अन्तर = 246 – 240 = 6 रु.

8. चक्रवृद्धि ब्याज

$$= 8000\left[\left(1+\frac{5}{100}\right)^3 - 1\right]$$

$$= 8000\left[\frac{21}{20}\times\frac{21}{20}\times\frac{21}{20}-1\right]$$

$$= 8000\left[\frac{9261-8000}{8000}\right]$$

$$= \frac{8000\times 1261}{8000} = 1261 \text{ रु.}$$

9. $2205 = 2000\left(1+\frac{\text{दर}}{100}\right)^2$

या $\frac{2205}{2000} = \left(1+\frac{\text{दर}}{100}\right)^2$

या $\frac{441}{400} = \left(1+\frac{\text{दर}}{100}\right)^2$

या $\left(\frac{21}{20}\right)^2 = \left(1+\frac{\text{दर}}{100}\right)^2$

या $\frac{21}{20} = 1+\frac{\text{दर}}{100}$

$$\frac{\text{दर}}{100} = \frac{21}{20}-1 = \frac{1}{20}$$

या दर $= \frac{100}{20} = 5\%$

10. मूलधन = 3200 रु.

चक्रवृद्धि ब्याज = 672 रु.

$\therefore$ चक्रवृद्धि मिश्रधन = मूलधन + चक्रवृद्धि ब्याज

= 3200 + 672

= 3872 रु.

$\therefore$ चक्रवृद्धि मिश्रधन

$= \text{मूलधन}\left(1+\frac{\text{दर}}{100}\right)^{\text{समय}}$

$\therefore \quad 3872 = 3200\left(1+\frac{10}{100}\right)^{\text{समय}}$

या $\frac{3872}{3200} = \left(\frac{11}{10}\right)^{\text{समय}}$

या $\frac{121}{100} = \left(\frac{11}{10}\right)^{\text{समय}}$

या $\left(\frac{11}{10}\right)^2 = \left(\frac{11}{10}\right)^{\text{समय}}$

$\therefore$ समय = 2 वर्ष

11. माना वह धनराशि x रु. है

$\therefore \quad 300 = \frac{x\times 6\times 2}{100}$

या $\quad x = 2500$ रु.

$\therefore$ चक्रवृद्धि ब्याज

$$= 2500\left[\left(1+\frac{6}{100}\right)^2-1\right]$$

$$= 2500\left[\frac{53}{50}\times\frac{53}{50}-1\right]$$

$$= 2500\left[\frac{2809-2500}{2500}\right]$$

$$= \frac{2500\times 309}{2500} = 309 \text{ रु.}$$

12. $\therefore$ साधारण ब्याज

$$= \frac{\text{मूलधन}\times\text{दर}\times\text{समय}}{100}$$

$\therefore \quad 216 = \frac{3600\times\text{दर}\times 2}{100}$

$\therefore \quad \text{दर} = \frac{216\times 100}{3600\times 2} = 3\%$

प्रश्नानुसार—

नयी दर = $(3+2)\% = 5\%$

∴ चक्रवृद्धि ब्याज

$$= 3600\left[\left(1+\frac{5}{100}\right)^2 - 1\right]$$

$$= 3600\left[\frac{21}{20}\times\frac{21}{20} - 1\right]$$

$$= \frac{3600\times 41}{400} = 369 \text{ रु.}$$

13. माना किसी राशि पर ब्याज की दर $x\%$ है

∴ 2 वर्ष का साधारण ब्याज = 100 रु.

∴ 1 वर्ष का साधारण ब्याज = 50 रु.

चूंकि पहले वर्ष का साधारण ब्याज तथा चक्रवृद्धि ब्याज बराबर होता है

∴ पहले वर्ष का चक्रवृद्धि ब्याज = 50 रु.

∴ दूसरे वर्ष का चक्रवृद्धि ब्याज

= 103 – 50 = 53 रु.

∴ दूसरे वर्ष का चक्रवृद्धि ब्याज = पहले वर्ष का ब्याज + पहले वर्ष के ब्याज पर ब्याज

या $53 = 50 + 50$ रु. का $x\%$

या $3 = \frac{50\times x}{100}$ या $3 = \frac{x}{2}$

∴ $x = 6$

अतः ब्याज की दर = 6% होगी।

14. दर = $\frac{4}{2}\% = 2\%$

समय = 1 वर्ष = 2 छमाही

∴ चक्रवृद्धि ब्याज

$$= 1500\left[\left(1+\frac{2}{100}\right)^2 - 1\right]$$

$$= 1500\left[\frac{51}{50}\times\frac{51}{50} - 1\right]$$

$$= \frac{1500\times 101}{50\times 50} = 60.60 \text{ रु.}$$

15. ∴ $400 = \frac{\text{मूलधन}\times 5\times 1}{100}$

∴ मूलधन = 8000 रु.

∴ चक्रवृद्धि ब्याज

$$= 8000\left[\left(1+\frac{5}{100}\right)^3 - 1\right]$$

$$= 8000\left[\frac{21}{20}\times\frac{21}{20}\times\frac{21}{20} - 1\right]$$

$$= 8000\left[\frac{9261-8000}{8000}\right]$$

$$= \frac{8000\times 1261}{8000}$$

= 1261 रु.

☆☆☆☆☆☆

11 लाभ तथा हानि (Profit and Loss)

लाभ और हानि शब्द साधारणतया व्यापार में इस्तेमाल किए जाते हैं। प्रत्येक व्यापार का उद्देश्य लाभ कमाना होता है। लाभ और हानि से संबंधित सभी तरह के प्रश्नों को हल करने से पहले निम्नलिखित बातों को जानना आवश्यक है।

1. कोई वस्तु जिस मूल्य पर खरीदी जाती है उसे उस वस्तु का **लागत मूल्य** या **क्रय मूल्य** (Cost Price) कहते हैं। इसे क्रय मूल्य (C.P.) द्वारा भी निर्दिष्ट किया जाता है।
2. कोई वस्तु जिस मूल्य पर बेची जाती है, उसे उस वस्तु का **विक्रय मूल्य** (Sale Price) कहते हैं। इसे विक्रय मूल्य (S.P.) द्वारा भी निर्दिष्ट किया जाता है।
3. यदि वस्तु का क्रय मूल्य (Cost Price), वस्तु के विक्रय मूल्य (Sale Price) से अधिक हो, तो उस वस्तु पर हमेशा **हानि** होगी। अर्थात्
   हानि = क्रय मूल्य – विक्रय मूल्य
4. यदि किसी वस्तु का विक्रय मूल्य (Sale Price) वस्तु के क्रय मूल्य (Cost Price) से अधिक हो, तो उस वस्तु पर हमेशा **लाभ** होगा। अर्थात्
   लाभ = विक्रय मूल्य – क्रय मूल्य
5. लाभ और हानि दो प्रकार से व्यक्त किए जाते हैं:
   (i) रुपयों में; *(ii)* प्रतिशत में।

उदाहरण : यदि किसी वस्तु का क्रय मूल्य 100 रु. तथा उसका विक्रय मूल्य 95 रु. हो, तो वस्तु पर लाभ या हानि कितनी होगी?

हल : चूंकि वस्तु का क्रय मूल्य और उसके विक्रय मूल्य से अधिक है, इसलिए वस्तु पर हानि होगी। अर्थात् हानि = क्रय मूल्य – विक्रय मूल्य = 100 – 95 = 5 रु. हानि।

उपरोक्त उदाहरण में हमने वस्तु पर लाभ और हानि को रुपयों में समझाया है। अब हम लाभ-हानि को प्रतिशत में व्यक्त करते हैं।

लाभ-हानि को प्रतिशत लाभ और प्रतिशत हानि में बदलने के लिए निम्नलिखित सूत्रों को याद रखें।

1. $$\text{लाभ\%} = \frac{\text{लाभ} \times 100}{\text{क्रय मूल्य}}$$

2. $$\text{हानि\%} = \frac{\text{हानि} \times 100}{\text{क्रय मूल्य}}$$

लाभ-हानि को **प्रतिशत लाभ** और **हानि** में बदलने के लिए नीचे कुछ उदाहरणों द्वारा समझाया गया है।

उदाहरण 1. यदि किसी वस्तु को 20 रु. में खरीदकर उसे 25 रु. में बेच दिया हो, तो उस वस्तु पर कितने प्रतिशत लाभ या हानि होगी?

हल : चूंकि वस्तु का क्रय मूल्य वस्तु के विक्रय मूल्य से कम है इसलिए वस्तु पर लाभ होगा।

अर्थात्, लाभ = विक्रय मूल्य – क्रय मूल्य

$= 25 - 20 = 5$ रु.

$$\therefore \text{प्रतिशत लाभ} = \frac{\text{लाभ} \times 100}{\text{क्रय मूल्य}}$$

$$= \frac{5 \times 100}{20} = 25\%$$

उदाहरण 2. एक किताब का अंकित मूल्य 64 रु. है। यदि उसे 48 रु. में बेचा जाता है, तो कितने प्रतिशत हानि होगी?

हल : किताब का क्रय मूल्य = 64 रु. तथा किताब का विक्रय मूल्य = 48 रु.

हानि = क्रय मूल्य – विक्रय मूल्य

$= 64 - 48 = 16$ रु.

$$\text{हानि\%} = \frac{\text{हानि} \times 100}{\text{क्रय मूल्य}} = \frac{16 \times 100}{64}$$

$= 25\%$

प्रश्नमाला

1. एक आदमी कोई वस्तु 25 रु. में खरीदकर 30 रु. में बेचता है। तो बताइये उसका लाभ क्या होगा?

A. 6 रु. B. 7.50 रु.

C. 5 रु. D. 8.10 रु.

2. यदि 15 रु. वाली कोई वस्तु 12 रु. में बेच दी जाए, तो कितने प्रतिशत हानि होगी?

A. 20% B. 16%

C. 22% D. 25%

3. यदि किसी वस्तु को 21 रु. में बेचने पर 12% का लाभ होता हो, तो बताइये उस वस्तु का क्रय मूल्य कितना होगा?

A. 15.50 रु. B. 20.15 रु.

C. 18.75 रु. D. 17.50 रु.

4. यदि किसी वस्तु को 2040 रु. में बेचने पर 15% की हानि होती हो, तो बताइये उस वस्तु का क्रय मूल्य कितना होगा?

A. 2300 रु. B. 2400 रु.

C. 2475 रु. D. 2800 रु.

5. एक वस्तु का क्रय मूल्य 150 रु. है। यदि इसे 13% लाभ पर बेचा जाए, तो बताइयें वस्तु का विक्रय मूल्य कितना होगा?

A. 170.75 रु. B. 169.50 रु.

C. 160.50 रु. D. 174.75 रु.

6. किसी वस्तु को 250 रु. में खरीदकर 300 रु. में बेच दिया गया। बताइये उस पर कितने प्रतिशत लाभ हुआ?

A. 16% B. 20%

C. 18% D. 17%

7. एक वस्तु को 38 रु. में बेचने पर 5% हानि होती है। यदि इसे 42 रु. में बेचा जाए, तो कितने प्रतिशत लाभ या हानि होगी?

A. 6% लाभ B. 5% लाभ

C. 8% हानि D. 4% हानि

8. यदि किसी वस्तु को 5% हानि पर बेचने पर 3990 रु. मिले हों, तो उस वस्तु का क्रय मूल्य कितना होगा?

A. 4100 रु. B. 4200 रु.

C. 3890 रु. D. 4400 रु.

9. यदि 10 पेनों का क्रय मूल्य, 8 पेनों के विक्रय मूल्य के बराबर हो, तो प्रतिशत लाभ कितना होगा?

A. 20% B. 16%

C. 25% D. 30%

10. राम ने एक टी.वी. 2475 रु. में खरीदकर उसे 3090 रु. में बेच दिया हो, तो उसे कितने प्रतिशत लाभ हुआ?

A. 23.8% B. 34.5%
C. 37.6% D. 24.8%

11. एक फल विक्रेता ने 20 दर्जन केले 100 रुपये में खरीदकर 6 रुपये प्रति दर्जन के भाव से बेच दिए। उसका लाभ अथवा हानि ज्ञात करो।

A. 20 रु. B. 30 रु.
C. 25 रु. D. 35 रु.

12. एक ठेकेदार ने 7500 रुपये में एक खाली जमीन खरीदी और उस पर 2,65,000 रुपये खर्च कर मकान तैयार किया। यदि अब उस मकान को 3,25,000 रु. में बेच दिया, तो उसका लाभ अथवा हानि ज्ञात करो।

A. 15550 रु. हानि B. 15550 रु. लाभ
C. 15000 रु. हानि D. 15000 रु. लाभ

13. सलमा ने एक मोटर साइकिल 25,250 रुपये में खरीदी। उस पर 750 का सामान लगाया। बाद में रकम की आवश्यकता पड़ने पर उसे 500 रुपये की हानि से बेच दिया। बताइये मोटर साइकिल कितने में बेची गयी?

A. 22550 रु. B. 22225 रु.
C. 22000 रु. D. 22500 रु.

14. एक दुकानदार ने 50 पुस्तकें 70 रुपये के हिसाब से खरीदीं। उसमें से 5 पुस्तकें प्रकाशन की खामी के कारण बिक न सकीं। शेष पुस्तकों को 80 रुपये के हिसाब से बेचने पर उसका लाभ या हानि ज्ञात करो।

A. 100 रु. हानि B. 100 रु. लाभ
C. 150 रु. लाभ D. 150 रु. हानि

15. सलमान ने एक पुरानी साइकिल 500 रुपये में खरीदी। उसे ठीक कराने में 20 रुपये खर्च किए तथा 50 रुपये का नया सामान डलवाया। सलमान ने वह साइकिल 600 रुपये में बेच दी, तो उसे कितना लाभ अथवा हानि हुई?

A. 25 रु. B. 20 रु.
C. 30 रु. D. 35 रु.

उत्तरमाला

1	2	3	4	5	6	7	8	9	10
C	A	C	B	B	B	B	B	C	D
11	**12**	**13**	**14**	**15**					
A	C	D	B	C					

व्याख्यात्मक उत्तर

1. ∵ वस्तु का विक्रय मूल्य, उसके क्रय मूल्य से अधिक है।

∴ लाभ = विक्रय मूल्य – क्रय मूल्य
= 30 – 25 = 5 रु.।

2. ∵ वस्तु का क्रय मूल्य, उसके विक्रय मूल्य से अधिक है।

∴ हानि = क्रय मूल्य – विक्रय मूल्य
= 15 – 12 = 3 रु.

$\therefore$ प्रतिशत हानि $= \dfrac{\text{हानि} \times 100}{\text{क्रय मूल्य}}$

$= \dfrac{3 \times 100}{15} = 20\%.$

3. $\because$ वस्तु का विक्रय मूल्य = 21 रु॰ तथा लाभ % = 12%

$\therefore$ क्रय मूल्य

$= \text{विक्रय मूल्य} \left(\dfrac{100}{100 + \text{लाभ}\%}\right)$

$= 21\left(\dfrac{100}{100+12}\right) = \dfrac{21 \times 100}{112}$

= 18.75 रु॰ ।

4. $\because$ वस्तु का विक्रय मूल्य = 2040 रु॰ तथा हानि % = 15%

$\therefore$ क्रय मूल्य

$= \text{विक्रय मूल्य} \left(\dfrac{100}{100 - \%\text{हानि}}\right)$

$= 2040 \left(\dfrac{100}{100-15}\right) = \dfrac{2040 \times 100}{85}$

= 2400 रु॰ ।

5. $\because$ वस्तु का क्रय मूल्य = 150 रु॰ तथा लाभ % = 13%

$\therefore$ वस्तु का विक्रय मूल्य

$= \text{क्रय मूल्य} \left(\dfrac{100 + \text{लाभ}\%}{100}\right)$

$= 150 \times \left(\dfrac{100+13}{100}\right)$

$= \dfrac{150 \times 113}{100} = 169.50$ रु॰ ।

6. $\because$ वस्तु का क्रय मूल्य = 250 रु॰
तथा वस्तु का विक्रय मूल्य = 300 रु॰

$\therefore$ लाभ = 300 – 250 = 50 रु॰

$\therefore$ प्रतिशत लाभ

$= \dfrac{\text{लाभ} \times 100}{\text{क्रय मूल्य}} = \dfrac{50 \times 100}{250} = 20\%.$

7. पहली स्थिति में, वस्तु का विक्रय मूल्य = 38 रु॰, हानि % = 5%

$\therefore$ वस्तु का क्रय मूल्य

$= \text{विक्रय मूल्य} \left(\dfrac{100}{100 - \text{हानि}\%}\right)$

$= 38\left(\dfrac{100}{100-5}\right) = \dfrac{38 \times 100}{95} = 40$ रु॰

दूसरी स्थिति में, क्रय मूल्य = 40 रु॰, विक्रय मूल्य = 42 रु॰

$\therefore$ लाभ = विक्रय मूल्य – क्रय मूल्य
= 42 – 40 = 2 रु॰

$\therefore$ प्रतिशत लाभ $= \dfrac{\text{लाभ} \times 100}{\text{क्रय मूल्य}}$

$= \left(\dfrac{2 \times 100}{40}\right)$

$= 5\%.$

8. $\therefore$ वस्तु का विक्रय मूल्य = 3990 रु॰, तथा हानि % = 5%

$\therefore$ वस्तु का क्रय मूल्य

$= \text{विक्रय मूल्य} \left(\dfrac{100}{100-5}\right)$

$= 3990 \times \dfrac{100}{95} = 4200$ रु॰ ।

9. माना कि 10 पेनों का क्रय मूल्य = x रु॰
प्रश्नानुसार, 8 पेनों का विक्रय मूल्य = x रु॰

$\therefore$ 1 पेन का क्रय मूल्य $= \frac{x}{10}$ रु०

तथा 1 पेन का विक्रय मूल्य $= \frac{x}{8}$ रु०

$\therefore$ लाभ = विक्रय मूल्य – क्रय मूल्य

$= \frac{x}{8} - \frac{x}{10} = \frac{x}{40}$ रु०

$\therefore$ प्रतिशत लाभ = $\frac{\text{लाभ} \times 100}{\text{क्रय मूल्य}}$

$= \frac{\frac{x}{40} \times 100}{\frac{x}{10}} = 25\%$.

10. $\because$ टी०वी० का खरीद मूल्य या क्रय मूल्य = 2475 रु०

तथा विक्रय मूल्य = 3090 रु०

लाभ = विक्रय मूल्य – क्रय मूल्य

= 3090 – 2475 = 615 रु०

प्रतिशत लाभ = $\frac{\text{हानि} \times 100}{\text{क्रय मूल्य}}$

$= \frac{615 \times 100}{2475}$

= 24.8%.

11. 20 दर्जन केलों का क्रय मूल्य = 100 रुपये

20 दर्जन केलों का विक्रय मूल्य

$= 6 \times 20 = 120$ रुपये

लाभ = विक्रय मूल्य – क्रय मूल्य

= 120 – 100

= 20 रुपये लाभ।

12. ठेकेदार का वास्तविक क्रय मूल्य

= 75000 + 2,65,000

= 3,40,000 रुपये

$\because$ उसका विक्रय मूल्य उसके क्रय मूल्य से कम है अतः हानि होगी।

हानि = क्रय मूल्य – विक्रय मूल्य

= 3,40,000 – 3,25,000

= 15,000 रुपये हानि।

13. सलमा के लिए मोटर साइकिल का कुल क्रय मूल्य

= 22,250 + 750 = 23,000 रुपये

$\because$ 500 रुपये हानि पर मोटर साइकिल बेची जाती है अतः उसका विक्रय मूल्य क्रय मूल्य से 500 रुपये कम होगा।

विक्रय मूल्य = 23000 – 500

= 22500 रुपये।

14. दुकानदार का कुल क्रय मूल्य

$= 50 \times 70 = 3500$ रुपये

शेष पुस्तकें = 50 – 5 = 45 पुस्तकें

45 पुस्तकों का विक्रय मूल्य $= 45 \times 80$

= 3600 रुपये

लाभ = विक्रय मूल्य – क्रय मूल्य

= 3600 – 3500

= 100 रुपये लाभ।

15. साइकिल का वास्तविक क्रय मूल्य

= (500 + 20 + 50) रुपये

= 570 रुपये

साइकिल का विक्रय मूल्य = 600 रुपये

अतः लाभ = विक्रय मूल्य – क्रय मूल्य

= (600 – 570) रुपये

= 30 रुपये।

☆☆☆☆☆☆

अनुपात एवं समानुपात (Ratio and Proportion)

अनुपात

अनुपात सदैव दो सजातीय राशियों में होता है। एक राशि का, दूसरी सजातीय राशि में भाग देने पर अनुपात ज्ञात होता है या जब हम एक ही प्रकार की दो वस्तुओं की तुलना करते हैं और यह देखते हैं कि एक वस्तु, दूसरी वस्तु का कौन-सा भाग है तो उन दोनों के बीच पारस्परिक सम्बन्ध को अनुपात कहते हैं।

उदाहरण : किसी कक्षा में 24 लड़के और 16 लड़कियां हैं, तो बताइये लड़कों और लड़कियों का क्या अनुपात होगा?

हल : $\frac{\text{लड़कों की संख्या}}{\text{लड़कियों की संख्या}} = \frac{24}{16} = \frac{3}{2}$

$\therefore$ लड़कों और लड़कियों की संख्या का अनुपात = 3 : 2 होगा।

समानुपात

जब दो अनुपात बराबर होते हैं तो उनकी बराबरी को समानुपात कहते हैं। जैसे $a : b = c : d$ हो, तो इसका अर्थ यह है कि $\frac{a}{b}$ समानुपात में है $\frac{c}{d}$ के और इसे हम निम्न प्रकार से लिख सकते हैं। अतः $a : b :: c : d$ में a, b, c तथा d को क्रमशः प्रथम, द्वितीय, तृतीय और चतुर्थ अनुपाती कहते हैं। इस प्रकार समानुपात में चार पद होते हैं।

नियम : समानुपात $a : b :: c : d$ में सिरे वाले दोनों पदों के गुणनफल, मध्य वाले दोनों पदों के गुणनफल के बराबर होता है।

अर्थात् $a \times d = b \times c$

साझा

साझा दो प्रकार का होता है:

1. **साधारण साझा :** वह साझा जिसमें दो या दो से अधिक व्यापारी अपनी-अपनी पूंजी का इस्तेमाल एक समान अवधि के लिए करते हैं, उसे **साधारण साझा** कहते हैं।
2. **मिश्रित साझा :** वह साझा जिसमें दो या दो से अधिक व्यापारी अपनी-अपनी पूंजी का इस्तेमाल अलग-अलग अवधि के लिए करते हैं उसे **मिश्रित साझा** कहते हैं।

महत्त्वपूर्ण नोट : 1. साधारण साझे से सम्बन्धित प्रश्नों में व्यापार में हुए लाभ अथवा हानि को उनकी पूंजियों के अनुपात में विभाजित करते हैं। 2. मिश्रित साझे से सम्बन्धित प्रश्नों में व्यापार में हुए लाभ अथवा हानि को उनकी पूंजियों तथा समय के गुणनफलों के अनुपात में बांटा जाता है।

उदाहरण 1. निम्नलिखित में से कौन-सा अनुपात बड़ा होगा?

7 : 3 या 19 : 9

हल : 7 : 3 या $\frac{7}{3}$ तथा $19 : 9 = \frac{19}{9}$

$\therefore \frac{7}{3} = \frac{7\times3}{3\times3}$ तथा $\frac{19}{9}$

$\therefore \frac{21}{9} > \frac{19}{9}$

अतः 7 : 3, 19 : 9 से बड़ा है।

उदाहरण 2. यदि 5 : 3 : : 9 : x हो, तो x का मान क्या होगा?

हल : ∴ समानुपात में दोनों बाहरी संख्याओं का गुणनफल मध्य की दोनों संख्याओं के गुणनफल के बराबर होता है।

$$5 \times x = 3 \times 9$$

$$x = \frac{3 \times 9}{5} = \frac{27}{5} = 5\frac{2}{5}$$

उदाहरण 3: यदि 15 : 18 : : 25 : x हो, तो x का मान कितना होगा?

हल: चूँकि समानुपात में दोनों बाहरी संख्याओं का गुणनफल मध्य की दोनों संख्याओं के गुणनफल के बराबर होता है।

$$\therefore \quad 15 \times x = 18 \times 25$$

$$\Rightarrow \quad x = \frac{18 \times 25}{15} = 30$$

अतः x का मान 30 होगा।

प्रश्नमाला

1. यदि 3 : 8 = 9 : x, तो x का मान कितना होगा?

A. 20 B. 27
C. 24 D. 25

2. यदि A : B = 3 : 4 तथा B : C = 5 : 6, तो A : B : C में क्या अनुपात होगा?

A. 20 : 15 : 24 B. 15 : 20 : 24
C. 15 : 24 : 20 D. 20 : 24 : 15

3. यदि 18 : x = x : 8 हो, तो x किसके बराबर होगा?

A. 11 B. 10
C. 16 D. 12

4. 8 : 12 : 10 : : ? है, तो प्रश्न चिन्ह् (?) के स्थान पर क्या मान होगा?

A. 14 B. 15
C. 16 D. 18

5. 5 और 125 का मध्य समानुपात कितना है?

A. 20 B. 25
C. 28 D. 27

6. 3, 4 और 15 का चौथा अनुपात होगा?

A. 16 B. 18
C. 20 D. 15

7. 12 और 30 का तृतीय समानुपात कितना होगा?

A. 75 B. 125
C. 60 D. 70

8. दो संख्याओं का अनुपात 3 : 4 है। यदि दोनों संख्याओं का योग 490 हो, तो वे संख्याएं क्रमशः क्या होंगी?

A. 220, 270 B. 210, 280
C. 120, 160 D. 180, 290

9. यदि एक त्रिभुज के कोणों में 1 : 2 : 3 का अनुपात हो, तो उस त्रिभुज के सबसे बड़े कोण का मान होगा।

A. 90° B. 70°
C. 105° D. 110°

10. यदि किसी अनुपात का दूसरा पद 15 तथा अनुपात का मान $\frac{3}{5}$ हो, तो उस अनुपात का पहला पद क्या होगा?

A. 8 B. 14
C. 9 D. 12

11. 1100 रुपये को सुधा, कमला और सलमा में इस प्रकार बांटो कि उनके धन में $\frac{1}{3}:\frac{2}{5}:\frac{1}{2}$ का अनुपात हो, तो सुधा को मिलने वाला धन क्या है?

A. 300 रु॰ B. 350 रु॰
C. 250 रु॰ D. 200 रु॰

12. एक मिश्रधातु में तांबा, जस्ता और लोहा 7 : 6 : 9 के अनुपात में हैं। यदि मिश्रण में तांबे की मात्रा 560 ग्राम हो, तो मिश्रधातु का कुल भार ज्ञात करो।

A. 1 किग्रा॰ 600 ग्रा॰
B. 2 किग्रा॰ 760 ग्रा॰
C. 1 किग्रा॰ 760 ग्रा॰
D. 1 किग्रा॰ 700 ग्रा॰

13. तीन संख्याओं का योग 16 है। दूसरी और तीसरी संख्याओं का अनुपात 9 : 16 है तथा प्रथम और तीसरी संख्याओं का अनुपात 1 : 4 है। दूसरी संख्या ज्ञात करो।

A. 38 B. 36
C. 40 D. 34

14. 1530 रुपये A, B, C में इस प्रकार वितरित किए गए कि यदि तीनों के हिस्सों में से क्रमशः 5, 10 और 15 कम कर दिए जाएं, तो शेष भागों में 3 : 4 : 5 का अनुपात होगा। B का हिस्सा ज्ञात करो।

A. 505 रु॰ B. 500 रु॰
C. 515 रु॰ D. 510 रु॰

15. यदि A के पास B से 20% कम रुपये और B के पास C से 25% अधिक रुपये हों, तो तीनों के धन का अनुपात ज्ञात करो।

A. 4 : 5 : 5 B. 4 : 5 : 4
C. 5 : 4 : 4 D. 4 : 4 : 5

उत्तरमाला

1	2	3	4	5	6	7	8	9	10
C	B	D	B	B	C	A	B	A	C
11	**12**	**13**	**14**	**15**					
A	C	B	D	B					

व्याख्यात्मक उत्तर

1. $\because 3:8 = 9:x \Rightarrow \frac{3}{8} = \frac{9}{x}$

$$\Rightarrow \quad x = \frac{8\times 9}{3} = 24$$

अतः x का मान = 24 होगा।

2. ∵ दिया हुआ है:

A : B = 3 : 4 तथा B : C = 5 : 6

दोनों अनुपातों में B को बराबर करने के लिए पहले अनुपात में 5 से तथा दूसरे अनुपात में 4 से गुणा करने पर,

$\therefore \quad A : B = 3 : 4$
$= 3\times 5 : 4\times 5$
$= 15 : 20$

तथा $\quad B : C = 5 : 6$
$= 5\times 4 : 6\times 4$
$= 20 : 24$

$\therefore \quad A : B : C = 15 : 20 : 24$

3. $\because \quad 18 : x = x : 8 \Rightarrow \frac{18}{x} = \frac{x}{8}$

$\Rightarrow \quad x \times x = 18 \times 8 \Rightarrow x^2 = 144$

$\Rightarrow \quad x = \sqrt{144} = 12$

अतः x, 12 के बराबर होगा।

4. चूंकि समानुपात में दोनों बाहरी संख्याओं का गुणनफल, मध्य की दोनों संख्याओं के गुणनफल के बराबर होता है।

$\because$ 8 : 12 : : 10 : ?

$\therefore \quad 8 \times ? = 12 \times 10$

$\Rightarrow \quad ? = \frac{12 \times 10}{8} = 15$

अतः प्रश्न चिन्ह् (?) के स्थान पर मान = 15 होगा।

5. माना कि 5 और 125 का मध्य समानुपात $= x$ है

$\therefore 5 : x : : x : 125$

$\therefore \quad x \times x = 5 \times 125$

$\Rightarrow \quad x^2 = 625$

$\Rightarrow \quad x = \sqrt{625} = 25$

अतः 5 और 125 का मध्य समानुपात = 25 है।

6. माना कि 3, 4 और 15 का चौथा अनुपात $= x$

$\therefore \quad 3 : 4 = 15 : x$

$\therefore \quad x \times 3 = 4 \times 15$

$\therefore \quad x = \frac{4 \times 15}{3} = 20$

अतः 3, 4 और 15 का चौथा अनुपात = 20 होगा।

7. माना कि 12 और 30 का तृतीय अनुपात $= x$

$\therefore \quad 12 : 30 = 30 : x$

$\therefore \quad 12 \times x = 30 \times 30$

$\Rightarrow \quad x = \frac{30 \times 30}{12} = 75$

अतः 12 और 30 का तृतीय अनुपात = 75 होगा।

8. माना कि वे संख्याएं क्रमशः $3x$ व $4x$ हैं।

प्रश्नानुसार,

$3x + 4x = 490$

$\Rightarrow \quad 7x = 490$

$\Rightarrow \quad x = \frac{490}{7} = 70$

अतः वे संख्याएं क्रमशः $(3 \times 70 = 210)$ व $(4 \times 70 = 280)$ होंगी।

9. चूंकि त्रिभुज के कोणों में अनुपात

$= 1 : 2 : 3$

$\therefore$ अनुपात संख्याओं का योग

$= 1 + 2 + 3 = 6$

परन्तु त्रिभुज के तीनों कोणों का योग

$= 180°$

$\therefore$ सबसे बड़े कोण का मान

$= \frac{3}{6} \times 180° = 90°$

अतः सबसे बड़े कोण का मान = 90° होगा।

10. माना कि अनुपात का पहला पद $= x$

प्रश्नानुसार,

$x : 15 = \frac{3}{5} = 3 : 5$

या, $\frac{x}{15} = \frac{3}{5}$

$\therefore \quad x \times 5 = 15 \times 3$

$\Rightarrow \quad x = \frac{15 \times 3}{5} = 9$

अतः अनुपात का पहला पद = 9 होगा।

11. सुधा : कमला : सलमा

$\frac{1}{3} : \frac{2}{5} : \frac{1}{2}$

सरल करने पर, अनुपात = 10 : 12 : 15

अनुपातों का योग

$= 10 + 12 + 15 = 37$

∴ सुधा का भाग

$= \frac{1110}{37} \times 10 = 300$ रुपये

कमला का भाग

$= \frac{1110}{37} \times 12 = 360$ रुपये

सलमा का भाग

$= \frac{1110}{37} \times 15 = 450$ रुपये।

12. तांबा : जस्ता : लोहा

अनुपातों का योग

$= 7 + 6 + 9 = 22$

मिश्रधातु का कुल भार

$= \frac{560}{7} \times 22$

= 1760 ग्राम

= 1 किलोग्राम 760 ग्राम।

13. ∵ दूसरी संख्या : तीसरी संख्या = 9 : 16 ....(1)

और प्रथम संख्या : तीसरी संख्या = 1 : 4 ....(2)

(1) तथा (2) में तीसरी संख्या उभयनिष्ठ है अतः उसके मान को समान करने के लिए अनुपात (2) को 4 से गुणा करने पर,

प्रथम संख्या : तीसरी संख्या = 4 : 16

अतः प्रथम संख्या : दूसरी संख्या : तीसरी संख्या = 4 : 9 : 16

अनुपातों का योग

$= 4 + 9 + 16 = 29$

∴ दूसरी संख्या $= \frac{116}{29} \times 9 = 36.$

14. कुल धन = 1530 रुपये

तीनों के भागों में से कुल कम की गई राशि

5 + 10 + 15 = 30 रुपये

∴ शेष राशि = 1530 – 30

= 1500 रुपये

दिया गया अनुपात

= 3 : 4 : 5

अनुपातों का योग = 3 + 4 + 5 = 12

शेष राशि में B का हिस्सा

$= \frac{1500}{12} \times 4$

= 500 रुपये

∴ 1530 रुपये में B का हिस्सा

= 500 + 10

= 510 रुपये

15. ∵ A के पास B से 20% कम रुपये हैं

∴ A : B = 80 : 100 = 4 : 5 ...(1)

और B के पास C से 25% अधिक रुपये हैं,

∴ B : C = 125 : 100

= 5 : 4 ...(2)

∴ A : B : C = 4 : 5 : 4

नोट—यदि प्रश्न में कुल राशि दी गई होती, तो उसे भी उक्त प्रक्रिया में बांटा जा सकता था।

☆☆☆☆☆☆

13 चाल, समय एवं दूरी (Speed, Time and Distance)

याद रखें :

(i) दूरी निकालने के लिए चाल में समय से गुणा करें,
अर्थात् दूरी = चाल × समय

(ii) चाल निकालने के लिए दूरी में समय से भाग दें, अर्थात् चाल = $\frac{\text{दूरी}}{\text{समय}}$

(iii) समय निकालने के लिए दूरी में चाल से भाग दें, अर्थात् समय = $\frac{\text{दूरी}}{\text{चाल}}$

(iv) गाड़ी को खम्भा या वृक्ष पार करने में केवल अपनी लम्बाई पार करनी होती है।

(v) गाड़ी को पुल या प्लेटफार्म पार करने में अपनी लम्बाई और पुल या प्लेटफार्म की लम्बाई दोनों पार करनी होती है।

(vi) जब दो गाड़ियां एक ही दिशा में जा रही हों, तो उनकी आपेक्षिक गति (एक-दूसरे को पार करने की गति) निकालने के लिए दोनों गाड़ियों की गति का अंतर निकाला जाता है।

(vii) जब दो गाड़ियां विपरीत दिशा में जा रही हों, तो उनकी आपेक्षिक गति (एक-दूसरे को पार करने की गति) निकालने के लिए दोनों गाड़ियों की गति को जोड़ दिया जाता है।

प्रश्नमाला

1. एक गतिमान कार की चाल 36 कि॰मी॰ प्रति घंटा है। इसकी चाल मी॰/से॰ में है:

A. 10 मी॰/से॰ B. 15 मी॰/से॰
C. 20 मी॰/से॰ D. 25 मी॰/से॰

2. दो रेलगाड़ियां एक ही समय दो स्टेशनों X तथा Y से, जिनके मध्य 900 कि॰मी॰ की दूरी है, एक-दूसरे की ओर चलना शुरू करती हैं। यदि उनकी औसत चाल क्रमशः 38 तथा 22 कि॰मी॰/घं॰ हो, तो वे एक-दूसरे को कितने समय बाद मिलेंगी?

A. 12 घण्टे B. 13 घण्टे
C. 14 घण्टे D. 15 घण्टे

3. 100 मी॰ लम्बी रेलगाड़ी 60 कि॰मी॰ प्रति घंटा की चाल से जा रही है। इसे एक तार चौकी को पार करने में समय लगेगा:

A. 4 सेकेण्ड B. 5 सेकेण्ड
C. 6 सेकेण्ड D. 8 सेकेण्ड

4. 150 मी॰ लम्बी एक रेलगाड़ी 90 कि॰मी॰ प्रति घंटा की चाल से जा रही है। इसे एक पेड़ को पार करने में समय लगेगा:

A. 3 सेकेण्ड B. 4 सेकेण्ड
C. 6 सेकेण्ड D. 8 सेकेण्ड

5. 100 मी० लम्बी एक रेलगाड़ी 65 कि०मी० प्रति घंटा की चाल से जा रही है। यह एक व्यक्ति को जो 5 कि०मी०/घंटा की चाल से रेलगाड़ी की दिशा में जा रहा है, कितने समय में पार करेगी?

A. 8 सेकेण्ड B. 6 सेकेण्ड
C. 4 सेकेण्ड D. 2 सेकेण्ड

6. एक व्यक्ति नदी के बहाव की दिशा में 6 कि०मी० प्रति/घं० तथा विपरीत दिशा में 3 कि०मी० प्रति/घं० की चाल से नाव चलाता है। स्थिर पानी में नाव की चाल है:

A. 9 कि०मी०/घं० B. 4.5 कि०मी०/घं०
C. 1.5 कि०मी०/घं० D. 1.0 कि०मी०/घं०

7. प्रश्न 6 में नदी के बहाव की चाल है

A. 1.5 कि०मी०/घं०
B. 2.5 कि०मी०/घं०
C. 4.5 कि०मी०/घं०
D. 18.0 कि०मी०/घं०

8. एक साइकिल सवार 3 मिनट में 1.2 किलोमीटर दूरी तय करता है, तो उसकी गति प्रति घंटा क्या होगी?

A. 24 कि०मी०/घंटा
B. 24 मी०/घंटा
C. 24 मी०/से०
D. 24 कि०मी०/मिनट

9. एक 100 मीटर लम्बी गाड़ी 90 कि०मी०/घ० की चाल से चल रही है। गाड़ी को पेड़ को पार करने में कितना समय लगेगा?

A. 4 से० B. 8 से०
C. 11 से० D. 12 से०

10. एक रेलगाड़ी जो 90 कि०मी०/घं० की गति से चली जा रही है। एक खम्भे को पार करने में 10 सेकेण्ड का समय लेती है। बताइये उस रेलगाड़ी की लम्बाई (मीटर में) कितनी होगी?

A. 250 B. 240
C. 280 D. 270

11. 18 किमी प्रति घंटा की चाल को मीटर प्रति सेकेण्ड में बदलिए।

A. 7 मी०/से० B. 4 मी०/से०
C. 6 मी०/से० D. 5 मी०/से०

12. 3 मीटर प्रति सेकेण्ड की चाल को किमी प्रति घण्टा में बदलिए।

A. 10 किमी०/घंटा B. 10.8 किमी०/घंटा
C. 8 किमी०/घंटा D. 8.10 किमी०/घंटा

13. 500 मीटर लम्बी रेलगाड़ी 220 मीटर लम्बे प्लेटफार्म को 36 सेकेण्ड में पार कर लेती है, तो गाड़ी की चाल किमी प्रति घण्टा ज्ञात करो

A. 60 किमी०/घंटा B. 65 किमी०/घंटा
C. 72 किमी०/घंटा D. 70 किमी०/घंटा

14. एक आदमी 5 किमी प्रति घण्टा की चाल से P से Q स्थान तक जाता है और 3 किमी प्रति घण्टा की चाल से Q से P स्थान पर वापस आ जाता है। उसकी सारी यात्रा में औसत चाल क्या रही?

A. $4\frac{3}{4}$ किमी०/घंटा B. $3\frac{3}{4}$ किमी०/घंटा
C. 4 किमी०/घंटा D. 3 किमी०/घंटा

15. एक रेलगाड़ी 60 किमी की दूरी 45 मिनट में तय करती है, यदि इसकी गति 5 किमी/घण्टा कम कर दी जाए, तो उसी दूरी को वह कितने समय में तय करेगी?

A. 42 मिनट B. 40 मिनट
C. 45 मिनट D. 48 मिनट

उत्तरमाला

1	2	3	4	5	6	7	8	9	10
A	D	C	C	B	B	A	A	A	A
11	**12**	**13**	**14**	**15**					
D	B	C	B	D					

व्याख्यात्मक उत्तर

1. $$\text{चाल} = \frac{36 \text{ कि॰मी॰}}{\text{घंटा}}$$

$$= \frac{36000 \text{ मी॰}}{3600 \text{ से॰}} = 10 \text{ मी॰/से॰}$$

2. दो रेलगाड़ियों द्वारा 1 घंटे में तय की गई दूरी

$$= 38 + 22 = 60 \text{ कि॰मी॰}$$

कुल दूरी = 900 कि॰मी॰

$$\text{समय} = \frac{900}{60} = 15 \text{ घंटे।}$$

3. दूरी = 100 मी॰

$$\text{चाल} = \frac{60 \text{ कि॰मी॰}}{\text{घंटा}}$$

$$= \frac{60000 \text{ मी॰}}{3600 \text{ से॰}} = \frac{50}{3} \text{ मी॰/से॰}$$

$$\text{समय} = \frac{\text{दूरी}}{\text{चाल}}$$

$$= \frac{100}{50/3} = \frac{100 \times 3}{50} = 6 \text{ से॰}$$

4. $$\text{चाल} = \frac{90 \text{ कि॰मी॰}}{\text{घंटा}} = \frac{90000 \text{ मी॰}}{3600 \text{ से॰}}$$

$$= 25 \text{ मी॰/से॰}$$

दूरी = 150 मी॰

$$\text{समय} = \frac{\text{दूरी}}{\text{चाल}} = \frac{150}{25} = 6 \text{ से॰}$$

5. वास्तविक चाल = रेलगाड़ी की चाल – व्यक्ति की चाल = 65 – 5 = 60 कि॰मी॰/घं॰

$$\text{चाल} = \frac{60 \text{ कि॰मी॰}}{\text{घंटा}} = \frac{60000 \text{ मी॰}}{3600 \text{ से॰}}$$

$$= \frac{50}{3} \text{ मी॰/से॰}$$

$$\text{समय} = \frac{\text{दूरी}}{\text{चाल}} = \frac{100}{50/3} = \frac{100 \times 3}{50}$$

$$= 6 \text{ से॰}$$

6. $$\text{स्थिर पानी में नाव की चाल} = \frac{6+3}{2} = \frac{9}{2}$$

$$= 4.5 \text{ कि॰मी॰/घं॰}$$

7. $$\text{नदी के बहाव की चाल} = \frac{6-3}{2} = \frac{3}{2}$$

$$= 1.5 \text{ कि॰मी॰/घंटा}$$

8. $$\text{गति} = \frac{\text{दूरी}}{\text{समय}}, \text{ दूरी} = 1.2 \text{ कि॰मी॰}$$

$$\text{समय} = 3 \text{ मिनट} = \frac{3}{60} \text{ घंटा}$$

$$\text{गति} = \frac{\text{दूरी}}{\text{समय}} = \frac{1.2}{\frac{3}{60}}$$

$$= \frac{1.2 \times 60}{3} = 24 \text{ कि॰मी॰/घंटा}$$

9. चूंकि रेलगाड़ी सिर्फ पेड़ को पार करती है।

∴ पेड़ को पार करने में लगा समय

$$= \frac{100 \text{ मी॰}}{90 \text{ कि॰मी॰/ घं॰}}$$

$$= \frac{100 \text{ मी॰}}{90 \times \frac{5 \text{ मी॰}}{18 \text{ से॰}}} = 4 \text{ सेकेण्ड}$$

10. चूंकि रेलगाड़ी सिर्फ खम्भे को पार करती है।

∴ खम्भे को पार करने में लगा समय

$$= \frac{\text{रेलगाड़ी की लम्बाई}}{\text{रेलगाड़ी की चाल}}$$

$$\therefore 10 = \frac{\text{रेलगाड़ी की लम्बाई}}{90 \times \frac{5}{18} \text{ मी॰/से॰}}$$

∴ रेलगाड़ी की लम्बाई

$$= 10 \times 90 \times \frac{5}{18} = 250 \text{ मीटर।}$$

11. ∵ 1 किमी = 1000 मीटर और

1 घण्टा = 3600 सेकेण्ड

∴ 18 किमी प्रतिघण्टा

$$= \frac{18 \times 1000}{3600} = 5 \text{ मीटर/सेकेण्ड।}$$

12. 3 मीटर/सेकेण्ड

$$= \frac{3 \times 3600}{1000} = 10.8 \text{ किमी/घण्टा।}$$

13. गाड़ी द्वारा प्लेटफार्म को पार करने में तय की गई दूरी = 500 + 220 = 720 मीटर,

समय = 36 सेकेण्ड

$$\therefore \text{चाल} = \frac{\text{दूरी}}{\text{समय}}$$

∴ गाड़ी की चाल

$$= \frac{720}{36} \text{ मीटर प्रति सेकेण्ड}$$

$$= \frac{720 \times 3600}{36 \times 1000} = 72 \text{ किमी/घण्टा।}$$

14. माना P से Q स्थान की दूरी 15 किमी (3 और 5 का ल.स.प. 15 है, अत: गणना की सुविधा के लिए 15 किमी दूरी मानी है।)

$$\therefore \text{जाने में लगा समय} = \frac{15}{3} = 5 \text{ घण्टे}$$

और वापस आने में लगा समय

$$= \frac{15}{3} = 5 \text{ घण्टे}$$

कुल दूरी = 15 + 15 = 30 किमी

कुल समय = 3 + 5 = 8 घण्टे

$$\text{औसत चाल } \frac{30}{8} = \frac{15}{4}$$

$$= 3\frac{3}{4} \text{ किमी प्रति घण्टा।}$$

15. ∴ दूरी = 60 किमी

$$\text{समय} = 45 \text{ मिनट} = \frac{3}{4} \text{ घण्टा}$$

$$\therefore \text{चाल} = \frac{60 \times 4}{3} = 80 \text{ किमी प्रति घण्टा}$$

5 किमी/घण्टा, कम होने पर चाल = 75 किमी/घण्टा

$$\therefore \text{समय} = \frac{60}{75} = \frac{4}{5} \text{ घण्टा} = 48 \text{ मिनट।}$$

☆☆☆☆☆☆

समय एवं कार्य (Time and Work)

ऐकिक नियम के प्रश्नों में पहले इकाई वस्तु का मूल्य ज्ञात करके प्रश्न में दी गई संख्या का मूल्य निकालते हैं। उदाहरण के लिए प्रश्न है–

7 बकरियों की कीमत 630 रु. है, तो 20 बकरियों की कीमत क्या होगी?

ऐकिक नियम विधि से इस प्रश्न को हल करने में पहले एक बकरी की कीमत निकालनी होगी। उसके बाद 20 बकरियों की कीमत निकाली जायेगी।

ऐसे प्रश्नों को हल करते समय जो भाषा लिखी जाती है, उसमें जिस राशि या मद का उत्तर निकालना हो, उसे सबसे बाद में लिखा जाता है। जैसे–

उदाहरण 1. 7 बकरियों की कीमत 630 रु. है, तो 20 बकरियों की कीमत क्या होगी? इस प्रश्न में हमें कीमत निकालनी है (रु. में), अतः प्रश्न की भाषा लिखते समय रु. दाँयी ओर लिखेंगे।

हलः $\because$ 7 बकरियों की कीमत = 630 रु.

$\therefore$ 1 बकरी (इकाई) की कीमत = $\frac{630}{7}$ रु.

$\therefore$ 20 बकरियों की कीमत

$= \frac{630}{7} \times 20 = 1800$ रु.

उदाहरण 2. 10 आदमी 1 काम को 30 दिनों में पूरा करते हैं। उसी काम को 15 आदमी कितने दिनों में पूरा करेंगे?

हलः इस प्रश्न में हमें दिन निकालने हैं। इसलिए इसे निम्न प्रकार से हल करेंगे।

$\because$ 10 आदमी एक काम को करते हैं

= 30 दिनों में

$\therefore$ 1 आदमी उस काम को करेगा

$= 10 \times 30$ दिनों में

$\therefore$ 15 आदमी उसी काम को करेंगे

$= \frac{10 \times 30}{15} = 20$ दिनों में

नोटः

(i) यदि एक आदमी एक काम को 10 दिनों में करता है, तो उसका एक दिन का काम होगा = $\frac{1}{10}$ भाग

(ii) यदि किसी आदमी का एक दिन का काम $\frac{1}{10}$ हो, तो वह पूरा काम 10 दिनों में करेगा।

(iii) ऐसे प्रश्नों में पहले एक दिन का काम निकाला जाता है।

(iv) यदि काम करने वाले आदमी बढ़ जायें, तो काम कम समय (कम दिनों) में पूरा होगा और यदि काम करने वाले आदमी कम हो जायें, तो काम अधिक समय (अधिक दिनों) में पूरा होगा।

उदाहरण 3. यदि 15 आदमी किसी काम को 24 दिनों में करते हैं, तो कितने आदमी उसी काम को 18 दिनों में पूरा करेंगे?

हलः इस प्रश्न में हमें आदमी निकालने हैं, अतः इसे निम्न प्रकार से हल करेंगेः

24 दिन में काम पूरा करते हैं = 15 आदमी

$\therefore$ 1 दिन में काम पूरा करेंगे = 15×24

$\therefore$ 18 दिन में काम पूरा करेंगे

$= \frac{15 \times 24}{18} = 20$ आदमी

उदाहरण 4. एक रेलगाड़ी 50 मिनट में 60 कि॰मी॰ की दूरी तय करती है। 210 कि॰मी॰ की दूरी तय करने में उसे कितना समय लगेगा?

हलः इस प्रश्न में हमें समय निकालना है। अतः हल इस प्रकार निकाला जाएगा।

$\because$ 60 कि॰मी॰ की दूरी तय करती है = 50 मिनट में

$\therefore$ 1 कि॰मी॰ की दूरी तय करेगी

$= \frac{50}{60}$ मिनट में

$\therefore$ 210 कि॰मी॰ की दूरी तय करेगी

$= \frac{50}{60} \times 210 = 175$ मिनट में

प्रश्नमाला

1. A एक काम को 6 दिन में तथा B उसे 10 दिन में कर सकता है। A तथा B मिलकर उसे पूरा करेंगे।

A. 10 दिन से कम तथा 6 दिन से अधिक दिनों में

B. 10 दिन से अधिक दिनों में

C. 6 दिन से कम दिनों में

D. 2 दिन में

2. A एक मेज को 3 दिन में तथा उसका मित्र उसे 6 दिन में बना सकता है। A और उसका मित्र मिलकर उसे पूरा बनाएंगेः

A. 3 दिन में B. 2 दिन में

C. 1 दिन में D. $\frac{1}{2}$ दिन में

3. X और Y मिलकर किसी कार्य को 10 दिन में कर सकते हैं। X अकेला उसे 15 दिन में कर सकता है, तो Y उसे कितने दिन में करेगा?

A. 15 दिन B. 20 दिन

C. 25 दिन D. 30 दिन

4. 24 आदमी एक मशीन को 12 दिन में तैयार करते हैं, तो 36 आदमी उसे कितने दिनों में तैयार करेंगे?

A. 8 दिन B. 12 दिन

C. 16 दिन D. 20 दिन

5. X, Y और Z किसी काम को क्रमशः 8, 10 और 8 दिन में कर सकते हैं। तीनों मिलकर उस कार्य को कितने दिनों में कर सकेंगे?

A. $2\frac{1}{7}$ दिन B. $2\frac{3}{7}$ दिन

C. $2\frac{5}{7}$ दिन D. $2\frac{6}{7}$ दिन

6. A एक काम को 5 दिन में तथा B उसी काम को 10 दिन में पूरा करता है, तो बताइये (A + B) उस काम को कितने दिनों में पूरा करेंगे?

A. $2\frac{3}{4}$ दिन B. $3\frac{3}{4}$ दिन

C. $3\frac{1}{3}$ दिन D. $2\frac{1}{4}$ दिन

7. 3 पेन और 5 पैन्सिलों का मूल्य 14 रु. है। 12 पेन और 20 पेन्सिलों का क्या मूल्य होगा?

A. 42 रु.

B. 56 रु.

C. 20 रु.

D. 112 रु.

8. x, y और z मिलकर एक कार्य को 8 दिन में पूरा कर सकते हैं। यदि x और z मिलकर उस कार्य को 12 दिन में पूरा कर सकते हों, तो बताइये y अकेला उस कार्य को पूरा कितने दिन में करेगा?

A. 22 दिन B. 24 दिन

C. $17\frac{1}{4}$ दिन D. 23 दिन

9. यदि 75 संतरों की एक पेटी का मूल्य 60 रु. है, तो 50 संतरों का मूल्य होगा:

A. 30 रु. B. 40 रु.

C. 50 रु. D. 60 रु.

10. एक नल एक हौज को 4 घण्टे में तथा दूसरा नल उस हौज को 5 घण्टे में भर सकता है। यदि दोनों नल एक साथ खोल दिए जाएं, तो हौज को भरने में कितने घण्टे लगेंगे?

A. $3\frac{2}{9}$ घण्टे B. $2\frac{2}{9}$ घण्टे

C. $2\frac{1}{9}$ घण्टे D. $3\frac{5}{9}$ घण्टे

11. यदि 210 रुपए में 6 बाल्टियां खरीदी जा सकती हैं, तो 140 रुपए में कितनी बाल्टियां खरीदी जा सकेंगी।

A. 4 B. 3

C. 5 D. 6

12. गणित की 14 पुस्तकों का मूल्य 105 रुपए है, तो बताइए ऐसी ही 24 पुस्तकों के लिए क्या मूल्य देना होगा?

A. 170 रु. B. 175 रु.

C. 180 रु. D. 185 रु.

13. यदि 3000 रुपए में 12 रेडियो सैट खरीदे जा सकते हों, तो बताओ 3750 रुपए में कितने रेडियो सैट खरीदे जा सकेंगे।

A. 12 B. 15

C. 10 D. 17

14. किसी परिवार के 6 सदस्यों के लिए 20 दिन की भोजन सामग्री है, तो बताओ 4 सदस्यों वाले परिवार के लिए यही भोजन सामग्री कितने दिनों के लिए पर्याप्त होगी।

A. 25 दिन B. 35 दिन

C. 20 दिन D. 30 दिन

15. 15 मजदूर एक खेत की गुड़ाई 6 घण्टे में कर सकते हैं, तो बताइये 2 घण्टे में उस खेत की गुड़ाई करने के लिए कितने मजदूर चाहिए?

A. 40 B. 45

C. 50 D. 55

उत्तरमाला

1	2	3	4	5	6	7	8	9	10
C	B	D	A	D	C	B	B	B	B
11	**12**	**13**	**14**	**15**					
A	C	B	D	B					

व्याख्यात्मक उत्तर

1. A का 1 दिन का काम $= \frac{1}{6}$

B का 1 दिन का काम $= \frac{1}{10}$

(A + B) का 1 दिन का काम

$= \frac{1}{6} + \frac{1}{10} = \frac{8}{30}$

$\therefore$ A + B मिलकर उसे $\frac{30}{8}$ दिन में करेंगे

$= 3\frac{6}{8}$ दिन $= 3\frac{3}{4}$ दिन

जो 6 दिन से कम है।

2. A तथा उसके मित्र द्वारा 1 दिन में किया गया कार्य $= \frac{1}{3} + \frac{1}{6} = \frac{3}{6}$

$\therefore$ दोनों मिलकर उसे पूरा करेंगे

$= \frac{6}{3} = 2$ दिन में।

3. X और Y का दिन का काम $= \frac{1}{10}$

अकेले X का 1 दिन का काम $= \frac{1}{15}$

अकेले Y का 1 दिन का काम

$= \frac{1}{10} - \frac{1}{15} = \frac{1}{30}$

$\therefore$ Y अकेला उस काम को 30 दिन में करेगा।

4. $\because$ 24 व्यक्ति एक मशीन को बनाते हैं

= 12 दिन में

$\therefore$ 1 व्यक्ति एक मशीन को बनाता है

$= 24 \times 12$ दिन में।

$\therefore$ 36 व्यक्ति एक मशीन को बनाते हैं

$= \frac{24 \times 12}{36} = 8$ दिन में।

5. X + Y + Z का 1 दिन का काम

$= \frac{1}{8} + \frac{1}{10} + \frac{1}{8} = \frac{7}{20}$

$\therefore$ X + Y + Z उसे पूरा करेंगे

$= \frac{20}{7}$ दिन

$= 2\frac{6}{7}$ दिन में

6. $\because$ A का 1 दिन का काम $= \frac{1}{5}$

तथा B का 1 दिन का काम $= \frac{1}{10}$

$\therefore$ (A + B) का 1 दिन का काम

$= \frac{1}{5} + \frac{1}{10} = \frac{2+1}{10} = \frac{3}{10}$

चूंकि $\frac{3}{10}$ काम (A + B) करते हैं

= 1 दिन में

$\therefore$ पूरा काम (A + B) करेंगे

$= \frac{10}{3} = 3\frac{1}{3}$ दिन में

7. $\because$ 3 पेन तथा 5 पेन्सिलों का मूल्य = 14 रु॰

$\therefore$ 1 पेन तथा 1 पेन्सिल का मूल्य

$= \frac{14}{\text{3 पेन तथा 5 पेन्सिल}}$

$\therefore$ 4 × (3 पेन तथा 5 पेन्सिलों) का मूल्य

$= \frac{14 \times 4 \times (\text{3 पेन तथा 5 पेंसिल})}{\text{3 पेन तथा 5 पेंसिल}}$

= 56 रुपये।

8. $\because (x+y+z)$ का 1 दिन का काम $= \frac{1}{8}$

तथा $(x+z)$ का 1 दिन का काम $= \frac{1}{12}$

$\therefore y$ का 1 दिन का काम $= \frac{1}{8} - \frac{1}{12}$

$= \frac{3-2}{24} = \frac{1}{24}$

चूंकि $\frac{1}{24}$ काम y करता है = 1 दिन में

$\therefore$ पूरा काम y करेगा 24 दिन में।

9. $\because$ 75 संतरों का मूल्य = 60 रु॰

$\because$ 1 संतरे का मूल्य $= \frac{60}{75}$

$\therefore$ 50 संतरों का मूल्य

$= \frac{60}{75} \times 50 = 40$ रु॰

10. पहले नल द्वारा 1 घण्टे में हौज का भरा भाग $= \frac{1}{4}$

तथा दूसरे नल द्वारा 1 घण्टे में हौज का भरा भाग $= \frac{1}{5}$

$\therefore$ (पहले + दूसरे) नल द्वारा 1 घण्टे में हौज का भरा भाग

$= \frac{1}{4} + \frac{1}{5} = \frac{5+4}{20} = \frac{9}{20}$

चूंकि हौज का $\frac{9}{20}$ भाग (पहले + दूसरे) नल भरते हैं = 1 घण्टे में

$\therefore$ पूरा भाग (पहले + दूसरे) नल भरेंगे $\frac{20}{9} = 2\frac{2}{9}$ घण्टे में।

11.

रुपए	बाल्टियां
210	6
140	?

$\because$ 210 रुपए में खरीदी जाने वाली बाल्टियों की संख्या = 6

$\therefore$ 1 रुपए में खरीदी जाने वाली बाल्टियां

$= \frac{6}{210}$

$\therefore$ 140 रुपए में खरीदी जाने वाली बाल्टियां

$= \frac{6}{210} \times 140$

= 4 बाल्टियां

अत: 140 रुपए में 4 बाल्टियां खरीदी जा सकेंगी।

12.

पुस्तक	मूल्य
14	105 रुपए
24	?

$\because$ गणित की 14 पुस्तकों का मूल्य

= 105 रुपए

$\therefore$ गणित की 1 पुस्तक का मूल्य

$= \frac{105}{14}$ रुपए

$\therefore$ गणित की 24 पुस्तकों का मूल्य

$= \frac{105}{14} \times 24$ रुपए

= 180 रुपए

अत:गणित की 24 पुस्तकों का मूल्य = 180 रुपए होगा।

13.

रुपए	रेडियो सैट
3000	12
3750	?

$\because$ 3000 रुपए में खरीदे जा सकते हैं

= 12 रेडियो सैट

∴ 1 रुपए में खरीदे जा सकते हैं

$= \frac{12}{3000}$ रेडियो सैट

∴ 3750 रुपए में खरीदे जा सकते हैं

$= \frac{12}{3000} \times 3750$ रेडियो सैट

= 15 रेडियो सैट

अत:3750 रुपए में 15 रेडियो सैट खरीदे जा सकेंगे।

14. **सदस्य** **दिन**

सदस्य	दिन
6	20
4	?

∵ 6 सदस्यों के लिए भोजन सामग्री है

= 20 दिनों के लिए

∴ 1 सदस्य के लिए भोजन सामग्री है

= 20 × 6 दिनों के लिए

∴ 4 सदस्यों के लिए भोजन सामग्री है

$= \frac{20 \times 6}{4}$ दिनों के लिए

= 30 दिन के लिए

अत: 4 सदस्यों वाले परिवार के लिए यही भोजन सामग्री 30 दिन के लिए पर्याप्त होगी।

15. *(i)*

घंटे	मजदूर
6	15
2	?

(ii)

मजदूर	घंटे
15	6
20	?

(i) ∵ 6 घंटे में खेत की गुड़ाई करते हैं

= 15 मजदूर

∴ 1 घंटे में खेत की गुड़ाई करेंगे

= 15 × 6 मजदूर

∴ 2 घंटे में खेत की गुड़ाई करेंगे

$= \frac{15 \times 6}{2}$ मजदूर

= 45 मजदूर

अत: 2 घंटे में उस खेत की गुड़ाई करने के लिए 45 मजदूर चाहिए।

☆☆☆☆☆☆

15 समय एवं दूरी (Time and Distance)

समय पर आधारित प्रश्नों के उत्तर देने के लिए निम्न बातें जानना आवश्यक है।

(i) 12 मध्यरात्रि से 12 मध्याह्न के समय पूर्वाह्न तथा 12 मध्याह्न से 12 मध्यरात्रि तक के समय को अपराह्न कहा जाता है।

(ii) 12 मध्यरात्रि को 24:00 बजे या 00:00 बजे लिखा जाता है।

(iii) 12 मध्यरात्रि को 12:00 बजे लिखा जाता है।

(iv) दाईं ओर के दो अंकों से बनने वाली संख्या मिनटों की संख्या दर्शाती है। जैसे–10 : 15

(v) यदि बाईं ओर के दो अंकों से बनने वाली संख्या 12 से कम हो तो यह (मध्यरात्रि के बाद का समय) पूर्वाह्न कहलाती है। जैसे–

10:30 बजे = 10:30 पूर्वाह्न

11:45 बजे = 11:45 पूर्वाह्न

(vi) यदि बाईं ओर के दो अंकों से बनने वाली संख्या 12 से अधिक हो तो यह (दोपहर के बाद का समय) अपराह्न कहलाती है, जैसे–

18 : 15 बजे = 6 : 15 अपराह्न

20 : 30 बजे = 8 : 30 अपराह्न

उदाहरण 1. एक रेलगाड़ी सायं 5:40 बजे मुम्बई से चलती है और अगले दिन प्रातः 10:55 बजे नई दिल्ली पहुंचती है। रेलगाड़ी द्वारा तय यात्रा में लिया गया समय है।

हलः मुम्बई से प्रस्थान समय = 5:40

नई दिल्ली आगमन समय

= 10:55 (अगले दिन)

कुल समय

= 5:40 से 5:40 (अगले दिन) = 12 घंटा

तथा 5:40 से 10:55 तक

= 5 घंटे 15 मिनट

= 17 घंटे 15 मिनट

प्रश्नमाला

1. वैशाली सुपर फास्ट गाड़ी दिल्ली से 19:45 बजे रवाना होती है और अगले दिन 15:20 बजे मुज़फ्फरपुर पहुंचती है। बताओ यह मुज़फ्फरपुर पहुंचने में कितना समय लेती है?

A. 19 घंटा 25 मिनट

B. 18 घंटा 35 मिनट

C. 19 घंटा 35 मिनट

D. 18 घंटा 20 मिनट

2. मनु किसी सोमवार को रात में 9:30 पर सोया और अगले दिन 5:50 पर जागा। उसके सोने की अवधि कितनी थी?

A. 8 घंटे 20 मिनट

B. 8 घंटे 10 मिनट

C. 7 घंटे 40 मिनट

D. 7 घंटे 20 मिनट

3. इन्टरसिटी रेलगाड़ी रक्सौल से सुबह 9:15 पर चलती है तथा उसी दिन 11 बजे पीपरा पहुंचती है। रेलगाड़ी द्वारा यात्रा में लिया गया कुल समय है?

A. 1 घंटा 15 मिनट

B. 10 घंटे 45 मिनट

C. 1 घंटा 45 मिनट

D. 10 घंटे 15 मिनट

4. यदि किसी दिन सूर्य 6:20 पूर्वाह्न पर उदय हो तथा 6:57 अपराह्न पर अस्त हो, तो उस दिन की लम्बाई होगी।

A. 12 घंटे 27 मिनट

B. 12 घंटे 17 मिनट

C. 12 घंटे 37 मिनट

D. 12 घंटे

5. 9 घंटे 30 मिनट बराबर है।

A. 0.90 बजे

B. 9:30 पूर्व॰ के

C. 8 घंटे 90 मिनट के

D. 9:30 अप॰ के

6. एक बस शिमला से दिल्ली के लिए 7:20 बजे प्रातः प्रस्थान करती है और दिल्ली पहुंचने में 9 घंटे का समय लेती है। बस कितने बजे दिल्ली पहुंचती है?

A. 4:20 बजे अप॰

B. 3:30 बजे अप॰

C. 6:30 बजे अप॰

D. 7:30 बजे अप॰

7. एक वायुयान मुम्बई से 7:50 बजे उड़ान भरता है। यह चेन्नई 10:30 बजे हवाई हड्डे पर उतरता है। यह चेन्नई पहुंचने में कितना समय लेता है।

A. 2 घंटे 30 मिनट

B. 2 घंटे

C. 3 घंटे लगभग

D. 2 घंटे 40 मिनट

8. एक लड़का रात्रि 8:30 बजे सोने के लिए गया तथा प्रातः 6:15 पर जागा। वह लड़का कितनी देर तक सोया?

A. 9 घंटे 45 मिनट

B. 9 घंटे 15 मिनट

C. 2 घंटे 15 मिनट

D. 4 घंटे 45 मिनट

9. एक छात्र अपने घर से विद्यालय के लिए प्रातः 8:30 बजे साइकिल से चला। वह विद्यालय से पढ़ाई करने के बाद सांय 4:50 बजे घर वापस आया। वह कितने समय तक घर से बाहर रहा।

A. 7 घंटे 20 मिनट

B. 8 घंटे 20 मिनट

C. 9 घंटे 20 मिनट

D. 7 घंटे 90 मिनट

10. एक स्कूल की वार्षिक परीक्षा 18 मार्च, 2002 को आरम्भ हुई और 23 मार्च, 2002 को समाप्त हुई। परीक्षा कितने दिन तक चली?

A. एक सप्ताह B. 8 दिन

C. 6 दिन D. 1 महीना

उत्तरमाला

1	2	3	4	5	6	7	8	9	10
C	A	C	C	B	A	D	A	B	C

व्याख्यात्मक उत्तर

1. दिल्ली से प्रस्थान का समय = 19:45
मुज़फ्फरपुर में आगमन समय = 15:20
कुल समय = 19:45 से 24:00
= 4 घंटे 15 मिनट
= 00:00 से 15:20
= 15 घंटे 20 मिनट
= 19 घंटे 35 मिनट

2. सोने का समय= 9:30
जागने का समय = 5:50
कुल समय
= 9:30 से 12:00 बजे मध्य रात्रि तक
= 2 घंटे 30 मिनट
= 12:00 से 5:50 बजे सुबह तक
= 5 घंटे 50 मिनट
अर्थात् 7 घंटे 80 मिनट
= 8 घंटे 20 मिनट

3. रक्सौल से प्रस्थान समय = 9:15
पीपरा में आगमन समय = 11:00
कुल समय
= आगमन समय – प्रस्थान समय
= 11:00 – 9:15 = 1 घंटा 45 मिनट

4. सूर्योदय होने का समय = 6:20
अस्त होने का समय = 6:57
कुल समय
= प्रातः 6:20 से 6:20 शाम तक
= 12 घंटे
= शेष 37 मिनट
कुल समय = 12 घंटे 37 मिनट

5. दो अंकों से बनने वाली संख्या 12 से कम हो, तो वह पूर्वाह्न कहलाती है।
इस प्रकार 9:30 दर्शाता है 9:30 पूर्वाह्न

6. शिमला से प्रस्थान का समय = 7:20 प्रातः
दिल्ली पहुंचने में लगा समय = 9 घंटे
= 7:20 से 7:20 तक = 12 घंटे
9 घंटे के लिए = 7:20 – 3 = 4 : 20 अप.

7. मुम्बई से उड़ान भरने का समय = 7:50
चेन्नई पहुंचने का समय = 10:30
कुल समय =आगमन का समय – प्रस्थान का समय
= 10:30 – 7:50
= 2 घंटे 40 मिनट

8. सोने का समय = 8:30 शाम
जागने का समय = 6:15 सुबह
कुल समय
= 8:30 से 12 बजे रात तक
= 3 घंटे 30 मिनट
= 12 बजे रात से 6:15 सुबह तक
= 6 घंटे 15 मिनट
कुल समय = 9 घंटे 45 मिनट

9. विद्यालय जाने का समय = 8:30 प्रातः
वापस आने का समय = 4:50 शाम
= 8:30 से 12 बजे दिन तक = 3:30
= 12 बजे दिन से 4:50 बजे शाम तक
= 4:50
अर्थात् 7:80 = 8 घंटे 20 मिनट

10. परीक्षा की शुरुआत = 18 मार्च, 2002
परीक्षा की समाप्ति = 23 मार्च, 2002
कुल समय
= 23 मार्च, 2002 से — 18 मार्च, 2002 तक = 6 दिन

☆☆☆☆☆☆

क्षेत्रमिति : रेखीय आकृति एवं वृत्त (Mensuration: Plane Figures and Circles)

क्षेत्रमिति से सम्बंधित प्रश्नों को हल करने के लिए निम्नलिखित प्रमुख सूत्रों का जानना आवश्यक होता है :

1. आयत:

(*a*) आयत का क्षेत्रफल = लम्बाई × चौड़ाई

(*b*) आयत की परिमिति = 2 (लम्बाई + चौड़ाई)

(*c*) आयत का विकर्ण = $\sqrt{(\text{लं.})^2 + (\text{चौ.})^2}$

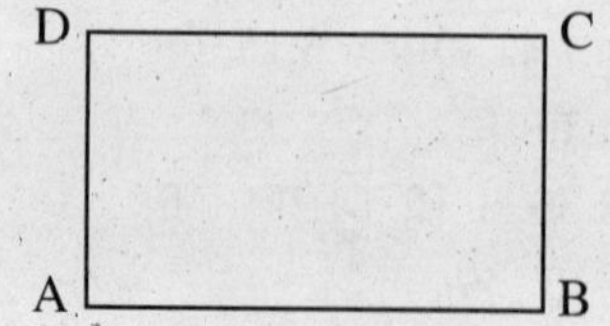

∴ AB = CD तथा BC = AD

2. वर्ग:

(*a*) वर्ग का क्षेत्रफल = $(\text{भुजा})^2$

(*b*) वर्ग का परिमाप = 4 × भुजा

(*c*) वर्ग का विकर्ण = $\sqrt{2}$ × भुजा

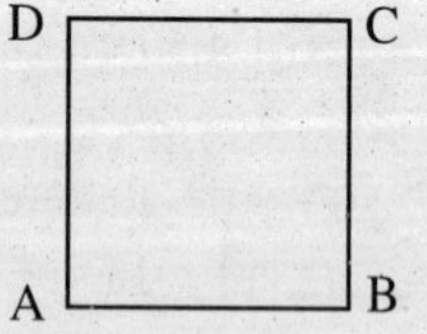

∴ AB = BC = CD = DA = भुजा

3. वृत्त:

(*a*) वृत्त का क्षेत्रफल = $\pi \times (\text{त्रिज्या})^2$

(*b*) वृत्त की परिधि = $2\pi \times$ (त्रिज्या)

(*c*) त्रिज्या = $\frac{\text{व्यास}}{2}$ या व्यास = 2 × त्रिज्या

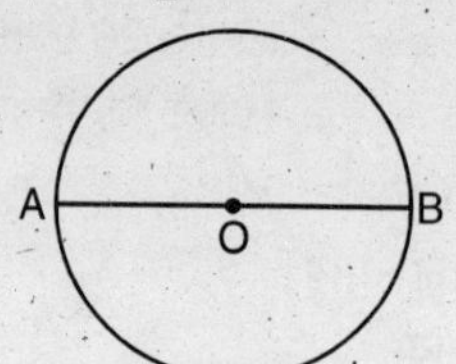

∴ OA = त्रिज्या, AB = व्यास

4. त्रिभुज :

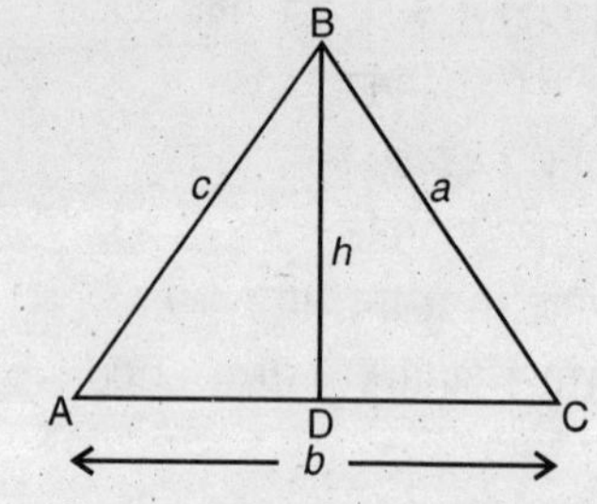

(*a*) त्रिभुज का क्षेत्रफल

$= \sqrt{s(s-a)(s-b)(s-c)}$

जहां $s = \frac{a+b+c}{2}$

(*b*) यदि त्रिभुज समकोण हो, तब

क्षेत्रफल = $\frac{1}{2}$ × आधार (*b*) × ऊंचाई (*h*)

(*c*) समबाहु त्रिभुज का क्षेत्रफल

$= \frac{\sqrt{3}}{4} \times (\text{भुजा})^2$

5. चतुर्भुजः

(*a*) चतुर्भुज का क्षेत्रफल

$= \frac{1}{2} \times$ विकर्ण $\times$ (शीर्ष लम्बों का योग)

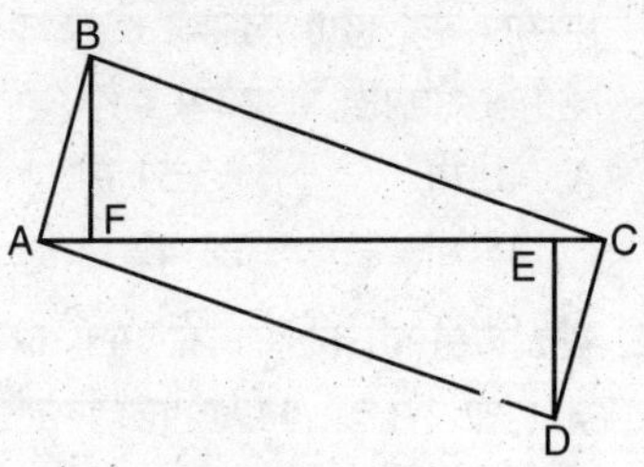

$\therefore$ AC = विकर्ण,

BF व DE = शीर्ष लम्ब

(*b*) समान्तर चतुर्भुज का क्षेत्रफल = आधार × ऊंचाई

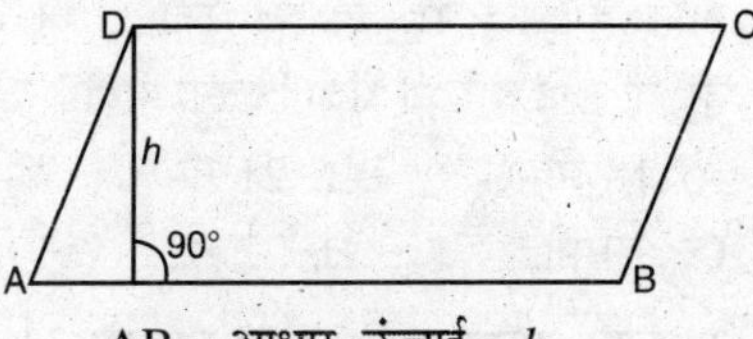

AB = आधार, ऊंचाई = *h*

(*c*) सम चतुर्भुज का क्षेत्रफल = $\frac{1}{2} \times$ विकर्णों का गुणनफल

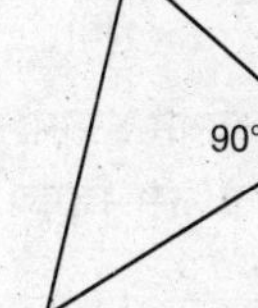

AC, BD = विकर्ण

AB = BC = CD = DA

(*d*) समलम्ब चतर्भुज का क्षेत्रफल = $\frac{1}{2} \times$ ऊंचाई × समान्तर भुजाओं का योग

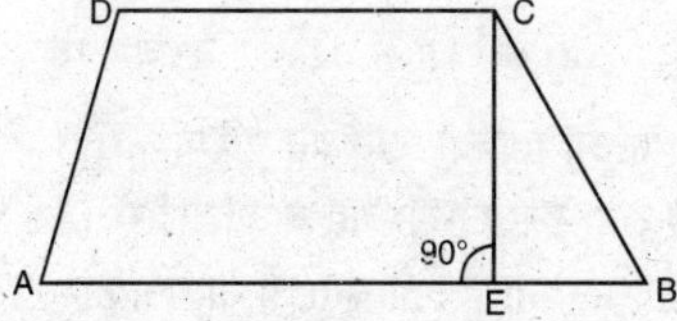

AB, CD = समान्तर भुजाएं, CE = ऊँचाई

6. चार दीवारों काः

(*a*) चार दीवारों का क्षेत्रफल

= 2 × ऊंचाई (लम्बाई + चौड़ाई)

(*b*) ऊंचाई = $\frac{\text{क्षेत्रफल}}{2(\text{लम्बाई} + \text{चौड़ाई})}$

प्रश्नमाला

1. एक आयत की लम्बाई व चौड़ाई क्रमशः 50 सेंमी. व 25 सेंमी. है, तो उसका क्षेत्रफल कितना होगा?

A. 1150 वर्ग सेंमी. B. 1250 वर्ग सेंमी.
C. 1275 वर्ग सेंमी. D. 1280 वर्ग सेंमी.

2. एक वर्गाकार मैदान का परिमाप 580 मी. है, तो बताइये उस मैदान का क्षेत्रफल कितना होगा?

A. 21025 वर्ग मी. B. 20225 वर्ग मी.
C. 30025 वर्ग मी. D. 19975 वर्ग मी.

3. एक वर्ग की प्रत्येक भुजा 20 सेंमी. है, तो इसका क्षेत्रफल कितना होगा?

A. 300 वर्ग सेंमी. B. 380 वर्ग सेंमी.
C. 360 वर्ग सेंमी. D. 400 वर्ग सेंमी.

4. एक वृत्त का क्षेत्रफल 154 वर्ग सेंमी. है। वृत्त की परिधि कितनी होगी?

A. 44 सेंमी. B. 48 सेंमी.
C. 54 सेंमी. D. 68 सेंमी.

5. यदि किसी त्रिभुज का आधार 8 सेमी तथा ऊंचाई 10 सेंमी. हो, तो उस त्रिभुज का क्षेत्रफल कितना होगा?
A. 40 वर्ग सेंमी. B. 20 वर्ग सेंमी.
C. 49 वर्ग सेंमी. D. 64 वर्ग सेंमी.

6. एक समलम्ब चतुर्भज की समान्तर भुजाएं क्रमश: 15 मी. तथा 25 मी. हैं तथा उनके बीच की दूरी 10 मी. है, तो इसका क्षेत्रफल क्या होगा?
A. 150 वर्ग मी. B. 225 वर्ग मी.
C. 200 वर्ग मी. D. 270 वर्ग मी.

7. एक आयताकार खेत का परिमाप 760 मी. है तथा उसकी लम्बाई व चौड़ाई में 11 : 8 का अनुपात है। तो बताइये आयताकार खेत का क्षेत्रफल क्या होगा?
A. 35200 वर्ग मी. B. 34700 वर्ग मी.
C. 35600 वर्ग मी. D. 45200 वर्ग मी.

8. यदि किसी वर्ग की भुजा में 50% की कमी कर दी जाये, तो उसका क्षेत्रफल कितने प्रतिशत घट जायेगा?
A. 50% B. 75%
C. 80% D. 60%

9. उस वर्ग की एक भुजा की लम्बाई क्या होगी जिसका क्षेत्रफल क्रमश: 6.4 मी. लम्बे तथा 2.5 मी. चौड़े आयत के क्षेत्रफल के बराबर हो?
A. 8 मी. B. 5.4 मी.
C. 3.8 मी. D. 4 मी.

10. यदि एक समकोण त्रिभुज का परिमाप उसकी सबसे छोटी भुजा का छ: गुना हो, तो उस त्रिभुज की तीनों भुजाओं के बीच क्या अनुपात होगा?
A. 13 : 5 : 12 B. 13 : 12 : 5
C. 12 : 5 : 13 D. 13 : 5 : 10

11. एक वर्ग का परिमाप 24 मी. तथा दूसरे वर्ग का परिमाप 32 मी. है। तो उस वर्ग का परिमाप क्या होगा जिसका क्षेत्रफल दोनों वर्गों के क्षेत्रफल के बराबर है?
A. 40 मी. B. 51 मी.
C. 37 मी. D. 42 मी.

12. यदि किसी वर्ग की भुजा को दुगुना कर दिया जाए, तो उस वर्ग का क्षेत्रफल कितने गुना बढ़ जाएगा?
A. दो गुना B. चार गुना
C. तीन गुना D. आठ गुना

13. दो वर्गों के क्षेत्रफल में 225 वर्ग मी. का अन्तर है। यदि बड़े वर्ग की भुजा 25 मी. हो, तो छोटे वर्ग की भुजा कितनी होगी?
A. 18 मी. B. 21 मी.
C. 20 मी. D. 22 मी.

14. यदि एक समबाहु त्रिभुज का परिमाप्र 72 सेंमी. है, तो उस समबाहु त्रिभुज का क्षेत्रफल क्या होगा?
A. $144\sqrt{3}$ वर्ग सेंमी.
B. $142\sqrt{3}$ वर्ग सेंमी.
C. $154\sqrt{2}$ वर्ग सेंमी.
D. $144\sqrt{2}$ वर्ग सेंमी.

15. दो वृत्तों की त्रिज्या क्रमश: 5 सेंमी. तथा 12 सेंमी. हो, तो उस नए वृत्त की त्रिज्या क्या होगी जिसका क्षेत्रफल दोनों वृत्तों के क्षेत्रफल के बराबर हो?
A. 15 सेंमी. B. 13 सेंमी.
C. 10 सेंमी. D. 8 सेंमी.

उत्तरमाला

1	2	3	4	5	6	7	8	9	10
B	A	D	A	A	C	A	B	D	B
11	**12**	**13**	**14**	**15**					
A	B	C	A	B					

व्याख्यात्मक उत्तर

1. आयत का क्षेत्रफल

$=$ लम्बाई $\times$ चौड़ाई $= 50 \times 25$

$= 1250$ वर्ग सेंमी.।

2. $\therefore$ वर्गाकार मैदान का परिमाप $= 4 \times$ भुजा

प्रश्नानुसार,

$\therefore \quad 4 \times \text{भुजा} = 580$

$\Rightarrow \quad \text{भुजा} = \frac{580}{4} = 145$ सेंमी.

$\therefore \quad \text{क्षेत्रफल} = (\text{भुजा})^2 = (145)^2$

$= 21025$ वर्ग सेंमी.।

3. वर्ग का क्षेत्रफल $= (\text{भुजा})^2 = (20)^2$

$= 400$ वर्ग सेंमी.

4. $\therefore$ वृत्त का क्षेत्रफल $= \pi \times (\text{त्रिज्या})^2$

$\therefore \quad \pi \times (\text{त्रिज्या})^2 = 154$

$\Rightarrow \quad (\text{त्रिज्या})^2 = \frac{154}{\pi} = \frac{154}{\frac{22}{7}}$

$\Rightarrow \quad (\text{त्रिज्या})^2 = \frac{154 \times 7}{22} = 7 \times 7$

$\Rightarrow \quad$ त्रिज्या $= 7$ सेंमी.

$\therefore \quad$ वृत्त की परिधि $= 2\pi \times (\text{त्रिज्या})$

$= 2 \times \frac{22}{7} \times 7$

$= 44$ सेंमी.।

5. त्रिभुज का क्षेत्रफल $= \frac{1}{2} \times$ आधार $\times$ ऊंचाई

$= \frac{1}{2} \times 8 \times 10 = 40$ वर्ग सेंमी.।

6. चूंकि समलम्ब चतुर्भुज का क्षेत्रफल

$= \frac{1}{2} \times$ ऊंचाई $\times$ समानान्तर भुजाओं का योग

$\therefore \quad \text{क्षेत्रफल} = \frac{1}{2} \times 10 \times (15 + 25)$

$= \frac{1}{2} \times 10 \times 40$

$= 200$ वर्ग मी.।

7. माना कि आयताकार खेत की लम्बाई व चौड़ाई क्रमशः $11x$ मी. व $8x$ मी. है

$\therefore$ खेत का परिमाप $= 2(11x + 8x)$

$= 2 \times 19x = 38x$ मी.

प्रश्नानुसार, आयताकार खेत का परिमाप $= 760$ है

$\therefore \quad 38x = 760$

$\Rightarrow \quad x = \frac{760}{38}$

$= 20$

$\therefore$ खेत की लम्बाई व चौड़ाई क्रमशः $(11 \times 20 = 220$ मी.$)$ व $(8 \times 20 = 160$ मी.$)$ होगी।

∴ आयताकार खेत का क्षेत्रफल

$= 220 \times 160$

$= 35200$ वर्ग मी.।

8. माना कि वर्ग की भुजा x मी. है

∴ **पहली स्थिति में,**

वर्ग का क्षेत्रफल $= x^2$ वर्ग मी.

दूसरी स्थिति में,

वर्ग की भुजा में 50% की कमी के कारण

नए वर्ग की भुजा $= x - x$ का 50%

$= \frac{x}{2}$ मी.

∴ नए वर्ग का क्षेत्रफल

$= \left(\frac{x}{2}\right)^2 = \frac{x^2}{4}$ वर्ग मी.

∴ वर्ग के क्षेत्रफल में कमी

$= x^2 - \frac{x^2}{4}$

$= \frac{3x^2}{4}$ वर्ग मी.

∴ प्रतिशत कमी $= \frac{\frac{3x^2}{4}}{x^2} \times 100 = 75\%$

अतः वर्ग का क्षेत्रफल 75% घट जायेगा।

9. ∴ आयत का क्षेत्रफल

$= 6.4 \times 2.5 = 16.00$ वर्ग मी.

प्रश्नानुसार,

वर्ग का क्षेत्रफल = आयत का क्षेत्रफल

∴ वर्ग का क्षेत्रफल = 16 वर्ग मी.

∴ वर्ग की भुजा $= \sqrt{16} = \sqrt{4 \times 4}$

$= 4$ मी.।

10. माना कि समकोण त्रिभुज की तीन भुजाओं a, b और c में से सबसे बड़ी व सबसे छोटी भुजा क्रमशः a व c हैं

$\therefore a^2 = b^2 + c^2$ ... (i)

तथा समकोण त्रिभुज का परिमाप

$= a + b + c$

प्रश्नानुसार,

$(a + b + c) = \mathbf{c} \times 6$

$\Rightarrow \quad a + b = 5c$ ... (ii)

समीकरण (i) से,

$a^2 - b^2 = c^2$

$\Rightarrow (a + b)(a - b) = c^2$

$\Rightarrow \quad 5c(a - b) = c^2$

$\Rightarrow \quad a - b = \frac{c}{5}$ ... (iii)

$[\because a + b = 5c]$

समीकरण (ii) व (iii) से,

$a + b = 5c$

$a - b = \frac{c}{5}$

$\Rightarrow \quad 2a = 5c + \frac{c}{5} = \frac{26c}{5}$

$\Rightarrow \quad a = \frac{13}{5}c$

$\Rightarrow \quad a : c = 13 : 5$

a का मान समीकरण (ii) में रखने पर,

$b = 5c - \frac{13c}{5} = \frac{12c}{5}$

$\Rightarrow \quad b : c = 12 : 5$

अतः समकोण त्रिभुज की तीनों भुजाओं में क्रमशः 13 : 12 : 5

11. ∵ पहले वर्ग का परिमाप = 24 मी.

∴ पहले वर्ग की भुजा $= \frac{24}{4} = 6$ मी.

तथा दूसरे वर्ग की परिमाप = 32 मी.

∴ दूसरे वर्ग की भुजा = $\frac{32}{4} = 8$ मी.

प्रश्नानुसार, तीसरे वर्ग का क्षेत्रफल = दो वर्गों का क्षेत्रफल

∴ तीसरे वर्ग का क्षेत्रफल = पहले वर्ग का क्षेत्रफल + दूसरे वर्ग का क्षेत्रफल

$= (6)^2 + (8)^2 = 36 + 64 = 100$ वर्ग मी.

∴ तीसरे वर्ग की भुजा = $\sqrt{100} = 10$ मी. ।

12. **पहली स्थिति में,** वर्ग की भुजा = x मी.

∴ वर्ग का क्षेत्रफल = x^2 वर्ग मी.

दूसरी स्थिति में, वर्ग की भुजा = $2x$ मी.

∴ वर्ग का क्षेत्रफल = $(2x)^2 = 4x^2$ वर्ग मी.

अत: स्पष्ट है कि वर्ग की भुजा को दो गुना कर देने से उसका क्षेत्रफल चार गुना बढ़ जाएगा।

13. माना कि छोटे वर्ग की भुजा x मी. है

चूंकि बड़े वर्ग का क्षेत्रफल

$= (25)^2 = 625$ वर्ग मी.

तथा छोटे वर्ग का क्षेत्रफल = x^2 वर्ग मी.

प्रश्नानुसार, दोनों वर्गों के क्षेत्रफल में अन्तर = 225 वर्ग मी.

$\therefore \quad 625 - x^2 = 225$

$\Rightarrow \quad x^2 = 625 - 225 = 400$

$\Rightarrow \quad x = \sqrt{20 \times 20}$

$= 20$ मी.

अत: छोटे वर्ग की भुजा 20 मी. होगी।

14. माना कि समबाहु त्रिभुज की भुजा = x सेंमी.

∴ समबाहु त्रिभुज का परिमाप = $3x$ सेंमी.

प्रश्नानुसार,

$$3x = 72$$

$$\Rightarrow \quad x = \frac{72}{3} = 24 \text{ सेंमी.}$$

∴ समबाहु त्रिभुज का क्षेत्रफल

$= \frac{\sqrt{3}}{4} \times (x)^2$

$= \frac{\sqrt{3}}{4} \times (24)^2 = 144\sqrt{3}$ वर्ग सेंमी. ।

15. पहले वृत्त की त्रिज्या = 5 सेंमी.

∴ पहले वृत्त का क्षेत्रफल

$= \pi \times (5)^2 = 25\pi$ वर्ग सेंमी.

तथा दूसरे वृत्त की त्रिज्या = 12 सेंमी.

∴ दूसरे वृत्त का क्षेत्रफल

$= \pi \times (12)^2 = 144\pi$ वर्ग सेंमी.

प्रश्नानुसार,

नए वृत्त का क्षेत्रफल

= दोनों वृत्तों का क्षेत्रफल

∴ नए वृत्त का क्षेत्रफल

$= 25\pi + 144\pi = 169\pi$ वर्ग सेंमी.

∴ नए वृत्त का क्षेत्रफल

$= \pi \times (13)^2$ वर्ग सेंमी.

अत: स्पष्ट है कि नए वृत्त की त्रिज्या 13 सेंमी. होगी।

☆☆☆☆☆☆

क्षेत्रमिति : ठोस आकृतियाँ (Mensuration: Solid Figures)

ठोस : कोई वस्तु जो स्थान घेरती है, भार रखती है तथा जिसका आकार निश्चित होता है, ठोस कहलाती है। इस प्रकार ठोस में तीन मापें होती हैं—1. लम्बाई 2. चौड़ाई 3. ऊंचाई (मोटाई)।

आयतन : ठोस के तलों द्वारा घिरी हुई जगह ठोस का आयतन कहलाती है।

घनाभ : एक ठोस जो 6 आयताकार तलों द्वारा घिरा होता है, घनाभ कहलाता है।

घन : एक ठोस जो 6 वर्गाकार तलों द्वारा घिरा होता है, घन कहलाता है।

ठोस आकृतियों से संबंधित समस्याओं को हल करने के लिए निम्नलिखित सूत्रों का जानना आवश्यक है :

1. गोला :

(*a*) गोले का आयतन $= \frac{4}{3}\pi r^3$ (जहां r गोले की त्रिज्या है)

(*b*) गोले के धरातल का क्षेत्रफल या वक्रपृष्ठ का क्षेत्रफल $= 4\pi r^2$

2. घनाभ :

(*a*) घनाभ का आयतन = लम्बाई × चौड़ाई × ऊंचाई

(*b*) घनाभ का पृष्ठ $= 2(l \times b + b \times h + h \times l)$ जहां l = लं., b = चौ., h = ऊं.

(*c*) किसी घनाभ का सबसे लम्बा विकर्ण

$= \sqrt{l^2 + b^2 + h^2}$

3. घन :

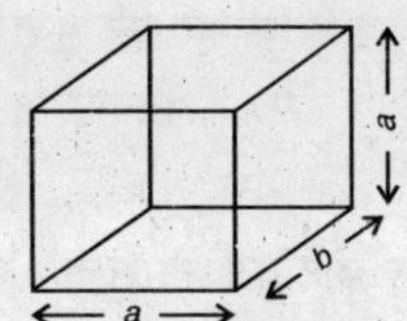

(*a*) घन का आयतन

$=$ (भुजा)^3 $\because$ [भुजा = ल. = चौ = ऊं.]

(*b*) घन का पृष्ठ = 6 × (भुजा)^2

(*c*) किसी घन का सबसे लम्बा विकर्ण

$= \sqrt{3}$ × भुजा

4. लम्ब वृत्तीय बेलन :

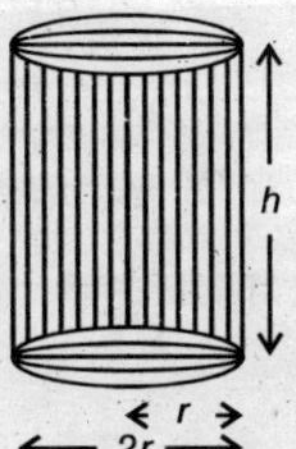

(*a*) बेलन का आयतन

= आधार (वृत्त) का क्षेत्रफल × ऊँ.

$= \pi r^2 \times h = \pi r^2 h$

(*b*) बेलन का वक्रपृष्ठ

= आधार (वृत्त) की परिधि × ऊँचाई

$= 2\pi r \times h$

$= 2\pi rh$

(*c*) बेलन का सम्पूर्ण पृष्ठ

= वक्र पृष्ठ + दोनों सिरों का क्षेत्रफल

$= 2\pi rh + 2\pi r^2 = 2\pi r(h + r)$

5. शंकु :

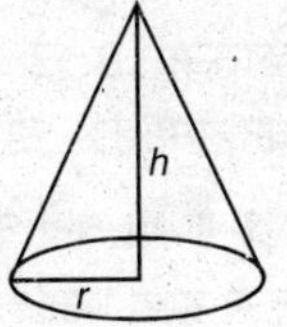

(*a*) शंकु का आयतन $= \frac{1}{3}\pi r^2 h$

(*b*) शंकु की तिर्यक ऊंचाई $= \sqrt{r^2 + h^2}$

(*c*) शंकु के वक्र पृष्ठ का क्षेत्रफल

$= \pi r \times$ तिर्यक ऊंचाई $= \pi r\sqrt{r^2 + h^2}$

प्रश्नमाला

1. एक घनाभ की कोरें क्रमशः 4 सेंमी., 3 सेंमी. तथा 2 सेंमी. हैं, तो उस घनाभ का आयतन कितना होगा?

A. 20 घन सेंमी. B. 22 घन सेंमी.
C. 28 घन सेंमी. D. 24 घन सेंमी.

2. एक टंकी 3 मी. लम्बी, 2 मी. चौड़ी तथा 1 मी. गहरी है। उसकी क्षमता (ली. में) क्या होगी?

A. 8000 ली. B. 10000 ली.
C. 6500 ली. D. 6000 ली.

3. एक घन का पृष्ठ क्षेत्रफल 1014 वर्ग सेंमी. है। इसका आयतन कितना होगा?

A. 2197 घन सेंमी.
B. 2297 घन सेंमी.
C. 2179 घन सेंमी.
D. 2117 घन सेंमी.

4. यदि दो घनाकृतियों के आयतन में 8 : 1 का अनुपात हो, तो उनकी कोरों में क्या अनुपात होगा?

A. 1 : 2 B. 2 : 1
C. 4 : 1 D. 2 : 3

5. दो गोलों के पृष्ठ क्षेत्रफल में 9 : 16 का अनुपात है, तो बताइये उनके आयतनों में क्या अनुपात होगा?

A. 64 : 27 B. 27 : 64
C. 16 : 27 D. 11 : 27

6. एक कमरे की लं., चौ. व ऊँ. क्रमशः 12 मी., 9 मी. तथा 8 मी. है, तो बताइये उस छड़ की अधिक-से-अधिक लम्बाई क्या होगी जो कमरे में ठीक प्रकार रखी जा सके?

A. 17 मी. B. 18 मी.
C. 25 मी. D. 16 मी.

7. किसी लम्बवृत्तीय शंकु की त्रिज्या तथा ऊंचाई में 3 : 5 का अनुपात है। यदि शंकु का आयतन 120π घन मी. हो, तो उसकी तिरछी ऊँचाई कितनी होगी?

A. $3\sqrt{34}$ मी. B. $2\sqrt{28}$ मी.
C. $2\sqrt{44}$ मी. D. $2\sqrt{34}$ मी.

8. यदि किसी बेलन के आधार की परिधि 88 सेंमी. तथा ऊंचाई 42 सेंमी. हो, तो उस बेलन का आयतन कितना होगा?

A. 25872 घन सेंमी. B. 28572 घन सेंमी.
C. 25870 घन सेंमी. D. 22584 घन सेंमी.

9. 10 सेंमी. भुजा के दो घनों को आपस में सटाकर रखने से प्राप्त घनाभ का पृष्ठ क्या होगा ?

A. 1200 वर्ग सेंमी. B. 5000 वर्ग सेंमी.
C. 1000 वर्ग सेंमी. D. 1250 वर्ग सेंमी.

10. एक आयताकार कागज के टुकड़े की लम्बाई व चौड़ाई क्रमशः 30 सेंमी. तथा 20 सेंमी. है। यदि कागज को मोड़कर एक बेलन का वक्रपृष्ठ बनाया जाये, तो बेलन कितने तरीके से बनाया जा सकता है ?

A. तीन तरीके से B. दो तरीके से
C. एक तरीके से D. चार तरीके से

11. उपरोक्त प्रश्न में बने बेलनों के आयतनों में अनुपात क्या होगा।

A. 2 : 3 B. 3 : 1
C. 3 : 2 D. 2 : 1

12. यदि 3 सेंमी. त्रिज्या के एक ठोस गोले को पिघलाकर उसी त्रिज्या के आधार पर एक शंकु बनाया जाये, तो शंकु की ऊंचाई कितनी होगी ?

A. 8 सेंमी. B. 12 सेंमी.
C. 6 सेंमी. D. 5 सेंमी.

13. किसी रोलर का व्यास 2.4 मी. तथा लम्बाई 1.68 मी. है। यदि किसी मैदान को समतल करने में रोलर को 1000 पूर्ण चक्कर लगाने पड़े, तो उस मैदान का क्षेत्रफल क्या होगा ?

A. 12672 वर्ग मी. B. 12671 वर्ग मी.
C. 12762 वर्ग मी. D. 11768 वर्ग मी.

14. एक घन के किनारे की लम्बाई में 10% वृद्धि करने से घन के धरातल के क्षेत्रफल में कितने प्रतिशत वृद्धि हो जाएगी ?

A. 21% B. 18%
C. 15% D. 20%

15. 14 मी. लम्बे तथा 4 मी. त्रिज्या वाले एक ठोस बेलन को पिघलाकर शंकु बनाया जाता है। यदि शंकु की त्रिज्या बेलन की त्रिज्या के बराबर हो, तो शंकु की ऊंचाई कितनी होगी ?

A. 21 मी. B. 42 मी.
C. 48 मी. D. 54 मी.

उत्तरमाला

1	2	3	4	5	6	7	8	9	10
D	D	A	B	B	A	D	A	C	B
11	**12**	**13**	**14**	**15**					
C	B	A	A	B					

व्याख्यात्मक उत्तर

1. ∵ घनाभ का आयतन = लं. × चौ. × ऊं.

= 4 × 3 ×2 = 24 घन सेंमी.

2. टंकी का आयतन

= लं. × चौ. × ऊं. = 3 × 2 × 1

= 6 घन मी.

(∵ 1 घन मी. = 1000 ली.)

∴ टंकी की क्षमता

= 6 × 1000 = 6000 ली.।

3. $\because$ घन का पृष्ठ क्षेत्रफल $= 6 \times$ (भुजा)^2

$\therefore \quad 6 \times$ (भुजा)$^2 = 1014$

$\Rightarrow \quad$ (भुजा)$^2 = \frac{1014}{6} = 169$

$\therefore \quad$ घन की भुजा $= \sqrt{169} = 13$ सेंमी.

$\therefore$ घन का आयतन $=$ (भुजा)^3

$= (13)^3$ सेंमी.

$= 2197$ घन सेंमी.

4. माना दो घनों की भुजा क्रमशः a_1 व a_2 है।

$\therefore$ दोनों घनों का आयतन क्रमशः $a_1{}^3$ व $a_2{}^3$ होगा

प्रश्नानुसार,

$$a_1{}^3 : a_2{}^3 = 8 : 1$$

$$\therefore \quad \frac{a_1{}^3}{a_2{}^3} = \frac{8}{1}$$

$$\therefore \left(\frac{a_1}{a_2}\right)^3 = \left(\frac{2}{1}\right)^3 \Rightarrow a_1 : a_2 = 2 : 1$$

अतः उनकी कोरों में 2 : 1 का अनुपात होगा।

5. माना कि दो गोलों की त्रिज्या क्रमशः r_1 व r_2 है

दोनों गोलों का पृष्ठ क्षेत्रफल क्रमशः $4\pi r_1{}^2$ व $4\pi r_2{}^2$

प्रश्नानुसार,

$$4\pi r_1{}^2 : 4\pi r_2{}^2 = 9 : 16$$

$$\Rightarrow \quad r_1{}^2 : r_2{}^2 = 9 : 16$$

$$\Rightarrow \frac{r_1{}^2}{r_2{}^2} = \frac{9}{16} \Rightarrow \left(\frac{r_1}{r_2}\right)^2 = \left(\frac{3}{4}\right)^2$$

$$\Rightarrow \quad r_1 : r_2 = 3 : 4$$

$$\Rightarrow \left(\frac{r_1}{r_2}\right)^3 = \left(\frac{3}{4}\right)^3 \Rightarrow \frac{r_1{}^3}{r_2{}^3} = \frac{27}{64}$$

$$\Rightarrow \quad r_1{}^3 : r_2{}^3 = 27 : 64$$

$\because$ उनके आयतनों का अनुपात

$$= \frac{4}{3}\pi r_1{}^3 : \frac{4}{3}\pi r_2{}^3$$

$$\Rightarrow \quad r_1{}^3 : r_2{}^3 = 27 : 64$$

6. $\because$ अधिक-से-अधिक लम्बाई की छड़

= घनाभ के विकर्ण की लम्बाई

$= \sqrt{(\text{लं.})^2 + (\text{चौ.})^2 + (\text{ऊँ.})^2}$

$= \sqrt{(12)^2 + (9)^2 + (8)^2}$

$= \sqrt{144 + 81 + 64} = \sqrt{289} = 17$ मी.

अतः उस छड़ की अधिक-से-अधिक लम्बाई जो ठीक प्रकार से कमरे में रखी जा सके 17 मी. होगी।

7. माना कि लम्बवृत्तीय शंकु की त्रिज्या व ऊंचाई क्रमशः $3x$ मी. व $5x$ मी. है

$\therefore$ शंकु का आयतन

$= \frac{1}{3}\pi r^2 h = \frac{1}{3}\pi \times (3x)^2 \times 5x$ घन मी.

प्रश्नानुसार,

शंकु का आयतन $= 120\pi$ घन मी. (दिया है)

$$\therefore \quad \frac{1}{3}\pi \times 9x^2 \times 5x = 120\pi$$

$$\Rightarrow \quad x^3 = \frac{120 \times 3}{9 \times 5}$$

$\Rightarrow \qquad x^3 = 8$

$\Rightarrow \qquad x^3 = (2)^3$

$\Rightarrow \qquad x = 2$ मी.

$\therefore$ लम्बवृत्तीय शंकु की त्रिज्या व ऊंचाई क्रमशः $3 \times 2 = 6$ मी. तथा $5 \times 2 = 10$ मी. होगी।

$\therefore$ तिर्यक ऊंचाई

$= \sqrt{(\text{त्रिज्या})^2 + (\text{ऊँचाई})^2}$

$= \sqrt{(6)^2 + (10)^2}$

$= \sqrt{36+100} = \sqrt{136} = 2\sqrt{34}$ मी.।

8. माना कि बेलन के आधार की त्रिज्या $= r$ सेंमी.

$\therefore$ बेलन के आधार की परिधि $= 2\pi r$ सेंमी.

प्रश्नानुसार,

$2\pi r = 88$

$\Rightarrow \qquad r = \frac{88}{2\pi} = \frac{88}{2 \times \frac{22}{7}} = \frac{88 \times 7}{2 \times 22}$

$= 14$ सेंमी.

$\therefore$ बेलन का आयतन

$= \pi r^2 h = \frac{22}{7} \times (14)^2 \times 42$

$= 22 \times 2 \times 14 \times 42$

$= 25872$ घन सेंमी.।

9. विद्यार्थियों को इस प्रकार के प्रश्नों में हमेशा ध्यान रखना चाहिए कि दो घनों को आपस में सटाकर रखने पर प्राप्त घनाभ की भुजाओं में केवल लम्बाई में ही वृद्धि होगी। उसकी चौड़ाई तथा ऊंचाई घन की भुजा के ही बराबर होगी।

$\therefore$ घनाभ की लम्बाई = पहले घन की भुजा की लम्बाई + दूसरे घन की भुजा की लम्बाई

अर्थात् घनाभ की लम्बाई

$= 10 + 10 = 20$ सेंमी. होगी।

$\therefore$ घनाभ का पृष्ठ

$= 2(20 \times 10 + 10 \times 10 + 10 \times 20)$

$= 2(200 + 100 + 200)$

$= 2 \times 500 = 1000$ वर्ग सेंमी.।

10. कागज के टुकड़े को दो तरीके से मोड़कर बेलन बनाया जा सकता है।

1. आयताकार कागज को इस प्रकार मोड़ा जाए ताकि उसकी लम्बाई 30 सेंमी. तथा चौड़ाई 20 सेंमी. बेलन की क्रमशः वृत्तीय आधार की परिधि तथा ऊंचाई हो।

2. पुनः आयताकार कागज को इस प्रकार से मोड़ा जाये ताकि उसकी लम्बाई 30 सेंमी. तथा चौड़ाई 20 सेंमी. बेलन की क्रमशः ऊंचाई व वृत्तीय आधार की परिधि हो।

11. पहली स्थिति में,

$2\pi r = 30$

$\Rightarrow \qquad r = \frac{15}{\pi}$ सेंमी.

तथा $\qquad h = 20$ सेंमी.

$\therefore \qquad$ आयतन $(v_1) = \pi r^2 h$

$= \frac{15 \times 15 \times 20}{\pi}$

$= \frac{4500}{\pi}$ घन सेंमी.

दूसरी स्थिति में,

$2\pi r = 20$

$\Rightarrow \qquad r = \frac{10}{\pi}$ सेंमी.

तथा $h = 30$

$\therefore$ आयतन $(v_2) = \pi r^2 h$

$= \frac{10 \times 10 \times 30}{\pi} = \frac{3000}{\pi}$ घन सेंमी.

$\because$ अनुपात $v_1 : v_2 = \frac{4500}{\pi} : \frac{3000}{\pi}$

$= 3 : 2.$

12. $\because$ 3 सेंमी. त्रिज्या वाले गोले का आयतन

$= \frac{4}{3}\pi \times (3)^3 = \frac{4}{3}\pi \times 27$ घन सेंमी.

माना कि शंकु की ऊंचाई h सेंमी. है

$\therefore$ उसी त्रिज्या के आधार पर शंकु का आयतन

$= \frac{1}{3}\pi(3)^2 \times h$ घन सेंमी.

चूंकि शंकु का आयतन = गोले का आयतन

$\therefore \frac{1}{3}\pi \times (3)^2 \times h = \frac{4}{3}\pi \times 27$

$\Rightarrow h = 12$ सेंमी.

अत: शंकु की ऊंचाई 12 सेमी होगी।

13. $\because$ रोलर का व्यास = 2.4 मी.

$\therefore$ रोलर की त्रिज्या = 1.2 मी.

तथा रोलर की लम्बाई (ऊंचाई) = 1.68 मी.

$\therefore$ रोलर की वक्रपृष्ठ

$= 2\pi rh = 2 \times \frac{22}{7} \times 1.2 \times 1.68$

= 12.672 वर्ग मी.

$\therefore$ 1 चक्कर में रोलर मैदान पर चला

= 12.672 वर्ग मी.

$\therefore$ 1000 चक्कर में मैदान पर चलेगा

$= 12.672 \times 1000 = 12672$ वर्ग मी.

अर्थात् मैदान का क्षेत्रफल = 12672 वर्ग मी. होगा।

14. $\because$ घन के धरातल के क्षेत्रफल दो कोरों में 10% की वृद्धि होती है। अर्थात् $x\% = y\% = 10\%$ तथा प्रतिशत वृद्धि की स्थिति में x, y के मान (+) धनात्मक होंगे।

$\therefore$ घन के धरातल के क्षेत्रफल में प्रतिशत वृद्धि

$= \left(x + y + \frac{xy}{100}\right)\%$

$= \left(10 + 10 + \frac{10 \times 10}{100}\right)\% = 21\%$

15. $\because$ ठोस बेलन का आयतन

$= \pi r^2 h = \pi r^2 \times 14$ घन मी.

प्रश्नानुसार,

शंकु की त्रिज्या

= बेलन की त्रिज्या r मी = 4 मी.

चूंकि शंकु का आयतन = बेलन का आयतन

$\therefore \frac{1}{3}\pi r^2 \times$ ऊंचाई $= \pi r^2 \times 14$

$\therefore$ ऊंचाई $= 14 \times 3 = 42$ मी.

अत: शंकु की ऊंचाई 42 मी. होगा।

☆☆☆☆☆☆

सारणी एवं ग्राफ
(Tables and Graphs)

इस प्रकार के प्रश्नों में सारणी या ग्राफ दिया होता है, उससे सम्बन्धित प्रश्न पूछे जाते हैं। अतः अभ्यार्थियों को दिये गये प्रश्नों के सही उत्तर ज्ञात करने के लिए सारणी या ग्राफ का बहुत ही सावधानीपूर्वक अध्ययन करना चाहिए।

प्रश्नमाला

निर्देश (प्रश्न 1 से 4 तक) *निम्नांकित ग्राफ के अनुसार वर्ष 1998 में वर्षा ऋतु के दौरान हुई सड़क दुर्घटनाओं में मरने वालों की संख्या प्रदर्शित की गई है। ग्राफ पर आधारित ग्राफ के नीचे दिये गये प्रश्नों के उत्तर दीजिए।*

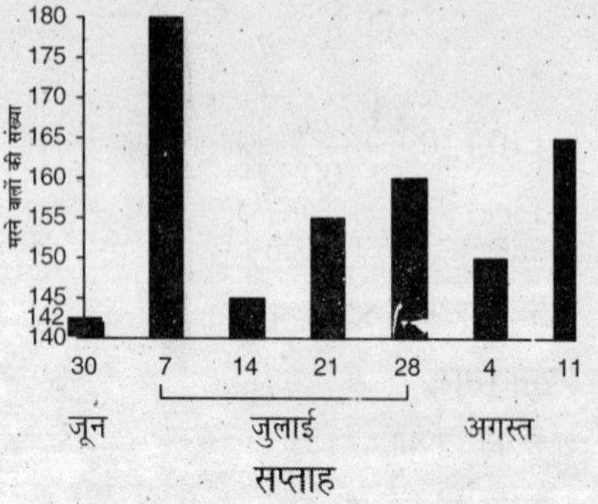

1. किन दो क्रमिक सप्ताहों के बीच मरने वालों की संख्या सबसे अधिक थी?

A. 4 अगस्त–11 अगस्त

B. 14 जुलाई–21 जुलाई

C. 30 जून–7 जुलाई

D. 7 जुलाई–28 जुलाई

2. कितने सप्ताहों में मरने वालों की संख्या 150 से अधिक थी?

A. 3 B. 2

C. 4 D. 1

3. कितने सप्ताहों में मरने वालों की संख्या 150 से कम थी?

A. 2 B. 0

C. 1 D. 3

4. किन दो क्रमिक सप्ताहों के बीच मरने वालों की संख्या में सबसे अधिक गिरावट थी?

A. 28 जुलाई – 4 अगस्त

B. 7 जुलाई – 14 जुलाई

C. 30 जून – 7 जुलाई

D. इनमें से कोई नहीं

निर्देश (प्रश्न 5 से 8 तक): *नीचे दी गई सारणी का सावधानी से अध्ययन कीजिए और उस पर आधारित नीचे दिये गये प्रश्नों के उत्तर दीजिए।*

किसी फैक्टरी के विविध विभागों में काम कर रहे कर्मचारियों की संख्या

विभाग वर्ष	*उत्पादन*	*बिक्री*	*खरीद*	*प्रशासन एवं लेखा*	*अनुसंधान एवं विकास*
2001	150	25	50	45	75
2002	225	40	45	62	70
2003	450	65	30	90	73
2004	470	73	32	105	70
2005	500	80	35	132	74
2006	505	75	36	130	75

5. किस वर्ष उत्पादन में काम कर रहे कर्मचारियों की संख्या कुल कर्मचारियों के 50% से कम थी?

A. 2001 B. 2003
C. 2004 D. 2005

6. निम्न में से किस वर्ष प्रत्येक विभाग में काम कर रहे कर्मचारियों की संख्या प्रत्येक विभाग में उसके तुरन्त पिछले वर्ष के कर्मचारियों की संख्या से अधिक थी?

A. 2005 B. 2004
C. 2003 D. 2002

7. किस विभाग में वर्ष 2001 से 2006 तक कर्मचारियों की संख्या आसन्नतः समान रही है?

A. उत्पादन
B. बिक्री
C. अनुसंधान एवं विकास
D. प्रशासन एवं लेखा
E. खरीद

8. किस विभाग में वर्ष 2001 से 2006 तक लगातार कर्मचारियों की संख्या कुल कर्मचारियों की संख्या के 10% से कम रही है।

A. खरीद
B. बिक्री
C. अनुसंधान एवं विकास
D. प्रशासन एवं लेखा
E. बिक्री एवं खरीद

निर्देश (प्रश्न 9 से 12 तक): *नीचे दी गई पाई चार्ट किसी परिवार के विभिन्न मदों पर खर्च को दर्शाता है। इस पर आधारित नीचे दिये गये प्रश्नों के उत्तर दीजिए।*

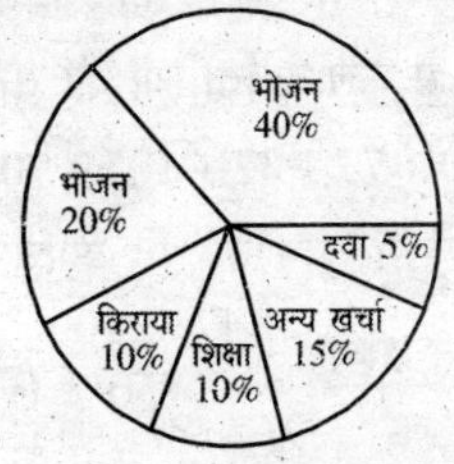

9. यदि शिक्षा पर 375 रु. खर्च होते हों, तो उतने ही रुपये निम्नलिखित में से किस पर खर्च होंगे?

A. दवा B. अन्य खर्च
C. किराया D. कपड़े

10. यदि भोजन पर खर्च 750 रु. प्रति माहवार हो, तो शिक्षा पर वार्षिक व्यय कितने रुपये होगा?

A. 2150 रु. B. 1022.50 रु.
C. 2250 रु. D. 1400 रु.

11. यदि परिवार का कुल खर्च 4500 रु. हो, तो उस परिवार का कपड़े पर कितना खर्च होता है?

A. 800 रु. B. 900 रु.
C. 840 रु. D. 950 रु.

12. इस चार्ट में अन्य खर्च पर व्यय द्वारा केन्द्रीय कोण कितना होगा?

A. 40° B. 54°
C. 36° D. 15°

निर्देश (प्रश्न 13 से 16 तक): *निम्नलिखित आरेख का सावधानीपूर्वक अध्ययन करके उसके नीचे दिये गये प्रश्नों के उत्तर दीजिए।*

बिक्री तथा लाभ रिपोर्ट (2000-2007)

बिक्री (लाख रुपयों में) आय रुपए दस हजार में

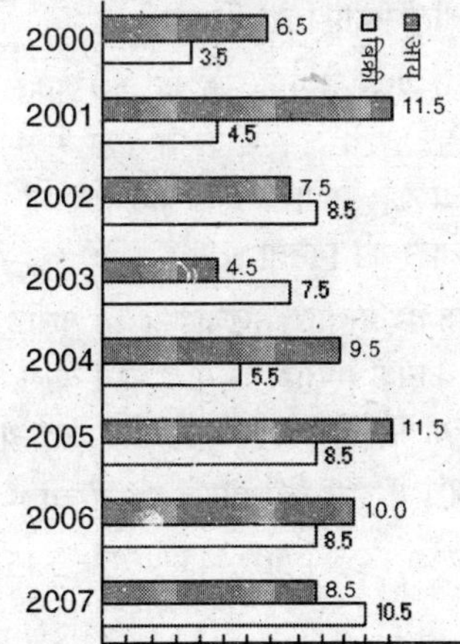

13. 2002 से 2007 तक बिक्री में वार्षिक बढ़ोत्तरी का माध्य (लाख रुपयों में) है–

A. 0.1 B. 0.2

C. 0.3 D. 0.4

14. स्टोर का वार्षिक माध्य लाभ (दस हजार रुपये में) निकटतम है–

A. 8.5 B. 8.6

C. 8.7 D. 9.0

15. किस वर्ष में लाभ का बिक्री से प्रतिशत अधिकतम था?

A. 2000 B. 2001

C. 2002 D. 2004

16. यदि 2000 के लाभ को आधार (100) माना जाए तो 2007 में कितना लाभ था?

A. 76 B. 105

C. 121 D. 131

उत्तरमाला

1	2	3	4	5	6	7	8	9	10
A	C	D	B	A	A	C	B	C	C
11	**12**	**13**	**14**	**15**	**16**				
B	B	D	C	B	D				

व्याख्यात्मक उत्तर

1. ग्राफ के अनुसार दिये गये विकल्पों में 4 अगस्त – 11 अगस्त के दो क्रमिक सप्ताहों के बीच मरने वालों की संख्या में सबसे अधिक वृद्धि 165 – 150 = 15 थी।

2. चूँकि दिये गये ग्राफ में 7 जुलाई, 21 जुलाई, 28 जुलाई तथा 11 अगस्त के सप्ताहों में मरने वालों की संख्या 150 से अधिक थी अर्थात् सप्ताहों की गिनती = 4.

3. चूँकि ग्राफ से स्पष्ट है कि 30 जून, 14 जुलाई व 4 अगस्त के सप्ताहों में मरने वालों की संख्या 150 से कम थी। अर्थात् सप्ताहों की गिनती = 3.

4. ग्राफ के अनुसार 7 जुलाई से 14 जुलाई के दो क्रमिक सप्ताहों के बीच मरने वालों की संख्या में सबसे अधिक गिरावट आई थी।

5. 2001 में कुल कर्मचारियों की संख्या

$= 150 + 25 + 50 + 45 + 75 = 345$

$\therefore$ उत्पादन में काम कर रहे कर्मचारियों की

प्रतिशत संख्या $= \dfrac{150 \times 100}{345} = 43.48$

2002 में कुल कर्मचारियों की संख्या

$= 225 + 40 + 45 + 62 + 70 = 442$

$\therefore$ उत्पादन में काम कर रहे कर्मचारियों की

प्रतिशत संख्या $= \dfrac{225 \times 100}{442} = 50.9$

2003 में कुल कर्मचारियों की संख्या

$= 450 + 65 + 30 + 90 + 73 = 708$

$\therefore$ उत्पादन में काम कर रहे कर्मचारियों की

प्रतिशत संख्या $= \dfrac{450 \times 100}{708} = 63.56$

2004 में कुल कर्मचारियों की संख्या

$= 470 + 73 + 32 + 105 + 70 = 750$

$\therefore$ उत्पादन में काम कर रहे कर्मचारियों की

प्रतिशत संख्या $= \dfrac{470 \times 100}{750} = 62.67$

2005 में कुल कर्मचारियों की संख्या

$= 500 + 80 + 35 + 132 + 74 = 821$

∴ उत्पादन में काम कर रहे कर्मचारियों की

प्रतिशत संख्या $= \dfrac{500 \times 100}{821} = 60.9$

2006 में कुल कर्मचारियों की संख्या

$= 505 + 75 + 36 + 130 + 75 = 821$

∴ उत्पादन में काम कर रहे कर्मचारियों की

प्रतिशत संख्या $= \dfrac{505 \times 100}{821} = 61.51$

अतः 2001 में यह 50% से कम है।

6. सारणी से स्पष्ट है कि 2005 में प्रत्येक विभाग के कर्मचारियों की संख्या, पिछले वर्ष के प्रत्येक विभाग में कर्मचारियों की संख्या से अधिक थी।

7. सारणी के अनुसार अनुसंधान एवं विकास विभाग में वर्ष 2001 से 2006

9. ∵ केन्द्रीय कोण 36° शिक्षा तथा किराए के लिए एक ही है, अतः इन दोनों मदों पर खर्चा बराबर होगा। अर्थात् 375 रु. किराए पर खर्च होंगे।

10. ∵ भोजन पर खर्च = 750 रु.

∵ कुल खर्च $= \dfrac{100 \times 750}{40}$

$= 1875$ रु.

∵ शिक्षा पर खर्च = 10%

∵ शिक्षा पर खर्च धनराशि

$= 1875 \times \dfrac{10}{100} = 187.50$ रु.

∴ शिक्षा पर वार्षिक खर्च

$= 187.50 \times 12 = 2250.00$ रु.

11. ∵ कपड़े पर खर्च = 20%

∴ कपड़े पर कुल खर्च

$= \dfrac{20}{100} \times 4500 = 900$ रु.।

12. 15% के लिए केन्द्रीय कोण

$\dfrac{15}{100} \times 360^\circ = 54^\circ.$

13. 2002 से 2007 तक बिक्री में बढ़ोत्तरी का माध्य (लाख रुपये में)

$= \dfrac{10.5 - 8.5}{5} = .4.$

14. स्टोर का वार्षिक माध्य लाभ (दस हजार रुपये में)

$= \dfrac{(6.5 + 11.5 + 7.5 + 4.5 + 9.5 + 11.5 + 10.0 + 8.5)}{8}$

$= \dfrac{69.5}{8} = 8.7$ (निकटतम)

15. 2000 में लाभ का बिक्री से प्रतिशत

$= \dfrac{6.5 \times 10000 \times 100}{3.5 \times 100000} = 18.57$

2001 में लाभ का बिक्री से प्रतिशत

$= \dfrac{11.5 \times 10000 \times 100}{4.5 \times 100000} = 25.56$

2002 में लाभ का बिक्री से प्रतिशत

$= \dfrac{7.5 \times 10000 \times 100}{8.5 \times 100000} = 8.82$

तथा 2004 में लाभ का बिक्री से प्रतिशत

$= \dfrac{9.5 \times 10000 \times 100}{5.5 \times 100000} = 17.27$

∴ 2001 में लाभ का बिक्री से प्रतिशत अधिकतम था।

16. अभीष्ट लाभ $= \dfrac{100 \times 8.5}{6.5} = 131$.

☆☆☆☆☆☆

19 प्रायिकता (Probability)

प्रयोग

सुपरिभाषित परिणाम देने वाली क्रिया प्रयोग कहलाती है। प्रयोग दो प्रकार के होते हैं :

(*i*) यादृच्छिक प्रयोग

(*ii*) निर्धारणात्मक प्रयोग

(*i*) **यादृच्छिक प्रयोग**–वह प्रयोग जो समान परिस्थितियों में दुहराने पर असमान परिणाम देता है, यादृच्छिक प्रयोग कहलाता है।

जैसे–एक पासे को उछालने पर 1 से 6 तक के अंकों में से कोई भी परिणाम आ सकता है। परन्तु प्रत्येक बार समान परिणाम आए यह निश्चित नहीं है।

(*ii*) **निर्धारणात्मक प्रयोग**–वह प्रयोग जो समान परिस्थितियों के अन्तर्गत दुहराने पर समान परिणाम देता है।

जैसे–विज्ञान या अभियांत्रिकी में समान परिस्थितियों में प्रयोग को दुहराने पर हमेशा समान परिणाम आता है।

प्रतिदर्श समष्टि : किसी प्रयोग के सभी संभव परिणामों के समुच्चय प्रतिदर्श समष्टि कहलाता है।

जैसे– $S = \{1, 2, 3, 4, 5, 6\}$

किसी पासे को उछालने पर सभी संभव परिणाम हैं।

घटना : प्रतिदर्श समष्टि के सभी उप-समुच्चय एक घटना है। यह दो प्रकार के होते हैं–

(*i*) **सरल घटना**–वह घटना जिसमें केवल एक प्रतिदर्श बिन्दु होता है, सरल घटना कहलाती है।

जैसे–दो सिक्कों के उछालने पर प्रतिदर्श समष्टि $S = \{HH, HT, TH, TT\}$

यदि घटना, E = दो शीर्ष प्राप्त करने की घटना = $\{HH\}$

तब E सरल घटना है

(*ii*) **संयुक्त घटना**–वे घटनाएँ, जो सरल घटना नहीं हैं संयुक्त घटना कहलाती हैं।

जैसे–दो सिक्कों को उछालने पर प्रतिदर्श समष्टि

$S = \{HH, HT, TH, TT\}$

तो E = कम-से-कम एक पुच्छ (Tail) प्राप्त करने की घटना

$E = \{TT, TH, HT\}$

समसम्भावी घटनाएँ : किसी प्रयोग में यदि प्रत्येक घटना के घटित होने की संभावना समान हो, तो वह घटनाएँ समसंभावी घटनाएँ कहलाती हैं।

जैसे–किसी सिक्का को उछालने पर शीर्ष एवं पुच्छ (Head and Tail) आने की संभावना समान है।

परस्पर अपवर्जी घटनाएँ : किसी प्रतिदर्श समष्टि S की दो घटनाएँ परस्पर अपवर्जी होंगी यदि E_1 एवं E_2 साथ-साथ घटित ना हों अर्थात् $E_1 \cap E_2 = \phi$.

प्रायिकता : माना किसी यादृच्छिक प्रयोग में प्रतिदर्श समष्टि S तथा घटना $E \subseteq S$ है, तब घटना E के घटित होने की प्रायिकता

$$P(E) = \frac{n(E)}{n(S)} \text{ होगी।}$$

यदि P(E) = 1, तब E को निश्चित घटना तथा यदि P(E) = 0, तब E को असंभव घटना कहते हैं। अतः प्रायिकता हमेशा 0 से 1 के मध्य होता है अर्थात् $0 \le P(E) \le 1$

- यदि यादृच्छिक प्रयोग से संबंधित घटनाएँ E_1 एवं E_2 हों, तब, $P(E_1 \cup E_2) = P(E_1) + P(E_2) - P(E_1 \cap E_2)$
- यदि E_1 एवं E_2 परस्पर अपवर्जी घटनाएँ हों, तब $P(E_1 \cup E_2) = P(E_1) + P(E_2)$
- यदि $\bar{A}$, A नहीं है को सूचित करता है, तब $P(\bar{A}) = 1 - P(A)$ या $P(A') = 1 - P(A)$

$\Rightarrow \quad P(A) = 1 - P(\bar{A})$

उदाहरण 1. दो सिक्कों को एक साथ उछाला जाता है तब

(*i*) केवल एक शीर्ष (*ii*) कम-से-कम एक शीर्ष आने की प्रायिकता निकालें।

हल : दो सिक्कों को एक साथ उछालने पर प्रतिदर्श समष्टि की संख्या $= 2^2 = 4$

अतः S = {H H, H T, T H, T T}

माना E_1 केवल एक शीर्ष आने की घटना है, तब $n(E_1) = \{HT, TH\} = 2$

तथा E_2 = कम-से-कम एक शीर्ष आने की घटना = {H H, H T, T H} = 3

अतः (*i*) $P(E_1) = \frac{n(E_1)}{n(S)} = \frac{2}{4} = \frac{1}{2}$

(*ii*) $P(E_2) = \frac{n(E_2)}{n(S)} = \frac{3}{4}$

उदाहरण 2. यदि दो पासों को एक साथ फेंका जाता है, तो इसके पृष्ठ पर आने वाली अंकों का योग 7 से अधिक हो, की प्रायिकता ज्ञात करें।

हलः $n(3) = 6 \times 6 = 36$

माना E = पृष्ठ पर आने वाली अंकों का योग 7 से अधिक

= {(2, 6) (3, 5) (3, 6) (4, 4) (4, 5) (4, 6) (5, 3) (5, 4) (5, 5) (5, 6) (6, 2), (6, 3) (6, 4) (6, 5) (6, 6)}

= 15

$$\therefore \quad P(E) = \frac{n(E)}{n(S)} = \frac{15}{36} = \frac{5}{12}$$

उदाहरण 3. ताश की किसी गड्डी से 2 पत्ते यादृच्छया निकाले जाते हैं, तो इसके बादशाह होने की प्रायिकता ज्ञात करें।

हलः $n(S) = {}^{52}C_2$

$= \frac{52 \times 51}{2 \times 1}$

$= 26 \times 51 = 1326$

यदि E = दो बादशाह आने की घटना।

तब $n(E) = 4C_2 = \frac{4 \times 3}{2} = 6$

अतः $P(E) = \frac{n(E)}{n(S)} = \frac{6}{1326} = \frac{1}{221}$

उदाहरण 4. किसी थैले में 4 लाल, 6 काली, 8 हरी गेंद हैं। यादृच्छया 2 गेंद निकाली जाती हैं, तब दोनों के काली होने की प्रायिकता ज्ञात करें।

हल : थैले में कुल गेंदों की संख्या

$= 4 + 6 + 8 = 18$

$\therefore \quad n(S) = 18C_2$

माना E = दो काली गेंद आने की घटना

$n(E) = 6C_2$

अतः $P(E) = \frac{n(E)}{n(S)} = \frac{6C_2}{18C_2}$

$= \frac{\frac{6\times5}{2}}{\frac{18\times17}{2}} = \frac{6\times5}{18\times17} = \frac{5}{51}$

$\therefore \quad P(E) = \frac{5}{51}$

उदाहरण 5. 1 से 20 तक की संख्याओं में से तीन संख्याओं को यादृच्छया चयन किया जाता है, तो इसके लगातार (Consecutive) होने की प्रायिकता क्या होगी?

हल : 20 संख्याओं में से 3 संख्याओं को चयन करने के कुल तरीके $= 20C_3$

$= \frac{20\times19\times18}{3\times2}$

$\therefore \quad n(S) = {}^{20}C_3 = 1140$

यदि E = तीन लगातार संख्याओं के चयन के तरीके

$= \{(1, 2, 3)\ (2, 3, 4)\ (3, 4, 5) \ldots.\ (18, 19, 20)\}$

$n(E) = 18$

अतः $P(E) = \frac{n(E)}{n(S)} = \frac{18}{1140} = \frac{3}{190}$

उदाहरण 6. किसी थैले में 4 लाल, 5 हरी तथा 6 सफेद गेंद हैं। यदि यादृच्छया एक गेंद निकाली जाए, तो इसके लाल या हरी होने की संभावना ज्ञात करें।

हल : कुल गेंदों की संख्या

$= 4 + 5 + 6 = 15$

$\therefore \quad n(S) = 15$

माना E_1 = लाल गेंद होने की घटना

$= 4$

E_2 = हरी गेंद होने की घटना

$= 5$

तब $E_1 \cap E_2 = \phi$

अतः $P(E_1$ या $E_2) = P(E_1) + P(E_2)$

$= \left(\frac{4}{15} + \frac{5}{15}\right) = \frac{9}{15} = \frac{3}{5}$

उदाहरण 7. एक थैले में 2 लाल, 3 हरी तथा 2 सफेद गेंद हैं। यादृच्छया दो गेंद निकाली जाती हैं, तो उसकी सफेद न होने की प्रायिकता ज्ञात करें।

हल : कुल गेंदों की संख्या

$= (2 + 3 + 2) = 7$

$\therefore \quad n(S) = 7C_2 = \frac{7\times6}{2} = 21$

माना E = 2 गेंद निकलने की घटना जो सफेद न हो

$= (2 + 3) = 5$

$\therefore \quad n(E) = 5C_2 = 10$

$\therefore \quad P(E) = \frac{n(E)}{n(S)} = \frac{10}{21}$

उदाहरण 8. किसी ताश की गड्डी से यादृच्छया दो पत्ते निकाले जाएं, तो इसकी क्या संभावना है कि दोनों या तो लाल हो या दोनों बादशाह?

हल : $n(S) = 52C_2$

$= \frac{52\times51}{2} = 1326$

माना E_1 = दोनों पत्ते को लाल होने की घटना

$n(E_1) = 26C_2$

$= \frac{26\times25}{2} = 325$

E_2 = दोनों पत्ते के बादशाह होने की घटना

$$n(E_2) = 4C_2 = \frac{4\times3}{2} = 6$$

तथा

$(E_1 \cap E_2)$ = दोनों पत्ते लाल का बादशाह

$\therefore n(E_1 \cap E_2) = 2C_2 = 1$

$\therefore P(E_1 \cup E_2)$

$= P(E_1) + P(E_2) - P(E_1 \cap E_2)$

$$= \frac{325}{1326} + \frac{6}{1326} - \frac{1}{1326}$$

$$= \frac{330}{1326} = \frac{55}{221}$$

उदाहरण 9. किसी कक्षा में 15 छात्र एवं 10 छात्राएँ हैं। यदि इसमें से 3 विद्यार्थी को चुनना हो, तो इसकी क्या संभावना है कि उसमें 1 छात्रा एवं 2 छात्र होंगे।

हलः $n(S) = 25C_3$

$$= \frac{25\times24\times23}{3\times2} = 2300$$

यदि E = 1 छात्रा एवं 2 छात्र चुनने की घटना

$$\therefore n(E) = 15\,C_2 \times 10\,C_1$$

$$= \frac{15\times14}{2}\times10$$

$$= 1050$$

$$\therefore P(E) = \frac{n(E)}{n(S)}$$

$$= \frac{1050}{2300} = \frac{105}{230} = \frac{21}{46}$$

उदाहरण 10. यदि $P(A) = 0.25$, $P(B) = 0.50$ तथा $P(A \cap B) = 0.14$, तब $P(A \cap \overline{B})$ मान ज्ञात करें।

हल : दिया है,

$$P(A) = 0.25,\ P(B) = 0.50$$

तथा $P(A \cap B) = 0.14$

अतः $P(A \cap \overline{B}) = P(A) - P(A \cap B)$

$= 0.25 - 0.14$

$= 0.11$

प्रश्नमाला

1. एक बर्तन में 2 लाल, 3 नीली तथा 4 काली गेंद हैं। यादृच्छया तीन गेंद निकाली जाती हैं, तो सभी के एक ही रंग के होने की प्रायिकता है–

A. $\frac{5}{84}$ B. $\frac{3}{9}$

C. $\frac{3}{7}$ D. $\frac{7}{17}$

2. तीन पासे एक साथ फेंके जाते हैं। उन पर आनेवाले अंकों का योग 17 या 18 होने की प्रायिकता है–

A. $\frac{1}{72}$ B. $\frac{1}{9}$

C. $\frac{1}{54}$ D. $\frac{4}{17}$

3. शब्द POSSESSIVE से एक अक्षर यादृच्छया चुना जाता है, तो इसके S होने की प्रायिकता है–

A. $\frac{3}{10}$ B. $\frac{4}{10}$

C. $\frac{3}{7}$ D. $\frac{4}{17}$

4. यदि A और B दो घटनाएँ हैं तथा $P(A') = 0.3, P(B) = 0.4, P(A \cap B') = 0.5$, तब $P(A \cap B')$ का मान–

A. 0.5 B. 0.8
C. 1 D. 0.1

5. किसी बक्से में 3 आम तथा 3 सेब हैं। यदि दो फल यादृच्छया चुने जाएँ, तो एक आम तथा एक सेब होने की प्रायिकता–

A. $\frac{2}{3}$ B. $\frac{3}{5}$
C. $\frac{1}{3}$ D. $\frac{3}{4}$

6. छः (6) पुरस्कारों को तीन व्यक्तियों में वितरण यादृच्छया किया जाता है, तो किसी एक व्यक्ति को सभी पुरस्कार नहीं मिलने की संभावना होगी।

A. $\frac{120}{216}$ B. $\frac{6}{216}$
C. $\frac{210}{216}$ D. $\frac{790}{216}$

7. 100 पत्तों की गड्डी जिन पर 1 से 100 तक संख्याएँ लिखी हैं, में से यादृच्छया एक पत्ता निकाला जाता है, तो पूर्ण वर्ग संख्या आने की प्रायिकता है–

A. $\frac{1}{5}$ B. $\frac{2}{5}$
C. $\frac{1}{10}$ D. $\frac{1}{15}$

8. तीन व्यक्ति एक समस्या पर स्वतंत्र रूप से कार्य करते हैं। उनके द्वारा समस्या का हल करने की प्रायिकताएँ क्रमशः $\frac{1}{3}, \frac{1}{4}$ एवं $\frac{1}{5}$ है, तो किसी के द्वारा समस्या न हल होने की प्रायिकता है–

A. $\frac{1}{3}$ B. $\frac{3}{5}$
C. $\frac{2}{5}$ D. $\frac{1}{5}$

9. एक लॉटरी में 90 टिकट हैं, जिन पर 1 से 90 तक की संख्याएँ अंकित हैं। पाँच टिकट यादृच्छया चुने जाते हैं। इनमें से दो टिकटों पर 15 तथा 80 संख्या होने की प्रायिकता है–

A. $\frac{2}{801}$ B. $\frac{2}{623}$
C. $\frac{1}{267}$ D. $\frac{1}{623}$

10. A तथा B में से कम-से-कम एक के घटने की प्रायिकता 0.6 है। यदि A एवं B के साथ-साथ घटित होने की प्रायिकता 0.2 हो, तब $P(A') + P(B')$ का मान–

A. 3.2 B. 1.5
C. 1.03 D. 1.2

11. किसी बक्से में 20 बल्ब हैं जिसमें से 4 खराब हैं। यादृच्छया दो बल्ब निकाले जाते हैं, तो इसमें कम-से-कम 1 खराब होने की संभावना है–

A. $\frac{7}{19}$ B. $\frac{9}{19}$
C. $\frac{12}{19}$ D. $\frac{17}{19}$

12. दो पासों को फेंका जाता है, तब इसके पृष्ठ पर आने वाले अंकों का योग अभाज्य संख्या होने की प्रायिकता–

A. $\frac{7}{9}$ B. $\frac{1}{12}$

C. $\frac{5}{12}$ D. $\frac{11}{12}$

13. किसी लॉटरी में 10 पुरस्कार एवं 25 खाली (पुरस्कार रहित) हैं। यदि एक टिकट यादृच्छया निकाला जाए, तो पुरस्कार मिलने की प्रायिकता–

A. $\frac{1}{25}$ B. $\frac{1}{10}$

C. $\frac{1}{35}$ D. $\frac{2}{7}$

14. किसी बॉक्से में 5 हरी, 4 पीली एवं 3 सफेद शीशे की गोली हैं। तीन गोली यादृच्छया निकाली जाती हैं, तब इसके एक ही रंग न होने की प्रायिकता–

A. $\frac{41}{44}$ B. $\frac{1}{44}$

C. $\frac{7}{55}$ D. $\frac{12}{55}$

15. यदि N = {1, 2, 3, ... 100} से यादृच्छया 3 विभिन्न संख्याएं चुनी जाती हैं, तो इन तीनों के 2 और 3 दोनों से विभाजित होने की प्रायिकता होगी–

A. $\frac{4}{25}$ B. $\frac{4}{35}$

C. $\frac{4}{33}$ D. $\frac{4}{1155}$

उत्तरमाला

1	2	3	4	5	6	7	8	9	10
A	C	B	B	B	C	C	C	A	D
11	**12**	**13**	**14**	**15**					
A	C	D	A	D					

व्याख्यात्मक उत्तर

1. कुल गेंद = 9

9 गेंद में से 3 गेंद निकालने के कुल तरीके

$= {}^9C_3$

$\therefore \quad n(S) = \frac{9\times8\times7}{3\times2} = 84$

E = सभी गेंद एक ही रंग के हों

$\therefore \quad n(E) = {}^3C_3 + {}^4C_3$

$= 1 + 4 = 5$

($\therefore$ लाल गेंद 2 ही हैं)

अतः अभीष्ट प्रायिकता

$= \frac{n(E)}{n(S)} = \frac{5}{84}$.

2. तीन पासे फेंकने के कुल तरीके

$= 6 \times 6 \times 6 = 216$

अतः $n(S) = 216$

माना E = योगफल 17 या 18 आने की घटना

$\therefore$ = (6, 5, 6) (5, 6, 6) (6, 6, 5) (6, 6, 6)

$n(E) = 4$

$\therefore \quad P(E) = \frac{n(E)}{n(S)} = \frac{4}{216} = \frac{1}{54}$.

3. कुल अक्षरों की संख्या = 10

$n(S) = 10$

$E =$ S आने की घटना

$n(E) = 4$

$\therefore \quad P(E) = \dfrac{n(E)}{n(S)} = \dfrac{4}{10}.$

4. योग के प्रमेय से

$P(A \cup B') = P(A) + P(B') - P(A \cap B')$

$= 1 - P(A') + 1 - P(B) - P(A \cap B')$

$= 1 - 0.3 + 1 - 0.5 - 0.4$

$= 0.8.$

5. 6 में से दो फल चुनने के कुल तरीके

$= {}^6C_2$

$\therefore \quad n(S) = {}^6C_2 = \dfrac{6 \times 5}{2} = 15$

$E =$ 1आम तथा 1 सेब होने की घटना

$n(E) = {}^3C_1 \times {}^3C_1 = 3 \times 3$

$\therefore \quad P(E) = \dfrac{n(E)}{n(S)} = \dfrac{9}{15} = \dfrac{3}{5}.$

6. पुरस्कारों के वितरण करने के कुल तरीके

$= 6 \times 6 \times 6$

अतः $n(S) = 216$

$E =$ एक ही व्यक्ति को सभी पुरस्कार प्राप्त होने के तरीके

$n(E) = 6$

अतः किसी एक व्यक्ति को सभी पुरस्कार नहीं मिलने की प्रायिकता

$= 1 - P$ (एक ही व्यक्ति को सभी पुरस्कार)

$= 1 - \dfrac{n(E)}{n(S)} = 1 - \dfrac{6}{216}$

$= \dfrac{210}{216}.$

7. एक पत्ता निकालने के कुल तरीके

$= {}^{100}C_1 = 100$

अतः $n(S) = 100$

$E =$ पूर्ण वर्ग संख्या आने की घटना

$= 1^2, 2^2, 3^2, 4^2, 5^2, 6^2, 7^2, 8^2, 9^2, 10^2$

$n(E) = 10$

$\therefore \quad P(E) = \dfrac{n(E)}{n(S)}$

$= \dfrac{10}{100} = \dfrac{1}{10}.$

8. माना प्रत्येक व्यक्ति द्वारा समस्या का हल करने की प्रायिकता $P(A) = \dfrac{1}{3}$, $P(B) = \dfrac{1}{4}$ तथा $P(C) = \dfrac{1}{5}$ है, तब प्रत्येक के द्वारा समस्या हल न होने की प्रायिकता

$P(\overline{A}) = 1 - \dfrac{1}{3} = \dfrac{2}{3},$

$P(\overline{B}) = 1 - \dfrac{1}{4} = \dfrac{3}{4}$

तथा $P(\overline{C}) = 1 - \dfrac{1}{5} = \dfrac{4}{5}.$

अतः तीनों में से किसी के द्वारा समस्या का हल न होने की प्रायिकता

$P(\overline{A} \cap \overline{B} \cap \overline{C})$

$= P(\overline{A}) \cdot P(\overline{B}) \cdot P(\overline{C})$

$= \dfrac{2}{3} \times \dfrac{3}{4} \times \dfrac{4}{5}$

$= \dfrac{2}{5}.$

9. पाँच टिकटों में से दो टिकट (जिनकी संख्या 15 तथा 80 है) होने चाहिए अब शेष 88 में से तीन टिकट

$n(E)$ = चुनने के प्रकार

$= {}^{88}C_3$

$n(S)$ = कुल चुनने के तरीके

$= {}^{90}C_5$

अतः अभीष्ट प्रायिकता

$$= \frac{{}^{88}C_3}{{}^{90}C_5}$$

$$= \frac{\frac{88\times87\times86}{3\times2}}{\frac{90\times89\times88\times87\times86}{5\times4\times3\times2}}$$

$$= \frac{5\times4}{90\times89} = \frac{20}{8010} = \frac{2}{801}.$$

10. दिया गया है

$P(A\cup B) = 0.6$

तथा

$P(A\cap B) = 0.2$

अब

$$P(A')+P(B') = 1-P(A)+1-P(B)$$
$$= 2-[P(A)+P(B)]$$
$$= 2-[P(A)+P(B)-P(A\cap B)+P(A\cap B)]$$
$$= 2-[P(A\cup B)+P(A\cap B)]$$
$$= 2-(0.6+0.2)$$
$$= 2-0.8$$
$$= 1.2.$$

11. 20 बल्ब में से 2 बल्ब चुनने के कुल तरीके

$E\, n(S) = {}^{20}C_2$

माना E = कोई खराब बल्ब नहीं

$n(E) = {}^{16}C_2$

किसी बल्ब के खराब नहीं होने की प्रायिकता

$$P(E) = \frac{{}^{16}C_2}{{}^{20}C_2}$$

$$= \frac{\frac{16\times15}{2}}{\frac{20\times19}{2}}$$

$$= \frac{16\times15}{20\times19} = \frac{12}{19}$$

अतः कम-से-कम 1 बल्ब खराब होने की प्रायिकता

$$= 1-\frac{12}{19} = \frac{7}{19}.$$

12. $n(S) = 6\times6 = 36$

माना E = पासे पर आए अंकों का योग अभाज्य संख्या

$E = \{(1, 1)\,(1, 2)\,(1, 4)\,(1, 6)\,(2, 1)\,(2, 3)\,(2, 5)\,(3, 2)\,(3, 4)\,(4, 1)\,(4,3)\,(5, 2)\,(5, 6)\,(6, 1)\,(6, 5)\}$

$n(E) = 15$

$$P(E) = \frac{n(E)}{n(S)} = \frac{15}{36} = \frac{5}{12}.$$

13. कुल टिकट की संख्या

$= 25 + 10 = 35$

$n(S) = 35$

E = पुरस्कार मिलने की घटना

$n(E) = 10$

$$\therefore\quad P(E) = \frac{n(E)}{n(S)} = \frac{10}{35} = \frac{2}{7}.$$

14. 12 गोली में से 3 गोली निकालने के कुल तरीके

$$n(S) = {}^{12}C_3$$

$$= \frac{12\times11\times10}{3\times2} = 220$$

माना $E =$ एक ही रंग के 3 गोली निकलने के तरीके

$= (5$ में से $3)$ या $(4$ में से $3)$ या $(3$ में से $3)$

$$n(E) = {}^5C_3 + {}^4C_3 + {}^3C_3$$

$$= 10 + 4 + 1$$

$$= 15$$

$$P(E) = \frac{n(E)}{n(S)} = \frac{15}{220} = \frac{3}{44}$$

$\therefore$ अभीष्ट प्रायिकता

$$= 1 - \frac{3}{44} = \frac{41}{44}.$$

15. 1 से 100 के बीच 6 से विभाज्य संख्याएँ 6, 12, 18 .... 96. यदि ऐसी n संख्याएं हैं, तब $96 = 6 + (n-1)\times 6$

$\Rightarrow \quad n = 16$

अतः प्रायिकता $= \frac{{}^{16}C_3}{{}^{100}C_3} = \frac{4}{1155}.$

सामान्य सचेतता
(GENERAL AWARENESS)

इतिहास (History)

प्राचीन भारत

सिंधु घाटी सभ्यता

- सिंधु सभ्यता की खोज 1921 ई. में दयाराम साहनी ने की।
- सिंधु घाटी की सभ्यता का नामकरण, हड़प्पा नामक स्थान, जहाँ यह संस्कृति पहली बार खोजी गई थी, के नाम पर हड़प्पा संस्कृति भी किया गया है।
- रेडियोकार्बन C^{14} जैसी नवीन विश्लेषण पद्धति के द्वारा सिंधु सभ्यता की सर्वमान्य तिथि 2400 ई.पू. से 1700 ई.पू. के बीच निर्धारित की गई है।
- हड़प्पा सभ्यता प्राक्ऐतिहासिक अथवा कांस्ययुगीन थी। इस सभ्यता के मुख्य निवासी भूमध्यसागरीय एवं द्रविड़ थे।

प्रमुख सैन्धव स्थल एवं खुदाई में प्राप्त वस्तुएँ

- **मोहनजोदड़ो**—सीप निर्मित पैमाना, सूती एवं ऊनी कपड़े के अवशेष, महास्नानागार, विशाल जलाशय, ईंट के भट्ठे, फियांस की बनी एक गिलहरी, चमकता हुआ एक बंदर का चित्र, मशहूर कांस्य नर्तकी की प्रतिमा, पुजारी का सिर, मातृदेवी की मृण्मूर्ति, विशाल अन्नागार, पशुपति की मुहर, लिंगीय प्रस्तर, एक सभागार, 16 कमरों का बैरक, दाढ़ी वाले साधु की मूर्ति आदि।
- **चन्हूदड़ो**—मनका बनाने का कारखाना, खिलौना बनाने का कारखाना, फियांस का बना चार खानों वाला बर्तन, तांबे की बनी दो गाड़ियों के मॉडल, चार पहियों वाली गाड़ी (अगले दो पहिये, पिछले पहियों की अपेक्षा बड़े), दवात (Inkpot), बिल्ली का पीछा करता हुआ कुत्ता का साक्ष्य, लिपिस्टिक आदि।
- **कालीबंगा**—हल से जुते खेत के साक्ष्य, मिट्टी की काले रंग की चूड़ियाँ, पकी मिट्टी का पैमाना, दो फसलों को एक साथ बोने के साक्ष्य, अग्निकुंड, ऊँट की अस्थियाँ, हल का चिह्न, बेलनाकार मुहरें, जौ, चना, सरसों, लकड़ी की पाइप, अलंकृत ईंट, कब्रिस्तान, कच्चे ईंट का प्रयोग आदि।

हड़प्पा सभ्यता : एक वस्तुनिष्ठ अध्ययन

प्रमुख स्थल	उत्खननकर्ता	वर्ष	नदी	भौगोलिक स्थल	प्राप्त अवशेष
हड़प्पा	दयाराम साहनी	1921	रावी	मोण्टगोमरी (पाकिस्तान)	मुहरों पर एक शृंगी पशु, तांबे की इक्कागाड़ी
मोहनजोदड़ो	राखालदास बनर्जी	1922	सिंधु	लरकाना (पाकिस्तान)	कांसे की नर्तकी, अन्नागार, विशाल स्नानागार तथा पशुपतिनाथ के अंकन वाली मुहरें
चन्हूदड़ो	गोपाल मजूमदार	1931	सिंधु	सिंध (पाकिस्तान)	मनके निर्माण के कारखाने
कालीबंगा	बी.बी. लाल एवं बी.के. थापर	1953	घग्घर	श्रीगंगानगर (राजस्थान)	जुते हुए खेत, नक्काशीदार ईंट, अग्निवेदिका, मिट्टी का हल
कोटदीजी	फजल अहमद	1953	सिंधु	खैरपुर (पाकिस्तान)	पत्थर के बाणाग्र
रंगपुर	एस.आर. राव	1953-54	भादर	काठियावाड (गुजरात)	चावल की भूसी, गेहूँ की खेती
रोपड़	यज्ञदत्त शर्मा	1953-56	सतलज	रोपड़ (पंजाब)	कृषि-कार्य
लोथल	रंगनाथ राव	1955 एवं 1962	भोगवा	अहमदाबाद (गुजरात)	बंदरगाह, युग्म शवाधान, नाव, चावल के दाने
बनावली	रविंद्र सिंह बिष्ट	1974	रंगोई	हिसार (हरियाणा)	मिट्टी से बना हल, जौ
धौलावीरा	रविन्द्र सिंह बिष्ट	1990-91	–	कच्छ (गुजरात)	जलाशय

- **लोथल**–युगल शवाधान, बंदरगाह (गोदी बाड़ा), फारस की मुहरें, चावल और बाजरा के साक्ष्य, सूती-वस्त्र, रंगाई के कुण्ड, मनका बनाने का कारखाना, हाथी दाँत, कांसे की बनी एक सुई, एक वरमा (Drill), अनाज पीसने की चक्की, हाथी दांत का एक पैमाना, अग्निकुंड, बैल, खरगोश और कुत्ते की आकृति, मिट्टी की बनी नाव आदि।
- **हड़प्पा**–अन्नागार, श्रमिक आवास, प्रसाधन मंजूषा, ठोस पहियों वाली गाड़ी के अवशेष, आर (R)-37 कब्रिस्तान, तांबे का पैमाना, कांसे की बनी एक नर्तकी की मूर्ति, लाल बालू पत्थर का नग्न पुरुष का धड़ (जैन या यक्ष की मूर्ति के समान), स्लेटी चूने पत्थर की नृत्य मुद्रा वाली मूर्ति (नर्तकी), ताबूत, गेहूँ और जौ, अभिलेख युक्त मुहर, शंख का बैल, मछुआरे का चित्र (बर्तन) आदि।
- **सुरकोतदा**–घोड़े का जीवाश्म, एण्टीमनी की एक छड़, अनोखी कब्र, गोदी बाड़ा आदि।

वैदिक काल

- आर्यों की सामाजिक-सांस्कृतिक तथा आर्थिक व्यवस्था वैदिक संस्कृति के रूप में जानी जाती है। आर्यों के बारे में जानकारी मुख्यतः वेदों–ऋग्वेद, यजुर्वेद, सामवेद एवं अथर्ववेद से मिलती है।
- वैदिक काल को दो भागों में विभाजित किया जाता है–ऋग्वैदिक काल (1500-1000 ई.पू.) और उत्तर वैदिक काल (1000-600 ई.पू.)।

ऋग्वैदिक काल (1500-1000 ई.पू.)

- आर्यों के निवास के विस्तृत क्षेत्र को 'सप्तसैन्धव' प्रदेश कहा गया। इस क्षेत्र में सात प्रमुख नदियाँ प्रवाहित हैं। ये नदियाँ हैं–सिंधु, सतलज, रावी, चिनाब, झेलम, व्यास तथा सरस्वती।
- ऋग्वैदिक समाज ग्रामीण कबीलाई समाज था; सामाजिक संरचना समतावादी तथा वर्णविहीन थी।
- परिवार के मुखिया को कुलप कहा जाता था।
- आर्यों की प्रशासनिक इकाई आरोही क्रम से अग्रलिखित पाँच भागों में बंटी थी–कुल, ग्राम, विश, जन, राष्ट्र। जन के अधिपति को राजा कहा जाता था।
- ग्राम के प्रधान को ग्रामणी एवं विश के प्रधान को विशपति कहा जाता था।
- ऋग्वेद के 7वें मंडल में दाशराज्ञ युद्ध का वर्णन है जिसमें भरत जन के स्वामी सुदास ने रावी नदी के तट पर दस राजाओं के संघ को हराया था। इन्द्र ऋग्वैदिक आर्यों का सबसे महत्वपूर्ण देवता था जिसे पुरन्दर कहा गया है। वरुण, सूर्य, मित्र, अग्नि, इत्यादि अन्य प्रमुख देवता थे।
- ऋग्वेद में सर्वाधिक पवित्र नदी के रूप में 'सरस्वती' का वर्णन हुआ है। ऋग्वेद में गंगा का एक बार, यमुना का तीन बार तथा सिंधु नदी का सर्वाधिक बार उल्लेख किया गया है।
- गायत्री-मंत्र का उल्लेख ऋग्वेद के तृतीय मंडल में मिलता है।
- ऋग्वेद के 10वें मंडल के पुरुषसूक्त में चतुर्वर्णों–ब्राह्मण, क्षत्रिय, वैश्य और शूद्र की उत्पत्ति के उल्लेख मिलते हैं। आर्यों के मनोरंजन के मुख्य साधन संगीत, रथदौड़, घुड़दौड़ एवं द्यूतक्रीड़ा थे।

उत्तर वैदिक काल (1000-600 ई.पू.)

- उत्तर वैदिक काल में आर्यों ने स्थायी जीवन व्यतीत करना प्रारंभ कर दिया था। इस समय आर्य मुख्य रूप से गंगा-यमुना दोआव में फैल गए थे।
- इस काल में इन्द्र के स्थान पर प्रजापति सर्वाधिक महत्वपूर्ण देवता हो गए थे। विभिन्न कर्मकाण्डों तथा अंधविश्वासों का विस्तार हुआ जिनका उल्लेख अथर्ववेद में मिलता है।
- गोत्र नामक संस्था का उदय उत्तर वैदिक काल में हुआ।
- अथर्ववेद में 'सभा' एवं 'समिति' को प्रजापति की दो पुत्रियां कहा गया है। अथर्ववेद के मंत्रों का उच्चारण करने वाले पुरोहित को 'ब्रह्मा' कहा जाता था।
- अथर्ववेद में मगध एवं अंग महाजनपद का उल्लेख है।
- उत्तरवैदिक काल में हल को सिरा और हल रेखा को सीता कहा जाता था।
- महाभारत का पुराना नाम जयसंहिता है। यह विश्व का सबसे बड़ा महाकाव्य है।

जैन धर्म

- जैन धर्म के संस्थापक ऋषभदेव थे।
- जैन परंपरा के अनुसार जैन धर्म में कुल 24 तीर्थंकर हुए। जैन धर्म के 23वें तीर्थंकर पार्श्वनाथ थे।
- जैन धर्म के मुख्य प्रवर्तक तथा 24वें तीर्थंकर महावीर स्वामी थे। वर्धमान महावीर का जन्म 540 ई.पू. में वैशाली के निकट कुण्डग्राम (ज्ञातृक कुल) में हुआ था। इनके पिता का नाम सिद्धार्थ जो ज्ञातृक कुल के सरदार थे तथा माता का नाम त्रिशला जो लिच्छवी राजा चेतक की बहन थी।
- महावीर स्वामी, सत्य की खोज के लिए 30 वर्ष की आयु में गृह-त्याग कर संन्यासी हो गए थे।
- महावीर स्वामी को 12 वर्ष की गहन तपस्या के पश्चात् जम्भिकग्राम के निकट ऋजुपालिका नदी के तट पर एक वृक्ष के नीचे सर्वोच्च ज्ञान (कैवल्य) की प्राप्ति हुई।
- जैन धर्मग्रन्थों की रचना मुख्यतया प्राकृत भाषा में हुई। जैन धर्म दो पंथों में बँटा—श्वेताम्बर एवं दिगम्बर। श्वेताम्बर पंथ को मानने वाले श्वेत वस्त्र धारण करते हैं।
- दिगम्बर पंथ को मानने वाले वस्त्रों का परित्याग करते हैं।

जैन संगीतियाँ

क्रम/समय	स्थान	अध्यक्ष	शासक	कार्य
प्रथम 322-298 ई.पू.	पाटलिपुत्र	स्थूलभद्र	चन्द्रगुप्त मौर्य	जैन धर्म के महत्वपूर्ण 12 अंगों का प्रणयन, जैन धर्म का दो भागों—श्वेताम्बर एवं दिगम्बर में विभाजन।
द्वितीय 512 ई.	वल्लभी	देवर्धि क्षमा श्रमण	—	धर्म ग्रंथों को अंतिम रूप से संकलित कर लिपिबद्ध किया गया।

जैन तीर्थंकर और उनके प्रतीक चिह्न

क्र.	जैन तीर्थंकर	प्रतीक चिह्न	क्र.	जैन तीर्थंकर	प्रतीक चिह्न
1.	ऋषभदेव	सांड़ (वृषभ)	4.	पार्श्वनाथ	सर्प फण
2.	अजितनाथ	हाथी	5.	महावीर	सिंह
3.	नेमिनाथ	शंख	6.	शांतिदेव	हिरण

बौद्ध धर्म

- महात्मा बुद्ध का जन्म 563 ई.पू. में कपिलवस्तु के निकट लुम्बिनी में हुआ था। महात्मा बुद्ध को एशिया का ज्योति पुञ्ज (Light of Asia) कहा जाता है।
- बुद्ध के पिता शुद्धोधन शाक्य गणराज्य के शासक थे। उनकी माता का नाम महामाया था। माता की मृत्यु के बाद मौसी महाप्रजापति ने उनका पालन-पोषण किया।
- गौतम बुद्ध का विवाह 16 वर्ष की आयु में यशोधरा से हुआ था। इनके पुत्र का नाम राहुल था।
- आलार कलाम बुद्ध के प्रथम गुरू थे। निरंजना नदी (गया) के तट पर उरूवेला नामक स्थान पर वैशाख पूर्णिमा के दिन सिद्धार्थ को ज्ञान की प्राप्ति हुई जिसके बाद वे बुद्ध कहलाए।

महात्मा बुद्ध के जीवन से जुड़े प्रतीकात्मक पशु

पशु	प्रतीक	पशु	प्रतीक
हाथी	गर्भ में आने का	घोड़ा	गृह त्याग का
सांड	यौवन का	शेर	समृद्धि का

बुद्ध के जीवन से संबंधित 5 महाचिह्न अथवा प्रतीक

घटना	चिह्न/प्रतीक	घटना	चिह्न/प्रतीक
जन्म	कमल व सांड़	गृहत्याग	घोड़ा
ज्ञान	पीपल (बोधि वृक्ष)	निर्वाण	पद चिह्न
मृत्यु	स्तूप		

गौतम बुद्ध के जीवन की महत्वपूर्ण घटनाएँ

क्र.	घटना	सम्बन्ध
1.	महाभिनिष्क्रमण	गौतम बुद्ध का गृहत्याग
2.	धम्मचक्रप्रवर्तन	गौतम बुद्ध द्वारा दिया गया प्रथम उपदेश
3.	संबोधि/निर्वाण	गौतम बुद्ध द्वारा ज्ञान की प्राप्ति
4.	महापरिनिर्वाण	गौतम बुद्ध की मृत्यु

त्रिपिटक

- **सुत्तपिटक**—इसमें बौद्ध धर्म के सिद्धांतों का उल्लेख है।
- **विनयपिटक**—इसमें बौद्ध संघ के नियमों की व्याख्या की गई है।
- **अभिधम्मपिटक**—इसमें बौद्ध दर्शन पर प्रकाश डाला गया है। महात्मा बुद्ध के महापरिनिर्वाण के बाद बौद्ध धर्म कई सम्प्रदायों में विभक्त हो गया। इनमें प्रमुख हैं—हीनयान तथा महायान।

बौद्ध संगीतियाँ

संगीति	काल	स्थान	शासक	अध्यक्ष
प्रथम संगीति	483 ई.पू.	राजगृह	अजातशत्रु	महाकश्यप
द्वितीय संगीति	383 ई.पू.	वैशाली	कालाशोक	साबाकामी
तृतीय संगीति	250 ई.पू.	पाटलिपुत्र	अशोक	मोग्गलिपुत्र तिस्स
चतुर्थ संगीति		कुण्डलवन (कश्मीर)	कनिष्क	वसुमित्र/अश्वघोष

महाजनपद काल

- आरंभिक भारतीय इतिहास में छठी शताब्दी ई.पू. में 16 महाजनपदों का उदय हुआ। बौद्ध ग्रंथ अंगुत्तर निकाय में पहली बार 16 महाजनपदों की चर्चा मिलती है।

महाजनपदों की स्थिति

क्र.स.	महाजनपद	राजधानी	क्र.स.	महाजनपद	राजधानी
1.	मगध	राजगृह	9.	वत्स	कौशाम्बी
2.	अवन्ति	उज्जयिनी	10.	कुरू	हस्तिनापुर
3.	वज्जि	वैशाली	11.	मत्स्य	विराटनगर
4.	कोसल	श्रावस्ती	12.	पांचाल	अहिच्छत्र
5.	काशी	वाराणसी	13.	शूरसेन	मथुरा
6.	अंग	चम्पा	14.	गान्धार	तक्षशिला
7.	मल्ल	कुशीनारा	15.	कम्बोज	राजपुर
8.	चेदि	शुक्तिमती	16.	अश्मक	पोतन

हर्यक वंश

- बिम्बिसार (544-492 ई.पू.) हर्यक वंश का प्रथम शक्तिशाली शासक था। इनकी राजधानी गिरिव्रज (राजगृह) थी। उसने अपनी स्थिति मजबूत करने के लिए कोसल, वैशाली एवं मद्र राजवंशों से वैवाहिक सम्बन्ध स्थापित किए।
- बिम्बिसार के पुत्र अजातशत्रु (492-460 ई.पू.) ने उसकी हत्या कर सिंहासन प्राप्त किया।
- अजातशत्रु बौद्ध धर्म का अनुयायी था एवं उसकी राजधानी में प्रथम बौद्ध महासभा हुई।

शिशुनाग वंश

- हर्यक वंश के एक सेनापति शिशुनाग ने मगध के सिंहासन पर अधिकार करके शिशुनाग वंश की स्थापना की। शिशुनाग वंश के शासन काल में राजधानी पाटलिपुत्र से बदलकर वैशाली ले जायी गई। इस वंश के शासक 'कालाशोक' के शासन में दूसरी बौद्ध महासभा का आयोजन राजधानी वैशाली में हुआ।

नन्द वंश

- इस वंश का संस्थापक महापद्मनन्द को माना जाता है। नन्द वंश का अन्तिम शासक घनानन्द था। इसी के शासन काल में सिकन्दर ने भारत पर आक्रमण किया।

चन्द्रगुप्त मौर्य

- चन्द्रगुप्त मौर्य चाणक्य की सहायता से अन्तिम नन्दवंशीय शासक घनानन्द को पराजित कर 25 वर्ष की आयु में (322 ई.पू.) मगध के सिंहासन पर आसीन हुआ और मौर्य साम्राज्य की स्थापना की। चन्द्रगुप्त मौर्य ने व्यापक विजय करके प्रथम अखिल भारतीय साम्राज्य की स्थापना की।
- सेल्यूकस ने मेगास्थनीज को अपने राजदूत के रूप में चन्द्रगुप्त मौर्य के दरबार में भेजा।
- वृद्धावस्था में चन्द्रगुप्त मौर्य से जैन मुनि भद्रबाहु से जैन दीक्षा ली थी और श्रवणबेलगोला में 297 ई. पू. में उपवास द्वारा अपना शरीर त्याग दिया था।

बिन्दुसार

- चन्द्रगुप्त मौर्य की मृत्यु के पश्चात उसका पुत्र बिन्दुसार उसका उत्तराधिकारी बना।

अशोक

- यद्यपि अशोक ने 273 ई. पू. में ही सिंहासन प्राप्त कर लिया था परन्तु 4 साल तक गृहयुद्ध में रत रहने के कारण अशोक का वास्तविक राज्याभिषेक 269 ई.पू. में हुआ।
- अपने राज्याभिषेक के आठवें वर्ष अर्थात् 261 ई.पू. में अशोक ने कलिंग पर आक्रमण किया और उसे जीत लिया।
- कलिंग युद्ध में हुए व्यापक नरसंहार ने अशोक को विचलित कर दिया, जिसके परिणामस्वरूप उसने बौद्ध धर्म स्वीकार कर लिया। अशोक ने साँची स्तूप का निर्माण भी कराया।

अशोक के प्रमुख शिलालेख एवं उनमें उल्लिखित विषय

शिलालेख	विषय
पहला शिलालेख	पशुबलि की निंदा की गई है।
दूसरा शिलालेख	अशोक ने मनुष्य एवं पशु दोनों की चिकित्सा-व्यवस्था का उल्लेख किया है। चोल, चेर, पाण्ड्य, ताम्रपर्णि, केरलपुत्र व सतियपुत्र राज्यों का उल्लेख है।
तीसरा शिलालेख	राजकीय अधिकारियों को यह आदेश दिया गया है कि वे हर पांचवें वर्ष के उपरान्त दौरे पर जाएं। इस शिलालेख में कुछ धार्मिक नियमों का भी उल्लेख किया गया है।
चौथा शिलालेख	इस अभिलेख में भेरीघोष की जगह धम्मघोष की घोषणा की गई है।
पांचवां शिलालेख	धर्म-महामात्रों की नियुक्ति के विषय में जानकारी मिलती है।
छठा शिलालेख	इसमें आत्म नियंत्रण की शिक्षा दी गई है। प्रजा सदैव राजा से मिल सकती है।
सातवां एवं आठवां शिलालेख	अशोक की तीर्थ-यात्राओं का वर्णन किया गया है।
नौवां शिलालेख	सच्ची भेंट तथा सच्चे शिष्टाचार का उल्लेख किया गया है।
दसवां शिलालेख	अशोक ने आदेश दिया है कि राजा तथा उच्च अधिकारी हमेशा प्रजा के हित में सोचें।
ग्यारहवां शिलालेख	धम्म की व्याख्या की गई है।
बारहवां शिलालेख	इसमें स्त्री महामात्रों की नियुक्ति एवं सभी प्रकार के विचारों के सम्मान की बात कही गई है।
तेरहवां शिलालेख	कलिंग युद्ध का वर्णन एवं अशोक के हृदय- परिवर्तन की बात कही गई है। इसी में पड़ोसी राजाओं का वर्णन है।
चौदहवां शिलालेख	इसमें अशोक ने जनता को धार्मिक जीवन बिताने के लिए प्रेरित किया।

शुंग वंश

- अन्तिम मौर्य सम्राट बृहद्रथ की हत्या करके उसके सेनापति पुष्यमित्र शुंग ने 184 ई.पू. में शुंग वंश की स्थापना की।
- शुंग काल में ही भागवत धर्म का उदय एवं विकास हुआ तथा वासुदेव विष्णु की उपासना हुई।

कण्व वंश

- वासुदेव इस वंश का संस्थापक था।
- कण्व वंश में कुल चार शासक हुए।
- अन्तिम शासक सुशर्मा को हटाकर सिमुक ने सातवाहन वंश की स्थापना की।

आन्ध्र-सातवाहन वंश

- इस वंश का संस्थापक सिमुक था।
- गौतमी पुत्र शातकर्णी (106 ई.पू.–130 ई.) इस वंश का सर्वाधिक महान् शासक था।
- इस काल में तांबे तथा कांसे के अलावा सीसे के सिक्के काफी प्रचलित हुए।

गुप्त वंश

चन्द्रगुप्त प्रथम

- गुप्त अभिलेखों से ज्ञात होता है कि चन्द्रगुप्त प्रथम ही गुप्त वंश का प्रथम स्वतन्त्र शासक था, जिसकी उपाधि 'महाराजाधिराज' थी।
- चन्द्रगुप्त प्रथम ने 'गुप्त सम्वत्' की स्थापना 319-20 ई. में की थी।

समुद्रगुप्त

- समुद्रगुप्त पर प्रकाश डालने वाली अत्यन्त प्रामाणिक सामग्री 'प्रयाग प्रशस्ति' के रूप में उपलब्ध है।
- समुद्रगुप्त गुप्त वंश का एक महान योद्धा तथा कुशल सेनापति था, इसी कारण उसे 'भारत का नेपोलियन' कहा जाता है।

चन्द्रगुप्त द्वितीय 'विक्रमादित्य'

- चन्द्रगुप्त द्वितीय का काल साहित्य और कला का स्वर्ण युग कहा जाता है। इसने रजत मुद्राओं का सर्वप्रथम प्रचलन करवाया था।
- चन्द्रगुप्त द्वितीय के दरबार में विद्वानों एवं कलाकारों को आश्रय प्राप्त था। उसके दरबार में नौ रत्न थे–कालिदास, धन्वन्तरि, क्षपणक, अमरसिंह, शंकु, बैताल भट्ट, घटकर्पर, वराहमिहिर और वररुचि।
- चन्द्रगुप्त द्वितीय के शासनकाल में चीनी यात्री फाह्यान (399 ई.–412 ई.) भारत यात्रा पर आया था।

कुमारगुप्त प्रथम

- गुप्त शासकों में सर्वाधिक अभिलेख कुमारगुप्त के ही प्राप्त हुए हैं। कुमारगुप्त प्रथम के शासनकाल में नालन्दा विश्वविद्यालय की स्थापना की गई थी।

स्कन्दगुप्त

- स्कन्दगुप्त ने मौर्यों द्वारा निर्मित सुदर्शन झील का जीर्णोद्धार करवाया था।
- हूणों का गुप्त साम्राज्य पर आक्रमण स्कन्दगुप्त के शासनकाल की महत्वपूर्ण घटना थी।

गुप्तकाल के रचनाकार

रचनाकार	रचना	रचनाकार	रचना
कालिदास	मेघदूतम, ऋतुसंहारम्, विक्रमोर्वशीयम्, मालविकाग्निमित्रम्, अभिज्ञानशाकुन्तलम्, कुमारसम्भवम्	विष्णु शर्मा	पंचतंत्र
		नारायण पंडित	हितोपदेश
		वराहमिहिर	वृहत्संहिता, लघुजातक
विशाखदत्त	मुद्राराक्षस, देवीचन्द्रगुप्तम्	पालाकाप्य	हस्तायुर्वेद
शुद्रक	मृच्छकटिकम्	भास	स्वप्नवासवदत्ता
दण्डी	दशकुमारचरित	अमरसिंह	अमरकोष

गुप्तकालीन प्रसिद्ध मंदिर

मंदिर	स्थान
विष्णु मंदिर	तिगवा (जबलपुर, मध्य प्रदेश)
शिव मंदिर	भूमरा (नागौर, मध्य प्रदेश)
पार्वती मंदिर	नचना कुठार (मध्य प्रदेश)
दशावतार मंदिर	देवगढ़ (झांसी, उत्तर प्रदेश)
भितरगांव मंदिर	भितरगांव (कानपुर, उत्तर प्रदेश)
लक्ष्मण मंदिर (ईंटों द्वारा निर्मित)	कानपुर (उत्तर प्रदेश)

हर्षवर्धन (पुष्यभूति वंश)

- हर्ष ने अपनी राजधानी थानेश्वर से कन्नौज स्थानान्तरित की थी। हर्षवर्धन एक उच्चकोटि का कवि भी था। उसने संस्कृत में नागानन्द, रत्नावली तथा प्रियदर्शिका नामक नाटकों की रचना की थी।
- हर्षवर्धन ने अपने राजदरबार में कादम्बरी और हर्षचरित के रचयिता बाणभट्ट, सुभाषितवलि के रचयिता मयूर और चीनी विद्वान ह्वेनसांग (सी-यू-की का रचयिता) को आश्रय प्रदान किया था।

पाल वंश

- पाल वंश की स्थापना बौद्ध धर्म के अनुयायी गोपाल (750-770 ई.) ने की थी।
- धर्मपाल (गोपाल के पुत्र) ने विक्रमशिला विश्वविद्यालय की स्थापना की तथा नालन्दा विश्वविद्यालय का जीर्णोद्धार कराया।

बादामी के चालुक्य

- इस वंश का संस्थापक पुलकेशिन प्रथम (535-566 ई.) था।
- इस वंश की राजधानी वातापी (आधुनिक बादामी) थी।
- ह्वेनसांग पुलकेशिन द्वितीय के शासनकाल में चालुक्य साम्राज्य की यात्रा पर आया।

राष्ट्रकूट वंश

- इस वंश का संस्थापक दन्तिदुर्ग था।
- इस वंश का प्रसिद्ध शासक कृष्ण प्रथम एक महान निर्माता भी था। उसने एलोरा के प्रसिद्ध कैलाश मन्दिर का निर्माण करवाया।
- अमोघवर्ष (814 ई.–876 ई.) धर्म और साहित्य में विशेष रुचि रखता था। वह विद्वानों एवं कलाकारों का आश्रयदाता था। उसने अपनी कन्नड़ कविता 'कविराज मार्ग' तथा 'प्रश्नोत्तर मल्लिका' लिखी। इस वंश के शासक कृष्ण तृतीय ने एक विजय स्तम्भ तथा रामेश्वरम् में एक मन्दिर का निर्माण करवाया।

पल्लव वंश

- नरसिंहवर्मन (630 ई.–668 ई.) पल्लव वंश का सर्वाधिक यशस्वी शासक था।
- नरसिंहवर्मन ने महाबलिपुरम नगर की स्थापना की तथा महाबलिपुरम के प्रसिद्ध एकात्मक रथों (सात पैगोडा) का निर्माण भी उसी ने करवाया।

गंग वंश

- गंग शासक नरसिंह देव ने कोणार्क का प्रसिद्ध सूर्य मन्दिर बनवाया। गंग वंश के ही शासक अनन्तवर्मन ने पुरी के प्रसिद्ध जगन्नाथपुरी मन्दिर का निर्माण करवाया।

चोल वंश

- इस वंश का संस्थापक विजयालय (846 ई–871 ई.) था।
- राजराज प्रथम को इस वंश का वास्तविक संस्थापक माना जाता है। उसने सम्पूर्ण दक्षिण भारत में अपना विजय परचम लहराया।
- उसने तंजौर में प्रसिद्ध 'राजराजेश्वर मन्दिर' (बृहदेश्वर शिव मन्दिर) का निर्माण करवाया।
- चोलों के शासनकाल में ही कला की 'गोपुरम' शैली का जन्म हुआ।

मध्यकालीन भारत

भारत पर अरबों का आक्रमण

- भारत पर आक्रमण करने वाला प्रथम मुस्लिम शासक मुहम्मद बिन कासिम था।
- मुहम्मद बिन कासिम के आक्रमण के समय सिन्ध का शासक दाहिर था। कासिम ने 712 ई. में सिंध पर विजय प्राप्त की। इसने मुल्तान को भी जीता।

महमूद गजनवी

- महमूद गजनवी अपने पिता की मृत्यु के बाद 997 ई. में गजनी के सिंहासन पर बैठा।
- महमूद गजनवी ने भारत पर 1001 ई. से 1027 ई. के बीच 17 आक्रमण किए।
- 1025 ई. में उसका सोमनाथ के शिव मन्दिर पर आक्रमण सबसे प्रसिद्ध है।

मोहम्मद गोरी (1175 ई.–1206 ई.)

- महमूद गजनवी के विपरीत, मोहम्मद गोरी के भारत पर आक्रमण का उद्देश्य भारत में मुस्लिम राज्य की स्थापना करना था।
- 1206 ई. में गोरी, कुतुबुद्दीन ऐबक को भारत का नेतृत्व सौंपकर वापस अपने गृहप्रान्त की ओर चला। रास्ते में कुछ विद्रोहियों ने अचानक हमला कर उसकी हत्या कर दी।

दिल्ली सल्तनत के प्रमुख सुल्तान और उनकी उपलब्धियाँ

गुलाम वंश

- **कुतुबुद्दीन ऐबक (1206-1210)**–गुलाम वंश का संस्थापक, कुतुबमीनार का निर्माण प्रारंभ करना; अजमेर में अढ़ाई दिन का झोंपड़ा बनवाना।
- **इल्तुतमिश (1210-1236)**–गुलाम वंश का वास्तविक प्रथम सुल्तान, लाहौर की जगह दिल्ली को अपनी राजधानी बनायी, इक्ता प्रणाली का प्रचलन किया, टका एवं जीतल सिक्के चलाये, कुतुबमीनार का निर्माण सम्पूर्ण कराया, 40 गुलामों के दल की स्थापना की तथा चंगेज खाँ के आक्रमण से देश को बचाया।
- **रजिया सुल्तान (1236-1240)**–प्रथम महिला सुल्तान, इल्तुतमिश द्वारा सुल्तान घोषित, अल्तुनिया सहित मौत के घाट उतार दी गई, अंतिम गुलाम सुल्तान।
- **नसीरुद्दीन महमूद (1246-1266)**–बलबन की सहायता से 20 वर्ष तक शासन किया तथा मंगोलों के आक्रमण से राज्य को बचाया।
- **बलबन (1266-1286)**–रक्त और लौह की नीति अपनाकर विद्रोहियों का दमन किया, मंगोलों के आक्रमणों से राज्य को बचाये रखा। सवार-ए-कल्ब में वृद्धि कर सेना का पुनर्गठन किया।

अमीर खुसरो

अमीर खुसरो का मूल नाम अबुल हसन था। उनका जन्म पटियाली (बदायूँ) में 1253 ई. में हुआ था। खुसरो प्रसिद्ध सूफी संत शेख निजामुद्दीन औलिया के शिष्य थे। वह बलबन से लेकर मुहम्मद तुगलक तक दिल्ली सुल्तानों के दरबार में रहे। इन्हें तुति-ए-हिन्द (भारत का तोता) के नाम से भी जाना जाता है। सितार एवं तबले के आविष्कार का श्रेय खुसरो को दिया जाता है।

खिलजी वंश

- **अलाउद्दीन खिलजी (1296-1316)**–खिलजी वंश का दूसरा परन्तु सर्वशक्तिशाली सुल्तान, दक्षिण भारत को विजित करने वाला प्रथम मुस्लिम सुल्तान, भूमि की नाप कराने वाला प्रथम सुल्तान, आर्थिक सुधार करके स्थायी सेना का संगठन करने वाला प्रथम तुर्की सुल्तान।

तुगलक वंश

- **मुहम्मद बिन तुगलक (1325-1351)**–सुल्तानों में सर्वोच्च विद्वान, अर्थशास्त्री, स्वर्ण भंडार समाप्त होने पर तांबा का सिक्का चलाया, राजधानी साम्राज्य के मध्य में सुरक्षित स्थान पर होनी चाहिए इसको क्रियान्वयन करने का प्रयास किया, सम्पूर्ण साम्राज्य में समान राजस्व व्यवस्था लागू की, किसानों को तकावी व ऋण प्रदान किया।
- **फिरोजशाह तुगलक (1351-1388)**–उदार होने के साथ-साथ कट्टर धार्मिक था, इस कारण मुसलमानों के हित में कार्य अधिक किया। राजकीय पदों को पैतृक बना दिया, कई कृषि कर समाप्त कर दिए, केवल चार कर रखे जो केवल हिन्दुओं को देने होते थे, दास प्रथा एवं जागीर प्रथा पुनः प्रचलित कर दी, कृषि की उन्नति के लिए नहरें निकलवाई, कई नगर बसाये आदि।

सैय्यद वंश

- **खिज्र खाँ (1414-1421)**–सैय्यद वंश का संस्थापक, परन्तु उसने शाह की उपाधि धारण नहीं की।

लोदी वंश

- **बहलोल लोदी (1451-1489)**–लोदी वंश का संस्थापक, अफगानों के प्रति सदैव उदार रहा तथा समानता का व्यवहार किया, जौनपुर के महमूद शाह शर्की का दमन किया।
- **सिकंदर लोदी (1489-1517)**–लोदी वंश का सबसे प्रतापी सुल्तान, सख्ती से अमीरों एवं डाकुओं को दबाकर राज्य में शांति स्थापित की, आवश्यक वस्तुओं के दाम कम करा दिए।
- **इब्राहिम लोदी (1517-1526)**–लोदी वंश का अंतिम और दिल्ली सल्तनत का भी अंतिम सुल्तान, जिद्दी व अहंकारी होने के कारण अफगानों को मिलाकर नहीं रख सका, इस कारण 21 अप्रैल, 1526 को बाबर से परास्त होकर वह अपना साम्राज्य खो बैठा।

धार्मिक आंदोलन

सूफी आंदोलन

- 1192 ई. में मुहम्मद गोरी के साथ ख्वाजा मुइनुद्दीन चिश्ती भारत आये। इन्होंने यहां 'चिश्तिया परंपरा' की स्थापना की। चिश्ती सिलसिला का प्रमुख केन्द्र अजमेर था।
- बख्तियार काकी, शेख सलीम चिश्ती तथा निजामुद्दीन औलिया चिश्ती संप्रदाय के प्रमुख संत थे।
- हजरत निजामुद्दीन औलिया ने अपने जीवनकाल में दिल्ली के सात सुल्तानों का शासन देखा।
- सूफियों के सुहरावर्दी सिलसिले की स्थापना शेख शिहाबुद्दीन उमर सुहरावर्दी ने की।
- 'शेख अहमद सरहिन्दी' नक्शबंदी सिलसिले के प्रमुख संत थे। फिरदौसी सुहरावर्दी सिलसिले की एक शाखा थी। इस सिलसिले को शेख शरीफउद्दीन याह्या ने लोकप्रिय बनाया।

भक्ति आंदोलन

- छठी शताब्दी में भक्ति आंदोलन की शुरुआत तमिल क्षेत्र में हुई जो महाराष्ट्र एवं कर्नाटक में फैल गई। मध्यकाल में भक्ति आंदोलन की शुरुआत सर्वप्रथम दक्षिण के आलवार भक्तों द्वारा की गई। उत्तर भारत में भक्ति आंदोलन को लाने का श्रेय 12वीं सदी में रामानंद को है।
- रामानुजाचार्य ने विशिष्टाद्वैत दर्शन दिया। रामानंद ने जातिवाद पर कड़ा प्रहार किया। उनके शिष्यों में कबीर (जुलाहा), सेना (नाई), रैदास (चमार), पीपा (राजपूत) आदि थे।
- कबीर ने निर्गुण भक्ति का प्रसार किया। यह एक महान समाज सुधारक थे जिनकी साहित्यिक कृतियां बीजक ग्रंथ में संकलित हैं। गुरुनानक ने सिख धर्म की स्थापना की। इनकी वाणी 'गुरुग्रंथ साहिब' में संकलित हैं। इन्होंने बाह्य आडंबर, मूर्तिपूजा आदि का विरोध किया।

मुगल साम्राज्य

- भारत में मुगल वंश की स्थापना बाबर ने 1526 ई. में की। बाबर ने पद- पादशाही की स्थापना की जिसके तहत शासक को बादशाह कहा जाता था। बाबर को अपनी उदारता के लिए 'कलन्दर' की उपाधि दी गई।

मुगल शासक एवं उनके शासन काल

क्र.	शासक	शासनकाल	क्र.	शासक	शासनकाल
1.	बाबर	1526-1530 ई.	9.	फर्रुखसियर	1713-1719 ई.
2.	हुमायूं	1530-1556 ई.	10.	मुहम्मद शाह	1719-1748 ई.
3.	अकबर	1556-1605 ई.	11.	अहमदशाह	1748-1754 ई.
4.	जहाँगीर	1605-1627 ई.	12.	आलमगीर द्वितीय	1754-1759 ई.
5.	शाहजहाँ	1627-1658 ई.	13.	शाहआलम द्वितीय	1759-1806 ई.
6.	औरंगज़ेब	1658-1707 ई.	14.	अकबर द्वितीय	1806-1837 ई.
7.	बहादुरशाह प्रथम	1707-1712 ई.	15.	बहादुरशाह द्वितीय	1837-1857 ई.
8.	जहाँदार शाह	1712-1713 ई.			

मुगलकालीन स्थापत्य

स्थापत्य	स्थान	निर्माणकर्ता
हुमायूँ का मकबरा	दिल्ली	हाजी बेगम
किला-ए-कुहना मस्जिद	दिल्ली	शेरशाह
फतेहपुर सीकरी महल	फतेहपुर सीकरी	अकबर
जोधाबाई महल	फतेहपुर सीकरी	अकबर
बुलंद दरवाजा	फतेहपुर सीकरी	अकबर
सलीम चिश्ती का मकबरा	फतेहपुर सीकरी	अकबर
अकबर का मकबरा	सिकन्दरा	जहाँगीर
एत्मादुदौला का मकबरा	आगरा	नूरजहाँ
मोती मस्जिद	आगरा	शाहजहाँ
ताजमहल	आगरा	शाहजहाँ
लाल किला	दिल्ली	शाहजहाँ
जामा मस्जिद	दिल्ली	शाहजहाँ
बीबी का मकबरा	औरंगाबाद	औरंगजेब
बादशाही मस्जिद	लाहौर	औरंगजेब

अकबर के कुछ महत्वपूर्ण कार्य

कार्य	वर्ष	कार्य	वर्ष
दास प्रथा का अन्त	1562 ई.	इबादतखाने की स्थापना	1575 ई.
अकबर को हरम से मुक्ति	1562 ई.	मजहर की घोषणा	1579 ई.
तीर्थयात्रा कर समाप्त	1563 ई.	दीन-ए-इलाही की स्थापना	1582 ई.
जजिया कर समाप्त	1564 ई.	इलाही संवत् की शुरुआत	1583 ई.
फतेहपुर सीकरी की स्थापना एवं राजधानी का आगरा से फतेहपुर सीकरी स्थानांतरण	1571 ई.	राजधानी लाहौर स्थानांतरित	1585 ई.

मुगलकालीन साहित्य

रचना	रचनाकार	रचना	रचनाकार
हुमायूँनामा	गुलबदन बेगम	पादशाहनामा	मुहम्मद वारिस
आइन-ए-अकबरी	अबुल फजल	मज्म-उल-बहरीन	दारा शिकोह
अकबरनामा	अबुल फजल	रक्कत-ए-आलमगिरी	औरंगजेब
मुन्तखब-उत-तवारीख	बदायूँनी	मुन्तखब-उल-लुबाब	खाफी खान
तबकात-ए-अकबरी	निजामुद्दीन अहमद	आलमगीरनामा	मुहम्मद काजिम
तुजुक-ए-जहाँगीरी	जहाँगीर	फतुहात-ए-आलमगिरी	ईश्वरदास नागर
पादशाहनामा	अब्दुल हमीद लाहौरी	नुस्खा-ए-दिलकुशा	भीमसेन कायश्थ

फारसी में अनुवाद ग्रंथ

अनुवादित ग्रंथ	अनुवादक	अनुवादित ग्रंथ	अनुवादक
रामायण	बदायूंनी, नकीब खां	लीलावती	फैजी
राजतरंगिणी	मौलाना शेरी	कालिय दमन	अबुल फजल
नल दमयन्ती	फैजी	भागवत गीता	दारा शिकोह
योग वशिष्ठ	दारा शिकोह	तुजुक-ए-बाबरी	अब्दुर्रहीम खानखाना
महाभारत	बदायूंनी, अबुल फजल, फैजी	अथर्ववेद	बदायूंनी, हाजी इब्राहिम सरहिन्दी

मध्यकालीन भारत के महत्वपूर्ण युद्ध

युद्ध	समय	जिनके मध्य युद्ध हुआ	विजयी
तराइन युद्ध-I	1191 ई.	पृथ्वीराज चौहान एवं मुहम्मद गौरी	पृथ्वीराज चौहान
तराइन युद्ध-II	1192 ई.	पृथ्वीराज चौहान एवं मुहम्मद गौरी	मुहम्मद गौरी
चन्दावर का युद्ध	1194 ई.	मुहम्मद गौरी एवं जयचन्द	मुहम्मद गौरी
पानीपत का युद्ध-I	1526 ई.	बाबर एवं इब्राहीम लोदी	बाबर
खानवा का युद्ध	1527 ई.	बाबर एवं राणा सांगा	बाबर
चंदेरी का युद्ध	1528 ई.	बाबर एवं राणा सांगा	बाबर
घाघरा का युद्ध	1529 ई.	बाबर एवं अफगान	बाबर
चौसा का युद्ध	1539 ई.	शेरशाह एवं हुमायूं	शेरशाह
विलग्राम का युद्ध	1540 ई.	शेरशाह एवं हुमायूं	शेरशाह
पानीपत का युद्ध-II	1556 ई.	अकबर एवं हेमू	अकबर
हल्दी-घाटी का युद्ध	1576 ई.	अकबर एवं महाराणा प्रताप	अकबर
असीरगढ़ का युद्ध	1601 ई.	अकबर एवं दक्षिण भारत के शासक	अकबर
सामूगढ़ का युद्ध	1658 ई.	औरंगजेब एवं दारा शिकोह	औरंगजेब

मराठा साम्राज्य

- मराठा साम्राज्य के संस्थापक शिवाजी थे। इनका जन्म 19 फरवरी, 1630 ई. में शिवनेर दुर्ग (जुन्नार के समीप) में हुआ था। शिवाजी के पिता शाहजी भोंसले और माता जीजाबाई थीं।
- शिवाजी के आध्यात्मिक गुरु समर्थ रामदास थे।
- 1674 ई. में शिवाजी ने रायगढ़ के दुर्ग में स्वतंत्र मराठा शासक के रूप में अपना राज्याभिषेक वाराणसी (काशी) के प्रसिद्ध विद्वान श्री गंगाभट्ट द्वारा कराया और छत्रपति की उपाधि ली।
- शिवाजी को औरंगजेब ने मई, 1666 ई. में जयपुर भवन में कैद कर लिया, जहाँ से वे 16 अगस्त, 1666 ई. में भाग निकले।
- शिवाजी के प्रशासन की प्रमुख विशेषता उनके आठ मंत्री थे जिन्हें 'अष्ट प्रधान' कहा जाता था।

- शिवाजी की आय का मुख्य साधन चौथ था। यह आय का ¼ होता था। आय का दूसरा साधन 'सरदेशमुखी' था जो आय का 1/10 भाग होता था।
- शिवाजी के उत्तराधिकारी शम्भाजी की 1689 ई. में औरंगजेब ने हत्या करवा दी।
- शाहू ने बालाजी विश्वनाथ को पेशवा बनाया। पेशवा का पद आगे मराठा साम्राज्य में सर्वाधिक महत्वपूर्ण हो गया। बालाजी विश्वनाथ के बाद बाजीराव प्रथम पेशवा बना जिसने मराठा राज्य का अत्यधिक विस्तार किया। 1740 ई. में बाजीराव प्रथम का पुत्र बालाजी बाजीराव पेशवा बना। पानीपत का तृतीय युद्ध (1761 ई.) बालाजी बाजीराव के समय ही लड़ा गया था जिसमें अहमदशाह अब्दाली के द्वारा मराठे बुरी तरह पराजित हुए।
- पालखेड़ा का युद्ध 7 मार्च, 1728 ई. में बाजीराव प्रथम एवं निजामुल मुल्क के बीच हुआ जिसमें निजाम की हार हुई। दिल्ली पर आक्रमण करने वाला प्रथम पेशवा बाजीराव प्रथम था, जिसने 29 मार्च, 1737 ई. को दिल्ली पर आक्रमण किया था।

अष्ट प्रधान

पेशवा	*प्रधानमंत्री*	*पण्डित राव*	*धर्म एवं दान विभाग का प्रधान*
अमात्य	*वित्तमंत्री*	*वाकयानवीस*	*सूचना एवं गुप्तचर विभाग का प्रधान*
सर-ए-नौबत	*सैन्य प्रधान*	*न्यायाधीश*	*न्याय विभाग*
सुमन्त	*विदेश मंत्री*	*चिटनिस*	*सामान्य पत्र व्यवहार*

सिख धर्म गुरु और उनके कार्य

समय (गुरु-काल)	सिख गुरु	कार्य
1469 ई. से 1539 ई.	गुरु नानक देव	सिख धर्म की स्थापना, 'आदि ग्रंथ' की रचना
1539 ई. से 1552 ई.	गुरु अंगद	गुरुमुखी लिपि के जनक
1552 ई. से 1574 ई.	गुरु अमरदास	धर्म प्रसार हेतु 22 गद्दियों की स्थापना
1574 ई. से 1581 ई.	गुरु रामदास	अमृतसर की स्थापना (1577 ई.)
1581 ई. से 1606 ई.	गुरु अर्जुन देव	'श्री हरमन्दिर साहिब' या 'स्वर्ण मन्दिर' की नींव रखी, 'गुरु ग्रंथ साहब' का संकलन
1606 ई. से 1645 ई.	गुरु हरगोविन्द सिंह	'अकाल तख्त' की स्थापना, सिखों को लड़ाकू जाति में बदला।
1645 ई. से 1661 ई.	गुरु हरराय	उत्तराधिकार (मुगलों के) युद्ध में भाग
1661 ई. से 1664 ई.	गुरु हरकिशन	अल्पव्यस्क अवस्था में ही मृत्यु
1664 ई. से 1675 ई.	गुरु तेग बहादुर	इस्लाम कुबूल न करने के कारण औरंगजेब द्वारा फाँसी
1675 ई. से 1708 ई.	गुरु गोविन्द सिंह	'खालसा' सेना की स्थापना, अन्तिम गुरु

आधुनिक भारत

यूरोपीय कम्पनियों का भारत आगमन

- 1498 ई. में वास्को-डि-गामा ने भारत के समुद्री मार्ग की खोज की और कालीकट के समुद्र तट पर उतरा। पुर्तगालियों ने अपनी पहली व्यापारिक कोठी कोचीन में खोली।
- डचों ने 1605 ई. में मसुलीपट्टनम में अपनी पहली फैक्ट्री स्थापित की। इसके बाद पुलीकट, चिनसुरा, पटना, सूरत, नागपट्टनम, बालासोर तथा कासिम बाजार में डचों ने अपनी फैक्ट्री स्थापित की।
- अंग्रेजों ने 1608 ई. में अपनी पहली फैक्ट्री सूरत में स्थापित की।
- 1664 ई. में फ्रेंच ईस्ट इंडिया कम्पनी की स्थापना हुई।
- 1632 ई. में गोलकुण्डा के सुल्तान ने अंग्रेजों को एक सुनहला फरमान (Golden Farman) दिया।

भारत में यूरोपीय कम्पनियां

कम्पनी	स्थापना वर्ष
पुर्तगाली ईस्ट इण्डिया कम्पनी	1498 ई.
अंग्रेजी ईस्ट इण्डिया कम्पनी	1600 ई.
डच ईस्ट इण्डिया कम्पनी	1602 ई.
डैनिश ईस्ट इण्डिया कम्पनी	1616 ई.
फ्रांसीसी ईस्ट इण्डिया कम्पनी	1664 ई.

- 1661 ई. में पुर्तगाली राजकुमारी 'कैथरीन ऑफ ब्रेगेन्जा' एवं ब्रिटेन के राजकुमार चार्ल्स द्वितीय का विवाह हुआ। इस अवसर पर पुर्तगालियों ने दहेज के रूप में चार्ल्स द्वितीय को बम्बई प्रदान किया।

भूराजस्व व्यवस्था

- मुख्य रूप से अंग्रेजों ने भारत में तीन प्रकार की भू-राजस्व व्यवस्था अपनाई अर्थात् स्थायी बन्दोबस्ती, महालवाड़ी तथा रैयतवाड़ी।
- लॉर्ड कार्नवालिस के द्वारा स्थायी बन्दोबस्त व्यवस्था को लागू किया गया था।
- स्थायी बन्दोबस्त बंगाल, बिहार, उड़ीसा, उत्तर प्रदेश के वाराणसी एवं गाजीपुर क्षेत्र तथा उत्तरी कर्नाटक के क्षेत्रों में लागू किया गया।
- महाल शब्द का तात्पर्य जागीर अथवा गाँव होता है। इस पद्धति में राजस्व व्यवस्था प्रत्येक महाल के साथ स्थापित की गई, कृषक के साथ नहीं। इस पद्धति के जन्मदाता हाल्ट मैकेन्जी थे।
- इस व्यवस्था के अंतर्गत उत्तर प्रदेश, मध्य प्रांत और पंजाब प्रांत आते थे जो ब्रिटिश के कुल भू-भाग का 30 प्रतिशत था।
- किसानों के साथ व्यक्तिगत रूप से किए गए लगान समझौते को रैयतवाड़ी कहा गया।

- 1792 ई. में रैयतवाड़ी व्यवस्था बारामहल जिले में पहली बार कर्नल रीड के द्वारा लागू की गई।
- यह व्यवस्था मद्रास, बम्बई, पूर्वी बंगाल, असम और कुर्ग में लागू की गई। इस व्यवस्था के अंतर्गत ब्रिटिश भारत की 51 प्रतिशत भूमि आई।

आधुनिक उद्योगों का विकास

- भारत में आधुनिक उद्योगों को आरम्भ करने का श्रेय पारसी समुदाय को ही जाता है।
- भारत की पहली सूती मिल 1854 ई॰ में कावसजी नानाजी दादाभाई द्वारा स्थापित की गई।
- लोहा और इस्पात के क्षेत्र में कदम रखने वाले प्रथम भारतीय पूँजीपति जमशेदजी टाटा थे जिन्होंने 1907 ई॰ में टाटा आयरन एण्ड स्टील कम्पनी की स्थापना की।
- 1884 में भारत का प्रथम श्रमिक संघ 'बम्बई मिल हैण्ड एसोसिएशन' की स्थापना एन॰एस॰ लोखण्डे के नेतृत्व में की गई।
- 'मुम्बई मिल हैण्ड एसोसिएशन' ने मराठी भाषा में 'दीनबन्धु' अखबार प्रकाशित किया।
- 1929 ई॰ में 'अखिल भारतीय ट्रेड यूनियन कांग्रेस' (AITUC) में विभाजन हुआ और साम्यवादियों ने लाल ट्रेड यूनियन कांग्रेस का गठन किया।
- 1938 ई॰ में सुभाषचन्द्र बोस के सहयोग से 'हिन्द मजदूर सेवक संघ' की स्थापना हुई।
- 1940 ई॰ में एम॰एन॰ राय ने अपने को अखिल भारतीय ट्रेड यूनियन कांग्रेस से अलग कर 'इंडियन फेडरेशन ऑफ लेबर' की स्थापना की।
- राष्ट्रवादी नेता बल्लभभाई पटेल ने मई 1947 ई॰ में भारतीय राष्ट्रीय ट्रेड यूनियन (INTUC) की स्थापना की थी।
- भारत में प्रथम क्रान्तिकारी ट्रेड यूनियन की स्थापना 1928 ई॰ में श्रीपाद अमृत डांगे एवं वेन ब्रेडले के सहयोग से बम्बई में 'लाला बावटा गिरनी कामगार यूनियन' के नाम से की गई थी।

शैक्षिक विकास तथा नीति

- 1781 ई॰ में गवर्नर वारेन हेस्टिंग्स ने कलकत्ता में मुस्लिम शिक्षा विकास के लिए 'प्रथम मदरसा' की स्थापना की।
- 1784 ई॰ में सर विलियम जोंस ने एशियाटिक सोसाइटी ऑफ बंगाल की स्थापना की।
- ब्रिटिश रेजीडेण्ट जोनाथन डंकन ने 1791 ई॰ में वाराणसी में संस्कृत कॉलेज की स्थापना की।
- 1800 ई॰ में लार्ड वेलेजली ने फोर्ट विलियम कॉलेज की स्थापना की।
- 1882 में हंटर शिक्षा आयोग आया। इसने प्राथमिक शिक्षा में सुधार तथा उपयोगी विषयों पर स्थानीय भाषा में शिक्षा की वकालत किया।
- 21 फरवरी 1913 ई॰ को नवीन शिक्षा-नीति पारित तथा सरकारों को निःशुल्क प्राथमिक शिक्षा देने का निर्देश।
- राधाकृष्णन आयोग (1948 ई॰) के सुझावों पर भारत सरकार ने 1953 ई॰ में विश्वविद्यालय अनुदान आयोग की स्थापना की।

सामाजिक एवं धार्मिक सुधार आन्दोलन

- हिन्दू धर्म में पहला सुधार आन्दोलन ब्रह्म समाज था, जिसकी स्थापना 1828 ई॰ में कलकत्ता में राजा राममोहन राय ने की।
- राजा राममोहन राय ने 1821 में 'संवाद कौमुदी' (बंगाली) तथा 1822 में 'मिरातुल अखबार' (फारसी) प्रकाशित किया।
- सतीप्रथा के विरुद्ध संघर्ष तथा 1829 में विलियम बैंटिक के हाथों 'सती प्रथा अवैध' विधेयक को पारित करवाया।
- देवेंद्र नाथ टैगोर ने 1839 में कलकत्ता में 'तत्वबोधिनी सभा' की स्थापना की तथा 'तत्वबोधिनी पत्रिका' नामक बंगाली मासिक पत्रिका निकाली।
- केशव चन्द्र सेन ने एक 'नवीन ब्रह्म समाज' का गठन किया जिसे 'आदि ब्रह्म समाज' या 'भारत का ब्रह्म समाज' का नाम दिया गया।
- प्रार्थना समाज द्वारा स्थापित 'दलित जाति मंडल', 'समाज सेवा संघ', 'दक्कन शिक्षा सभा' ने प्रशंसनीय कार्य किये।
- स्वामी दयानन्द सरस्वती ने सबसे पहली बार 'स्वराज्य' शब्द का प्रयोग किया।
- 1875 में दयानन्द सरस्वती ने बम्बई में 'आर्य समाज' की स्थापना की।
- यंग बंगाल आन्दोलन के प्रवर्तक एंग्लो इंडियन 'हेनरी विलियम डेरेजिओ' थे।
- स्वामी विवेकानन्द ने 1893 में शिकागो में हुई धर्मों की संसद में भाग लिया।
- वेलूर में 1897 में विवेकानन्द ने 'रामकृष्ण मिशन' की स्थापना की।
- 1875 में अमेरिका के न्यूयार्क में रूसी महिला श्रीमती एच॰पी॰ ब्लाट्व्स्की (1811-91) और अमेरिकी कर्नल एच॰एस॰ ऑल्काट ने 'थियोसोफिकल सोसायटी' की स्थापना की।
- ऐनी बेसेंट ने 1898 ई॰ में बनारस में 'सेंट्रल हिन्दू कॉलेज' की नींव डाली। यही कॉलेज आगे चलकर 1916 में 'बनारस हिन्दू विश्वविद्यालय' (मदन मोहन मालवीय द्वारा स्थापित) बन गया।
- 1916 में ऐनी बेसेंट ने 'होमरूल लीग' की स्थापना की। 1914 में ऐनी बेसेंट ने एक अंग्रेजी पत्रिका 'न्यू इंडिया' बम्बई से तथा 'कॉमनवील' पत्रिका भी प्रकाशित की।
- सर सैयद अहमद खाँ (1817-98) मुस्लिम सुधारकों में विशेष स्थान रखते थे और इन्होंने ही 'अलीगढ़ आन्दोलन' को चलाया। इन्होंने 'पीरी मुरादी प्रथा' को समाप्त करने का प्रयत्न किया।
- 1875 ई॰ में उन्होंने अलीगढ़ में एक 'मुस्लिम एंग्लो ओरिएंटल स्कूल' प्रारम्भ किया।
- 1851 में नौरोजी फरदोनजी, दादाभाई नौरोजी तथा एस॰एस॰ बंगाली ने मिलकर एक पारसी संस्था 'रहनुमाई मजदायान सभा' गठित की।
- इस सभा के संदेश को पारसियों तक पहुँचाने के लिए दादा भाई नौरोजी ने 'रस्ट गोफ्तार' (सत्यवादी) नामक पत्रिका छपवाई।
- ज्योतिबा फुले– 1873 में ज्योतिबा फुले ने 'सत्यशोधक समाज' की स्थापना की।
- 1872 में ज्योतिबा फुले ने 'गुलामगिरि' ग्रन्थ की रचना की।

सामाजिक सुधार अधिनियम

अधिनियम	गवर्नर जनरल	वर्ष
शिशुवध प्रतिबंध	वेलेजली	1798-1805
सती प्रथा प्रतिबंध	लॉर्ड विलियम बेंटिंक	1829
दास प्रथा पर प्रतिबंध	एलनबरो	1843
हिन्दू पुनर्विववाह	लॉर्ड केनिंग	1856
नैटिव मैरिज एक्ट	नॉर्थ ब्रुक	1872
एज ऑफ कन्सेंट एक्ट	लैंस डाउन	1891
शारदा एक्ट	इरविन	1930

1857 की क्रांति

- 1857 की क्रांति का प्रारंभ 29 मार्च, 1857 को मंगल पाण्डे ने बैरकपुर छावनी में किया। इसे सिपाही विद्रोह भी कहा गया। विद्रोहियों ने 11 मई, 1857 को बहादुरशाह जफर को भारत का बादशाह घोषित किया। 1857 की क्रांति के समय भारत का गवर्नर जनरल लॉर्ड कैनिंग एवं इंग्लैंड के प्रधानमंत्री पार्मस्टोन (लिबरल) थे।

1857 की क्रांति के संदर्भ में इतिहासकारों का मत

इतिहासकार	मत
डिजरायली	यह राष्ट्रीय विद्रोह था।
बी.डी. सावरकर	यह भारत का प्रथम स्वतंत्रता संग्राम था।
टी.आर. होम्स	बर्बरता एवं सभ्यता के बीच युद्ध था।
सर जॉन लॉरेन्स एवं सीले	यह पूर्णतया सिपाही विद्रोह था।
जेम्स आउट्रम, डब्ल्यू. टेलर	यह अंग्रेजों के विरुद्ध हिन्दू एवं मुसलमानों का षड्यंत्र था।
एल.ई.आर. रीज	यह धर्मान्धों का ईसाइयों के विरुद्ध युद्ध था।

1857 के विद्रोह के प्रमुख केन्द्र

केन्द्र	विद्रोही नायक	विद्रोह की तिथि	ब्रिटिश सेनापति
दिल्ली	बहादुरशाह द्वितीय, बख्त खाँ	11 मई, 1857	निकलसन, हडसन
कानपुर	नाना साहब, तात्याँ टोपे	5 जून, 1857	कॉलिन कैम्पबेल
लखनऊ	बेगम हजरत महल, बिरजिस कादर	4 जून, 1857	कॉलिन कैम्पबेल
झाँसी	रानी लक्ष्मीबाई	4 जून, 1857	जनरल ह्यूरोज
जगदीशपुर	कुँवर सिंह	12 जून, 1857	विलियम टेलर, विंसेट आयर
फैजाबाद	मौलवी अहमदुल्ला	जून 1857	जनरल रेनॉर्ड
बरेली	खान बहादुर	जून 1857	विंसेंट आयर

भारत का राष्ट्रीय आंदोलन

- 'लैंड होल्डर्स एसोसिएशन' तथा 'बंगाल ब्रिटिश एसोसिएशन' का गठन 1852 ई. में किया गया। इस एसोसिएशन की नीतियाँ रूढ़िवादी तथा जमींदार परस्त थीं।
- भारत के प्रश्न पर विचार करने तथा भारत के हित के लिए दादाभाई नौरोजी ने लंदन में ईस्ट इंडिया एसोसिएशन की स्थापना की।
- 19वीं सदी के 8वें दशक में 'पूना सार्वजनिक सभा', 1885 में 'मद्रास महाजन सभा', 1885 में बंबई प्रेसिडेंसी एसोसिएशन की स्थापना की गई।
- सुरेन्द्रनाथ बनर्जी ने जुलाई 1876 में कलकत्ता में 'इण्डियन एसोसिएशन' की स्थापना की। इस संगठन के दो लक्ष्य थे–प्रथम, राजनीतिक प्रश्नों पर देश में जनरल तैयार करना तथा द्वितीय, एक समान राजनीतिक कार्यक्रम के आधार पर जनता को एक सूत्रबद्ध करना।
- अवकाश प्राप्त ब्रिटिश अधिकारी ए.ओ. ह्यूम ने 1885 में भारतीय राष्ट्रीय कांग्रेस की स्थापना की।
- औपनिवेशिक ढंग के स्वराज्य की माँग कांग्रेस के मंच से 1905 में गोपालकृष्ण गोखले ने रखा तथा 1906 में दादाभाई नौरोजी ने। लार्ड कर्जन द्वारा 20 जुलाई, 1905 को बंगाल विभाजन की घोषणा।
- सन् 1911 ई. में दिल्ली में दरबार लगा। उसमें ब्रिटेन का राजा जॉर्ज पंचम और उसकी रानी ने भाग लिया और 1905 ई. का बंगाल विभाजन रद्द हुआ तथा राजधानी कलकत्ता से दिल्ली स्थानांतरित कर दी गई।
- 1906 ई. में मुस्लिम लीग की स्थापना हुई। इसकी स्थापना में प्रमुख भूमिका मुसलमानों के एक संप्रदाय के प्रमुख आगा खान और ढाका के नवाब सलीमुल्ला ने अदा की।
- मई 1913 में काशीराम के घर में हिन्दी एसोसिएशन की पहली बैठक में भाई परमानंद, सोहन सिंह भाक्खना, लाला हरदयाल ने मिलकर एक साप्ताहिक अखबार 'गदर' निकालने का निर्णय लिया। 1 नवम्बर 1913 ई. में गदर नामक उर्दू साप्ताहिक (बाद में मासिक) पत्र का प्रकाशन प्रारंभ तथा बाद में हिन्दी, गुरुमुखी, उर्दू एवं गुजराती भाषा में निकलने लगा।
- गुरुदीप सिंह द्वारा 376 यात्रियों को जल मार्ग द्वारा बैंकवूर ले जाने पर कामागाटामारू घटना घटित हुई।
- सर्वप्रथम आयरलैंड में आयरिश नेता रेडमाण्ड के नेतृत्व में 'होमरूल लीग' की स्थापना हुई।
- भारत में इसके संस्थापक तिलक और ऐनी बेसेंट थे। ऐनी बेसेंट ने अपने पत्र 'न्यू इंडिया' तथा साप्ताहिक पत्र 'कॉमन विल' द्वारा होमरूल आंदोलन का प्रचार किया।
- 1919 के इस अधिनियम द्वारा रॉलेट एक्ट प्रशासन को किसी भी भारतीय को गिरफ्तार करने तथा बिना मुकद्दमा चलाए उसे बंदीगृह में रखने का आदेश दे दिया गया।
- 13 अप्रैल, 1919 को बैसाखी के दिन सायंकाल जलियाँवाला बाग में नेताओं की गिरफ्तारी के विरोध में शांतिपूर्ण सभा पर जनरल डायर ने बिना कोई चेतावनी दिए सिपाहियों को भीड़ पर गोली चलाने के आदेश दिए।

- जलियाँवाला कांड के विरोध में रवीन्द्रनाथ टैगौर ने अपनी 'सर', महात्मा गाँधी ने 'कैसर-ए-हिन्द' तथा जमनालाल बजाज ने 'राय बहादुर' की उपाधि लौटा दी थी। 19 अक्टूबर, 1919 ई. को समूचे देश में 'खिलाफत दिवस' मनाया गया।
- 5 फरवरी, 1922 को उत्तर प्रदेश के गोरखपुर जिले में चौरी-चौरा नामक स्थान पर पुलिस ने एक शांतिपूर्ण जुलूस पर गोली चलाई। 1926 ई॰ में भगत सिंह ने पंजाब में नौजवान भारत सभा तथा लाहौर स्टूडेंट्स यूनियन की स्थापना की।
- 1928 में भगत सिंह, भगवती चरण बोहरा, विजय सिन्हा, यशपाल, राजगुरु तथा सुखदेव द्वारा फिरोज शाह कोटला दिल्ली में हिन्दुस्तान सोशलिस्ट रिपब्लिकन एसोसिएशन की स्थापना की गई।
- 1928 में भगतसिंह, राजगुरु तथा सुखदेव द्वारा सांडर्स की हत्या। 1929 में केंद्रीय विधानमंडल पर भगतसिंह तथा बटुकेश्वर दत्त ने बम फेंका। 23 मार्च, 1931 को बटुकेश्वर दत्त, भगत सिंह एवं राजगुरु को फाँसी पर लटका दिया गया।
- 8 नवंबर, 1927 को ब्रिटिश सरकार द्वारा भारतीय संवैधानिक आयोग की नियुक्ति। 10 मई, 1928 ई. को बंबई में हुई एक सर्वदलीय बैठक में 8 सदस्यों की एक समिति का गठन भावी संविधान की रूपरेखा तैयार करने हेतु किया गया। इस समिति के अध्यक्ष मोतीलाल नेहरू थे।
- महात्मा गाँधी ने 6 अप्रैल, 1930 ई. को गुजरात के समुद्रतट पर स्थित डांडी की 78 अनुयायियों के साथ यात्रा की तथा वहाँ नमक बनाकर सविनय अवज्ञा आंदोलन आरंभ किया।
- 8 अगस्त, 1942 को कांग्रेस ने ग्वालियर टैंक बम्बई में अहिंसक संघर्ष चलाने हेतु भारत छोड़ो प्रस्ताव पास किया।
- 8 अगस्त को आंदोलन आरंभ करते हुए गाँधी जी ने भारतीयों को करो या मरो का नारा देकर ललकारा तथा 8-9 अगस्त को कांग्रेस के सभी बड़े नेताओं को गिरफ्तार कर लिया गया।
- अनेक जगहों पर समानांतर सरकारों का गठन हुआ जैसे—बलिया में चितु पांडे के नेतृत्व में, बंगाल में तामूलक जातीय सरकार सतीश सामंत के नेतृत्व में तथा सतारा में प्रतिसरकार की स्थापना नाना पाटिल के नेतृत्व में की गई।
- इसी दौरान 28-30 मार्च, 1942 को टोकियो में रह रहे भारतीय रासबिहारी बोस ने इंडियन नेशनल आर्मी के गठन पर विचार के लिए सम्मेलन बुलाया।
- 4 जुलाई, 1943 को सुभाषचंद्र बोस ने आजाद हिंद फौज एवं इंडियन लीग की कमान संभाली।
- 14 जून, 1945 को वेवल ने एक योजना प्रस्तुत की। इसका उद्देश्य 1935 के भारत शासन अधिनियम के अधीन आगे संवैधानिक परिवर्तनों की रूपरेखा प्रस्तुत करना था।
- एटली ने भारत के संवैधानिक गतिरोध को दूर करने के लिए तीन सदस्यीय कैबिनेट मिशन भारत भेजा। 24 मार्च, 1946 को कैबिनेट मिशन दिल्ली पहुँचा।
- 2 सितंबर, 1946 को नेहरू के नेतृत्व में कांग्रेस की अंतरिम सरकार का गठन हुआ। 9 दिसंबर, 1946 को संविधान निर्मात्री परिषद का पहला अधिवेशन हुआ।
- भारतीय स्वतंत्रता अधिनियम, 1947 द्वारा घोषणा की गई कि 15 अगस्त, 1947 को भारतीय राज्यों पर से ब्रिटिश संप्रभुता समाप्त हो जाएगी।

भारतीय राष्ट्रीय आंदोलन से सम्बन्धित महत्वपूर्ण संगठन एवं संस्थाएं

संस्थाएं	स्थापना वर्ष	संस्थापक
एशियाटिक सोसाइटी	1784	विलियम जोन्स
आत्मीय सभा	1815	राजा राममोहन राय
वेदान्त कॉलेज	1825	राजा राममोहन राय
युवा बंगाल आंदोलन	1826	हेनरी विवियन डेरोजियो
ब्रह्म समाज	1828	राजा राममोहन राय
तत्वबोधिनी सभा	1839	देवेन्द्रनाथ ठाकुर
परमहंस मंडली	1840	गोपाल हरिदेशमुख
रहनुमाई माजदायान सभा	1851	दादाभाई नौरोजी
साइंटिफिक सोसाइटी	1864	सर सैय्यद अहमद खाँ
पूना सार्वजनिक सभा	1867	एम.जी. रानाडे
वेद समाज	1867	आचार्य केशवचंद्र सेन
सत्यशोधक समाज	1873	ज्योतिबा फुले
अलीगढ़ मोहम्मडन एंग्लो ओरिएन्टल कॉलेज	1875	सर सैय्यद अहमद खाँ
इण्डियन लीग	1875	शिशिर कुमार घोष
आर्य समाज	1875	स्वामी दयानंद सरस्वती
इण्डियन एसोसिएशन	1876	आनंद मोहन बोस, सुरेन्द्रनाथ बनर्जी
थियोसोफिकल सोसाइटी	1882	मैडम ब्लाट्रव्स्की एवं कर्नल अल्काट
भारतीय राष्ट्रीय कांग्रेस	1885	ए.ओ. ह्यूम
बॉम्बे प्रेसीडेन्सी एसोसिएशन	1885	फिरोजशाह मेहता, तैलंग एवं तैय्यबजी
रामकृष्ण मिशन	1897	स्वामी विवेकानन्द
अभिनव भारत	1904	विनायक दामोदर सावरकर
सर्वेन्ट्स ऑफ इंडिया सोसाइटी	1905	गोपाल कृष्ण गोखले
मुस्लिम लीग	1906	आगा खाँ एवं सलीम उल्ला
अनुशीलन समिति	1907	बारीन्द्र घोष, भूपेन्द्र दत्त
गदर पार्टी	1913	लाला हरदयाल, काशीराम
हिन्दू महासभा	1915	मदन मोहन मालवीय
होमरूल लीग	1916	तिलक एवं ऐनी बेसेन्ट
खिलाफत आंदोलन	1919	अली बन्धु

संस्थाएं	स्थापना वर्ष	संस्थापक
अखिल भारतीय ट्रेड यूनियन	1920	एन.एम. जोशी
स्वराज पार्टी	1923	मोतीलाल नेहरू एवं चितरंजन दास
हिन्दुस्तान रिपब्लिकन एसोसिएशन	1924	शचीन्द्र सान्याल
बहिष्कृत हितकारिणी सभा	1924	बी.आर. अम्बेडकर
राष्ट्रीय स्वयंसेवक संघ	1925	डॉ. हेडगवार
खुदाई खिदमतगार	1930	अब्दुल गफ्फार खाँ
हरिजन सेवक संघ	1932	महात्मा गांधी
फॉरवर्ड ब्लॉक	1939	सुभाष चन्द्र बोस

भारतीय स्वतंत्रता आंदोलन के प्रमुख वचन एवं नारे

वचन एवं नारे	नाम
करो या मरो	महात्मा गाँधी
हे राम	महात्मा गाँधी
भारत छोड़ो	महात्मा गाँधी
दिल्ली चलो	सुभाष चन्द्र बोस
जय हिन्द	सुभाष चन्द्र बोस
तुम मुझे खून दो, मैं तुम्हें आजादी दूँगा	सुभाष चन्द्र बोस
पूर्ण स्वराज्य	जवाहरलाल नेहरू
हू लिव्स इफ इंडिया डाइज	जवाहरलाल नेहरू
वेदों की ओर लौटो	दयानन्द सरस्वती
आराम हराम है	जवाहरलाल नेहरू
जय जवान, जय किसान	लाल बहादुर शास्त्री
मेरे सिर पर लाठी का एक-एक प्रहार अंग्रेजी शासन के ताबूत की कील साबित होगा	लाला लाजपत राय
सारे जहाँ से अच्छा हिन्दोस्तां हमारा	इकबाल
सरफरोशी की तमन्ना, अब हमारे दिल में है	राम प्रसाद बिस्मिल
स्वराज हमारा जन्मसिद्ध अधिकार है	बाल गंगाधर तिलक
जन-गण-मन अधिनायक जय हो	रवीन्द्र नाथ टैगोर
मारो फिरंगी को	मंगल पांडे
हिन्दी-हिन्दू-हिन्दुस्तान	भारतेन्दु हरिश्चन्द

स्वतंत्रता संग्राम से सम्बन्धित पत्र/पत्रिकाएं एवं पुस्तकें

पुस्तकें/पत्र	लेखक/संस्थापक
अभ्युदय, लीडर, हिन्दुस्तान	मदन मोहन मालवीय
इंडियन मिरर, ग्राम बोधिनी	केशवचंद्र सेन
इंडिपेन्डेन्ट	मोतीलाल नेहरू
काल	परांजपे
कॉमरेड, हमदर्द	मुहम्मद अली
केसरी (मराठी), द मराठा (अंग्रेजी), गीता-रहस्य	बाल गंगाधर तिलक
कर्मयोगी, युगान्तर, वन्देमातरम् लाइफ डिवाइन, सावित्री	अरविंद घोष
बंगाली, ए नेशन इन मेकिंग	सुरेंद्र नाथ बनर्जी
यंग-इंडिया, हरिजन, नवजीवन, हिंदू स्वराज्य, माई एक्सपेरीमेंट विथ ट्रूथ	महात्मा गांधी
संवाद कौमुदी	राजा राममोहन राय
सोम प्रकाश	ईश्वरचंद्र विद्यासागर
अमृत बाजार पत्रिका	शिशिर कुमार घोष
कॉमनवील, न्यू इंडिया	एनी बेसेंट
फ्री हिन्दुस्तान	तारकनाथ दास
द रिवोल्युशनरी	शचींद्रनाथ सन्याल
पावर्टी एंड अन-ब्रिटिश रूल इन इंडिया, रस्ट गोफ्तार	दादाभाई नौरोजी
इंडिया डिवाइडेड	डॉ. राजेन्द्र प्रसाद
अनहैपी इंडिया	लाला लाजपत राय
इंडिया विन्स फ्रीडम, गुबारे खातिर, अल हिलाल	अबुल कलाम आज़ाद
डिस्कवरी ऑफ इंडिया, ग्लिम्प्सेज ऑफ वर्ल्ड हिस्ट्री	जवाहर लाल नेहरू
इंडियन अनरेस्ट	सर वैलेंटाइन शिरॉल
इंडिया फॉर-इंडियन्स	चितरंजन दास
वॉर ऑफ इंडियन इंडिपेन्डेन्स	वीर सावरकर
गीतांजलि, होम एंड द वर्ल्ड	रवीन्द्रनाथ टैगोर
नील दर्पण	दीनबंधु मित्र
सोजे वतन, कर्मभूमि, शतरंज के खिलाड़ी	प्रेमचंद
भारत भारती	मैथिलीशरण गुप्त
भारत दुर्दशा	भारतेंदु हरिश्चन्द्र
सत्यार्थ प्रकाश	दयानंद सरस्वती
इंडियन स्ट्रगल	सुभाष चंद्र बोस
आनंद मठ, देवी चौधुरानी	बंकिमचंद्र चट्टोपाध्याय

उपाधि, प्राप्तकर्ता एवं दाता

उपाधि	प्राप्तकर्ता	दाता
गुरुदेव	रवीन्द्रनाथ टैगोर	महात्मा गाँधी
कायदे आजम	मोहम्मद अली जिन्ना	महात्मा गाँधी
विवेकानन्द	स्वामी विवेकानन्द	महाराजा खेतड़ी
राजा	राजा राममोहन राय	अकबर द्वितीय
महात्मा	महात्मा गाँधी	रवीन्द्र नाथ टैगोर
सरदार	बल्लभ भाई पटेल	बारदोली की महिलाएँ
नेताजी	सुभाष चन्द्र बोस	एडोल्फ हिटलर
देशरत्न/अजातशत्रु	डॉ. राजेन्द्र प्रसाद	महात्मा गाँधी
राष्ट्रपिता	महात्मा गाँधी	सुभाष चन्द्र बोस
देशनायक	सुभाष चन्द्र बोस	रवीन्द्रनाथ टैगोर

कांग्रेस अधिवेशन : कब और कहाँ

अधिवेशन	वर्ष	स्थान	अध्यक्ष	विशेष
पहला	1885	बंबई	व्योमेशचन्द्र बनर्जी	72 प्रतिनिधियों ने भाग लिया
दूसरा	1886	कलकत्ता	दादाभाई नौरोजी	
तीसरा	1887	मद्रास	बदरुद्दीन तैय्यबजी	प्रथम मुस्लिम अध्यक्ष
चौथा	1888	इलाहाबाद	जॉर्ज यूल	प्रथम अंग्रेज अध्यक्ष
पांचवां	1889	बंबई	सर विलियम वेडरबर्न	
छठा	1890	कलकत्ता	सर फिरोजशाह मेहता	
सातवां	1891	नागपुर	पी. आनंद चार्लू	
आठवां	1892	इलाहाबाद	व्योमेशचंद्र बनर्जी	
नौवां	1893	लाहौर	दादाभाई नौरोजी	
दसवां	1894	मद्रास	अल्फ्रेड वेब	
ग्यारहवां	1895	पूना	सुरेन्द्रनाथ बनर्जी	
बारहवां	1896	कलकत्ता	रहीमतुल्ला सयानी	पहली बार वंदे मातरम् गाया गया
तेरहवां	1897	अमरावती	सी. शंकरन नायर	
चौदहवां	1898	मद्रास	आनंदमोहन दास	
पंद्रहवां	1899	लखनऊ	रमेशचंद्र दत्त	

अधिवेशन	वर्ष	स्थान	अध्यक्ष	विशेष
सोलहवां	1900	लाहौर	एन.जी. चंद्रावरकर	
सत्रहवां	1901	कलकत्ता	दिनशा इदुलजी वाचा	
अठारहवां	1902	अहमदाबाद	सुरेन्द्रनाथ बनर्जी	
उन्नीसवां	1903	मद्रास	लालमोहन घोष	
बीसवां	1904	बंबई	सर हेनरी काटन	
इक्कीसवां	1905	बनारस	गोपाल कृष्ण गोखले	
बाइसवां	1906	कलकत्ता	दादाभाई नौरोजी	पहली बार 'स्वराज' शब्द का प्रयोग
तेइसवां	1907	सूरत	डॉ. रासबिहारी बोस	कांग्रेस का प्रथम विभाजन
चौबीसवां	1908	मद्रास	डॉ. रासबिहारी घोष	कांग्रेस संविधान का निर्माण
पच्चीसवां	1909	लाहौर	पं. मदनमोहन मालवीय	
छब्बीसवां	1910	इलाहाबाद	विलियम वेडरबर्न	
सत्ताइसवां	1911	कलकत्ता	पं. विशननारायण धर	पहली बार जन गण मन गाया गया
अट्ठाइसवां	1912	बांकीपुर	आर.एन. माधोलकर	
उन्नतीसवां	1913	कराची	नवाब सैयद मो. बहादुर	
तीसवां	1914	मद्रास	भूपेन्द्रनाथ बसु	
इकतीसवां	1915	बंबई	सर सत्येन्द्र प्रसन्न सिन्हा	
बत्तीसवां	1916	लखनऊ	अंबिकाचरण मजूमदार	मुस्लिम लीग से समझौता
तैंतीसवां	1917	कलकत्ता	श्रीमती एनी बेसेंट	प्रथम महिला अध्यक्ष
विशेष अधिवेशन	1918	बंबई	हसन इमाम	कांग्रेस का दूसरा विभाजन
चौंतीसवां	1918	दिल्ली	पं. मदनमोहन मालवीय	
पैंतीसवां	1919	अमृतसर	पं. मोतीलाल नेहरू	
छत्तीसवां	1920	नागपुर	सी.वि. राधवाचारियर	कांग्रेस संविधान में परिवर्तन
विशेष अधिवेशन	1920	कलकत्ता	लाला लाजपत राय	
सैंतीसवां	1921	अहमदाबाद	हकीम अजमल खां	
अड़तीसवां	1922	गया	देशबंधु चितरंजन दास	
उनतालीसवां	1923	काकीनाडा	मौलाना मोहम्मद अली	
विशेष अधिवेशन	1923	दिल्ली	अबुल कलाम आजाद	सबसे युवा अध्यक्ष

अधिवेशन	वर्ष	स्थान	अध्यक्ष	विशेष
चालीसवां	1924	बेलगाम	महात्मा गांधी	
इकतालीसवां	1925	कानपुर	श्रीमती सरोजिनी नायडू	प्रथम भारतीय महिला अध्यक्ष
बयालीसवां	1926	गुवाहाटी	एस. श्रीनिवास आयगार	सदस्यों के लिए खादी वस्त्र अनिवार्य
तैंतालीसवां	1927	मद्रास	डॉ. एम.ए. अंसारी	पूर्ण स्वाधीनता की माँग
चौवालीसवां	1928	कलकत्ता	पं. मोतीलाल नेहरू	
पैंतालीसवां	1929	लाहौर	पं. जवाहरलाल नेहरू	पूर्ण स्वराज की माँग
छियालीसवां	1931	कराची	सरदार वल्लभ भाई पटेल	मौलिक अधिकार की माँग
सैंतालीसवां	1932	दिल्ली	अमृत रणछोड़दास सेठ	
अड़तालीसवां	1933	कलकत्ता	श्रीमती नेल्ली सेनगुप्ता	
उनचासवां	1934	बंबई	डॉ. राजेन्द्र प्रसाद	
पचासवां	1936	लखनऊ	पं. जवाहरलाल नेहरू	
इक्यावनवां	1937	फैजपुर	पं. जवाहरलाल नेहरू	गांव में आयोजित प्रथम अधिवेशन
बवानवां	1938	हरिपुरा	सुभाष चंद्र बोस	
तिरपनवां	1939	त्रिपुरी	सुभाष चंद्र बोस	
चौवनवां	1940	रामगढ़	अबुल कलाम आजाद	
पचपनवां	1946	मेरठ	आचार्य जे.बी. कृपलानी	आजादी के समय अध्यक्ष
छप्पनवां	1948	जयपुर	बी. पट्टाभि सीतारमय्या	
सत्तावनवां	1950	नासिक	पुरुषोत्तम दास टंडन	

●●●

भूगोल (Geography)

सौरमंडल

• सबसे प्रमुख सदस्य	सूर्य	• ग्रहों की कुल संख्या	8
• सबसे छोटा ग्रह	बुध	• सबसे छोटा उपग्रह	डिमॉस
• सबसे ठंडा ग्रह	वरुण	• सूर्य से सबसे निकट ग्रह	बुध
• पृथ्वी से सबसे निकट ग्रह	शुक्र	• सर्वाधिक घनत्व वाला ग्रह	पृथ्वी
• सबसे चमकीला ग्रह	शुक्र	• बिना उपग्रहों वाला ग्रह	बुध एवं शुक्र
• चंद्रमा के सदृश ग्रह	बुध	• सर्वाधिक तापान्तर वाला ग्रह	बुध
• वरुण ग्रह के खोजकर्ता	जॉन गैले	• शनि का सबसे बड़ा उपग्रह	टाइटन
• वरुण ग्रह का सहोदर	अरुण	• हरा ग्रह	वरुण
• जलीय ग्रह	पृथ्वी	• पृथ्वी की बहन	शुक्र
• भोर का तारा	शुक्र	• सांझ का तारा	शुक्र
• पृथ्वी का सहचर	चन्द्रमा	• सौरमंडल का जन्मदाता	सूर्य
• सबसे बड़ा ग्रह	बृहस्पति	• सबसे बड़ा उपग्रह	गैनीमिड
• सबसे गर्म ग्रह	शुक्र	• सूर्य से सबसे दूर ग्रह	वरुण
• पृथ्वी से सबसे दूर ग्रह	वरुण	• न्यूनतम घनत्व वाला ग्रह	शनि
• सर्वाधिक भारी ग्रह	बृहस्पति	• अरुण ग्रह के खोजकर्ता	विलियम हर्शेल
• यम के खोजकर्ता	क्लाइड टॉमवे	• वलय युक्त ग्रह	शनि व अरुण
• लाल ग्रह	मंगल	• नीला ग्रह	पृथ्वी
• सर्वाधिक चमकीला तारा	सायरस		

- आकार के अनुसार ग्रहों का क्रम (घटते क्रम में)—बृहस्पति, शनि, अरुण, वरुण, पृथ्वी, शुक्र, मंगल एवं बुध।
- सूर्य से दूरी के अनुसार ग्रहों का क्रम (बढ़ते दूरी के क्रम में)—बुध, शुक्र, पृथ्वी, मंगल, बृहस्पति, शनि, अरुण एवं वरुण।

- पृथ्वी से दूरी के अनुसार ग्रहों का क्रम (बढ़ती दूरी के क्रम में)–शुक्र, मंगल, बुध, बृहस्पति, शनि, अरुण एवं वरुण।

चन्द्रमा : कुछ तथ्य

- पृथ्वी से माध्य दूरी–**3,82,200 किमी.**
- व्यास–**3.475 किमी.**
- चन्द्रमा का द्रव्यमान पृथ्वी के द्रव्यमान के अनुपात में–**1:8.1**
- चन्द्रमा तथा पृथ्वी के गुरुत्वाकर्षण बलों में अनुपात–**1 : 6**
- चन्द्रमा की सतह का अदृश्य भाग–**41%**
- चन्द्रमा की पृथ्वी से अधिकतम दूरी (अपभू दूरी)–**4,06,000 किमी.**
- चन्द्रमा की पृथ्वी से न्यूनतम दूरी (उपभू दूरी)–**3,64,000 किमी.**
- चन्द्रमा की पृथ्वी के चारों ओर घूमने की अवधि (परिभ्रमण काल)–**27 दिन 7 घंटे 43 मिनट 11.47 सेकण्ड**
- चन्द्रमा की घूर्णन अवधि (अपने अक्ष पर)–**27 दिन 7 घंटे 43 मिनट 11.47 सेकण्ड**
- चन्द्रमा के उच्चतम पर्वत की ऊँचाई–**35,000 फीट (लीबनिट्ज पर्वत जो कि चन्द्रमा के दक्षिणी ध्रुव पर स्थित है)**
- चन्द्रमा के प्रकाश को पृथ्वी तक पहुँचने में लगा समय–**1.3 सेकण्ड**

पृथ्वी : कुछ तथ्य

- पृथ्वी की अनुमानित आयु–**4,60,00,00,000 वर्ष**
- सम्पूर्ण धरातलीय क्षेत्रफल–**51,01,00,500 वर्ग किमी.**
- भूमि क्षेत्रफल (29.08%)–**14,89,50,800 वर्ग किमी.**
- जलीय क्षेत्रफल (सम्पूर्ण धरातल का 70.92%)– **36,11,49,700 वर्ग किमी.**
- औसत घनत्व–**5.52 ग्राम प्रति घन सेमी.**
- विषुवत रेखीय व्यास–**12,755 किमी.**
- ध्रुवीय व्यास–**12,712 किमी.**
- गुरुत्वाकर्षण से बाहर निकलने के लिए आवश्यक निर्गमन गति–**11.2 किमी./सेकण्ड**
- पृथ्वी का द्रव्यमान–**5.880×10^{24} किलोग्राम**
- पृथ्वी का आयतन–**10,83,20,88,40,000 घन किमी.**
- समुद्रतल से पृथ्वी की सर्वाधिक ऊँचाई–**8,852 मीटर (माउंट एवरेस्ट)**
- समुद्रतल से सागर की सर्वाधिक गहराई–**11,033 मीटर (मेरियाना ट्रेन्च) प्रशान्त महासागर, फिलीपीन्स के पूर्व में**
- पृथ्वी के धरातल का सर्वाधिक निचला स्थान–**396 मीटर मृत सागर (इजरायल, जोर्डन)**

- पृथ्वी द्वारा अपने अक्ष पर घूर्णन अवधि–**23 घंटे, 56 मिनट, 40.91 सेकण्ड**
- पृथ्वी द्वारा सूर्य की परिक्रमा अवधि–**356 दिन, 5 घंटे, 48 मिनट, 45.51 सेकण्ड**
- पृथ्वी का उपग्रह–**चन्द्रमा**
- अक्ष का कक्षा के तल से झुकाव–**23°27′**
- सूर्य से माध्य दूरी पर–**14,94,07,000 किमी.**
- भूमध्य रेखा पर परिधि–**40,075 किमी.**
- ध्रुवीय परिधि–**40,024 किमी.**
- सूर्य के सबसे नजदीक की अवस्था (Perihelion) उपसौर–**3 जनवरी**
- सूर्य से सबसे ज्यादा दूरी की अवस्था (Aphelion) सूर्योच्च या अपसौर–**4 जुलाई**

चट्टान के प्रकार

- **आग्नेय चट्टान**–तप्त एवं तरल मैग्मा के शीतल होने से निर्मित, प्राथमिक या पैतृक चट्टान क्योंकि सर्वप्रथम इसी चट्टान का निर्माण हुआ, चट्टानें कठोर, रवेदार, दानेदार, परतहीन तथा जीवाश्महीन, ज्वालामुखी क्षेत्रों में अधिक विस्तार।

  उदाहरण–ग्रेनाइट, बेसाल्ट, गैब्रो, आब्सीडियन, डायोराइट, डोलोराइट, एण्डेसाइट, पेरिडोटाइट, फेलसाइट, पिचस्टोन, प्यूमिस, परलाइट आदि।
- **अवसादी चट्टान**–चट्टान चूर्ण, जीवावशेषों एवं वनस्पतियों के एकत्रीकरण से निर्मित, भूपृष्ठ के लगभग 75% भाग पर विस्तारित, चट्टानें परतदार, रवाहीन, संधि तथा जोड़युक्त, मुलायम तथा कोमल, अपरदन की क्रियाओं से शीघ्र प्रभावित, भू-पृष्ठ की बनावट में योगदान मात्र 5%।

  उदाहरण–बालुका पत्थर, कांग्लोमेरेट या गोलाश्म, चिकनी मिट्टी, शेल, लोयस, चूने का पत्थर, कोयला, पीट, खड़िया मिट्टी, शैलखड़ी या जिप्सम, नमक की चट्टान आदि।
- **रूपांतरित चट्टान**–आग्नेय तथा परतदार चट्टानों में ताप, दाब तथा रासायनिक परिवर्तनों से उनकी संरचना, रूप, रंग तथा आकृति बदलने से निर्मित, कभी-कभी अति रूपांतरण की घटना। उदाहरण–संगमरमर, स्लेट, क्वार्ट्जाइट, नीस, सिस्ट, एम्फीबोलाइट, फाइलाइट, सरपेण्टाइन आदि।

ज्वालामुखी

- ज्वालामुखी मुख्य रूप से एक विवर या छिद्र होता है जिसका संबंध पृथ्वी के आंतरिक भाग से होता है तथा जिसके माध्यम से लावा, राख, गैस, जलवाष्प आदि का निर्गमन होता है।
- बाहर हवा में उड़ा हुआ लावा शीघ्र ही ठंडा होकर छोटे ठोस टुकड़ों में परिवर्तित हो जाता है, जिसे सिंडर कहते हैं।
- ज्वालामुखी के द्वारा पृथ्वी का पिघला पदार्थ लावा, राख, भाप तथा अन्य गैसें बाहर निकलती हैं।
- सक्रियता के आधार पर ज्वालामुखी तीन प्रकार के होते हैं–

  1. सक्रिय ज्वालामुखी, 2. प्रसुप्त ज्वालामुखी, 3. शांत ज्वालामुखी

विश्व के महाद्वीप

नाम	क्षेत्रफल (वर्ग किमी.)	स्थल के कुल क्षेत्रफल का %	भौगोलिक उपनाम
एशिया	4,43,91,000	29.5	महाद्वीपों का महाद्वीप, मानव घर, भविष्य का भण्डारगृह, विषमताओं का महाद्वीप
अफ्रीका	3,03,43,910	20.0	अन्ध महाद्वीप
उत्तरी अमेरिका	2,42,46,930	16.3	नई दुनिया
दक्षिणी अमेरिका	1,78,20,950	11.8	पक्षियों का महाद्वीप
अंटार्कटिका	1,40,00,000	9.6	श्वेत महाद्वीप, विज्ञान को समर्पित महाद्वीप
यूरोप	1,03,55,000	6.5	प्रायद्वीपों का महाद्वीप
ऑस्ट्रेलिया	76,86,849	5.2	द्वीपीय महाद्वीप, प्यासी भूमि का महाद्वीप

महाद्वीपों के सर्वोच्च शिखर एवं गहनतम बिन्दु

महाद्वीप	सर्वोच्च शिखर	ऊँचाई	गहनतम बिन्दु	गहराई
एशिया	माउण्ट एवरेस्ट	8,848 मी.	मृत सागर	397 मी.
यूरोप	माउण्ट एल्ब्रूस	5,642 मी.	कैस्पियन सागर	28 मी.
अफ्रीका	माउण्ट किलिमंजारो	5,895 मी.	असाई झील	156 मी.
उत्तरी अमेरिका	माउण्ट मैकिन्ले	6,194 मी.	मृत घाटी	86 मी.
दक्षिण अमेरिका	माउण्ट एकांकागुआ	7,084 मी.	वाल्डूस पेनिन	40 मी.
ऑस्ट्रेलिया	माउण्ट कोस्यूस्को	2,228 मी.	आयर झील	16 मी.
अंटार्कटिका	माउण्ट विन्सन मैसिफ	5,140 मी.	बेंटल ट्रेंच	2,853 मी.

महाद्वीपों के सबसे बड़े और सबसे छोटे देश

महाद्वीप	बड़ा देश	छोटा देश
एशिया	चीन	मालदीव
यूरोप	रूस	वेटिकन सिटी
अफ्रीका	सूडान	मेंओटो
उत्तरी अमेरिका	कनाडा	सेंट पीरे
दक्षिण अमेरिका	ब्राजील	फाकलैंड
ऑस्ट्रेलिया	ऑस्ट्रेलिया	नीरू

महाद्वीपों की सबसे लंबी नदी एवं सबसे बड़ी झील

महाद्वीप	सबसे लम्बी नदी	सबसे बड़ी झील
एशिया	यांगटिसीक्यांग	कैस्पियन सागर
यूरोप	डेन्यूब	लैडोगा झील
अफ्रीका	नील	विक्टोरिया झील
उत्तरी अमेरिका	मिसीसिपी-मिसौरी	सुपीरियर झील
दक्षिणी अमेरिका	अमेजन	टिटीकाका झील
ऑस्ट्रेलिया	मर्रे-डार्लिंग	आयर झील

महासागरों की प्रमुख जलधाराएं

जलधारा का नाम	प्रकृति	महासागर का नाम
उत्तरी विषुवत्रेखीय जलधारा	गर्म अथवा उष्ण	प्रशान्त महासागर
क्यूरोसियो जलधारा	गर्म अथवा उष्ण	प्रशान्त महासागर
सुशीमा जलधारा	गर्म अथवा उष्ण	प्रशान्त महासागर
अलास्का जलधारा	गर्म अथवा उष्ण	प्रशान्त महासागर
एलनीनो जलधारा	गर्म अथवा उष्ण	प्रशान्त महासागर
क्यूराइल जलधारा	ठंडी	प्रशान्त महासागर
हम्बोल्ट या पेरूवियन जलधारा	ठंडी	प्रशान्त महासागर
फ्लोरिडा जलधारा	गर्म	अटलांटिक महासागर
ब्राजील जलधारा	गर्म	अटलांटिक महासागर
लेब्राडोर जलधारा	ठंडी	अटलांटिक महासागर
फॉकलैंड जलधारा	ठंडी	अटलांटिक महासागर
कनारी जलधारा	ठंडी	अटलांटिक महासागर
अगुलहास जलधारा	गर्म	हिन्द महासागर
मोजाम्बिक जलधारा	गर्म	हिन्द महासागर

चक्रवातों के विभिन्न नाम एवं उनकी भौगोलिक स्थिति

चक्रवात	भौगोलिक स्थिति
टॉरनेडो	संयुक्त राज्य अमेरिका, चीन एवं जापान
टाइफून	दक्षिणी चीन सागर
हरिकेन	कैरीबियन द्वीप समूह
ट्विस्टर	अमेरिका
विली-विली	ऑस्ट्रेलिया

विश्व के महत्वपूर्ण द्वीप

द्वीप	क्षेत्रफल (वर्ग किमी)	स्थिति
ग्रीनलैण्ड	2,175,600	आर्कटिक महासागर (उत्तरी ध्रुव)
न्यू गिनी	7,77,000	पश्चिमी प्रशान्त महासागर
बोर्नियो	7,25,545	हिन्द महासागर
मेडागास्कर	5,90,000	हिन्द महासागर
बैफीन द्वीप	4,76,065	उत्तरी ध्रुव महासागर (कनाडियन)
सुमात्रा	4,73,600	हिन्द महासागर (इण्डोनेशिया)
होन्शू	2,28,000	उत्तरी-पश्चिमी प्रशान्त महासागर (जापान)
ग्रेट ब्रिटेन	2,18,041	उत्तरी अटलाण्टिक महासागर (इंग्लैंड, स्कॉटलैंड, वेल्स)
इंलिसमेयर	2,12,061	आर्कटिक महासागर (उत्तरी ध्रुव महासागर)
विक्टोरिया	2,12,197	आर्कटिक महासागर (उत्तरी ध्रुव महासागर)
सेलेबीज (सुलावेसी)	1,89,035	हिन्द महासागर (इण्डोनेशिया)
दक्षिणी द्वीप (न्यूजीलैंड)	1,50,004	दक्षिणी-पश्चिमी प्रशांत महासागर
जावा द्वीप	1,26,295	हिन्द महासागर
लूजोन द्वीप	1,20,790	पश्चिमी प्रशांत महासागर
उत्तरी द्वीप (न्यूजीलैंड)	114,690	दक्षिणी-पश्चिमी प्रशांत महासागर
न्यू फाउण्डलैण्ड	1,10,680	उत्तरी अटलांटिक महासागर
क्यूबा	1,07,830	कैरेबियन सागर
आइसलैण्ड	1,02,820	उत्तरी अटलांटिक महासागर
मिण्डानाओ	1,01,500	पश्चिमी प्रशांत महासागर
आयरलैण्ड	82,460	उत्तरी अटलांटिक महासागर
हेकिडो द्वीप	77,720	उत्तरी-पश्चिमी प्रशांत महासागर
हिस्पानिओला डामरेप एवं हैती	76,480	कैरेबियन सागर
सखालिन द्वीप	74,060	उत्तरी-पश्चिमी प्रशांत महासागर
तस्मानिया	62,900	दक्षिणी-पश्चिमी प्रशांत महासागर
श्रीलंका	65,600	हिन्द महासागर

विश्व के प्रमुख मरुस्थल

मरुस्थल	क्षेत्र (किमी^{2})	विस्तार क्षेत्र
सहारा	84,00,000	अल्जीरिया, चाड, लीबिया, माली, मारितानिया, नाइजर, सूडान, ट्यूनीशिया, मिस्र और मोरक्को
ऑस्ट्रेलियन	15,50,000	ग्रेट सैण्ड्री, ग्रेट विक्टोरिया, सिम्पसन, गिब्सन तथा स्टुअर्ट रेगिस्तानी क्षेत्र
अरब	13,00,000	द. अरब, सऊदी अरब, यमन, सीरिया, खाली क्षेत्र एवं नाफुद क्षेत्र के रेगिस्तान
गोबी	10,40,000	मंगोलिया और चीन
कालाहारी	5,20,000	बोत्सवाना (मध्य अफ्रीका)
तकलामाकन	3,20,000	सीक्यांग (चीन)
सोनोरन	3,10,000	एरीजोना एवं कैलीफोर्निया (यू.एस.ए. तथा मैक्सिको)
नामीब	3,10,000	दक्षिण अफ्रीका (नामीबिया)
काराकुम	2,70,000	तुर्कमेनिस्तान
थार	2,60,000	उत्तरी-पश्चिमी भारत और पाकिस्तान
सोमाली	2,60,000	सोमालिया गणराज्य
अटाकामा	1,80,000	उत्तरी चिली (दक्षिणी अमेरिका)
काजिल-कुम	1,80,000	उज्बेकिस्तान, कजाकिस्तान
दस्त-ए-लुट	52,000	पूर्वी ईरान
मोहाबे	35,000	दक्षिणी कैलीफोर्निया (सं. रा. अमेरिका)

विश्व की प्रमुख वनस्पतियाँ

वनस्पति का नाम	भौगोलिक क्षेत्र
हाइग्रोफाइट	दलदली एवं भूमध्यरेखीय उष्ण आर्द्रता वाली वनस्पति
ट्रोप्रोफाइट	उष्ण कटिबंधीय जलवायु वाली घास एवं वनस्पति
जेरोफाइट	उष्ण कटिबंधीय मरुस्थलीय क्षेत्रों की वनस्पति
हाइड्रोफाइट	जलप्लावित क्षेत्रों की वनस्पति
मेसोफाइट	शीतोष्ण कटिबंध क्षेत्र की वनस्पति
क्रायोफाइट	टुण्ड्रा एवं शीत प्रधान क्षेत्रों की वनस्पति
लिथोफाइट	कड़ी चट्टानों में उगने वाली वनस्पति
हैलोफाइट	नमकीन क्षेत्रों में पाई जाने वाली वनस्पति

विश्व की प्रमुख स्थानीय पवनें

स्थानीय पवन	प्रकृति	क्षेत्र
• फॉन	शीत एवं शुष्क	आल्पस पर्वतीय क्षेत्र (इस पवन का सर्वाधिक प्रभाव स्विट्ज़रलैंड में होता है।)
• चिनूक	गर्म एवं आर्द्र	उत्तरी अमेरिका में रॉकी पर्वतमाला के पूर्वी ढाल (इस पवन को हिमहारिणी कहते हैं।)
• सिमूम	गर्म एवं शुष्क	सहारा तथा अरब का मरुस्थल (धूल से भरी ये पवनें दृश्यता को कम कर देती हैं।)
• काराबुरान	गर्म एवं शुष्क	सीक्यांग का तारिम बेसिन
• खमसिन	गर्म एवं शुष्क	मिस्र
• गिबली	गर्म एवं शुष्क	लीबिया
• हरमटन	गर्म एवं शुष्क	सहारा मरुस्थल (गिनी तट के समीप इन हवाओं को डॉक्टर कहते हैं।)
• ब्लैक रोलर	गर्म एवं शुष्क	उ. अमेरिका के विशाल मैदान
• शामल	गर्म एवं शुष्क	इराक तथा फारस की खाड़ी
• नार्वेस्टर	गर्म एवं शुष्क	न्यूजीलैण्ड
• ब्रिक फील्डर	गर्म एवं शुष्क	विक्टोरिया, ऑस्ट्रेलिया
• सिरॉको	गर्म एवं शुष्क	भूमध्यसागरीय क्षेत्र विशेषकर स्पेन तथा कनारी द्वीप समूह
• सान्ता आना	गर्म एवं शुष्क	कैलिफोर्निया, सं.रा. अमेरिका
• योमा	गर्म एवं शुष्क	जापान
• जोन्डा	गर्म एवं शुष्क	अर्जेन्टीना
• लू	गर्म एवं शुष्क	पाकिस्तान एवं उ.प. भारत
• ब्लिजार्ड	ठंडी एवं शुष्क	कनाडा एवं अण्टार्कटिका महाद्वीप
• बुरान	ठंडी एवं शुष्क	रूस तथा मध्य साइबेरिया
• विलीबाब	ठंडी एवं शुष्क	अलास्का
• बोरा	ठंडी एवं शुष्क	एड्रियाटिक सागर का उत्तरी तट
• मिस्ट्रल	ठंडी एवं शुष्क	स्पेन एवं फ्रांस
• बाइज	ठंडी एवं शुष्क	दक्षिणी फ्रांस
• लेवान्तर	ठंडी एवं शुष्क	दक्षिणी-स्पेन
• पैम्पीरो	ठंडी एवं शुष्क	अर्जेन्टीना एवं उरूग्वे
• पापागायो	ठंडी एवं शुष्क	मैक्सिको

विश्व की प्रमुख नहरें

नाम	स्थान	स्थिति
ईरी	अमेरिका	ईरी झील और मिशीगन झील को जोड़ती है।
सू नहर	अमेरिका	सुपीरियर झील और ह्यूइन झील को जोड़ती है।
कील नहर	जर्मनी	उत्तरी सागर को बाल्टिक सागर से जोड़ती है।
पनामा नहर	पनामा	कैरीबियन सागर और प्रशांत महासागर
स्वेज नहर	मिस्र	लाल सागर और भूमध्य सागर
मैनचेस्टर नहर	ग्रेट ब्रिटेन	मैनचेस्टर एवं लिवरपूल के बीच

विश्व के प्रमुख जलडमरूमध्य/जलसंधियाँ

जलडमरूमध्य	सम्बन्धित सागर	सम्बन्धित देश
• बेरिंग जलसंधि	बेरिंग सागर एवं चुकसी सागर	अलास्का-रूस
• डेविस जलसंधि	बेफिन खाड़ी एवं अटलांटिक महासागर	ग्रीनलैण्ड-कनाडा
• डेनमार्क जलसंधि	उत्तरी अटलांटिक एवं आर्कटिक महासागर	इंग्लैंड-फ्रांस
• डोवर जलसंधि	इंगलिश चैनल एवं उत्तरी सागर	इंग्लैंड-फ्रांस
• फ्लोरिडा जलसंधि	मैक्सिको की खाड़ी एवं अटलांटिक महासागर	सं.रा. अमेरिका-क्यूबा
• हडसन जलसंधि	हडसन की खाड़ी एवं अटलांटिक महासागर	कनाडा
• जिब्राल्टर जलसंधि	भूमध्य सागर एवं अटलांटिक महासागर	स्पेन-मोरक्को
• मलक्का जलसंधि	अण्डमान सागर एवं दक्षिण चीन सागर	इंडोनेशिया-मलेशिया
• पाक जलसंधि	मन्नार एवं बंगाल की खाड़ी	भारत-श्रीलंका
• सुण्डा जलसंधि	जावा सागर एवं हिंद महासागर	इंडोनेशिया
• मैगलन जलसंधि	प्रशान्त एवं दक्षिणी अटलांटिक महासागर	चिली
• बॉस जलसंधि	तस्मान सागर एवं दक्षिणी सागर	ऑस्ट्रेलिया
• ओरण्टो जलसंधि	एड्रियाटिक सागर एवं आयोनियन सागर	इटली-अल्बानिया
• बाव अल मंडव जलसंधि	लाल सागर एवं अरब सागर	यमन-जिबूती
• मकास्सार जलसंधि	जावा सागर एवं सेलीबीज सागर	इण्डोनेशिया

विश्व के प्रमुख घास के मैदान

उष्णकटिबंधीय घास की भूमि	शीतोष्ण कटिबन्धीय घास भूमि
• कम्पोज़ – ब्राजील	• प्रेयरीज – अमेरिका एवं कनाडा
• सवाना – अफ्रीका	• पम्पास – अर्जेंटीना
• लानोस – वेनेजुएला एवं कोलम्बिया	• वेल्ड – दक्षिण अफ्रीका
	• डाउन्स – ऑस्ट्रेलिया
	• स्टेपीज – एशिया, यूक्रेन, रूस एवं चीन

विश्व के प्रमुख जल प्रपात

जल प्रपात	स्थान	ऊँचाई (मी॰)
एंजिल	वेनेजुएला	979 (यह कैरो नदी पर स्थित संसार का सबसे ऊँचा जल प्रपात है।
योसेमाइट	कैलिफोर्निया	739
दक्षिण-मर्डाल्फोसेन	नार्वे	655
तुगेला	द॰ अफ्रीका	614
कुकवेनन	वेनेजुएला	610
सूथरलैंड	न्यूजीलैंड	580
रिब्बोन	कैलिफोर्निया	491
ग्रेट-कामारना	गुयाना	488
डेल्ला	कनाडा	440
गवार्नी	फ्रांस	422
कुंचिकल	भारत	455
नियाग्रा	कनाडा एवं अमेरिका की सीमा	120

विश्व की प्रमुख झीलें

झील का नाम	भौगोलिक क्षेत्र	क्षेत्रफल (वर्ग.किमी.)
• कैस्पियन सागर*	पूर्व सोवियत संघ तथा ईरान	3,71,000
• सुपीरियर झील**	संयुक्त राज्य अमेरिका एवं कनाडा	82,100
• विक्टोरिया झील	केन्या, युगाण्डा तथा तंजानिया	69,000
• अरल सागर झील	कजाकिस्तान एवं उज्बेकिस्तान	64,500
• ह्यूरन झील	संयुक्त राज्य अमेरिका तथा कनाडा	59,600
• मिशीगन झील	संयुक्त राज्य अमेरिका	57,800
• बैकाल झील***	रूस	31,500
• ग्रेट बेरियर झील	कनाडा	31,200
• ग्रेट स्लेव झील	कनाडा	28,438
• विनीपेग झील	कनाडा	24,341
• ओण्टेरियो झील	सं.रा. अमेरिका तथा कनाडा	19,529
• टिटिकाका****	पेरू-बोलीविया	9,065
• आयर झील	ऑस्ट्रेलिया	9,583

*नोट : * खारे पानी की सबसे बड़ी झील। ** ताजे पानी की सबसे बड़ी झील*

**** यह सबसे गहरी (1940 मी.) झील है। **** यह विश्व की सबसे ऊँची (3811 मी.) झील है।*

विश्व की प्रमुख नदियाँ

नाम	उद्गम स्थल	गिरने का स्थान	लम्बाई (किमी)	प्रमुख स्थान
• नील (विश्व की सबसे लम्बी नदी)	विक्टोरिया झील	भूमध्य सागर	6,650	आस्वान बाँध व नासिर झील स्थित है।
• अमेजन*	एण्डीज पर्वत	अटलांटिक महासागर	6,428	
• मिसीसिपी मिसौरी	एलास्का झील	मैक्सिको की खाड़ी	6,020	पक्षीपाद डेल्टा बनाती है।
• यांग्टिसीक्यांग	तिब्बत का पठार	चीन सागर	5,494	
• ह्वांग हो	कुललुन पर्वत	चीन की खाड़ी	4,344	
• कांगो/जायरे	लुआलिया और लुआपुआ का संगम	अटलाण्टिक महासागर	3,700	विषुवत् रेखा को दो बार काटती है।
• अमूर	शिल्का रूस, आरगून का संगम	टार्टइ स्ट्रेट	4,352	चीन और रूस की सीमा बनाती है।
• वोल्गा	बल्डाई पठार	कैस्पियन सागर	3,690	यूरोप की सबसे लम्बी नदी
• डेन्यूब	ब्लैक फॉरेस्ट	काला सागर	2,840	बेलग्रेड, बुखारेस्ट, बुडापेस्ट और वियना शहर स्थित है।
• सेंट लारेंस	आण्टेरियो झील	सेंट-लॉरेंस की खाड़ी	3,058	नियाग्रा जल प्रपात स्थित है।
• कोलोरेडो	ग्रैण्ड कंट्री	कैलीफोर्निया की खाड़ी	2,333	ह्यूबर बाँध स्थित
• नाइजर	गिनी	गिनी की खाड़ी	4,180	तेल नदी कहलाती है।
• मेकांग	तिब्बत का पठार	दक्षिण चीन सागर	4,023	द.पू. एशिया की सबसे लम्बी नदी।
• सिन्धु	मानसरोवर झील के पास	अरब सागर	2,900	
• ब्रह्मपुत्र	मानसरोवर झील	बंगाल की खाड़ी	3,058	
• डार्लिंग-मरे	ऑस्ट्रेलिया आल्पस	हिन्द महासागर	2,740	ऑस्ट्रेलिया की सबसे बड़ी नदी।

***नोट :** * आयतन की दृष्टि से विश्व की सबसे बड़ी नदी।*

विश्व की प्रमुख जनजाति

जनजाति	सम्बन्धित क्षेत्र/देश	जनजाति	सम्बन्धित क्षेत्र/देश
• माओरी	न्यूजीलैंड	• यूकाधिर	साइबेरिया
• खिरगीज	मध्य एशिया	• बुशमैन	कालाहारी मरुस्थल (बोत्सवाना)
• एस्कीमो	ग्रीनलैंड, कनाडा	• रेड इंडियन	उ. अमेरिका
• मसाई	पूर्वी अफ्रीका	• पिग्मीज	कांगो बेसिन
• वेद्दास	श्रीलंका	• बोरो	ब्राजील
• नीग्रो	मध्य एशिया	• बद्दू	अरब
• सेमांग	मलेशिया	• याइ	टुण्ड्रा प्रदेश
• आइनू	जापान	• जूलू	नेटाल (दक्षिण अफ्रीका)

प्रमुख अंतर्राष्ट्रीय सीमाएँ

नाम	सम्बन्धित राष्ट्र
• डूरण्ड रेखा	पाकिस्तान एवं अफगानिस्तान
• मैकमेहोन रेखा	भारत एवं चीन
• रेडक्लिफ रेखा	भारत एवं पाकिस्तान
• मैगीनॉट रेखा	जर्मनी एवं फ्रांस
• हिण्डनबर्ग रेखा	जर्मनी और पोलैंड
• 17वीं समान्तर रेखा	उत्तरी और दक्षिणी वियतनाम
• 38वीं समान्तर रेखा	उत्तरी और दक्षिणी कोरिया
• 49वीं समान्तर रेखा	कनाडा और सं.रा. अमेरिका
• मेनरहीम रेखा	रूस एवं फिनलैंड

विश्व के प्रसिद्ध स्थान

1. झुकी हुई मीनार : पीसा (इटली)
2. मर्डेका पैलेस : जकार्ता (इण्डोनेशिया)
3. रेड स्क्वायर, क्रेमलिन : मास्को
4. स्फिंक्स, पिरामिड : मिस्र
5. पोर्सलिन टावर : नानकिंग (चीन)
6. लोवर, एफिल टावर : पेरिस (फ्रांस)
7. श्वेत डेगेन पैगोडा : यंगून
8. ओपेरा हाउस : सिडनी
9. ब्राडवे स्ट्रीट, स्टेच्यू ऑफ लिबर्टी, एंपायर स्टेट बिल्डिंग : न्यूयार्क (सं. रा. अमेरिका)
10. अल अक्सा, वेलिंग वाल, टेंपल माउंट : जेरूसलम (इजरायल)

विश्व की प्रमुख भौगोलिक खोजें

- क्रिस्टोफर कोलम्बस : प. द्वीप समूह (1492), द. अमेरिका (1498 ई.)
- जॉन कैवेट : न्यूफाउण्डलैण्ड (1497 ई.)
- कोपरनिकस : सौरमंडल (1540 ई.)
- केपलर : ग्रहों की गति नियम (1600 ई.)
- मैगलन : विश्व का भ्रमण, अटलांटिक के दक्षिण से प्रशांत महासागर की खोज़ (1519 ई.)
- वास्को-डि-गामा : केप ऑफ गुड होप होकर भारत आगमन (1498 ई.)
- कैप्टन कुक : हवाई द्वीप समूह (1770 ई.)
- फ्रिड्‌टजौफ नानसेन : ग्रीनलैंड एवं उत्तरी ध्रुव का पहाड़ी भाग (1888 ई.)
- आर. एमण्डसन : दक्षिणी ध्रुव पर पहुँचने वाला प्रथम व्यक्ति (1911 ई.)
- रॉबर्ट पियरे : उत्तरी ध्रुव की खोज (1909 ई.)

विश्व के प्रमुख भौगोलिक उपनाम

उपनाम	देश	उपनाम	देश
एण्टीलीज का मोती	क्यूबा	शुगर बाऊल ऑफ द वर्ल्ड	क्यूबा
सात पहाड़ियों का नगर	रोम (इटली)	गगनचुम्बी इमारतों का नगर	न्यूयॉर्क
पर्ल ऑफ दी ऑरियण्ट	सिंगापुर	हवा वाला शहर/गार्डन सिटी	शिकागो
लैंड ऑफ मॉर्निंग काम	कोरिया	लैंड ऑफ थाउजेण्ड लेक्स	फिनलैंड
लैंड ऑफ मिडनाइट सन	नार्वे	भूमध्यसागर का द्वार	जिब्राल्टर
लैंड ऑफ दी थाउजैंड एलीफैन्ट्स	लाओस	लैंड ऑफ ह्वाइट एलीफैंट्स	थाइलैंड
स्वर्णिम पैगोडा का देश	म्यांमार	दक्षिण का ब्रिटेन	न्यूजीलैंड
सिटी ऑफ गोल्डन गेट	सेन फ्रांसिस्को	क्वीन ऑफ एड्रियाटिक	वेनिस (इटली)
पिलर्स ऑफ हरक्यूलिस	स्ट्रेट ऑफ जिब्राल्टर	पवनचक्कियों की भूमि	नीदरलैण्ड
आइलैंड ऑफ क्लोव्ज	जंजीवार (तंजानिया)	श्वेत शहर	बेलग्रेड
पूर्व का मैनचेस्टर	ओसाका (जापान)	लिली का देश	कनाडा
होली लैंड	जेरूसलम (इजरायल)	नील नदी का देश	मिस्र
एमराल्ड द्वीप	आयरलैंड	सूर्योदय का देश	जापान
लैंड ऑफ थंडरवोल्ट	भूटान	मोतियों का द्वीप	बहरीन
चीन का शोक	ह्वांगहो नदी (पीली नदी)		
हिन्द महासागर का मोती/ पूर्व का मोती	श्रीलंका	अरब सागर की रानी/ पूर्व का वेनिस	कोच्चि (भारत)
आंसुओं का प्रवेश द्वार	बाब-अल-मंडब जलडमरूमध्य		

देशों/शहरों के नये नाम

प्राचीन	नवीन	प्राचीन	नवीन
अबीसीनिया	इथियोपिया	बनारस	वाराणसी
कम्पूचिया	कम्बोडिया	कोन्सटेनटिनोपल	इस्तांबुल
ब्रिटिश गुयाना	गुयाना	फॉरमोसा	ताइवान
नॉर्दन रोडेशिया	जाम्बिया	डच गुयाना	सूरीनाम
दक्षिण पश्चिम अफ्रीका	नामीबिया	इलाहाबाद	प्रयागराज
बड़ौदा	वडोदरा	यूनाइटेड प्रॉविन्स	उत्तर प्रदेश
जायरे	कांगो	डच ईस्ट इण्डीज	इंडोनेशिया
गोल्ड कोस्ट	घाना	पीकिंग	बीजिंग
मेडागास्कर	मालागासी	न्यासालैण्ड	मलावी
निप्पन	जापान	तुर्की	तुर्किए

नदियों के तट पर बसे विश्व के प्रमुख नगर

नगर	नदी	नगर	नदी
• लन्दन (इंग्लैंड)	टेम्स	• कैन्टन (चीन)	सीक्यांग
• मास्को (रूस)	मस्कोवा	• न्यूयार्क (सं.रा.अ.)	हडसन
• बर्लिन (जर्मनी)	स्प्री	• बेलग्रेड	डेन्यूब
• पेरिस (फ्रांस)	सीन	• बुडापेस्ट (हंगरी)	डेन्यूब
• पर्थ (ऑस्ट्रेलिया)	स्वान	• वाशिंगटन	पोटोमेक
• बगदाद (इराक)	टाइग्रिस	• वियाना (ऑस्ट्रिया)	डेन्यूब
• आस्वान (मिस्र)	नील	• टोकियो (जापान)	अराकावा
• सेंट लुईस (अमेरिका)	मिसिसिपी	• शंघाई (चीन)	यांग्टिसीक्यांग
• रोम (इटली)	टाइबर	• यंगून (म्यांमार)	इरावदी
• प्राग	विंतावा	• ओटावा (कनाडा)	सेंट लारेंस
• सिडनी (ऑस्ट्रेलिया)	डार्लिंग	• मैड्रिड (स्पेन)	मैजेनसेस
• अंकारा (तुर्किए)	किजिल	• लाहौर (पाकिस्तान)	रावी
• मॉण्ट्रियल (कनाडा)	सेंट लारेंस	• कराची (पाकिस्तान)	सिंधु
• बोन (जर्मनी)	राइन	• डबलिन (आयरलैंड)	लीफें
• काहिरा (मिस्र)	नील	• दिल्ली (भारत)	यमुना
• ब्यूनस आयर्स (अर्जेंटीना)	लाप्लाटा	• शिकागो (सं.रा.अ.)	शिकागो
• लिवरपुल (इंग्लैंड)	मर्सी	• ब्रिस्टल (इंग्लैंड)	एवन्
• कीव (यूक्रेन)	नीपर	• बसरा (इराक)	दजला और फरात

भारत का भूगोल (Indian Geography)

- भारत उत्तरी गोलार्द्ध में स्थित है। ग्लोब में यह 8°4'–37°6' उत्तरी अक्षांश और 68°7'–97°25' पूर्वी देशांतर के बीच स्थित है।
- भारत का क्षेत्रफल 32 लाख 87 हजार 263 वर्ग किमी. है। यह विश्व के क्षेत्रफल का 2.24% है।
- क्षेत्रफल की दृष्टि से भारत से बड़े छह देश हैं–रूस, कनाडा, चीन, सं.रा. अमेरिका, ब्राजील एवं ऑस्ट्रेलिया।
- भारत की पूर्व से पश्चिम की लम्बाई 2933 किमी. तथा उत्तर से दक्षिण की लम्बाई 3214 किमी है।
- भारत का पूर्वी बिन्दु वालुग (अरुणाचल प्रदेश) और पश्चिमी बिन्दु ओखा (गुजरात) है। इसका उत्तरी बिन्दु इंदिरा कॉल (जम्मू-कश्मीर) तथा दक्षिणतम बिन्दु वृहत निकोबार द्वीप के पास स्थित इन्दिरा प्वाइंट है। भारत विश्व में जनसंख्या की दृष्टि से चीन के बाद दूसरा सबसे बड़ा देश है।
- गुजरात राज्य की तटरेखा सर्वाधिक लम्बी (1200 किमी) है। इसके बाद आन्ध्र प्रदेश की तटरेखा सबसे ज्यादा लम्बी है। भारत के कुल नौ राज्य तट रेखा से लगे हैं। भारत भूमध्य रेखा के उत्तर में स्थित है और कर्क रेखा भारत के मध्य से होकर गुजरती है। कर्क रेखा पर भारत के कई राज्य स्थित हैं, जैसे–मिज़ोरम, त्रिपुरा, पं. बंगाल, झारखंड, छत्तीसगढ़, मध्य प्रदेश, राजस्थान और गुजरात।
- भारत में हिमालय की ऊँची चोटी कंचनजंघा है, जो सिक्किम और नेपाल की सीमा पर है।
- भारत का सर्वोच्च पर्वत शिखर माउण्ट K_2 (गॉडविन ऑस्टिन) है। यह कराकोरम श्रेणी में है।
- अरावली की पहाड़ियाँ विश्व की सबसे प्राचीन वलित पर्वतमाला है। यह पश्चिम में गुजरात तक है। राजस्थान के माउण्ट आबू की पहाड़ी पर स्थित 'गुरू शिखर' इसका सर्वोच्च शिखर है।
- नीलगिरि का सर्वोच्च शिखर डोडाबेट्टा है जो दक्षिण भारत का दूसरा सर्वोच्च शिखर है।
- **अंडमान-निकोबार के द्वीप समूहः** यह द्वीप-समूह बंगाल की खाड़ी में स्थित है जिसका क्षेत्रफल 8,249 वर्ग किमी. है। इसमें लगभग 247 छोटे-छोटे द्वीप हैं। निकोबार में 19 द्वीप हैं। अंडमान-निकोबार द्वीप समूह का सबसे उत्तरी द्वीप लैंडफॉल द्वीप है। इस द्वीप समूह को 10° चैनल दो भागों में बाँटती हैं। भारत का एकमात्र सक्रिय ज्वालामुखी 'बैरन' इसी द्वीप समूह में है। भारत का सबसे दक्षिणी बिन्दु 'इन्दिरा प्वाइन्ट' ग्रेट निकोबार में स्थित है।
- अंडमान-निकोबार द्वीप समूह की सबसे ऊँची पर्वत चोटी सैडल पीक है जिसकी ऊँचाई 730 मी. है।
- **अरब सागर समूहः** इस समूह में 47 द्वीप हैं। इसमें तीन द्वीप मुख्य हैं–लक्षद्वीप, मिनीकॉय एवं कवारत्ती। मिनीकॉय लक्षद्वीप समूह का सबसे बड़ा द्वीप है।
- गंगा एवं ब्रह्मपुत्र नदी बंगाल की खाड़ी में गिरने से पूर्व एक विशाल डेल्टा का निर्माण करती हैं। इस डेल्टा का नाम 'सुन्दरवन' का डेल्टा है।
- चिल्का झील भारत की सबसे बड़ी झील है। चिल्का, पेरियार, पुलीकट झीलें लैगून झीलें हैं।
- वुलर झील भारत की मीठे पानी की सबसे बड़ी झील है। सांभर झील खारे पानी की सबसे बड़ी झील है। चोलामू झील (सिक्किम) भारत की सबसे अधिक ऊँचाई पर स्थित झील है।

भारत के पड़ोसी देश

पड़ोसी देश	सीमा पर अवस्थित भारतीय राज्य/केन्द्रशासित प्रदेश
पाकिस्तान	गुजरात, राजस्थान, पंजाब, जम्मू और कश्मीर
अफगानिस्तान	जम्मू और कश्मीर
चीन	लद्दाख, हिमाचल प्रदेश, उत्तराखंड, सिक्किम, अरुणाचल प्रदेश
नेपाल	उत्तर प्रदेश, उत्तराखंड, बिहार, पश्चिम बंगाल, सिक्किम
भूटान	सिक्किम, पश्चिम बंगाल, असम, अरुणाचल प्रदेश
बांग्लादेश	पश्चिम बंगाल, असम, मेघालय, त्रिपुरा
म्यांमार	अरुणाचल प्रदेश, नगालैंड, मणिपुर, मिजोरम

भारत की महत्वपूर्ण झीलें

झीलें	राज्य/केंद्रशासित प्रदेश	झीलें	राज्य/केंद्रशासित प्रदेश
• चिल्का	ओडिशा	• कोलेरू, पुलीकट	आन्ध्र प्रदेश
• लोकटक	मणिपुर	• सुकना	चण्डीगढ़
• लोनार	महाराष्ट्र	• निजाम सागर	तेलंगाना
• वुलर, डल	जम्मू-कश्मीर	• उमियम झील	मेघालय
• नैनीताल, भीमताल	उत्तराखंड	• पुल्ह झील	उत्तर प्रदेश
• अष्टमुदी	केरल	• परशुराम कुण्ड	अरुणाचल प्रदेश
• पोगांग शो	लद्दाख		

भारत में नदियों के किनारे बसे प्रमुख नगर

नगर	नदी	नगर	नदी
• दिल्ली	यमुना	• गुवाहाटी	ब्रह्मपुत्र
• आगरा	यमुना	• जबलपुर	नर्मदा
• बद्रीनाथ	अलकनंदा	• कोटा	चम्बल
• प्रयागराज	गंगा, यमुना	• कटक	महानदी
• हरिद्वार	गंगा	• नासिक	गोदावरी
• कानपुर	गंगा	• श्रीरंगपट्टनम	कावेरी
• पटना	गंगा	• जौनपुर	गोमती
• श्रीनगर	झेलम	• हैदराबाद	मूसी
• अयोध्या	सरयु	• मथुरा	यमुना
• सूरत	ताप्ती	• जमशेदपुर	स्वर्णरेखा
• कोलकाता	हुगली	• भागलपुर	गंगा
• लखनऊ	गोमती	• वाराणसी	गंगा
• उज्जैन	क्षिप्रा		

भारत के महत्वपूर्ण जल प्रपात

जल प्रपात	ऊँचाई (मी.)	स्थिति	जल प्रपात	ऊँचाई (मी.)	स्थिति
• कुंचिकल	455	वरही नदी	• जोग/गरसोप्पा	225	शरावती नदी
• शिवसमुद्रम	90	कावेरी नदी	• पुनासा	12	चम्बल नदी
• धुआँधार	10	नर्मदा नदी	• गोकक	55	गोकक
• चूलिया	18	चम्बल नदी	• हुंडरू	74	स्वर्णरेखा नदी
• येन्ना	183	नर्मदा नदी			

भारत की प्रमुख बहुउद्देशीय नदी घाटी परियोजनाएँ

परियोजना का नाम	नदी	लाभान्वित राज्य
• दामोदर घाटी परियोजना	दामोदर	झारखंड, पश्चिम बंगाल
• टिहरी बाँध परियोजना	भागीरथी	उत्तराखंड
• नागार्जुन सागर परियोजना	कृष्णा	आन्ध्र प्रदेश
• कोसी परियोजना	कोसी	बिहार तथा नेपाल
• हीराकुड बाँध परियोजना	महानदी	ओडिशा
• व्यास परियोजना	व्यास	राजस्थान, पंजाब, हरियाणा, हिमाचल प्रदेश
• चम्बल परियोजना	चम्बल	राजस्थान, मध्य प्रदेश
• मयूराक्षी परियोजना	मयूराक्षी	पश्चिम बंगाल
• तुंगभद्रा परियोजना	तुंगभद्रा	आन्ध्र प्रदेश, कर्नाटक
• गण्डक परियोजना	गण्डक	बिहार, नेपाल
• फरक्का परियोजना	गंगा, भागीरथी	पश्चिम बंगाल
• काकड़ापारा परियोजना	ताप्ती	गुजरात
• इन्दिरा गाँधी नहर परियोजना	सतलज	राजस्थान, पंजाब तथा हरियाणा
• रिहन्द परियोजना	रिहन्द	उत्तर प्रदेश
• महानदी डेल्टा परियोजना	महानदी	ओडिशा
• कुण्डा परियोजना	कुण्डा	तमिलनाडु
• इडुक्की परियोजना	पेरियार	केरल
• सतलज परियोजना	चिनाब	जम्मू-कश्मीर
• रंजीत सागर बाँध परियोजना	रावी	पंजाब
• नाथपा-झाकरी परियोजना	सतलज	हिमाचल प्रदेश
• नर्मदा सागर परियोजना	नर्मदा	मध्य प्रदेश, गुजरात
• जवाहर सागर परियोजना	चम्बल	राजस्थान
• तुलबुल परियोजना	झेलम	जम्मू कश्मीर
• सरदार सरोवर परियोजना	नर्मदा	गुजरात, मध्य प्रदेश, महाराष्ट्र एवं राजस्थान
• दुलहस्ती परियोजना	चिनाब	जम्मू-कश्मीर
• तिलैया परियोजना	बराकर	झारखंड

भारत की प्रमुख नदियाँ

नदी	उद्गम	मुहाना	लम्बाई (किमी.)
सिन्धु	मानसरोवर झील (तिब्बत)	अरब सागर	2880 (भारत में 1114)
सतलज	राक्षसताल	चिनाब	1500 (भारत में 1050)
गंगा	गंगोत्री के पास गोमुख से	बंगाल की खाड़ी	2525
यमुना	यमुनोत्री के पास बंदरपूंछ से	गंगा	1375
चम्बल	महूँ (जानपाव पहाड़ी)	यमुना	1050
गण्डक	धौलाधार पर्वत	गंगा	300
सोन	अमरकंटक पहाड़ी	गंगा	425
ब्रह्मपुत्र	मानसरोवर झील (तिब्बत)	बंगाल की खाड़ी	2900 (भारत में 916)
नर्मदा	अमरकंटक	अरब सागर	1312
ताप्ती	मुलताई (बैतूल)	खम्भात की खाड़ी	724
महानदी	सिहावा के समीप	बंगाल की खाड़ी	815
कृष्णा	पश्चिमी घाट की पहाड़ी (महाबलेश्वर के पास)	बंगाल की खाड़ी	1401
गोदावरी	त्रयम्बक गाँव की पहाड़ी	बंगाल की खाड़ी	1465
कावेरी	ब्रह्मगिरि की पहाड़ी	बंगाल की खाड़ी	800
तुंगभद्रा	कर्नाटक के पश्चिम घाट	कृष्णा	331

भारत की प्रमुख नदियाँ एवं उनकी सहायक नदी

नदी	सहायक नदी
सिन्धु	सतलज, रावी, व्यास, झेलम, चिनाब आदि
गंगा	यमुना, गण्डक, घाघरा, कोसी, गोमती, सोन, रामगंगा, बूढ़ी गंडक, बागमती, अलकनंदा, भागीरथी आदि।
यमुना	चम्बल, बेतवा, केन, टोंस आदि
गोदावरी	वैनगंगा, पैनगंगा, इन्द्रावती, प्राणहिता, वर्धा, मंजरी आदि
कृष्णा	भीमा, तुंगभद्रा, पंचगंगा, दूधगंगा, घाटप्रभा, मालप्रभा, मूसी, कोयना आदि
नर्मदा	तवा, ओरसन आदि
महानदी	ब्राह्मणी, वैतरणी, शिवनाथ, हंसदेव, जोंक आदि
ब्रह्मपुत्र	लोहित, दिहांग, मानस, कामेंग, तिस्ता, स्वर्णसीरी, धनसीरी, डिबोंग आदि
चम्बल	काली सिंध, पार्वती, बनास, क्षिप्रा आदि
दामोदर	बराकर
कावेरी	हेमवती, सुवर्णवती, लक्ष्मणतीर्थ, शिमला, अमरावती आदि
सोन	रिहन्द, कोयल, महानदी आदि

भारत के प्रमुख राष्ट्रीय उद्यान एवं वन्य जीव अभयारण्य

राज्य	उद्यान व अभयारण्य
• असम	कांजीरंगा राष्ट्रीय उद्यान, मानस राष्ट्रीय उद्यान, डिब्रू सैखोवा राष्ट्रीय स्थल, सोनाई रूपा वन्य जीव अभयारण्य।
• आंध्र प्रदेश/ तेलंगाना	श्री वैंकटेश्वर राष्ट्रीय उद्यान, महावीर हरिना वनस्थली, कासू ब्रह्मानंद रेड्डी राष्ट्रीय उद्यान, मरूगार्वान राष्ट्रीय उद्यान, परवाल वन्य जीव अभयारण्य, मालापट्टी पक्षी विहार।
• उत्तर प्रदेश	चन्द्रप्रभा अभयारण्य, दुधवा राष्ट्रीय उद्यान, नवाबगंज राष्ट्रीय उद्यान, सुल्तानपुर पक्षी विहार, कैम्पवेल राष्ट्रीय उद्यान।
• अरुणाचल प्रदेश	नामदाफा वन्य जीव अभयारण्य, पक्कुई वन्य जीव अभयारण्य, मौलिका राष्ट्रीय उद्यान।
• जम्मू-कश्मीर	सलीम अली राष्ट्रीय उद्यान, दाचीगाम राष्ट्रीय उद्यान।
• कर्नाटक	बाँदीपुर राष्ट्रीय उद्यान, साइलेंट वैली राष्ट्रीय उद्यान, कुद्रेमुख राष्ट्रीय उद्यान, सोमेश्वर वन्य जीव अभयारण्य।
• अण्डमान निकोबार द्वीप समूह	महात्मा गाँधी राष्ट्रीय उद्यान, सैडल पीक राष्ट्रीय उद्यान, नार्थ बटन द्वीप राष्ट्रीय उद्यान।
• झारखण्ड	पलामू वन्य जीव अभयारण्य, बेतला राष्ट्रीय उद्यान।
• मध्य प्रदेश	पंचमढ़ी राष्ट्रीय उद्यान, बान्धवगढ़ राष्ट्रीय उद्यान, कान्हा किसली राष्ट्रीय उद्यान।
• राजस्थान	सरिस्का वन्य जीव अभयारण्य, रणथम्भौर वन्य जीव अभयारण्य, केवलादेव राष्ट्रीय उद्यान, दर्राह राष्ट्रीय उद्यान।
• उत्तराखंड	जिम कार्बेट राष्ट्रीय उद्यान।
• छत्तीसगढ़	कांगेर राष्ट्रीय उद्यान, इंद्रावती राष्ट्रीय उद्यान।
• गुजरात	गिर राष्ट्रीय उद्यान, वेसन्दा राष्ट्रीय उद्यान।
• ओडिशा	भितरकणिका राष्ट्रीय उद्यान, सिमलीपाल राष्ट्रीय उद्यान।
• महाराष्ट्र	तंसा राष्ट्रीय उद्यान, पेंच राष्ट्रीय उद्यान, वोरीविली राष्ट्रीय उद्यान।
• केरल	पेरम्बीकुलम वन्य जीव अभयारण्य, पेरियार वन्य जीव अभयारण्य, इरविकुलम वन्य जीव अभयारण्य।
• नगालैंड	इन्टकी राष्ट्रीय उद्यान।
• तमिलनाडु	वेदान्तगल पक्षी विहार, मुदुमलाई वन्य जीव अभयारण्य, गल्फ ऑफ मन्नार राष्ट्रीय उद्यान, गिण्डी राष्ट्रीय उद्यान।
• हिमाचल प्रदेश	कुगती वन्य जीव अभयारण्य, ग्रेट हिमालय राष्ट्रीय उद्यान, पिन वैली राष्ट्रीय उद्यान, रोहला राष्ट्रीय उद्यान।
• मिजोरम	डाम्फा वन्य जीव अभयारण्य।
• पश्चिम बंगाल	सुन्दरवन टाइगर रिजर्व, जलदापाड़ा वन्य जीव अभयारण्य।

प्रमुख बाघ आरक्षित क्षेत्र

नाम	स्थान	नाम	स्थान
• जिम कार्बेट	उत्तराखण्ड	• सुन्दरवन	पश्चिम बंगाल
• बांधवगढ़	मध्य प्रदेश	• बोरी सतपुड़ा	मध्य प्रदेश
• दुधवा राष्ट्रीय उद्यान	उत्तर प्रदेश	• कान्हा किसली	मध्य प्रदेश
• सरिस्का	राजस्थान	• नामदाफा	अरुणाचल प्रदेश
• बाँदीपुर	कर्नाटक	• नन्दन-कानन	ओडिशा
• रणथम्भौर	राजस्थान	• पीलीभीत	उत्तर प्रदेश
• पेंच	महाराष्ट्र	• नागार्जुन सागर	आंध्र प्रदेश

हाथी संरक्षण परियोजना

नाम	स्थान	नाम	स्थान
• पेरियार	केरल	• राजाजी पार्क	उत्तराखण्ड
• शान्त घाटी	केरल	• अन्नामलाई-पेरम्बीकुलम	तमिलनाडु
• काजीरंगा	असम		

भारतीय कृषि

- डॉ॰ एम.एस. स्वामीनाथन को भारत में हरित क्रांति का जनक माना जाता है। इसकी शुरुआत 1966-67 में हुई थी।

ऋतुओं के आधार पर भारत में फसलों का वर्गीकरण–

- **खरीफ फसलः** यह दक्षिणी-पश्चिमी मानसून के आने पर जून-जुलाई के महीने में बोई जाती है एवं नवम्बर-दिसम्बर में काट ली जाती है। उदाहरणस्वरूप–ज्वार, बाजरा, धान, जूट, मक्का, तिल, गन्ना, मूंगफली, कपास आदि।
- **रबी की फसलः** यह नवम्बर में बोई जाती है एवं मार्च-अप्रैल में काटी जाती है। उदाहरणतः गेहूँ, सरसों, जौ, चना, मटर, राई आदि।
- **जायद की फसलः** यह फसल अप्रैल-मई में बोई जाती है तथा जून-जुलाई में काट ली जाती है। उदाहरणस्वरूप–उड़द, मूँग, राई, तरबूज, खीरा आदि।

सम्बन्धित क्रांतियाँ

• हरित क्रांति	खाद्यान्न	• श्वेत क्रांति	दुग्ध
• नीली क्रांति	मछली	• पीली क्रांति	तिलहन
• भूरी क्रांति	उर्वरक	• कृष्ण क्रांति	बायोडीजल
• बादामी क्रांति	मसाला	• रजत क्रांति	अंडा
• लाल क्रांति	टमाटर/मांस	• गुलाबी क्रांति	झींगा मछली
• सुनहरी क्रांति	फलों के उत्पादन	• अमृत क्रांति	नदी जोड़ो परियोजनाएं

भारत में खनिज उत्पादन

खनिज पदार्थ	प्रमुख उत्पादक राज्य/कें.शा. प्रदेश	विशेष तथ्य
• लौह अयस्क	कर्नाटक, छत्तीसगढ़, ओडिशा, गोवा, झारखंड	कर्नाटक भारत का लगभग एक-चौथाई लोहा उत्पादन करता है। हेमाटाइट (68%) सर्वोत्कृष्ट लौह अयस्क है।
• कोयला	झारखंड, छत्तीसगढ़, ओडिशा, महाराष्ट्र, मध्य प्रदेश, प. बंगाल	झारखंड कोयला उत्पादन की दृष्टि से भारत में प्रथम स्थान पर है। ऐंथ्रासाइट (90%) सर्वोच्च कोटि का कोयला है।
• मैंगनीज	ओडिशा, मध्य प्रदेश, महाराष्ट्र, कर्नाटक	मैंगनीज का सबसे बड़ा (20%) संचित भंडार है। ओडिशा भारत में मैंगनीज के उत्पादन में अग्रणी राज्य है।
• बॉक्साइट	ओडिशा, गुजरात, झारखंड, महाराष्ट्र, छत्तीसगढ़	ओडिशा भारत के कुल उत्पादन का 42% बॉक्साइट उत्पादन करता है।
• तांबा	झारखंड, राजस्थान, मध्य प्रदेश, छत्तीसगढ़, आंध्र प्रदेश, कर्नाटक	झारखंड के पूर्वी एवं पश्चिमी सिंहभूम जिले ताँबे के सबसे बड़े उत्पादक हैं।
• अभ्रक	बिहार, झारखंड, आंध्र प्रदेश, राजस्थान	आन्ध्रप्रदेश में सबसे ज्यादा अभ्रक का उत्पादन होता है।
• चूना-पत्थर	मध्य प्रदेश, छत्तीसगढ़, आंध्र प्रदेश, गुजरात, राजस्थान	देश का 35 प्रतिशत चूना-पत्थर मध्य प्रदेश में पाया जाता है।
• पेट्रोलियम	असम, गुजरात, महाराष्ट्र	भारत विश्व का मात्र 1 प्रतिशत पेट्रोलियम उत्पादन करता है।
• थोरियम	राजस्थान	
• यूरेनियम	झारखंड	
• हीरा	मध्य प्रदेश	
• जस्ता	राजस्थान, ओडिशा, जम्मू-कश्मीर	

- भारत में पहले जूट उद्योग की स्थापना जॉर्ज आकलैंड द्वारा 1859 में रिशरा में की गई थी। देश में सर्वाधिक जूट मिलें पश्चिम बंगाल में हैं।
- भारत में आधुनिक चीनी उद्योग की शुरुआत 1903 में बिहार में पहली चीनी मिल की स्थापना के साथ हुई।
- भारत में एल्युमिनियम का पहला कारखाना 1937 ई. में पं. बंगाल में आसनसोल के निकट जे.के. नगर में स्थापित किया गया था। भारत में पहला सीमेंट कारखाना 1904 में मद्रास (चेन्नई) में स्थापित किया गया।
- एसोसिएट सीमेंट कम्पनी लि. (A.C.C.) की स्थापना 1936 में की गई थी। 1951 ई. में भारतीय उर्वरक निगम की स्थापना की गई, जिसके तहत एशिया का सबसे बड़ा उर्वरक संयंत्र सिन्दरी में स्थापित किया गया।
- भारत में पहली रेलगाड़ी 16 अप्रैल, 1853 को मुंबई और थाणे के बीच (34 कि॰मी॰) चली। देश में सबसे लम्बी दूरी तय करने वाली रेलगाड़ी विवेक एक्सप्रेस है जो डिब्रूगढ़ (असम) से कन्याकुमारी (तमिल ाडु) जाती है।
- हुब्बल्लि (हुबली) रेलवे स्टेशन का प्लेटफार्म विश्व का सबसे लम्बा प्लेटफॉर्म है। इसकी लम्बाई 1507 मीटर है।
- भारतीय रेल की सबसे लम्बी सुरंग T-50 सुरंग है। यह जम्मू कश्मीर में खारी एवं सम्बेर सेक्शन के मध्य 12.77 किमी. लम्बी है।
- वर्तमान में भारत का सबसे लम्बा राष्ट्रीय राजमार्ग-NH-44 है। इस राजमार्ग का पुराना नाम NH-7 था। यह राजमार्ग भारत के उत्तर (श्रीनगर, जम्मू कश्मीर) से भारत के दक्षिणी छोर (कन्याकुमारी, तमिलनाडु) तक जाता है।
- राष्ट्रीय राजमार्ग 47-A भारत का सबसे छोटा राष्ट्रीय राजमार्ग है। जिसकी लम्बाई मात्र 6 किमी. है। यह केरल के बेम्बानद झील में स्थित वेलिंटन द्वीप में है।
- देश का सबसे बड़ा बन्दरगाह मुम्बई में है। बड़े बन्दरगाहों का नियंत्रण केन्द्र सरकार करती है जबकि छोटे बन्दरगाह संविधान के समवर्ती सूची में शामिल हैं।
- विशाखापत्तनम ान्दरगाह भारत का सर्वश्रेष्ठ प्राकृतिक बन्दरगाह तथा सबसे गहरा है। 1 अप्रैल, 1995 को भारतीय विमानपत्तनम प्राधिकरण का गठन किया गया।

वन रिपोर्ट, 2021

- देश में कुल वन आच्छादित क्षेत्र 7,13,789 वर्ग कि.मी. है जो कुल भौगोलिक क्षेत्रफल का 21.71 प्रतिशत है। इसके अलावा देश में 46,539 वर्ग किमी. क्षेत्र झाड़ियों से आच्छादित है, जो कुल भौगोलिक क्षेत्रफल का 1.41 प्रतिशत है।
- देश में 99,779 वर्ग किमी. अत्यंत सघन वन, 3,06,890 सामान्य सघन वन तथा 3,07,120 खुले वन हैं।
- 2019 के पिछले मूल्यांकन की तुलना में वन आच्छादित क्षेत्रफल में 1,540 वर्ग किलोमीटर की वृद्धि हुई।

भारत के दस सर्वाधिक लम्बे राष्ट्रीय राजमार्ग

क्र.सं.	राष्ट्रीय राजमार्ग	लम्बाई (किमी.)	कहाँ से कहाँ तक
1.	NH-44	3,745	श्रीनगर से कन्याकुमारी
2.	NH-27	3,507	पोरबन्दर से सिलचर
3.	NH-48	2,807	दिल्ली से चेन्नई
4.	NH-52	2,317	संगरूर से अंकोला
5.	NH-30	2,040	सितारगंज से इब्राहिमपट्टनम
6.	NH-6	1,873	जोरावाट से सीलिंग
7.	NH-53	1,781	हजीरा से पारादीप
8.	NH-16	1,711	पूर्वी तट (पश्चिम बंगाल) से चेन्नई
9.	NH-66	1,622	पनवेल से कन्याकुमारी
10.	NH-19	1,435	दिल्ली से कोलकाता

राष्ट्रीय जलमार्ग

जलमार्ग	लम्बाई	विस्तार	नदी
एन डब्ल्यू-1	1620 किमी	प्रयागराज से हल्दिया तक	गंगा
एन डब्ल्यू-2	891 किमी	सादिया से धुबरी पट्टी तक	ब्रह्मपुत्र
एन डब्ल्यू-3	205 किमी	कोल्लम से कोट्टापुरम तक	चम्पाक्कारा
एन डब्ल्यू-4	1095 किमी	काकीनाडा से मरक्कानम तक	कृष्णा-गोदावरी
एन डब्ल्यू-5	623 किमी.	तलचर से धमरा तक	ब्राह्मणी एवं मताई

देश के प्रमुख बड़े बन्दरगाह

नाम	राज्य/संघ शासित प्रदेश	नदी/खाड़ी एवं समुद्र
विशाखापत्तनम	आंध्र प्रदेश	बंगाल की खाड़ी
वी.ओ. चिदंबरनार (तूतीकोरिन)	तमिलनाडु	बंगाल की खाड़ी
पारादीप	ओडिशा	बंगाल की खाड़ी
कामराजार (एन्नौर)	तमिलनाडु	बंगाल की खाड़ी
चेन्नई	तमिलनाडु	बंगाल की खाड़ी
पोर्ट ब्लेयर	अंडमान	बंगाल की खाड़ी
मार्मागोवा	गोवा	अरब सागर
न्हावाशेवा (जे.एल. नेहरू)	महाराष्ट्र	अरब सागर
न्यू मंगलुरु	कर्नाटक	अरब सागर
दीनदयाल (कांडला)	गुजरात	अरब सागर
मुम्बई	महाराष्ट्र	अरब सागर
कोच्चि	केरल	अरब सागर
श्यामा प्रसाद मुखर्जी (कोलकाता)	प. बंगाल	हुगली नदी

भारत के प्रमुख अंतर्राष्ट्रीय/राष्ट्रीय हवाई अड्डे

अंतर्राष्ट्रीय हवाई अड्डा	स्थान
वीर सावरकर अंतर्राष्ट्रीय हवाई अड्डा	पोर्ट ब्लेयर
राजीव गांधी अंतर्राष्ट्रीय हवाई अड्डा	हैदराबाद
लोकप्रिय गोपीनाथ बोरदोलोई अंतर्राष्ट्रीय हवाई अड्डा	गुवाहाटी
इंदिरा गांधी अंतर्राष्ट्रीय हवाई अड्डा	नई दिल्ली
दाबोलिम अंतर्राष्ट्रीय हवाई अड्डा	गोवा
सरदार वल्लभ भाई पटेल अंतर्राष्ट्रीय हवाई अड्डा	अहमदाबाद
श्रीनगर अंतर्राष्ट्रीय हवाई अड्डा	श्रीनगर
केम्पेगोड़ा अंतर्राष्ट्रीय हवाई अड्डा	बेंगलूरू
मंगलूरू अंतर्राष्ट्रीय हवाई अड्डा	मंगलूरू
कोचीन अंतर्राष्ट्रीय हवाई अड्डा	कोच्चि
कालीकट अंतर्राष्ट्रीय हवाई अड्डा	कोझीकोड
त्रिवेन्द्रम अंतर्राष्ट्रीय हवाई अड्डा	तिरुवनंतपुरम
देवी अहिल्याबाई होल्कर अंतर्राष्ट्रीय हवाई अड्डा	इन्दौर
छत्रपति शिवाजी अंतर्राष्ट्रीय हवाई अड्डा	मुम्बई
डॉ. बाबा साहेब अम्बेडकर अंतर्राष्ट्रीय हवाई अड्डा	नागपुर
श्री गुरु रामदासजी अंतर्राष्ट्रीय हवाई अड्डा	अमृतसर
जयपुर अंतर्राष्ट्रीय हवाई अड्डा	जयपुर
अन्ना अंतर्राष्ट्रीय हवाई अड्डा	चेन्नई
कोयम्बटूर अंतर्राष्ट्रीय हवाई अड्डा	कोयम्बटूर
तिरुचिरापल्ली अंतर्राष्ट्रीय हवाई अड्डा	त्रिचुरापल्ली
चौधरी चरण सिंह अंतर्राष्ट्रीय हवाई अड्डा	लखनऊ
लाल बहादुर शास्त्री अंतर्राष्ट्रीय हवाई अड्डा	वाराणसी
नेताजी सुभाषचन्द्र बोस अंतर्राष्ट्रीय हवाई अड्डा	कोलकाता
बीजू पटनायक अंतर्राष्ट्रीय हवाई अड्डा	भुवनेश्वर
गया हवाई अड्डा	गया
पुणे अंतर्राष्ट्रीय हवाई अड्डा	पुणे
जरूकी अंतर्राष्ट्रीय हवाई अड्डा	शिलांग

●●●

3

अर्थव्यवस्था (Economy)

जनसंख्या

- देश की कुल जनसंख्या (2011)–**1,21,08,54,977 करोड़**
- जनसंख्या का विश्व में प्रतिशत–**17.7 प्रतिशत**
- लिंगानुपात (प्रति हजार पुरुषों पर महिलाएं)–**943**
- सर्वाधिक स्त्री-पुरुष अनुपात वाला राज्य–**केरल (1084)**
- जन्मसंख्या का घनत्व (2011)–**382 प्रति वर्ग किमी.**
- जन्म दर (2018)–**17.857 प्रति हजार जनसंख्या**
- मृत्यु दर (2018)–**7.234 प्रति हजार जनसंख्या**
- शिशु मृत्यु दर (2018)–**32 प्रति हजार जीवित जन्म**
- प्रत्याशित आयु (जन्म के समय) (2018)—**69.416 वर्ष**
  पुरुष (2018)–**68.239 वर्ष**, महिला (2018)–**70.692 वर्ष**
- बाल मृत्यु दर (0-5 वर्ष) (प्रति 1,000 बच्चे) (2019)–**34.3**
- मातृत्व मृत्यु दर (प्रति 1,000 जीवित जन्म) (2016-18) –**113**
- सर्वाधिक साक्षरता वाला राज्य (2011)–**केरल (94.0%)**
- सबसे कम साक्षरता वाला राज्य (2011)–**बिहार (61.8%)**
- ग्रामीण जनसंख्या (2011)–**83.37 करोड़**, शहरी जनसंख्या (2011)–**37.71 करोड़**
- कुल जनसंख्या से शहरी जनसंख्या का प्रतिशत (2011) –**31.16%**
- सर्वाधिक शहरी जनसंख्या वाला राज्य (2011)–**गोवा (62.17%)**
- सबसे कम शहरी जनसंख्या वाला राज्य (2011)–**हिमाचल प्रदेश (10.03%)**
- सर्वाधिक जनसंख्या वृद्धि वाला राज्य (2011)–**मेघालय (27.9%)**
- सर्वाधिक जनसंख्या वाला राज्य (2011)–**उत्तर प्रदेश (19.98 करोड़)**
- न्यूनतम जनसंख्या वाला राज्य (2011)–**सिक्किम (6.11 लाख)**
- सर्वाधिक जनसंख्या घनत्व वाला राज्य (2011)–**बिहार (1106)**
- न्यूनतम जनसंख्या घनत्व वाला राज्य (2011)–**अरुणाचल प्रदेश (17)**

भारत की जनगणना 2011: जनसंख्या वितरण, जनसंख्या घनत्व एवं साक्षरता दर

क्र. सं.	राज्य/केन्द्रशासित प्रदेश*	जनसंख्या 2011			जनसंख्या घनत्व (प्रति वर्ग कि.मी.)	साक्षरता दर 2011		
		व्यक्ति	पुरुष	महिलाएं	2011	व्यक्ति	पुरुष	महिलाएं
	भारत	**1,21,08,54,977**	**62,32,70,258**	**58,75,84,719**	**382**	**73.0**	**80.9**	**64.6**
1.	जम्मू-कश्मीर	1,25,41,302	66,40,662	59,00,640	124	67.2	76.8	56.4
2.	हिमाचल प्रदेश	68,64,602	34,81,873	33,82,729	123	82.8	89.5	75.9
3.	पंजाब	2,77,43,308	1,46,39,465	1,31,03,873	551	75.8	80.4	70.7
4.	चंडीगढ़*	10,55,450	5,80,663	4,74,787	9,258	86.0	90.0	81.2
5.	उत्तराखंड	1,00,86,292	51,37,773	49,48,519	189	78.8	87.4	70.0
6.	हरियाणा	2,53,51,462	1,34,94,734	1,18,56,728	573	75.6	84.1	65.9
7.	दिल्ली*	1,67,87,941	89,87,326	78,00,615	11,320	86.2	90.9	80.8
8.	राजस्थान	6,85,48,437	3,55,50,997	3,29,97,440	200	66.1	79.2	52.1
9.	उत्तर प्रदेश	19,98,12,341	10,44,80,510	9,53,31,831	829	67.7	77.3	57.2
10.	बिहार	10,40,99,452	5,42,78,157	4,98,21,295	1,106	61.8	71.2	51.5
11.	सिक्किम	6,10,577	3,23,070	2,87,507	86	81.4	86.6	75.6
12.	अरुणाचल प्रदेश	13,83,727	7,13,912	6,69,815	17	65.4	72.6	57.7
13.	नागालैंड	19,78,502	10,24,649	9,53,853	119	79.6	82.8	76.1
14.	मणिपुर	28,55,794	14,38,586	14,17,208	115	79.2	86.1	72.4
15.	मिजोरम	10,97,206	5,55,339	5,41,867	52	91.3	93.3	89.3
16.	त्रिपुरा	36,73,917	18,74,376	17,99,541	350	87.2	91.5	82.7
17.	मेघालय	29,66,889	14,91,832	14,75,057	132	74.4	76.0	72.9
18.	असम	3,12,05,576	1,59,39,443	1,52,66,133	398	72.2	77.8	66.3
19.	पश्चिम बंगाल	9,12,76,115	4,68,09,027	4,44,67,088	1,028	76.3	81.7	70.5
20.	झारखंड	3,29,88,134	1,69,30,315	1,60,57,819	414	66.4	76.8	55.4
21.	ओडिशा	4,19,74,218	2,12,12,136	2,07,62,082	270	72.9	81.6	64.0
22.	छत्तीसगढ़	2,55,45,198	1,28,32,895	1,27,12,303	189	70.3	80.3	60.2
23.	मध्य प्रदेश	7,26,26,809	3,76,12,306	3,50,14,503	236	69.3	78.7	59.2
24.	गुजरात	6,04,39,692	3,14,91,260	2,89,48,432	308	78.0	85.8	69.7
25.	दमन एवं दीव*	2,43,247	1,50,301	92,946	2,191	87.1	91.5	79.5
26.	दादर और नागर हवेली*	3,43,709	1,93,760	1,49,949	700	76.2	85.2	64.3
27.	महाराष्ट्र	11,23,74,333	5,82,43,056	5,41,31,277	365	82.3	88.4	75.9
28.	आंध्र प्रदेश	4,93,86,799	2,47,38,068	2,46,48,731	308	67.4	74.8	60.0
29.	कर्नाटक	6,10,95,297	3,09,66,657	3,01,28,640	319	75.4	82.5	68.1
30.	गोआ	14,58,545	7,39,140	7,19,405	394	88.7	92.6	84.7
31.	लक्षद्वीप*	64,473	33,123	31,350	2,149	91.8	95.6	87.9
32.	केरल	3,34,06,061	1,60,27,412	1,73,78,649	860	94.0	96.1	92.1
33.	तमिलनाडु	7,21,47,030	3,61,37,975	3,60,09,055	555	80.1	86.8	73.4
34.	पुडुचेरी*	12,47,953	6,12,511	6,35,442	2,547	85.8	91.3	80.7
35.	अंडमान एवं निकोबार द्वीप समूह*	3,80,581	2,02,871	1,77,710	46	86.6	90.3	82.4
36.	तेलंगाना	3,51,93,978	17,704,078	17,489,900	308	66.5	75.0	57.9

मुद्रा, बैंकिंग एवं पूँजी बाजार

- यूरोपीय बैंकिंग प्रणाली पर आधारित देश में पहला बैंक एलेक्जेण्डर एंड कम्पनी द्वारा सन् 1770 में कलकत्ता (कोलकाता) में 'बैंक ऑफ हिन्दुस्तान' नाम से प्रारम्भ किया गया था। यह बैंक सफल न हो सका।
- सरकार के वित्तीय सहयोग से निजी अंशधारियों द्वारा 1806 में बैंक ऑफ बंगाल, 1840 में बैंक ऑफ बॉम्बे तथा 1843 में बैंक ऑफ मद्रास की स्थापना की गई। यह तीनों बैंक प्रेसीडेन्सी बैंक कहलाते थे। प्रेसीडेन्सी बैंकों को 1862 तक कागजी नोट निर्गमन का अधिकार भी प्राप्त था।
- 1921 में तीनों प्रेसीडेन्सी बैंकों को मिलाकर इम्पीरियल बैंक ऑफ इंडिया की स्थापना की गई।
- 1 जुलाई, 1955 को इम्पीरियल बैंक का आंशिक राष्ट्रीयकरण करके उसका नाम स्टेट बैंक ऑफ इंडिया कर दिया गया।
- भारतीय स्टेट बैंक (एसबीआई) के पाँच सहयोगी बैंकों (स्टेट बैंक ऑफ बीकानेर एंड जयपुर, स्टेट बैंक ऑफ हैदराबाद, स्टेट बैंक ऑफ मैसूर, स्टेट बैंक ऑफ पटियाला तथा स्टेट बैंक ऑफ त्रावणकोर) और भारतीय महिला बैंक का 1 अप्रैल, 2017 को देश के सबसे बड़े बैंक भारतीय स्टेट बैंक में विलय हो गया।
- पूर्णरूप से पहला भारतीय बैंक 'पंजाब नेशनल बैंक' था। इसकी स्थापना 1894 में की गई थी।
- रिजर्व बैंक ऑफ इंडिया भारत का केन्द्रीय बैंक (Central Bank) है। इसकी स्थापना 1 अप्रैल, 1953 को की गई थी। इसका मुख्यालय मुम्बई में है। रिजर्व बैंक का राष्ट्रीयकरण 1 जनवरी, 1949 को किया गया था।
- देश के 14 बड़े व्यापारिक बैंकों का राष्ट्रीयकरण 19 जुलाई, 1969 को किया गया था। भारतीय औद्योगिक साख एवं निवेश निगम लि. (Industrial Credit and Investment Corporation of India Ltd.) का नाम बदलकर सितम्बर 1998 में ICICI Ltd. कर दिया गया था।
- क्षेत्रीय ग्रामीण बैंकों की स्थापना 1975 से की गई।
- देश में औद्योगिक वित्त की शिखर संस्था भारतीय औद्योगिक विकास बैंक (Industrial Development Bank of India–IDBI) है। इसकी स्थापना जुलाई 1964 में की गई थी।
- लघु औद्योगिक इकाइयों के लिए वित्त व्यवस्था करने के उद्देश्य से 2 अप्रैल, 1990 को भारतीय लघु औद्योगिक विकास बैंक (Small Industrial Development Bank of India–SIDBI) की स्थापना की गई थी। इसका मुख्यालय लखनऊ में है। भारतीय औद्योगिक पुनर्निर्माण बैंक (Industrial Recons-truction Bank of India–IRBI) की स्थापना 20 मार्च, 1985 को की गई थी।
- भारतीय जीवन बीमा निगम (Life Insurance Corporation of India) की स्थापना 1 सितम्बर, 1956 को की गई थी।

- देश में कृषि एवं ग्रामीण विकास के लिए वित्त व्यवस्था करने हेतु शिखर संस्था नाबार्ड (NABARD–National Bank for Agricultural and Rural Development) है। नाबार्ड की स्थापना 12 जुलाई, 1982 को की गई थी।
- सुविधाजनक शर्तों पर आवास वित्त उपलब्ध कराने के उद्देश्य से राष्ट्रीय आवास बैंक (National Housing Bank–NHB) की स्थापना एक शिखर संस्था के रूप में जुलाई 1988 में की गई थी।
- आयात-निर्यात के लिए वित्त व्यवस्था हेतु देश में शिखर संस्था निर्यात-आयात बैंक (EXIM Bank) है। इसकी स्थापना 1 जनवरी, 1982 को की गई थी।
- पर्यटन से सम्बन्धित परियोजनाओं के लिए वित्त व्यवस्था करने हेतु भारतीय पर्यटन वित्त निगम (Tourism Finance Corporation of India–IFCI) की स्थापना 1989 में की गई थी।
- प्रधानमंत्री नरेन्द्र मोदी ने 8 अप्रैल, 2015 को मुद्रा बैंक (MUDRA–Micro Units Development and Refinance Agency–Bank) का शुम्भारम्भ किया।
- निजी क्षेत्र के नए बैंकों में सर्वप्रथम यू.टी.आई. बैंक ने 2 अप्रैल, 1994 से कार्य करना प्रारम्भ किया था। इस बैंक का मुख्यालय अहमदाबाद में है। इस बैंक का नाम बदलकर 'एक्सिस' बैंक कर दिया गया है।
- निवेशकों के हितों की सुरक्षा व पूँजी बाजार के समुचित विनियमन के उद्देश्य से भारतीय प्रतिभूति एवं विनिमय बोर्ड (Securities and Exchange Board of India–SEBI) की स्थापना अप्रैल 1988 में की गई थी। 30 जनवरी, 1992 को राष्ट्रपति के एक अध्यादेश द्वारा इसे वैधानिक दर्जा प्रदान किया गया।
- 1970-71 से भारत में मुद्रा आपूर्ति की माप के लिए M_0, M_1, M_2, M_3 तथा M_4 का प्रयोग किया जाता है। M_0 को आरक्षित मुद्रा कहा जाता है। चलन में करेंसी, भारतीय रिजर्व बैंक के पास बैंकों की जमाएं तथा अन्य ज़माएं रिजर्व मुद्रा का हिस्सा है। सरकारी प्रतिभूतियों का द्वितीयक बाजार विकसित करने के उद्देश्य से मई 1994 में भारतीय प्रतिभूति व्यापार निगम (Securities Trading Corporation of India–STCI) का गठन किया गया।
- एशिया में पहला फूड पार्क कोलकाता (कलकत्ता) के निकट दानकुनी (Dankuni) में दो विदेशी कम्पनियों द्वारा संयुक्त रूप से स्थापित किया जा रहा है। सब्जियों के उत्पादन में भारत का विश्व में पहला स्थान है। आम और केले के उत्पादन में भारत का विश्व में पहला स्थान है।
- भारत में पहला जल विद्युत शक्ति गृह 1897 ई. में दार्जिलिंग में प्रारम्भ हुआ।
- भारत में मनीऑर्डर प्रणाली की शुरूआत सर्वप्रथम 1880 ई. में हुई थी। भारत में पहला डाक टिकट 1854 ई. में कराची से जारी किया गया। भारत में डाकघर बचत बैंक 1882 ई. में प्रारम्भ की गई। भारत का प्रथम पूर्णतः कम्प्यूटरीकृत (Fully Computerised) डाकघर नई दिल्ली में स्थापित किया गया। इसका उद्घाटन 10 अक्टूबर, 1994 को किया गया था।
- अन्तर्राष्ट्रीय मुद्रा कोष (IMF) की स्थापना 27 दिसम्बर, 1945 को की गई थी, किन्तु इसने वास्तविक रूप में कार्य 1 मार्च, 1947 से प्रारम्भ किया था।

- एशियाई देशों के आर्थिक विकास को प्रोत्साहित करने हेतु दिसम्बर 1966 में एशियाई विकास बैंक (ADB) की स्थापना की गई थी। 1 जनवरी, 1967 से इस बैंक ने कार्य करना प्रारम्भ कर दिया था। इसका मुख्यालय फिलीपीन्स की राजधानी मनीला में है।
- ब्रिक्स (BRICS) विकास बैंक की स्थापना का निर्णय–जुलाई 2014 में फोर्टेलेजा (ब्राजील) में सम्पन्न ब्रिक्स (BRICS) देशों–ब्राजील, रूस, भारत, चीन तथा दक्षिण अफ्रीका के शिखर सम्मेलन में 50 अरब डॉलर की प्रारम्भिक पूँजी से ब्रिक्स विकास बैंक की स्थापना का निर्णय लिया गया।
- पर्यावरण के सुचारू प्रबन्धन के लिए जमशेदपुर को ISO-14001 प्रमाण-पत्र प्रदान किया गया है। टाटा सिटी के नाम से विख्यात यह शहर ऐसा प्रमाणन प्राप्त करने वाला देश का पहला शहर है।
- हजरत निजामुद्दीन व हबीबगंज (भोपाल) के मध्य चलने वाली भोपाल एक्सप्रेस (वर्तमान नाम शान-ए-भोपाल) रेलगाड़ी को देश में पहली बार बेहतर स्वच्छता व सेवा के लिए ISO–9001 प्रमाण-पत्र नॉर्वे की अन्तर्राष्ट्रीय संस्था Kvatitiet Veritas Quality Assurance द्वारा जनवरी 2003 में प्रदान किया गया।
- पवन ऊर्जा (Wind Energy) की उत्पादन क्षमता में भारत का विश्व में चौथा स्थान हो गया है। पहले तीन स्थान क्रमशः चीन, अमरीका व जर्मनी के हैं।

विश्व के प्रसिद्ध शेयर बाजारों के प्रमुख शेयर मूल्य सूचकांक

	शेयर मूल्य सूचकांक	सम्बन्धित देश		शेयर मूल्य सूचकांक	सम्बन्धित देश
1.	सी.एन.एक्स. निफ्टी	भारत (NSE)	10.	स्ट्रेट्स	सिंगापुर
2.	सेन्सेक्स	भारत (BSE)	11.	शंघाई	चीन
3.	नैस्डैक	सं.रा. अमेरिका	12.	सियोल कम्पोजिट	दक्षिण कोरिया
4.	हैंगसैंग	हांगकांग	13.	सेट	थाइलैंड
5.	कैक	फ्रांस	14.	डो जोन्स	सं.रा. अमेरिका
6.	डैक्स	जर्मनी	15.	तेन	ताइवान
7.	एफटीएसइ-100	ब्रिटेन	16.	KLSE कम्पोजिट	मलेशिया
8.	कोस्पी	कोरिया	17.	जकार्ता कम्पोजिट	इण्डोनेशिया
9.	निक्की	जापान	18.	एस. एण्ड पी.	कनाडा

भारत में प्रतिभूति मुद्रण संस्थान

छापेखाने व टकसाल	स्थान	छापेखाने व टकसाल	स्थान
• इण्डिया सिक्योरिटी प्रेस	नासिक (महाराष्ट्र)	• बैंक नोट प्रेस	देवास (म॰प्र॰)
• सिक्योरिटी प्रिन्टिंग प्रेस	हैदराबाद	• सिक्योरिटी पेपर मिल	होशंगाबाद (म॰प्र॰)
• करेन्सी प्रेस नोट	नासिक (महाराष्ट्र)	• टकसालें (Mints)	मुम्बई, कोलकाता, नोएडा, हैदराबाद

नीति आयोग

- केन्द्र सरकार ने 1 जनवरी, 2015 को 65 साल पुराने योजना आयोग को समाप्त करके उसके स्थान पर नीति आयोग का गठन किया। नीति (NITI) का मतलब नैशनल इंस्टिट्यूट फॉर ट्रांसफॉर्मिंग इंडिया है। आयोग का काम अब सिर्फ नीति बनाने तक सीमित रहेगा।
- पहली बार मुख्यमंत्रियों को भी इससे जोड़ा गया है। केंद्र और राज्य मिलकर ऐसी नीतियां बनाएंगे, जिन्हें सबसे निचले स्तर तक लागू किया जा सकेगा।
- प्रधानमंत्री नरेन्द्र मोदी ने स्वतंत्रता दिवस पर लालकिले से अपने पहले भाषण में योजना आयोग को खत्म करने की घोषणा की थी। 1950 से देश और राज्यों की योजनाओं को रूप देने वाला योजना आयोग अब इतिहास के पन्नों में दर्ज हो गया है।

पंचवर्षीय योजनाएँ

योजना क्रम	योजना अवधि	लक्षित विकास दर	वास्तविक विकास दर	सर्वोच्च प्राथमिकता वाले क्षेत्र
• पहली योजना	1951-56	2.1	3.6	कृषि
• दूसरी योजना	1956-61	4.5	4.21	भारी उद्योग
• तीसरी योजना	1961-66	5.6	2.72	खाद्यान्न एवं कृषि
• चौथी योजना	1969-74	5.7	2.0	कृषि एवं सिंचाई
• पाँचवीं योजना	1974-78	4.4	4.83	जनस्वास्थ्य एवं समाज कल्याण
• छठी योजना	1980-85	5.2	5.54	कृषि उद्योग एवं ऊर्जा
• सातवीं योजना	1985-90	5.0	6.02	ऊर्जा, खाद्यान्न एवं मानव संसाधन
• आठवीं योजना	1992-97	5.6	6.68	मानव संसाधन
• नौवीं योजना	1997-2002	6.5	5.50	सामाजिक न्याय एवं ग्रामीण विकास
• दसवीं योजना	2002-07	8.0	7.7	रोजगार एवं ऊर्जा
• ग्यारहवीं योजना	2007-12	9.0	8.2	व्यापक तथा समावेशी विकास
• बारहवीं योजना	2012-17	8.0		त्वरित, सतत् और समावेशी विकास

15 वर्षीय दृष्टिकोण

- भारत की 12वीं पंचवर्षीय योजना 31 मार्च, 2017 को पूरी होने के साथ ही देश में पंचवर्षीय योजनाओं की व्यवस्था समाप्त हो गई है।
- इसके स्थान पर 15 वर्षीय दृष्टिकोण, सात वर्षीय रणनीति व तीन वर्षीय कार्य योजना नीति आयोग द्वारा तैयार की गई है।
- 15 वर्षीय दृष्टिकोण (Vision) 2031-32 में ऐसे भारत की कल्पना की गई है, जिसमें पूरी तरह शिक्षित समाज हो तथा सभी को स्वास्थ्य सुविधा उपलब्ध हो।

विभिन्न योजनाएँ एवं उनके उद्देश्य

कार्यक्रम का नाम	वर्ष	उद्देश्य
• सम्पूर्ण ग्रामीण रोजगार योजना	2001	रोजगार आश्वासन योजना और जवाहर ग्राम समृद्धि योजना को इसमें मिलाकर ग्रामीण क्षेत्रों में रोजगार का सृजन करना व खाद्यान्न उपलब्ध कराना।
• सर्वशिक्षा अभियान	2001	6-14 वर्ष के सभी बच्चों को 2010 तक आठवीं तक की निःशुल्क एवं गुणवत्तायुक्त प्राथमिक शिक्षा उपलब्ध कराना।
• निर्मल भारत योजना	2002	मलिन बस्तियों में सामुदायिक शौचालयों की सुविधा का विस्तार।
• जनरक्षा बीमा योजना	2002-03	₹ 1 प्रतिदिन भुगतान से चयनित व्यक्ति का निर्धारित अस्पताल में ₹ 30 हजार तक का उपचार।
• वन्दे मातरम योजना	2004	गरीब एवं पिछड़े वर्ग की गर्भवती महिलाओं को स्वास्थ्य सम्बन्धी सुविधाएँ उपलब्ध कराना।
• जननी सुरक्षा योजना	2003	गर्भवती महिलाओं को शिशु जन्म तथा आवश्यक चिकित्सा सुविधाएँ उपलब्ध कराते हुए बच्चे के जन्म पर नकद सहायता उपलब्ध कराना।
• निर्मल ग्राम पुरस्कार योजना	2003	स्वच्छता के क्षेत्र में अच्छा कार्य करने वाली त्रिस्तरीय पंचायतों को पुरस्कृत कर प्रोत्साहित करना।
• प्रधानमंत्री जन धन योजना	2014	देश के सभी परिवारों को बैंकिंग सेवाएँ उपलब्ध कराना है।
• मिड-डे-मील योजना	1995	स्कूली बच्चों को दोपहर का भोजन उपलब्ध कराना।
• स्वर्ण जयन्ती ग्राम स्वरोजगार	1999	सामूहिक प्रयास पर बल। सहायता प्राप्त गरीब व्यक्ति को 3 वर्ष में BPL के ऊपर लाना। इसमें छः कार्यक्रमों का विलय कर दिया गया। (*i*) IRDP (*ii*) TRYSEM (*iii*) DWCRA (*iv*) SITRA (*v*) MWS (*vi*) GKY
• जनश्री बीमा योजना	2000	BPL लोगों को बीमा सुरक्षा कवच देना।
• आश्रय बीमा योजना	2001	रोजगार छूटे कर्मचारियों को सुरक्षा कवच प्रदान करना।
• प्रधानमंत्री स्वास्थ्य सुरक्षा योजना	2003	देश के पिछड़े राज्यों में 6 नए AIIMS अस्पतालों को स्थापित करने हेतु।

कार्यक्रम का नाम	वर्ष	उद्देश्य
• अटल पेंशन योजना	9 मई, 2015	सामाजिक क्षेत्र योजना पेंशन क्षेत्र से संबंधित।
• दीनदयाल उपाध्याय ग्राम ज्योति योजना	2015	इस कार्यक्रम का उद्देश्य ग्रामीण भारत में सभी घरों को 24 × 7 निर्बाध विद्युत आपूर्ति उपलब्ध कराने है।
• डिजिटल भारत कार्यक्रम	1 जुलाई, 2015	सरकारी सेवाओं को इलेक्ट्रॉनिक रूप में नागरिकों के लिए उपलब्ध कराना है और लोगों को नवीनतम सूचना और संचार प्रौद्योगिकी से लाभ सुनिश्चित कराना है।
• प्रधानमंत्री सुरक्षा बीमा योजना	9 मई, 2015	₹ 12 वार्षिक प्रीमियम के साथ दुर्घटना बीमा।
• प्रधानमंत्री जीवन ज्योति बीमा योजना	9 मई, 2015	यह मूल रूप से एक वार्षिक आधार पर या समय की एक लम्बी अवधि के लिए होता है। यह पॉलिसी धारक के मृत्यु पर जीवन बीमा कवरेज प्रदान करता है।
• कौशल भारत कार्यक्रम (राष्ट्रीय कौशल विकास मिशन)	15 जुलाई, 2015	2022 तक कम से कम 40 करोड़ कुशल लोगों को प्रशिक्षित करने के लिए संस्थागत क्षमता प्रदान करना है।
• स्मार्ट सिटी परियोजना	25 जून, 2015	2015-16 से 2019-20 के दौरान देशभर में 100 चुनिंदा शहरों का स्मार्ट सिटी के रूप में विकास।
• अमृत (AMRUT–Atal Mission for Rejuvenation and Urban Transformation	25 जून, 2015	एक लाख से अधिक जनसंख्या वाले 500 से अधिक शहरों में आधारिक संरचना व अन्य सुविधाओं का विकास।
• स्टार्ट अप इंडिया	16 जनवरी, 2016	नए उद्यमों को बढ़ावा।
• श्यामा प्रसाद मुखर्जी नेशनल रूर्बन मिशन	21 फरवरी, 2016	गाँवों का क्लस्टर आधारित विकास।
• स्टैण्ड अप इंडिया	5 अप्रैल, 2016	अनु. जाति/जनजाति तथा महिला उद्यमियों की इकाइयों की स्थापना हेतु ₹ 10 लाख से ₹ 1 करोड़ तक के ऋण।
• ग्रामोदय से भारत उदय	14-24 अप्रैल, 2016	देश के विकास हेतु गाँवों के विकास पर बल देना।
• नमामि गंगे	7 जुलाई, 2016	गंगा नदी की स्वच्छता।
• प्रधानमंत्री मत्स्य सम्पदा योजना	20 मई, 2020	मत्स्य क्षेत्र का विकास।
• प्रधानमंत्री विश्वकर्मा कौशल सम्मान	1 फरवरी, 2023	शिल्पकारों के लिए राहत पैकेज

भारत में गठित प्रमुख आर्थिक समितियाँ

समिति का नाम	उद्देश्य
• नरसिम्हन समिति	बैंकिंग क्षेत्र में सुधार हेतु
• डी. सुब्बाराव समिति	मौद्रिक नीति पर सलाह हेतु
• राजा चेलैया समिति	कर-सुधार पर सलाह हेतु
• रघुराजन समिति	वित्तीय क्षेत्र में सुधार
• स्वामीनाथन समिति	समुद्रतटीय संसाधनों का पर्यावरणीय दृष्टि से दीर्घकालीन उपयोग सम्भव होने से सम्बन्धित
• के.एन. काबरा समिति	फ्यूचर ट्रेडिंग
• चन्द्रशेखर समिति	पूर्व सैनिकों की 'एक रैंक, एक पेंशन' की माँग पर गठित
• सुरेश तेंदुलकर समिति	गरीबी रेखा से नीचे की जनसंख्या के आकलन हेतु मानकों के पुनर्निर्धारण के लिए
• रंगराजन समिति	भारतीय अर्थव्यवस्था के लिए बचत और निवेश का आकलन करने और इसमें सुधार के उपायों को सुझाने हेतु
• मदन मोहन पुंछी आयोग	केन्द्र राज्य सम्बन्ध पर
• अभिजीत सेन समिति	कृषिगत वस्तुओं के वायदा कारोबार से सम्बन्धित
• राकेश मोहन समिति	सरकार व रिजर्व बैंक ऑफ इण्डिया द्वारा देश के वित्तीय क्षेत्रक की पूर्ण जाँच हेतु
• महाजन समिति	चीनी उद्योग
• टी॰ कन्नन समिति	कपड़ा उद्योग
• महालनोबिस समिति	राष्ट्रीय आय
• खुसरो समिति	कृषि साख
• मल्होत्रा समिति	बीमा क्षेत्र में सुधार
• भण्डारी समिति	क्षेत्रीय ग्रामीण बैंकों की पुनर्संरचना
• भूरेलाल समिति	मोटरवाहन करों में वृद्धि
• गोइपोरिया समिति	बैंक सेवा सुधार
• एस. तारापोर समिति	रुपये की पूँजी खाते पर परिवर्तनीयता
• आबिद हुसैन समिति	लघु उद्योग
• बी.एस. व्यास समिति	कृषि एवं ग्रामीण साख विस्तार
• गोस्वामी समिति	औद्योगिक रुग्णता
• स्वामीनाथन समिति	जनसंख्या नीति
• दांतेवाला समिति	बेरोजगारी के अनुमान

●●●

राजव्यवस्था (Polity)

भारत का संविधान

- संविधान का निर्माण भारतीय जनता द्वारा चुने गए प्रतिनिधियों की संविधान सभा द्वारा किया गया।
- संविधान सभा के सदस्यों की कुल संख्या 389 निश्चित की गई थी जिनमें 292 ब्रिटिश प्रांतों के प्रतिनिधि, 93 देशी रियासतों के प्रतिनिधि तथा 4 चीफ कमिश्नर क्षेत्रों के प्रतिनिधि थे।
- कैबिनेट मिशन योजना के अंतर्गत जुलाई, 1946 ई. में संविधान सभा का चुनाव हुआ।
- कुल 389 सदस्यों में से प्रांतों के लिए निर्धारित 296 सदस्यों के लिए चुनाव हुए, जिन्हें विभिन्न प्रांतों की विधानसभाओं द्वारा चुना गया।
- इसमें कांग्रेस को 208, मुस्लिम लीग को 73 स्थान एवं 15 अन्य दलों के तथा स्वतंत्र उम्मीदवार निर्वाचित हुए।
- संविधान सभा का प्रथम अधिवेशन 9 दिसम्बर, 1946 को दिल्ली में हुआ जिसकी अध्यक्षता डॉ. सच्चिदानंद सिन्हा ने की थी।
- 11 दिसम्बर, 1946 को डॉ. राजेन्द्र प्रसाद को संविधान सभा का स्थायी अध्यक्ष नियुक्त किया गया।
- डॉ. भीमराव अम्बेडकर की अध्यक्षता में सात सदस्यों वाली प्रारूप समिति ने संविधान का अन्तिम रूप से निर्माण किया।
- 26 नवम्बर, 1949 को संविधान अंगीकृत किया गया तथा 26 जनवरी, 1950 से इसे सम्पूर्ण भारत में लागू किया गया। इसी कारण 26 जनवरी को गणतंत्र दिवस मनाया जाता है।
- 26 नवम्बर, 1949 को पारित भारतीय संविधान में 22 भाग, 395 अनुच्छेद तथा 8 अनुसूचियां थीं।
- संविधान की प्रस्तावना को संविधान की कुंजी कहा जाता है।
- संविधान के 42वें संशोधन अधिनियम 1976 के द्वारा इसमें 'पन्थ निरपेक्ष' तथा 'समाजवादी' एवं 'अखंडता' शब्द जोड़े गए।

भारतीय संविधान में विदेशी तत्व

राष्ट्र	विविध स्रोत
• संयुक्त राज्य अमेरिका	मौलिक अधिकार, न्यायिक पुनर्विलोकन, संविधान की सर्वोच्चता, न्यायपालिका की स्वतंत्रता, निर्वाचित राष्ट्रपति एवं उस पर महाभियोग, उपराष्ट्रपति का पद, उच्चतम एवं उच्च न्यायालयों के न्यायाधीशों को हटाने की विधि एवं वित्तीय आपात।
• ब्रिटेन	संसदीय शासन प्रणाली; एकल नागरिकता व विधि निर्माण प्रक्रिया।
• आयरलैंड	नीति निर्देशक तत्व, राष्ट्रपति के निर्वाचक मंडल की व्यवस्था, आपातकालीन उपबंध।
• ऑस्ट्रेलिया	प्रस्तावना की भाषा, समवर्ती सूची का प्रावधान, केन्द्र व राज्यों के बीच संबंध तथा शक्तियों का विभाजन।
• सोवियत संघ (रूस)	मौलिक कर्त्तव्य।
• जापान	विधि द्वारा स्थापित प्रक्रिया।
• फ्रांस	गणतंत्रात्मक शासन पद्धति।
• कनाडा	संघात्मक शासन व्यवस्था एवं अवशिष्ट शक्तियों का केन्द्र के पास होना।
• द॰ अफ्रीका	संविधान संशोधन की प्रक्रिया का प्रावधान।
• जर्मनी	आपातकाल के प्रवर्तन के दौरान राष्ट्रपति को मौलिक अधिकारों से संबंधित शक्तियां।

संविधान सभा की प्रमुख समितियाँ

क्र.	समिति	अध्यक्ष
1.	नियम समिति	डा. राजेन्द्र प्रसाद
2.	संचालन समिति	डा. राजेन्द्र प्रसाद
3.	परामर्शदात्री समिति	सरदार बल्लभ भाई पटेल
4.	प्रांतीय संविधान समिति	सरदार बल्लभ भाई पटेल
5.	केंद्रीय अधिकार समिति	पंडित जवाहर लाल नेहरू
6.	केंद्रीय संविधान समिति एवं राज्य समिति	पंडित जवाहर लाल नेहरू
7.	प्रारूप समिति	डा. भीमराव अम्बेडकर
8.	झण्डा समिति	जे.बी. कृपलानी
9.	मौलिक अधिकार उप समिति	जे.बी. कृपलानी
10.	अल्पसंख्यक उप समिति	एच.सी. मुखर्जी

भारतीय संविधान की अनुसूचियाँ

- **पहली अनुसूचीः** इसमें भारतीय संघ के घटक राज्यों एवं संघ शासित क्षेत्रों का उल्लेख है।
- **दूसरी अनुसूचीः** इसमें भारतीय राजव्यवस्था के विभिन्न पदाधिकारियों को प्राप्त होने वाले वेतन, भत्ते और पेन्शन आदि का उल्लेख है।
- **तीसरी अनुसूचीः** इसमें विभिन्न पदाधिकारियों द्वारा पद-ग्रहण के समय लिये जाने वाले शपथ का उल्लेख है।
- **चौथी अनुसूचीः** इसमें विभिन्न राज्यों तथा संघीय क्षेत्रों की राज्य सभा में प्रतिनिधित्व का विवरण दिया गया है।
- **पाँचवीं अनुसूचीः** इसमें विभिन्न अनुसूचित क्षेत्रों और अनुसूचित जनजाति के प्रशासन और नियंत्रण के बारे में उल्लेख है।
- **छठी अनुसूचीः** इसमें असम, मेघालय, त्रिपुरा और मिजोरम राज्यों के जनजाति क्षेत्रों के प्रशासन का प्रावधान है।
- **सातवीं अनुसूचीः** इसमें केन्द्र और राज्यों के बीच शक्तियों के बँटवारे के बारे में उल्लेख है। इसके अन्तर्गत तीन सूचियाँ हैं–संघ सूची, राज्य सूची और समवर्ती सूची।
- **आठवीं अनुसूचीः** इसमें भारत की 22 भाषाओं का उल्लेख है।
- **नौवीं अनुसूचीः** संविधान में यह अनुसूची प्रथम संविधान संशोधन अधिनियम, 1951 द्वारा जोड़ी गई। इसके अन्तर्गत राज्य द्वारा सम्पत्ति के अधिग्रहण की विधियों का उल्लेख है।
- **दसवीं अनुसूचीः** यह संविधान में 52वें संशोधन (1985), द्वारा जोड़ी गई। इसमें दल-बदल से सम्बन्धित प्रावधानों का उल्लेख है।
- **ग्यारहवीं अनुसूचीः** यह अनुसूची 73वें संवैधानिक संशोधन (1993) द्वारा जोड़ी गई। इसमें पंचायती राज संस्थाओं को कार्य करने के लिए 29 विषय प्रदान किए गए हैं।
- **बारहवीं अनुसूचीः** यह अनुसूची 74वें संवैधानिक संशोधन (1993) द्वारा जोड़ी गई। इसमें शहरी क्षेत्र की स्थानीय स्वशासन संस्थाओं को कार्य करने के लिए 18 विषय दिए गए हैं।

भारतीय संविधान के कुछ महत्वपूर्ण अनुच्छेद

अनुच्छेद	प्रावधान
• अनुच्छेद 1	संघ का नाम और उसका राज्य क्षेत्र
• अनुच्छेद 2	नये राज्यों का प्रवेश व स्थापना
• अनुच्छेद 3	नये राज्यों का निर्माण और वर्तमान राज्यों के क्षेत्रों, सीमाओं और नामों में परिवर्तन
• अनुच्छेद 5-11	नागरिकता के प्रावधान
• अनुच्छेद 12-35	मौलिक अधिकारों का प्रावधान

अनुच्छेद	प्रावधान
• अनुच्छेद 36-51	राज्य के नीति-निदेशक तत्व
• अनुच्छेद 51(क)	मौलिक कर्त्तव्य
• अनुच्छेद 52-73	भारत के राष्ट्रपति एवं उपराष्ट्रपति
• अनुच्छेद 74-75	मंत्रिपरिषद् की व्यवस्था एवं उसके कार्य
• अनुच्छेद 76	भारत का महान्यायवादी
• अनुच्छेद 79	संसद का गठन
• अनुच्छेद 80	राज्य सभा की संरचना
• अनुच्छेद 81	लोक सभा की संरचना
• अनुच्छेद 89	राज्य सभा का सभापति एवं उपसभापति
• अनुच्छेद 93	लोक सभा का अध्यक्ष एवं उपाध्यक्ष
• अनुच्छेद 108	कुछ दशाओं में दोनों सदनों की संयुक्त बैठक
• अनुच्छेद 109	धन विधेयक के सम्बन्ध में विशेष प्रक्रिया
• अनुच्छेद 110	धन विधेयक की परिभाषा
• अनुच्छेद 112	वार्षिक वित्तीय विवरण
• अनुच्छेद 124	उच्चतम न्यायालय की स्थापना और गठन
• अनुच्छेद 143	उच्चतम न्यायालय से परामर्श करने की राष्ट्रपति की शक्ति
• अनुच्छेद 148	भारत का नियंत्रक महालेखा परीक्षक
• अनुच्छेद 149	नियंत्रक एवं महालेखा परीक्षक के कर्त्तव्य और शक्तियाँ
• अनुच्छेद 153-162	राज्यपाल की नियुक्ति व अधिकार
• अनुच्छेद 163-164	राज्य की मंत्रिपरिषद्
• अनुच्छेद 165	राज्य का महाधिवक्ता
• अनुच्छेद 168-177	राज्य का विधानमंडल
• अनुच्छेद 178-187	राज्य विधानमंडल के अधिकारी
• अनुच्छेद 188-193	राज्य विधानमंडल का कार्य संचालन
• अनुच्छेद 216	उच्च न्यायालय का गठन
• अनुच्छेद 226	कुछ रिट निकालने की उच्च न्यायालय की शक्ति
• अनुच्छेद 233	जिला न्यायाधीशों की नियुक्ति
• अनुच्छेद 239-241	संघ राज्य क्षेत्र
• अनुच्छेद 243-243(ण)	पंचायती राज का गठन व इसके अन्य उपबन्ध
• अनुच्छेद 243(त) से 243(य, छ)	नगरपालिकाएँ व इसके अन्य उपबंध
• अनुच्छेद 248	अवशिष्ट विधायी शक्तियां

अनुच्छेद	प्रावधान
• अनुच्छेद 249	राज्य की सूची के विषयों के संबंध में राष्ट्रीय हित में विधि बनाने की संसद की शक्ति
• अनुच्छेद 250	यदि आपात की उद्‌घोषणा प्रवर्तन में हो तो राज्यसूची के विषय के संबंध में विधि बनाने की संसद की शक्ति
• अनुच्छेद 253	अन्तर्राष्ट्रीय करारों को प्रभावी करने के लिए विधान
• अनुच्छेद 262	अन्तर्राज्यिक नदियों या नदी के जल संबंधी विवादों का न्यायनिर्णयन
• अनुच्छेद 263	अन्तर्राज्य परिषद् के संबंध में उपबंध
• अनुच्छेद 266	भारत और राज्यों की संचित निधियां और लोक लेखा
• अनुच्छेद 267	आकस्मिक निधि
• अनुच्छेद 280	वित्त आयोग का गठन
• अनुच्छेद 300(क)	विधि के प्राधिकार के बिना व्यक्तियों को सम्पत्ति से वंचित न किया जाना
• अनुच्छेद 312	अखिल भारतीय सेवाएं
• अनुच्छेद 315	संघ और राज्यों के लिए लोक सेवा आयोग
• अनुच्छेद 324	भारत का निर्वाचन आयोग
• अनुच्छेद 326	लोक सभा और राज्यों की विधान सभाओं के लिए निर्वाचन में वयस्क मताधिकार का होना
• अनुच्छेद 330	लोक सभा में अनुसूचित जातियों और जनजातियों के लिए स्थानों का आरक्षण
• अनुच्छेद 332	राज्यों की विधान सभा में अनुसूचित जातियों और अनुसूचित जनजातियों के लिए स्थानों का आरक्षण
• अनुच्छेद 343	संघ की भाषा
• अनुच्छेद 344	राजभाषा के संबंध में आयोग और संसद की समिति
• अनुच्छेद 348	उच्चतम न्यायालय और उच्च न्यायालयों में और अधिनियमों, विधेयकों आदि के लिए प्रयोग की जाने वाली भाषा
• अनुच्छेद 350 (क)	प्राथमिक स्तर पर मातृभाषा में शिक्षा की सुविधाएं
• अनुच्छेद 351	हिन्दी भाषा के विकास के लिए निर्देश
• अनुच्छेद 352	आपात की उद्‌घोषणा
• अनुच्छेद 356	राज्यों में सांविधिक तंत्र के विफल हो जाने की दशा में उपबंध
• अनुच्छेद 358	आपात के दौरान अनुच्छेद 19 के उपबंधों का निलंबन
• अनुच्छेद 360	वित्तीय आपात के बारे में उपबंध
• अनुच्छेद 368	संविधान का संशोधन करने की संसद की शक्ति और उसके लिए प्रक्रिया

प्रमुख संवैधानिक पदाधिकारी के शपथ एवं त्याग-पत्र

क्र.	संवैधानिक पदाधिकारी	शपथ ग्रहण	त्यागपत्र
1.	राष्ट्रपति	मुख्य न्यायाधीश (सर्वोच्च न्यायालय)	उपराष्ट्रपति
2.	उपराष्ट्रपति	राष्ट्रपति	राष्ट्रपति
3.	सर्वोच्च न्यायालय के मुख्य न्यायाधीश	राष्ट्रपति	राष्ट्रपति
4.	प्रधानमंत्री	राष्ट्रपति	राष्ट्रपति
5.	लोक सभाध्यक्ष	शपथ ग्रहण का प्रावधान नहीं	लोकसभा उपाध्यक्ष
6.	राज्यपाल	उच्च न्यायालय के मुख्य न्यायाधीश	राष्ट्रपति
7.	राज्य सभा सभापति	राष्ट्रपति	राष्ट्रपति
8.	उच्च न्यायालय के मुख्य न्यायाधीश	राज्यपाल	राष्ट्रपति
9.	सर्वोच्च न्यायालय के अन्य न्यायाधीश	राष्ट्रपति	राष्ट्रपति
10.	उच्च न्यायालय के अन्य न्यायाधीश	राज्यपाल	राष्ट्रपति
11.	महालेखा व नियंत्रक परीक्षक	राष्ट्रपति	राष्ट्रपति
12.	मुख्यमंत्री	राज्यपाल	राज्यपाल
13.	विधान सभाध्यक्ष	शपथ ग्रहण का प्रावधान नहीं	विधान सभा उपाध्यक्ष
14.	विधान सभा उपाध्यक्ष	शपथ ग्रहण का प्रावधान नहीं	विधान सभा अध्यक्ष
15.	विधान सभा सभापति	शपथ ग्रहण का प्रावधान नहीं	विधान सभा उपसभापति
16.	मुख्य निर्वाचन आयुक्त	राष्ट्रपति	राष्ट्रपति

भारत के आयोग/अधिकरण/परिषद्

- वित्त आयोगः संवैधानिक आयोग (अनुच्छेद-280)
- नीति आयोगः गैर संवैधानिक आयोग
- चुनाव आयोगः संवैधानिक आयोग (अनुच्छेद-324)
- अनुसूचित जाति व जनजाति आयोगः संवैधानिक आयोग (अनुच्छेद-338)
- परिसीमन आयोगः संवैधानिक आयोग (अनुच्छेद-82 व 170)
- अन्य पिछड़ा वर्ग आयोगः संवैधानिक आयोग (अनुच्छेद-340)
- प्रशासनिक अधिकरणः संवैधानिक निकाय (अनुच्छेद-323)

- अन्तर्राज्यीय परिषद्: संवैधानिक निकाय (अनुच्छेद-263)
- राष्ट्रीय विकास परिषद्: गैर संवैधानिक निकाय
- क्षेत्रीय परिषद्: सलाहकारी परिषद्
- संघ लोक सेवा आयोग: संवैधानिक आयोग (अनुच्छेद-315)
- राज्य/संयुक्त राज्य लोक सेवा आयोग: संवैधानिक आयोग (अनुच्छेद-315)
- राजभाषा आयोग: संवैधानिक आयोग (अनुच्छेद-344)
- राष्ट्रीय एकता परिषद्: समन्वयकारी निकाय

भारतीय संविधान के महत्वपूर्ण तथ्य

- भारतीय संविधान में सात मौलिक अधिकारों का प्रावधान किया गया था ताकि नागरिकों के चहुंमुखी विकास को सुनिश्चित किया जा सके। ये अधिकार लिखित हैं और इनके उल्लंघन को अदालत में चुनौती दी जा सकती है। 44वें संविधान संशोधन (1979) के तहत् एक मौलिक अधिकार 'संपत्ति के अधिकार' को समाप्त कर दिया गया। इस प्रकार अब मौलिक अधिकारों की संख्या सात से घटकर छः हो गई है।
- भारतीय संविधान विश्व का सर्वाधिक लंबा, निर्मित, लिखित, सर्वाधिक व्यापक एवं स्वनिर्मित संविधान है।
- भारत की संविधान सभा ने राष्ट्र ध्वज का प्रारूप 22 जुलाई, 1947 को अपनाया।
- राष्ट्र ध्वज की लम्बाई और चौड़ाई का अनुपात 3 : 2 है।
- सफेद रंग की बीच वाली पट्टी में नीले रंग का अशोक चक्र अंकित है जिसमें 24 तीलियाँ समान दूरी पर स्थित है।
- भारत सरकार ने राज चिह्न 26 जनवरी, 1950 को अपनाया। इस राज चिह्न में केवल तीन सिंह दिखाई पड़ते हैं। चक्र के दाईं ओर एक सांड़ और बाईं ओर एक घोड़ा है। आधार का पद्म छोड़ दिया गया है।
- भारत का राष्ट्रगान रवीन्द्रनाथ टैगोर द्वारा रचित जन गण मन अधिनायक है।
- राष्ट्रगान को भारत की संविधान सभा ने 24 जनवरी, 1950 को अपनाया।
- बंकिमचंद्र चटर्जी द्वारा रचित 'आनन्दमठ' से उद्धृत वन्देमातरम् भारत का राष्ट्रगीत है।
- भारत के राष्ट्रीय पशु के रूप में बाघ (पेंथरा टाइग्रिस) को मान्यता दी गई है।
- मयूर या मोर (पावो क्रिस्टेशस) को भारत के राष्ट्रीय पक्षी के रूप में मान्यता दी गई है।
- भारतीय संविधान के निर्माण में कुल 2 वर्ष 11 माह तथा 18 दिन लगे।
- डॉ. भीमराव अम्बेडकर को संविधान का पिता कहकर पुकारा जाता है।
- 42वें संविधान संशोधन अधिनियम 1976 के द्वारा इसमें 'समाजवादी', 'पंथनिरपेक्ष' और 'राष्ट्र की अखंडता' शब्द जोड़े गए।
- भारतीय संविधान के तृतीय भाग में अनुच्छेद 12 से 36 तक के अंतर्गत नागरिकों के मूल अधिकारों का विस्तृत विवेचन किया गया है।

- पहले संपत्ति का अधिकार भी मौलिक अधिकार की श्रेणी में सम्मिलित था लेकिन इसे 1978 में किए गए 44वें संविधान संशोधन द्वारा इस श्रेणी से हटाकर मात्र एक कानूनी अधिकार घोषित कर दिया गया। अब इसकी व्यवस्था संविधान के अनुच्छेद 300 (क) में है।
- भारतीय संविधान के भाग IV के अनुच्छेद 36 से 51 तक में राज्य के नीति-निर्देशक सिद्धांतों का समावेश किया गया है।
- राज्य के नीति निर्देशक तत्व समाजवादी, गांधीवादी तथा उदारवादी सिद्धांतों का सम्मिश्रण है जिनका उद्देश्य आर्थिक, सामाजिक लोकतंत्र एवं लोक कल्याणकारी राज्य की स्थापना करना है।
- संविधान के पुनरीक्षण के लिए गठित स्वर्ण सिंह समिति की रिपोर्ट के आधार पर 1976 ई. में 42वें सांविधानिक संशोधन के भाग 4-क तथा अनुच्छेद 51-क को जोड़कर मूल कर्तव्यों का समावेश किया गया।
- भारत का राष्ट्रपति भारत का प्रथम नागरिक कहलाता है।
- भारतीय संघ की कार्यपालिका शक्ति राष्ट्रपति में निहित है।
- राष्ट्रपति का चुनाव संसद के दोनों सदनों के निर्वाचित सदस्यों तथा राज्यों की विधान सभाओं के निर्वाचित सदस्यों से बने निर्वाचक मंडल से होता है।
- राष्ट्रपति के चुनाव से संबद्ध मामलों अथवा विवादों का निपटारा उच्चतम न्यायालय द्वारा किया जाता है।
- एक व्यक्ति जितनी बार चाहे राष्ट्रपति पद हेतु खड़ा हो सकता है और निर्वाचित हो सकता है।
- राष्ट्रपति पद के किसी कारण से रिक्त होने पर उप राष्ट्रपति तथा उपराष्ट्रपति की अनुपस्थिति में सर्वोच्च न्यायालय का मुख्य न्यायाधीश कार्यभार संभालता है।
- मुहम्मद हिदायतुल्ला भारत के एकमात्र ऐसे मुख्य न्यायाधीश हैं जिन्होंने राष्ट्रपति के उत्तरदायित्व का निर्वहन किया।
- राष्ट्रपति राज्यसभा में साहित्य, कला, विज्ञान, समाज सेवा आदि क्षेत्र के 12 सदस्यों को मनोनीत करता है।
- राष्ट्रपति वार्षिक वित्तीय विवरण, नियंत्रक एवं महालेखा परीक्षक का प्रतिवेदन, वित्त आयोग की सिफारिश तथा अन्य आयोग की रिपोर्ट संसद में प्रस्तुत कराता है।
- सर्वोच्च न्यायालय के न्यायाधीशों की नियुक्ति राष्ट्रपति करता है। राष्ट्रपति सर्वोच्च न्यायालय के तथा उच्च न्यायालय के न्यायाधीशों से इस संबंध में परामर्श करता है।
- संघ लोक सेवा आयोग और संयुक्त लोक सेवा आयोग के अध्यक्ष एवं सदस्यों की नियुक्ति राष्ट्रपति द्वारा की जाती है।
- सर्वोच्च न्यायालय के न्यायाधीश अपने पद ग्रहण के पूर्व राष्ट्रपति के समक्ष शपथ ग्रहण करते हैं।
- राष्ट्रपति को किसी विधेयक पर अनुमति देने या न देने के निर्णय लेने की समय सीमा का अभाव होने के कारण राष्ट्रपति जेबी वीटो का प्रयोग कर सकता है।
- राष्ट्रपति भवन का निर्माण भारत में नियुक्त ब्रिटिश वायसराय के उपयोग के लिए कराया गया था। इसमें निवास करने वाले प्रथम व्यक्ति तत्कालीन वायसराय लॉर्ड इर्विन थे।

- राष्ट्रपति द्वारा राज्यीय संवैधानिक आपातकाल की घोषणा के 1 माह के भीतर संसद की स्वीकृति आवश्यक होती है तथा उसे आगे लागू रखने के लिए प्रति 6 माह बाद संसद की स्वीकृति आवश्यक है।
- 24 जनवरी, 1950 को डॉ. राजेन्द्र प्रसाद को अंतरिम राष्ट्रपति निर्वाचित किया गया था। उनका निर्वाचन 'संविधान निर्मात्री सभा' ने किया था।
- डॉ. राजेन्द्र प्रसाद भारत के प्रथम राष्ट्रपति थे। वे लगातार दो बार राष्ट्रपति निर्वाचित हुए।
- डॉ. एस. राधाकृष्णन लगातार दो बार उप राष्ट्रपति तथा एक बार राष्ट्रपति रहे।
- सिर्फ नीलम संजीव रेड्डी ही ऐसे राष्ट्रपति हुए जो एक बार चुनाव में पराजित हुए तथा बाद में निर्विरोध निर्वाचित हुए।
- भारत में उपराष्ट्रपति का पद संयुक्त राज्य अमेरिका के संविधान से लिया गया है।
- भारत के उपराष्ट्रपति की स्थिति की तुलना संयुक्त राज्य अमेरिका के उपराष्ट्रपति से की जा सकती है। अंतर केवल इतना मात्र है कि संयुक्त राज्य अमेरिका का उपराष्ट्रपति राष्ट्रपति पद रिक्त होने पर शेष अवधि के लिए पदभार ग्रहण करता है, जबकि भारत का उपराष्ट्रपति केवल 6 माह तक ही राष्ट्रपति पद के रिक्ति की स्थिति में पदभार ग्रहण कर सकता है।
- प्रधानमंत्री कार्यपालिका तथा विधायिका दोनों का वास्तविक प्रधान होता है।
- अनुच्छेद 78 के अनुसार प्रधानमंत्री का कर्तव्य है कि वह मंत्रिपरिषद के निर्णयों से राष्ट्रपति को अवगत कराए तथा वह राष्ट्रपति द्वारा मांगी गई अतिरिक्त जानकारी को भी उपलब्ध कराए।
- भारत में प्रथम गैर कांग्रेसी प्रधानमंत्री श्री मोरारजी देसाई थे।
- सबसे कम उम्र और सबसे अधिक उम्र में भारत के प्रधानमंत्री का पद क्रमशः राजीव गाँधी और मोरारजी देसाई ने संभाला।
- चौधरी चरणसिंह देश के ऐसे प्रधानमंत्री थे जिन्होंने अपने कार्यकाल के दौरान संसद का सामना नहीं किया।
- मंत्रिपरिषद सामूहिक रूप से लोकसभा के प्रति उत्तरदायी होते हैं।
- मंत्री तीन प्रकार के होते हैं–कैबिनेट मंत्री, राज्य मंत्री तथा उप मंत्री।
- संघीय मंत्रिपरिषद से पद त्याग करने वाले पहले व्यक्ति श्यामा प्रसाद मुखर्जी थे।
- संघीय मंत्रिमंडल में सबसे लंबी अवधि तक लगातार एक ही विभाग का कार्यभार संभालने वाली केन्द्रीय मंत्री राजकुमारी अमृतकौर हैं।
- जगजीवन राम संघीय मंत्रिमंडल में किसी न किसी विभाग के मंत्री 28 वर्ष से अधिक समय तक रहे, बीच में 2½ वर्ष छोड़कर लगातार बने रहे।
- प्रधानमंत्री मंत्रिमंडल की बैठकों का सभापतित्व और मंत्रिमंडल की समस्त कार्यवाही का संचालन करता है।
- भारत की केंद्रीय विधायिका को संसद कहा जाता है जो कि देश में विधान बनाने वाली सर्वोच्च संस्था हैं।

- अनुच्छेद 81 के अनुसार संघ हेतु एक संसद होगी जो कि राष्ट्रपति तथा दो सदनों राज्य सभा एवं लोकसभा से मिलकर बनेगी।
- भारतीय संसद के निचले सदन को लोकसभा तथा उच्च सदन को राज्यसभा कहते हैं।
- लोकसभा में जनता का प्रतिनिधित्व होता है जबकि राज्यसभा में भारत के संघ के राज्यों का प्रतिनिधित्व होता है।
- संसद की सदस्यता हेतु भारत का नागरिक तथा राज्यसभा हेतु 30 वर्ष एवं लोकसभा हेतु 25 वर्ष की न्यूनतम आयु अपेक्षित है। साथ ही उनमें संसद द्वारा विहित की गई अन्य योग्यताएँ भी होनी चाहिए।
- अनुच्छेद 80(1) के अनुसार, राज्य सभा की अधिकतम सदस्य संख्या 250 है जिनमें से 12 ऐसे सदस्य होते हैं जिन्हें राष्ट्रपति नामांकित करता है जो साहित्य, कला, विज्ञान तथा सामाजिक सेवा के क्षेत्र में विशेष ज्ञान या अनुभव रखते हैं। राज्यसभा की वर्तमान संख्या 245 है।
- राज्य सभा एक स्थायी सदन है जो कि कभी भंग नहीं होता लेकिन प्रत्येक दो वर्ष के पश्चात इसके एक तिहाई सदस्य अवकाश ग्रहण करते हैं तथा उतने ही चुने जाते हैं।
- राज्य सभा सर्वप्रथम 3 मई, 1952 को विधिवत गठित हुई थी।
- उपराष्ट्रपति राज्यसभा का पदेन सभापति होता है।
- राज्यसभा राष्ट्रहित में राज्य सूची में दिए गए विषय पर संसद को कानून बनाने तथा अनुच्छेद 312 के तहत नई अखिल भारतीय सेवाओं की रचना का प्रस्ताव बहुमत से पारित कर संसद को कानून बनाने का अधिकार प्रदान कर सकती है। यह शक्ति लोकसभा के पास नहीं है।
- लोकसभा की अधिकतम सदस्य संख्या 550 जो कि राज्य एवं केन्द्रशासित प्रदेशों से निर्वाचित किए जाते हैं। लोकसभा की वर्तमान संख्या 543 है। लोकसभा में दो एंग्लो इंडियन सदस्यों का राष्ट्रपति द्वारा मनोनयन किया जाता था। इस व्यवस्था को 104वें संविधान संशोधन 2019 द्वारा समाप्त कर दिया गया है।
- लोकसभा का सामान्य कार्यकाल 5 वर्ष का निश्चित किया गया है लेकिन आपातकाल में इसे एक वर्ष बढ़ाया जा सकता है।
- संविधान लागू होने के पश्चात लोक सभा का प्रथम चुनाव 1951-52 में हुआ तथा पहली निर्वाचित संसद 6 मई, 1952 में गठित हुई।
- वित्त विधेयक लोकसभा में पारित होने के पश्चात राज्यसभा में भेजा जाता है जिसे राज्य सभा को 14 दिनों के भीतर विचार करके लोकसभा में वापस लौटाना पड़ता है अन्यथा उसे पारित मान लिया जाता है।
- प्रथम लोकसभा की प्रथम बैठक 13 मई, 1952 को हुई और राष्ट्रपति द्वारा 4 अप्रैल, 1957 को विघटित कर दी गई।
- लोकसभा के कार्यकारी अध्यक्ष (प्रोटेम स्पीकर) के रूप में उस व्यक्त को नामजद किया जाता है जो लोकसभा में सबसे अधिक उम्र का होता है।
- लोकसभा के प्रथम अध्यक्ष गणेश वासुदेव मावलंकर थे।

- लोक सभा तथा राज्य सभा की संयुक्त बैठक की अध्यक्षता लोक सभाध्यक्ष करता है।
- एम. अनन्तशयनम् आयंगर लोकसभा के प्रथम उपाध्यक्ष थे।
- महान्यायवादी भारत का प्रथम विधि अधिकारी माना जाता है।
- महान्यायवादी की नियुक्ति राष्ट्रपति द्वारा की जाती है तथा वह राष्ट्रपति के प्रसादपर्यन्त अपने पद पर बना रह सकता है।
- नियंत्रक एवं महालेखा परीक्षक की नियुक्ति का प्रावधान भारतीय संविधान के अनुच्छेद 148 के तहत किया गया है।
- भारतीय न्यायिक व्यवस्था इकहरी और एकीकृत है। इसके सर्वोच्च शिखर पर उच्चतम न्यायालय स्थित है।
- उच्चतम-न्यायालय एक अभिलेख न्यायालय है इसके निर्णयों तथा न्यायिक कार्यवाहियों को साक्ष्य के रूप में किसी न्यायालय में प्रस्तुत किया जाता है।
- उच्चतम न्यायालय अनुच्छेद 143 के अधीन राष्ट्रपति को विधिक प्रश्नों पर सलाह देता है।
- न्यायमूर्ति हीरालाल जे. कानिया भारत के प्रथम मुख्य न्यायाधीश थे।
- न्यायमूर्ति वाई. वी. चन्द्रचूड़ सर्वाधिक लंबी अवधि तक उच्चतम न्यायालय के मुख्य न्यायाधीश पद पद आसीन रहे, जबकि के.एन. सिंह सबसे कम अवधि के लिए (मात्र 17 दिन)।
- संविधान के अनुच्छेद 214 के तहत भारत के प्रत्येक राज्य के लिए एक उच्च न्यायालय की व्यवस्था की गई है, लेकिन साथ ही संसद को यह अधिकार प्रदान किया गया है कि वह दो या दो से अधिक राज्यों के लिए एक ही उच्च न्यायालय की स्थापना करे।
- अनुच्छेद 226 के अनुसार उच्च न्यायालय मौलिक अधिकारों के प्रवर्तन के लिए ही नहीं अपितु अन्य प्रयोजनों के लिए भी रिट जारी कर सकता है।
- राज्यपाल की नियुक्ति राष्ट्रपति द्वारा की जाती है तथा उसके प्रसादपर्यन्त अपने पद पर बना रहता है।
- राज्यपाल का कार्यकाल सामान्यतः पाँच वर्षों का है पर वह उसके पूर्व भी राष्ट्रपति को अपना त्यागपत्र दे सकता है अथवा पाँच वर्ष के पूर्व भी राष्ट्रपति द्वारा उसे पदच्युत किया जा सकता है।
- राज्यपाल जिला एवं सत्र न्यायालयों के न्यायाधीशों की नियुक्ति करता है।
- राज्य के विश्वविद्यालयों का कुलपति होने के नाते राज्यपाल उपकुलपतियों की नियुक्ति करता है।
- राज्यपाल राज्य लोक सेवा आयोग के अध्यक्ष तथा सदस्यों की नियुक्ति करता है लेकिन उन्हें हटाने का अधिकार राज्यपाल को नहीं है।
- राज्य के महाधिवक्ता की नियुक्ति राज्यपाल द्वारा की जाती है तथा वह उसके प्रसादपर्यन्त ही अपने पद पर बना रहता है।
- मुख्यमंत्री राज्य सरकार का वास्तविक प्रधान होता है। वह राज्यपाल का मुख्य सलाहकार एवं विधानसभा का नेता होता है।
- किसी राज्य में विधान परिषद की व्यवस्था संविधान के अनुच्छेद 169 के तहत की गई है।

- विधान परिषद् के सदस्यों का कार्यकाल 6 वर्षों का होता है, लेकिन इसके एक तिहाई सदस्य प्रत्येक दो वर्ष के पश्चात सेवानिवृत्त हो जाते हैं।
- किसी भी राज्य की विधानसभा के सदस्यों की अधिकतम संख्या 500 निर्धारित की गई है जबकि इसकी न्यूनतम संख्या 60 से कम नहीं हो सकती है। (सिक्किम, गोवा, मिजोरम, पुडुचेरी इसके अपवाद हैं)
- विधानसभा की सदस्यता हेतु उम्मीदवार की न्यूनतम आयु 25 वर्ष है।
- विधानसभा की गणपूर्ति (कोरम) तभी होती है जब उसके सदस्यों में कम-से-कम 10 प्रतिशत सदन में उपस्थित हों किन्तु यह संख्या 10 से कम नहीं होनी चाहिए।
- भारतीय संविधान के अनुच्छेद 315 के द्वारा संघ तथा प्रत्येक राज्य हेतु एक-एक लोक सेवा आयोग का प्रावधान किया गया है। दो या अधिक राज्यों हेतु संयुक्त लोक सेवा आयोग भी बनाया जा सकता है।
- संघ एवं संयुक्त लोक सेवा आयोग तथा राज्य लोक सेवा आयोग के सदस्यों की पदावधि पद ग्रहण करने की तिथि से छह वर्ष तक अथवा क्रमशः 65 वर्ष या 62 वर्ष होता है।
- अखिल भारतीय सेवा संशोधन अधिनियम 1963 के अंतर्गत अखिल भारतीय सेवाओं की सूची में कुछ नई सेवाएँ यथा–भारतीय इंजीनियरी सेवा, भारतीय वन सेवा, भारतीय आयुर्विज्ञान सेवा, भारतीय सांख्यिकी सेवा तथा भारतीय आर्थिक सेवा शामिल की गई।
- भारतीय संविधान के भाग-IV के अनुच्छेद 40 में कहा गया है कि राज्य ग्राम पंचायतों का गठन करने हेतु कदम उठाएगा तथा उन्हें ऐसी शक्तियाँ व अधिकार प्रदान करेगा, जो उन्हें स्वायत्त शासन की इकाईयों के रूप में कार्य करने के योग्य बनाने हेतु अनिवार्य हो।
- 1952 में भारत के प्रथम प्रधानमंत्री पंडित जवाहरलाल नेहरू ने सामुदायिक विकास कार्यक्रम के नाम पर पंचायती राज के स्वरूप को आगे बढ़ाया तथा एक मंत्रालय का गठन भी किया लेकिन बाद में इसे कृषि मंत्रालय में मिला दिया गया।
- सामुदायिक विकास कार्यक्रम की असफलता के कारणों की जाँच हेतु तथा पंचायती राज के संबंध में सुझाव देने हेतु 1956 में बलवंतराय मेहता समिति का गठन किया गया, जिसने स्थानीय स्तर पर त्रिस्तरीय पंचायती संरचना की सिफारिश की।
- सर्वप्रथम 2 अक्टूबर, 1959 को राजस्थान के नागौर जिले में पंचायती राज व्यवस्था की त्रिस्तरीय पद्धति लागू कर दी गई।
- 22 दिसम्बर, 1992 को पंचायती राज तथा नगरपालिकाओं से संबंधित 73वाँ तथा 74वाँ संविधान संशोधन विधेयक पारित हुआ। 20 अप्रैल, 1993 को इन विधेयकों पर राष्ट्रपति की स्वीकृति भी मिल गई।

●●●

5

विज्ञान (Science)

प्रमुख भौतिक राशियाँ एवं उनके मात्रक

राशि	मात्रक (SI)	राशि	मात्रक (SI)
• लम्बाई	मीटर	• कार्य, ऊर्जा	जूल
• द्रव्यमान	किलोग्राम	• कोण	रेडियन
• समय	सेकण्ड	• त्वरण	मी/सेकण्ड^2
• ताप	केल्विन	• बल	न्यूटन
• विद्युत धारा	ऐम्पियर	• शक्ति	वाट
• ज्योति तीव्रता	कैण्डेला	• दाब	पास्कल
• आयतन	घनमीटर	• चाल	मी/सेकण्ड
• कोणीय वेग	रेडियन/से.	• आवृत्ति	हर्ट्ज
• संवेग	किग्रा.मी./से.	• आवेग	न्यूटन/सेकण्ड
• पृष्ठ तनाव	न्यूटन/मीटर	• विद्युत प्रतिरोध	ओम
• विभवान्तर	वोल्ट	• विद्युत धारिता	फैराडे

ऊर्जा का रूपांतरण

उपकरण	ऊर्जा का स्वरूप परिवर्तन	डायनेमो	यांत्रिक ऊर्जा से वैद्युत ऊर्जा
मोटर	वैद्युत ऊर्जा से यांत्रिक ऊर्जा	माइक्रोफोन	ध्वनि ऊर्जा से वैद्युत ऊर्जा
लाउडस्पीकर	वैद्युत ऊर्जा से ध्वनि ऊर्जा	विद्युत सेल	रासायनिक ऊर्जा से वैद्युत ऊर्जा
सोलर सेल	सौर ऊर्जा से विद्युत ऊर्जा	इंजन	ऊष्मा ऊर्जा से यांत्रिक ऊर्जा
फोटो इलेक्ट्रिक सेल	प्रकाश ऊर्जा से वैद्युत ऊर्जा	सितार	यांत्रिक ऊर्जा से ध्वनि ऊर्जा
मोमबत्ती	रासायनिक ऊर्जा से प्रकाश एवं ऊष्मा ऊर्जा		
विद्युत बल्ब	वैद्युत ऊर्जा से ऊष्मा एवं प्रकाश ऊर्जा		

प्रसिद्ध भौतिक विज्ञानी एवं उनके आविष्कार

वैज्ञानिक	आविष्कार
• न्यूटन	गति के नियम, सार्वत्रिक गुरुत्वाकर्षण का नियम, परावर्तक दूरदर्शी, अवकलन गणित का आविष्कार, द्विपद प्रमेय का नियम
• गैलीलियो	जड़त्व का नियम, गति के समीकरण एवं दूरदर्शी का निर्माण
• फैराडे	विद्युत चुम्बकीय प्रेरण के नियम, विद्युत अपघट्य के नियम एवं डायनेमो का आविष्कार
• आइन्सटीन	सापेक्षिकता का विशिष्ट एवं व्यापक सिद्धांत, प्रकाश-विद्युत प्रभाव की व्याख्या, द्रव्यमान और ऊर्जा की तुल्यता ($E = mc^2$), फोटॉन की खोज, द्रव्यमान क्षति का पता
• जी. मार्कोनी	बेतार संदेश, रेडियो तथा बेतार टेलीग्राफी
• जॉन डॉल्टन	परमाणु सिद्धांत का प्रतिपादन
• डॉ. डेनिश गबोर	त्रिविमीय फोटोग्राफी की खोज
• रॉन्टजन	X-किरणों का आविष्कार
• हाइजेनबर्ग	अनिश्चितता का सिद्धांत एवं क्वाण्टम यांत्रिकी का निर्माण
• ऑटो हॉन	परमाणु बम का निर्माण
• एडीसन	फोनोग्राफ, विद्युत बल्ब, चलचित्र टेलीग्राफ
• हेनरी बेक्वेरल	रेडियो सक्रियता की खोज
• जॉन वारडीन	अतिचालकता का सिद्धांत
• एडवर्ड टेलर	हाइड्रोजन बम का निर्माण

वैज्ञानिक यंत्र व उपकरण

यंत्र/उपकरण	उपयोग
• आमीटर	विद्युत धारा को ऐम्पियर में मापने हेतु प्रयुक्त यंत्र
• अल्टीमीटर	विमानों की ऊँचाई मापने हेतु प्रयुक्त यंत्र
• ऑडियोमीटर	ध्वनि की तीव्रता मापने हेतु प्रयुक्त यंत्र
• एनिमोमीटर	वायु की शक्ति और गति मापने का यंत्र
• एवोमीटर	रेडियो में उत्पन्न दोष का पता लगाने का यंत्र
• एयरोमीटर	वायु तथा गैसों के भार तथा घनत्व मापने का यंत्र
• एक्युमुलेटर	विद्युत ऊर्जा को संचित करने का यंत्र
• एपिकायस्कोप	अपारदर्शी चित्रों को पर्दे पर दिखाने का काम करने वाला उपकरण
• एवन्टिओमीटर	सूर्य किरणों की तीव्रता का निर्धारण करने वाला यंत्र
• बैरोमीटर	वायुमंडलीय दाब मापने वाला यंत्र

यंत्र/उपकरण	उपयोग
• बोलोमीटर	ऊष्मीय विकिरण मापने का यंत्र
• क्रेस्कोग्राफ	पौधों की बृद्धि को दर्शाने वाला यंत्र
• कैलोरीमीटर	ऊष्मा को मापने वाला यंत्र
• क्रोनोमीटर	पानी के जहाजों में सही समय ज्ञात करने में प्रयुक्त उपकरण
• फैदोमीटर	समुद्र की गहराई मापने वाला यंत्र
• लैक्टोमीटर	दूध की शुद्धता मापने वाला यंत्र
• मैनोमीटर	गैसों का दाब मापने का यंत्र
• पाइरोमीटर	उच्च ताप मापने वाला यंत्र
• फोनोमीटर	प्रकाश की चमक शक्ति ज्ञात करने वाला यंत्र
• पोलीग्राफ	झूठ का पता लगाने वाला यंत्र
• रेनगॉज	वर्षा की मात्रा ज्ञात करने वाला यंत्र
• टैकोमीटर	वायुयान की गति मापने का यंत्र
• यूडोमीटर	वर्षामापक यंत्र

भौतिक विज्ञान के प्रमुख नियम/सिद्धांत

- **गति विषयक प्रथम नियमः** कोई भी वस्तु तब तक अपनी विरामावस्था अथवा गत्यावस्था में रहती है जब तक कि कोई बाह्य बल न आरोपित किया जाये।
- **गति विषयक द्वितीय नियमः** संवेग में परिवर्तन की दर आरोपित बल के समानुपाती होती है एवं परिवर्तन उसी दिशा में होता है, जिस दिशा में बल आरोपित किया जाता है।
- **गति विषयक तृतीय नियमः** प्रत्येक क्रिया के विपरीत एवं बराबर प्रतिक्रिया होती है एवं भिन्न-भिन्न वस्तुओं पर क्रिया करती है। यदि वे एक ही वस्तु पर क्रिया करती हैं तो परिणामी बल शून्य होगा।
- **संवेग संरक्षण का सिद्धांतः** जब दो या दो से अधिक वस्तुएँ एक-दूसरे के साथ परस्पर क्रिया करती हैं एवं कोई भी बाह्य बल नहीं लग रहा होता है तो उनका कुल संवेग सर्वदा संरक्षित रहता है। उदाहरण—राकेट की उड़ान।
- **न्यूटन का गुरुत्वाकर्षण नियमः** किन्हीं दो पिडों के बीच कार्य करने वाले बल का परिणाम, पिंडों के द्रव्यमान के गुणनफल के समानुपाती तथा उनकी बीच की दूरी के वर्ग के व्युत्क्रमानुपाती होता है।
- **पास्कल का नियमः** संतुलन में द्रव का दबाव चारों तरफ बराबर होता है।
- **हुक का नियमः** प्रत्यास्थता सीमा के अंदर प्रतिबल सदैव विकृति के समानुपाती होता है।
- **आर्कमिडीज का सिद्धांतः** किसी द्रव में डूबे किसी ठोस पर लगा उपरिमुखी बल, ठोस द्वारा हटाये गये द्रव के भार के बराबर होता है।
- **बॉयल का नियमः** किसी निश्चित तापक्रम पर किसी गैस की दी गई मात्रा का आयतन उसके दाब के व्युत्क्रमानुपाती होता है।
- **चार्ल्स का नियमः** दाब नियत हो तो, गैस का आयतन तापक्रम का समानुपाती होता है।

- **किरचौफ का ताप नियमः** किसी विकिरण के लिए ऊष्मा का अच्छा शोषक, इसी विकिरण के लिए ऊष्मा का अच्छा विकिरक भी होता है।
- **न्यूटन का शीतलन नियमः** किसी वस्तु के शीतलन की दर उस वस्तु के औसत ताप तथा वातावरण के ताप के अंतर के अनुक्रमानुपाती होती है, वशर्ते तापमान का अन्तर कम हो। उदाहरणार्थ, ठंड मौसम एवं छिछली प्याली में किसी द्रव का जल्दी ठंडा होना न्यूटन के शीतलन नियम की पुष्टि करता है।
- **ऊष्मागतिकी के नियम प्रथम नियमः** एक यांत्रिक क्रिया में उत्पन्न ऊष्मा किए गए कार्य के समानुपाती होती है। ऊष्मा- गतिकी का प्रथम नियम ऊर्जा संरक्षण नियम को दर्शाता है।
  द्वितीय नियमः इस नियम के अनुसार उपलब्ध ऊष्मा के सम्पूर्ण भाग को यांत्रिक कार्य में बदलना संभव नहीं है, परंतु इसके एक निश्चित भाग को कार्य में बदला जा सकता है। अर्थात् 'ऊष्मा अपने आप निम्न ताप की वस्तु से उच्च ताप की वस्तु की ओर प्रवाहित नहीं हो सकती।'
- **डॉप्लर का नियमः** यदि ध्वनि स्रोत तथा श्रोता के मध्य सापेक्ष गति हो रही हो तो श्रोता को ध्वनि की आवृत्ति तारत्व से भिन्न प्रतीत होती है। ध्वनि में होने वाले इस आभासी परिवर्तन की घटना को 'डाप्लर प्रभाव' या 'डाप्लर का नियम' कहते हैं।
- **ओम का नियमः** यदि किसी चालक की भौतिक अवस्थाएँ अपरिवर्तित रहें तो उसके सिरों पर लगाये गये विभवांतर तथा उसमें प्रवाहित विद्युत् धारा की निष्पत्ति नियत रहती है।

भारतीय परमाणु ऊर्जा कार्यक्रम

- 19 दिसम्बर, 1945–बम्बई में 'टाटा इन्स्टीट्यूट ऑफ फंडामेंटल रिसर्च' की स्थापना।
- 10 अगस्त, 1948–'परमाणु ऊर्जा आयोग' का गठन।
- 18 अगस्त, 1950–परमाणु ऊर्जा द्वारा 'इंडियन रेअर अर्थ्स लिमिटेड' की स्थापना।
- 3 अगस्त, 1954–'परमाणु ऊर्जा विभाग' का सृजन।
- 4 अगस्त, 1956–देश के तथा एशिया के प्रथम परमाणु अनुसंधान रिएक्टर 'अप्सरा' की शुरूआत।
- 1962–भारत में पहली बार नांगल में भारी जल संयंत्र की स्थापना।
- 17 सितम्बर, 1963–'राजस्थान परमाणु विद्युत् गृह' की स्थापना हेतु भारत एवं कनाडा में समझौता।
- 12 जनवरी, 1967–'परमाणु ऊर्जा प्रतिष्ठान' का नाम 'भाभा परमाणु अनुसंधान केन्द्र' (BARC) रखा गया।
- 4 अक्टूबर, 1967–'यूरेनियम कॉरपोरेशन ऑफ इंडिया लिमिटेड' की स्थापना।
- 18 मई, 1974–राजस्थान के जैसलमेर जिले के लिए 'पोखरण' नामक स्थान में शांतिपूर्वक कार्यों के परमाणु परीक्षण सम्पन्न।
- 10 मई, 1980–अनुसंधान रिएक्टर 'पूर्णिमा-II' प्रारम्भ, 'पूर्णिमा-II' यूरेनियम-233 को प्रयोग करने वाला पहला रिएक्टर बना।
- 11 नवम्बर, 1984–'न्यूक्लियर पॉवर बोर्ड' की स्थापना।
- 16 सितम्बर, 1985–कलपक्कम में 'इंदिरा गाँधी परमाणु अनुसंधान केन्द्र' की स्थापना।
- 6 नवम्बर, 2001–तमिलनाडु के कुडानकुलम में दो परमाणु बिजली इकाइयाँ स्थापित करने के लिए रूस के साथ समझौता।

महत्वपूर्ण कार्बनिक-यौगिक और उनके उपयोग

यौगिक	उपयोग
• एथिलीन	कच्चे फलों को पकाने एवं उसके संरक्षण में, मस्टर्ड गैस बनाने में, निश्चेतक के रूप में।
• मीथेन	छापाखाने की स्याही बनाने में, प्रकाश तथा ऊर्जा उत्पादन में।
• एसीटिलीन	निओप्रीन नामक कृत्रिम रबर बनाने में, कच्चे फलों को कृत्रिम रूप से पकाने में।
• पोलीथीन	तारों और केबिलों के विद्युत रोधन में, पाइप, बाल्टी, ग्लास आदि बनाने में।
• एथिल ब्रोमाइड	स्थानीय निश्चेतक के रूप में।
• क्लोरोफार्म	निश्चेतक के रूप में, जीवाणुनाशक होने के कारण जन्तुओं और वनस्पतियों से पदार्थों के संरक्षण में।
• मिथाइल ऐल्कोहल	मेथिलेटेड स्पिरिट बनाने में, कृत्रिम रंग बनाने में, पेट्रोल के साथ मिलाकर इंजनों में ईंधन के रूप में।
• इथाइल ऐल्कोहल	दवाओं के काम आने वाले टिंचर बनाने में, वार्निश तथा पॉलिश बनाने में, शराब तथा अन्य ऐल्कोहलीय पेय बनाने में, कीटाणुनाशक, इत्र तथा सुगंध बनाने में आदि।
• फार्मेल्डिहाइड	फोटोग्राफी की प्लेटों पर जिलेटिन फिल्म को स्थिर रखने में, जीवाणु- नाशक के रूप में, अंडे की सफेदी से वाटरप्रूफ कपड़ा बनानें में।
• ग्लिसरॉल	मुहरों की स्याही, जल के रंग, जूतों की पॉलिश तथा शृंगार सामग्री बनाने में, पारदर्शक साबुन बनाने में, सूजन आदि में ठंडक पहुँचाने वाले पदार्थ बनाने में आदि।
• एसेटल्डिहाइड	प्लास्टिक बनाने, रंग तथा दवा बनाने, मेटा एसेटल्डिहाइड नामक नींद की दवा बनाने में।
• एसीटोन	कृत्रिम रेशम तथा संश्लेषित रबर बनाने में।
• एसीटिक अम्ल	प्रयोगशाला में अभिकर्मक के रूप में, सिरके के रूप में, अचार, आदि बनाने में।
• ग्लूकोस	विभिन्न प्रकार की शराब बनाने में, ग्लूकोस के रूप में।
• बेंजीन	विलायक के रूप में, शुष्क धुलाई में, पेट्रोल के साथ मिश्रित कर इंजनों के ईंधन के रूप में आदि।
• टॉइलीन	शुष्क धुलाई में, विलायक के रूप में, विस्फोटक बनाने में।
• क्लोरोबेंजीन	एनीलिन एवं फिनॉल के औद्योगिक निर्माण में।
• ईथर	निश्चेतक के रूप में, विलायक के रूप में, ठंडक पैदा करने में, ऐल्कोहॉल बनाने में।
• गेमेक्सीन	कीटाणुनाशक के रूप में।

रसायन विज्ञान से संबंधित महत्वपूर्ण खोज

खोज	आविष्कारकर्ता	खोज	आविष्कारकर्ता
• प्रोटॉन	गोल्डस्टीन	• इलेक्ट्रॉन	थामसन
• न्यूट्रॉन	जेम्स चैडविक	• नाभिक	रदरफोर्ड
• परमाणु क्रमांक	मोसले	• आवर्त सारणी	मैण्डलीफ
• आधुनिक आवर्त सारणी	मोसले	• पॉजिट्रॉन	कार्ल एण्डरसन
• त्रिक नियम	डोबरी नियर	• अपवर्जन सिद्धांत	पाउली
• क्वांटम सिद्धांत	मैक्स प्लान्क	• रेडियो सक्रियता	हेनरी बेक्वेरेल
• वर्ग विस्थापन नियम	सॉडी व फेजेन्स	• द्रव्यमान संरक्षण का नियम	लैवोजियर
• सापेक्षिकता का सिद्धांत	आइन्सटीन	• वर्ग विस्थापन नियम	सॉडी व फेजेन्स
• परमाणु सिद्धांत	जॉन डॉल्टन	• बोर सिद्धांत	नील्स बोर
• समस्थानिक	सॉडी	• भारी जल	यूरे
• प्रकाश विद्युत प्रभाव	आइन्सटीन	• गैसों का विसरण नियम	ग्राहम
• द्रव्यमान ऊर्जा समीकरण	आइन्सटीन	• विद्युत अपघटन का नियम	फैराडे
• सह संयोजकता	लुईस	• pH मापक्रम	लारेन्सन
• हीलियम	लोकेयर	• ऑक्सीजन	शीले एवं प्रीस्टले
• सोडियम/पोटैशियम	डेवी	• रेडियम	क्यूरी दम्पत्ति
• थोरियम	बर्जीलियस	• यूरेनियम	क्लैप्रोथ
• क्लोरीन	शीले	• आर्गन	रैमजे और रैले
• परासरण दाब का नियम	वर्कल		

रेडियोसक्रिय समस्थानिक और उनकी उपयोगिता

समस्थानिक	उपयोगिता
Na-24	रुधिर संचरण तंत्र का विकार ज्ञात करने में
P-32	रुधिर की खराबी से उत्पन्न रोगों, कैंसर, ल्यूकीमिया आदि के उपचार में।
C-14	अजीवी कार्बनिक वस्तुओं की आयु निर्धारित करने में तथा प्रकाश-संश्लेषण के अध्ययन में।
Fe-59	अरक्तता रोग ज्ञात करने में
Co-60	कैंसर के उपचार में
I-131	थॉयराइड ग्रंथि का विकार ज्ञात करने में, थॉयराइड कैंसर का उपचार करने तथा ब्रेन ट्यूमर ज्ञात करने में।

रासायनिक पदार्थों के रासायनिक नाम व सूत्र

रासायनिक पदार्थ	रासायनिक नाम	रासायनिक सूत्र
• विरंजक चूर्ण	ब्लीचिंग पाउडर	$Ca(OCl).Cl$
• चूने का पानी	कैल्सियम हाइड्रॉक्साइड	$Ca(OH)_2$
• जिप्सम	कैल्शियम सल्फेट	$CaSO_4.2H_2O$
• प्लास्टर ऑफ पेरिस	कैल्शियम सल्फेट हेमीहाइड्रेट	$CaSO_4.\frac{1}{2}H_2O$
• साधारण नमक	सोडियम क्लोराइड	$NaCl$
• बेकिंग सोडा	सोडियम बाइकार्बोनेट	$NaHCO_3$
• कास्टिक सोडा	सोडियम हाइड्रॉक्साइड	$NaOH$
• चिली साल्टपीटर	सोडियम नाइट्रेट	$NaNO_3$
• सुहागा	बोरेक्स	$Na_2B_4O_7.10H_2O$
• फिटकरी	पोटैशियम एल्युमिनियम सल्फेट	$K_2SO_4.Al_2$ $SO_4)_3.24H_2O$
• शोरा	पोटैशियम नाइट्रेट	KNO_3
• चूने का पत्थर/संगमरमर	कैल्शियम कार्बोनेट	$CaCO_3$
• नौसादर	अमोनियम क्लोराइड	NH_4Cl
• लाफिंग गैस	नाइट्रस ऑक्साइड	N_2O
• लाल सिन्दूर	लेड परऑक्साइड	Pb_3O_4
• म्यूरेटिक अम्ल	हाइड्रोक्लोरिक अम्ल	HCl
• ऑयल ऑफ विट्रियॉल	सान्द्र सल्फ्यूरिक अम्ल	H_2SO_4
• शुष्क बर्फ	ठोस कार्बन डाइऑक्साइड	CO_2
• हरा कसीस	फेरस सल्फेट	$FeSO_4.7H_2O$
• भारी जल	ड्यूटेरियम ऑक्साइड	D_2O
• सिलिका	सिलिकन डाइऑक्साइड	SiO_2
• सफेद कसीस	जिंक सल्फेट	$ZnSO_4.7H_2O$
• क्विक सिल्वर	मरकरी	Hg
• नीला कसीस	कॉपर सल्फेट	$CuSO_4.5H_2O$
• मार्श गैस	मीथेन	CH_4
• फ्रीऑन	डाइक्लोरोडाइफ्लोरो कार्बन	CF_2Cl
• यूरिया	कार्बामाइड	NH_2CONH_2
• क्लोरोफार्म	ट्राइक्लोरो मिथेन	$CHCl_3$
• फिनॉल	हाइड्रोक्सीबेंजीन	C_6H_5OH
• ऐल्कोहॉल	इथाइल ऐल्कोहॉल	C_2H_5OH

खनिज लवणों की मानव शरीर में भूमिका

खनिज लवण	मानव शरीर में भूमिका
लोहा (Fe)	लाल रक्त कणिकाओं (RBC) का निर्माण
कैल्शियम (Ca)	हड्डियों एवं दाँतों का निर्माण
आयोडीन (I)	थॉयराइड ग्रंथि का नियंत्रण
फास्फोरस (P)	जीवद्रव्य एवं हड्डियों का निर्माण
सोडियम (Na)	पाचन, उत्सर्जन एवं तंत्रिका तंत्र के कार्यों में सहायता करना
मैग्नीशियम (Mg)	मांसपेशियों के संचालन एवं तंत्रिका तंत्र की कार्य विधि में सहायता करना
पोटैशियम (K)	कोशिकीय संवहन एवं जैविक क्रियाओं का नियंत्रण

कोशिकीय अंग और उनके खोजकर्ता

कोशिकीय अंग	खोजकर्ता	कोशिकीय अंग	खोजकर्ता
केन्द्रक	रॉबर्ट ब्राउन	केन्द्रिका	फोण्टाना
क्लोरोप्लास्ट	स्चिम्पर	क्रोमोसोम	हॉफमिश्चर
अन्तःद्रव्यी जालिका	पोर्टर	तारककाय	बोवेरी
गॉल्जीकाय	जॉर्ज गॉल्जी	लाइसोसोम	सी.डी. दूबे
माइटोकोन्ड्रिया	सी.बेन्डा	राइबोसोम	पैलेड
स्फीरोसोम	पर्नर	जीवद्रव्य	डुजार्डिन
क्रोमेटिन	फ्लेमिंग	केन्द्रक कला	हर्टविग

प्रमुख जीव वैज्ञानिक एवं उनका योगदान

जीव वैज्ञानिक	योगदान
एन्टोनी वॉन ल्यूवेनहॉक	सूक्ष्मजीव विज्ञान के जनक, अच्छी गुणवत्ता के साधारण लैंसों की सहायता से सूक्ष्म जीवधारियों को देखा और उन्हें 'Animal-cules' नाम दिया।
एलेक्जेंडर फ्लेमिंग	पेंन्सिलिन (Penicillin) की खोज।
ए.जी. टेन्सले	'Ecosystem' शब्द का प्रतिपादन।
बेटसन	'आनुवंशिकी' (Genetics) शब्द का प्रतिपादन।
बैन्टिंग तथा बैस्ट	पैंक्रियास से इन्सुलिन हार्मोन का पृथक्करण।
कैरोलस लीनियस	वर्गिकी के जनक, जीवों के नामकरण की द्विनाम पद्धति' का प्रतिपादन 'Systema Nature', Species Plantarum' तथा 'Genera Plantarum' नामक पुस्तकों के लेखक, आधुनिक वनस्पति विज्ञान के जनक।
क्रिश्चियन बर्नार्ड	प्रथम मानव हृदय प्रत्यारोपण ऑपरेशन।
चार्ल्स लेबरॉन	मलेरिया के रोगाणु का पता

जीव वैज्ञानिक	योगदान
चार्ल्स डार्विन	जैवविकास मत का प्रतिपादन, Origin of Species नामक पुस्तक की रचना।
ड्रेसर	'एस्प्रीन' (Aspirin) दवा की खोज
एडवर्ड जेनर	चेचक के टीके की खोज, टीकाकरण का विकास, प्रतिरक्षा विज्ञान के जनक
अर्न्स्ट हेकेल	बायोजेनेटिक नियम का प्रतिपादन, प्रोटिस्टा (Protista) तथा प्लास्टिड (Plastid) शब्द का प्रतिपादन
फन्क	'विटामिन' (Vitamin) शब्द का प्रतिपादन
ह्यूगो डी ब्रीज	उत्परिवर्तन (Mutation) का सिद्धांत
हापकिन्स तथा फन्क	'विटामिन मत' का प्रतिपादन
हरगोविन्द खुराना	आनुवांशिक कोडों का प्रतिपादन
इवानोवस्की	'विषाणुओं' की सर्वप्रथम खोज
जे.ई. पुरकिन्जे	'जीवद्रव्य' (Protoplasm) का नामकरण
जोहॉनसन	'जीन' (Gene) शब्द का प्रतिपादन
जॉनास साल्क	पोलियो से बचाव के लिए टीके का निर्माण
कार्ल लैंडेस्टीनर	'ABO' रक्त वर्गों का पता, R^h फैक्टर की खोज, एन्टीजन की खोज
लुई पाश्चर	रोगों का जर्म-प्लाज्म मत (रोगाणुवाद का प्रतिपादन), रेबीज टीका का निर्माण, किण्वन की खोज, सूक्ष्मजीव विज्ञान के जनक
रॉबर्ट हुक	कोशिका की खोज, 'कोशा' (Cell) शब्द का प्रतिपादक, माइक्रोग्राफिया नामक पुस्तक का लेखन, कोशिका विज्ञान के जनक
रॉबर्ट ब्राउन	कोशिकाओं में केन्द्रक की उपस्थिति का पता और उसका नामकरण, ब्राउनियन गति का प्रतिपादन
आर. आल्टमान	'न्यूक्लिक अम्ल' शब्द का प्रतिपादन
रॉबर्ट एडवर्ड	परखनली शिशु विकसित करने की तकनीक का विकास
श्लाइडेन एवं श्वान	'कोशिका मत' (Cell theory) का प्रतिपादन
थियोफ्रेस्टस	वनस्पतिशास्त्र के पिता, Historia Plantarum नामक पुस्तक का लेखन
टी.आर. माल्थस	खाद्य उत्पादन एवं जनसंख्या के बीच संबंध का प्रतिपादन
टी.एच. हक्सले	'जाति आवर्तन नियम' (Biogentic law) का प्रतिपादन
विलियम हार्वे	रक्त परिसंचरण (Blood Circulation) की खोज
डब्ल्यू. फ्लेमिंग	माइटोसिस (Mitosis) शब्द का प्रतिपादन
वाटसन एवं क्रिक	DNA की आण्विक रचना के लिए द्विकुण्डलित प्रारूप का प्रतिपादन
जेड. जेन्सन एवं एच. जेन्सन	प्रथम 'संयुक्त सूक्ष्मदर्शी' का निर्माण

विटामिनों के स्रोत एवं उनकी विशेषताएँ

नाम	स्रोत	कार्यिकी	कमी का प्रभाव
• विटामिन-A (रेटिनॉल)	दूध, मक्खन, अण्डा, यकृत, मछली का तेल।	दृष्टि रंगाओं का संश्लेषण, एपिथीलियमी स्तरों की वृद्धि एवं विकास।	कॉर्निया व त्वचा की कोशिकाओं का शल्कोष्ट, रतौंधी, कुंठित वृद्धि।
• विटामिन-D (कैल्सीफेरॉल)	मक्खन, यकृत, गुर्दे, अण्डे, मछली का तेल, त्वचा और यीस्ट में सूर्य प्रकाश में संश्लेषण।	कैल्शियम व फॉस्फोरस का उपापचय, हड्डियों और दाँतों की वृद्धि।	सूखा रोग, ऑस्टियोमैलेसिया
• विटामिन-E (टेकोफेरॉल)	तेल, गेहूँ, अण्डे की जर्दी, सोयाबीन।	कोशिका कला की सुरक्षा, जननिक एपिथीलियम की वृद्धि, पेशियों की क्रियाशीलता।	जनन क्षमता की कमी, जननांग तथा पेशी की कमजोरी।
• विटामिन-K (नैफ्थोक्विनोन)	हरी पत्तियाँ, अण्डा, यकृत, टमाटर, गोभी; सोयाबीन।	यकृत में प्रोथॉम्बिन का संश्लेषण।	रुधिर का थक्का न होना।
• विटामिन-B_1 (थायमीन)	अनाज, फलियाँ, सोयाबीन, दूध, यीस्ट, अण्डे, माँस।	कार्बोहाइड्रेट एवं अमीनो अम्ल उपापचय के लिए आवश्यक एन्जाइम का सह-एन्जाइम।	बेरी-बेरी।
• विटामिन-B_2 (राइबोफ्लैविन)	हरी पत्तियाँ, पनीर, अण्डे, यीस्ट, माँस, यकृत।	उपापचय में महत्वपूर्ण सह-एन्जाइमों का घटक।	कीलोसिस।
• विटामिन-B_3 (निकोटिनिक अम्ल)	मांस, मछली, अण्डे, दूध, मटर, मेवा, फलियाँ।	उपापचय में महत्वपूर्ण सह-एन्जाइमों का घटक।	पेलाग्रा।
• विटामिन-B_5 (पैन्टोथीनिक अम्ल)	अण्डे, दूध, मांस, मूँगफली, गन्ना।	अपचय के सह-एन्जाइम-A का घटक।	वृद्धि कम, चर्म रोग, जनन क्षमता में कमी।
• विटामिन-B_6 (पाइरोडॉक्सिन)	दूध, मांस, मछली, यीस्ट, यकृत, अनाज।	प्रोटीन उपापचय में आवश्यक एन्जाइमों का सह-एन्जाइम।	रक्तक्षीणता, चर्म-रोग, पेशीय ऐंठन।

नाम	स्रोत	कार्यिकी	कमी का प्रभाव
• विटामिन-H (बायोटिन)	अण्डा, मांस, गेहूँ, मूंगफली, सब्जियाँ, फल।	वसीय एवं अमीनो अम्लों सहित कई अन्य पदार्थों की संश्लेषण अभिक्रियाओं में सह-एन्जाइम।	बालों का झड़ना, चर्म रोग।
• फॉलिक अम्ल समूह	हरी पत्तियाँ, सोयाबीन, फलियाँ, यकृत।	वृद्धि, रुधिराणुओं का निर्माण, DNA का संश्लेषण।	रुधिर क्षीणता, कुंठित वृद्धि।
• विटामिन-B_{12} (सायनोकोबा-लामीन)	मांस, मछली, दूध, अण्डा।	वृद्धि रुधिराणुओं का निर्माण, न्यूक्लिक अम्लों का संश्लेषण।	रुधिर क्षीणता, तंत्रिका तंत्र की गड़बड़ियाँ।
• विटामिन-C (एस्कॉर्बिक अम्ल)	नींबू, संतरा, टमाटर, सब्जियाँ।	हड्डियों के मैट्रिक्स दाँतों के डेन्टीन का निर्माण।	स्कर्वी रोग।

जीवाणु के द्वारा होने वाले रोग एवं उनके लक्षण

रोग	जीवाणु	प्रभावित अंग	लक्षण
• प्लेग	पाश्चुरेला पेस्टिस	फेफड़े, कांख दोनों पैरों के बीच	बहुत तेज बुखार, शरीर पर गिल्टियां
• क्षय रोग	माइकोबैक्टिरियस ट्यूबरकुलोसिस	फेफड़ा	बार-बार खाँसी के साथ कफ एवं रक्त निकलना
• गोनोरिया	नाइसेरिया गोनोरियाई	मूत्र मार्ग	मूत्र-मार्ग में सूजन
• सिफलिस	ट्रैपोनमा पैलिडम	शिश्न	शिश्न में घाव
• टिटनेस	क्लॉस्ट्रीडियम, टेटेनी	तंत्रिका तंत्र	तेज बुखार, जबड़ा भिंचना एवं शरीर में ऐंठन
• हैजा	विब्रिओ कालेरी	आँत	लगातार दस्त और उल्टियाँ
• डिफ्थीरिया	कोरीनी बैक्टीरियम डिफ्थीरी	श्वास नली	साँस लेने में कठिनाई एवं दम घुटना
• काली खाँसी	हीमोफिलस परटूसिस	श्वसन तंत्र	लगातार खाँसी आना
• कुष्ठ रोग	माइकोबैक्टिरियम लेप्री	तंत्रिका तंत्र, त्वचा	शरीर पर चकत्ते, तंत्रिकाएँ प्रभावित
• टायफायड	साल्मोनेला टाइफी	आँत	तेज बुखार, सिर दर्द
• निमोनिया	डिप्लोकोकस न्यूमोनी	फेफड़ा	तेज बुखार, फेफड़ों में सूजन

परजीवी (*Protozoa*) द्वारा होने वाली बीमारी

बीमारी	परजीवी	प्रभावित अंग	वाहक मच्छर	लक्षण
• काला-जार	लीशमैनिया डोनावानी	अस्थि-मज्जा	बालू-मक्खी	तेज बुखार
• सोने की बीमारी	ट्रिपेनोसोमा	मस्तिष्क	सी-सी मक्खी	बहुत नींद के साथ बुखार
• मलेरिया	प्लाज्मोडियम	तिल्ली एवं लाल रक्त कण	मादा एनोफ्लीज	ठंड के साथ बुखार
• पायरिया	एन्ट अमीबा जिन्जिवेलिस	मसूढ़े	–	मसूढ़ों से रक्तस्राव
• पेचिस	एन्ट अमीबा हिस्टोलिटिका	आँत	–	खून के साथ दस्त

विषाणुओं के द्वारा होने वाले रोग एवं उनके लक्षण

रोग	विषाणु	प्रभावित अंग	लक्षण
• पोलियो	पोलियो	गला, रीढ़, नाड़ी संस्थान	ज्वर, बदन में दर्द, रीढ़ की हड्डी एवं आँत की कोशिकाएँ नष्ट हो जाती हैं।
• चेचक	वैरिओला वायरस	सम्पूर्ण शरीर	तेज-बुखार, शरीर पर लाल दाने।
• डेंगू ज्वर	अरबो वायरस	सम्पूर्ण शरीर, विशेषकर सिर, आँख एवं जोड़	बुखार, आँखों, पेशियों, सिर तथा जोड़ों में दर्द।
• एड्स	HIV	प्रतिरक्षा प्रणाली	रोग प्रतिरोधक क्षमता का नष्ट होना।
• छोटी माता	वैरिसेला वाइरस	सम्पूर्ण शरीर	हल्का बुखार, शरीर पर पित्तिकाएँ।
• खसरा	ओर्बिली वाइरस	सम्पूर्ण शरीर	शरीर पर लाल दाने।
• रेबीज	रैब्डो वाइरस	तंत्रिका तंत्र	जीभ बाहर निकलना एवं पागलपन।
• हर्पीस	हर्पीस	त्वचा	त्वचा में सूजन।

पर्यावरण अनुकूलन के आधार पर पौधों का वर्गीकरण

पौधे के प्रकार	पर्यावरण अनुकूलन
जलोद्भिद	जल में उगने वाले पौधे
समोद्भिद	सामान्य मृदा में उगने वाले पौधे
मरुद्भिद	मरुस्थलीय क्षेत्रों में उगने वाले पौधे
हैलोफाइटस	अधिक सांद्रता वाली मृदा में उगने वाले पौधे
हीलोफाइटस	दलदली भूमि में उगने वाले पौधे
ऑक्जीलोफाइट्स	अम्लीय मृदा में उगने वाले पौधे
सैमोफाइट्स	बालू में उगने वाले पौधे
लिथोफाइट्स	चट्टानों पर उगने वाले पौधे
एरिमोफाइट्स	रेगिस्तान तथा स्टेपीज में उगने वाले पौधे
स्कलेरोफाइट्स	काष्ठीय झाड़ीदार पौधे

फल और उनके खाने योग्य भाग

फल	फल का प्रकार	खाने योग्य भाग
सेब	पोम	गूदेदार पुष्पासन
नाशपाती	पोम	गूदेदार पुष्पासन
आम	ड्रूप	मध्य फलभित्ति
बेर	ड्रूप	बाह्य एवं मध्य फलभित्ति
अमरूद	बेरी	फलभित्ति एवं बीजांडसन
अंगूर	बेरी	फलभित्ति एवं बीजांडसन
पपीता	बेरी	मध्य फलभित्ति
नारियल	ड्रूप	भ्रूणपोष
टमाटर	बेरी	फलभित्ति एवं बीजांडसन
केला	बेरी	मध्य एवं अंतःफलभित्ति
नींबू	हास्पिरिडियम	अंतःभित्ति से विकसित एक कोशिकीय रसीले रोम
अनार	ब्लौस्टा	रसींले बीजचोल
गेहूँ	कैरियोप्सिस	भ्रूणपोष एवं भ्रूण
काजू	नट	पुष्पवृन्त एवं बीजपत्र
लीची	नट	गूदेदार एरिल
चना	संपुटीफली	बीजपत्र एवं भ्रूण
इमली	लोमेन्टम	मध्य फलभित्ति
मूँगफली	लोमेन्टम	बीजपत्र एवं भ्रूण
शरीफा	बेरी	गूदेदार फलभित्ति का पुंज
शहतूत	सोरोसिस	रसीले परिदलपुंज
कटहल	सोरोसिस	सहपत्र, परिदल एवं बीज
अनन्नास	सोरोसिस	सहपत्र, परिदल एवं रेकिस व फलभित्ति

मानव शरीर के महत्वपूर्ण तथ्य

- मानव शरीर की सबसे बड़ी ग्रंथि—यकृत
- मानव शरीर की सबसे छोटी ग्रंथि—पिट्यूटरी ग्रंथि
- मानव शरीर की सबसे बड़ी अंतःस्रावी ग्रंथि—थॉयराइड ग्रंथि
- मानव शरीर की सबसे बड़ी हड्डी—फीमर
- मानव शरीर की सबसे छोटी हड्डी—स्टेप्स
- मानव शरीर की सबसे बड़ी पेशी—ग्लूटियस मैक्सिमस
- मानव शरीर की सबसे छोटी पेशी—स्टेपिडियस
- मानव शरीर का सबसे अधिक पुनरूद्‌भवन क्षमता वाला अंग—यकृत
- मानव शरीर की सबसे बड़ी कोशिका—न्यूरॉन

- मानव शरीर का सबसे बड़ा श्वेत रक्त कण–मोनोसाइट
- किरणों के प्रभाव से विटामिन डी में बदल जाता है–एर्गोस्टीरॉल
- मानव शरीर का तेल ग्रंथिविहीन अंग–ओठ (Lips)
- मानव शरीर में सर्वाधिक मात्रा में पाया जाने वाला तत्व–ऑक्सीजन
- मानव शरीर में सबसे कम मात्रा में पाया जाने वाला तत्व–मैंगनीज
- मानव शरीर में अस्थियों की कुल संख्या–206
- नवजात शिशुओं में अस्थियों की कुल संख्या–300 (लगभग)
- मानव मस्तिष्क का भार–1400 ग्राम
- मानव हृदय की रक्त पम्प करने की क्षमता–4.5 लीटर प्रति मिनट
- मानव शरीर का सामान्य रक्त-चाप–120/80 mm Hg
- मानव शरीर में लाल रक्त कणों की संख्या–(पुरुष)–5-5.5 मिलियन/क्यूबिक mm (महिला)–4.5-5 मिलियन/क्यूबिक mm
- लाल रक्त कणों का जीवन काल–120 दिन
- श्वेत रक्त कणों का सामान्य काउन्ट–5000-1000/क्यूबिक mm
- श्वेत रक्त कणों का जीवन काल–2-5 दिन
- सर्वदाता रक्त समूह–'O' समूह
- सर्वग्राही रक्त समूह–'AB' समूह
- सामान्य शरीर तापक्रम–98.4°F
- केल्विन पैमाने पर मानव शरीर का तापक्रम–310°K
- सैल्सियस पैमाने पर मानव शरीर का तापक्रम–37°C (लगभग)
- मूत्र का pH मान–6.0
- रक्त का pH मान–7.4
- मानव की श्रव्यता सीमा–20Hz से 20000 Hz तक

जीव विज्ञान की प्रमुख शाखाएँ

- **एनाटोमी (Anatomy):** जीव विज्ञान की इस शाखा में शरीर की आंतरिक संरचना का अध्ययन किया जाता है।
- **एन्थ्रोपोलॉजी (Anthropology):** विज्ञान की इस शाखा में मानव के विकास, रीति-रिवाज, इतिहास, परम्पराओं से सम्बन्धित विषयों का अध्ययन किया जाता है।
- **कीमोथिरेपी (Chemotheraphy):** चिकित्सा विज्ञान की इस शाखा में रासायनिक यौगिकों से उपचार किया जाता है।
- **इकोलॉजी (Ecology):** यह विज्ञान वनस्पतियों तथा प्राणियों के पर्यावरण या प्रकृति से सम्बन्धों का अध्ययन करता है।
- **एन्टोमोलॉजी (Entomology):** जन्तु विज्ञान की इस शाखा में कीट-पतंगों का अध्ययन किया जाता है।

- **एपीडीमियोलॉजी (Epidemiology):** चिकित्सा विज्ञान की यह शाखा महामारी और उनके उपचार से सम्बन्धित है।
- **एक्स-बायोलॉजी (Ex-biology):** इस विज्ञान के द्वारा पृथ्वी को छोड़कर अन्य ग्रहों व उपग्रहों पर जीवन की संभावनाओं का अध्ययन किया जाता है।
- **जिरोन्टोलॉजी (Gerontology):** विज्ञान की इस शाखा में वृद्धावस्था से सम्बन्धित तथ्यों का अध्ययन किया जाता है।
- **हॉर्टीकल्चर (Horticulture):** फल-फूल व साग-सब्जी उगाने, बाग लगाने, पुष्प उत्पादन का अध्ययन इस विज्ञान के द्वारा किया जाता है।
- **हाइड्रोपैथी (Hydropathy):** इस विज्ञान में पानी द्वारा रोगों की चिकित्सा होती है।
- **होलोग्राफी (Holography):** यह लेसर पुंज की सहायता से त्रिविमीय चित्र बनाने की विधि है।
- **मीट्रियोलॉजी (Metreology):** मौसम की दशाओं में होने वाली क्रियाओं तथा परिवर्तनों का अध्ययन इस विज्ञान के द्वारा किया जाता है।
- **मॉर्फोलॉजी (Morphology):** विज्ञान की इस शाखा में पृथ्वी पर पाये जाने वाले प्राणियों तथा पौधों की संरचना, रूप एवं प्रकार आदि का अध्ययन किया जाता है।
- **न्यूरोलॉजी (Neurology):** मानव शरीर की नाड़ियों या तंत्रिकाओं का अध्ययन तथा उपचार इस विज्ञान के द्वारा किया जाता है।
- **ओडोन्टोग्राफी (Odontography):** दाँतों का अध्ययन करने वाली चिकित्सा विज्ञान की यह एक शाखा है।
- **ऑर्निथोलॉजी (Ornithology):** इस विज्ञान में पक्षियों से सम्बन्धित अध्ययन किया जाता है।
- **पोमोलॉजी (Pomology):** विज्ञान की इस शाखा में फलों का अध्ययन किया जाता है।
- **एग्रोस्टोलॉजी (Agrostology):** यह घासों से सम्बन्धित विज्ञान की एक शाखा है।
- **अर्बोरीकल्चर (Arbori Culture):** यह वृक्ष उत्पादन सम्बन्धी विज्ञान की एक शाखा है।
- **कॉन्कोलॉजी (Conchology):** विज्ञान की इस शाखा के अन्तर्गत मोलस्क विज्ञान का अध्ययन होता है।
- **इथोलॉजी (Ethology):** विज्ञान की इस शाखा के अन्तर्गत प्राणियों के आचार तथा व्यवहार का अध्ययन होता है।
- **हीलियोथिरेपी (Heliotherapy):** यह सूर्य के प्रभाव से चिकित्सा करने की प्रक्रिया है।
- **हाइड्रोस्टेटिक्स (Hydrostatics):** इस शाखा के अंतर्गत द्रवस्थैतिक का अध्ययन होता है।
- **फाइकोलॉजी (Phycology):** विज्ञान की इस शाखा के अंतर्गत शैवालों का अध्ययन होता है।
- **सेरीकल्चर (Sericulture):** विज्ञान की इस शाखा के अंतर्गत रेशम के कीड़ों के पालन का अध्ययन किया जाता है।
- **हिप्नोलॉजी (Hypnology):** विज्ञान की इस शाखा में नींद का अध्ययन किया जाता है।

● ● ●

6

कम्प्यूटर (Computer)

- आज कम्प्यूटर का युग है। जीवन के प्रत्येक क्षेत्र में कम्प्यूटर का समावेश है। वृहत् पैमाने पर गणना करने वाले इलेक्ट्रॉनिक संयंत्र को संगणक अथवा कम्प्यूटर कहते हैं, अर्थात् कम्प्यूटर वह युक्ति है जिसके द्वारा स्वचालित रूप से विविध प्रकार के आंकड़ों को संसाधित एवं संचयित किया जाता है।
- **माइक्रो कम्प्यूटर :** ये वस्तुतः एक ही व्यक्ति द्वारा उपयोग में लाए जाने के कारण व्यक्तिगत कम्प्यूटर (PC) के नाम से जाने जाते हैं।

कम्प्यूटर के प्रकार

- **मिनी कम्प्यूटर :** आकार तथा कार्यक्षमता की दृष्टि से ये छोटे होते हैं तथा एक बड़ी मेज पर आ सकते हैं। इन पर एक साथ बीस-तीस टर्मिनल पर कार्य किया जाता है।
- **मेन फ्रेम कम्प्यूटर :** ये बड़े आकार के कम्प्यूटर होते हैं जिनका डिजाइन स्टील के फ्रेम में लगाकर किया जाता है। इसकी मेमोरी उपर्युक्त दोनों से अधिक होती है।
- **सुपर कम्प्यूटर :** ये कम्प्यूटर बहुत अधिक शक्तिशाली होते हैं तथा जटिल संक्रियाओं को भी बहुत शीघ्र गति से करते हैं। इसकी संग्रहण क्षमता भी अधिक होती है।
- **अंकीय कम्प्यूटर :** इस प्रकार के कम्प्यूटर सभी प्रकार की सूचनाओं को द्विआधारी पद्धति में बदलकर अपना कार्य करते हैं। ये सभी प्रकार की गणनाएं गिनकर या जोड़कर करते हैं।
- **प्रकाशीय कम्प्यूटर :** इस प्रकार के कम्प्यूटर में एक अवयव को दूसरे से जोड़ने का कार्य ऑप्टिकल फाइबर के तन्तु से किया जा रहा है एवं गणना अवयव प्रकाशीय पद्धति पर बनाए जा रहे हैं। ये पंचम पीढ़ी के कम्प्यूटर हैं।

हार्डवेयर और सॉफ्टवेयर

- सामान्यतया कम्प्यूटर सिस्टम के दो भाग होते हैं—**हार्डवेयर** और **सॉफ्टवेयर**। कम्प्यूटर के मशीनी पुर्जों को अर्थात् उसके भौतिक रूप को **हार्डवेयर** कहा जाता है। जो जानकारी (डाटा) और हिदायतें कम्प्यूटर में फीड की जाती हैं जिनके आधार पर और जिनके अनुरूप कम्प्यूटर क्रियाएँ करता है, उन्हें **सॉफ्टवेयर** कहा जाता है।

- जैसा कि पहले बताया गया है कि कम्प्यूटर की भाषा में जानकारी को **'डाटा'** और हिदायतों को **'प्रोग्राम'** कहा जाता है।
- सबसे शक्तिशाली कम्प्यूटर **'मेनफ्रेम'** नाम से जाने जाते हैं, जिनका प्रयोग बड़े-बड़े उद्योगों और सरकारी संगठनों में किया जाता है।
- सबसे छोटे कम्प्यूटरों को **'मैक्रोकम्प्यूटर'** कहा जाता है, जिनका प्रयोग घरों में किया जाता है और जिनमें केवल एक सिलिकन चिप होता है, जिसे **मैक्रोप्रोसेसर** कहते हैं।

बाइनरी कोड

- डाटा और हिदायतों को कम्प्यूटर में फीड करने से पहले उन्हें संख्याओं (Numbers) अथवा अंकों (digits) में कोड करना जरूरी होता है, क्योंकि कम्प्यूटर संख्याओं और अंकों के रूप में मिलने वाली जानकारी को ही प्रोसेस करता है और इसीलिए इसे **डिजिटल कम्प्यूटर** कहा जाता है।
- डिजिटल कम्प्यूटर सामान्य अंकों अर्थात् 0 से 9 तक के अंकों का प्रयोग नहीं करता। इसमें केवल दो अंकों 0 और 1 का प्रयोग होता है। इन दोनों अंकों को–विद्युत प्रवाह को 1 के रूप में और विद्युत अप्रवाह को 0 के रूप में–कम्प्यूटर के इलेक्ट्रॉनिक सर्किट में व्यक्त किया जा सकता है।
- कम्प्यूटर की भाषा में 1 और 0 दोनों को **बिट** (या बाइनरी और डिजिट का संक्षिप्त रूप है) कहा जाता है। प्रत्येक संख्या, वर्ण (अक्षर) और प्रतीक को आठ बिटों के कोड में व्यक्त किया जाता है। आठ-बिटों की इकाई को **बाइट** कहा जाता है।

कम्प्यूटर की उच्च स्तरीय भाषाएँ

- इस प्रकार की भाषाओं के विकास का श्रेय IBM कंपनी को जाता है। फॉरट्रान (FORTRAN) नामक पहली उच्च स्तरीय भाषा का विकास इसी कंपनी के प्रयास से हुआ। इसके बाद सैकड़ों उच्चस्तरीय भाषाओं का विकास हुआ। कुछ प्रमुख उच्चस्तरीय भाषाएँ निम्नलिखित हैं–
  - (*a*) **फॉरट्रान (FORTRAN) :** इस भाषा का विकास गणितीय सूत्रों को आसानी से और कम समय में हल करने के लिए किया गया था।
  - (*b*) **बेसिक (BASIC) :** इस भाषा में प्रोग्राम में निहित आदेश के किसी निश्चित भाग को निष्पादित किया जा सकता है।
  - (*c*) **कोबोल (COBOL) :** इस भाषा का विकास व्यावसायिक हितों के लिए किया गया। इस भाषा की संक्रिया के लिए लिखे गए वाक्यों के समूह को पैराग्राफ कहते हैं। सभी पैराग्राफ मिलकर एक सेक्शन बनाते हैं और सेक्शनों से मिलकर डिवीजन बनता है।
  - (*d*) **प्रोलॉग (PROLOG) :** इस भाषा का विकास कृत्रिम बुद्धि के कार्यों के लिए किया गया है, जो तार्किक प्रोग्रामिंग में सक्षम है।
  - (*e*) **अल्गोल (ALGOL) :** यह अंग्रेजी के अल्गोरिथमिक लैंग्वेज का संक्षिप्त रूप है। इसका निर्माण जटिल बीजगणितीय गणनाओं में प्रयोग हेतु बनाया गया था।

(*f*) **कोमाल (COMAL) :** यह Common Algorithmic Language का संक्षिप्त रूप है। इस भाषा का प्रयोग माध्यमिक स्तर के छात्रों के लिए किया जाता है।

(*g*) **फोर्थ (FORTH) :** इसका उपयोग कम्प्यूटर के सभी प्रकार के कार्यों में होता है। इन सभी उच्च स्तरीय भाषाओं में एक समानता है कि लगभग सभी में अंग्रेजी के वर्णों (A, B, C, D, ... आदि) एवं इण्डो-अरेबियन अंकों (0, 1, 2, 3, ...आदि) का प्रयोग किया जाता है।

महत्वपूर्ण तथ्य

- चार्ल्स बेबेज को कम्प्यूटर का पितामह या जनक कहा जाता है।
- आधुनिक कम्प्यूटर की खोज सबसे पहले वर्ष 1946 ई. में हुई।
- कम्प्यूटर साक्षरता दिवस 2 दिसम्बर को मनाया जाता है।
- भारत में निर्मित प्रथम कम्प्यूटर सिद्धार्थ है। इसका निर्माण इलेक्ट्रॉनिक कॉर्पोरेशन ऑफ इण्डिया ने किया था।
- भारत का प्रथम प्रदूषण रहित कम्प्यूटरीकृत पेट्रोल पम्प मुम्बई में है।
- भारत का प्रथम कम्प्यूटरीकृत डाकघर नई दिल्ली का है।
- इन्टीग्रेटेड सर्किट चिप का विकास जे.एस. किल्बी ने किया।
- चुम्बकीय डिस्क पर आयरन ऑक्साइड की परत होती है।
- टिम बर्नर्स ली www (world wide web) के आविष्कारक तथा प्रवर्तक हैं।
- विश्व का प्रथम सुपर कम्प्यूटर क्रे.के. 1-एस था, जो 1779 में बनकर तैयार हुआ था। इसे अमेरिका के क्रे रिसर्च कंपनी ने बनाया था।
- एनीयक विश्व का प्रथम डिजिटल कम्प्यूटर है।
- इंटरनेट पर उपलब्ध होनेवाली प्रथम भारतीय पत्रिका इण्डिया टुडे है।
- आधुनिक कम्प्यूटर में प्रायः सेमीकण्डक्टर मेमोरी (स्मरण शक्ति) का कार्य करती है।
- इन्टीग्रेटेड सर्किट चिप पर सिलिकॉन की परत होती है।
- कम्प्यूटर अशुद्धि को बग (Bug) कहा जाता है।
- कम्प्यूटर पर परमाणु परीक्षणों को सबक्रिटिकल परीक्षण कहा जाता है।

●●●

विविध (Miscelleneous)

विश्व के प्रमुख देशों की राजधानी एवं मुद्रा

देश	राजधानी	मुद्रा	देश	राजधानी	मुद्रा
एशिया					
भारत	नई दिल्ली	रुपया	तुर्किए	अंकारा	लीरा
बांग्लादेश	ढाका	टका	इजरायल	जेरूसलम	न्यू शेकेल
भूटान	थिम्पू	न्गुलट्रम	जोर्डन	अम्मान	दिनार
नेपाल	काठमांडू	रुपया	कतर	दोहा	रियाल
म्यांमार	ने पी ता	क्यात	कम्बोडिया	न्होपमेन्ह	रिएल
पाकिस्तान	इस्लामाबाद	रुपया	उत्तर कोरिया	प्योंगप्यांग	युआन
अफगानिस्तान	काबुल	अफगानी	दक्षिण कोरिया	सिओल	वॉन
चीन	बीजिंग	युआन	मकाऊ	मकाऊ	पटाका
श्रीलंका	कोलम्बो	रुपया	जापान	टोक्यो	येन
ईरान	तेहरान	रियाल	ब्रूनेई	बंदरसेरी	डॉलर
इराक	बगदाद	दिनार	साइप्रस	निकोसिया	पाउंड
इंडोनेशिया	जकार्ता	रुपिया	हांगकांग	विक्टोरिया	डॉलर
बहरीन	मनामा	दिनार	गुआम	अगाना	डॉलर
मंगोलिया	उलानबटोर	तुगरिक	ओमान	मस्कट	रियाल
मलेशिया	क्वालालंपुर	रिंगगिट	फिलीपींस	मनीला	पीसो
मालदीव	माले	रुफिया	सीरिया	दमिश्क	पाउंड
लेबनान	बेरुत	पाउंड	सऊदी अरब	रियाद	रियाल
लाओस	वियन्तियान	न्यूकिपलाओ	सिंगापुर	सिंगापुर	डॉलर
कुवैत	कुवैत सिटी	दिनार	उज्बेकिस्तान	ताशकंद	सुम

देश	राजधानी	मुद्रा	देश	राजधानी	मुद्रा
वियतनाम	हनोई	डाग	कजाकिस्तान	अस्टाना	टेनगे
थाईलैण्ड	बैंकाक	बहत	यमन	साना	रियाल
सं.अ. अमीरात	अबुधाबी	दिरहम	ताजिकिस्तान	दुशानवे	सोमोनी
ताइवान	ताइपे	डॉलर	तुर्केमिनस्तान	एश्गाबात	मनात
किर्गिस्तान	बिश्केक	सोम			
अफ्रीका					
अंगोला	लुआंडा	क्वांजा	मालागासी	अन्ताननरीबो	फ्रैंक
अल्जीरिया	अल्जीयर्स	दीनार	मलावी	लिलाँगवे	क्वाचा
मॉरीशस	पोर्ट लुईस	रुपया	बोत्सवाना	गेबोरोन	पुला
मोरक्को	रबात	दिरहम	बुरूंडी	बुजुमबुरा	फ्रैंक
मोजाम्बिक	मपूतो	मेटीकल	कैमरून	याओंडे	फ्रैंक
नामीबिया	विंडहॉक	रैंड	कांगो	ब्राजाविले	फ्रैंक (CFA)
नाइजर	नियामी	फ्रैंक	बेनिन	पोर्टो-नोवा	फ्रैंक
नाइजीरिया	लागोस	नैरा	कैप वर्डे	प्रैओं	ऐस्कुडो
रवांडा	किगाली	फ्रैंक	चाड	एन दजामेनां	फ्रैंक
सेनेगल	डकार	फ्रैंक	माली	बमाको	फ्रैंक
सोमालिया	मोगाडिशू	शिलिंग	मारीतानिया	नौकचोट्ट	ओगुवा
द. अफ्रीका	प्रिटोरिया	रैंड	रियूनियन	सेंट-डेनिस	फ्रैंक
सूडान	खारतूम	पाउंड	स्वाजीलैण्ड	म्बाबने	लिलान्गनी
तंजानिया	डोडोमा	शिलिंग	सियेरा लिओन	फ्री टाउन	लियोन
सेशेल्स	विक्टोरिया	रुपया	इरीट्रिया	अस्मारा	बिर्र
ट्यूनीशिया	ट्यूनिश	दीनार	लेसोथा	मसेरू	लोति
युगांडा	कंपाला	शिलिंग	लाइबेरिया	मोनरोविया	फ्रैंक
जांबिया	लुसाका	क्वाचा	गेबोन	लिब्रेविले	फ्रैंक (CFA)
जिम्बाब्वे	हरारे	डॉलर	गांबिया	बंजुल	दलासी
कांगो (लो.ग.)	किंशासा	फ्रैंक (CDF)	जिबूती	जिबूती	फ्रैंक
टोगो	लोमे	फ्रैंक	म.अ. गण.	बांगुई	फ्रैंक
मिस्र	काहिरा	पाउंड	बुर्किना फासो	क्वागादौगौ	फ्रैंक
इथिओपिया	अदिस अबाबा	बिर्र	कोमोरोस	मोरोनी	फ्रैंक
घाना	अक्रा	केडी	कोटे द आइबरी	यामोउस्क्रो	फ्रैंक
गिनी	कोनाक्रे	फ्रैंक	गुयाना	मालाबो	फ्रैंक
केन्या	नैरोबी	शिलिंग	गिनी बिसाऊ	बिसाऊ	पीसो
लीबिया	हून (त्रिपोली)	दिनार	साओटोम	साओटोम	डोब्रा

देश	राजधानी	मुद्रा	देश	राजधानी	मुद्रा
उत्तरी अमेरिका एवं कैरीबियन सागरीय देश					
कनाडा	ओटावा	डॉलर	ग्वाटेमाला	ग्वाटेमाला सिटी	क्वाट्जाल
क्यूबा	हवाना	पीसो	निकारागुआ	मनागुआ	न्यू कोरडोवा
पनामा	पनामा सिटी	बाल बोआ	जमैका	किंगस्टन	डॉलर
बरमूडा	हेमिल्टन	डॉलर	ग्रेनाडा	सेंट जॉर्ज	डॉलर
बहामाज	नसाऊ	डॉलर	ग्वाडेलोप	बस्से तेरे	फ्रैंक
बारबाडोस	ब्रिजटाउन	डॉलर	अल-सल्वाडोर	सान सल्वाडोर	कोलन
कोस्टारिका	सान जोस	कोलन	ग्रीनलैण्ड	नूक	क्रोन
बेलीज	बेलमोपान	डॉलर	हैती	पोर्ट-ओ-प्रिंस	गोर्डे
मैक्सिको	मैक्सिको सिटी	पीसो	मार्टिनीक	फोर्ट-डे-फ्रांस	फ्रैंक
सं.रा. अमेरिका	वाशिंगटन (डी.सी.)	डॉलर	एंटीगुआ व बरबुडा	सेंट जॉन्स	कोलन
डोमीनिक	रोसेऊ	डॉलर	सेंट ल्यूसिया	कैस्टिज	डॉलर
डोमीनियन गणतंत्र	सैंटो डोमिंगो	पीसो	सेंट किट्स व नेविस	बेस्सेतेरे	डॉलर
होंडुरस	तेगुसिगल्पा	लेम्पीरा	प्यूटोरिको	सान जुआन	डॉलर
नीदरलैण्ड एंटिल्स	ब्लेम्स्टड	गिल्डर	सेंट विंसेंट व ग्रेनेडाइंस	किंग्सटाउन	डॉलर
वर्जिन द्वीपसमूह	चारलोटे अमाली	डॉलर			
दक्षिणी अमेरिका					
ब्राजील	साओ पाउलो	रिएल	पेरू	लीमा	न्यू सोल
चिली	सांतियागो	पीसो	कोलम्बिया	बोगोटा	पीसो
इक्वाडोर	क्वेटो	सुक्रे	गुयाना	जॉर्ज टाउन	डॉलर
सूरीनाम	परामारिबो	गिल्डर	पराग्वे	असनश्यान	गुआरानी
वेनेजुएला	काराकस	बोलिवर	उरुग्वे	मोंटेवीडिओ	पीसो
अर्जेंटीना	ब्यूनस आयर्स	अर्जेण्टीनो	अरुबा	ओरंजेस्टेड	गिल्डर
त्रिनिदाद व टोबैगो	पोर्ट ऑफ स्पेन	डॉलर	बोलीविया	लापाज	बोलिवियानों
			फ्रेंच गुयाना	कोयेन्ने	फ्रैंक
यूरोप					
रूस	मास्को	रूबल	आस्ट्रिया*	वियाना	शिलिंग
स्पेन*	मैड्रिड	पेसेटा	आर्मेनिया	येरेवान	रूबल
पोलैण्ड	वारसा	ज्लोती	चेक गणराज्य	प्राग	कोरूना

देश	राजधानी	मुद्रा	देश	राजधानी	मुद्रा
नार्वे	ओस्लो	क्रोन	रोमानिया	बुखारेस्ट	ल्यू
पुर्तगाल*	लिस्बन	एस्कुडो	माल्टा*	वालेटा	पाउंड
फ्रांस*	पेरिस	फ्रैंक	लिचेंटीन	वादुज	फ्रैंक
जर्मनी*	बर्लिन	ड्यूश मार्क	सान मारिनो*	सान मारिनो	लीरा
यूनान*	एथेंस	ड्राचमा	बोस्निया हर्जेगोविना	सरायेवो	दिनार
हंगरी	बुडापेस्ट	फ्रोरिंट	अंडोरा*	अंडोरा ला विले	फ्रैंक, पेसेटा
डेनमार्क	कोपेनहेगन	क्रोन	अजरबैजान	बाकू	मनात
लिथुआनिया	विल्नियस	लितास	जॉर्जिया	तिब्लिसी	लारी
एस्तोनिया*	ताल्लिन	क्रून	आयरलैण्ड*	डबलिन	पाउंड
स्वीडन	स्टॉकहोम	क्रोना	लक्समबर्ग*	लक्समबर्ग	फ्रैंक
स्विट्जरलैण्ड	बर्न	फ्रैंक	बेल्जियम*	ब्रूसेल्स	फ्रैंक
ग्रेट-ब्रिटेन	लंदन	पाउंड	बुल्गारिया*	सोफियां	लेवा
मेसीडोनिया	स्कोपजे	दिनार	अल्बानिया	तिराना	लेक
स्लोबेनिया*	ल्यूकिल्यान	दिनार	लातविया*	रीगा	रूबल
सर्बिया	बेलग्रेड	दिनार	बेलारूस	मिन्स्क	रूबल
यूक्रेन	कीव	हिरविनिया	मोल्दाविया	किशीनेव	रूबल
फिनलैण्ड*	हेलसिंकी	मारक्का	क्रोशिया	जागरेव	दिनार
नीदरलैण्ड्स*	एमस्टरर्डम	गिल्डर	इटली	रोम	लीरा
आइसलैण्ड	रिक्याविक	क्रोना	स्लोवाक गणराज्य	ब्रातिस्लावा	क्राउन
ओसनियाई देश					
ऑस्ट्रेलिया	केनबरा	डॉलर	फिजी	सुवा	डॉलर
न्यूजीलैण्ड	वेलिंग्टन	डॉलर	मार्शल द्वीप	मजुरो	डॉलर
माइक्रोनेशिया	पीलीकीर	डॉलर	नारू	यारेन	डॉलर
टोंगा	नुकोअलाफा	पांग	तुवालू	फुनाफुटी	डॉलर
वानाआतू	पोर्ट विला	वातू	प. सामोआ	एपिआ	ताला
किरिबाती	बैरिकी	डॉलर	न्यू कैलीडोनिया	नौमिया	फ्रैंक
पापुआ न्यू गिनी	पोर्ट मोरेस्वी	किना	पलाऊ (बेलाऊ)	कोडोर	USA डॉलर
फ्रेंच पोलिनेशिया	पापीते	फ्रैंक	सोलोमन द्वीपसमूह	होनियारा	डॉलर

*नोट : * वर्तमान में इन देशों ने 'यूरो' को मुद्रा के रूप में अपनाया है।*

देश और उनकी संसद

देश	संसद	देश	संसद
अफगानिस्तान	शोरा	इराक	राष्ट्रीय एसेम्बली
अर्जेंटीना	नेशनल कांग्रेस	आयरलैंड	डेल आयरन
ऑस्ट्रेलिया	पार्लियामेंट (प्रतिनिधि सभा और सीनेट)	इजरायल	नेसेट
		जापान	डायट
ऑस्ट्रिया	राष्ट्रीय एसेम्बली	कोरिया (उत्तर)	सुप्रीम पीपुल्स एसेम्बली
बहामा	जनरल एसेम्बली (हाउस ऑफ एसेम्बली और सीनेट)	कोरिया (दक्षिण)	राष्ट्रीय एसेम्बली
		कुवैत	राष्ट्रीय एसेम्बली
बेलिज	राष्ट्रीय एसेम्बली	लाओस	पीपुल्स सुप्रीम एसेम्बली
भूटान	त्सोंगडू	लीबिया	जनरल पीपुल्स कांग्रेस
बोलिविया	राष्ट्रीय कांग्रेस	मेडागास्कर	नेशनल पीपुल्स एसेम्बली
ब्रिटेन	पार्लियामेन्ट (हाउस ऑफ कामन्स और हाउस ऑफ लॉर्ड्स)	मलेशिया	दीवान निगारा
		मालदीव	मजलिस
		मंगोलिया	खुरल
बुल्गारिया	नारोदनो सबरेनि	मोजाम्बिक	पीपुल्स एसेम्बली
केपवर्डे	पीपुल्स नेशनल एसेम्बली	म्यांमार (बर्मा)	पियूथी हट्टाव (पीपुल्स एसेम्बली)
चीन	नेशनल पीपुल्स कांग्रेस		
कोलम्बिया	कांग्रेस	नेपाल	राष्ट्रीय पंचायत
क्यूबा	नेशनल एसेम्बली ऑफ पीपुल्स पावर	नार्वे	स्टोटिंग
		पापुआ न्यू गुयाना	राष्ट्रीय संसद
डेनमार्क	फोल्केटिंग	पौलैंड	सोजिम
इजिप्ट	पीपुल्स एसेम्बली	दक्षिण अफ्रीका	हाउस ऑफ एसेम्बली
फ्रांस	नेशनल एसेम्बली	स्पेन	कोर्टेस
जर्मनी	बुण्ड्सटेग	स्वीडन	रिक्सडाग
आइसलैंड	अलथिंग	स्विट्जरलैंड	फेडरल एसेम्बली
भारत	संसद (लोक सभा और राज्य सभा)	सीरिया	पीपुल्स काउंसिल
पाकिस्तान	नेशनल एसेम्बली	तुर्की	ग्रैंड नेशनल एसेम्बली
बांग्लादेश	जातीय संसद	यू.एस.ए.	कांग्रेस (प्रतिनिधि सभा और सीनेट)
ताइवान	यूआन		
इंडोनेशिया	पीपुल्स कंसल्टेटिव एसेम्बली	रूस	ड्यूमा
		जायरे	नेशनल लेजिस्लेटिव काउंसिल
ईरान	मजलिस		

विश्व की प्रमुख गुप्तचर संस्थाएँ

गुप्तचर संस्था	देश
मोसाद	इजराइल
मुखबरात	मिस्र
नाइचो	जापान
अल मुखबरात	इराक
सावाक	ईरान
फेडरल ब्यूरो ऑफ इनवेस्टीगेशन (FBI), सेन्ट्रल इंटेलीजेन्स एजेन्सी (CIA)	यू.एस.ए.
सेन्ट्रल एक्सटर्नल लेंजा डिपार्टमेन्ट	चीन
के.जी.बी./जी.आर.यू.	रूस
एम.आई. (मिलिट्री इंटेलीजेंस)-5 एवं 6, स्पेशल ब्रांच, ज्वाइंट इंटेलीजेंस ऑर्गेनाइजेशन	यूनाइटेड किंगडम
ब्यूरो ऑफ स्टेट सिक्यूरिटी	दक्षिण अफ्रीका
इंटर सर्विसेज इंटेलीजेंस (ISI)	पाकिस्तान
रिसर्च एंड एनालिसिस विंग (RAW), इंटेलीजेंस ब्यूरो (IB), सेन्ट्रल ब्यूरो ऑफ इनवेस्टिगेशन (CBI)	भारत
ऑस्ट्रेलियन सिक्यूरिटी एंड इंटेलीजेंस ऑर्गेनाइजेशन	ऑस्ट्रेलिया

महान कृत्य एवं संबंधित व्यक्ति

कृत्य	व्यक्ति
अमेरिका में दास प्रथा का उन्मूलन	अब्राहम लिंकन
ओरेविले आश्रम की स्थापना	अरविन्द घोष
आन्नद वन की स्थान	बाबा आम्टे
ओलम्पिक खेलों का पुनर्जन्म	पियरे डी कुबर्तिन
आनंद दुग्ध सहकारिता की स्थापना	वी.जे. कुरियन
भूदान आंदोलन के सूत्रधार	आचार्य विनोबा भावे
शान्ति निकेतन की स्थापना	रवीन्द्रनाथ टैगोर
रामकृष्ण मिशन की स्थापना	स्वामी विवेकानन्द
शक सम्वत् की शुरूआत	कनिष्क
विक्रम सम्वत् की शुरूआत	चन्द्रगुप्त विक्रमादित्य
सांख्य दर्शन के प्रणेता	महर्षि कपिल
रेडक्रॉस की स्थापना	हेनरी ड्यूनेन्ट
स्काउटिंग की स्थापना	बेडन पावेल
रूसी क्रांति के जनक	निकोलाई लेनिन
फासिस्ट पार्टी के संस्थापक	बेनिटो मुसोलिनी
रेड गार्ड्स की स्थापना	गैरीबाल्डी

प्रमुख देशों के राष्ट्रीय चिह्न

देश	चिह्न	देश	चिह्न
रूस	डबल हेडेड ईगल	तुर्किए	चाँद-तारा
फ्रांस	लिली	नॉर्वे	शेर
स्पेन	ईगल	ईरान	गुलाब का फूल
जापान	गुलदाऊदी	कनाडा	मैपल लीफ
ऑस्ट्रेलिया	वैटल	भारत	अशोक स्तम्भ (शीर्ष भाग)
बांग्लादेश	वाटर लिली	यू.के.	गुलाब का फूल
इटली	सफेद लिली	न्यूजीलैंड	किवी, सदर्न, क्रॉस, फर्न
सं.रा. अमेरिका	गोल्डेन रॉड	नीदरलैंड्स	शेर

विश्व के प्रमुख समाचार एजेंसी

अभिकरण (एजेंसी)	देश	अभिकरण (एजेंसी)	देश
राइटर्स (REUTERS)	ब्रिटेन	बरनामा (BERNAMA)	मलेशिया
इतीम (ITIM)	इजरायल	शिन्हुआ (XINHUA)	चीन
अंतारा (ANTARA)	इंडोनेशिया	तास (TASS)	रूस
अंसा (ANSA)	इटली	ए.एफ.पी. (A.F.P.)	फ्रांस
क्योडो (KYODO)	जापान	इरना (IRNA)	ईरान
वाफा (WAFA)	फिलीस्तीन	यूनाइटेड प्रेस इंटरनेशनल (UP)	यू.एस.ए.
एसोसिएटेड प्रेस (AP)	यू.एस.ए.	यू.पी.पी. (UPP)	पाकिस्तान
ए.ए.पी. (AAP)	ऑस्ट्रेलिया	डी.पी.ए. (DPA)	जर्मनी
समाचार भारती	भारत	यूनाइटेड न्यूज ऑफ इंडिया (UNI)	भारत
प्रेस ट्रस्ट ऑफ इंडिया (PTI)	भारत	यूनीवार्ता (UNIVARTA)	भारत

विश्व के प्रमुख समाचार-पत्र एवं प्रकाशन-स्थल

समाचार-पत्र	प्रकाशन-स्थल	समाचार-पत्र	प्रकाशन-स्थल
द टाइम्स	लंदन	डेली मिरर	लंदन
ली फिगारो	पेरिस	डान	कराची
द आइलैंड	कोलम्बो	अल अहरम	काहिरा
मर्डेका	जकार्ता	स्टार	जोहांसबबर्ग
द टाइम्स ऑफ इंडिया	भारत	गार्डियन	लंदन
ला मांद	पेरिस	प्रावदा	मास्को
खलीज टाइम्स	दुबई	मैनेची सिम्बुन	टोकियो
पीपुल्स डेली	बीजिंग	ला रिपब्लिका	रोम
डेली न्यूज	न्यूयार्क	दि हिन्दू	चेन्नई

अन्तर्राष्ट्रीय संगठनों से सम्बन्धित महत्वपूर्ण तथ्य

संगठन	स्थापना वर्ष व मुख्यालय
अन्तर्राष्ट्रीय मुद्रा कोष (IMF)	1945, वाशिंगटन डी.सी.
विश्व बैंक*	1944, वाशिंगटन डी.सी.
विश्व व्यापार संगठन (WTO)	1995, जेनेवा
संयुक्त राष्ट्र व्यापार एवं विकास सम्मेलन (UNCTAD)	1964, जेनेवा
एशियाई विकास बैंक (ADB)	1966, मनीला (फिलीपीन्स)
दक्षिण पूर्वी एशियाई देशों का संघ (ASEAN)	1967, जकार्ता
नाफ्टा (NAFTA)	1992
एपेक (APEC)	1989
यूरोपियन संघ	1958 में स्थापित EEC का परिवर्तित रूप, ब्रूसेल्स
मर्कोसुर (Mercosur)	1991
ओपेक (OPEC)	1960, वियना (ऑस्ट्रिया)
दक्षेस (SAARC)	1985, काठमाण्डू
जी-15	1989, जेनेवा
आर्थिक सहयोग एवं विकास संगठन (OECD)	1948 में स्थापित यूरोपीय आर्थिक सहयोग संगठन का परिवर्तित रूप, पेरिस (फ्रांस)
एसेम (ASEM)	1996
एशियाई क्लीयरिंग यूनियन (ACU)	1974, तेहरान
संयुक्त राष्ट्र संघ (UNO)	1945, न्यूयॉर्क

नोट : * *पुनर्निर्माण एवं विकास हेतु अन्तर्राष्ट्रीय बैंक (IBRD), अन्तर्राष्ट्रीय वित्त निगम (IFC), अन्तर्राष्ट्रीय विकास संघ (IDA) तथा बहुपक्षीय निवेश गारंटी एजेन्सी (MIGA) विश्व बैंक से ही सम्बद्ध संस्थाएँ हैं। मूलतः स्थापित संस्था IBRD है जिसकी स्थापना 1944 में हुई। IFC की स्थापना 1956 में व IDA की 1960 में हुई।*

विश्व सर्वाधिक ऊँचा, बड़ा, भारी और लम्बा आदि

- *पशुओं में सबसे ऊंचा कद*—जिराफ (औसत ऊंचाई 6.09 मीटर)
- *बड़ा और वजनदार जीव*—ब्लू व्हेल (190 टन)
- *सबसे लम्बा कीट*—बूटलेस कीड़ा (55 मीटर)
- *पशुओं में रफ्तार में सबसे तेज*—चीता (लगभग 100 किमी./घं.)
- *सबसे बड़ा हवाई अड्डा*—किंग फहद अन्तर्राष्ट्रीय हवाई अड्डा दम्माम, सऊदी अरब
- *सबसे लम्बे समुद्री तट वाली खाड़ी*—हडसन की खाड़ी (कनाडा, 12,268 कि.मी.)
- *सर्वाधिक विस्तीर्ण क्षेत्र वाली खाड़ी*—बंगाल की खाड़ी (भारत, 217 मिलियन हैक्टेयर)
- *विश्व में सर्वाधिक ऊँची इमारत*—बुर्ज खलीफा (दुबई, 818 मीटर)
- *सबसे लम्बी बड़े जहाजों वाली नहर*—स्वेज नहर (लगभग 160 मीटर)
- *सबसे अधिक आवागमन वाली (व्यस्त) नहर*—कील नहर (उत्तरी सागर)
- *सबसे अधिक गहरी घाटी*—हेल्स घाटी (अमेरिका, 7995 फुट)
- *सबसे अधिक बड़ी घाटी*—ग्रैंड कैनियन (कोलारेडो नदी, यू.एस.ए., 446 कि.मी.)
- *सबसे बड़ा चर्च*—सेन्ट पीटर का बसीलिका, रोम (क्षेत्रफल, 2300 वर्ग मी.)
- *सबसे छोटा चर्च*—सांता इसाबेल, स्पेन (1.96 वर्ग मी.)
- *सबसे बड़ा महाद्वीप*—एशिया (30,938,605 वर्ग कि.मी.)
- *सबसे छोटा महाद्वीप*—ऑस्ट्रेलिया (8,426,635 वर्ग कि.मी.)
- *मूंगे से बनी सबसे बड़ी चट्टान*—दि ग्रेट बैरियर रीफ (ऑस्ट्रेलिया का उत्तर-पूर्वी समुद्री तट
- *सबसे अधिक जनसंख्या घनत्व वाला देश*—मकाऊ
- *सबसे अधिक क्षेत्रफल वाला देश*—रूस (क्षेत्रफल 1,70,75,200 वर्ग कि.मी.)
- *सबसे अधिक मतदाता वाला देश*—भारत (90 करोड़ से अधिक)
- *सबसे छोटा स्वतंत्र देश*—वेटिकन सिटी राज्य (0.44 वर्ग कि.मी.)
- *सबसे अधिक देशों के साथ मिलने वाली भू-सीमा वाला देश*—चीन एवं रूस
- *सबसे बड़ा दिन*—21 जून (उत्तरी गोलार्द्ध में)
- *सबसे छोटा दिन*—22 दिसम्बर (उत्तरी गोलार्द्ध में)
- *सबसे बड़ा डेल्टा*—गंगा और ब्रह्मपुत्र नदी का सुन्दरवन डेल्टा (75000 वर्ग कि.मी.)
- *सबसे बड़ा मरुस्थल (Desert)*—सहारा (उ. अफ्रीका, क्षेत्रफल 8400,000 वर्ग कि.मी.)
- *सबसे बड़ा महाकाव्य*—महाभारत
- *मीठे पानी की सबसे बड़ी मछली*—प्लाबक (चीन, लाओस और थाईलैण्ड)
- *सबसे अधिक मात्रा में पाई जाने वाली मछली*—ब्रिस्टलमाउथ
- *सबसे अधिक विषैली मछली*—स्टोन मछली (हिन्द महासागर, प्रशान्त महासागर)

- *सबसे अधिक ऑस्कर पदक प्राप्त फिल्म*–बेनहुर (11 ऑस्कर-1959); टाइटैनिक (11 ऑस्कर-1998); द लॉर्ड ऑफ द रिंग्स : द रिटर्न ऑफ द किंग (11 ऑस्कर-2003)
- *सबसे ऊंचा फव्वारा*–किंग फहद फाउण्टेन, जेद्‌दाह, सऊदी अरब
- *अत्यधिक पौष्टिक फल*–एवोकैडो (विटामिन ए, सी और ई तथा प्रोटीन युक्त, मध्य और दक्षिणी अमेरिका)
- *सबसे कम पौष्टिक फल*–खीरा, ककड़ी
- *सबसे बड़ी खाड़ी*–मैक्सिको की खाड़ी (1,544,000 वर्ग कि.मी.)
- *सबसे बड़ा द्वीप*–ग्रीनलैण्ड, जिसे अब कल्लाडलिट नुनात कहा जाता है (2,175,000 वर्ग कि.मी.)
- *सबसे बड़ी झील*–कैस्पियन सागर (अजरबैजान-रूस-ईरान सीमा पर, 37.18 लाख वर्ग कि.मी.)
- *सबसे गहरी झील*–बैकाल (साइबेरिया)
- *मीठे पानी की सबसे बड़ी झील*–सुपीरियर लेक (सं.रा. अमेरिका और कनाडा की सीमा पर, 82,350 वर्ग कि.मी.)
- *सबसे बड़ी भूमिगत झील*–डेचेन हौक्लोच (नामीबिया, 66 मी. भूमिगत)
- *सबसे बड़ा पुस्तकालय*–सं.रा. अमेरिका में कांग्रेस लाइब्रेरी (वाशिंगटन डी.सी.) 1800 में स्थापित, 1010 लाख पुस्तकें
- *सबसे बड़ा गैर-सांविधिक पुस्तकालय*–न्यूयॉर्क पब्लिक लाइब्रेरी
- *सबसे ऊंचा पर्वत शिखर*–माउन्ट एवरेस्ट (8848 मीटर ऊंचा नेपाल में)
- *सबसे बड़ी भू-पर्वत शृंखला*–हिमालय-कराकोरम (109 पर्वत शिखरों में से 96 यहीं हैं, जो 7315 मी. ऊंची हैं)
- *सबसे बड़ा संग्रहालय*–प्राकृतिक इतिहास का अमेरिकन संग्रहालय, न्यूयॉर्क
- *सबसे बड़ा और गहरा महासागर*–प्रशान्त महासागर (1810 लाख वर्ग कि.मी.) (गहराई, 10916 मी.)
- *सर्वाधिक ऑस्कर पुरस्कार प्राप्त*–वाल्टर इलियस डिस्ने
- *सबसे बड़ा प्रायद्वीप*–अरब (32.5 लाख वर्ग कि.मी.)
- *सबसे बड़ा पार्क*–उत्तर-पूर्वी-ग्रीनलैण्ड में नेशनल पार्क (972000 वर्ग कि.मी.)
- *सर्वाधिक सर्द स्थान (वर्ष माध्य)*–पोलस नेडेस्टोरनोस्ती (अन्टार्कटिका, तापमान, –58°C)
- *सर्वाधिक सूखा स्थान (वर्ष माध्य)*–अटाकामा का रेगिस्तान (कलामा के निकट चिली, वर्षा शून्य)
- *सर्वाधिक गर्म स्थान (वर्ष माध्य)*–डल्लोल (इथोपिया)
- *सर्वाधिक वर्षा वाला स्थान (वर्ष माध्य)*–मॉसिनराम, चेरापूंजी के पास (मेघालय, भारत, 11873 मि.मी.)
- *सबसे बड़ा ग्रह*–बृहस्पति (व्यास 1,42,984 कि.मी.)
- *सबसे अधिक चमकीला ग्रह*–शुक्र ग्रह

- *सूर्य के सर्वाधिक समीप ग्रह*—बुध
- *सबसे ऊंचा पठार*—तिब्बत का पठार (मध्य एशिया, 4900 मी.)
- *सबसे लम्बा प्लेटफार्म*—हुब्बल्लि (हुबली) (कर्नाटक, 1507 मीटर लम्बा)
- *सबसे बड़ा रेलवे स्टेशन*—ग्रैंड सैन्ट्रल टर्मिनल (न्यूयार्क सिटी, 19 हैक्टेयर)
- *धर्म, सबसे प्राचीन*—हिन्दू धर्म
- *धर्म, सबसे अधिक अनुयायियों वाला*—ईसाई धर्म
- *सबसे लम्बी नदी*—(*i*) नील (6690 कि.मी.), (*ii*) अमेजन (6570 कि.मी.)
- *सबसे बड़ा समुद्र*—दक्षिणी चीन सागर (2,974,600 वर्ग कि.मी.)
- *सबसे बड़ा आन्तरिक समुद्र*—भूमध्य सागर
- *सबसे अधिक चमकदार सितारा*—साइरस A (जिसे डाग स्टार भी कहा जाता है)
- *सबसे बड़ा स्टेडियम*—प्राग का स्ट्राहोव स्टेडियम, चेक रिपब्लिक (2,40,000 दर्शक)
- *सर्वाधिक लम्बा मान्यता प्राप्त तैराकी मार्ग*—इंगलिश चैनल
- *सबसे लम्बी काटी गई सजा*—पाल गीडेल (68 वर्ष 8 महीना)
- *सबसे बड़ी रेडियो दूरबीन (रेडियो)*—चीन में
- *सबसे बड़ा प्रत्यावर्तक (रिफ्रैक्टर)*—थर्क्स वेधशाला (विस्कान्सिन, यू.एस.ए., 18.9 मीटर)
- *सबसे बड़ी (रेलवे की) सुरंग*—गोटहार्ड रेल सुरंग (स्विट्जरलैंड) 57.1 कि.मी.
- *सबसे बड़ा विश्वविद्यालय*—स्टेट यूनिवर्सिटी न्यूयॉर्क, अमेरिका
- *सर्वाधिक ज्वालामुखी वाला देश*—इंडोनेशिया
- *सबसे ऊंचा विलुप्त ज्वालामुखी*—सेरो एकोनकागुआ (6960 मी. एण्डीज)
- *सबसे ऊंचा सुप्त (शान्त) ज्वालामुखी*—वॉलकन लुलैसाको (6723 मी., अर्जेंटीना-चिली)
- *सबसे ऊंचा सक्रिय ज्वालामुखी*—ओजोस डेल सलाडो (चिली-अर्जेंटीना)
- *सबसे लम्बी दीवार*—चीन की दीवार (मुख्य लम्बाई 3460 किलोमीटर, शाखाओं की लम्बाई 2860 किलोमीटर)
- *सबसे ऊंचा प्रपात/झरना*—साल्टो-ऐंजेल (वेनेजुएला में कराओ नदी की एक सहायक नदी पर, 979 मी. ऊंचा)
- *सबसे चौड़ा प्रपात/झरना*—खोन फाल्स (लाओस, चौड़ाई 10.8 किलोमीटर)
- *सबसे बड़ा चिड़ियाघर*—इटोशा रिजर्व (नामीबिया, क्षेत्रफल करीब 100 लाख हैक्टेयर)

प्रमुख पुरस्कार एवं सम्मान

अंतर्राष्ट्रीय पुरस्कार

पुरस्कार/सम्मान	पुरस्कार प्रदान करने वाला	विशेषता
• बुकर पुरस्कार (1969)	बुकर मैंकोनल कम्पनी एवं पब्लिशर्स एसोसिएशन (ब्रिटेन)	अंग्रेजी में दुनियाभर के लेखकों के सर्वश्रेष्ठ कथा साहित्य पर
• कॉमनवेल्थ राइटर्स पुरस्कार (1987)	कॉमनवेल्थ फाउंडेशन	एशिया एवं यूरोप के कॉमनवेल्थ देशों के लेखकों की सर्वश्रेष्ठ रचना पर
• नोबेल पुरस्कार (1901)	नोबेल फाउंडेशन, स्वीडन	शान्ति, साहित्य, अर्थशास्त्र, चिकित्सा व शरीर विज्ञान, भौतिक विज्ञान एवं रसायन के क्षेत्र में विशिष्ट उपलब्धि हेतु
• मैग्सेसे पुरस्कार (1957)	रेमन मैग्सेसे फाउण्डेशन (फिलीपींस)	एशिया के नोबेल पुरस्कार के रूप में प्रसिद्ध; जनसेवा, सरकारी सेवा, पत्रकारिता एवं रचनात्मक कार्य, जनसंचार, सामुदायिक नेतृत्व एवं अंतर्राष्ट्रीय सद्भाव हेतु
• राइट लिवलीहुड पुरस्कार (1980)	राइट लिवलीहुड सोसायटी (लंदन)	वैकल्पिक नोबेल पुरस्कार के रूप में प्रसिद्ध; पर्यावरण एवं सामाजिक न्याय के क्षेत्र में सराहनीय योगदान के लिए
• जवाहरलाल नेहरू अन्तर्राष्ट्रीय सद्भावना पुरस्कार (1965)	भारतीय सांस्कृतिक सम्बन्ध परिषद	अन्तर्राष्ट्रीय सद्भावना एवं मैत्री-वृद्धि के लिए किए गए विशिष्ट योगदान हेतु
• इंदिरा गाँधी अन्तर्राष्ट्रीय शांति, निरस्त्रीकरण एवं विकास पुरस्कार (1986)	इंदिरा गाँधी स्मारक निधि	अन्तर्राष्ट्रीय शांति, निरस्त्रीकरण एवं विकास के क्षेत्र में उल्लेखनीय योगदान हेतु
• इंदिरा गाँधी अंतर्राष्ट्रीय न्याय एवं सद्भाव पुरस्कार (1993)	इंडियन कौंसिल ऑफ वर्ल्ड अफेयर्स	न्याय एवं अंतर्राष्ट्रीय सद्भाव के लिए विशिष्ट योगदान हेतु
• यूनेस्को शान्ति पुरस्कार (1989)	यूनेस्को (UNESCO)	लिटिल नोबेल पुरस्कार के रूप में प्रसिद्ध, अन्तर्राष्ट्रीय शान्ति की दिशा में विशिष्ट प्रयास हेतु
• कलिंग पुरस्कार (1952)	यूनेस्को के तत्वावधान में कलिंग फाउंडेशन	विज्ञान को लोकप्रिय बनाने के लिए योगदान हेतु

पुरस्कार/सम्मान	पुरस्कार प्रदान करने वाला	विशेषता
• गोल्डमैन पर्यावरण पुरस्कार (1989)	गोल्डमैन फाउंडेशन	पर्यावरण संरक्षण में उल्लेखनीय योगदान हेतु
• ग्लोबल 500 पुरस्कार	संयुक्त राष्ट्र पर्यावरण कार्यक्रम द्वारा	पर्यावरण की रक्षा एवं सुधार के क्षेत्र में विलक्षण योगदान हेतु
• ग्रैमी पुरस्कार	नेशनल अकादमी फॉर रिकॉर्डिंग आर्ट्स एंड साइंसेज	पाश्चात्य संगीत की विभिन्न विधाओं में विशिष्ट योगदान हेतु
• पुलित्जर पुरस्कार (1917)	पुलित्जर पुरस्कार बोर्ड, कोलम्बिया विश्वविद्यालय, सं.रा. अमेरिका	पत्रकारिता, साहित्य एवं संगीत की विभिन्न विधाओं में अमेरिकियों द्वारा विशिष्ट योगदान हेतु
• मिस वर्ल्ड (1951)	मिस वर्ल्ड इनकॉर्पोरेशन, लंदन	विभिन्न देशों को सुन्दरियों में सर्वश्रेष्ठ बहुमुखी सौंदर्य का चयन करने हेतु
• मिस यूनिवर्स (1952)	मिस यूनिवर्स इन्कॉर्पोरेशन, न्यूयॉर्क	विश्व के विभिन्न देशों की सुन्दरियों में सर्वश्रेष्ठ बहुमुखी सौंदर्य का चयन करने हेतु

राष्ट्रीय पुरस्कार

पुरस्कार/सम्मान	पुरस्कार प्रदान करने वाला	विशेषता
• भारत रत्न (1954)	भारत सरकार	कला, साहित्य, विज्ञान, खेल एवं सार्वजनिक सेवा या जीवन में असाधारण एवं अत्युतम कोटि की उपलब्धि हेतु
• पद्म विभूषण (1954)	भारत सरकार	सरकारी कर्मचारियों द्वारा की गई सेवा सहित किसी भी क्षेत्र में असाधारण एवं उत्कृष्ट सेवा हेतु
• पद्म भूषण (1954)	भारत सरकार	सरकारी कर्मचारियों द्वारा की गई सेवा सहित किसी भी क्षेत्र में उत्कृष्ट सेवा हेतु
• पद्मश्री (1983)	भारत सरकार	सरकारी कर्मचारियों द्वारा की गई सेवा सहित किसी भी क्षेत्र में उत्कृष्ट सेवा हेतु
• भारतीय ज्ञानपीठ पुरस्कार (1965)	भारतीय ज्ञानपीठ	देश की मान्यता प्राप्त किसी भी भारतीय भाषा में लब्धप्रतिष्ठ साहित्यकार द्वारा किए गए उत्कृष्ट योगदान हेतु
• मूर्तिदेवी पुरस्कार (1989)	भारतीय ज्ञानपीठ	भारतीय जीवन के शाश्वत मूल्यों को उभारने के लिए किसी भी भारतीय भाषा या अंग्रेजी में रचित साहित्य पर

पुरस्कार/सम्मान	पुरस्कार प्रदान करने वाला	विशेषता
• साहित्य अकादमी पुरस्कार (1955)	साहित्य अकादमी	अंग्रेजी सहित 22 भारतीय भाषाओं में गत पाँच वर्षों में प्रकाशित उत्कृष्ट रचनाओं पर
• अशोक चक्र, कीर्ति चक्र व शौर्य चक्र	भारत सरकार	सुस्पष्ट वीरता या साहस दिखाने या आत्मबलिदान के लिए दिया जाने वाला देश का सर्वोच्च वीरता सम्मान
• अर्जुन पुरस्कार (1961)	खेल विभाग, मानव संसाधन मंत्रालय, भारत सरकार	विभिन्न खेलों में विशेष उपलब्धि प्राप्त करने वाले खिलाड़ियों को
• द्रोणाचार्य पुरस्कार (1985)	खेल विभाग, मानव संसाधन मंत्रालय, भारत सरकार	खेल प्रशिक्षकों द्वारा की गई उत्कृष्ट सेवाओं के लिए
• चमेली देवी पुरस्कार	मीडिया फाउंडेशन	पत्रकारिता के क्षेत्र में महिलाओं की विशिष्ट उपलब्धि हेतु
• दादा साहब फाल्के पुरस्कार	सूचना एवं प्रसारण मंत्रालय, भारत सरकार	भारतीय सिनेमा के विकास में उल्लेखनीय योगदान के लिए
• लता मंगेशकर सम्मान (1984)	मध्य प्रदेश सरकार	सुगम संगीत के क्षेत्र में उत्कृष्ट योगदान के लिए
• कालिदास सम्मान (1980)	मध्य प्रदेश सरकार	रूपंकर कलाओं के क्षेत्र में सृजनात्मक श्रेष्ठता हेतु
• संगीत नाटक अकादमी पुरस्कार (1952)	संगीत नाटक अकादमी	नृत्य, नाटक एवं संगीत के क्षेत्र में
• जी.डी. बिड़ला विज्ञान पुरस्कार (1991)	के.के. बिड़ला फाउंडेशन	भारतीय वैज्ञानिकों को उच्चस्तरीय शोध कार्यों के लिए प्रोत्साहित करने हेतु
• धन्वन्तरि पुरस्कार (1971)	धन्वन्तरि फाउंडेशन	चिकित्सा क्षेत्र में आजीवन सेवा हेतु
• शांतिस्वरूप भटनागर पुरस्कार (1957)	भारतीय औद्योगिक एवं वैज्ञानिक अनुसंधान परिषद	देश का सर्वोच्च वैज्ञानिक पुरस्कार विज्ञान एवं प्रौद्योगिकी के क्षेत्र में विशिष्ट योगदान करने हेतु
• यूनेस्को मानवाधिकार पुरस्कार	यूनेस्को (UNESCO)	मानवाधिकार के प्रति जागरूकता पैदा करने हेतु
• जमनालाल बजाज पुरस्कार	जमनालाल बजाज फाउंडेशन	ग्रामीण विकास हेतु विज्ञान एवं प्रौद्योगिकी के उपयोग तथा महिलाओं एवं बच्चों के उत्थान व कल्याण कार्यों हेतु

महत्वपूर्ण दिवस

- 9 जनवरी प्रवासी दिवस
- 15 जनवरी थल सेना दिवस
- 25 जनवरी भारतीय पर्यटन दिवस
- 26 जनवरी भारतीय गणतंत्र दिवस
- 30 जनवरी शहीद दिवस, विश्व कुष्ठ निवारण दिवस (महात्मा गाँधी की पुण्य तिथि)
- 1 फरवरी तटरक्षक दिवस, डाक जीवन बीमा दिवस
- 4 फरवरी विश्व कैंसर दिवस
- 21 फरवरी विश्व मातृभाषा दिवस
- 22 फरवरी पल्स पोलियो दिवस
- 28 फरवरी राष्ट्रीय विज्ञान दिवस (रमन प्रभाव की स्मृति में)
- 8 मार्च अन्तर्राष्ट्रीय महिला दिवस
- 15 मार्च विश्व उपभोक्ता अधिकार दिवस, विश्व विकलांगता दिवस
- 21 मार्च विश्व वानिकी दिवस, विश्व रंगभेद उन्मूलन दिवस
- 22 मार्च विश्व जल संरक्षण दिवस
- 23 मार्च शहीद दिवस, विश्व मौसम विज्ञान दिवस
- 7 अप्रैल विश्व स्वास्थ्य दिवस
- 14 अप्रैल अम्बेडकर जयंती
- 17 अप्रैल विश्व हीमोफीलिया दिवस
- 18 अप्रैल विश्व विरासत दिवस
- 22 अप्रैल विश्व पृथ्वी दिवस
- 1 मई मई दिवस (अन्तर्राष्ट्रीय श्रम दिवस)
- 8 मई विश्व रेडक्रॉस दिवस, अंतर्राष्ट्रीय थैलीसीमिया दिवस
- 21 मई आतंकवाद विरोधी दिवस
- 22 मई जैविक विविधता दिवस
- 31 मई विश्व धूम्रपान दिवस
- 5 जून विश्व पर्यावरण दिवस
- 14 जून विश्व रक्तदान दिवस
- 20 जून शरणार्थी दिवस
- 21 जून अंतर्राष्ट्रीय योगा दिवस
- 11 जुलाई विश्व जनसंख्या दिवस
- 26 जुलाई कारगिल स्मृति दिवस
- 1 अगस्त विश्व स्तनपान दिवस
- 6 अगस्त विश्व शांति दिवस, हिरोशिमा दिवस
- 10 अगस्त अंतर्राष्ट्रीय युवा दिवस
- 12 अगस्त विश्व युवा दिवस
- 29 अगस्त राष्ट्रीय खेल दिवस
- 5 सितम्बर शिक्षक दिवस
- 8 सितम्बर विश्व साक्षरता दिवस
- 14 सितम्बर हिन्दी दिवस
- 16 सितम्बर विश्व ओजोन दिवस
- 21 सितम्बर अन्तर्राष्ट्रीय शांति दिवस
- 27 सितम्बर विश्व पर्यटन दिवस
- 1 अक्टूबर अंतर्राष्ट्रीय वृद्धजन दिवस
- 2 अक्टूबर गाँधी जयन्ती/अन्तर्राष्ट्रीय अहिंसा दिवस/लाल बहादुर शास्त्री जयन्ती
- 3 अक्टूबर विश्व प्रकृति दिवस
- 5 अक्टूबर विश्व आवास दिवस, विश्व शिक्षक दिवस
- 8 अक्टूबर वायु सेना दिवस
- 9 अक्टूबर विश्व डाक दिवस
- 16 अक्टूबर विश्व खाद्य दिवस
- 17 अक्टूबर विश्व गरीबी उन्मूलन दिवस
- 20 अक्टूबर राष्ट्रीय एकता दिवस, विश्व सांख्यिकी दिवस

- 21 अक्टूबर विश्व आयोडीन अल्पता दिवस
- 24 अक्टूबर संयुक्त राष्ट्र दिवस
- 9 नवम्बर विश्व सेवा दिवस
- 14 नवम्बर विश्व मधुमेह दिवस
- 18 नवम्बर विश्व वयस्क दिवस
- 19 नवम्बर अन्तर्राष्ट्रीय नागरिक दिवस
- 26 नवम्बर विश्व पर्यावरण संरक्षण दिवस
- 1 दिसम्बर विश्व एड्स दिवस
- 3 दिसम्बर विश्व विकलांगता जन दिवस
- 4 दिसम्बर नौसेना दिवस
- 6 दिसम्बर नागरिक सुरक्षा दिवस
- 10 दिसम्बर अन्तर्राष्ट्रीय मानवाधिकार दिवस
- 18 दिसम्बर अन्तर्राष्ट्रीय प्रवास दिवस
- 29 दिसम्बर विश्व जैव विविधता दिवस

राज्यों के प्रमुख लोक नृत्य

राज्य/केन्द्रशासित प्रदेश	लोक-नृत्य
झारखण्ड	छऊ, सरहुल, जट-जटिन, करमा, डांगा, विदेशिया, सोहराई।
उत्तराखंड	गढ़वाली, कुमायूँ, कजरी, झोरा, रासलीला, चपादी।
आन्ध्र प्रदेश/ तेलंगाना	कुचिपुड़ी (शास्त्रीय), घंटामर्दाला, मोहिनीअट्टम (शास्त्रीय), कुम्मी, सिद्धि मधुरी, छड़ी।
छत्तीसगढ़	पण्डवानी, गौड़ी, करमा, झूमर, डागला, पाली, टपाली, नवरानी, दिवारी।
हिमाचल प्रदेश	धमान, छपेली, महाथू, नटी, डांगी, चम्बा, थाली, झैंता, डफ, डंडानाच आदि।
गुजरात	गरबा, डाण्डिया, टिप्पानी जुरियुन, भवई, रासलीला, लास्या, पणिहारी आदि।
असम	बिहू, बिछुआ, नटपूजा, महारास, खेल गोपाल, झुमुरा होब्जानाई, कलिगोपाल, नागानृत्य, बुगुरूम्बा, अंकियानाट आदि।
पं. बंगाल	काठी, गम्भीरा, ढाली, जात्रा, बाउल, मरसिया, कीर्तन आदि।
केरल	कथकली (शास्त्रीय), ओट्टम, थुलाल, मोहिनीअट्टम (शास्त्रीय), कालीअट्टम, पादयानी।
मणिपुर	मणिपुरी (शास्त्रीय), राखाल, नटरास, महारास, रॉखत आदि।
ओडिशा	ओडिसी (शास्त्रीय), सवारी, धूमरा, पैंका, मुणरी, छऊ, अया आदि।
राजस्थान	झूमर, घापाल, फूंदी, पनिहारी, जिन्दाद, नेजा, गणगौर आदि।
महाराष्ट्र	लावणी, नकटा, कोली, लेझिम, गफा, बोहदा, गौरीचा, ललिता, तमाशा, मौनी, लेजम, पोवाड़ा।
मेघालय	लाहो, बांग्ला आदि।
गोवा	माण्डी, झागोर, खोल, ढकनी आदि।
अरुणाचल प्रदेश	मुखौटा नृत्य, युद्ध नृत्य आदि।
कर्नाटक	यक्षगान, कुनीता, कर्गा, लाम्बी, वीरगास्से।
नगालैंड	चोंग, खैवा, लीम, नुरालीम आदि।
पंजाब	भाँगड़ा, गिद्धा, डफ, धमान आदि।
मिजोरम	खानट्म, पाखुपिला, चेरोकान आदि।
जम्मू-कश्मीर	राउफ, हिकात, मंदजास, कूद दण्डीनाच, दमाली।
तमिलनाडु	भरतनाट्यम (शास्त्रीय), कुमी, कोलट्टम, कावड़ी।
उत्तर प्रदेश	रासलीला, नौटंकी, झूला, कजरी, जद्दा, चाचरी।

भारत के प्रमुख शोध संस्थान

शोध संस्थान	स्थान	राज्य
केन्द्रीय ईंधन अनुसंधान संस्थान	धनबाद	झारखंड
केन्द्रीय चमड़ा अनुसंधान संस्थान	चेन्नई	तमिलनाडु
केन्द्रीय औषधि अनुसंधान संस्थान	लखनऊ	उत्तर प्रदेश
केन्द्रीय सड़क अनुसंधान संस्थान	नई दिल्ली	दिल्ली
केन्द्रीय भवन निर्माण अनुसंधान संस्थान	रूड़की	उत्तराखंड
केन्द्रीय पर्यावरण इंजीनियरिंग अनुसंधान संस्थान	नागपुर	महाराष्ट्र
केन्द्रीय खनन अनुसंधान केन्द्र	धनबाद	झारखंड
केन्द्रीय वन अनुसंधान संस्थान	देहरादून	उत्तराखंड
कोशिकीय तथा आण्विक जीव विज्ञान केन्द्र	हैदराबाद	तेलंगाना
भारतीय सर्वेक्षण विभाग	देहरादून	उत्तराखंड
भारतीय मौसम विज्ञान संस्थान	नई दिल्ली	दिल्ली
राष्ट्रीय समुद्र विज्ञान संस्थान	पणजी	गोवा
रमण अनुसंधान संस्थान	बेंगलुरु	कर्नाटक
भाभा परमाणु अनुसंधान केन्द्र	ट्राम्बे	महाराष्ट्र
टाटा इंस्टीट्यूट ऑफ फंडामेंटल रिसर्च	मुंबई	महाराष्ट्र
अखिल भारतीय आयुर्विज्ञान संस्थान	नई दिल्ली	दिल्ली
डीजल लोकोमोटिव वर्क्स	वाराणसी	उत्तर प्रदेश
भारतीय सिक्यूरिटी प्रेस	नासिक	महाराष्ट्र
सिक्योरिटी प्रिन्टिंग प्रेस	हैदराबाद	तेलंगाना
करेन्सी प्रेस नोट	नासिक	महाराष्ट्र
बैंक नोट प्रेस	देवास	मध्य प्रदेश
सिक्योरिटी पेपर मिल	होशंगाबाद	मध्य प्रदेश
भारतीय पुरातात्विक सर्वेक्षण विभाग	कोलकाता	पं. बंगाल
राजीव गांधी पेट्रोलियम प्रौद्योगिकी संस्थान	रायबरेली	उत्तर प्रदेश
भारतीय राष्ट्रीय समुद्री सूचना सेवा केन्द्र	हैदराबाद	तेलंगाना

देश की आन्तरिक सुरक्षा हेतु स्थापित संगठन

संगठन	स्थापना वर्ष	संगठन	स्थापना वर्ष
असम राइफल्स (AR)	1835	इंटेलीजेंस ब्यूरो (IB)	1920
राष्ट्रीय कैडेट कोर (NCC)	1948	सीमा सुरक्षा बल (BSF)	1965
केन्द्रीय रिजर्व पुलिस बल (CRPF)	1939	केन्द्रीय जाँच ब्यूरो (CBI)	1953
भारत-तिब्बती सीमा पुलिस (ITBP)	1962	होम गार्डस् (HG)	1962

संगठन	स्थापना वर्ष	संगठन	स्थापना वर्ष
प्रादेशिक सेना (Territorial Army)	1948	तट रक्षा बल (Coast Guards)	1978
केन्द्रीय औद्योगिक सुरक्षा बल (CISF)	1969	राष्ट्रीय सुरक्षा गार्ड (NSG)	1984
नेशनल क्राइम रिकॉर्ड्स ब्यूरो	1986	रैपिड एक्शन फोर्स (RAF)	1992
रक्षा गुप्तचर एजेंसी (DIA)	2002		

भारत में सर्वप्रथम

- प्रथम विमान वाहक युद्धपोत–आई.एन.एस. विक्रांत
- प्रथम ब्रॉड गेज रेल बस सेवा-प्रारम्भ स्थल–मेड़ता शहर (राजस्थान)
- प्रथम फुटबॉल क्लब–मोहन बागान, 1889 ई.
- सर्वप्रथम कॉटन मिल–दं बॉम्बे स्पिनिंग एण्ड वीविंग कम्पनी (मुम्बई) वर्ष 1854
- हिन्दी का सर्वप्रथम समाचार पत्र–उदत्त मार्त्तण्ड
- प्रथम बायोस्फीयर रिजर्व–नीलगिरि में स्थापित
- पूर्ण साक्षर प्रथम जनजातीय जनसंख्या बहुल जिला–डुंगरपुर (राजस्थान)
- प्रथम मैरीन नेशनल पार्क का स्थापना स्थल–कच्छ क्षेत्र (गुजरात)
- प्रथम उर्वरक कारखाना की स्थापना वाला राज्य–तमिलनाडु (1904 ई.)
- प्रथम भारतीय उपग्रह–आर्यभट्ट (9 अप्रैल, 1975 ई. को अंतरिक्ष में स्थापित)
- भारत द्वारा प्रथम आण्विक भूमिगत परीक्षण–18 मई, 1974 ई. (पोखरण, राजस्थान)
- प्रथम परखनली शिशु–हर्षा (1986 ई. जन्म)
- प्रथम टेस्ट ट्यूब भैंस–1990 ई. में करनाल के राष्ट्रीय डेयरी अनुसंधान संस्थान में जन्म
- स्वदेश में निर्मित प्रथम प्रक्षेपास्त्र–1988 ई. में प्रक्षेपित 'पृथ्वी' प्रक्षेपास्त्र
- प्रथम स्वदेशी परमाणु चालित पनडुब्बी–आई.एन.एस. चक्र
- अंटार्कटिका पहुँचने वाली प्रथम महिला–मेहर मूसा (1977 ई.)
- भारतीय अंटार्कटिका अभियान दल के सदस्य के रूप में अंटार्कटिका पहुँचने वाली प्रथम महिला–सुदीप्ति सेन गुप्ता एवं अदिति पंत (1984 ई.)
- इलेक्ट्रॉनिक वोटिंग मशीन का प्रयोग करने वाला भारत का पहला राज्य–केरल (विधान सभा उपचुनाव, अप्रैल, 1982 ई.)
- पृथ्वी के तीनों ध्रुवों पर फतह हासिल करने वाली प्रथम संस्था–भारतीय नौसेना
- उत्तरी ध्रुव (आर्कटिक) में स्थापित प्रथम भारतीय स्थायी अनुसंधान केन्द्र–हिमाद्री
- भारत के प्रथम डी.एन.ए. बैंक की स्थापना–बायोटेक पार्क, लखनऊ
- भारत का प्रथम प्रतिरक्षा विश्वविद्यालय–बिनोला गांव (हरियाणा)
- बायोमेट्रिक एटीएम कार्ड जारी करने वाला सार्वजनिक क्षेत्र का पहला भारतीय बैंक–पंजाब नेशनल बैंक

- भारत का प्रथम पूर्ण बैंकिंग जिला—पालक्काड (केरल)
- ISO-9001-2000 प्रमाणन प्राप्त करने वाला देश का प्रथम जिला—कृष्णा (आ.प्र.)
- भारत का प्रथम ग्रीनफील्ड हवाई हड्डा—राजीव गांधी अंतर्राष्ट्रीय विमान पत्तन, हैदराबाद
- प्रथम मूक फिल्म—'राजा हरिश्चन्द्र' (निर्माता—दादा साहब फाल्के)
- प्रथम बोलती फिल्म—'आलमआरा' (1931 ई. में आर्देशिर ईरानी द्वारा निर्देशित)
- प्रथम पूर्णतः भारतीय रंगीन फिल्म—1951 ई. में सोहराब मोदी द्वारा निर्मित 'झांसी की रानी'
- प्रथम रंगीन सिनेमास्कोप फिल्म—1961 ई. में महेश कौल द्वारा निर्मित 'प्यार की प्यास'
- राष्ट्रीय फिल्म पुरस्कार से सम्मानित प्रथम हिन्दी फिल्म—'मिर्जा-गालिब' (1954 ई.)
- भारत में बनी पहली त्रि-आयामी फिल्म—'माई डियर कुट्टीचत्यन' (1984 ई. मलयालम)
- हिन्दी में निर्मित पहली भारतीय त्रि-आयामी फिल्म—'शिवा का इन्साफ' (1986 ई.)
- भारतीय फिल्मों के जनक—दादा साहब फाल्के
- मनोरंजन कर से छूट प्राप्त करने वाली पहली भारतीय फिल्म— 'झनक-झनक पायल बाजे'
- भारत रत्न से सम्मानित फिल्म जगत के प्रथम व्यक्तित्व— सत्यजीत राय
- प्रसिद्ध क्रिकेट खिलाड़ी सुनील गावस्कर द्वारा अभिनित फिल्म—'प्रेमाची सवाली' (मराठी)
- प्रथम पूर्णरूपेण स्वदेशी फिल्म—'राजा हरिश्चन्द्र' (1913 में प्रदर्शित)
- दक्षिण भारत में बनी प्रथम फिल्म—'कीचकवधम' (1919 ई.)
- फिल्म फेयर पुरस्कार से सम्मानित प्रथम अभिनेत्री—नर्गिस दत्त
- भारतीय सिनेमा की प्रथम अभिनेत्री—श्रीमती देविका रानी रोरिक
- दादा साहब फाल्के पुरस्कार से सम्मानित प्रथम गीतकार—मजरूह सुल्तानपुरी (1993 ई.)
- भारत का प्रथम स्वदेशी एनीमेशन फिल्म—दशावतार
- भारत का सबसे ऊँचा टेलीविजन टावर पीतमपुरा, दिल्ली (235 मी.) है।
- दूरदर्शन द्वारा 'ज्ञान-दर्शन' चैनल का प्रारम्भ 26 जनवरी, 2000 ई. को हुआ।
- भारतीय गणराज्य के प्रथम राष्ट्रपति—डॉ. राजेन्द्र प्रसाद (1950-62 ई.)
- स्वतंत्र भारत के प्रथम प्रधानमंत्री—पंडित जवाहर लाल नेहरू (1950-64 ई.)
- भारतीय गणराज्य के प्रथम मुस्लिम राष्ट्रपति—डॉ. जाकिर हुसैन (1967-69 ई.)
- प्रथम भारतीय नोबल पुरस्कार विजेता—रवीन्द्र नाथ टैगोर (1913 ई., साहित्य)
- प्रथम भारतीय भौतिक नोबल पुरस्कार विजेता—डॉ. सी.वी.रमण (1930 ई.)
- अर्थशास्त्र का नोबल पुरस्कार विजेता प्रथम भारतीय—अमर्त्य सेन (1998 ई.)
- चिकित्सा विज्ञान का नोबल पुरस्कार विजेता प्रथम भारतीय— डॉ. हरगोविन्द खुराना
- भारत का प्रथम फील्ड मार्शल—जनरल मानेक शॉ (1971 ई.)
- स्वतंत्र भारत का प्रथम भारतीय कमांडर इन चीफ—जनरल करिअप्पा (1949 ई.)
- स्वतंत्र भारत का प्रथम गवर्नर जनरल—लार्ड माउण्टबेटन (1947-48 ई.)
- स्वतंत्र भारत का प्रथम भारतीय गवर्नर जनरल—चक्रवर्ती राजगोपालाचारी (1948 ई.)
- भारत के प्रथम ब्रिटिश गवर्नर जनरल—लॉर्ड वारेन हेस्टिंग्स

- भारत का अंतिम ब्रिटिश गवर्नर जनरल तथा प्रथम वायसराय– लॉर्ड कैनिंग
- भारतीय राष्ट्रीय कांग्रेस के प्रथम सभापति–व्योमेश चन्द्र बनर्जी (1885 ई.)
- भारत के प्रथम मुख्य न्यायाधीश–न्यायमूर्ति हीरालाल कानिया (1950-51 ई.)
- माउण्ट एवरेस्ट शिखर पर पहुँचने वाला प्रथम भारतीय–शेरपा तेन्जिंग (1953 ई.)
- इंग्लिश चैनल तैरकर पार करने वाला प्रथम भारतीय–मिहिर सेन (1958 ई.)
- दक्षिणी ध्रुव पर पहुँचने वाला प्रथम भारतीय–लेफ्टिनेन्ट रामचरण (1960 ई.)
- भारत के प्रथम भारतीय नौसेनाध्यक्ष–वाइस एडमिरल आर.डी. कटारी (1958-62 ई.)
- भारत के प्रथम भारतीय वायु सेनाध्यक्ष–एयर मार्शल एस. मुखर्जी (1954 ई.)
- अंतर्राष्ट्रीय न्यायालय के प्रथम भारतीय मुख्य न्यायाधीश– डॉ. नागेन्द्र सिंह
- परमवीर चक्र प्राप्त करने वाला प्रथम भारतीय–मेजर सोमनाथ शर्मा (1947 ई.)
- परमवीर चक्र प्राप्त करने वाला प्रथम वायु सैनिक अधिकारी– निर्मलजीत सिंह शेखो
- लोक सभा के प्रथम अध्यक्ष–गणेश वासुदेव मावलंकर (1952-56 ई.)
- लोक सभा के प्रथम उपाध्यक्ष–अनंत शयनम् आयंगर (1952-56 ई.)
- राज्य सभा के प्रथम सभापति–एस.वी. कृष्णमूर्ति
- प्रथम भारतीय बैरिस्टर–गणानेन्द्र मोहन टैगोर
- प्रथम राष्ट्रकवि–मैथिलीशरण गुप्त
- प्रथम उप राष्ट्रपति–डॉ. सर्वपल्ली राधाकृष्णन (1952-1962 ई.)
- प्रथम उप प्रधानमंत्री–सरदार बल्लभभाई पटेल
- प्रथम मुख्य चुनाव आयुक्त–सुकुमार सेन (1950-58 ई.)
- भारत रत्न से सम्मानित प्रथम भारतीय–डॉ. एस. राधाकृष्णन, सी. राजगोपालाचारी तथा डॉ. सी. वी. रमण (1954 ई.)
- मरणोपरान्त 'भारत रत्न' से सम्मानित प्रथम व्यक्ति–लाल बहादुर शास्त्री (1966 ई.)
- ज्ञानपीठ पुरस्कार से सम्मानित प्रथम व्यक्ति–जी. शंकर कुरूप (1965 ई., मलयालम)
- सार्वजनिक सेवा हेतु रेमॉन मैग्सेसे पुरस्कार से सम्मानित प्रथम व्यक्ति–सी. डी. देशमुख
- हृदय प्रत्यारोपण का पहला सफल ऑपरेशन करने वाले व्यक्ति–डॉ. पी. वेणुगोपाल
- राष्ट्रीय मानवाधिकार आयोग के प्रथम अध्यक्ष–पूर्व न्यायाधीश न्यायमूर्ति रंगनाथ मिश्र
- भारतीय ज्ञानपीठ पुरस्कार से सम्मानित प्रथम हिन्दी साहित्यकार– सुमित्रानंदन पंत
- ग्रेमी पुरस्कार से सम्मानित किए जाने वाले प्रथम भारतीय– पंडित रविशंकर
- संयुक्त राष्ट्र संघ में हिन्दी में भाषण देने वाला प्रथम व्यक्ति–अटल बिहारी वाजपेयी
- राष्ट्रीय विज्ञान कांग्रेस के प्रथम अध्यक्ष–सर आशुतोष मुखर्जी
- ब्रिटेन में उच्चायुक्त नियुक्त किए जाने वाले प्रथम भारतीय– वी.के. कृष्ण मेनन
- लेनिन शांति पुरस्कार से सम्मानित प्रथम भारतीय–डॉ. सैफुद्दीन किचलू (1952)
- विश्व बैंक के प्रबंध निदेशक नियुक्त होने वाले प्रथम भारतीय–गौतम काजी (1994)
- भारत के प्रथम दलित मुख्य न्यायाधीश (सर्वोच्च न्यायालय)–के.जी. बालाकृष्णन

- भारतीय राष्ट्रीय कांग्रेस की प्रथम महिला सभापति–एनी बेसेन्ट (1917 ई.)
- भारतीय राष्ट्रीय कांग्रेस की प्रथम भारतीय महिला सभापति–सरोजिनी नायडू (1925 ई.)
- संयुक्त राष्ट्र संघ महासभा की प्रथम महिला सभापति– विजयालक्ष्मी पंडित (1953 ई.)
- भारत की प्रथम महिला राजदूत–विजयालक्ष्मी पंडित (1947-49, U.S.S.R)
- भारत की प्रथम महिला प्रधानमंत्री–इंदिरा गांधी (1966 ई.)
- भारतीय राज्य की प्रथम महिला मुख्यमंत्री–सुचेता कृपलानी (उत्तर प्रदेश)
- भारतीय राज्य की प्रथम महिला राज्यपाल–सरोजिनी नायडू (उत्तर प्रदेश)
- सर्वोच्च न्यायालय की प्रथम भारतीय महिला न्यायाधीश –मीरा साहिब फातिमा बीबी
- उच्च न्यायालय की प्रथम भारतीय महिला मुख्य न्यायाधीश–लीला सेठ (हि.प्र.)
- भारत की प्रथम महिला सत्र न्यायाधीश–सुश्री अन्ना चंडी (केरल)
- केन्द्रीय मंत्री मंडल में शामिल प्रथम भारतीय महिला मंत्री– राजकुमारी अमृत कौर
- नोबल पुरस्कार प्राप्त करने वाली प्रथम भारतीय महिला– मदर टेरेसा (1979 ई.)
- माउण्ट एवरेस्ट पर पहुँचने वाली प्रथम भारतीय महिला–बछेन्द्री पाल (1984 ई.)
- विश्व सुन्दरी बनने वाली प्रथम भारतीय महिला–रीता फारिया (1966 ई.)
- ब्रह्मांड सुन्दरी बनने बाली प्रथम भारतीय महिला–सुष्मिता सेन (1984 ई.)
- भारत की प्रथम महिला आई.पी.एस. अधिकारी–किरण बेदी (1972 ई.)
- भारत की प्रथम महिला आई.ए.एस. अधिकारी–अन्ना जॉर्ज (1950 ई.)
- भारत की प्रथम महिला चिकित्सक–डा. कादम्बिनी गांगुली बोस (1888 ई.)
- संघ लोक सेवा आयोग की प्रथम भारतीय महिला अध्यक्ष– रोजा मिलियन बैथ्यू
- राज्य सभा की प्रथम महिला महासचिव–वी.एस. रमादेवी
- राज्य सभा की प्रथम महिला उपाध्यक्ष–वायलेट अल्वा (1962 ई.)
- नॉर्मन बोरलोग पुरस्कार से सम्मानित प्रथम भारतीय महिला– डॉ. अमृता पटेल (1992 ई.)
- ज्ञानपीठ पुरस्कार से सम्मानित प्रथम भारतीय महिला साहित्यकार– आशापूर्णा देवी
- सार्वजनिक सेवा हेतु रेमॉन मैग्सेसे पुरस्कार से सम्मानित प्रथम भारतीय महिला–किरण बेदी
- राष्ट्रीय महिला आयोग की प्रथम अध्यक्षा–श्रीमती जयंती पटनायक (1992 ई.)
- भारतीय विज्ञान कांग्रेस की प्रथम महिला अध्यक्ष–डॉ. आशिमा चटर्जी
- संयुक्त राष्ट्र संघ में कला प्रदर्शित करने वाली प्रथम महिला– एम.एस. सुब्बुलक्ष्मी (1966 ई.)
- अशोक चक्र (अब शौर्य चक्र) प्राप्त करने वाली प्रथम महिला– ग्लोरिया बेरी (मरणोपरांत)
- सेना मेडल प्राप्त करने वाली प्रथम भारतीय महिला–विमला देवी (1988 ई.)
- भारत में सर्वप्रथम प्रकाशित महिला पत्रिका–इण्डियन लेडीज मैगनीज (चेन्नई 1901 ई.)
- भारत की प्रथम महिला मुस्लिम आइ.पी.एस. अधिकारी– कुमारी नुजहत खान
- भारत के किसी राज्य की प्रथम महिला पुलिस महानिदेशक– कंचन चौधरी भट्टाचार्य
- भारत की प्रथम महिला मिसाइल वुमन–डा. टेसी थॉमस
- भारत के प्रथम चीफ ऑफ डिफेंस स्टाफ (CDS)–जनरल बिपिन रावत

●●●

8

खेल (Sports)

खेल से जुड़े महत्वपूर्ण तथ्य

- ओलम्पिक खेलों का प्रारम्भ वर्ष 776 ईसा पूर्व में यूनानी देवता 'ओलम्पस' के सम्मान में किया गया था। आधुनिक ओलम्पिक खेल प्रतियोगिता का प्रारम्भ 6 अप्रैल, 1896 ई. को फ्रांस के कुबर्टिन के सद् प्रयासों से यूनान के एथेंस में हुआ।
- ओलम्पिक खेल प्रतियोगिताओं का आयोजन प्रत्येक चार वर्ष के बाद किया जाता है।
- ओलम्पिक खेल प्रतियोगिता का आदर्श वाक्य है–साइटियस, अल्टियस, फोरेटियस। लैटिन भाषा के इस वाक्य का अर्थ होता है–तेज दौड़ना, ऊँचा उठना एवं शक्ति का भरपूर प्रदर्शन करना।
- ओलम्पिक ध्वज 1913 ई. में कोबर्टिन द्वारा तैयार किया गया। इसमें पाँच गोल चक्र सफेद संतह पर बने होते हैं, जो आपस में जुड़े होते हैं। ये पाँच चक्र लाल, हरा, पीला, नीला व काले रंग के होते हैं। सफेद रंग शांति का, लाल रंग ऑस्ट्रेलिया, पीला रंग एशिया का, हरा रंग यूरोप, नीला रंग अमेरिका व काला रंग अफ्रीका का प्रतिनिधित्व करता है।
- ओलम्पिक मशाल जलाने की प्रथा की शुरुआत 1928 ई. के एम्सटर्डम खेलों से हुई। (यह मशाल सूर्य-किरणों से प्रज्ज्वलित की जाती है।)
- अन्तर्राष्ट्रीय ओलम्पिक समिति का मुख्यालय लोसाने (स्विट्ज़रलैंड) में है।
- भारत की ओर से ओलम्पिक खेलों में भाग लेने वाला प्रथम खिलाड़ी एक आंग्ल इंडियन, नॉर्मन प्रिचार्ड है, जिसने 1900 ई. के द्वितीय ओलम्पिक में भाग लिया तथा एथलेटिक्स स्पर्धा में दो रजत पदक प्राप्त किए।
- अन्तर्राष्ट्रीय ओलम्पिक समिति की स्थापना 1894 ई. में 'सखोन' नामक स्थान पर हुई थी।
- राष्ट्रमंडल खेलों की शुरूआत 1930 ई. में हेमिल्टन (कनाडा) में हुई थी। (पुराना नाम–ब्रिटिश एम्पायर खेल)।
- 1934 ई. में लंदन में होने वाले दूसरे राष्ट्रमंडल खेल में भारत ने पहली बार भाग लिया था।
- एशियाई खेल का प्रारंभ 4 मार्च, 1951 ई. को नई दिल्ली में हुआ।
- एशियाई ख़ेल संघ ने चमकते सूरज को अपना प्रतीक चिह्न घोषित किया।

- क्रिकेट का पहला टेस्ट मैच 1877 ई. में ऑस्ट्रेलिया एवं इंग्लैंड के बीच मेलबर्न में आयोजित किया गया। क्रिकेट का पहला एक दिवसीय अन्तर्राष्ट्रीय क्रिकेट मैच इंग्लैंड एवं ऑस्ट्रेलिया के बीच 1871 ई. में मेलबर्न में आयोजित किया गया।
- क्रिकेट की सर्वोच्च संस्था 'इंटरनेशनल क्रिकेट काउंसिल' (आई.सी.सी.) है, जिसका मुख्यालय 1 अगस्त, 2005 से दुबई में है, पहले यह लॉर्ड्स (इंग्लैंड) में था।
- फुटबॉल का जन्म इंग्लैंड में हुआ। 1857 ई. में इंग्लैंड में विश्व का पहला फुटबॉल क्लब 'शेफील्ड फुटबॉल क्लब' का गठन हुआ। भारत में फुटबॉल अंग्रेजों के द्वारा लाया गया और भारत का पहला फुटबॉल क्लब 'डलहौजी क्लब' था। विश्व की सबसे बड़ी फुटबॉल संस्था 'इंटरनेशनल फुटबॉल एसोसिएशन (फीफा) है जिसका मुख्यालय पेरिस (फ्रांस) में है।
- फीफा द्वारा आयोजित विश्वकप फुटबॉल की सबसे बड़ी प्रतियोगिता है; पहला विश्वकप 1930 ई. में उरुग्वे में आयोजित किया गया था। इसे प्रति चार वर्ष बाद आयोजित किया जाता है।
- हॉकी का पहला संगठित क्लब 1861 ई. में स्थापित 'ब्लैकहीथ एबी एंड क्लब' (इंग्लैंड) है। हॉकी की सर्वोच्च संस्था 'फेडरेशन इंटरनेशनल दि हॉकी' (एफ.आई.एच.) है जिसकी स्थापना 1884 ई. में की गई थी।
- वॉलीवॉल का जन्म संयुक्त राज्य अमेरिका में हुआ। इस खेल को एक अमेरिकी विलियम जी मॉरगन ने 1895 ई. में शुरू किया। इंटरनेशनल वॉलीबॉल फेडरेशन का गठन 1948 ई. में हुआ। वॉलीबॉल का प्रथम विश्व कप 1949 ई. में आयोजित हुआ था।
- टेबल टेनिस का जन्मदाता इंग्लैंड है। इंटरनेशनल टेबल टेनिस एसोसिएशन' की स्थापना 1926 ई. में की गई थी।
- आधुनिक बैडमिंटन का विकास संभवतः इंग्लैंड में हुआ था। इसकी सर्वोच्च संस्था इंटरनेशनल बैडमिंटन फेडरेशन की स्थापना 1934 में की गई थी। विश्व बैडमिंटन चैम्पियनशिप की शुरूआत 1977 ई. में हुई थी।
- लॉन टेनिस का विकास इंग्लैंड में हुआ। टेनिस की सर्वोच्च संस्थान इंटरनेशनल टेनिस फेडरेशन (I.T.F.) की स्थापना 1913 ई. में पेरिस में की गई।

विभिन्न देशों के राष्ट्रीय खेल

देश	राष्ट्रीय खेल	देश	राष्ट्रीय खेल
ऑस्ट्रेलिया	क्रिकेट	चीन	टेबल टेनिस
इंग्लैंड	क्रिकेट	पाकिस्तान	हॉकी
सं.रा. अ.	बेसबॉल	स्पेन	सांड़ युद्ध
फ्रांस	फुटबॉल	ब्राजील	फुटबॉल
मलेशिया	बैडमिन्टन	इंडोनेशिया	बैडमिन्टन
कनाडा	आइस हॉकी	रूस	फुटबॉल, शतरंज
भूटान	तीरंदाजी	स्कॉटलैंड	रग्बी, फुटबॉल

विश्व के प्रसिद्ध कप और ट्रॉफियाँ

खेल	सम्बद्ध कप एवं ट्रॉफियाँ
फुटबॉल	डूरंड कप, संतोष ट्रॉफी, मर्डेका कप, सर आशुतोष मुखर्जी ट्रॉफी, डी.सी. एम. ट्रॉफी, रोवर्स कप, आई.एफ.ए. शील्ड, वी.सी. रॉय ट्राफी इत्यादि।
गोल्फ	सर्किट कप, डनहिल कप, बाकर कप, प्रिन्स ऑफ वेल्स कप, राइडर कप इत्यादि।
टेबल टेनिस	जय लक्ष्मी कप (महिला), राजकुमारी चैलेंज कप (जूनियर महिला), बर्नाबिलेक कप (पुरुष), रामानुज ट्रॉफी (जूनियर पुरुष) इत्यादि।
हॉकी	रंगास्वामी कप, बेगम रसूल ट्रॉफी (महिला), बेटन कप, आगा खाँ कप, महाराजा रणजीत सिंह गोल्ड कप, लेडी रतन टाटा ट्रॉफी (महिला), ध्यानचन्द ट्रॉफी, नेहरू ट्रॉफी, मुरुगप्पा गोल्ड कप, सिंधिया गोल्ड कप, इन्दिरा गाँधी गोल्ड कप, वेलिंग्टन कप, गुरुनानक चैम्पियनशिप (महिला) इत्यादि।
बैडमिंटन	चड्ढा कप, नारंग कप, अमृत दीवान कप इत्यादि।
पोलो	पृथ्वीपाल सिंह कप, क्लासिक कप, ऐजार कप, राधामोहन कप इत्यादि।
क्रिकेट	रणजी ट्रॉफी (राष्ट्रीय चैम्पियनशिप), दिलीप ट्रॉफी, सी.के. नायडू ट्रॉफी, ईरानी ट्रॉफी, देवधर ट्रॉफी, रानी झाँसी ट्रॉफी, रोहिन्टन बारिया ट्रॉफी, जी.डी. बिड़ला ट्रॉफी।
ब्रिज	रामनिवास रूइया चैलेंज, होल्कर ट्रॉफी, गोल्फ ट्रॉफी इत्यादि।
बास्केटबॉल	बंगलुरु ब्ल्यूज चैलेंज कप, फेडरेशन कप, नेहरू कप इत्यादि।

खेल के प्रसिद्ध मैदान

खेल-मैदान	स्थान	खेल-मैदान	स्थान
अम्बेडकर स्टेडियम	दिल्ली	नेशनल स्टेडियम	दिल्ली
अरुण जेटली स्टेडियम	दिल्ली	इंदिरा गांधी स्टेडियम	दिल्ली
जे.एल. नेहरू स्टेडियम	दिल्ली	वानखेड़े स्टेडियम	मुम्बई
नरेन्द्र मोदी स्टेडियम	अहमदाबाद	ब्रेबोर्न स्टेडियम	मुम्बई
ईडन गार्डन	कोलकाता	युवा भारती स्टेडियम	कोलकाता
बाराबती स्टेडियम	कटक	चेपक स्टेडियम	चेन्नई
कीनन स्टेडियम	जमशेदपुर	ग्रीन पार्क स्टेडियम	कानपुर
लॉर्ड्स, ओवल, लीड्स	ब्रिटेन	हेडिंग्ले मैनचेस्टर	ब्रिटेन
ब्रुकलैण्ड	इंग्लैंड	एण्ड्री	इंग्लैंड
टिबंकहम	इंग्लैंड	टेंट ब्रिज	इंग्लैंड
व्हाइट सिटी	इंग्लैंड	पर्थ, ब्रिसबेन, मेलबर्न	ऑस्ट्रेलिया
सैण्डी लॉज	स्कॉटलैण्ड	यांकी स्टेडियम	न्यूयॉर्क

विभिन्न खेलों के जन्मदाता देश

खेल	जन्मदाता देश	खेल	जन्मदाता देश
एथलेटिक्स	यूनान	बेलेक्यूपेलोटा	स्पेन-फ्रांस
शतरंज	भारत	फुटबॉल	चीन
कबड्डी	भारत	पोलो	भारत
वॉलीबॉल	सं.रा. अमेरिका	बिलियर्ड्स	फ्रांस
बास्केटबॉल	सं.रा. अमेरिका	क्रिकेट	इंग्लैंड
हॉकी	मिस्र	गोल्फ	स्कॉटलैंड
लॉन टेनिस	इंग्लैंड	बेसबॉल	सं.रा. अमेरिका
बैडमिंटन	इंग्लैंड	टेबल टेनिस	इंग्लैंड

प्रमुख खिलाड़ियों के उपनाम

खिलाड़ी	उपनाम	खिलाड़ी	उपनाम
ध्यानचंद	हॉकी का जादूगर	ए.डी. नासिमेंटो	ब्लैक पर्ल (पेले)
बोरिस बेकर	बूम-बूम	इयान थार्पे	थार्पिडो
मिल्खा सिंह	फ्लाइंग सिख	जैक कैलिस	डॉजी
एफ.जी. जायनर	फ्लो जो	राहुल द्रविड़	मिस्टर रिलायबुल
सर्गेई बुबका	पोलवाल्ट का बादशाह	पाली उमरीगर	पाम ट्री हिटर
पेस व भूपति	इण्डियन एक्सप्रेस	दिलीप वेंगसरकर	कर्नल
रोजर फेडरर	स्विस एक्सप्रेस	माइकल फेलप्स	गोल्डन शॉर्क
नवजीत सिंह सिद्धू	शेरी	पी.टी. ऊषा	स्वर्ण बालिका
जहाँगीर खान	स्क्वैश के युग पुरुष	बियोन बोर्ग	हिमखण्ड
अनिल कुम्बले	जम्बो	लांस क्लूजनर	जुलू
हरभजन सिंह	टर्बनेटर	अजीत अगरकर	बॉम्बे डक
अलेक्सान्द्र पोपोव	मत्स्य पुरुष	माइकल होल्डिंग	मिण्टी
मार्क फिलिपोसिस	स्कड मिसाइल	सुनील गावस्कर	सनी, लिटिल मास्टर
अन्ना इवानोविच	गोल्डन गर्ल	अशोक मांकड़	काका
शोएब अख्तर	रावलपिंडी एक्सप्रेस	स्टीव बकनर	ग्रेट डिलेयर
सचिन तेंदूलकर	बॉम्बे बॉम्बर	सौरव गांगुली	बंगाल टाइगर
क्लाइव लॉयड	सुपर कैट	रॉड लेवर	रॉकेट
पोनोमारियोव	लिटिल कार्पोव	श्रीनाथ	मैसूर एक्सप्रेस

●●●

9

वस्तुनिष्ठ प्रश्नोत्तर

1. हड़प्पा के लोगों की सामाजिक पद्धति .... थी।
   A. उचित समतावादी
   B. दास श्रमिक आधारित
   C. वर्ण आधारित
   D. जाति आधारित
2. हड़प्पा की खोज किस वर्ष में हुई थी?
   A. 1935 B. 1942
   C. 1901 D. 1921
3. 'अपवाह तंत्र' का निर्माण सबसे पहले निम्नलिखित में से किस सभ्यता के लोगों ने किया था?
   A. मिस्र सभ्यता के लोगों ने
   B. सिंधु घाटी सभ्यता के लोगों ने
   C. चीनी सभ्यता के लोगों ने
   D. मेसोपोटामिया सभ्यता के लोगों ने
4. किस शासक ने बौद्धों के लिए विख्यात विक्रमशिला विश्वविद्यालय की स्थापना की थी?
   A. महिपाल B. देवपाल
   C. गोपाल D. धर्मपाल
5. महावीर का जन्म किस क्षत्रिय गोत्र में हुआ था?
   A. शाक्य B. ज्ञातृक
   C. सल्लास D. लिच्छवि
6. निम्नलिखित में सम्राट अशोक की वह पत्नी कौन थी जिसने उसको प्रभावित किया था?
   A. चंडालिका B. चारूलता
   C. गौतमी D. कारूवाकी
7. बिन्दुसार ने विद्रोहियों को कुचलने के लिए अशोक को कहाँ भेजा था?
   A. स्वर्णगिरि B. तक्षशिला
   C. उज्जैन D. वैशाली
8. निम्नलिखित में से कनिष्क के समकालीन कौन थे?
   A. कंबन, बाणभट्ट, अश्वघोष
   B. नागार्जुन, अश्वघोष, वसुमित्र
   C. अश्वघोष, कालिदास, बाणभट्ट
   D. कालिदास, कंबन, वसुमित्र
9. शून्य की खोज किसने की?
   A. वराहमिहिर B. आर्यभट्ट
   C. भास्कर D. इनमें से कोई नहीं
10. 'इनाम' भूमि किसे दी जाती थी?
    A. विद्वान और धार्मिक व्यक्ति
    B. मनसबदार
    C. पैतृक राजस्व संग्राहक
    D. कुलीन

11. यात्री इब्नबतूता कहां से आया था?
A. मोरक्को B. फारस
C. तुर्की D. मध्य एशिया

12. पानीपत की दूसरी लड़ाई (5 अप्रैल, 1556) निम्नलिखित में से किसके बीच हुई थी?
A. अकबर और हेमू
B. राजपूत और मुगल
C. बाबर और इब्राहिम लोदी
D. सिकंदर और आदिलशाह

13. सती प्रथा की भर्त्सना करने वाला मुगल सम्राट था–
A. बाबर B. हुमायूँ
C. अकबर D. जहाँगीर

14. अकबर के शासनकाल में भू-राजस्व सुधारों के लिए कौन उत्तरदायी था?
A. बीरबल B. टोडरमल
C. जयसिंह D. बिहारीमल

15. 'एक वर्ष में स्वराज' का नारा गाँधी जी ने कब दिया?
A. डाण्डी मार्च के समय
B. असहयोग आन्दोलन के समय
C. सविनय अवज्ञा आंदोलन के समय
D. गोलमेज सम्मेलन के समय

16. 23 अक्टूबर, 1940 ई. में चलाए गए व्यक्तिगत अवज्ञा आन्दोलन में सत्याग्रह करने के लिए किसे पहला नेता नियुक्त किया गया था?
A. जे.एल. नेहरू
B. महात्मा गाँधी
C. आचार्य कृपलानी
D. विनोबा भावे

17. भारत के लिए 'संवैधानिक सभा' का विचार सर्वप्रथम निम्नांकित में रखा गया।
A. इण्डिया इण्डिपेण्डेण्ट एक्ट, 1942
B. वेवल प्लान
C. क्रिप्स पोटोकॉल
D. कैबिनेट मिशन प्लान

18. इण्डियन नेशनल कांग्रेस ने 'पूर्ण स्वराज' का प्रस्ताव कब पारित किया?
A. 1927 ई. B. 1929 ई.
C. 1931 ई. D. 1942 ई.

19. मुस्लिम नेता, जिसने मुस्लिम लीग के इलाहाबाद अधिवेशन (1930) में अपने अध्यक्षीय भाषण में प्रथम बार मुसलमानों के लिए अलग से निवास भूमि की वांछनीयता इंगित की।
A. मोहम्मद अली जिन्ना
B. मुहम्मद इकबाल
C. हसरत मोसानी
D. लियाकत अली

20. भारत में पृथक् निर्वाचन पद्धति अथवा साम्प्रदायिक निर्वाचन पद्धति का सूत्रपात कब हुआ?
A. 1892 ई. B. 1909 ई.
C. 1919 ई. D. 1935 ई.

21. मुस्लिम लीग ने 'मुक्त दिवस' कब मनाया?
A. खिलाफत आंदोलन की शुरुआत में
B. कांग्रेस मंत्रिमंडलों के इस्तीफा देने पर
C. मुसलमानों के लिए पृथक् निर्वाचन पद्धति की शुरुआत होने पर
D. अंग्रेजों के भारत छोड़ने पर

22. 1916 ई. में 'अखिल भारतीय होमरूल लीग' की स्थापना किसने की?
A. तिलक
B. लाला लाजपत राय
C. ऐनी बेसेण्ट
D. विपिन चन्द्र पाल

23. निम्न में से कौन सुविख्यात 'झण्डा ऊँचा रहे हमारा' का रचनाकार है?

A. मैथिलीशरण गुप्त

B. सूर्यकांत त्रिपाठी 'निराला'

C. माखनलाल चतुर्वेदी

D. श्यामलाल पार्षद

24. भारतीय राष्ट्रीय आंदोलन की निम्न घटनाओं को नीचे दिए गए कूट के अनुसार कालानुक्रम में व्यवस्थित करें?

1. गांधी-इरविन समझौता
2. पूना समझौता
3. भारतीय राष्ट्रीय कांग्रेस का कराची अधिवेशन
4. वैयक्तिक सत्याग्रह

कूट :

A. 1, 3, 2, 4 B. 2, 3, 4, 1

C. 3, 4, 2, 1 D. 4, 3, 2, 1

25. अप्रैल, 1916 ई. में स्थापित 'इण्डियन होमरूल लीग' का प्रथम प्रेसीडेण्ट कौन था?

A. जोसेफ वैपटिस्टा

B. एन.सी. केलकर

C. ऐनी बेसेण्ट

D. बी.जी. तिलक

26. 'होमरूल आंदोलन' के नेताओं ने 'होमरूल' शब्द कहाँ के सदृश आंदोलन से ग्रहण किया?

A. आयरलैण्ड

B. स्कॉटलैण्ड

C. संयुक्त राज्य अमेरिका

D. कनाडा

27. भारतीय स्वतन्त्रता में रजवाड़ों का समावेश सम्बन्धी प्रस्ताव कांग्रेस के किस अधिवेशन में पारित हुआ?

A. त्रिपुरी B. कराची

C. हरिपुरा D. रामगढ़

28. दक्षिण अफ्रीका से लौटने के बाद गाँधीजी ने अपना आंदोलन कहाँ से शुरू किया?

A. चौरी-चौरा B. चम्पारण

C. बारदोली D. अहमदाबाद

29. निम्न घटनाओं का सही कालानुक्रम क्या है?

1. गुरु का बाग आंदोलन
2. वायकूम सत्याग्रह
3. काकोरी काण्ड
4. नेहरू रिपोर्ट

नीचे दिए गए कूट का प्रयोग कर सही उत्तर चुनिए।

कूट :

A. 1, 2, 3, 4 B. 1, 2, 4, 3

C. 2, 1, 3, 4 D. 2, 1, 4, 3

30. सूची-I को सूची-II से सुमेलित कीजिए तथा सूचियों के नीचे दिए गए कूट का प्रयोग कर सही उत्तर चुनिए।

सूची-I	**सूची-II**
(*a*) बारदोली सत्याग्रह	1. स्वामी श्रद्धानन्द सरस्वती
(*b*) भारतीय किसान विद्यालय	2. सरदार वल्लभभाई पटेल
(*c*) बंगाल प्रजा पार्टी	3. फजलुल-हक
(*d*) बकाश्त संघर्ष	4. एन.जी. रंगा।

कूट :

A. (*a*)–2, (*b*)–3, (*c*)–4, (*d*)–1

B. (*a*)–2, (*b*)–4, (*c*)–3, (*d*)–1

C. (*a*)–3, (*b*)–1, (*c*)–2, (*d*)–4

D. (*a*)–4, (*b*)–3, (*c*)–2, (*d*)–1

31. सर्वप्रथम सौरमण्डल के बारे में विश्व के समक्ष जानकारी प्रस्तुत करने का श्रेय किस विद्वान को है?

A. स्ट्रैबो B. केपलर

C. गैलीलियो D. कॉपरनिकस

32. निम्नलिखित में किन देशों के समूह से भूमध्य रेखा गुजरती है?

A. ब्राजील, जाम्बिया तथा मलेशिया

B. कोलम्बिया, केन्या तथा मलेशिया

C. ब्राजील, सूडान तथा मलेशिया

D. वेनेजुएला, इथोपिया तथा इण्डोनेशिया

33. भू-गर्भ में जिस स्थान पर भूकम्पीय तरंगों की उत्पत्ति होती है, उस स्थान को क्या कहा जाता है?

A. अधिकेन्द्र B. भूकम्प अधिकेन्द्र

C. भूकम्प केन्द्र D. इक्लोजाइट

34. पृथ्वी के वायुमण्डल में सर्वाधिक घनत्व कहाँ पर होता है?

A. क्षोभ मंडल B. समताप मंडल

C. मध्य मंडल D. आयन मंडल

35. क्षोभ मंडल वायुमण्डल का सबसे तप्त परत है, क्योंकि–

A. यह सूर्य के निकटतम है

B. इसमें आवेशित कण हैं

C. यह पृथ्वी के पृष्ठ से तप्त हो जाती है

D. इसमें ऊष्मा पैदा होती है

36. ओजोन परत पायी जाती है–

A. प्रकाश मंडल में

B. क्षोभ मंडल में

C. क्षोभ सीमा में

D. समताप मंडल में

37. झीलों के अध्ययन को कहते हैं–

A. लिम्नोलॉजी B. पोटोमोलॉजी

C. टोपोलॉजी D. हाइड्रोलॉजी

38. श्रीहरिकोटा द्वीप स्थित है–

A. चिल्का झील के समीप

B. महानदी के मुहाने के समीप

C. पुलीकट झील के समीप

D. गोदावरी के मुहाने के समीप

39. विश्व का सबसे बड़ा शीत मरुस्थल है–

A. गोबी B. लुत

C. काविर D. तकला माकन

40. पाक स्ट्रेट किनके बीच स्थित है?

A. बंगाल की खाड़ी और मन्नार की खाड़ी

B. अण्डमान और निकोबार द्वीप समूह

C. रन ऑफ कच्छ और गल्फ ऑफ खम्भात

D. लक्षद्वीप और मालदीव

41. विश्व की सबसे तेज बहने वाली महासागरीय जलधारा है–

A. गल्फस्ट्रीम जलधारा

B. लेब्रोडोर जलधारा

C. बेंगुएला जलधारा

D. क्यूराइल जलधारा

42. निम्नलिखित में किस जलधारा को 'क्रिसमस के बच्चे की धारा' कहते हैं?

A. पेरू जलधारा

B. कैलिफोर्निया जलधारा

C. अलनिनो जलधारा

D. गल्फस्ट्रीम जलधारा

43. बांग्लादेश में किस नदी को पद्मा के नाम से पुकारा जाता है?

A. ब्रह्मपुत्र B. गंगा

C. तिस्ता D. हुगली

44. एक ही तापमान वाले स्थानों को जोड़ने वाली काल्पनिक रेखाएँ कहलाती हैं–

A. आइसोबार B. आइसोहाइट

C. आइसो हैलाइन D. आइसोथर्म

45. आइसोबार मानचित्र पर उन स्थानों को दर्शाने के लिए खींची गई रेखाएँ हैं, जहाँ पर–

A. एक जैसा तापमान है
B. एक जैसा वायुमंडलीय दाब है
C. एक जैसी ऊँचाई है
D. समान लवणता है

46. सापेक्षिक आर्द्रता के मापन हेतु किस उपकरण का प्रयोग किया जाता है?

A. हाइग्रोमीटर B. हाइड्रोमीटर
C. बैरोमीटर D. मैनोमीटर

47. भूमध्य रेखा के निकट किस तरह के वन पाए जाते हैं?

A. पतझड़ी वन B. शंकुधारी वन
C. घास स्थल वन D. उष्णकटिबंधीय वन

48. पैडंग क्या है?

A. द.पू. एशियाई उष्णकटिबंधीय घासभूमि
B. ऑस्ट्रेलिया के घास के मैदान
C. स्थानान्तरणशील कृषि पद्धति
D. अमेजन की सहायक नदी

49. सोपान कृषि कहाँ की जाती है?

A. पहाड़ों के ढलानों पर
B. शुष्क क्षेत्रों में
C. छतों पर पहाड़ों के ढलानों पर
D. पहाड़ों की चोटी पर

50. प्रसिद्ध मत्स्य क्षेत्र 'ग्रैंड बैंक' स्थित है–

A. प्रशांत महासागर में
B. आर्कटिक महासागर में
C. अटलांटिक महासागर में
D. हिन्द महासागर में

51. अफ्रीका की मूलभूत जनजाति 'पिग्मी' किस नदी घाटी में पायी जाती है?

A. नाइजर B. कांगो
C. नील D. जाम्बेजी

52. 'डूबते सूर्य का देश' किसे कहा जाता है?

A. जापान B. ब्रिटेन
C. नार्वे D. भारत

53. भारत के किस नगर को 'भारत की सिलिकन वैली' कहा जाता है?

A. बेंगलुरू B. चेन्नई
C. मुम्बई D. हैदराबाद

54. हिमाचल प्रदेश में स्थित दर्रा है–

A. शिपकी ला B. जोजिला
C. नाथुला D. जेलेप्ला

55. चम्बल नदी किन राज्यों से होकर बहती है?

A. उत्तर प्रदेश, मध्य प्रदेश, राजस्थान
B. मध्य प्रदेश, गुजरात, उत्तर प्रदेश
C. राजस्थान, मध्य प्रदेश, बिहार
D. गुजरात, मध्य प्रदेश, छत्तीसगढ़

56. भारत में सबसे लम्बा बांध है–

A. भाखड़ा बांध
B. हीराकुड बांध
C. नागार्जुन सागर बांध
D. कोसी बांध

57. गिरना परियोजना कहाँ स्थित है?

A. आंध्र प्रदेश B. महाराष्ट्र
C. ओडिशा D. छत्तीसगढ़

58. भारत का एकमात्र प्लावी राष्ट्रीय पार्क स्थित है–

A. मणिपुर में B. कुआलालम्पुर में
C. बिलासपुर में D. दिसपुर में

59. जीवमण्डल आरक्षित क्षेत्रों की पहली परियोजना स्कीम कौन-सी थी?

A. सुन्दरवन जीवमण्डल आरक्षित क्षेत्र
B. नीलगिरि जीवमण्डल आरक्षित क्षेत्र
C. नन्दादेवी जीवमण्डल आरक्षित क्षेत्र
D. मन्नार की खाड़ी जीवमण्डल आरक्षित क्षेत्र

60. भारत में श्वेत क्रांति के जनक माने जाते हैं–

A. डॉ वी. कुरियन
B. श्री एस.एस. राव
C. श्री एस.के. भारद्वाज
D. श्री मोरारजी देसाई

61. मिश्रित अर्थव्यवस्था किसका उल्लेख करती है?

A. भारी, लघु और कुटीर उद्योगों का सहअस्तित्व
B. कृषि के साथ-साथ कुटीर उद्योगों का संवर्धन
C. धनी और निर्धन दोनों का सहअस्तित्व
D. सार्वजनिक और निजी क्षेत्र दोनों का सहअस्तित्व

62. भारतीय अर्थव्यवस्था का कौन-सा क्षेत्र सकल राष्ट्रीय उत्पाद में सबसे अधिक योगदान करता है?

A. प्राथमिक क्षेत्र B. द्वितीयक क्षेत्र
C. तृतीयक क्षेत्र D. सार्वजनिक क्षेत्र

63. निम्नलिखित में से कौन-सा मानव विकास सूचकांक का हिस्सा नहीं है?

A. स्वास्थ्य एवं पोषण
B. प्रतिव्यक्ति आय
C. जन्म के समय जीवन प्रत्याशा
D. सकल नाम निवेश दर

64. मानव विकास सूचकांक किसने बनाया था?

A. UNCTAD B. ASEAN
C. IBRD D. UNDP

65. तेंदुलकर समिति ने भारत में गरीबी रेखा के नीचे की जनसंख्या का प्रतिशत कितना आकलित किया है?

A. 27.2% B. 37.2%
C. 22.2% D. 32.7%

66. भारत में राष्ट्रीय आय का आकलन सबसे पहले किसने किया था?

A. महालनोबिस
B. दादाभाई नौरोजी
C. वी.के.आर.वी. राव
D. सरदार पटेल

67. निम्नलिखित में से कौन-सी राष्ट्रीय आय के मापन की विधि नहीं है?

A. मूल्य वर्द्धित विधि
B. आय विधि
C. निवेश विधि
D. व्यय विधि

68. GNP और NNP निकालने के लिए निम्न में से किसे घटाया जाता है?

A. ह्रास B. ब्याज
C. कर D. इमदाद

69. किसी देश का निबल राष्ट्रीय उत्पाद (NNP) होती है–

A. सकल घरेलू उत्पाद में मूल्य ह्रास भत्ते घटाकर
B. सकल घरेलू उत्पाद में विदेशों से निबल आय जोड़कर
C. सकल घरेलू उत्पाद में विदेशों से निबल आय घटाकर
D. सकल राष्ट्रीय उत्पाद में मूल्य ह्रास भत्ते घटाकर

70. सॉफ्ट करेन्सी से तात्पर्य है–

A. वह मुद्रा जिसकी आपूर्ति मांग की अपेक्षा अधिक हो
B. वह मुद्रा जिसकी आपूर्ति मांग की अपेक्षा कम हो
C. वह मुद्रा जिसकी मांग और आपूर्ति दोनों स्थिर हों
D. उपर्युक्त में से कोई नहीं

71. बाजार के नियम के प्रस्तुतकर्ता थे–
A. जे.बी. से B. रिकार्डो
C. ए.सी. पिगाओ D. माल्थस

72. भारत में मुद्रास्फीति मापी जाती है–
A. थोक मूल्य सूचकांक द्वारा
B. शहरी और कामगारों के लिए उपभोक्ता मूल्य सूचकांक द्वारा
C. कृषि श्रमिकों के लिए उपभोक्ता मूल्य सूचकांक द्वारा
D. राष्ट्रीय आय अवस्फीति द्वारा

73. भारतीय मुद्रा को पूर्ण परिवर्तनीय बनाया गया–
A. 1992-93 के केन्द्रीय बजट में
B. 1993-94 के केन्द्रीय बजट में
C. 1994-95 के केन्द्रीय बजट में
D. 1995-96 के केन्द्रीय बजट में

74. भारतीय रिजर्व बैंक का लेखा वर्ष होता है–
A. अप्रैल-मार्च
B. जुलाई-जून
C. अक्टूबर-सितम्बर
D. जनवरी-दिसम्बर

75. प्रथम दादा साहेब फाल्के पुरस्कार किसे दिया गया था?
A. बी.एन. सरकार B. देविका रानी
C. पृथ्वीराज कपूर D. कानन देवी

76. राष्ट्रीय कृषि एवं ग्रामीण विकास बैंक की स्थापना किस पंचवर्षीय योजनावधि में की गई थी?
A. चौथी पंचवर्षीय योजना
B. पाँचवीं पंचवर्षीय योजना
C. छठी पंचवर्षीय योजना
D. सातवीं पंचवर्षीय योजना

77. भारतीय लघु उद्योग विकास बैंक (SIDBI) का मुख्यालय कहाँ है?
A. लखनऊ B. मुम्बई
C. दिल्ली D. कोलकाता

78. भारतीय यूनिट ट्रस्ट (U.T.I.) की स्थापना किस वर्ष की गई?
A. 1961 में B. 1962 में
C. 1963 में D. 1964 में

79. भारतीय जीवन बीमा निगम (L.I.C.) की स्थापना किस वर्ष की गई?
A. 1949 में B. 1956 में
C. 1952 में D. 1964 में

80. भारतीय प्रतिभूति एवं विनिमय बोर्ड की स्थापना कब की गई?
A. 1988 में B. 1992 में
C. 1982 में D. 1984 में

81. सस्ती मुद्रा का अर्थ है–
A. ब्याज की कम दर
B. बचत का निम्न स्तर
C. आय का निम्न स्तर
D. निम्न जीवन स्तर

82. भारतीय रिजर्व बैंक का राष्ट्रीयकरण किया गया था?
A. 1947 में B. 1948 में
C. 1949 में D. 1951 में

83. बैंक दर में परिवर्तन से प्रभावित होता है–
A. ब्याज की बाजार दर
B. निवेश के लिए चुनिंदा उद्योग
C. ऋण देने वाले बैंक
D. नकदी आरक्षण अनुपात

84. एक रुपये के नोट पर हस्ताक्षर होते हैं–
A. वित्त मंत्रालय के सचिव के
B. गवर्नर, भारतीय रिजर्व बैंक के

C. वित्त मंत्री के

D. इनमें से किसी के नहीं

85. भारत में रुपए का अवमूल्यन पहली बार जिस वर्ष किया गया था, वह था–

A. 1949 B. 1966
C. 1972 D. 1990

86. नई मुद्रा 'यूरो' किस वर्ष में प्रारंभ की गई?

A. 1996 में B. 1997 में
C. 1998 में D. 1999 में

87. किस वर्ष नाबार्ड की स्थापना हुई?

A. 1992 B. 1982
C. 1962 D. 1952

88. भारत में व्यापारिक बैंकों की देनदारी के घटकों में निम्नलिखित में से सबसे महत्वपूर्ण कौन है?

A. सावधि जमा धनराशि

B. माँग जमा धनराशि

C. अन्तर बैंक देनदारियाँ

D. अन्य उधार

89. निम्नलिखित में से कौन-सी मुद्रा/मुद्राएँ कृत्रिम समझी जाती हैं?

A. ADR

B. GDR

C. SDR

D. AAR व SCR दोनों

90. इनसाइडर ट्रेडिंग सम्बन्धित है–

A. सार्वजनिक व्यय से

B. करारोपण से

C. शेयर बाजार से

D. हवाला से

91. भारत की संविधान सभा गठित करने का आधार क्या था?

A. भारतीय राष्ट्रीय कांग्रेस का प्रस्ताव

B. कैबिनेट मिशन प्लान, 1946

C. भारतीय स्वतंत्रता अधिनियम, 1947

D. भारतीय डोमिनियन के प्रान्तीय/राज्य विधान मण्डल के प्रस्ताव

92. व्यास सम्मान किस क्षेत्र में उत्कृष्टता के लिए किया जात है?

A. नृत्य B. फिल्म
C. साहित्य D. विज्ञान

93. भारत का संविधान लागू हुआ था–

A. 26 जनवरी, 1950 को

B. 26 जनवरी, 1952 को

C. 15 अगस्त, 1948 को

D. 26 नवम्बर, 1949 को

94. भारतीय संविधान में समवर्ती सूची किसके संविधान से ली गई है?

A. यू.एस.ए. B. कनाडा
C. जर्मनी D. ऑस्ट्रेलिया

95. भारत में वैध प्रभुसत्ता निहित है–

A. राष्ट्रपति में

B. न्यायपालिका में

C. मंत्रिमंडल में

D. संविधान में

96. भारतीय संविधान में सम्मिलित नीति निदेशक तत्वों की प्रेरणा हमें किस संविधान से प्राप्त हुई है?

A. ऑस्ट्रेलिया B. अमेरिका
C. फ्रांस D. आयरलैंड

97. दल-बदल के आधार पर निर्वाचित सदस्यों की अयोग्यता सम्बन्धी विवरण संविधान की किस अनुसूची में दिया गया है?

A. 8वीं B. 9वीं
C. 10वीं D. 11वीं

98. मौलिक अधिकार के अंतर्गत कौन-सा अनुच्छेद बच्चों के शोषण से सम्बन्धित है?

A. अनुच्छेद 17 B. अनुच्छेद 19
C. अनुच्छेद 23 D. अनुच्छेद 24

99. भारतीय संविधान के किस अनुच्छेद में अनुसूचित-जनजातियों के लिए एक राष्ट्रीय आयोग का प्रावधान है?

A. अनुच्छेद 338A B. अनुच्छेद 341
C. अनुच्छेद 16 D. अनुच्छेद 82

100. भारतीय संविधान के निम्नलिखित अनुच्छेदों में से कौन विधायन सत्ता पर पूर्ण नियंत्रण लगाता है?

A. अनुच्छेद 14 B. अनुच्छेद 15
C. अनुच्छेद 16 D. अनुच्छेद 17

101. भारत में कार्यपालिका का अध्यक्ष कौन होता है?

A. राष्ट्रपति
B. प्रधानमंत्री
C. विरोधी दल का नेता
D. भारत सरकार का मुख्य सचिव

102. निम्नलिखित में से कौन लगातार दो बार राष्ट्रपति रहे थे?

A. डॉ. राजेन्द्र प्रसाद
B. डॉ. एस. राधाकृष्णन
C. डॉ. जाकिर हुसैन
D. A और B दोनों

103. राज्य सभा को भंग करने में कौन सक्षम है?

A. अध्यक्ष राज्य सभा
B. राष्ट्रपति
C. संसद का संयुक्त सत्र
D. उपर्युक्त में से कोई नहीं

104. लोक सभा चुनाव में कोई प्रत्याशी अपनी जमानत खो देता है यदि उसे प्राप्त न हो सके–

A. वैध मतों का 1/3
B. वैध मतों का 1/4
C. वैध मतों का 1/5
D. इनमें से कोई नहीं

105. भारतीय संविधान के अनुसार तथ्यात्मक सम्प्रभुता निवास करती है–

A. संसद में B. राष्ट्रपति में
C. प्रधानमंत्री में D. जनता में

106. भारत के एटॉर्नी जनरल (महान्यायवादी) की नियुक्ति कौन करता है?

A. सर्वोच्च न्यायालय का मुख्य न्यायाधीश
B. भारत का प्रधानमंत्री
C. भारत का राष्ट्रपति
D. संघ लोक सेवा आयोग

107. भारत के नियंत्रक एवं महालेखा परीक्षक का कार्यकाल है–

A. 6 वर्ष
B. 65 वर्ष की आयु तक
C. 6 वर्ष या 65 वर्ष की आयु जो भी पहले हो
D. 6 वर्ष या 62 वर्ष की आयु जो भी पहले हो

108. भारत के सर्वोच्च न्यायालय की स्थापना हुई थी–

A. 1950 के संसद के एक अधिनियम द्वारा
B. भारतीय स्वाधीनता अधिनियम, 1947 के अधीन
C. भारत सरकार अधिनियम, 1935 के अधीन
D. भारतीय संविधान के द्वारा

109. भारत में राज्य विधान परिषद् के सदस्यों का कितना हिस्सा स्थानीय निकायों द्वारा चुना जाता है?

A. एक-तिहाई

B. एक-चौथाई

C. एक छठा भाग

D. एक बारहवाँ भाग

110. अंतर्राज्यी परिषद् का निर्माण होता है–

A. संवैधानिक प्रावधान द्वारा

B. संसदीय कानून द्वारा

C. नीति आयोग की अनुशंसा पर

D. मुख्यमंत्री सम्मेलन द्वारा स्वीकृत संकल्प पर

उत्तरमाला

1	2	3	4	5	6	7	8	9	10
A	D	B	D	B	D	B	B	B	A
11	**12**	**13**	**14**	**15**	**16**	**17**	**18**	**19**	**20**
A	A	C	B	C	D	C	B	B	B
21	**22**	**23**	**24**	**25**	**26**	**27**	**28**	**29**	**30**
B	C	D	A	A	A	C	B	A	B
31	**32**	**33**	**34**	**35**	**36**	**37**	**38**	**39**	**40**
D	D	B	A	C	D	A	C	A	A
41	**42**	**43**	**44**	**45**	**46**	**47**	**48**	**49**	**50**
A	C	B	D	B	A	D	A	A	C
51	**52**	**53**	**54**	**55**	**56**	**57**	**58**	**59**	**60**
B	B	A	A	A	B	B	A	B	A
61	**62**	**63**	**64**	**65**	**66**	**67**	**68**	**69**	**70**
D	C	A	D	B	B	C	A	D	A
71	**72**	**73**	**74**	**75**	**76**	**77**	**78**	**79**	**80**
A	A	B	B	B	C	A	D	B	A
81	**82**	**83**	**84**	**85**	**86**	**87**	**88**	**89**	**90**
A	C	A	A	A	D	B	A	C	C
91	**92**	**93**	**94**	**95**	**96**	**97**	**98**	**99**	**100**
B	C	A	D	D	D	C	D	A	A
101	**102**	**103**	**104**	**105**	**106**	**107**	**108**	**109**	**110**
A	A	D	D	A	C	C	C	A	A

●●●